LE TEMPS DES COMBATS

DU MÊME AUTEUR

Georges Mandel, le moine de la politique, Grasset, 1994.
Au bout de la passion, l'équilibre. Entretiens avec Michel Denisot, Albin Michel, 1995.
Libre, Robert Laffont, 2001 ; Pocket, 2003.
La République, les religions, l'espérance. Entretiens avec Thibaud Collin et Philippe Verdin, Cerf, 2004 ; Pocket, 2005.
Témoignage, XO, 2006 ; Pocket, 2008.
Ensemble, XO, 2007.
La France pour la vie, Plon, 2016.
Tout pour la France, Plon, 2016.
Passions, L'Observatoire, 2019 ; J'ai lu, 2020.
Le Temps des Tempêtes, L'Observatoire, 2020 ; J'ai lu, 2021.
Promenades, Herscher, 2021.

Nicolas Sarkozy

LE TEMPS DES COMBATS

Fayard

Couverture : Création graphique : Nuit de Chine
Plat 1 de couverture : Dans le bureau de l'Élysée, le 8 mars 2010 © Élodie Grégoire.
Plat 2 : © Collection personnelle.
Plat 3 : © Élodie Grégoire.
Plat 4 : Dans un hélicoptère au-dessus de Fort-de-France (Martinique) © Élodie Grégoire.

ISBN : 978-2-213-72648-9

Dépôt légal : août 2023

Propos liminaire

J'ai voulu prendre le lecteur par la main, lui faire vivre ces années à l'Élysée comme s'il avait été à mes côtés tout au long de ces évènements. Cela m'a paru d'autant plus naturel que cette histoire ne m'appartenait pas davantage qu'à chacun de ceux qui me feront l'immense plaisir de leur lecture. Ces moments partagés, que beaucoup ont gardés en mémoire, constituent une partie de notre patrimoine commun, de notre identité, de nos souvenirs enfouis, mais restent liés à des instants de chacune de nos vies privées. Je n'ai pas cherché à organiser mon récit autour de thématiques ou de cohérences programmatiques. J'ai, bien sûr, suivi un fil chronologique, mais qui devait rester rythmé par les sentiments que j'éprouvais au fur et à mesure que se déroulait cette partie de ma vie. Le résultat en sera moins académique. Le récit, sans doute plus heurté. La construction, moins cohérente. Mais ma priorité a été de chercher à conserver l'intérêt de mon lecteur en lui faisant partager cette vie de président de la République de l'intérieur. Les évènements se bousculent. Les calendriers s'interrompent. Je l'ai voulu ainsi, afin que chacun de vous puisse vivre à mes côtés avec la même intensité toutes ces années. C'était, en tout cas, mon intention. Mon but ultime était d'approcher la vérité des émotions que j'ai ressenties, confronté aux aléas et aux tourments de l'histoire contemporaine. J'ai, à dessein, tourné le dos à la froide objectivité, comme à la triste rigueur d'un récit uniquement factuel, pour mieux retenir la chaleur des émotions, des sentiments et des passions qui m'ont toujours animé. C'est un récit brûlant que j'ai eu tant de plaisir à écrire de la première à la dernière ligne. Le simple fait que vous preniez la peine d'ouvrir ce livre me comble. Passionné de lecture, mon souhait le plus cher serait que notre nouvelle rencontre illustre cette formule que j'ai l'habitude d'évoquer : « Le livre appartient autant au lecteur qu'à l'auteur. » Partager a toujours été le sens profond de ma vie. J'espère que vous sentirez au travers de ces pages combien j'aime la France et j'ai voulu être aimé des Français.

Je me suis toujours méfié de la nostalgie. Il s'agit, certes, d'un sentiment naturel auquel chacun d'entre nous peut avoir la tentation de céder à un moment de sa vie. À l'évidence, je n'ai pas échappé à la règle. Plus d'une fois, je me suis surpris à penser, à dire et même à croire que « le monde d'avant » était meilleur, plus intéressant, plus brillant, plus profond. Ce faisant, je ne résistais pas au penchant dérisoire qui me poussait à m'inclure dans ce regard si bienveillant sur le passé, sur mon passé.

J'oubliais donc qu'à mon époque, d'autres plus anciens alors avaient dû ressentir exactement les mêmes sentiments que ceux que j'éprouvais à présent. Cette simple évocation devrait suffire à nous guérir à tout jamais de ce réflexe plus immature que réfléchi. À cela s'ajoute que la mémoire comme le souvenir sont des compagnons qui aiment à flatter. Ainsi, nous nous trouvons prompts à augmenter le positif et, à l'inverse, à oublier le négatif. Le bonheur y est exagéré. Les peines, souvent, se sont estompées. Il est donc de bonne stratégie de rester vigilants, afin de ne pas succomber à ce piège de la « nostalgie heureuse » qui peut rapidement fausser toutes les perspectives en noircissant le présent et en embellissant le passé.

Cette méfiance est encore plus nécessaire lorsque, comme je vais tenter de le faire, on a l'ambition de revenir sur des faits suffisamment éloignés pour permettre une analyse plus objective, et pas assez pour ne pas être déjà ensevelis par la rigueur de la grande histoire. J'ajoute que j'aimerais tant que ces évènements que j'ai partagés avec les Français puissent leur être utiles, pour leur présent comme pour leur avenir. Je suis persuadé que l'on insiste trop sur les différences entre les époques, alors qu'il y a tellement de points communs, en tout cas s'agissant de l'essentiel : les peurs, les espoirs. Ce « monde nouveau » est un leurre, un attrape-gogo, une prétention si commune. Les leçons d'hier peuvent être instructives pour demain. La vie n'est pas une page blanche, elle est un continuum.

Je veux bien sûr expliquer au mieux, en tout cas le plus sincèrement possible les raisons de telles ou telles décisions, le pourquoi de tel ou tel évènement, l'enchaînement qui a pu conduire à un échec, à une faute et parfois, même si c'est plus rare, à une réussite. Mais je vais tenter de le faire avec le souci constant du rapport au présent afin que ces expériences puissent être bénéfiques à la compréhension des défis immenses que le monde occidental en général et la France en particulier doivent affronter.

*

* *

J'ai la conviction que nous sommes face à une crise de civilisation, à un changement complet de paradigmes et que nous assistons à un déplacement de l'axe de notre planète. Jusqu'au dernier tiers du XXe siècle, celui-ci était durablement installé à l'ouest. Il est désormais plein est. Nous, les Européens, étions le centre du monde. Nous ne le sommes plus. L'Asie est devenue l'axe stratégique majeur. Nous étions dominants. Nous sommes en passe d'être dominés. Pour brutal que soit ce constat, il est devenu incontournable. Il ne s'agit ni de déclinisme ni de passéisme, encore moins d'une dépression passagère. C'est un fait qu'il convient d'acter, de décrire et de tenter d'expliquer.

Il y a une raison objective à cette nouvelle situation et pas la moindre, puisqu'il s'agit de la démographie. Les chiffres sont sans appel. Tout l'Occident, c'est-à-dire pour l'essentiel les États-Unis et l'Europe, représente aujourd'hui un peu plus de huit cents millions d'habitants. Que pèse-t-il face à l'Asie qui compte quatre milliards et demi d'habitants ? L'Inde et la Chine dépassent même largement le milliard. 60 % de l'humanité peuple l'Asie ; c'est à peine plus de 10 % pour l'Occident. La messe est dite, car c'est la démographie qui le plus souvent fait l'histoire. On a rarement pu observer le contraire. On me dira que les choses peuvent changer, que rien n'est gravé dans le marbre. Certes, mais rien ne garantit que dans ce cas le changement se ferait à notre profit. En effet, si demain l'axe du monde devait muter une nouvelle fois, il y a fort à parier que cela profiterait à l'Afrique, qui comptera dans moins de trente ans deux milliards et demi d'habitants pour seulement un milliard trois cents millions aujourd'hui.

De tous les défis de la planète, le défi démographique est sans nul doute le plus dangereux, le plus difficile en même temps que le moins bien connu. Sur la durée d'une vie, la population mondiale a été multipliée par trois ! Nous étions deux milliards et demi à ma naissance, nous sommes sept milliards et demi aujourd'hui. Du jamais vu. Le pire étant que les choses vont même en s'accélérant de façon exponentielle. Comme il est étrange d'entendre parler à chaque instant du dérèglement climatique bien réel sans qu'un mot soit prononcé à propos du dérèglement démographique qui se trouve en être la première cause ! L'aveuglement est complet. Le silence est total comme si, évoquée à l'échelle mondiale, une quelconque réflexion sur la nécessité d'une planification familiale serait inconvenante ou au minimum politiquement incorrecte. Le plus choquant étant qu'il n'existe même pas une organisation mondiale dédiée exclusivement à l'observation des évolutions démographiques. Il est évidemment impossible de commenter une évolution que l'on ne se donne pas la peine d'observer, ou alors de si loin et de façon si épisodique. Certes, chaque année, la division de la population de l'Organisation des Nations Unies publie des projections démographiques. Mais chacun comprendra qu'il s'agit d'une attention très insuffisante au regard de l'importance du sujet.

Je crains que le réveil ne soit tragique pour l'humanité. Les derniers chiffres font froid dans le dos puisqu'il est annoncé pour la fin du siècle un monde de onze milliards d'habitants. Une situation que l'humanité n'a jamais connue. Certains se rassurent à bon compte en prédisant une stabilisation de la population mondiale au cours de la seconde moitié du XXIe siècle. Outre que le niveau de cette « stabilisation » sera très élevé, elle est de surcroît éminemment aléatoire et ne changera, en tout état de cause, rien au déséquilibre massif entre l'Asie et l'Occident.

*

* *

À ce constat objectif s'ajoute une erreur de diagnostic dont on n'a pas fini de mesurer chaque jour les conséquences. Ce qui fait la richesse du monde, de nos sociétés, de nos familles, ce sont « les différences » qui s'entremêlent, s'enrichissent, se nourrissent constamment. Différences des cultures qui permettent la compétition, l'émulation et le progrès. Différences des personnalités au sein d'une même famille qui autorisent et créent la diversité des parcours et donc des épanouissements. Différences des goûts, des talents, des origines, des intelligences qui créent le foisonnement et la richesse de la vie sous toutes ses formes. C'est d'ailleurs bien ce « bouillonnement primitif » qui a permis l'éclosion de la vie sous des millions de facettes différentes. Or, il est aisé d'observer à quel point la différence n'est plus considérée dans nos sociétés européennes, et particulièrement en France où elle est vécue bien souvent comme un danger. Toutes les têtes qui dépassent doivent être éliminées parce que gênantes pour « les autres », en tout cas pour celles qui ne dépassent pas. La conséquence se retrouve dans la volonté protéiforme de les tutorer, de les banaliser, de les normer et par-dessus tout de les caper. L'instrument de ce nivellement généralisé porte un nom, celui de la revendication égalitaire à tout prix et sous toutes ses formes.

« L'égalitarisme forcené » est la nouvelle formule magique, l'exigence commune à tous comme à chacun. Sous couvert d'égalité, c'est son outrance qui est désormais l'alpha et l'oméga de tous les discours. Tous débutent par la même allégeance qui ne peut supporter aucune critique, ni aucune limite. À rebours de tout bon sens, de toute méritocratie, le nivellement par le bas est à présent le nouvel eldorado. Pour être heureuses, nos sociétés doivent donc s'aligner sur le moins bon d'entre nous. Mieux vaut être tous pauvres que de prendre le risque que quelques-uns puissent s'enrichir. Comme si nous étions tous assignés au même idéal, à la même vie, aux mêmes perspectives et parfois... à la même absence d'ambition. Bien sûr, et notre devise républicaine le rappelle, on doit être fraternel, mais à la condition expresse de se couler dans le moule fabriqué sur mesure par les bien-pensants, pour mieux contraindre tous ceux qui sortiraient de la norme. La caste veut bien que nous soyons libres si et seulement si... nous acceptons une vie contrainte. Mais nous sommes tous différents, c'est un fait ! Nous ne sommes pas égaux devant la maladie. Nous n'avons pas tous la même taille, le même poids, la même allure. Certains ont plus d'énergie. D'autres ont un don pour la musique, le dessin, que sais-je ! La revendication égalitariste sert en vérité à masquer des sentiments infiniment moins nobles tels que la jalousie. En France, certains sont mus par cette dernière et aimeraient mieux que leurs voisins gagnent moins qu'eux plutôt que de voir leur propre famille vivre mieux. Je prends donc le risque d'être à contre-courant en confessant préférer de beaucoup le mot différence à celui d'égalitarisme. J'aime la première. Je me méfie du second. Je pense que les deux sont incompatibles.

On ne peut, en effet, exprimer la priorité de l'égalité tout en professant le respect des différences. L'objectif est inatteignable, car cette dernière réclame la prise en compte de tant de particularismes qu'elle ne peut se trouver entravée par le risque de donner plus ou de traiter mieux ceux qui en ont le plus besoin. Or, le chemin de l'harmonie, du bonheur, de l'équilibre pour nos sociétés est dans l'accompagnement, le respect, le développement des différences. À chacun selon ses mérites, ses goûts, sa volonté propre. L'État, le cadre national, l'administration étant là pour garantir et faire respecter les limites qui permettront la vie en société. À l'inverse, je ne vois comme résultat de cette obsession égalitaire, normative, de ce nivellement, que la catastrophe d'une décadence annoncée et d'ailleurs déjà bien engagée.

J'ai conscience de la rudesse de la pente à remonter pour convaincre de ce changement de direction à mes yeux si nécessaire. Mes opposants diront, par exemple, que je fais fi de la priorité de l'égalité entre les hommes et les femmes. Loin de moi l'idée de contester un objectif si hautement souhaitable, mais il pourrait être atteint avec plus de rapidité et surtout d'efficacité si l'on voulait bien emprunter la voie de la considération des différences, notamment entre les sexes, plutôt que celle qui consiste à les nier. On évoquera certainement également le risque de division de nos sociétés ou même de montée du communautarisme si chacun peut construire sa propre voie de réussite ou de développement personnel. Alors que pour moi, il s'agit bien du contraire, car j'ai l'intime conviction que c'est la rigidité qui pousse à la division et à l'éclatement, non l'inverse. Quant au communautarisme, il est davantage le résultat d'identités niées, humiliées ou non reconnues – jamais celui de la reconnaissance et du respect. Tout au long de ces pages, j'aurai l'occasion de développer et d'illustrer mes convictions en les confrontant aux évènements que j'ai vécus et aux décisions que j'ai eu à assumer.

Je m'autorise un dernier mot d'introduction pour dire à quel point la scène politique d'aujourd'hui aurait besoin de se régénérer par des débats nouveaux, libres, respectueux et surtout débarrassés de la crainte du politiquement correct ou du bashing médiatique tellement prompt à stigmatiser, à caricaturer, à clouer au pilori tout messager porteur d'un discours différent. À la place où je suis dorénavant, je crois qu'il est de mon devoir de demeurer libre pour contribuer à ouvrir des débats qui pourraient se révéler utiles pour l'avenir de la France.

J'ai d'ailleurs usé de cette liberté lors de la dernière élection présidentielle pour soutenir la candidature de l'actuel président de la République. Ce faisant, j'en ai surpris certains ; déçu d'autres, sans doute assez nombreux ; et rassuré, du moins je l'espère, le plus grand nombre, qui n'attendaient certainement pas qu'un ancien président de la République se laisse aller à un choix réduit à de strictes considérations partisanes. Je ne regrette pas cette décision. Je la renouvellerais même, si j'avais à le faire. Mais je veux préciser et expliquer, car je ne l'ai pas fait jusqu'ici, qu'elle ne valait pas adhésion « fanatique » à tout un bilan – celui du quinquennat précédent –, qu'elle ne marquait pas un enthousiasme enflammé pour la personne du président sortant, qu'elle n'attendait surtout aucune réponse et bien sûr aucun avantage en retour. Il s'agissait juste d'exprimer un choix en responsabilité ! Les deux mots ont à mes yeux un sens profond. Un choix, car une élection – y compris la mienne à l'époque – n'est jamais l'expression d'un idéal absolu, mais d'une sélection entre le possible et le pire. Raymond Aron a dit vrai : « Le choix politique n'est pas entre le bien et le mal, mais entre le préférable et le détestable. »

Ainsi, faire le choix de l'extrême gauche, quel que soit par ailleurs le grand talent de son leader Jean-Luc Mélenchon, c'était renouer avec les pages les plus violentes de notre histoire, la Commune, la Terreur, et pourquoi pas demain reprendre pour soi la caricature du communisme des grandes heures avec le fameux Georges Marchais qui osait parler du « bilan globalement positif de l'Union soviétique ». La détestation de tous par tous portée comme un principe de gouvernement. Je n'y ai naturellement jamais songé. Les écologistes auraient pu être une option. Qui pourrait être contre la défense de la nature, de la biodiversité, ou pour la dérégulation de l'économie de marché ? Personne ! Et pourtant, il suffit d'entendre les mêmes qui ne cessent de vitupérer contre le nucléaire dont nous avons tellement besoin, contre le progrès scientifique si essentiel pour l'avenir de l'humanité, contre l'homme accusé de tous les maux, contre les sapins de Noël, contre le Tour de France… pour partir en courant en se demandant ce que notre société a bien pu faire pour engendrer une pensée si fausse et finalement tellement dangereuse. L'enfer est pavé de bonnes intentions, a-t-on l'habitude de dire. Comment mieux illustrer cette maxime qu'avec les écologistes ?

Marine Le Pen a de son côté beaucoup progressé ! Elle connaît mieux ses dossiers et sait les exposer avec davantage de calme, de force et de modération. Je n'ai jamais aimé sa diabolisation. Comment d'ailleurs, dans le même temps, l'accuser de ne pas être républicaine et l'autoriser à présenter des candidats partout jusqu'à obtenir quatre-vingt-neuf députés ? On voit mal de quelle manière celui qui participe à une élection et l'emporte très largement pourrait le lendemain se voir reprocher de ne pas avoir respecté les règles républicaines. C'est absurde ! J'ajoute même que c'est un membre de son groupe parlementaire qui aurait dû exercer la présidence de la Commission des finances. Car c'était bien l'esprit de la réforme de la Constitution de 2008 que j'ai voulue et fait adopter. Le groupe le plus important de l'opposition à l'Assemblée nationale est celui du Rassemblement national. Qu'on l'aime ou pas ! La règle a donc été détournée. Quand on veut donner des leçons de républicanisme, il vaut mieux ne pas se mettre en situation de les recevoir. Pour autant,

Marine Le Pen, qui aime tant à critiquer mon bilan et qui fut une adversaire constante comme son père, devrait reconnaître qu'elle porte une lourde responsabilité dans l'élection de François Hollande, dont l'action fut calamiteuse comme chacun le sait maintenant. Elle a, à l'époque, sans honte appelé à voter contre moi, donc pour lui. Le bilan de ce dernier est en conséquence aussi le sien. Par ailleurs, son manque d'expérience, de culture, sa méconnaissance des rouages de l'État, l'excès de certaines de ses convictions, la personnalité de nombre de ses élus rendaient pour moi ce choix impossible, et même indigne. On ne peut pas confier la France à des « amateurs ».

Restait mon propre parti. J'ai beaucoup réfléchi à cette question. Je l'ai créé en lui donnant son nom, Les Républicains. J'ai organisé les primaires auxquelles ont participé quatre millions d'électeurs. J'y ai d'innombrables amis. J'aime ses cadres et ses militants, à qui je garderai ma vie durant une reconnaissance éternelle. Ils sont mes plus beaux souvenirs. Ce que nous avons vécu ensemble pendant toutes ces années, personne ne pourra le gommer. Même lorsque certains affirment vouloir « tourner une page », c'est sans doute qu'ils n'ont pas compris qu'il s'agit de tout un livre, tant la route que nous avons empruntée ensemble a été longue ! Ne pas faire le choix de notre candidate fut un déchirement personnel, mais après avoir eu plusieurs entretiens avec celle-ci, j'ai vite compris que cette possibilité n'était pas envisageable, non pour moi, mais pour notre pays. Quelle que fût sa bonne volonté, elle n'était pas prête. Elle n'avait ni l'équipe ni la maturité pour affronter une telle épreuve. La barre était trop haute, comme le résultat l'a montré. Je pressentais une catastrophe. Ce fut un désastre ! Pour la première fois en quarante années de vie publique, je n'ai donc pas fait le choix de la candidate de mon parti. Apparemment, nous fûmes nombreux à nous retrouver dans cette situation, puisque Valérie Pécresse descendit en dessous de la barre des 5 %. J'ai ressenti une grande tristesse devant ce gâchis. Il eût été possible et même facile de faire autrement. Cependant, il ne sert à rien de pleurer sur le lait renversé. C'est sans doute maintenant le moment pour ma famille politique de se poser les questions et surtout d'essayer d'apporter les réponses adéquates. Les Républicains ont un vivier de talents, à l'image de leur président Éric Ciotti, qui n'a pas manqué de courage et d'énergie ces derniers temps. Chaque fois qu'il a pris des risques, cela lui a permis de faire découvrir des qualités qui ne lui avaient pas été initialement prêtées. Il est la bonne surprise de ces dernières années. Il en est de même pour mon ancien ministre Laurent Wauquiez, que j'ai toujours considéré comme le plus brillant de sa génération. Je n'ai pas changé d'avis. À lui maintenant de savoir se mettre en danger en sortant de sa zone de confort. Il le peut s'il le veut. C'est à eux aujourd'hui de trouver le chemin pour imposer leurs idées et leur leadership. Ce n'est pas à moi de le faire, même si je serai toujours disponible pour aider à la reconstruction d'une droite ouverte, déterminée et tournée vers l'avenir. L'espace existe. L'attente est immense. J'ai la conviction que cette famille n'est pas condamnée à la disparition, malgré les désillusions de ces dernières années et les batailles internes dérisoires.

*

* *

L'année 2009 commença par le traditionnel rituel des vœux. C'est un exercice difficile, car il oscille constamment entre les règles de politesse et de considération où il est de bon ton de ne rien dire qui puisse prêter à polémique, et l'attente médiatique jamais assouvie, assoiffée par les quelques jours de diète de Noël et du jour de l'An, et qui attend donc du président son lot d'initiatives, de décisions ou à tout le moins de déclarations définitives. À raison de trois à quatre discours par jour, on mesure aisément le risque de lasser une opinion publique déjà gorgée d'informations multiples ou de prononcer par inadvertance un mot malheureux qui suffirait à gâcher une rentrée déjà placée, du fait de la crise financière mondiale, sous les plus mauvais auspices. Cette année-là, j'ai donc essayé d'élargir mes marges de manœuvre en débutant par une tournée au Proche-Orient, au cours de laquelle je prévoyais de me déplacer dans pas moins de cinq pays en trois jours : Égypte, territoires palestiniens, Israël, Syrie et Liban. En fait, il s'agissait davantage d'étapes que de réelles visites. J'ai toujours aimé ces tournées. Les Affaires étrangères m'ont passionné depuis l'origine. La découverte d'interlocuteurs nouveaux n'a jamais cessé de me fasciner.

Ces parenthèses internationales constituent une oasis de respiration pour le président de la République. Soudain, les contraintes usantes du quotidien s'éloignent. La brutalité du débat national avec ses acteurs habituels porteurs de tant de rancœurs et d'hostilités, parce qu'ils estiment que vous occupez le fauteuil qui leur était dû, s'estompent. Même les interlocuteurs de la presse changent, mettant provisoirement à l'écart les spécialistes de la politique au profit des connaisseurs des Affaires étrangères. J'ai souvent pensé que je n'y perdais guère au change. Je suis toujours revenu de mes voyages au-delà de nos frontières plus riche de connaissances, d'expériences, de dépaysements. J'avais besoin de voir la France de plus loin pour la connaître de plus près. Pour paradoxal que soit ce constat, je l'ai vraiment ressenti. Je percevais ainsi davantage nos forces et nos faiblesses comparées à celles des autres. Je m'inspirais d'initiatives prises par mes collègues chefs d'État et de gouvernement. J'imaginais des stratégies pour développer ce qui était mon obsession : l'influence de la France.

Une fois encore, la situation s'était fortement détériorée entre Israël et le Hamas. Comme à l'accoutumée, les responsabilités étaient partagées. Le premier avait lancé une offensive terrestre contre Gaza. Le second continuait de tirer des roquettes sur Israël. Quatorze ans après ces évènements, force est de constater que la situation reste strictement la même. Le conflit est toujours aussi chaud ; les discussions, toujours aussi froides ; les perspectives de paix, toujours plus éloignées. L'impasse est complète. L'aveuglement est total. Circonstances aggravantes, plus personne ne veut ni même ne cherche à s'en occuper. On sent que plus aucun dirigeant du monde ne se sent investi de la responsabilité de trouver une solution ! Les médias eux-mêmes en parlent infiniment moins qu'il y a quelques années. Il ne s'agit même plus d'un dialogue de sourds, puisqu'il n'y a plus aucun dialogue. Les protagonistes ne font plus semblant : ils s'ignorent ou s'invectivent alternativement. J'ai moi-même longtemps imaginé que la solution pourrait être introduite par l'intermédiaire de grands parrains puissants et engagés comme les États-Unis, l'Arabie saoudite, l'Égypte ou même l'Europe. Mon voyage ne faisait d'ailleurs pas exception à la règle, puisque j'essayais à mon tour d'impliquer le président égyptien Hosni Moubarak et le président syrien Bachar al-Assad aux côtés du

Premier ministre israélien Ehud Olmert et du président de l'Autorité palestinienne Mahmoud Abbas. Ce fut peine perdue car chacun, malgré son apparente bonne volonté, était enfermé dans ses intérêts propres, ses contradictions et surtout son réseau d'amis constitué tout à la fois de protecteurs et d'obligés.

Ma conviction d'aujourd'hui, c'est qu'en vérité rien ne sera possible sans volonté des Israéliens et de l'Autorité palestinienne. Ce sont eux seuls qui doivent faire la paix et qui peuvent la faire. Sans cette volonté initiale de réconciliation et de lucidité, rien n'avancera. Je dis de lucidité, parce que les plus farouches adversaires d'Israël doivent comprendre que l'existence de ce pays ne sera jamais remise en cause par la communauté internationale et que son émergence fut l'un des évènements majeurs de la seconde moitié du XXe siècle sur lequel personne de sensé n'acceptera de revenir. À l'inverse, et parallèlement, qui peut imaginer que les Palestiniens dont la croissance démographique est importante pourraient renoncer à posséder leur propre patrie ? Aucun de leurs voisins arabes n'étant décidé à leur laisser chez eux la moindre place, la question de la nécessité d'un État palestinien n'est pas près de s'éteindre. Palestiniens et Israéliens sont donc condamnés, et pour très longtemps, à vivre côte à côte. Les pays ne changent pas d'adresse, ne déménagent pas. Le choix est donc binaire. Soit ils se supportent, soit ils s'affrontent. À l'image de ce que furent capables de construire les Allemands et les Français au lendemain de la Seconde Guerre mondiale, la réconciliation est donc la seule perspective qui reste. Ce n'est qu'une question de temps. Et il y en a déjà eu tant de perdu. Tant d'enfants de cette terre y ont laissé la vie en pure perte. Il faut maintenant mettre un terme à ce gâchis phénoménal.

À ceux qui trouveront mon propos irréaliste ou idéaliste, je répondrai qu'il y a tout à gagner dans la paix et tout à perdre dans la guerre. Pourquoi alors considérer que le choix du pire serait le plus réaliste ? Je veux également dire que la question de l'État d'Israël dépasse la seule problématique de l'identité juive. Après les atrocités de la Shoah, Israël est devenu le symbole de la renaissance de la civilisation face aux forces du mal. Ce pays est né du pire, du désastre, de l'inhumanité libérée le temps d'une guerre mondiale, jamais l'homme ne pourra aller plus loin dans l'abjection. Israël est la réponse à cet effondrement moral. C'est un symbole qui ne pourra plus jamais être effacé. C'est pour cette raison que j'ai toujours affirmé que la France se devait d'être aux côtés d'Israël, y compris militairement si son existence devait un jour être menacée. C'est une question de principe et de priorité, ce qui n'exclut en rien la possibilité d'exprimer des désaccords parfois profonds avec ses dirigeants. Le Premier ministre Ehud Olmert était prêt à aller très loin dans la direction de la paix. Il me l'avait confié. Il était sincère, mais il agissait trop tardivement. Ses déboires de politique intérieure ne lui permettaient plus d'être en situation de légitimité suffisante pour prendre des initiatives fortes. L'occasion fut donc manquée. Chacun y a perdu beaucoup : les Palestiniens, qui n'ont toujours pas leur terre ; les Israéliens, qui continuent avec une régularité de métronome à perdre toutes les guerres de la communication. À la longue, cela pourrait devenir une menace très sérieuse.

J'avais une tout autre préoccupation en tête avec le Liban. Ce petit pays, longtemps décrit comme « la Suisse du Moyen-Orient », constituait un miracle. Celui de la coexistence jamais pacifique, mais finalement acceptée ou au moins tolérée de communautés diverses. Le drame de l'Orient est que son identité est multiple, alors que son présent n'est encombré que de pulsions visant à exclure le voisin « différent » du champ national. L'Orient a besoin de cette diversité qui lui est consubstantielle, et pourtant il ne semble fasciné que par cette pureté ethnique ou religieuse qui n'en finit pas de monter les communautés les unes contre les autres. L'Irak et la Syrie en sont les exemples les plus caricaturaux et les plus tristes. Le spectacle donné y est aussi désolant que désespérant. Le Liban demeure l'un des derniers refuges de cette diversité si nécessaire. On y croise des chiites, des sunnites, des chrétiens, des Druzes de la montagne et tant d'autres. Pour combien de temps encore, tant les tensions y sont exacerbées ? La communauté internationale devrait aujourd'hui se mobiliser bien davantage pour aider, préserver, protéger ce pays si proche par sa culture et par son histoire de la France. Les règles de la démocratie parlementaire ne peuvent s'y appliquer dans leur rigueur implacable. Car l'adoption d'une discipline uniquement majoritaire ferait disparaître le Liban de la diversité au profit d'un Liban chiite pieds et poings liés face à l'Iran, qui l'utilise déjà sans vergogne au service de ses seuls intérêts. Sauver le Liban, c'est préserver l'idée que nous nous faisons de l'Orient fidèle à sa culture et à son histoire faites de tant de mixité, de rencontres, d'influences, de contradictions et de différences. Ce pays représente bien davantage que sa population ou sa superficie. Il est, lui aussi, un symbole. Laisser mourir un symbole, c'est accepter la disparition d'une part de notre humanité, de notre civilisation, de notre histoire. Tout ne se résume pas aux chiffres, aux kilomètres carrés, aux intérêts économiques. La mémoire du monde ne peut se passer d'un Liban libre et surtout vivant.

Je devais une nouvelle fois me rendre auprès de la FINUL (Force intérimaire des Nations Unies au Liban) et de nos soldats français présents au Sud-Liban pour assurer l'indépendance et la souveraineté de nos frères libanais. Je ne conteste nullement le bien-fondé de cette force sous commandement onusien destinée à protéger ce territoire si menacé. Je m'interroge, en revanche, sur la longueur interminable de cette mission. Cela fait pas moins de quarante-cinq années que le contingent français se trouve à remplir cette fonction. C'est long ! Trop long ! Beaucoup trop long ! D'une part, parce que cela conduit petit à petit l'armée française à être regardée comme une force d'occupation. Et c'est inévitable, quelles que soient les précautions prises. Or, nous n'avons pas vocation à jouer ce rôle. Nos forces doivent être projetées pour intervenir sur un « conflit chaud ». Faire usage de la force si nécessaire et repartir une fois le premier travail chirurgical effectué. Cela vaut pour le Liban, pour le Mali, pour la République centrafricaine ou pour la Côte d'Ivoire. C'est la seule façon d'éviter les polémiques, les faux procès, les hypocrisies et les manipulations qui sont inévitables en cas de présence prolongée. Ainsi, autant j'ai approuvé l'envoi de la force Barkhane au Sahel pour affronter les djihadistes, autant j'ai contesté sa pérennisation. Cette mission n'aurait pas dû excéder quelques mois. Comment d'ailleurs envisager de tenir un territoire grand comme trois fois la France avec quatre mille hommes ? Cela n'avait aucun sens. De surcroît, cela exposait, comme on l'a vu, l'armée française aux risques de la polémique instrumentalisée par le premier dictateur militaire venu. De même, si l'opération Sangaris a permis d'éviter des massacres de grande ampleur, nous n'avons pas davantage vocation à séparer dans la durée les chrétiens et les musulmans en République centrafricaine. Dans le meilleur des cas, nous demeurerons impuissants, dans le pire, nous serons pris pour cible. C'est si facile pour des pouvoirs sans la moindre légitimité qui ont besoin de désigner un ennemi afin de tenter de faire oublier leurs propres incuries.

Notre pays doit jouer un rôle sur la scène internationale. Son rôle. Il ne s'agit nullement d'une question de fierté nationale, de prétention ou d'ego, comme l'affirment si souvent tant de commentateurs qui mesurent le pouvoir de la France à l'aune de leurs faibles capacités d'imagination ou de projection. Pour la France, l'ambition n'est pas un choix ou une alternative, c'est une question d'identité nationale. Nous ne connaissons pas la mesure, le juste milieu, la moyenne. Nous avons besoin du « grand » ou nous nous abandonnons dans le pire ! Toute notre histoire le montre de la façon la plus éclatante. Les Français expriment toujours l'exigence de vivre un grand projet, une grande ambition, une vision incandescente. Car seules ces perspectives sont capables de canaliser leur énergie, cette énergie qui est notre premier atout et notre principale faiblesse. Notre atout, car elle nous permet de relever des défis insensés qui ont marqué tant d'étapes glorieuses dans notre histoire. La France est dotée de talents multiples, de tempéraments originaux, de créateurs époustouflants. Nous sommes capables de faire tant de choses que les autres ne pourraient pas entreprendre. Et dans le même temps une sorte de masochisme national nous fait souvent tomber dans le pire aussitôt après avoir incarné le meilleur.

*

* *

À l'évidence je ne pouvais prolonger mon séjour oriental. Les vœux devaient être présentés aux Français. J'avais passé les quelques jours de repos de fin d'année à travailler d'arrache-pied sur le programme de rentrée du gouvernement. Je devais absolument rependre l'initiative sur le plan national. La présidence française de l'Europe avait été, de l'avis général, un succès. La gestion de la grave crise financière mondiale aussi. Mais il nous fallait rebondir, économiquement et politiquement.

Économiquement, car notre économie, comme celle de tous les autres pays, était anémiée. Politiquement, parce que la crise avait anesthésié provisoirement les critiques. Or, les fins de dépression sont toujours les moments les plus dangereux. À l'image de la sortie des fauves de la cage après le spectacle dont tous les dresseurs savent qu'il s'agit de la partie la plus délicate à gérer, la plupart des drames ayant lieu à ce moment. Contrairement à ce que l'on croit, les épreuves surviennent beaucoup plus fréquemment après la crise que pendant celle-ci.

Je voulais, fidèle à ma stratégie constante, prendre de vitesse tous mes opposants en leur imposant un calendrier de réformes et d'initiatives effrénées. Je souhaitais que la France profite de ce grand bouleversement financier mondial pour tenter de faire sauter un à un les verrous des conservatismes syndicaux, corporatistes ou politiques. D'un autre côté, je n'étais pas mécontent de déstabiliser mes oppositions en les obligeant à réagir, en les empêchant par contraste d'agir. J'avais bien compris que, quitte à être la cible, il valait bien mieux être en mouvement que statique. Cela me protégeait d'une immobilité qui m'aurait certainement condamné.

Je reconnais volontiers, avec le recul, ne pas avoir choisi le dossier le plus facile pour ouvrir cette année politique, car il concernait la justice en général et plus particulièrement la justice pénale. Il me semblait pourtant que mon ambition était parfaitement légitime, puisqu'elle nous aurait enfin mis en conformité avec les grands principes européens gravés dans le marbre par la Cour européenne des droits de l'Homme, qui rendent contraire à toutes les règles de protection des droits de la défense le fait de se trouver face à un magistrat qui instruit et juge en même temps. Se trouvait ainsi posée depuis des années la question du juge d'instruction à la française qui n'existe pratiquement plus dans aucune autre démocratie.

Ce fut donc le 7 janvier de cette année 2009 que je pris la parole dans la salle de la 1re Chambre de la Cour de cassation toute chargée d'histoire et de symboles. Contrairement à une légende, hélas bien installée, je ne fus nullement « agressif » avec mes interlocuteurs, encore moins provocant. Au contraire, puisque, dès mes premiers mots – d'un discours que j'avais préparé minutieusement, aidé par mon brillant conseiller à la justice Patrick Ouart et son talentueux adjoint et ancien magistrat Christophe Ingrain –, je soulignai que j'étais un membre à part entière de la famille judiciaire du fait de mon appartenance à la profession d'avocat depuis 1981. J'allai même plus loin en appelant à un véritable dialogue entre le pouvoir exécutif et le pouvoir judiciaire. Le mot « pouvoir » était lâché et c'était important, parce que les pères fondateurs de la Ve République avaient spécifiquement cantonné les magistrats au vocable d'« autorité judiciaire ». C'est-à-dire qu'en bon français, ils se trouvaient relégués à un statut inférieur, d'où les frustrations maintes fois décrites.

Enfin, je rappelai ma totale confiance dans la justice de notre pays. Je précisai même « que l'on m'entende bien, car il ne s'agit pas là d'une figure de style obligé ». On ne peut pas dire que le propos était ambigu ou de circonstance. Je tins même à revenir sur les critiques que j'avais formulées dans le passé en précisant qu'il s'agissait alors de constater des dysfonctionnements non pour stigmatiser l'institution judiciaire, mais « pour qu'elle trouve en elle-même les moyens de les résoudre ». Pour preuve de ma complète bonne foi, j'annonçai ma décision de réformer le Conseil supérieur de la magistrature en commençant par en retirer la présidence au président de la République qui, dans un avenir proche, serait remplacé par le premier président de la Cour de cassation. On ne trouve pas là de quoi justifier une quelconque défiance.

S'agissant de la procédure pénale, le principe européen est simple. La même personne ne peut à la fois enquêter et juger. C'est une règle fondamentale pour tous ceux qui sont attachés au respect des droits de l'Homme. C'est d'ailleurs bien pourquoi la France est l'une des dernières démocraties européennes à avoir encore un juge d'instruction tout-puissant. Tout observateur doté d'un minimum de bonne foi aurait dû venir en soutien de cette proposition. La gauche, qui est coutumière de donner des leçons en matière de droits de l'Homme, aurait dû y trouver un terrain à sa mesure pour exprimer sa générosité bien connue, en tout cas dès qu'il s'agit des principes.

Je voulais donc la fin d'une procédure inadaptée en séparant les fonctions d'enquête et de jugement. Un juge en charge de l'enquête ne peut raisonnablement veiller en même temps à la garantie des droits de la personne mise en examen. J'avais, hélas, sous-estimé l'importance de mon « passif » en la matière : j'avais, dans le passé, osé critiquer le juge d'instruction dans l'affaire Outreau qui avait quand même, excusez du peu, maintenu treize innocents en prison pendant plusieurs années, dont l'un qui se donna la mort – accusé à tort dans des conditions ignominieuses, le malheureux s'était suicidé sans que cela émeuve plus que cela ledit juge, qui n'avait même pas tenu à présenter ses excuses. De surcroît, je m'étais également, alors que j'occupais les fonctions de ministre de l'Intérieur, opposé au président du tribunal pour enfants de Bobigny, Jean-Pierre Rosenczveig, qui était surnommé par les délinquants du département « le Pote », ce qui en disait long sur les sentiments qu'il inspirait à ceux qui auraient dû le craindre et qui le considéraient au minimum comme un allié bienveillant. Curieuse conception de ses fonctions de juge en charge de la répression.

En bref, j'avais commis une forme de sacrilège en critiquant quelques juges dont l'engagement politique avait à ce point entamé la capacité à exercer leur métier de façon sinon objective, à tout le moins équilibrée. Il ne s'agissait en aucun cas d'un jugement d'ensemble sur une profession, mais de la constatation de dysfonctionnements à mes yeux choquants. En cela, je m'étais affranchi d'une règle médiatique non écrite qui veut que l'on ne critique pas les décisions des juges. Outre que cette habitude imposée par la pensée unique ne repose sur aucun texte juridique, elle aboutit à ce que l'institution judiciaire ne soit soumise à aucun contrôle, à aucun contre-pouvoir, à aucune critique la plus modérée soit-elle. Ainsi s'est construit peu à peu un monde enfermé sur lui-même qui ne rend compte qu'à ses pairs et qui règle ses problèmes en interne dans une certaine opacité. Il n'y a pas de bilan à justifier, aucune polémique n'est tolérée et seul compte le jugement des magistrats sur eux-mêmes. La justice est désormais le seul pouvoir qui n'a à subir aucun contre-pouvoir. Je ne m'imaginais pas qu'en faisant ce que je pensais être mon travail de ministre de l'Intérieur j'avais à ce point heurté « la conscience » comme « la sensibilité » de tant de magistrats à l'engagement politique si ancré. Et encore, à l'époque, je n'avais pas eu l'honneur de figurer à une place centrale sur le tristement fameux « mur des cons » du Syndicat de la magistrature. Heureusement que les responsables politiques ont l'épiderme moins sensible, sinon que resterait-il de notre vie démocratique qui progresse par débats successifs, par polémiques violentes, par transparence revendiquée ?

C'est ce contexte qui expliqua la violence des réactions à mon projet de réforme, pourtant nécessaire au regard des obligations européennes de la France qui risque à chaque instant d'être condamnée pour non-respect des règles du droit de la défense. Un journaliste du *Journal du dimanche* posa même la question : « Le président de la République veut-il la peau des juges ? » Rien que cela… Le projet prévoyait simplement de remplacer le juge d'instruction par un juge de l'instruction dont le rôle aurait été d'arbitrer entre le parquet chargé de porter l'accusation et d'enquêter, et la défense en charge de répondre. Le juge de l'instruction aurait eu la responsabilité de trancher entre les deux thèses opposées par nature. Il retrouvait ainsi sa fonction de juge, abandonnant une posture schizophrénique qui le faisait devoir instruire à charge la moitié de la semaine et à décharge l'autre moitié, ce qui est à l'évidence impossible à mener de front, en tout cas pour qui voudrait le faire de façon équilibrée. On ne voit pas en quoi cela aurait empêché la moindre enquête de prospérer. J'étais de surcroît décidé dans ce cas à donner son indépendance au parquet. Le vice-président du tribunal de Paris, Serge Portelli, dénonça mon « mépris absolu pour la justice ». Quant à Dominique Barella, président de l'USM, le principal syndicat des magistrats, sa réaction fut tout aussi mesurée, puisqu'il dénonça ma « conception bonapartiste du pouvoir ». À ses yeux, je voulais rien de moins que « préfectoraliser » le corps judiciaire. Pour montrer à quel point le jugement de ce dernier était objectif, il suffit de rappeler qu'il avait appelé à voter Ségolène Royal en 2007, ce qui témoignait d'un cynisme certain et d'un culot parfait pour qui prétendait défendre l'indépendance de ses collègues et les protéger de l'influence des politiques ! De tous les conservatismes que j'ai dû affronter, celui de la profession judiciaire fut certainement l'un des plus forts et des plus efficaces. S'appuyant sur un monde médiatique toujours friand de scandales prétendument dissimulés et agitant le fantasme du contrôle politique sur les « affaires », il a fini par constituer une forteresse hermétique, en complet autocontrôle, à qui rien ni personne ne peut demander la moindre explication.

Ne voulant pas entretenir un climat de polémique bien inutile, je finirai par renoncer à ce projet auquel j'étais pourtant attaché par de solides convictions. Ma propre majorité avait d'ailleurs commencé à se fissurer sur le sujet. Pierre Mazeaud, l'ancien président du Conseil constitutionnel, m'avait demandé un rendez-vous pour me convaincre d'abandonner mes velléités de réforme. Il est vrai que ce dernier ayant toujours été un adversaire de l'Europe, je ne pouvais décemment lui reprocher de s'opposer à une réforme qui nous aurait mis en conformité avec le droit européen. Ce fut mon premier recul. Il ne s'agissait pourtant pas de céder à la rue ou à la pression populaire, mais à un lobby de moins de dix mille personnes. Preuve était une nouvelle fois apportée que le nombre ne fait pas toute l'affaire et que certains conservatismes, pour ne pas être spectaculaires par leur capacité à organiser des démonstrations de force, n'en sont pas moins redoutables par leur efficacité et par leurs relais médiatiques. Après avoir subi tant d'assauts judiciaires disproportionnés et excessifs, et pensant à tous ces Français qui n'ont pas la chance de pouvoir s'exprimer publiquement comme j'ai l'opportunité de le faire, je regrette plus encore aujourd'hui de ne pas avoir eu la persévérance d'aller jusqu'au bout en la matière. Il est vrai que ma propre équipe à l'Élysée, et comment lui donner tort, me pressait de me consacrer à la sortie de la crise économique qui était, et de loin, le sujet majeur, plutôt que de prendre le risque de me disperser en combats qu'elle jugeait périphériques. La vérité est qu'il ne l'était pas, en tout cas pas pour celui-ci qui aurait pu avoir une grande importance dans le fonctionnement harmonieux de notre démocratie ! Je ne tarderais pas à constater la profondeur de la détestation que j'avais suscitée, bien injustement, dans une partie du milieu judiciaire. Donner mon opinion était un droit que, apparemment, je n'aurais pas dû exercer. Mettre la procédure française en conformité avec les principes européens était une initiative qui fut jugée « provocante ». Le problème reste entier aujourd'hui. Quels que soient les conservatismes, il faudra bien un jour l'affronter et le résoudre.

*

* *

Je profitai de ce début d'année pour essayer de tirer des leçons du cataclysme économique et financier qui s'était abattu sur le monde. Je craignais par-dessus tout que, comme à l'accoutumée, une fois le choc passé le cours naturel des choses reprenne sans que rien ne change. J'étais persuadé que dans ce cas le risque était grand de voir la colère des peuples qui avaient tant souffert des conséquences de la crise devenir incontrôlable. Je le pensais pour le monde comme pour la France. Je dois dire surtout pour la France, dont la capacité éruptive dès qu'il s'agit de prôner une révolution est quasiment sans égale. Je ne voulais pas laisser à la gauche comme à l'extrême gauche la possibilité, comme le dit l'expression populaire, de jeter « le bébé avec l'eau du bain », c'est-à-dire le capitalisme avec la crise. C'était si tentant et surtout si facile d'appeler à la disparition de celui-ci au seul motif des dysfonctionnements qui avaient conduit à la dépression économique. Il fallait donc en urgence que tous ceux qui croyaient en l'économie de marché choisissent de la défendre et expliquent ce qui n'avait pas fonctionné, et en conséquence ce qu'il fallait modifier. En l'absence d'un tel effort de remise en cause, il y avait fort à parier que le risque de l'amalgame serait inéluctable, entraînant un tourbillon de confusions, d'à-peu-près et de procès d'intention. Je crois vraiment qu'il s'agit d'une faiblesse endémique de la droite que de trop souvent déserter le terrain idéologique, surtout en matière économique, à croire qu'elle a honte de ses convictions, alors que la gauche est à l'inverse friande de principes, de raisonnements, de postures souvent déconnectés de la réalité, mais qui arrivent finalement à imposer la thématique des débats « autorisés » à l'opinion publique. Je voyais ainsi le piège se refermer, nous imposant son cortège de refrains habituels sur la faute des riches, du profit, des capitalistes, des propriétaires... Ce qui à mes yeux était d'autant plus injuste que, parmi les victimes de la crise, les véritables entrepreneurs et les travailleurs authentiques avaient été aux premières loges. Eux aussi avaient souffert et ce, beaucoup plus qu'on ne l'avait dit. Ce travail d'explication n'était pas si aisé, car il fallait faire preuve de finesse en démontrant que ce n'était pas le capitalisme en soi qui était à abattre, mais ses dysfonctionnements qu'il fallait corriger. C'était une analyse juste qui se prêtait difficilement aux raccourcis, aux slogans et aux caricatures habituels en la matière.

Autrement dit, je voulais défendre l'idée que le capitalisme exclusivement financier était une trahison du capitalisme économique dans lequel je croyais. Le second était l'affaire des entrepreneurs. Le premier, des spéculateurs. Ce faisant, je prenais le risque d'être attaqué des deux côtés à la fois. Par la gauche, qui trouverait toujours que je n'allais pas assez loin dans la remise en cause d'un système injuste, et par une partie de la droite, qui trouverait que j'en faisais trop et qui, en conséquence, pouvait commencer à s'en agacer. Je fus même moqué par ce qu'une certaine droite appelait mon « tropisme de gauche ». On n'allait pas jusqu'à me comparer à Jacques Chirac et sa fameuse fracture sociale, mais on n'en était pas si loin.

J'eus l'occasion de m'exprimer sur cette grande question à l'occasion de l'ouverture du colloque « Nouveau monde, nouveau capitalisme », le 8 janvier 2009 à l'amphithéâtre de l'École militaire, en présence d'Angela Merkel et de Tony Blair. C'est mon ministre Éric Besson qui en avait pris l'heureuse initiative. Le fait qu'il avait appartenu au Parti socialiste le rendait beaucoup plus familier de ce genre de colloque que nombre de mes amis, plus habitués aux seuls rassemblements militants. Une nouvelle fois, je me félicitai d'avoir à mes côtés un homme de sa qualité, courageux et intelligent. Du courage, il lui en avait fallu pour me rejoindre. Ce n'était pas si facile de franchir le Rubicon qui consiste à changer de famille politique. D'autant plus lorsqu'il s'agit de passer de la gauche vers la droite. Dans ce cas, les insultes pleuvent doublement !

Ce phénomène est assez curieux à observer. À longueur de débats, les observateurs soulignent à l'envi l'immobilisme caricatural des positionnements politiques, jugés la plupart du temps « pavloviens et sectaires » ou au minimum sans nuance. Nombreux sont ceux qui pointent du doigt la prévisibilité et l'automaticité d'une réaction selon que l'on appartienne à la majorité ou à l'opposition, à la gauche ou à la droite, à un parti ou à un autre. Ces comportements sont en général jugés sévèrement. À l'inverse, quand une personnalité s'émancipe de ces réflexes partisans, elle est alors critiquée pour son « opportunisme ». On lui dénie toute conviction, comme si un changement d'orientation ne pouvait jamais être qu'une vulgaire pulsion reposant sur un intérêt de carrière. Bien sûr, j'ai connu et rencontré des comportements qui répondaient à cette malheureuse description, mais je trouve injuste cette généralisation hâtive, comme si un responsable politique n'avait le choix qu'entre le dogmatisme et l'opportunisme – aucun des deux n'étant vraiment valorisant… Après quarante années de vie politique, je crois toujours à la sincérité et au courage qu'il a fallu pour exprimer certains choix structurants à des dates de la vie politique que j'ai pu observer de près. Jacques Chirac était sincère dans sa conviction que Jacques Chaban-Delmas ne serait pas élu et que le soutien à Valéry Giscard d'Estaing était un moindre mal pour la survie de la famille gaulliste. J'étais intimement persuadé que les qualités d'homme d'État d'Édouard Balladur étaient supérieures à celles de Jacques Chirac, en tout cas à ce moment de l'histoire, pour conduire la France. J'ai compris, sans les partager à l'époque, les choix de Gérald Darmanin, Bruno Le Maire et Sébastien Lecornu en faveur d'Emmanuel Macron après le désastre de la présidentielle de 2017 et le rétrécissement idéologique des Républicains qui s'ensuivit. On peut être de droite et ne pas souhaiter être réduit au combat contre le mariage pour tous ou la procréation médicalement assistée ! Cela n'en a pas fait à mes yeux des « traîtres ». Ils ont posé une analyse politique. On peut la partager ou la contester c'est parfaitement légitime, mais on ne peut la réduire à un comportement dicté par les seuls intérêts personnels.

Avant mon élection, Éric Besson fit un choix de convictions qui le conduisit à penser que la France serait dans de meilleures mains entre les miennes qu'entre celles de Ségolène Royal. J'ai du mal à lui donner tort… Mais suis-je seulement assez objectif ? Je préfère en tout cas de beaucoup cette attitude à celle qui consiste à faire semblant de soutenir un candidat ou une candidate dans lequel ou laquelle on ne croit pas et à dire en privé tout le mal que l'on pense de lui ou d'elle. Agir ainsi, c'est bien plutôt cela, le manque de courage ! Au fond, la limite de la fidélité est atteinte au moment où commence l'insincérité. La fidélité devient alors un automatisme, une hypocrisie, l'expression d'une absence de convictions et de cohérence. Cela vaut tout à la fois pour la vie professionnelle et personnelle. C'est également un choix que j'ai dû faire. Un nœud que j'ai dû trancher lors de la dernière élection présidentielle. Ce n'est ni facile ni agréable, c'est pourtant ce qui redonne de la noblesse, de la liberté et de la passion à un monde politique devenu trop prévisible et ennuyeux, comme le montre la dégringolade régulière des taux de participation à toutes les élections.

J'ai toujours été fidèle à ma famille politique, et ce depuis l'origine de mon engagement en 1975. Quarante-huit années ! Cela fait un bail, un immense parcours en commun, des liens et des souvenirs indestructibles. Je n'ai jamais triché sur mes convictions. Je n'ai pas hésité à être minoritaire plutôt que de sacrifier ces dernières. Parfois, j'ai eu tort au sens où les faits m'ont démenti. Parfois, j'ai eu raison. Mais c'est bien l'idée que je me faisais et que je me fais encore de ce que doit être un engagement politique digne de ce nom.

*
* *

Pour comprendre la crise que nous venions de vivre, je voulais revenir sur le concept de « mondialisation heureuse » que tous les libéraux de la planète nous avaient vendu et survendu – concept auquel il convenait d'adhérer sous peine d'être rangé dans la catégorie des passéistes, des nationalistes ou, pire, des populistes. Il n'y avait même plus à raisonner, à expliquer, encore moins à contester. La mondialisation était un fait incontournable sur lequel personne ne reviendrait et qui allait déverser ses bienfaits sur le monde entier et ce pour l'éternité. Certains sont allés jusqu'à faire campagne sur l'identité heureuse… Rien que cela… C'était même, pour quelques illuminés, « la fin de l'histoire ». La réalité était naturellement bien moins séduisante. Dans la catégorie des bienfaits, il est juste de souligner la forte croissance économique mondiale, les multiples innovations technologiques, et même l'enrichissement de nombre de pays jusqu'ici parmi les plus pauvres de la planète. On peut y ajouter la multiplication des voyages et des voyageurs toujours plus avides de rencontres, de découvertes et de partages. Tout ceci représente beaucoup et n'aurait certainement pas pu être obtenu sans cette révolution économique mondiale. Ce n'est pas remettre en cause ce fait inéluctable que de souligner que la médaille avait son revers et que, avec la face brillante, il y avait aussi un côté sombre.

La mondialisation a créé un vide en dissolvant les repères, les valeurs, les solidarités traditionnelles qui maintenaient finalement un équilibre précaire, mais bien réel entre l'individuel et le collectif. De ce vide est née une angoisse, et de cette angoisse est née une révolte. La réaction fut d'autant plus violente que l'angoisse était niée par une partie des élites qui, ne la comprenant pas, avait fini par la mépriser. J'ai ainsi vu monter la détestation de toutes formes de pouvoir lors des sommets internationaux qui donnaient lieu à des manifestations de plus en plus violentes. Les chefs d'État traversaient le monde entier pour être littéralement enfermés dans des citadelles où ils ne rencontraient plus que des diplomates et des fonctionnaires internationaux, et jamais le moindre citoyen du pays hôte. De là se sont développés des réflexes identitaires, des frénésies communautaristes, des passions religieuses sans limites, chacune nourrissant l'autre et se gonflant mutuellement de davantage de haine et d'intolérance. Sur fond de croissance économique forte se sont ainsi nouées une crise morale et une crise identitaire qui expliquent, sans les justifier et encore moins les excuser, des comportements extrêmes. Ces déséquilibres massifs, ces injustices criantes et ces inégalités ont offert à l'extrémisme et à la violence un terreau favorable. La mondialisation est un fait acquis sur lequel l'on ne reviendra pas, mais le mot « heureux » était vraiment inapproprié si l'on veut bien considérer le nombre sans cesse grandissant des perdants qui ont payé un très lourd tribut.

Je veux aussi souligner une conséquence paradoxale de la mondialisation qui, dans le même temps où elle permettait l'émergence assez spectaculaire d'une classe moyenne dans nombre de pays en voie de développement comme la Chine – sans doute pas moins de 400 millions de Chinois peuvent désormais être répertoriés dans cette catégorie –, organisait le déclassement parallèle et aussi soudain des classes moyennes appartenant aux pays dits développés. La mondialisation a agi comme un vase communicant ou comme une organisation à somme nulle, donnant aux uns ce qu'elle prenait aux autres.

Le système financier mondial a prospéré avec un grand sens des opportunités sur ces déséquilibres. Les excédents financiers considérables des uns servaient à financer les déficits, non moins considérables, des autres. Avec la création illimitée de monnaie, l'argent a fini par avoir une valeur quasi négative. Cette abondance de monnaie a été investie dans tout et n'importe quoi. Les spéculateurs ont même fini par gagner de l'argent en revendant frénétiquement et avec décote des dettes considérables sans jamais avoir à les rembourser. Un mur de dettes fut ainsi poussé en avant de façon irresponsable. C'est à qui deviendrait le plus imaginatif, prendrait le plus de risques, exigerait son bénéfice le plus rapidement. Il ne s'agissait même pas de s'affranchir des règles, puisqu'elles n'existaient pas. Le marché mondial a émergé bien avant qu'un début de réglementation mondiale ou au moins de régulation universelle minimum ait pu être adopté.

C'est ainsi que j'ai tenté d'expliquer comment le capitalisme financier avait fini par pervertir la logique du capitalisme. C'était pour moi une question centrale. Je précisais même que si on n'était pas d'accord sur ce constat, on ne serait d'accord sur rien. En effet, le capitalisme, en tout cas à mes yeux, ce devrait être le travail, l'effort, l'esprit d'entreprise, la prise de risque où il est possible tout à la fois de gagner et de perdre. À l'inverse, le capitalisme financier est un système d'irresponsabilité, on l'a bien vu avec les bonus dont il était aisé de désigner les bénéficiaires et les malus qui, une fois que la crise avait frappé, ne trouvaient plus aucun destinataire. Je veux préciser que, fidèle à mes convictions s'agissant de la différence et de l'égalité, je n'ai pas été choqué par l'énormité de certaines rémunérations ou de certains gains. Après tout, il n'est pas anormal ou encore moins immoral que celui qui est capable de créer de la richesse, beaucoup de richesse dont à la fin tout le système bénéficiera directement ou indirectement, profite de ce qu'il a su créer par son talent, par son argent, par sa prise de risques, par son intelligence. Que Bill Gates ou Bernard Arnault soient riches, c'est un fait, mais qui d'autre aurait été capable de bâtir les empires qui sont les leurs aujourd'hui ? Ces entreprises mondiales donnent des emplois à des centaines de milliers de salariés à travers le monde. Réussir à vendre à des consommateurs chinois des produits pour beaucoup fabriqués en France, c'est un défi que bien peu auraient été capables de relever. L'injustice n'est donc pas dans ce que ce grand industriel français possède. Il l'a amplement mérité. L'injustice, ce serait que d'autres avec le même talent n'aient pas la possibilité de construire un parcours similaire. L'injustice serait qu'il accumule ce qu'il a pu accumuler alors qu'il n'en aurait pas eu le mérite. C'est bien ce qui m'avait choqué dans l'affaire dite des bonus. Ce ne doit pas être un système où l'on gagne à tous les coups, c'est-à-dire où l'on ne perdrait jamais. Que des financiers aient bénéficié des bonus quand ils ont contribué à créer de la richesse ne m'a jamais perturbé.

Mais quand les mêmes qui avaient pris des décisions inopportunes n'en assumèrent aucune conséquence financière, alors je considérai que le système devenait profondément amoral. Ce fut dans cet esprit que je demandai aux banquiers français de renoncer, en tout cas pour l'année en cours, à leur bonus, car si les résultats étaient devenus positifs ou au moins équilibrés, c'était aussi en grande partie parce que l'État avait grandement financé les recapitalisations de ces établissements au bord de la faillite quelques mois auparavant.

Lors de ce colloque, je conclus mon propos en affirmant que le remède à la crise du capitalisme n'était pas l'anticapitalisme. Que celui-ci serait une impasse. Qu'il s'agirait de la politique de la table rase. Qu'il représenterait la négation de tout ce qui avait jusqu'ici permis d'asseoir notre idée du progrès. Mon message se voulait clair. La crise du capitalisme financier appelait à la moralisation du capitalisme, pas à sa disparition. Il ne fallait pas rompre avec celui-ci, mais le refonder. J'étais et je suis toujours certain que soit on refondera le capitalisme, soit il sera détruit. Le défi était immense. Il le reste d'ailleurs très largement.

À ce stade, je me contentai de renvoyer à la prochaine réunion du G20 – qui devait se tenir à Londres au mois d'avril – les applications concrètes que j'entendais obtenir à partir de cette première analyse de base. Je ne serais pas déçu par la violence des débats qui m'opposeraient alors à deux interlocuteurs de poids, curieusement réunis et associés pour ne rien faire, en les personnes du président américain Barack Obama et du président chinois Hu Jintao. J'aurai l'occasion d'y revenir plus en détail. Lors de ce colloque, Angela Merkel marqua un soutien utile bien que formel. Elle non plus n'irait pas à Londres pour qu'il ne s'y passe rien. Cette déclaration était un premier pas. Mais elle n'en dirait et surtout n'en ferait pas davantage, me laissant, comme souvent, ferrailler jusqu'au moment où elle finirait par prendre la position qu'elle jugerait la plus « raisonnable ». Et ce serait à la dernière seconde de la dernière minute !

Je ne reprochai pas à la chancelière allemande sa pusillanimité ; c'est sa nature, sa culture. C'est même son histoire. À quoi sert-il de reprocher à quelqu'un ce qu'il est profondément ? Elle vient de l'Est, d'un régime communiste, et la résilience est sa valeur première. La poutre qui soutient tout et qui permet tout. La durée est son obsession, à n'importe quel prix, même à celui de l'immobilisme. Ne prendre aucun risque était devenu chez elle une conviction solidement ancrée. Garder la liberté de changer de stratégie jusqu'au tout dernier moment est une tactique qu'elle a toujours su utiliser à merveille. Angela Merkel se méfie des débats trop intellectuels, elle se détourne de toute prise de parole flamboyante. Il lui faut du solide, du roboratif, du consistant, et tant pis si c'est parfois ennuyeux. De surcroît, je connaissais ses liens de proximité avec le patronat allemand qui jamais ne la laisserait aller trop loin dans la refondation d'un capitalisme qui avait permis à l'Allemagne de se faire une place de choix parmi les grandes puissances économiques mondiales. Les intérêts de l'industrie allemande étaient une préoccupation constante de la chancelière. Toute initiative, toute nouveauté était donc analysée à l'aune de ce prisme. Elle aimait à s'entretenir quasi quotidiennement avec tel ou tel de ces grands patrons qui lui servaient de guides en matière de stratégie économique. En Allemagne, une telle proximité était vue positivement, car elle était un gage de pragmatisme et une assurance contre tout risque d'emballement idéologique. Heureuse Allemagne… En France, à l'inverse, tout lien avec le patronat, toute proximité avec les thèses de l'entreprise, tout soupçon d'amitié avec un entrepreneur est immédiatement analysé et disséqué comme contraire à l'éthique, comme offensant à l'égard des principes républicains, comme étant aux limites de la compromission et parfois davantage. Ainsi en fut-il de ma participation aux universités du MEDEF à l'été 2007, accueillie par un concert quasi unanime de critiques et instrumentalisée pendant des mois. Avoir parlé avec le patronat était donc bien la preuve que j'étais le président des riches !

J'avais un grand besoin du soutien d'Angela Merkel. Obtenir la création du G20 avait été une fameuse bataille, mais désormais, il convenait d'empêcher que la nouvelle instance ne s'enlise. La crise et son urgence avaient créé une dynamique. La sortie de crise présentait le risque de nous faire retomber dans l'immobilisme habituel. Je devais donc obtenir une majorité pour agir au sein de cette nouvelle organisation et cela commençait par le rassemblement des Européens du G20. C'était une condition nécessaire, mais nullement suffisante. Dans les Européens, je comptais naturellement sur le Royaume-Uni et son Premier ministre, Gordon Brown. Lui aussi était important, car il me permettait de faire pression sur les

États-Unis en particulier et le monde anglophone en général. Ma qualité de « Français » me rendait suspect auprès de cet univers où que vous soyez de gauche ou de droite ne change rien au fait que vous devez d'abord et avant toute chose être un libéral. Ainsi, Gordon Brown était un travailliste qui se trouvait assez régulièrement être à ma droite dès qu'il s'agissait d'économie, d'industrie ou de commerce. Bien qu'adhérant à l'Internationale socialiste, il n'avait strictement rien à voir avec nos socialistes français qui regardaient le fonctionnement de l'économie mondiale avec des convictions de l'époque paléolithique ! L'homme était passionné et souvent passionnant : amoureux de tout ce qui, de près ou de loin, touche à la théorie, aux grands principes ou à la chose intellectuelle ; féru des questions les plus complexes ; avide de toutes les matières savantes sur l'histoire de l'économie mondiale. Il fut un allié, loyal et efficace, en tout cas au moins tant que j'arrivais à tout saisir de ses raisonnements qui dépassaient parfois ma capacité de compréhension ! Le tout servi par un débit impressionnant – je n'avais jamais imaginé qu'il était possible de parler si rapidement et de façon si saccadée. Et avec un accent scottish à couper au couteau. C'est peu dire que j'étais concentré quand je m'entretenais avec lui. Et nous échangions très souvent.

En repensant à ces années de collaboration confiantes, utiles et souvent heureuses avec les dirigeants britanniques, je ne peux m'empêcher de considérer cette folie du Brexit comme un authentique drame pour eux comme pour nous. Pour eux, car leur isolement n'a jamais été aussi prononcé. On voit le peu de cas que les Américains ont fait de leurs promesses de mettre en place des relations économiques privilégiées avec « leurs amis anglais ». Par ailleurs, chaque jour, les relations s'aigrissent entre l'île et le continent européen. Et il y a fort à parier qu'il ne s'agisse que du début, tout comme dans les divorces où les relations se distendent avec le temps, de façon inéluctable. Alors que seulement une trentaine de kilomètres nous séparent, le Brexit nous aura divisés aussi définitivement qu'inutilement. Au regard de la grande histoire qui a vu les peuples d'Europe tant s'affronter, et alors qu'ils avaient fini par se retrouver, cette séparation n'est ni plus ni moins qu'un scandale. On n'imagine pas encore ce qu'il faudra d'énergie pour qu'un jour nous nous retrouvions. J'ai bien peur que cela ne se mesure en décennies. La morale de l'histoire est sauve puisque, à l'image de la Révolution française qui dévora ses instigateurs, Boris Johnson ne tarda pas à être emporté par cette même absence de sérieux et de convictions qui l'avait conduit à soutenir cette hérésie du Brexit par pur calcul personnel. Mince consolation pour cette grande économie dont l'Europe aurait aujourd'hui tant besoin.

C'est d'ailleurs ce que j'affirmai en conclusion de ce colloque : « Je plaiderai jusqu'à mon dernier souffle que nous avons besoin des Anglais dans l'Europe, que votre place est avec nous, que votre ouverture au monde nous est indispensable. » Tony Blair, présent lors de cette réunion, applaudit des deux mains. Malheureusement, ni lui ni moi n'avons été entendus. Je n'ai pourtant pas changé de convictions et ne suis pas près de le faire.

Je terminai mon propos, qui avait pu être jugé vif par certains de mes propres amis toujours inquiets que je puisse aller trop loin, comme si j'avais été élu pour n'énoncer que des poncifs, en tentant d'envoyer quelques messages d'apaisement. Je commençai par les banquiers, dont certains étaient dans la salle, en précisant qu'il ne s'agissait naturellement pas de supprimer la finance, mais simplement de mettre celle-ci au service de la production et de l'économie réelle. Qu'il n'était pas davantage question de disqualifier l'endettement qui exprime la foi dans l'avenir, ce qui est un moteur essentiel du développement économique, mais qu'à l'inverse il s'agissait de faire en sorte que les risques qui sont la contrepartie inévitable de l'effet de levier soient bien évalués. Que je n'avais aucune arrière-pensée négative à l'endroit des banquiers, même si je trouvais choquant que chaque fois qu'une bulle spéculative explosait, il s'était trouvé des banquiers à son origine, prêtant n'importe quoi à n'importe qui, et qu'il nous faudrait bien arriver un jour à trouver un équilibre.

À l'époque, je fus marqué par une rencontre que je fis avec le président d'une des plus grandes banques américaines. L'homme était intelligent, sympathique, ouvert et sincère. Cette dernière qualité n'était pas si fréquente dans la profession. Il était encore tout retourné par l'expérience qu'il venait de vivre. Il me raconta que quelques semaines auparavant, des manifestants munis de pancartes où il était écrit « Voleur, rends l'argent » avaient tourné plusieurs heures durant autour de son domicile où il vivait avec sa famille.

Comme l'homme était honnête et sensible, il en avait été bouleversé : « Vous rendez-vous compte où nous sommes tombés en matière d'image ? C'est désastreux ! » Je lui répondis que les banquiers payaient le prix du culte du secret, « quand, pendant des années, vous n'expliquez pas les contraintes de votre métier, les risques, les difficultés, le contexte particulier qui est celui que vous subissez ». Lorsque la crise arrive et que les bonus sortent, l'opinion publique est d'autant plus choquée qu'elle ignore tout du fonctionnement de la finance et de ses pratiques. C'est pourquoi je croyais à la nécessité d'un profond effort de transparence qui répondrait à des impératifs moraux et à un devoir d'explication et de formation. Mon interlocuteur m'avait alors semblé sincèrement convaincu du problème et des voies pour le régler, ou au moins en diminuer l'intensité. Ce colloque fut finalement plus utile que je ne l'avais espéré. On a parfois de bonnes surprises. Il faut d'autant plus savoir en profiter qu'elles sont rares. Je me promis de renouveler l'expérience dès que l'occasion s'en présenterait.

*

* *

En France, tout a été, est ou sera politique. La politique revient sans cesse comme une ritournelle. Même si les Français aiment à affirmer le contraire, à manifester leur défiance, à sanctionner leurs responsables, la politique est dans leur sang. Peu de pays sont aussi politisés que le nôtre. Et ceux qui professent la détester la pratiquent encore davantage que les autres. Chez nous, tout est politique. Au sens où pour prendre la moindre décision, comme pour affirmer la plus petite opposition, on éprouve toujours le besoin de se rattacher à un raisonnement idéologique. Les partis mêmes qui ont prospéré, comme le Rassemblement national, sur le rejet de la politique « traditionnelle » sont les premiers à utiliser les moyens les plus éculés de la vie politique classique. Les formations dites antisystèmes ne le sont que pour la galerie, car leurs premières ambitions sont d'être reconnues par le système, de l'intégrer et de finir par être digérées par lui ! L'exemple du Parti communiste prônant la révolution internationale et se contentant de rêver d'un modeste groupe parlementaire à l'Assemblée nationale est certainement l'un des plus caricaturaux. Le président n'échappe pas à la règle. Il lui faut sans cesse réinventer des débats, expliquer la cohérence idéologique de ses choix, se mêler de la vie politique dans les moindres détails. La légende veut qu'il ne devrait s'occuper que de l'essentiel. Il s'agit de pure théorie, car le problème, c'est que la nature de celui-ci n'est décrite dans aucun livre et n'obéit à aucune règle. Qu'est-ce que l'essentiel quand on dirige un pays ? Facile à décrire pour l'observateur ou l'intellectuel ; beaucoup plus difficile pour l'acteur qui, lui, sait d'expérience que les plus gros ennuis peuvent surgir de simples détails. À l'Élysée, on doit se garder de tout, surveiller tout, être attentif à tout. En ce début d'année, je ne pouvais donc pas me consacrer aux seuls principes, je devais aussi mettre les mains dans le cambouis, c'est-à-dire me préoccuper des personnes.

C'est ce que je fis en choisissant un nouveau secrétaire général pour ma formation politique, l'UMP. Je devais absolument le faire, car la greffe avec Patrick Devedjian n'avait jamais pris : je m'étais trompé. À la tête d'un parti, il faut aimer les gens, les réunions, les déplacements, les débats. On n'a pas de pouvoir institutionnel ou même opérationnel, mais on peut exercer une grande influence pour peu que l'on soit réactif, passionné, prêt à vivre l'actualité sans jamais s'en lasser. Je voulais redonner de la vie et du dynamisme à ma famille politique. Je souhaitais qu'elle soit un relais pour l'action du gouvernement et qu'elle aiguillonne celui-ci, tant je trouvais que certains de ses membres avaient trop tendance à s'endormir sur des lauriers qui ne me paraissaient pas toujours légitimes. C'est un travail qui demande du talent, de l'abnégation, du courage et un appétit insatiable.

Il me semblait que Xavier Bertrand répondait à ces caractéristiques. De surcroît, je lui faisais crédit d'avoir su garder les pieds sur terre en ne s'imaginant pas obligé de se lancer immédiatement dans la course présidentielle. Ainsi, la comparaison que je pouvais faire entre lui et le président de mon groupe à l'Assemblée nationale, Jean-François Copé, tournait amplement à son avantage. Les qualités de l'un étaient le contraire des défauts de l'autre. Il n'y avait nulle morgue dans le Xavier Bertrand que j'ai connu. J'aimais son côté populaire, non énarchique, ainsi que sa capacité de travail. Tout mon entourage ne partageait pas cet optimisme, tant s'en fallait. Nombreux étaient ceux qui étaient réservés à propos de sa nomination, ne le jugeant pas fiable. Brice Hortefeux lui était très opposé. Ainsi va la politique, avec ses querelles intestines, dérisoires, et en même temps tellement humaines, donc compréhensibles. Mais à la longue, cela en devenait épuisant. Je me devais cependant, par simple honnêteté, de me remémorer mon propre passé. J'avais moi aussi, et sans doute plus souvent qu'à mon tour, succombé aux délices et aux poisons de la jalousie. Je ne déviai donc pas de ma route et persistai dans mon choix. Je voulais de surcroît éprouver la solidité de cette nouvelle génération que représentait Xavier Bertrand en lui confiant des responsabilités, en lui imposant des changements de secteurs d'attribution, en essayant de l'aguerrir. En effet, tout avait été assez facile pour elle, Jacques Chirac d'abord, moi ensuite, elle n'avait pratiquement pas connu les vents contraires de la vie dans l'opposition. Or, ceux-ci sont nécessaires pour devenir un professionnel averti de la politique. Un peu à l'image des marins qui savent bien que la navigation par vents contraires nécessite plus de connaissances que la navigation par vents portants.

J'avais également profité de cette période de vœux pour apaiser les tensions naissantes que les observateurs avaient obligeamment mises en avant entre François Fillon et moi. Quelle était la part de la réalité et celle du fantasme ? Je n'en sais trop rien ! La période de la crise financière fut d'une rare intensité. J'étais littéralement par monts et par vaux. J'étais d'autant mieux habitué à la personnalité de mon Premier ministre qu'il m'avait laissé me déployer seul sur le front tant international qu'européen. Par discipline, par manque d'appétence pour ces questions ? Je ne trancherai pas. Toujours est-il qu'il n'y avait pas eu entre nous le moindre frottement, le plus petit agacement, pas davantage que de vexation. Sans doute l'entourage de Matignon continuait-il à bavarder sur le compte de l'Élysée, accusé de tous les maux pour mieux exonérer le Premier ministre. Rien de très grave...

En vérité, je n'y prêtais pas grande attention, même si je ne souhaitais pas que tout ceci finisse par compliquer une rentrée qui l'était déjà bien assez. Or, c'est l'avantage de la vie politique où les choses peuvent se calmer aussi prestement qu'elles se sont enflammées. Un mot suffit à mettre le feu. Un autre peut tout autant l'éteindre. C'est d'ailleurs ce que je fis en prononçant le nom de François Fillon dans mon allocution télévisée de fin d'année. Ni plus ni moins. Et aussitôt, j'ai vu refleurir les éditoriaux politiques vantant la solidité de nos liens retrouvés. L'éditorialiste en chef du *Figaro* Paul-Henri du Limbert avait parfaitement résumé mon état d'esprit en écrivant : « Alors que l'appareil d'État doit se concentrer sur le Plan de relance, à quoi servirait-il d'entretenir le doute sur la longévité du chef du gouvernement ? À une crise économique s'ajouterait un petit tohu-bohu politique dont il n'est pas certain que l'opinion publique comprendrait l'intérêt. » On ne pouvait mieux dire. François Fillon, comme à son habitude, ne me confia rien de ses pensées. Il ne me remercia pas de l'avoir cité, pas davantage qu'il ne m'avait, dans le passé, reproché de ne pas l'avoir fait. C'était son tempérament et sans doute sa nature profonde qui lui interdisaient de montrer ou de faire part du moindre de ses sentiments. Cela ne me gêna nullement. Je n'ai jamais confondu les relations de travail et les rapports intimes ou amicaux. Bien au contraire, j'avais même fini par penser que cette relative froideur permettrait à notre « couple » de durer. Il y a, en effet, moins de risques d'explosion quand il y a peu de sentiments passionnels en jeu. La pacification fut d'autant plus simple à conduire qu'il n'y avait pas eu, en fait, de réelles oppositions.

Le gouvernement avait également connu en son sein un évènement inhabituel, mais heureux, car la garde des Sceaux, Rachida Dati, avait donné naissance à sa fille Zohra. Cela avait déclenché une brève polémique, puisque cinq jours après avoir accouché, la jeune mère participait au Conseil des ministres ainsi qu'à l'audience solennelle de rentrée de la Cour de cassation. Pour les uns, c'était « scandaleux » qu'elle ne prenne pas tout son congé maternité. Pour les autres, cette naissance faisait partie du « bling-bling sarkozyste » pour détourner l'opinion publique des véritables problèmes. Je trouvai tout cela injuste et absurde. Je me demandai d'ailleurs quelle était la sincérité de tous ces discours sur l'égalité entre les femmes et les hommes si, à la première occasion, on stigmatisait une femme accouchant et voulant mener sa carrière professionnelle. L'hypocrisie était à son comble. Une fois de plus était démontré l'abysse existant entre les mots prononcés et la réalité vécue. Je profitai du Conseil des ministres pour saluer la nouvelle maman et la féliciter d'avoir pu reprendre si rapidement ses activités.

Une dernière polémique agita ce mois de janvier avec la mutation inattendue du préfet de la Manche. Je m'étais rendu le 12 janvier à Saint-Lô, où exerçait depuis six mois comme représentant de l'État un certain Jean Charbonniaud. Je ne le connaissais pas et n'avais naturellement rien contre sa personne ou même contre son action. Le déplacement s'était assez mal passé. Les syndicats de l'Éducation nationale m'avaient préparé un accueil houleux et bien dans leurs manières. Au moment des sorties de crises, ils sont toujours parmi les premiers à protester et à manifester. Sans doute cela traduit-il une certaine disponibilité dans un emploi du temps qui n'est pas toujours surchargé ! Les enseignants syndicalisés forment le gros des troupes des manifestations diverses et multiples qui occupent la vie sociale de notre pays. Qu'il s'agisse du Covid ou de la finance, ils se présentent avec une régularité de métronome comme les premières victimes du contexte ainsi créé. Le discours est toujours le même. Il manque des professeurs ! Les salaires sont trop bas ! Le stress est trop grand ! Le reste n'est qu'une affaire de circonstances. Tous les prétextes et toutes les situations sont exploités pour manifester. C'est même une occupation dont ils ne se lassent jamais. Cela finit par devenir une part de leur statut.

Toujours est-il qu'à Saint-Lô, ce jour-là, ils étaient nombreux, voyants, bruyants. Le préfet avait tellement mal organisé son affaire que je dus pénétrer dans le bâtiment où je devais prononcer mon discours entre deux haies serrées de protestataires déchaînés. Auparavant, il m'avait fallu faire le tour d'une immense place bordée des seuls manifestants qui ne manquèrent pas l'opportunité de crier bruyamment leur opposition ou même de jeter différents projectiles sur le cortège présidentiel. Je ne dis pas que le préfet l'avait fait exprès, mais c'était vraiment tout comme. J'aurais d'ailleurs préféré qu'il y eût une arrière-pensée politique à cette défaillance organisationnelle, au lieu de quoi ce n'était qu'un manque de professionnalisme. Rien n'avait été anticipé, pensé, organisé. Sans doute ce haut serviteur de l'État avait-il oublié que la première qualité d'un préfet est l'adaptabilité ! La seconde, la réactivité. Ce n'est pas lui faire injure que d'affirmer que, ce jour-là, il avait manqué des deux.

Je n'étais pas rentré à Paris que j'en avais déjà tiré les conclusions et les avais communiquées au ministre de l'Intérieur. Le préfet devait partir. Ce qui fut fait ! Que mes lecteurs soient rassurés. Les hauts fonctionnaires peuvent être remplacés voire sanctionnés, mais c'est juste en attendant leur prochaine affectation… La rémunération continue à être versée. Pour désagréable que soit le principe de la sanction, le prix n'est quand même pas trop lourd à payer. L'opposition a beaucoup protesté, arguant de mon caractère sanguin et de ma dérive autoritaire ! Antienne déjà bien connue. François Bayrou ne fut pas en reste. Il est vrai que le principe d'une prise de décision rapide est quelque chose qui a toujours choqué ce centriste dans l'âme. Procrastiner est pour lui une alternative. Ça ne l'est jamais pour moi. Nous n'étions sans doute pas faits pour nous entendre.

Au-delà de l'anecdote et de la diversité de tempéraments dans l'action, je veux souligner une différence fondamentale dans l'idée que l'on doit se faire de la signification du mot « responsabilité » lorsque l'on est un grand commis de l'État ou un responsable politique. Dans mon esprit, les choses sont claires. S'il y a un dysfonctionnement, c'est qu'il y a un responsable. Et dans ce cas, la sanction doit tomber ou alors on entre dans un système d'irresponsabilité généralisé où il n'y aura ni responsable ni responsabilité. À quoi servirait de donner tant de pouvoir aux préfets, si c'est pour arriver à ne pas tenir compte de ce qu'ils en font ou de ce qu'ils n'en font pas ? C'est pourquoi j'avais instauré au ministère de l'Intérieur une politique dite des « résultats ». Les bons recevaient une prime. Les mauvais, une sanction. La gauche avait beaucoup dénoncé cette « politique du chiffre » qualifiée d'inhumaine ! Une fois revenue au pouvoir, elle s'était empressée de la supprimer. Il n'y avait alors plus de chiffres et plus de résultats. Les Français en ont souffert, tout comme les meilleurs policiers qui ne voyaient plus leur efficacité et leurs efforts valorisés et reconnus.

Un exemple de l'actualité plus récente m'a beaucoup choqué. Il s'agit de l'assassinat d'Yvan Colonna à la maison d'arrêt d'Arles. Je ne suis pas suspect d'une quelconque sympathie à l'endroit de cet homme condamné pour avoir exécuté un préfet de la République dans le dos, alors qu'il marchait seul dans une petite rue d'Ajaccio. L'horreur du crime ne change rien à l'affaire. Yvan Colonna était en prison sous la garde de l'État français. Il avait été condamné à une peine d'emprisonnement lourde, pas à être assassiné par un codétenu. Ce qui s'est passé est ni plus ni moins qu'un scandale d'État pour qui croit à l'État de droit, aux droits de l'Homme et à la République. Je comprends l'émotion qui s'est alors emparée de l'île de Beauté. Je partage même la colère des Corses quelle que soit leur sensibilité, française ou indépendantiste. Si abjects que fussent les faits commis par Yvan Colonna, il ne devait pas être assassiné, de surcroît dans des conditions si sauvages et si brutales. Or, jusqu'à ce jour, personne n'a été désigné comme responsable : le directeur de la maison d'arrêt n'a pas été muté et le responsable de l'administration pénitentiaire est toujours en place. Certes, la Première ministre Élisabeth Borne a décidé « de suivre l'intégralité des recommandations » du rapport de l'Inspection générale de la justice rendu public le 28 juillet 2022 pointant des manquements de la part du personnel de la maison centrale d'Arles. Elle a annoncé le déclenchement de procédures disciplinaires à l'encontre de l'ex-directrice de la prison, Corinne Puglierini, et de M., surveillant chargé de l'aile où se trouvait Yvan Colonna. Mais tout cela est lent et n'est pas à la hauteur de cette affaire d'État. Ce n'est pas l'idée que je me fais de la responsabilité. Cette irresponsabilité de principe participe beaucoup de la grave crise de confiance des Français à l'égard de leur administration et de leurs responsables politiques.

*
* *

Je me rendis à Nîmes pour présenter mes vœux au monde culturel. Cette ville, que j'ai toujours aimée et admirée, a su préserver les très nombreux vestiges de la période romaine, tout spécialement ses arènes, et en même temps se doter d'équipements et d'une architecture modernes sans perdre ni son âme ni son charme. Je voulais une nouvelle fois sortir de Paris, où j'avais la hantise de me laisser enfermer. C'était une merveilleuse occasion de montrer que la culture était un droit pour chaque Français, et ce quel que soit son lieu de résidence. Je n'étais par ailleurs pas mécontent de m'éloigner du petit milieu culturel parisien, dont la pédanterie est proportionnelle à l'engagement politique... à gauche ! Je désirais surtout montrer l'attachement que je portais à l'identité culturelle française. C'est sans doute dans ce domaine que, par ma faute, je me suis le plus laissé enfermer dans une image, entièrement construite par mes détracteurs, de désintérêt pour l'art dans le meilleur des cas, ou même d'adversaire de celui-ci dans le pire. Avec la polémique sur *La Princesse de Clèves*, j'avais bien inutilement donné du grain à moudre à mes détracteurs. La vérité était bien sûr tout autre, sur le plan politique comme sur celui de ma vie intime.

J'avais intégré l'idée, majeure à mes yeux, que la culture ne devait pas être une victime « budgétaire » de la crise puisqu'elle était la première réponse à celle-ci ! Je n'ai ainsi jamais cherché à opposer les contraintes économiques et les priorités culturelles, car j'ai toujours pensé que ces dernières pouvaient être des facteurs de croissance, de développement et de recettes financières pour l'État. J'allai même, ce jour-là, annoncer une rallonge budgétaire de cent millions d'euros pour le compte du ministère de la Culture. Jamais, durant les cinq années de mon mandat, ce budget n'a eu à subir le moindre gel ou la plus petite réduction, et ce malgré le contexte financier qui suivit la crise et qui fut ravageur pour les finances publiques. Je sais gré à mes deux brillants conseillers culturels à l'Élysée, Éric Garandeau puis Olivier Henrard, d'avoir toujours veillé à cela. La gauche était bien embarrassée par mon activisme dans un domaine qu'elle avait toujours considéré comme son pré carré ! Elle était si sûre de son avantage et de sa légitimité qu'elle ne faisait plus aucun effort à l'endroit du monde artistique où elle se considérait comme chez elle. J'avais bien observé ce phénomène qui m'avait inspiré une audacieuse manœuvre de séduction auprès du monde culturel. Je ne croyais pas que ce « bastion » était imprenable. J'étais bien décidé à faire sauter une nouvelle fois tous les anciens repères.

Je fis une « prise » de choix en la personne du célèbre producteur Marin Karmitz, fondateur du groupe indépendant MK2. Jadis communiste puis maoïste, il avait beaucoup évolué à la suite de sa déception des années Mitterrand, puisqu'il déclara : « Depuis que François Mitterrand a invité Silvio Berlusconi à venir faire la première télévision privée en France, il n'y a plus aucune réflexion sur la culture à gauche. » C'était vrai mais venant de lui c'était plus fort ! Je lui avais donc proposé de prendre en charge l'animation d'un Conseil pour la création artistique. Je voulais aiguillonner l'administration de la Culture, que je trouvais trop immobiliste, trop classique et surtout assez endormie. Je confiai à Marin Karmitz la mission de réfléchir aux « subventions utiles » que j'opposais à celles « d'habitude » reconduites année après année sans que jamais on réfléchisse à leur utilisation réelle comme à leur utilité, c'est-à-dire à leurs résultats. Je pensais qu'à force de tout conserver en l'état, de refuser toutes évaluations, ce ministère n'avait cessé de s'éparpiller, de saupoudrer, finalement de s'égarer.

Bien malin dans ces conditions celui qui aurait pu énoncer quelles étaient encore les priorités d'action au service d'une grande politique culturelle. Marin Karmitz fit œuvre utile. Il était tout à la fois courageux, imaginatif et expérimenté. Sa double culture privée-publique lui permettait de parler à tout le monde avec une réelle crédibilité. Évidemment, à peine nommé, il cristallisa les oppositions de tous ceux – et ils étaient nombreux – qui avaient peur de voir leur confortable rente de situation remise en cause. Je m'y attendais ! Je fus plus surpris en revanche par « la jalousie » qui saisit les titulaires successifs de la rue de Valois, Christine Albanel puis Frédéric Mitterrand, qui virent dans Marin Karmitz non un allié potentiel, mais un rival possible. Je dus constamment arbitrer entre ces deux pôles que j'avais moi-même créés ! Je préférais cependant ces oppositions stimulantes à l'habituel immobilisme de la pensée comme de l'action auquel m'avait habitué cette administration. Je souhaitais que la création redevienne un élément de l'imaginaire, du rêve, de la cohésion sociale, qu'elle redonne un mouvement et une dynamique à la société. C'est par la culture, par la renaissance de l'identité française, par la création que la France pouvait retrouver une partie de son statut véritable.

Je savais par ailleurs que le véritable ministre de la Culture ne pouvait être que le président lui-même, car il s'agissait du meilleur moyen de donner du pouvoir à ce ministère trop faible pour gagner seul ses arbitrages. J'avais bien observé, à une époque plus ancienne, les relations entre François Mitterrand et Jack Lang. Il m'était apparu que c'est le premier qui donnait de la force au second, lui permettant d'être toujours à l'initiative. C'est ce modèle que je m'efforçai de dupliquer, et ce quel que soit par ailleurs le talent assez unique de Jack Lang.

J'étais sur le plan personnel dans une démarche sincère, puisqu'elle correspondait à tout ce qui m'avait toujours passionné sans que j'y fasse jamais allusion publiquement. Cette trop grande pudeur fut certainement une erreur. J'ai toujours aimé la culture et j'entretiens depuis longtemps une fascination pour les artistes. J'ai le bonheur de vivre avec l'une des leurs. C'est une chance, car outre les sentiments que j'éprouve pour elle et que le temps qui passe n'a fait que renforcer, j'aime et j'ai besoin de cette sensibilité, de cette manière différente de penser et de voir la vie, de cette originalité qui fait que jamais une journée ne ressemble à la précédente. Carla est une artiste et, comme tous les artistes, elle est capable de ressentir puis de traduire des émotions et des sentiments qu'il n'est pas donné au commun des mortels de saisir. Il y a chez les artistes, et ce quel que soit leur domaine d'expression, une fragilité qui leur donne la force de s'exprimer ; une instabilité qui leur offre l'équilibre dont ils ont besoin pour créer ; une capacité à se rebeller contre toute forme de pensée systématique qui apporte à la société une respiration et une ouverture sans lesquelles le monde serait devenu irrespirable. J'aime parler, dialoguer, échanger avec cet univers si particulier. J'y trouve matière à réflexion et à inspiration. Il m'est souvent arrivé de comparer ce monde avec celui qui était le mien, la politique. Je sortais de mes rencontres avec les artistes enrichi d'idées et de perspectives nouvelles. C'était comme un bain de jouvence dans le quotidien aride du président de la République.

J'ai beaucoup d'amis dans le monde politique, mais fréquemment je trouvais nombre de nos querelles vaines, disproportionnées, asséchantes pour l'esprit comme pour l'âme. Au fond, je n'aime rien tant que l'originalité. C'est étrange, alors que mon tempérament me porte naturellement vers l'ordre et la stabilité. Il s'agit certainement d'une de mes contradictions. Elle n'est sans doute pas la seule, mais c'est l'une des plus constantes comme des plus présentes. Elle explique aussi la diversité des entourages qui m'ont accompagné tout au long de ma carrière. J'ai toujours voulu dialoguer avec des personnalités qui pensaient différemment des autres comme de moi. Ce ne fut pas toujours simple à gérer en interne et à expliquer à l'extérieur. Je fus souvent critiqué pour cela, car la différence peut aussi constituer un risque pour la réputation, pour la stabilité, pour l'harmonie. Je n'y ai pourtant jamais renoncé. C'est sans doute la façon que j'avais trouvée pour combattre l'ennui, la monotonie, l'habitude, pour lesquels j'ai toujours éprouvé une « sainte » horreur.

Faire une plus grande place à l'art et aux artistes dans nos vies quotidiennes devrait être une préoccupation constante des plus hauts responsables de l'État. Je veux préciser que, dans mon esprit, il ne s'agit pas de divertissement, d'amusements ou d'un nécessaire autant que salutaire « changement d'idées ». C'est beaucoup plus profond que cela. J'ai la conviction que la réponse aux angoissantes questions sur la vie, son sens, sa précarité, sa brièveté ne se trouvent que dans les émotions suscitées par la culture ou par la religion, si l'on est croyant. Les deux ont à faire avec le mystique, la transcendance, le mystère. Sans elles, nous serions seuls face à nos destins si aléatoires. Pour vivre, chacun de nous a donc besoin de lire, d'écouter de la musique, de regarder des films, de voir des expositions, de visiter des musées… de se nourrir de toutes ces émotions qui assurent notre différence avec le reste du monde vivant. Il s'agit d'une conviction inébranlable. La fréquentation assidue des œuvres de tous les génies qui nous ont précédés ou vivent à nos côtés pour les plus contemporains est la seule façon de continuer à croire en l'avenir et soulager les angoisses comme les solitudes du présent.

*
* *

Ce mois de janvier si chargé se terminait enfin. Il n'y avait pas eu de drames. Ce n'était déjà pas si mal, même si les médias faisaient leurs gros titres avec « le succès » de la journée de mobilisation contre la politique économique et sociale du gouvernement. C'était un grand classique. Je n'ai pas le souvenir qu'une journée de ce type ait jamais été décrite comme un « échec ». Heureux syndicalistes dont l'action est toujours présentée de façon spectaculaire et positive, et qui bénéficient en cas d'échec d'une tranquille discrétion. A-t-on jamais vu un titre de presse mettant en avant « la grande victoire du gouvernement sur le front social », qu'il soit d'ailleurs de droite ou de gauche ? Je n'échappais donc pas à la règle. Il s'ensuivit la sempiternelle bataille des chiffres. Le ministre de l'Intérieur avait comptabilisé plus d'un million de manifestants. Les syndicats, de leur côté, en avaient recensé pas moins de 2,5 millions. Qui disait la vérité ? Où se trouvait-elle ? Sans doute entre les deux. Cela faisait du monde sans qu'il s'agisse du raz-de-marée auquel je pouvais m'attendre compte tenu de la violence de la crise que nous venions de traverser. Ce n'était en tout cas pas suffisant pour m'empêcher de dormir, et encore moins pour me faire renoncer à mes projets de réforme. Il y eut également des violences qui opposèrent « des manifestants autonomes » aux forces de l'ordre du côté de l'Opéra, au moment où les organisateurs sonnèrent la dispersion. Pour regrettables que furent ces débordements, ils ne prirent jamais l'ampleur que l'on a pu voir ces dernières années. Sans doute le contexte est-il aujourd'hui plus violent. Et je me garderai bien de donner des leçons dans un domaine, celui de l'ordre public, dont je sais par expérience qu'il est complexe et où les résultats peuvent être aléatoires. Je veux cependant souligner que j'ai toujours cherché à appliquer la même politique. Je crois qu'il faut, ici plus qu'ailleurs, prendre l'initiative. Dans le cas contraire, il faut se préparer et se résoudre à subir. Les forces de l'ordre ne doivent donc pas attendre les premières échauffourées pour agir. C'est trop tard, car alors on ne peut plus faire la différence entre les véritables manifestants et les authentiques casseurs. Et c'est à cet instant que les « bavures » ou les violences illégitimes peuvent survenir. À l'inverse, le plus tôt on agit, le plus efficace on est.

Je pouvais, fort heureusement, compter sur le soutien précieux du préfet de police de Paris, le très expérimenté Michel Gaudin, et sur mon ami le directeur général de la Police nationale, Frédéric Péchenard. J'avais une grande confiance en eux. Dès la veille d'une grande manifestation, nous mettions au point une stratégie qui devait débuter très tôt le matin des évènements. Toute personne qui paraissait suspecte faisait alors l'objet d'un contrôle, voire d'une garde à vue qui se prolongeait toute la journée et une partie de la nuit. Ainsi, nous récupérions des armes, nous vérifiions des profils déjà bien connus, nous empêchions le rassemblement et la reconstitution des bandes. Si une telle stratégie avait été mise en œuvre le soir de la finale de la Ligue des Champions à l'été 2022, jamais nous n'aurions connu de tels débordements ni une telle humiliation nationale. Lancer les CRS quand les familles sont mélangées à la « racaille » sous toutes ses formes, c'est la certitude de « gazer » les mauvaises personnes et de manquer les coupables. C'est dès 8 heures le matin de la manifestation qu'il aurait fallu déployer des policiers en civil en charge de contrôler, de vérifier et de sécuriser l'environnement du Stade de France. Bien sûr, en agissant ainsi, j'étais régulièrement accusé de pratiquer « le délit de sale gueule », selon l'expression populaire. Et il est vrai qu'il a pu y avoir ici ou là une personne qui n'avait rien à se reprocher et qui fut retenue quelques heures pour de mauvaises raisons. Je ne veux pas nier cette réalité, mais à l'inverse, on ne doit pas davantage contester que cette façon de faire évita bien des violences, des images de saccages et l'impression désastreuse donnée par l'impuissance de l'État.

Souvent, il m'arrive de lire des commentaires ou de voir des images dans lesquels mon nom est associé à celui de l'actuel occupant de la place Beauvau, Gérald Darmanin. Il se trouve que j'ai beaucoup de reconnaissance pour lui, car il m'a accompagné à une époque où les choses étaient plus compliquées pour moi qu'elles ne l'avaient jamais été auparavant. Il fut efficace, loyal et courageux. Je n'ai pas oublié son soutien et n'ai pas l'intention de le faire à l'avenir. Il a fait très tôt son choix pour Emmanuel Macron. L'échec de François Fillon avait laissé chacun libre d'emprunter, pour sa carrière comme pour ses convictions, une nouvelle voie. Et il se trouve que le maire de Tourcoing est élu et soutenu par un électorat populaire que l'orientation donnée à son parti d'origine par les plus conservateurs d'entre ses membres a fortement décontenancé. Gérald Darmanin a pris le risque d'assumer un choix fort et sans retour. Jusqu'à présent, les faits lui ont largement donné raison. Saura-t-il franchir une autre étape, voire l'étape ultime, celle qui mène à la présidence de la République ? Je le lui souhaite, car il a des qualités évidentes : une clarté dans l'expression, le sens et la compréhension des aspirations populaires et l'énergie sans laquelle aucun talent n'est utile. J'ajoute que j'aime son parcours atypique. Il a dû se construire seul. J'apprécie aussi ses origines modestes et nordistes. Sa mère est concierge. Il lui reste désormais à comprendre que son habileté ne doit pas prendre le pas sur sa sincérité. Si l'on n'est pas constamment authentique, le risque d'être démasqué est certain dans la course de fond qu'est l'élection à la présidence. Il devra aussi s'élargir, non pas simplement dans ses domaines de compétences, mais dans la façon de voir la vie, de se faire des amis, de se cultiver, d'être de son temps sans trahir son identité. Il y a un peu de Xavier Bertrand dans le Gérald Darmanin d'aujourd'hui, mais en plus souple car ayant davantage confiance en lui et moins d'humiliations à venger. Je ne connais pas chez celui-ci cette amertume qui affleure parfois chez le premier. Il ne faut jamais réduire une personne à celui qui l'a inspiré ou dirigé. Gérald Darmanin n'est pas moi. Je ne suis pas lui. Mais nous sommes amis, et son succès me ferait plaisir… Il est, en tout cas, l'un des quadragénaires les plus prometteurs.

*
* *

Au début du mois de février, je me rendis à Munich à l'occasion de la conférence sur la sécurité Wehrkunde, qui fut suivie d'un déjeuner de travail avec la chancelière Angela Merkel. J'ai toujours aimé la Bavière et sa capitale. C'est l'Allemagne sans l'être tout à fait, car les Bavarois sont très différents de leurs compatriotes. Ce n'est d'ailleurs pas un hasard si aucun représentant de cette grande et puissante région n'a jamais été chancelier fédéral depuis 1945 : le reste du pays les voit très différents ! Munich est une ville gaie, jolie, accueillante. Je n'y ai jamais ressenti la lourdeur que j'ai pu parfois éprouver à Berlin ou à Francfort. Je fis précéder ce déplacement de la publication d'une tribune coécrite avec Angela Merkel dans *Le Monde* et la *Süddeutsche Zeitung*, sur le thème de la sécurité en Europe. J'avais en perspective le sommet du soixantième anniversaire de l'Alliance atlantique que nous allions accueillir ensemble à Strasbourg, à Kehl et à Baden-Baden en Allemagne. Je souhaitais montrer que la construction européenne et le partenariat atlantique étaient les deux faces d'une même politique de sécurité. L'Europe a besoin des États-Unis. Et ces derniers ont tout autant la nécessité de pouvoir s'appuyer sur des partenaires européens solides.

C'était la première fois dans l'histoire de l'Alliance atlantique que l'Allemagne et la France ensemble conviaient leurs alliés. Déjà à l'époque, nous devions évoquer l'apparition de nouvelles menaces et la nécessité d'imaginer un nouveau « concept stratégique » face au terrorisme islamique. Je soulignai, à ce propos, l'importance majeure du fameux article 5 du traité de Washington qui représente, encore aujourd'hui, l'essence même de l'Alliance, en obligeant chaque État membre à agir militairement en cas d'agression de l'un des leurs.

Dans cette tribune, nous abordions un thème hautement sensible et tellement d'actualité, celui de nos relations avec la Russie. La guerre en Géorgie de l'été 2008 était passée par là. J'écrivais que celle-ci avait sans doute marqué une rupture. Nous nous félicitions que l'Union européenne ait pu arrêter la spirale de la violence et créer les conditions d'un processus de règlement, même si nous affirmions avec la chancelière que « le recours à la force militaire, ainsi que la reconnaissance unilatérale de l'Ossétie du Sud et de l'Abkhazie étaient contraires au droit international et créaient un problème de confiance avec la Russie ». Tout ceci était vrai et n'a pas changé quatorze années plus tard.

Il n'en reste pas moins que la Russie est une grande puissance militaire, à la culture européenne et qui se trouve être la voisine géographique de l'Europe. Elle a les matières premières et l'espace qui nous manquent. Nous avons les technologies, la surface financière et les marchés qu'elle n'a pas. Pouvons-nous l'un et l'autre nous permettre de nous faire la guerre ? Je ne le pense pas, car nous serions alors, et avec certitude, les deux perdants au profit des deux habituels gagnants des grandes affaires du monde : les États-Unis et la Chine. Déjà à cette période, je ne croyais pas que nous fussions revenus à l'époque de la guerre froide, et ce en dépit de la détestable intervention russe en Géorgie. L'URSS n'existait plus. Avec Angela Merkel, nous nous étions évertués à présenter l'Alliance atlantique comme une alliance défensive dont l'unique ambition était notre sécurité commune face aux menaces du monde et non une volonté agressive à l'endroit de la Russie. Nous avions quelques crédits pour l'affirmer puisque, de concert, nous avions refusé au sommet de l'Otan à Bucarest une année auparavant l'adhésion à cette organisation de l'Ukraine et de la Géorgie. Nous considérions que laisser l'Alliance s'installer aux frontières de la Russie, après de nombreux élargissements à l'Est, aurait été vécu comme une provocation et aurait suscité une réaction agressive de notre grand voisin, à l'heure où vous voulions reconstruire une architecture de sécurité en Europe. Quand on regarde la suite des évènements, il est difficile de nous donner tort. Si nous avions cédé, l'Europe serait aujourd'hui en guerre avec la Russie, le fameux article 5 nous faisant obligation d'intervenir militairement. On imagine les conséquences d'un tel cataclysme qui aurait conduit à un troisième conflit mondial. Qui peut le souhaiter ? Dans toutes ces affaires, il convient donc d'avoir des principes (c'est facile) et du sang-froid (c'est difficile), ainsi que de résister à la tentation de prendre des postures avantageuses qui ne durent qu'un temps et conduisent le plus souvent au bord d'un précipice.

Depuis, le président ukrainien Volodymyr Zelensky a critiqué avec virulence la décision franco-allemande de refuser l'adhésion de son pays à l'Otan. Et pourtant, si c'était à refaire, je le referais. D'abord, parce que l'Ukraine ne présentait pas les garanties que nous étions en droit d'attendre en termes d'État de droit, de démocratie et de transparence. Ensuite, parce que j'ai toujours cru en l'utilité de l'Otan. Le lien avec les États-Unis est majeur pour notre sécurité. Il a permis aux démocraties de l'emporter dans deux conflits mondiaux qui auraient pu faire disparaître toute forme de civilisation sur le continent européen. Le partenariat atlantique est stratégique, vital, historique. Ces liens noués par « le sang versé » ont créé une dépendance réciproque que les contingences de l'actualité ne pourront jamais briser durablement. Autant Jacques Chirac avait eu raison de s'opposer à l'intervention américaine en Irak, autant il aurait dû éviter la menace du veto au Conseil de sécurité contre nos alliés. C'est cette même conviction de la nécessité du partenariat avec les États-Unis qui m'avait décidé à faire revenir la France dans le commandement militaire intégré de l'Otan. Quitte à en être membre, autant l'être complètement. J'observe que personne n'est revenu sur cette décision, alors qu'elle avait provoqué de nombreuses polémiques à l'époque. François Hollande avait promis d'en ressortir, ce qu'il s'était empressé d'oublier en arrivant à l'Élysée. En revanche, j'ai toujours été parfaitement clair sur le fait que notre dissuasion nucléaire demeurerait strictement nationale. Nous nous devions de préserver notre indépendance quant à son utilisation, donc de refuser toute intégration.

De même, aucun contingent français ne serait placé de manière permanente sous commandement allié. Ces convictions m'ont souvent fait passer pour un américanophile. Je veux préciser que si j'aime les États-Unis et que j'affirme que nous en avons un grand besoin pour notre sécurité comme pour la défense de nos valeurs, cela ne peut passer par une vassalisation de la France et de l'Europe. Or, la ligne est ténue, les Américains supportant mal le moindre refus d'alignement systématique, immédiatement vécu comme une trahison. Mais la vérité est qu'ils ne respectent vraiment que ceux qui leur tiennent tête. Avec les États-Unis, il faut être fort et indépendant. C'est ce que nous avions démontré en 2008 avec Angela Merkel en refusant de faire droit à la demande du président Bush de laisser l'Ukraine et la Géorgie adhérer à l'Alliance.

Dans la question russe, nos intérêts avec les Américains sont moins alignés qu'on ne le dit habituellement. Les relations économiques entre les États-Unis et la Russie sont insignifiantes et en tout cas ne présentent nullement l'importance stratégique qu'elles ont pour l'Europe. Les Américains sont producteurs et exportateurs d'énergie avec leur gaz de schiste. Quand les prix de l'énergie montent, leurs recettes augmentent proportionnellement. Il en va de même pour le commerce des armes dont leur industrie est de très loin la première dans le monde.

Or la question ukrainienne aujourd'hui comme la question géorgienne hier sont d'abord un sujet européen. Cela devrait être à nous de le traiter, de le gérer, de le régler. Il n'est naturellement pas question d'accepter la politique du fait accompli mise en œuvre par Vladimir Poutine au moyen d'une utilisation « décomplexée » et brutale de ses forces militaires. Cette stratégie est contraire à toutes les lois internationales. Notre condamnation doit être forte et dénuée d'ambiguïté. Mais nous devons garder à l'esprit que l'histoire de toute l'Europe de l'Est est complexe, enchevêtrée, nouée de conflits violents et ancestraux. Les frontières, les nationalités, les intérêts, les identités s'y mêlent, s'y entrechoquent, s'y fondent avec une complexité croissante au fur et à mesure que les siècles passent. La seule chose qui demeure à peu près stable sont les haines, les amertumes, les ressentiments, les méfiances. Ainsi, jamais les Polonais ne choisiront l'Europe contre les États-Unis. Leur détestation de la Russie, compréhensible en soi, sera toujours le sentiment prédominant. Mais toute l'Europe ne peut pas s'arrimer ou s'arrêter à cette réaction épidermique pour construire la relation du continent européen avec les Russes. Or, je vois avec inquiétude trois slogans constamment et complaisamment répétés qui pourraient conduire notre continent à une catastrophe sans précédent.

Le premier consiste à affirmer que nous, les Européens, faisons « la guerre à la Russie sans la faire ». Étrange formule ! Certes, nous ne sommes pas engagés sur le terrain. Mais nous livrons des armes à flux continu à l'un des belligérants. Cette situation risque de devenir à court terme ingérable. En tout état de cause, nous serons obligés de clarifier notre stratégie, surtout si cette guerre devait durer.

Le deuxième slogan, encore plus utilisé, consiste à affirmer que les gouvernements européens et américain soutiendront l'Ukraine « jusqu'au bout et aussi longtemps qu'il le faudra ». Dans les mots, c'est clair, fort et définitif. Le problème est que, à aucun moment, personne, notamment parmi les chefs d'État et de gouvernement, n'explique en quoi consiste ce « jusqu'au bout ». S'agit-il de reprendre aux Russes les régions du Donbass et de ses environs ? S'agit-il de reconquérir la Crimée ? À moins qu'il ne soit question d'aller à Moscou et d'exiger, voire d'imposer le départ de Vladimir Poutine ? En résumé, est-il raisonnable « de faire la guerre sans la faire » et de mener un conflit sans prendre la peine de jamais préciser quels sont les buts et les objectifs concrets que l'on cherche à atteindre et qui sont poursuivis par la coalition ? Tout cela serait seulement étrange si la situation n'était pas si grave.

Enfin, le troisième slogan consiste à affirmer contre tout bon sens que l'Ukraine a sa place dans l'Otan et dans l'Union européenne. Dans l'Otan ? Avec le résultat certain d'exacerber le nationalisme russe qui n'en a vraiment pas besoin. Il ne me semble pas de bonne politique de donner à tous les faucons russes l'argument répulsif de l'installation possible d'équipements militaires de l'Alliance aux frontières de leur pays. Si l'on voulait jeter de l'huile sur le feu, on ne s'y prendrait pas autrement. Dans l'Union européenne ? Comme si l'expérience malheureuse de la candidature de la Turquie n'avait pas suffi. Nous sommes donc en train de promettre ce que d'ailleurs nous ne ferons pas et ce que nous n'avons pas intérêt à faire.

Il se trouve que l'Ukraine est un pont entre l'Europe et la Russie. Comme la Turquie est un pont entre l'Europe et l'Asie. Couper un pont de l'une de ses rives, c'est le détruire, le rendre inutile. En matière de stabilité du continent européen, on pouvait difficilement trouver pire stratégie.

La solution pour tout observateur de bonne foi me semble devoir être tout autre. Elle doit d'abord passer par la recherche de la désescalade et du calme. Les pays ne changent pas d'adresse. La Russie demeurera notre voisin, que cela nous plaise ou non. Elle restera slave et russe, donc éloignée de nombre de nos valeurs et de nos principes. Nous devons trouver les voies et les moyens de rétablir des relations de voisinage au moins apaisées, à défaut d'être cordiales. Ce que les Allemands et les Français ont fait au lendemain de la guerre me semble autrement plus difficile que ce que nous avons à construire entre l'Europe et la Russie. Celle-ci devrait d'abord renoncer à toute action militaire contre ses voisins quels qu'ils soient, petits ou grands, à l'Est ou à l'Ouest, au Nord comme au Sud. Cela ne devrait pas être un engagement impossible à obtenir puisque ce fut la constante politique russe depuis la chute du mur de Berlin en 1989 jusqu'au conflit géorgien en 2008, soit durant près de vingt années. Je rappelle que l'Union soviétique s'écroula et fut démantelée sans qu'aucun coup de feu ne fût tiré. Est-il impossible de retrouver l'esprit pacifique de cette période ? Paradoxalement, les difficultés rencontrées par les Russes dans l'aventure ukrainienne pourraient y contribuer. L'Ukraine de son côté devrait s'engager à rester neutre, c'est-à-dire s'abstenir d'appartenir à quelque alliance militaire que ce soit, au premier rang desquelles, bien sûr, l'Otan. Être neutre n'est pas un statut infamant. La Suisse l'est toujours. La Finlande l'est demeurée pendant plusieurs décennies sans que cela nuise au niveau et à la qualité de vie de ses habitants. La neutralité est adaptée à la situation géographique de l'Ukraine. Elle lui conférera une position et un rôle stratégiques. Elle sera un lien entre l'Europe et la Russie. Ce statut est par ailleurs le seul qui prenne véritablement en compte la diversité et la complexité de la population ukrainienne dont la mixité peut être tout à la fois une force ou une faiblesse. L'Otan pourrait utilement, et concomitamment, affirmer sa volonté de respecter et de tenir compte de la crainte historique de la Russie de se trouver encerclée à ses frontières par des voisins inamicaux. Cette peur peut paraître dérisoire ou artificielle pour un Européen de l'Ouest, mais elle existe bel et bien, et a toujours été présente dans l'âme russe depuis les origines les plus lointaines. Ne commettons pas l'erreur de tout juger à l'aune de nos seules convictions, de notre propre histoire, de nos principes occidentaux. L'Otan serait beaucoup plus forte si elle renonçait à faire du prosélytisme aux frontières de la Russie. Nous sommes déjà trente et un pays dans l'Alliance, ce qui est beaucoup pour obtenir des choix cohérents ; à force de l'élargir, elle deviendra ingérable et les conflits d'intérêts y seront de plus en plus violents. Enfin, cette neutralité pourrait être assurée par un accord international prévoyant des garanties de sécurité très fortes pour l'Ukraine afin de la prémunir contre tout risque de nouvelle agression.

Il restera alors la question la plus sensible et sans doute la plus délicate, celle de la future appartenance des territoires occupés par l'armée russe. Cela dépendra d'abord de l'évolution des rapports de force sur le terrain. Pour la Crimée, il me semble que tout retour en arrière est illusoire. La péninsule était d'ailleurs russe jusqu'en 1954, quand Khrouchtchev décida de l'offrir à l'Ukraine à l'occasion du trois-centième anniversaire de l'union entre cette dernière et la Russie. Cela ne légitime en rien l'invasion par l'armée de Vladimir Poutine en 2014, dont je redis qu'elle est inacceptable. D'ailleurs, si la situation actuelle devait être entérinée, elle ne pourrait l'être que dans le cadre d'un référendum organisé sous le contrôle de la communauté internationale. S'agissant du Donbass et des territoires qui l'entourent, personne ne pourra empêcher les Ukrainiens de chercher à reconquérir le maximum des territoires qui leur ont été injustement pris. Mais s'ils ne devaient pas y parvenir et si les lignes se figent durablement, arrivera le moment où il faudra choisir entre le retour à un conflit de basse intensité, ou à un conflit gelé, dont on sait qu'ils sont toujours les conflits chauds de demain ; ou alors, si l'on se donne une chance d'en sortir, le recours, là encore, à des référendums organisés sous le contrôle strict de la communauté internationale. La question pourrait ainsi être tranchée de façon définitive et transparente. Enfin, nous aurions tout intérêt, afin de tester la bonne volonté des belligérants, à proposer comme geste d'apaisement, dès qu'une négociation sérieuse de paix aura été engagée, la levée des sanctions européennes sur les avoirs russes et, concomitamment, la levée des sanctions russes sur la fourniture de gaz aux pays européens. Je crains que, dans le cas contraire, la situation ne finisse par devenir intenable. Nos concitoyens ne supporteront pas longtemps les coupures de courant qui leur sont annoncées. Nous en avons fort heureusement perdu l'habitude. Les Allemands ne seront pas davantage patients que nous lorsqu'ils assisteront, effarés, à la fermeture d'une partie de leur industrie pour cause de pénurie de gaz. Celle-ci est leur grande fierté. Cette humiliation ne sera pas tolérée longtemps.

Enfin, nous ne devons pas céder à la tentation de quelques-uns de faire payer tous les Russes pour les errements de leurs dirigeants. Le sommet de l'incohérence et de l'injustice m'a paru atteint lorsque le tournoi de tennis de Wimbledon a décidé d'interdire la participation des joueurs russes par le seul fait de leur nationalité. Qu'est-ce que le jeune champion Medvedev a à voir avec l'invasion de l'Ukraine ? On ne répare pas une injustice en en commettant une autre ! À moins que le fait d'être l'un des cent quarante millions de Russes ne suffise à faire de vous un coupable. Heureusement que nous sommes attachés aux droits de l'Homme, jusqu'où irions-nous dans le cas contraire !

En fait, cette crise n'a que trop duré, nous dansons au bord d'un volcan sous la menace de la première bavure voulue ou subie. Il faut à présent que l'Europe « prenne le taureau par les cornes », c'est-à-dire prenne son destin en main et agisse au service de la paix. Contrairement à ce qui est complaisamment affirmé, le temps travaille contre celle-ci. Le pourrissement de la situation rend la solution encore plus difficile à trouver. Seule la vitesse d'exécution permettra à ceux qui sont aujourd'hui en charge de créer des marges de manœuvre et donc d'action.

Comme nombre de Français, j'avoue être lassé d'entendre les déclarations quotidiennes du président Joe Biden annonçant que de nouveaux milliards de dollars seront consacrés à l'achat d'armes pour les Ukrainiens, comme si la guerre était en soi un objectif ; lassé d'entendre les discours non moins quotidiens et tout aussi martiaux, y compris lors du Festival de Cannes et des universités du MEDEF, du président Zelensky donnant des leçons de morale à toutes les entreprises qui commercent avec la Russie, comme si les vendeuses de Carrefour à Moscou étaient coupables de quoi que ce soit ; lassé surtout d'entendre les dirigeants russes, dont le premier d'entre eux, agiter la menace du feu nucléaire.

À force de jouer avec cette idée, elle peut finir par devenir ordinaire et se produire ! Est-ce une utopie d'espérer que tous ces gens déclament moins, agissent plus, et cette fois au service de la paix et non de la guerre ? Est-il illusoire d'imaginer l'organisation d'une rencontre où les protagonistes se parleraient vraiment ? Comment espérer régler quoi que ce soit dans le cas contraire ? Avancera-t-on si personne ne dialogue, ne s'écoute, ne cherche à se comprendre ? Enfin, serait-ce trop demander que cette initiative soit placée sous l'égide d'un dirigeant de l'Europe démocratique plutôt que sous celle du président turc Erdoğan, dont la légitimité en la matière reste pour le moins à démontrer et qui se précipite dans un espace abandonné par nos dirigeants actuels ?

Dans mon esprit, il est clair que c'est au président Emmanuel Macron d'aller maintenant au bout de sa juste stratégie de conservation d'un fil, même ténu, de dialogue avec Vladimir Poutine. La problématique de nos relations avec la Russie a occupé nos chefs d'État pendant plusieurs siècles. Elle a été au cœur des principales préoccupations diplomatiques de tous les présidents de la Ve République. Voici une nouvelle illustration du fait que les présidents passent et que les problèmes demeurent. Celui de nos relations avec la Russie risque d'occuper copieusement l'agenda comme les pensées de nombre de mes successeurs. Et ce, quelle que soit l'évolution personnelle de Vladimir Poutine. Je trouve curieux l'argument selon lequel la « radicalisation » de ce dernier devrait nous empêcher de parler avec lui. C'est tout le contraire, car il est plus dangereux de le laisser s'enfermer dans une sorte de paranoïa que de l'obliger à garder le contact et de persévérer dans la voie de la diplomatie.

*

* *

La gestion de la crise financière m'avait beaucoup exposé, politiquement et médiatiquement. Je m'étais déployé sur tous les fronts. J'avais donc voulu marquer une coupure au moins le temps de la trêve de Noël et du jour de l'An pour souffler et laisser les Français en faire de même. J'aspirais moi aussi à cette abstinence médiatique. Mais déjà, les éditoriaux et les commentaires qui hier pourtant trouvaient que je parlais trop fleurissaient pour me sommer d'expliquer sans délai où nous allions, ce que j'avais à présent l'intention de mettre en œuvre, en quoi la brutalité des évènements financiers et économiques que nous avions vécus avait changé mes convictions, mon agenda, mon programme. Nous n'étions plus dans le cœur de la crise, mais dans les conséquences de celle-ci. Pour mes opposants de gauche, du centre ou même de la droite, il s'agissait d'un réveil après une longue hibernation. La crise et sa violence les avaient comme tétanisés. Ils ne pouvaient plus, en tout cas provisoirement, porter leurs coups avec la même force. Leurs paroles étaient entravées par la gravité des évènements. Personne ne pouvait se permettre d'adopter un comportement trop brutal qui aurait pu être jugé comme indigne par les Français.

Le lendemain de la crise sonnait donc le réveil de toutes ces énergies trop longtemps bridées. Elles réémergeaient, se réveillaient, et de fort méchante humeur… Chacun avait son idée sur ce que j'aurais dû faire, sur ce que je n'avais pas mis en œuvre ou, plus simplement, sur ce que j'avais mal fait. Je ne pouvais demeurer silencieux trop longtemps. J'ai donc fini par acter le principe d'une prise de parole. Quitte à le faire, je pensais qu'il valait mieux bénéficier de la plus grande exposition possible, ce qui me fit immédiatement opter pour la télévision. Nombreux sont ceux qui expliquent, de mon point de vue faussement, qu'à l'époque des réseaux sociaux, la télévision hertzienne, gratuite et en clair n'a plus la même importance, voire que l'on pourrait s'en passer. Ce n'est pas mon avis, car la télévision demeure la seule possibilité de s'adresser à des millions de Français sans intermédiaire. Elle reste un moyen irremplaçable qui permet aux citoyens de se faire une idée de ce que font leurs dirigeants, et de ce qu'ils sont. Ainsi, j'étais certain de pouvoir être entendu et vu directement, et non par le prisme des commentaires et des commentateurs dont la France ne manquait pas. C'est sans doute même le seul secteur qui ne souffre jamais de la crise ! On a parfois l'impression qu'ils se multiplient à une vitesse déconcertante.

Chaque chaîne proposa son journaliste vedette. Laurence Ferrari pour TF1, David Pujadas pour France 2 et Guy Lagache pour

M6. J'avais souhaité la présence de cette chaîne afin d'attirer un plus grand nombre de jeunes. C'était en tout cas mon espérance. Je connaissais à peine Guy Lagache, qui fit son travail avec naturel, professionnalisme et de surcroît sans la moindre amertume. Ce soir-là, il me parut le plus sûr de lui. Il n'avait rien à démontrer. Il ne fut ni complaisant ni agressif. Quant à Laurence Ferrari, c'est une professionnelle qui travaille beaucoup et dont le sérieux et la droiture sont la marque de fabrique. J'ai seulement noté qu'elle pouvait, parfois, être trop attentive aux jugements de ses confrères. Cela compte beaucoup pour elle. C'est ce qui expliquait qu'il lui arrivait de surjouer l'agressivité dans l'espoir de ne pas être accusée de complaisance. David Pujadas est un bon professionnel, solide et apparemment sympathique, mais c'est un homme double. D'une grande amabilité – frôlant la flagornerie – en privé, sa véritable nature apparaît lorsque le plateau s'allume. Il est alors capable des pires coups bas. Il pratique cet art avec un certain talent. Cela m'a souvent surpris, car je ne lui imaginais pas tant d'aigreur. Il était, ce soir-là, celui dont je me défiais le plus. Il y avait enfin, pour la radio RTL, Alain Duhamel. Sa seule présence garantissait que les grands dossiers seraient évoqués avec la précision dont il était capable, et que j'appréciais depuis longtemps.

On m'a souvent interrogé, y compris parmi mes amis les plus proches, pour savoir si ces soirs de grande exposition médiatique, il m'arrivait d'avoir peur ou, pour le dire autrement, de ressentir « le trac ». Si étrange que cela puisse paraître, ce sentiment m'est passé assez rapidement. Je l'ai eu au début de ma carrière politique. Puis il s'est estompé pour ne jamais revenir, sans que je puisse me l'expliquer. Bien sûr, avec le nombre d'émissions de grande écoute auxquelles j'ai participé, une certaine expérience pourrait expliquer cette absence de tension. Peut-être y a-t-il chez moi une forme d'inconscience face « au danger » qui m'a fait aimer ce métier politique si particulier et tellement exposé. L'excitation spécifique à ces moments de grandes tensions ne m'a jamais paralysé. Au contraire, cela me galvanisait ! J'avancerais cependant une autre raison qui m'apparaît en définitive décrire le mieux mon état d'esprit au moment de me livrer à ce genre d'exercice : il s'agit de la volonté farouche qui m'habitait de m'expliquer, d'argumenter, de jouter, de répondre à tous ceux qui, pendant les semaines qui précédaient, n'avaient cessé d'instruire le procès du gouvernement comme du président. On imagine difficilement ce qu'il peut y avoir de frustrant à subir un tel déluge de critiques quotidiennes sans pouvoir apporter le démenti que l'on brûle de mettre en avant. Bien sûr, dans une démocratie, le débat comme le contradictoire sont la règle. Et l'excès de ceux-ci sera toujours préférable à leurs insuffisances. Le lecteur pensera à juste titre que lorsque l'on choisit la vie politique, c'est que l'on doit être capable d'assumer cette forme de combats, voire de l'aimer. Cela est parfaitement exact, il n'en reste pas moins que, président ou pas, je demeurais un être humain avec ma sensibilité, mes faiblesses, mon épiderme. L'expérience sert à mieux se protéger en lisant le moins possible la presse et en se gardant de tous les commentaires. La vérité est que même en me protégeant à l'extrême, je restais perméable à l'extérieur. Il m'arrivait ainsi de ressentir l'ambiance du moment juste à la façon dont quelqu'un me disait bonjour ou à celle dont un proche me parlait. Ainsi, j'avais tous mes sens en alerte et je pouvais interpréter, et parfois surinterpréter, le moindre signe chez les autres qui m'informait de l'atmosphère.

En fait, ces soirées de grande exposition médiatique agissaient, autant sur mon moral que sur mon tempérament, comme une libération. J'allais enfin pouvoir parler, expliquer, mobiliser, répondre. Et ce sentiment me faisait oublier les risques, le danger, les enjeux. Car en près de deux heures d'émission, les occasions de prononcer une parole de travers, ou de trop, de faire une erreur ou de se tromper sont légion. Et si l'on y pense trop, alors c'est la certitude de ne pas faire une bonne prestation, soit parce qu'on n'en a pas assez dit, soit parce que l'on en aura trop dit. Ce soir-là, je n'étais pas paralysé par l'enjeu. J'éprouvais même une profonde envie d'en découdre. Les téléspectateurs le sentirent, puisqu'ils furent 11,9 millions à regarder l'émission. Ce chiffre impressionnant illustre mieux que tout commentaire ce que je pensais de l'utilité encore bien réelle du média télévisuel. Je fus interrogé, comme il se devait, sur une grande variété de sujets d'importance très diverse. Je pus notamment mettre en avant le fameux « service minimum » qui avait démontré son utilité en ces journées de grève générale car la France, contrairement à un passé récent, ne fut jamais paralysée, et ce malgré la volonté du maire de Paris

Bertrand Delanoë, qui refusa d'appliquer la loi qui lui faisait pourtant obligation d'accueillir les enfants à l'école les jours de grève.

Je confirmai également, en dépit de l'opposition de plus en plus pressante de mes propres amis, la baisse volontariste du nombre de fonctionnaires. C'est une affaire qui, en France, prend rapidement les allures de guerre de Religion. Depuis 1981, notre pays avait engagé pas moins d'un million de fonctionnaires supplémentaires. C'est un chiffre absolument considérable. Il n'en avait pas les moyens en temps normal, mais, alors que la crise économique avait frappé si durement, ce constat était encore plus pertinent. Pour réduire notre déficit ainsi que notre dette, il n'y avait pas d'autre choix que de persévérer dans ce mouvement de baisse. Il aurait dû s'agir d'une simple question de bon sens. J'avais l'ambition, somme toute modérée, de revenir aux chiffres de la fonction publique de 1992, date à laquelle je n'avais pas le souvenir que la France fût sous-administrée. Mon équipe, notamment l'efficace Cécile Fontaine, y veillait scrupuleusement. C'était en fait beaucoup plus ambitieux que je ne l'imaginais puisque, encore aujourd'hui, je reste le seul de tous les présidents de la République qui, sur la durée de son quinquennat, aura diminué de 150 000 le nombre de fonctionnaires. J'en suis fier et je reste convaincu qu'il aurait fallu continuer ce mouvement tout en augmentant dans la fonction publique la durée du temps au travail ainsi que, proportionnellement, les rémunérations. Sans aucun esprit polémique, mais par souci de vérité et d'exactitude, je veux rappeler que les professeurs des écoles ont, lorsqu'ils sont face à leurs élèves, une durée hebdomadaire de travail de vingt-quatre heures, et ce six mois de l'année compte tenu des vacances et des week-ends. J'ai toujours défendu qu'il fallait moins d'enseignants, mais mieux payés et mieux considérés ; encouragés à passer davantage de temps dans leurs établissements avec pour contrepartie la revalorisation de leurs salaires. De même, ce n'est faire injure à personne que de rappeler que l'immense majorité des fonctionnaires territoriaux font bien moins que les trente-cinq heures voulues par Martine Aubry. Il y a donc de nombreuses et évidentes marges de manœuvre de ce côté-ci.

Je tentai d'expliquer ensuite comment j'entendais « refonder et moraliser le capitalisme » en soulignant combien la deuxième réunion du G20 à Londres au mois d'avril serait un rendez-vous déterminant, avec la volonté qui était la mienne d'éradiquer les paradis fiscaux, ainsi que d'obtenir la modification du système de rémunération des traders. Même si, dans l'immédiat, je refusais le plafonnement systématique du salaire des dirigeants. J'annonçai enfin la suppression de la taxe professionnelle pour 2010, dans le but de décourager les délocalisations de nos usines, notamment pour éviter de payer un impôt qui n'existait nulle part ailleurs dans le monde. Toute ma vie politique, j'avais entendu la droite comme la gauche critiquer cet impôt qui n'avait plus aucun défenseur. Et pourtant, il existait toujours et faisait chaque année l'objet d'augmentations régulières et contre-productives pour notre appareil industriel. Il fallait y mettre un terme, c'est ce que nous fîmes.

Finalement, j'étais plutôt satisfait de cet exercice, même si j'avais appris à me méfier de mon optimisme impénitent. C'est un défaut qui, je le reconnais, me conduisait à souvent juger « assez favorablement » mes propres prestations. Ce travers était davantage le résultat de mon volontarisme que d'une prétention qui ne me semble pas être très présente dans mon tempérament. Comme je pouvais m'y attendre, une polémique éclata dès le soir même. Mais je ne m'attendais pas à la nature de celle-ci. Le puissant syndicat de journalistes SNJ-CGT dénonça l'émission comme étant « une mascarade » et même « une insulte » au métier de journaliste, qualifié pour l'occasion de « fou du roi ». Rien que cela. C'étaient donc davantage leurs confrères que moi qui étaient visés ! Venant de la CGT, le reproche de manque d'indépendance de la presse était risible, surtout si l'on voulait bien se souvenir de la façon dont l'information a été et est encore traitée par tous les régimes communistes à travers le monde ! Ainsi va la France, où il y aura toujours une minorité d'activistes qui considérera que la droite au pouvoir est illégitime et que simplement l'interroger de manière civilisée est déjà une compromission ! Quant à l'officine Mediapart, jamais en reste, elle conclut cette polémique par un de ces commentaires outranciers dont elle était coutumière : « Cette interview apparaît comme un degré supplémentaire dans la déconfiture démocratique française. » Venant de ceux qui ont défendu leur ami Tariq Ramadan jusqu'au bout de l'absurde, c'était sans doute à prendre comme un encouragement à persévérer… naturellement dans le sens inverse de leurs souhaits.

Plus sérieusement, j'avais réussi à reprendre la main sur le terrain où j'avais été le plus faible jusqu'à présent, celui du dialogue social. La vérité est que je m'y étais peu investi. J'avais mis du temps à comprendre l'importance des mots en la matière. Nos « permanents » des discussions sociales aiment à s'en enivrer, afin d'éviter à tout prix que des décisions soient prises, à l'exception notable des nouvelles dépenses pour lesquelles ils montrent toujours un appétit insatiable. J'avais auprès de moi le meilleur connaisseur de la vie syndicale française de ces cinquante dernières années en la personne de Raymond Soubie. Ses connaissances sont encyclopédiques, ses relations et ses réseaux sont multiples, son expérience est immense et son intelligence, vive. Il est connu de tous et tous le respectent, l'écoutent, parfois aussi le craignent. Il fut un appui solide, un ami fidèle, un conseiller précieux, qui avait su s'entourer d'une jeune génération prometteuse de conseillers, dont beaucoup occupent de grandes responsabilités aujourd'hui, comme Marguerite Bérard, Sibyle Veil ou France Henry-Labordère. Il nous arrivait de débattre longuement, car nous étions si différents. J'étais impatient d'agir et d'aller au bout de mes projets de réforme. Raymond Soubie trouvait souvent que j'allais trop vite et qu'un bon compromis valait infiniment mieux qu'un réel conflit. Je lui faisais alors valoir qu'à force de « compromettre » on finissait par ne plus rien faire et on pouvait même arriver au résultat inverse de celui qui était recherché à l'origine. Ainsi en avait-il été de la réforme Fillon des retraites de 2003 qui, à force de négociations et de concessions diverses et multiples, avait débouché sur des économies bien moindres qu'espérées pour la Sécurité sociale. Tout ça pour ça !

À ces raisons de fond s'ajoutait sans doute une question de tempérament. Ces mois et ces semaines à parler de tout et de rien m'épuisaient avant même que le rituel des grandes messes sociales n'ait commencé. Je voulais régler les problèmes du pays. J'avais été élu pour cela, pas simplement pour les commenter. La difficulté était que mon attitude pouvait donner le sentiment que je ne cherchais qu'à « passer en force ». Ainsi, se construisait l'image d'une certaine brutalité. C'était le piège dans lequel j'étais tombé. J'avais fini par accepter l'idée qu'il était donc inutile de mener à la fois le combat sur la forme et sur le fond. Qu'il s'agissait d'une perte de temps, d'énergie et finalement d'efficacité. Je voulais maintenant faire comprendre que j'étais sincère dans ma volonté d'avancer plus collectivement. Les journalistes parlèrent d'une « ouverture sociale » à propos de l'organisation d'un sommet qui, dans mon esprit, devait aussi servir à enrayer la dynamique de mobilisation des partenaires sociaux. Pendant que nous discutions, il était plus difficile pour eux d'agiter « les troupes ». Bien sûr, François Chérèque s'était dit déçu, au nom de la CFDT, par mes propos. Bernard Thibault appelait rituellement la CGT à la poursuite de la mobilisation. François Hollande et François Bayrou, comme deux partenaires complices, jouaient à l'envi les mouches du coche. Mais le sommet social du 18 février était dans les tuyaux. Plus personne ne pouvait désormais faire ni agir comme si le gouvernement n'était pas décidé à écouter, à proposer et à tendre la main. Même Laurent Joffrin fut contraint d'écrire : « Nicolas Sarkozy a de toute évidence lâché du lest. Ces ouvertures demandent à être confirmées. » On ne saurait mieux dire que l'émission avait rempli, au moins partiellement, sa fonction et atteint une partie de sa cible. J'étais soulagé et assez heureux de la tournure qu'étaient en train de prendre les évènements. C'est le charme de la politique, où il en faut peu pour passer du pessimisme le plus profond à un optimisme tout relatif.

*
* *

Le sommet social du 18 février s'annonçait donc d'autant plus périlleux qu'une batterie de sondages publiés juste avant la rencontre avec les dirigeants syndicaux affichait une baisse marquée de ma popularité. Rien de mieux pour redonner de l'énergie aux partenaires sociaux soucieux d'en découdre et d'obtenir de ma part le plus de concessions possible. Ce qui était de bonne guerre. On ne dira jamais assez combien ces études d'opinion publiées quasi quotidiennement compliquent la tâche des gouvernants en rendant « pesant » ou « léger » le climat de la société politique. C'est comme si une nouvelle élection présidentielle était organisée chaque jour. La durée, si nécessaire pour un gouvernement ; le calme, tellement indispensable pour faire face à la crise ; le moral, déjà à ce point friable, des parlementaires de la majorité : tous ces éléments étaient indexés sur les courbes de popularité. Cela peut sembler dérisoire, c'est pourtant bien la réalité. Avec ces vents contraires, tout devenait plus difficile. Même Dominique de Villepin s'en mêlait. Il avait disparu et soudainement refit surface pour me conseiller, ni plus ni moins, de « changer de politique », expliquant même que « la politique, ce ne sont que des virages ». Ce n'est pas lui faire un procès d'intention que de considérer que ses avis n'étaient pas forcément amicaux et encore moins opportuns. Je n'étais guère convaincu par ses conseils. Je répondis avec quelque malice que sans doute faudrait-il également que je réfléchisse à une nouvelle dissolution ! Je faisais bien sûr référence à celle, désastreuse, de 1997, qui produisit un authentique virage sur l'aile en obtenant le remplaçant d'Alain Juppé par Lionel Jospin, et ce pour cinq années ! Ce précédent ne faisait en tout cas pas de l'ancien Premier ministre le conseiller le plus avisé…

J'étais résolu à démontrer la véracité de mon credo de la campagne présidentielle de 2007, selon lequel il était possible de poursuivre les réformes sur toute la durée du quinquennat. De l'autre côté de la table des négociations, les partenaires sociaux voulaient à l'inverse l'arrêt de tout changement pour, disaient-ils, préserver « la paix sociale ». Je ne voulais pas tomber dans ce piège qui m'aurait d'abord rendu immobile, aurait ensuite déstabilisé les électeurs qui m'étaient restés fidèles, et enfin aurait permis ma « mise à mort politique » par des opposants galvanisés et des partisans démobilisés. Je me résolus donc à ne rien céder sur le fond et à lâcher du lest sur la forme, ainsi que sur les compensations financières indispensables pour que mes interlocuteurs du jour ne se sentent pas humiliés au cas où ils n'auraient rien obtenu.

Au bout du compte, le sommet coûta 2,6 milliards d'euros. Je les consacrai de façon majoritaire aux classes moyennes qui avaient toujours été la cible prioritaire de ma politique. Je voulais rester cohérent avec ma priorité affichée en faveur de la revalorisation du travail. Parmi les mesures principales se trouvait la suppression d'une partie de l'impôt sur le revenu pour les contribuables de la première tranche d'imposition. Cela représentait tout de même un peu plus de quatre millions de Français. Cela permettait d'inciter chacun à reprendre une activité dont les revenus ne seraient pas taxés plutôt que se contenter de vivre des allocations. Je tenais bon, en revanche, sur mon refus de toute augmentation du SMIC, afin de ne pas aggraver les difficultés des petites entreprises et de ne pas exclure du marché du travail les Français les moins qualifiés. En renchérissant le SMIC, on érigeait une barrière à l'entrée dans l'entreprise pour eux. Ce fut d'ailleurs ma position constante durant les cinq années de mon mandat, au cours desquelles je refusai tout coup de pouce au salaire minimum. Si difficile que cela soit à assumer politiquement, c'était une décision économique cohérente en laquelle je croyais sincèrement.

La réunion avait duré plusieurs heures. Je devais même la faire « traîner » pour montrer le sérieux et la profondeur des échanges. À moins de cinq heures, j'aurais été accusé de mépriser le dialogue social. Cela tient du rituel. Mais qui y croit encore vraiment ? En fait de discussions, il s'agissait bien plutôt d'une succession de monologues. Chacun des participants commençait par lire une déclaration introductive. Aucune ne présentait la moindre originalité. Toutes étaient longues et sans surprise. Il y était toujours question des entreprises qui profitaient trop. Des salariés qui ne gagnaient pas assez. De la colère qui montait et des injustices qu'il fallait combattre. Il y avait sans doute du vrai dans tout ceci. Je ne le conteste nullement, mais cela manquait de spontanéité. Les rôles étaient écrits et distribués par avance. Le monde et les économies concurrentes qui nous entouraient étaient absents des préoccupations de mes interlocuteurs. Leurs déclarations à la sortie, sur le perron de l'Élysée, avaient été elles aussi parfaitement prévisibles. J'étais bien conscient de ces archaïsmes, de cette forme d'immobilisme, du côté quelque peu dérisoire du comportement de chacun des participants, y compris le mien. Mais comment faire autrement ? Comment arriver à obtenir un véritable dialogue devant tous les médias omniprésents qui mettaient chacun sous la surveillance vigilante de ses propres amis ? Au fond, aucun d'entre nous n'était suffisamment fort pour abandonner ses postures. Chacun avait des comptes à rendre à ses troupes. Cela paralysait la démocratie sociale.

L'interlocuteur le plus difficile fut le chef de la CFDT, François Chérèque. J'avais du mal à supporter sa volonté permanente de donner des leçons et de toujours vouloir être du « bon côté ». J'ai observé avec intérêt l'évolution des rapports entre Emmanuel Macron et Laurent Berger. Ils avaient tout pour s'entendre. S'ils sont devenus les meilleurs ennemis, ce n'est pas tant en raison de leurs différences idéologiques que de leurs ressemblances de caractère. Ils étaient sur le même créneau, celui du « en même temps », cela ne pouvait que mal finir. Je n'appréciais pas François Chérèque dont j'avais pu, à de nombreuses reprises, constater l'art du double langage. Il le pratiquait avec maestria en s'abritant derrière des convictions chrétiennes qui lui interdisaient sans doute de dire du mal de qui que ce soit, mais qui ne l'encourageaient pas pour autant à dire du bien de quiconque ! Il s'abritait toujours derrière l'idée qu'il se faisait de « la modernité ». En vérité, c'était un socialiste dans l'âme et il ne concevait les choses qu'en termes d'impôts nouveaux et de partage plus grand. Jamais l'idée de la création de richesses ne lui venait à l'esprit. C'était classique, mais son apparente modération rendait son argumentation très difficile à contrecarrer. Avec la CGT, les choses étaient davantage frontales et donc plus aisées à combattre. C'est peu de dire que je restais sur ma faim de découverte de nouvelles idées et de partenaires avec lesquels nous pourrions réformer l'économie et les relations sociales de notre pays.

Quant au patronat, il était représenté par Laurence Parisot. Plus technocrate que cheffe d'entreprise, elle était obnubilée par son image et aussi, bien sûr, par celle de son organisation. L'ensemble se traduisait par une grande aversion pour toutes formes de risques. Sans doute ma méfiance à l'endroit de ce « monde social » tellement codé n'a-t-elle pas favorisé des discussions approfondies et débridées. Je ne veux nullement m'exonérer de ce piètre résultat et je dois en assumer ma part de responsabilité. Je crois cependant que ce modèle français est devenu parfaitement obsolète. Les syndicats sont de moins en moins représentatifs et cela fait des années que cela dure. Le dialogue est anémié et peu producteur de concepts nouveaux. Les salariés se sentent isolés. La situation est sans doute différente dans la fonction publique, où les partenaires sociaux sont beaucoup plus puissants. Je reste cependant réservé sur certaines pratiques de cartes syndicales quasiment obligatoires. En effet, il est tellement plus aisé d'obtenir une affectation dans l'administration lorsque l'on appartient au bon syndicat. Il en va ainsi notamment au sein de l'Éducation nationale.

Enfin, je redisais ma préférence pour un vaste plan de relance par l'investissement plutôt que par la consommation voulue par les partenaires sociaux. Dans le premier cas, l'argent investi pourra être remboursé quand les infrastructures et les équipements financés généreront de la croissance et des recettes. Il s'agit d'une dépense au début du processus pour des recettes qui s'échelonneront dans le temps et de façon répétitive. Le mouvement est vertueux et crée de l'activité de long terme. C'est exactement le contraire avec le soutien à la demande, où la dépense initiale ne fournira qu'une seule fois des recettes fiscales par l'intermédiaire des retombées financières attendues sous la forme d'une augmentation de TVA. Fidèle à lui-même, le Parti socialiste rivalisa d'« inventivité » en exigeant le rétablissement de l'autorisation administrative de licenciement. Comme réponse à la crise financière mondiale, pouvait-on imaginer proposition plus décalée ? Finalement, quand Jean-Luc Mélenchon réclame aujourd'hui l'interdiction des licenciements, il se situe bien dans la droite ligne d'une gauche française isolée en Europe par son idéologie et son archaïsme, et à contre-courant de tout ce qui fonctionne dans l'économie moderne.

*

* *

Un déplacement dans la Manche à Flamanville, sur le site de la construction d'un réacteur EPR de la troisième génération que j'avais moi-même décidée quelques années auparavant, alors que j'étais ministre d'État en charge des Finances et de l'Industrie, me donna l'occasion de redire tout l'attachement que je portais au développement de la filière nucléaire. J'avais, une semaine plus tôt, donné le feu vert à la construction d'un deuxième EPR, cette fois-ci à Penly en Seine-Maritime. J'avais justifié ce choix par le vieillissement du parc nucléaire hexagonal et la nécessité de maintenir au meilleur niveau notre savoir-faire national en la matière. Je souhaitais, en outre, que la France devienne « exportatrice d'électricité ». Cette ambition pouvait devenir une réalité. Si extraordinaire que cela puisse paraître, cela faisait vingt années qu'il n'y avait pas eu de décision d'exploitation d'un nouveau réacteur. Et depuis ces deux EPR, il aura fallu une décennie pour qu'on investisse à nouveau dans cette énergie. Or, comme chacun le sait, nous n'avons ni gaz ni pétrole. Et il est inutile d'être un spécialiste pour comprendre que si nécessaires que soient les énergies renouvelables, aucune ne pourra être autre chose à court et moyen terme qu'une énergie d'« appoint » au nucléaire. Pourquoi alors cette pusillanimité, cette crainte, cet aveuglement ?

Le sort réservé à notre filière nucléaire est assez révélateur du tempérament à double face de notre Nation, le pire alternant avec le meilleur. En effet, nous fûmes dotés d'une avance considérable avec cette technologie du futur, grâce à l'ambition du général de Gaulle et à la constance de tous les présidents qui lui ont succédé, à la notable exception de François Hollande. Il s'agit d'un véritable cas d'école ! Ou comment dilapider son héritage, détruire une filière d'excellence, ruiner son indépendance énergétique. Ce qui aurait dû devenir une fierté française s'est enlisé, toutes ces dernières années, dans la médiocrité d'un débat national confisqué par les adversaires du progrès technologique. Une partie de la classe politique, autrement dit les écologistes, l'extrême gauche et le Parti socialiste, alliés avec des médias pour la plupart complaisants avec leurs thèses profondément réactionnaires, se sont ingéniés à inculquer à l'opinion publique française la méfiance, voire l'hostilité à l'endroit de l'énergie nucléaire. Leur entreprise de destruction a largement prospéré. Au point que durant ces vingt dernières années, être pour le nucléaire, c'était être frappé d'une forme d'indignité ! Et cela, alors même qu'il s'agit de l'énergie la plus décarbonée et la plus sûre.

Le comble du scandale fut atteint à propos de la funeste décision de fermer la centrale de Fessenheim pour des raisons exclusivement politiciennes, sans la moindre justification de sécurité ou de sûreté. Il fallait faire plaisir à des écologistes se souciant davantage de révolution que d'environnement. En définitive, le désastre est complet puisque notre électricien national est désormais au bord de la faillite, l'État ayant dû le recapitaliser à hauteur de 8 milliards d'euros, alors que l'entreprise n'avait pourtant cessé de générer des recettes considérables. Notre filière nucléaire est à l'arrêt faute d'investissement dans les centrales de la nouvelle génération. Nos succès à l'exportation appartiennent à un passé désormais révolu. Et tout cela par le seul fait d'une déstabilisation venue de l'intérieur. Ainsi va la France ! Les Français peuvent être les adversaires les plus cruels et les plus redoutables de leur propre pays. Nous sommes ainsi capables d'être les champions de la destruction de nos meilleurs atouts et de nos forces les plus efficientes. Voilà pourquoi une grande ambition nous est d'une nécessité absolue. Tant que nous y consacrons notre énergie, nous n'éprouvons plus alors la tentation mortifère de la retourner contre nous.

Les chiffres parlent d'eux-mêmes puisqu'un seul EPR peut produire douze milliards de kilowattheures par an, ce qui représente un potentiel de six cents millions d'euros d'exportations ! Comment toutes les personnes en charge ont-elles pu à ce point être hermétiques aux besoins énergétiques de notre pays ? On mesure combien le débat public a été bâillonné, truqué, mystifié durant toutes ces années par la puissance des lobbys antinucléaires. Il est réellement possible d'évoquer un scandale d'État. Nous étions en avance, nous voici en retard ! Il s'agit d'un succès inespéré pour nos concurrents qui n'en attendaient pas tant.

Je dois reconnaître que les syndicats ont été en la matière beaucoup plus avisés et courageux que la plupart des responsables politiques. J'en veux pour preuve la façon dont s'est déroulé le déplacement de Flamanville. À aucun moment les partenaires sociaux n'avaient appelé à manifester lors de cette visite présidentielle. Les salariés extérieurs au site, quelle que soit leur opposition à ma politique, n'avaient visiblement pas voulu gêner leurs collègues appartenant à la centrale, qui eux avaient bien compris que j'étais le premier défenseur d'une industrie à laquelle ils étaient très attachés. Et en effet, j'ai rarement effectué une visite socialement si apaisée. Je rencontrai et discutai avec les salariés et leurs représentants dans un climat d'assez profonde compréhension réciproque. Les huit représentants des syndicats étaient tous présents, y compris la CGT dont le soutien au nucléaire français constituait sans doute notre seul point de concorde. Mais il n'était pas sans importance ! Je voulais faire de Flamanville le chantier modèle de la renaissance du nucléaire. Il faut bien comprendre que l'industrie nucléaire a, plus que toute autre filière, besoin de l'engagement et du soutien du président de la République. Ce sont des investissements très consommateurs en capitaux, particulièrement longs à mettre en œuvre et pouvant prêter à polémique. Si l'exemple ne vient pas du sommet, si celui-ci doute, alors c'est tout le secteur qui est fragilisé d'abord, menacé ensuite.

Je voulais faire revivre notre industrie nucléaire après ces vingt années d'hibernation. Je n'imaginais pas qu'elles seraient suivies après mon mandat de dix années de combats d'arrière-garde. Je pensais en outre qu'il n'existait pas de meilleur argument de vente de nos centrales à l'étranger que d'expérimenter sur notre territoire national nos propres équipements. Pour illustrer l'enthousiasme qu'avait généré ma décision de relancer le nucléaire, il suffit de rappeler qu'il existait alors deux groupes français de taille mondiale qui rivalisaient pour conduire et exploiter ces chantiers : EDF et GDF Suez. C'est bien en cela que l'impulsion politique était essentielle. Une fois celle-ci disparue, c'est l'ensemble qui s'est effondré.

Je dus bien sûr faire face à l'opposition des écologistes qui ne décoléraient pas. Ainsi, Greenpeace m'accusa de « tourner le dos à l'esprit du Grenelle de l'environnement par cette relance décidée sans concertation, sans transparence, sans évaluation des besoins ». Rien que cela... Mais il y avait encore mieux, car j'étais également désigné comme l'instrument « de lobbys proches du pouvoir comme Areva, EDF ou GDF Suez ». Il fallait donc diaboliser le nucléaire comme ils avaient dès le commencement cherché à le faire avec ma présidence. L'indépendance énergétique de la France n'était pas évoquée. L'avantage technologique français pas davantage. Les trois cent mille emplois de la filière encore moins. Tout ceci n'existait pas, et même, aux yeux de ces idéologues, ne comptait pas. Voilà comment et pourquoi la France a tant reculé en ce domaine lors des deux derniers mandats présidentiels. En caricaturant à peine, je pourrais même dire que nous avons sacrifié notre industrie nucléaire afin que Nicolas Hulot et ses amis puissent demeurer tranquilles dans les majorités et les gouvernements des présidents François Hollande et Emmanuel Macron. Je ne peux m'empêcher de penser qu'il s'agit d'un prix exorbitant qui s'apparente à un gâchis sans précédent. L'Histoire qui n'est pas indulgente en gardera la trace, et cela ne sera pas à l'avantage de tous ceux qui auront à en assumer la paternité.

*
* *

Le mois de mars commençait par un voyage au Mexique. J'y attachais une grande importance. Il s'agissait d'un pays majeur d'Amérique latine. Je souhaitais que la France fasse son grand retour sur un continent qui lui est proche culturellement et qui est, encore aujourd'hui, le grand oublié de la scène internationale malgré ses plus de 500 millions d'habitants. Je pensais qu'il y avait un vide à combler, une place à prendre, un leadership à assumer. J'étais conforté dans cette conviction par l'élection du nouveau président mexicain, Felipe Calderón, avec qui j'avais déjeuné à l'Élysée peu de temps après mon élection. Nous avions noué un bon contact. Il me semblait que nous étions proches par nos convictions politiques comme par notre âge. J'avais accepté avec enthousiasme son invitation à me rendre à Mexico. Les relations entre nos deux pays étaient bonnes, mais endormies. Malgré tout, il y avait pas moins de trois cent cinquante entreprises françaises installées dans ce pays qui représente le deuxième marché de l'Amérique latine. Tout se présentait donc sous les meilleurs auspices.

À titre plus personnel, je me réjouissais de découvrir le Mexique que je ne connaissais pas. Apprenant que je serais accompagné par Carla, le président Felipe Calderón et son épouse m'avaient proposé de venir un jour plus tôt pour découvrir sur la côte pacifique, à Manzanillo, un endroit de leur pays qu'ils appréciaient tout particulièrement et qu'ils voulaient nous faire connaître. Dans ce but, ils souhaitaient mettre à notre disposition la villa d'un de leurs proches amis, pour que nous puissions y passer une journée et une nuit. C'était durant le week-end qui précédait la visite officielle. Ainsi, m'avait-il dit, il n'y aura aucuns frais d'hôtel, et donc pas de polémique possible. Et de fait, il n'y eut pas de débat sur le coût du déplacement. C'est en revanche la personnalité du propriétaire de la maison qui fut, bien injustement, mise en cause. Je ne le connaissais pas et d'ailleurs je ne le connais toujours pas, ne l'ayant jamais rencontré. Les ennuis ont démarré par le biais de l'opposition mexicaine au président Felipe Calderón, qui voulait connaître les conditions et les raisons pour lesquelles le propriétaire de la maison, un certain Roberto Hernandez, avait « prêté ou loué son domicile » pour notre visite. Tout cela ne prit pas une grande ampleur, mais était malgré tout révélateur d'une volonté polémique exacerbée à laquelle j'aurais dû prêter une plus grande attention. Ce fut mon erreur.

J'avais, quelques jours avant mon départ, reçu à l'Élysée les parents de Florence Cassez, une jeune Française qui avait été condamnée au Mexique à la peine exorbitante de quatre-vingt-seize ans de prison – ce qui correspondait à vingt ans effectifs, du fait du cumul des peines – pour une sombre affaire d'enlèvement dont on accusait son compagnon de l'époque. J'avais fait leur connaissance un an et demi auparavant à la demande d'un de mes amis parlementaires du Nord, Thierry Lazaro. Je fus très impressionné par le calme et la détermination de la famille de cette malheureuse. Le père était très digne. La mère, silencieuse. Ils étaient persuadés de l'innocence de leur fille et ne savaient plus à quel saint se vouer. Tout le monde leur tournait le dos. Ils étaient seuls et au bout de leurs ressources financières, épuisées à force d'allers-retours entre le Mexique et la France pour ne pas abandonner affectivement leur fille. J'ai toujours été sensible au sort de tous ceux, quoi qu'ils aient fait, qui se trouvent dans des situations proches de ce que l'on pourrait imaginer être l'enfer. C'est vraiment l'idée que je me fais du rôle du président de la République que d'aller porter secours à ceux de nos compatriotes qui se trouvent abandonnés de tous. À quoi servirait ce grand pouvoir qui nous est conféré si on ne l'utilisait pas aussi pour soulager des injustices individuelles ?

C'était bien le cas pour Florence Cassez, qui de surcroît avait été enfermée dans l'une des prisons au régime carcéral le plus sévère de tout le Mexique. Ses conditions de détention étaient horribles. Sa santé comme son intégrité physique étaient clairement menacées. Elle y resterait sept interminables années ! Je promis à mes interlocuteurs qu'à l'occasion de mon voyage au Mexique j'interviendrais auprès de mon homologue. J'avais été bouleversé par toute cette histoire et je souhaitais vraiment en avoir le cœur net. Je chargeai Damien Loras, un des brillants diplomates de la cellule diplomatique de l'Élysée qui m'était proche, de regarder ce qu'il serait possible de faire. Les premiers retours furent assez positifs, puisque le président Felipe Calderón envisageait assez favorablement un transfèrement de la détenue française vers son pays natal, pour qu'elle puisse y exécuter une partie de sa peine. Il m'écrivit même en ce sens quelques semaines avant ma visite. C'était un premier signe encourageant.

Je dus dissuader Carla d'aller elle-même à la prison de Mexico pour rendre visite à notre compatriote, afin de ne pas humilier le gouvernement mexicain et de ne pas hystériser l'opinion publique du pays qui subissait pas moins de huit mille enlèvements crapuleux par an. Or, c'était justement ce dont était accusée Florence Cassez, dans ce qui se révélera être une véritable machination, sur fond de montages, de pressions et de faux témoins. La démarche humanitaire de Carla était généreuse et profondément humaine. Mais je craignais que, malgré sa discrétion, nous ne nous trouvions face à une médiatisation désordonnée qui aurait pu compliquer les relations avec le président Calderón, que je pensais ouvert à la perspective de trouver un bon compromis. La désillusion vint rapidement, et ce dès le premier déjeuner officiel entre le couple présidentiel mexicain et nous. L'ambiance était chaleureuse et détendue dans l'hacienda où ils avaient tenu à nous recevoir. Les choses se gâtèrent au moment où je prononçai le nom de Florence Cassez. La violence de la réponse me laissa pantois. Je ne m'y attendais nullement. Le président Calderón en faisait désormais visiblement une affaire personnelle. Il nous est apparu complètement bloqué et arc-bouté sur ses certitudes. C'était en complète opposition avec la lettre qu'il m'avait précédemment adressée sur le sujet. Carla était aussi atterrée que moi. C'est à ce moment que j'ai suspecté que quelque chose clochait et que nous ne savions pas tout. J'ai surtout compris qu'il serait très difficile de sortir Florence Cassez de ce bourbier. J'étais encore loin de la vérité !

Car elle était bien pire que tout ce que j'avais pu imaginer. Subitement, ce fut l'ambiance de tout le voyage qui devenait lourde voire irrespirable. Jean-David Levitte, mon conseiller diplomatique et sherpa, avait parfaitement perçu ce changement. Il me conseilla vivement de renoncer à prononcer le nom de notre compatriote injustement embastillée lors de mon discours du lendemain devant le Sénat mexicain. Les journalistes des deux pays ne parlaient plus que de cela. En signe d'apaisement, je dus recevoir à mon hôtel la puissante association des victimes mexicaines de ces enlèvements. J'eus beaucoup de mal à calmer la colère de ses membres, persuadés qu'ils étaient de la culpabilité de Florence Cassez. Ils avaient été soigneusement manipulés et instrumentalisés par le pouvoir. Ce fut un moment étrange autant que désagréable, parce que toute une partie de moi était en accord avec leurs discours de victimes de ces actes barbares. J'insistai pourtant. Si ma compatriote était innocente ? Pouvait-on accepter qu'elle soit punie de vingt ans d'emprisonnement ? Elle en avait alors vingt-sept ! Nous nous séparâmes de façon plus apaisée sans que je réussisse à les convaincre.

Le lendemain, j'intervins devant le Sénat dans un silence de cathédrale, signe de la tension qui régnait. Au milieu de mon discours, j'expliquai que « puisqu'on m'avait dit de ne pas en parler, j'avais une forte envie de le faire », car « la politique ne pouvait pas être le seul lieu où on ne se parle pas ». Je voulais faire comprendre que dans une grande démocratie comme le Mexique, le devoir de chacun était de rechercher la vérité plutôt que le symbole ou l'instrumentalisation. Florence Cassez méritait un procès juste, pas une procédure bâclée. Je ne prononçai pas son nom, mais tout tournait désormais autour de son sort. Rien d'autre n'était plus audible. Le piège se refermait sur moi. J'étais condamné soit à reculer afin de préserver la relation franco-mexicaine et donc abandonner une innocente potentielle, soit à persévérer au prix d'une crise diplomatique entre nos deux pays. La rigidité, la brutalité, l'inhumanité du président mexicain avaient donné une ampleur immense à ce qui aurait dû demeurer une question « particulière », comme il en existe souvent entre deux pays amis. Tout juste avais-je réussi à obtenir *in extremis* la mise en place d'un groupe de travail juridique chargé d'étudier les possibilités de transfèrement de Florence Cassez, pour qu'elle puisse effectuer sa peine en France. Il s'agissait de déterminer qui aurait la primauté entre la convention de Strasbourg ratifiée par le Mexique, qui prévoyait de droit le transfèrement dans la patrie d'origine, et la Constitution mexicaine, qui exigeait que la justice du pays ait le dernier mot. Cette pourtant infime avancée avait été très mal accueillie. Le grand quotidien mexicain de gauche *La Jornada* avait titré à propos de ce groupe de travail : « C'est une honte nationale, le gouvernement s'est plié à la logique raciste et discriminatoire imposée par Nicolas Sarkozy. » Ce titre de presse illustrait la situation de totale incompréhension entre les deux pays, l'ambiance délétère du moment et l'état d'exaspération de l'opinion publique mexicaine.

J'essayai malgré tout de sauver les apparences en annonçant que le Mexique serait l'invité d'honneur du prochain Salon du livre de Paris, que l'année 2011 serait celle du Mexique en France, et réciproquement celle de la France au Mexique. Ces initiatives culturelles me permettaient de donner l'illusion d'une relation diplomatique apaisée au moins sur la forme. Ce fragile édifice ne tarda pas à voler en éclats à la suite de la conjonction de plusieurs développements de plus en plus défavorables à Florence Cassez. Ce fut d'abord le résultat de l'appel, deux jours avant mon arrivée au Mexique, qui confirmait la condamnation avec de surcroît une aggravation de la peine à soixante ans d'emprisonnement ! Il y eut également la volte-face du président Calderón sur la question du transfèrement et de la commission juridique mise en place dont il fit tout pour qu'elle ne débatte pas vraiment, et même qu'elle ne se réunisse pas davantage qu'à deux reprises.

Dans l'avion qui nous ramenait à Paris, je pensai intuitivement que mon homologue devait être sous influence, et pas simplement de son opinion publique exaspérée par les enlèvements et quasi unanimement persuadée de la culpabilité de notre compatriote. Je pouvais comprendre cette réaction de la part d'un politique qui devait affronter des élections législatives quelques semaines plus tard. Mais ce n'était pas suffisant pour justifier un tel revirement. Il y avait autre chose de plus grave qui se déroulait dans les coulisses de la vie politique mexicaine. Il s'agissait du rôle décisif joué par le ministre de la Sécurité publique García Luna. Le rapport de force entre les deux hommes était inversé. C'est le ministre qui dictait sa volonté au président, et pas l'inverse. Je ne connaissais pas la raison de cette étrange situation, mais j'en mesurais désormais la portée. Alors que la commission avait à peine commencé son travail, le président Calderón annonçait publiquement, comme le souhaitait son ministre, que Florence Cassez purgerait sa peine au Mexique, arguant que la sentence de soixante ans d'emprisonnement n'existant pas en France, le transfèrement était donc impossible. Au-delà du camouflet qui m'était infligé, il y avait surtout le sort de cette malheureuse à qui il était donc promis de mourir en prison à neuf mille kilomètres de sa famille !

Face à ce mur d'incompréhension et d'injustice, je décidai de changer complètement de stratégie. Nous n'avions plus rien à attendre des autorités mexicaines, il nous fallait donc nous tourner vers l'opinion publique du pays pour convaincre au moins une partie d'entre elle que Florence Cassez n'était pas coupable. Cela nous prit pas moins de trois années durant lesquelles notre excellent ambassadeur Daniel Parfait ne ménagea ni son temps ni sa peine en multipliant les contacts avec les médias, les personnalités politiques, les intellectuels, les artistes, les associations de victimes d'enlèvement… Le point déterminant fut l'acceptation par l'Église mexicaine de s'engager à conduire sa propre enquête, de se faire son intime conviction et de nous aider à réparer une épouvantable injustice.

Ce fut grâce au pape Benoît XVI que je pus arracher cet engagement décisif. Je le rencontrai à Rome, en octobre 2010. J'appréciais beaucoup sa personnalité, que j'avais appris à bien connaître lors de sa visite d'État en France quelques années auparavant. C'était un homme d'une intelligence remarquable, d'une bonté profonde et à la capacité d'écoute inépuisable. Le tout servi par un tempérament calme, une voix posée, une maîtrise d'un nombre impressionnant de langues étrangères et un sourire qui facilitait la confiance et incitait à la confidence. Ce jour-là, nous avions échangé pendant plus d'une heure en tête à tête dans son bureau du Vatican. Nous étions seuls, sans aucun conseiller. La conversation avait été assez personnelle. C'était tout à la fois simple, fort et juste. Il faut dire que le cadre si pénétrant, si majestueux, si profond du Vatican agit sur les dispositions intimes de chacun en incitant à la réflexion, à la distance, et sans doute aussi à la prière. En tout cas, pour toute personne sensible à ces problématiques. Au moment de le quitter, j'indiquai au pape que j'avais une requête personnelle et particulière à lui présenter. Intrigué, il se tut et me dit avec beaucoup de simplicité : « Je vous écoute. — Très Saint-Père, il existe une jeune Française qui vient d'être condamnée à soixante années de prison au Mexique. Vous pouvez l'aider. » Avant même de me demander ce qu'elle avait fait pour mériter un tel châtiment, il me répondit : « Mon Dieu, la malheureuse. » Je le sentais touché et ému. Il n'y avait nul jugement, juste de la compassion et une humanité profonde. Encouragé par sa réaction, je lui expliquai ma conviction que Florence Cassez était innocente et que j'avais besoin de la profonde influence de l'Église mexicaine pour tenter de retourner l'opinion publique de ce pays. Cette institution est encore très puissante en Amérique latine. Il me promit d'intervenir par l'intermédiaire du nonce apostolique à Mexico. Ce qu'il fit dans la semaine. C'était la première bonne nouvelle.

Depuis mon retour, j'avais pris l'habitude de téléphoner à Florence Cassez dès que je le pouvais pour soutenir son moral et m'assurer des conditions de sa détention. Elle était profondément déstabilisée et pleurait beaucoup. On pouvait aisément la comprendre. Je voulais aussi montrer au président Calderón que je n'étais pas décidé à abandonner ma protégée. Nos conversations téléphoniques étaient écoutées. J'en étais certain puisque je devais passer par le téléphone du parloir de la prison. Quand je relatai à Florence Cassez ma conversation avec le pape, elle commença par éclater en sanglots : « Ce n'est pas bien ce que vous faites de me mentir alors que je suis enfermée… ! » Elle ne voulait pas croire qu'il s'agissait de la vérité. Elle imaginait donc que j'étais en train d'affabuler. « Mais enfin, un pape et un président qui parlent de mes soixante années de prison. Je ne peux pas le croire. » J'eus toutes les peines du monde à la convaincre de la véracité de cette information. Il s'agissait pourtant de la stricte vérité. L'émotion à fleur de peau de Florence Cassez me renforçait dans l'idée qu'il n'y avait pas de temps à perdre. La dégradation de son moral s'accélérait à vive allure.

De son côté, l'Église voulait être certaine de la justesse de la cause que je lui avais demandé de soutenir avant de s'engager complètement. L'enquêteur qu'elle choisit, Pedro Arellano, était expérimenté et incorruptible. Il travailla sans relâche durant plusieurs mois, mobilisant nombre de bonnes volontés et de prêtres. Le rapport qu'il rendit ne fut connu du grand public, mais le Vatican en partagea les principales conclusions avec nous. Et elles étaient accablantes pour les autorités mexicaines. Florence Cassez n'était pas une kidnappeuse, mais une innocente bouc émissaire qui s'était trouvée au mauvais moment au mauvais endroit. Il s'agissait donc d'un montage éhonté que les plus hautes autorités de l'État et de la police mexicains avaient fabriqué. De fausses preuves avaient été produites dans le seul but d'accabler notre compatriote. À partir de ce moment, tout se mit à bouger dans un sens plus positif. De nombreuses personnalités mexicaines exigèrent de connaître la vérité tant elles flairaient le mensonge. L'Église elle-même, maintenant convaincue de l'innocence de Florence, saisit la Cour suprême pour obtenir une révision du procès. Le ministre de la Sécurité publique, García Luna, se trouvait désormais accusé de manipulations et suspecté dans sa probité. Malgré tout, la Cour de cassation mexicaine restait soumise aux mêmes pressions politiques et donc confirma la culpabilité et la sanction de Florence. Tout était une nouvelle fois à refaire. Je reçus les parents de cette dernière après ce nouveau coup de tonnerre. Ils étaient atterrés, et que dire du désespoir qui étreignait leur fille à cet instant ? Pour tenter d'inverser la tendance et d'envoyer un signal fort, j'annonçai que l'année du Mexique en France serait dédiée à Florence Cassez. Les autorités mexicaines se braquèrent vivement et retirèrent leur participation. L'année du Mexique en France avait donc vécu avant d'avoir commencé ! Je n'avais guère d'autre choix que d'aller à l'épreuve de force.

Les conventions internationales étaient bafouées par le refus du transfèrement. La France, qui s'enorgueillit d'être la patrie des droits de l'Homme, ne pouvait pas abandonner une de ses filles à un État qui utilisait des comportements qu'il n'est pas excessif de qualifier de mafieux ! Il en allait, au-delà du cas dramatique de Florence Cassez, d'une question de principes. J'étais gêné par la dégradation des relations franco-mexicaines, mais j'estimais que la « comédie diplomatique habituelle », où nous aurions fait semblant de ne pas comprendre ce qui se tramait et surtout de ne pas voir cette injustice, représentait un coût exorbitant au regard de la gravité des faits. Je connaissais les exigences de la realpolitik. Je l'ai pratiquée moi aussi. Mais dans le cas d'espèce, il m'a semblé que les choses avaient été trop loin. Je ne voulais pas laisser Florence Cassez croupir dans sa prison mexicaine alors qu'elle n'était coupable de rien !

Quelques jours après la décision de la Cour de cassation, un grand hebdomadaire mexicain révéla qu'un proche conseiller du président Calderón avait rencontré les juges quelques heures avant le verdict pour leur enjoindre de rejeter le pourvoi de Florence Cassez. Les pratiques dignes d'une dictature persévéraient donc en dépit des preuves qui innocentaient notre compatriote. Florence Cassez finit enfin par être libérée par une décision de la Cour suprême au début de l'année 2013. C'est-à-dire quelques semaines après que Felipe Calderón avait quitté le pouvoir ! L'ancien président mexicain, qui vit aujourd'hui en Espagne, a depuis été mis en cause pour ses liens avec le crime organisé. Son ancien ministre, García Luna, est toujours en prison aux États-Unis où il a été condamné au début de l'année 2023 pour trafic de drogue et collusion avec le cartel de Sinaloa…

Tout au long de cette procédure, je fus beaucoup critiqué au Mexique, ce qui était compréhensible à défaut d'être justifié. Mais je le fus tout autant en France, ce qui était particulièrement étrange.

La plus caricaturale de mes opposants fut Martine Aubry, qui dirigeait le Parti socialiste. Elle se déshonora dans cette polémique en foulant aux pieds ce qui aurait dû constituer le fondement de son engagement politique. Je l'avais si souvent entendue vilipender les exigences de la diplomatie qui faisait passer les droits de l'Homme au second voire au troisième rang des préoccupations de la France. Elle fit bien pire, puisqu'elle m'accusa de « manquer de maturité en sacrifiant la relation bilatérale franco-mexicaine au cas isolé d'une Française dont tout le monde au Mexique et beaucoup en France croyaient en la culpabilité ». Une fois l'innocence de Florence Cassez établie, ladite responsable socialiste ne présenta nulle excuse ! Elle passa à autre chose avec un cynisme qui encore aujourd'hui me révolte. J'ai observé plusieurs fois ce type de comportement au sein de cette famille politique. Ce fut Danielle Mitterrand vantant les qualités de Fidel Castro. Ce fut Henri Emmanuelli soutenant jusqu'au bout son ami Laurent Gbagbo en Côte d'Ivoire alors que ce dernier se faisait l'apôtre de « l'ivoirité ». Et ce fut Martine Aubry qui sciemment tourna le dos à la vérité et aux droits de l'Homme en privilégiant la petite querelle politicienne.

Certains de mes amis trouvaient également que j'en avais trop fait. Avec le recul, je pense tout le contraire. Rien ne pouvait justifier que l'on abandonnât une innocente, surtout lorsque l'on est président de la République et que l'on représente l'ultime espoir de tous ceux qui n'en ont plus. Je veux rappeler qu'il y a en permanence entre mille et deux mille Français qui se retrouvent en prison à travers le monde. Il n'est pas rare que certaines de ces détentions soient arbitraires. Le pouvoir ne doit pas rendre insensible à ces cas individuels, car derrière chacun de ces individus, il y a nos principes démocratiques auxquels il nous appartient de donner vie. Depuis, des intellectuels mexicains ont écrit que l'affaire Cassez était devenue l'affaire Dreyfus du Mexique ! Qu'il y avait un avant et un après. Cette histoire dramatique a donc fait progresser l'État de droit dans la deuxième économie d'Amérique latine. S'il n'y avait que cela à retenir, cela serait amplement suffisant pour justifier tous nos efforts.

*

* *

Les remises de décorations collectives ou individuelles ne constituent pas les moments les plus « exaltants » de la vie d'un président de la République. D'abord, parce qu'il y en a beaucoup et que la répétition en atténue la portée. Ensuite, parce que l'on ne connaît pas toujours les récipiendaires, ou si peu, ou si mal. Enfin, parce qu'il existe un grand écart d'émotions entre celui qui confère et celui qui reçoit. Pour ce dernier, il s'agit d'une consécration devant sa famille et ses amis. Pour le premier, cela nécessite un effort particulier de concentration pour donner à ce moment toute la solennité et l'intensité que les participants sont en droit d'attendre.

Celle que je devais présider en ce 19 mars revêtait une saveur toute particulière, puisqu'il s'agissait de remettre la Légion d'honneur à Bernadette Chirac. La seule « du clan » qui me demeura toujours fidèle et dont l'affection fut constante. Elle m'avait sollicité pour être, comme l'usage le voulait, son parrain. J'avais accepté avec enthousiasme, parce que Bernadette Chirac le méritait amplement. Partout où elle était passée aux côtés de son mari, elle n'avait cessé de vouloir se rendre utile et de faire le bien pour les causes qui lui tenaient le plus à cœur, les jeunes en déséquilibre psychologique, les personnes âgées, les hôpitaux avec les pièces jaunes. On a toujours parlé de l'énergie de Jacques Chirac, ce qui était juste, mais on a trop souvent ignoré celle de son épouse, qui était tout aussi indomptable. Cette petite femme à l'allure bourgeoise et qui n'a pas le physique d'une sportive régulière était pourtant dotée d'une force, d'une vivacité, d'une résilience dont j'ai peu souvent rencontré d'équivalents. Je ne l'ai jamais vue s'arrêter, se reposer ou même renoncer à une quelconque de ses obligations. C'était un monstre de devoirs qui, à la manière de la reine Élisabeth II, ne se plaignait jamais et exécutait ce qu'elle avait à faire jusqu'au bout. Elle fut une première dame particulièrement active et influente. La carrière de son mari n'aurait pas été la même sans elle et le rôle qu'elle a su jouer durant tant de moments critiques. Chaque fois que Jacques Chirac mettait un genou à terre, et cela lui est arrivé, elle était là pour le soutenir, le défendre, le conforter. Par amour pour lui, elle a supporté, sans rien dire, nombre d'humiliations. Elle a avalé tant de couleuvres. Elle a accepté beaucoup de choses qui lui déplaisaient souverainement. Et le tout, sans jamais rien laisser paraître tant elle était façonnée par son éducation, son sens du devoir, sa pudeur, et sûre de sa force auprès de son époux. Elle laissait parler et dire tous ceux qui n'ont jamais rien compris. Elle le savait bien. Son grand homme, celui de sa vie, ne pouvait faire sa route sans elle. Et jusqu'au bout, ils ont tout partagé. Ce couple était à sa manière indestructible.

Il y avait une autre raison à mon émotion particulière. Elle résidait dans l'attachement et l'affection que j'ai toujours portés à Bernadette Chirac. Il y a davantage de sentiments que l'on croit dans la vie politique. Ces longs compagnonnages laissent de profondes cicatrices affectives, pour le meilleur comme pour le pire. On ne sort pas indemne de toutes ces luttes fratricides ou de ces multiples combats électoraux. On finit par avoir partagé tant de choses côte à côte ou face à face que l'on peut avoir l'impression d'appartenir à une même famille. Espérer ensemble, perdre ensemble, plus rarement gagner ensemble crée des liens que les années qui passent renforcent bien davantage qu'elles ne les affaiblissent. Quand, ce soir-là, je regardais Bernadette Chirac, c'étaient tous mes débuts en politique qui surgissaient dans ma mémoire avec une intensité à laquelle je ne m'attendais pas. Nous étions liés par ces quarante années de vie politique. Je n'avais nul besoin de lui parler pour comprendre son humeur ou ses préoccupations. Et je savais que derrière cette froideur apparente et cette distance affichée se dissimulait le cœur d'une femme sensible qui pouvait être blessée à chaque instant. Malgré la différence d'âge et le fait qu'elle fût l'épouse « inconditionnelle » de Jacques Chirac, nous avons toujours été proches. Il n'y avait dans cette proximité ni calcul, ni intérêt, ni cynisme, mais une même compréhension et une expérience similaire de la cruauté que réserve la vie politique à ceux qui ont voulu l'embrasser.

Le plus étrange ce jour-là était que la cérémonie se déroulait en la présence muette de son mari. J'étais président de la République. Il ne l'était plus. Je rendais hommage à son épouse. Il écoutait. Elle était la vedette. Il était le témoin. Comment mieux dire que nous avions tous conscience que le temps avait passé et que le sien était compté ? Malgré toutes les précautions oratoires que j'avais prises en citant Jacques Chirac à plusieurs reprises, je ressentais comme une gêne. Je ne voulais en aucun cas le blesser, mais je le voyais mal à l'aise malgré son apparente et habituelle jovialité. Finalement, de nous trois, c'était Bernadette qui était la plus naturelle. J'avais déjà pu observer le rééquilibrage des forces à l'intérieur de leur couple. Maintenant, c'était elle qui proposait et qui décidait. La cérémonie se déroulait à la Maison de Solenn, le centre pour adolescents de l'hôpital Cochin à Paris, qui fut créé grâce à l'opération « Pièces jaunes » lancée quelques années auparavant par Bernadette elle-même. Il y avait le Tout-Paris politique, économique et même artistique. Chacun s'était pressé pour en être. Au fond, cela permettait de réconcilier notre famille politique en permettant à tous de trouver une bonne raison de participer. Pour les uns, c'était pour Bernadette. Pour les autres, c'était par fidélité à Jacques Chirac. Pour les troisièmes, c'était parce que j'étais le parrain de la décoration. Comme à l'accoutumée, Bernadette Chirac fit preuve d'humour et même d'une affectueuse insolence puisqu'elle eut la générosité de partager cette croix avec son mari qui, dit-elle, « m'accompagne depuis cinquante ans ». On ne se refait pas… Jusqu'au bout, elle aura maintenu, défendu, revendiqué sa place. Celle d'une femme libre. Car derrière ses manières, son éducation, sa rigueur, personne ne pourrait se vanter de lui avoir jamais dicté sa pensée ou ses idées. Elle a su construire, sans rien renier de son identité, un espace de liberté. Bernadette Chirac est une femme libre.

*
* *

J'organisai fin mars une nouvelle réunion des parlementaires de la majorité que je reçus, pour l'occasion, à l'Élysée. Les journalistes avaient fini par s'habituer à ce rituel. Le principe de ces réunions ne faisait plus ni scandale ni débat. Je n'étais plus accusé de modifier l'esprit de la Ve République. Avec la sortie de crise, le climat politique s'était alourdi et les perspectives s'assombrissaient pour la majorité. Les sondages avaient commencé à baisser. Mon équipe politique – dont bon nombre de ses membres sont aujourd'hui des élus de talent comme Constance Le Grip, Olivier Marleix, Guillaume Larrivé ou Éric Schahl – m'alertait sur l'inquiétude des parlementaires. Il fallait leur parler, les rassurer, leur offrir un horizon. Je devais le faire moi-même, car ce n'était pas dans le tempérament du Premier ministre François Fillon de prendre les choses à son compte. Je dois reconnaître avec honnêteté que je ne sais pas si moi-même j'aurais souhaité qu'il le fît ! Toujours est-il que sa prudence, sa réserve, l'idée que sans doute il se faisait de son intérêt le poussaient à prendre en horreur toute forme de risque ou de mise en avant trop prématurée. Il était bien sûr à mes côtés sur l'estrade dans la grande salle des fêtes du Palais où nous nous trouvions. Il y avait également le président de l'Assemblée nationale, Bernard Accoyer, dont la loyauté ne fut jamais prise en défaut, et le président du groupe majoritaire à l'Assemblée nationale, Jean-François Copé. Ce fut mon erreur que d'avoir, au début de mon mandat, dissuadé Christian Estrosi de se présenter contre celui-ci, car il l'aurait emporté et j'aurais eu beaucoup à gagner au change, tant l'un était l'antithèse de l'autre. Depuis son plus jeune âge, Jean-François Copé se croyait voué au plus grand rôle. Il n'était pas le seul dans ce cas, mais cela avait développé chez lui une arrogance assez marquée et un amour de sa propre personne sans doute disproportionné ! C'est peu dire que je ne lui faisais pas confiance et que je n'ai jamais eu d'affinité avec lui. Pourtant, j'avais tout fait pour qu'il occupât le poste stratégique de président du premier groupe de la majorité. Dans mon obsession de rassemblement, il me paraissait juste que chacun puisse avoir sa place et qu'il ne s'agisse pas seulement de mes proches ou de mes fidèles. C'était une bonne intuition, à la réserve près que ces derniers devaient jouer loyalement le jeu. Ce qu'ils firent pour l'essentiel, mais ce que ne fit pas Jean-François Copé qui, lorsque les choses allaient bien, affirmait « avec modestie » qu'il s'agissait d'une coproduction parlement-gouvernement, et, quand elles allaient moins bien, me laissait seul en assumer les conséquences.

Pour exercer la présidence du groupe des parlementaires qui m'étaient les plus fidèles, j'aurais certainement dû trouver mieux. Une fois élu avec mon soutien, il s'empressa de mettre à tous les postes de commande ses affidés. Parmi eux se trouvait la fameuse équipe « Bygmalion » qui trusta tous les contrats de communication du groupe à la minute où Copé en devint le président et jusqu'au moment où il le quitta. Laquelle officine était alors dirigée par deux de ses anciens chefs de cabinet en étroite collaboration avec son directeur de cabinet du moment. Naturellement, je n'en savais rien et n'apprendrais que bien plus tard que cet organisme était en fait entièrement voué au service et à la personne de son unique mentor, Jean-François Copé. Ce fut donc une erreur de le promouvoir. Nombre de mes amis m'avaient mis en garde sans que je les écoute. La nécessité du rassemblement que j'avais érigé en priorité absolue me faisait une obligation de trouver un rôle pour chacun des anciens chiraquiens. Jean-François Copé revendiquait de faire partie du premier cercle de ceux-ci. De surcroît, il savait faire preuve d'un talent pédagogique incontestable et d'un savoir-faire dont je pensais sincèrement qu'ils pourraient nous être utiles. J'ai toujours su qu'on n'avait jamais trop de talents dans une équipe. Copé en était un, même s'il le gâcha en partie par une attitude naturelle qui lui attira beaucoup d'ennemis. Il en eut la cruelle démonstration lors de la primaire que j'avais organisée en vue de la présidentielle de 2017 où il ne reçut qu'une seule voix par bureau de vote ! Sur quatre millions de participants, cela faisait peu et était révélateur d'une situation de désamour profond. Ainsi va la politique où il n'y a pas de stratégie aussi utile et nécessaire que celle du rassemblement qui ne présente son revers et ses inconvénients. Mais à tout prendre, je préférais choisir ceux qui résultaient d'un excès d'union à ceux, beaucoup plus graves, qui auraient découlé d'un comportement clanique ou sectaire qui m'a toujours été profondément étranger.

Ce soir-là, je ne voulais pas aller au-delà de quelques mots brefs d'introduction. Je préférai répondre aux questions des parlementaires plutôt que de leur infliger un discours qui ne correspondait ni au format de la réunion ni aux attentes de mes invités. La première question porta sur ma capacité à tenir la ligne des réformes face à la contestation sociale qui montait. C'est toujours la même problématique, celle du recul ou de la résilience. Mais les députés, échaudés par les marches arrière de la période Chirac qui avait commencé dès 1995 avec le retrait du plan de réforme de la Sécurité sociale par Alain Juppé, s'inquiétaient à l'idée que je finisse par emprunter la même voie. Je les détrompai en prenant l'exemple du port de Marseille dont nous venions de changer le statut, ainsi que celui de ses fameux dockers, où la CGT nous attendait de pied ferme, cherchant à nous provoquer afin de déclencher les hostilités. J'affirmai que ce serait un excellent terrain pour un premier affrontement. J'y étais prêt. J'expliquai d'ailleurs que le risque pour notre majorité n'était pas que nos adversaires soient forts, mais que nous soyons faibles ! Là résidait le véritable danger. J'étais convaincu qu'à la moindre faiblesse ce serait l'hallali. Nous n'avions donc d'autre choix que de continuer, voire d'accélérer. J'ajoutai que je ne croyais pas que devant l'opinion publique, nous pouvions perdre sur un sujet bien connu, celui des blocages à répétition des ports français. Cela faisait trop longtemps que cette anomalie perdurait. Il était grand temps d'y mettre un terme.

J'essayai, dans la foulée, de synthétiser ce qui constituait les trois grands handicaps français pour affronter la compétition féroce devant laquelle nous nous trouvions, et bien sûr les réponses qu'il fallait apporter. Dans l'ordre, je dénonçai les 35 heures, les grèves et les blocages à répétition, et notre fiscalité parmi les plus confiscatoires de toutes les économies développées. Pour chacun de ces handicaps, je pensais avoir trouvé une parade à tout le moins partielle. Pour les 35 heures, c'étaient les heures supplémentaires défiscalisées. Pour les blocages, c'était le service minimum imposé à toutes les entreprises publiques, notamment de transport, qui ne pouvaient plus prendre en otages les salariés. Incontestablement, cela avait modifié profondément les rapports de force dans le domaine social. Quant aux impôts, le bouclier fiscal était désormais la garantie donnée à chaque contribuable que l'État ne lui prélèverait pas plus de 50 % de ce qu'il avait gagné. Je me fis un plaisir d'ajouter que le Premier ministre espagnol, José Luis Rodriguez Zapatero, socialiste bon teint, avait supprimé l'impôt sur la fortune et que le chef des socialistes allemands, Frank-Walter Steinmeier, avait inscrit dans la Constitution de son pays, pour le rendre intangible, un bouclier fiscal semblable au nôtre ! Je conclus en expliquant que ce que les gauches européennes avaient compris, peut-être faudrait-il que la droite française le revendiquât lorsqu'elle l'avait mis en œuvre !

J'achevai épuisé ces trois heures d'échanges. Il fallait répondre aux grandes comme aux petites questions. Connaître tous les dossiers et les chiffres qui allaient avec. Rester humain. Donner de l'énergie et de la force sans traumatiser mes auditeurs. Demeurer proche de chacun tout en gardant la distance qui seyait à un président. Être rassembleur tout en parlant comme un militant. Être confiant sans être fermé. Être directif pour imposer une discipline indispensable tout en restant à l'écoute afin de créer l'empathie. L'exercice était plus sensible et délicat qu'il n'y paraissait. En tout cas, il mobilisait une énergie qu'il est sans doute difficile d'imaginer. Laisser repartir quatre cents parlementaires rassérénés et presque heureux était un défi. J'avais l'impression de devoir me multiplier à la manière de l'artiste qui fait tourner simultanément toutes les assiettes au bout d'une tige afin d'éviter qu'elles ne tombent et se brisent.

*
* *

Je terminai le mois de mars par un discours auquel j'attachais une grande importance à propos de la défense européenne et de l'Otan. J'avais été beaucoup mis en cause durant la précédente campagne électorale pour mes supposés sentiments exclusivement pro-américains. Je tenais donc à préciser les choses et à donner ma vision sur ces sujets tout à la fois complexes et éminemment stratégiques. Le colloque avait lieu aux Invalides dans l'amphithéâtre Foch. Il y avait là tout un symbole puisque Foch fut le premier commandant en chef des forces alliées européennes et américaines pendant la Première Guerre mondiale. C'est dire que le concept d'allié et d'ami des Américains ne datait pas du début de mon quinquennat !

Je précisai d'emblée que nous étions d'abord issus de la famille occidentale. Nous devions même revendiquer cette appartenance. Nous ne pouvions pas nous trouver juste à mi-chemin entre tout le monde. J'indiquai même que la première condition de l'indépendance était de savoir où était sa famille et que celle-ci ne doutât pas de vous. Or notre famille était bien celle que nous formions avec les Européens et les Américains. Dire cela n'était pas remettre en cause l'indépendance nationale. C'était au contraire la fortifier. Que serait une politique de défense française isolée et repliée sur elle-même ? Ce ne serait rien de mieux qu'une ligne Maginot aussi inefficace que l'originale pour affronter les défis du monde moderne. Je proposai donc de mettre en œuvre un double mouvement parallèle et concomitant de relance de la défense européenne et de rapprochement avec l'Alliance atlantique. Pour l'Otan, j'ai toujours pensé que l'intérêt national devait conduire à ce réinvestissement. En effet, nous étions membres fondateurs de cette alliance née au lendemain de la Seconde Guerre mondiale. Elle était, et restera, un élément central de notre politique de défense et de sécurité avec un engagement fondamental, celui de l'assistance mutuelle en cas d'agression d'un pays membre. Le général de Gaulle avait eu en 1966 cette formule heureuse : « Notre alliance est celle des peuples libres d'Occident. » On ne pouvait être plus clair.

Par ailleurs, vingt-deux des vingt-sept démocraties européennes sont membres de l'Otan. Quitter celle-ci serait ni plus ni moins que rompre avec les trois quarts de nos partenaires du continent. Est-il utile de préciser que cela n'aurait absolument aucun sens ? C'est également avec l'Otan que nous sommes intervenus en Afghanistan dans le courant des années 1990. Et c'était en 1993 que François Mitterrand avait pris la décision que nous recommencerions à assister au comité militaire. En 1996, Jacques Chirac alla plus loin en souhaitant clairement que nous y reprenions toute notre place. D'ailleurs, il est depuis fréquent que la France participe avec ses soldats à la force de réaction rapide de l'Alliance. Le processus de rapprochement opéré a donc été continu et ce, qu'il y ait un président de droite ou de gauche à l'Élysée. Cela n'avait pas commencé avec moi ! Malgré tout, nous restions à l'écart de la seule structure militaire intégrée. Cela avait fini par provoquer de nombreux inconvénients ! Au premier rang de ceux-ci, le fait que notre position était de moins en moins comprise par nos alliés. Notre incapacité à assumer au grand jour notre choix de l'Alliance atlantique jetait un doute sur nos objectifs et, il faut le dire aussi, sur notre loyauté. Cette méfiance pesait sur l'Europe de la défense qui, de ce fait, n'avançait pas comme nous l'aurions souhaité. En effet, présenter celle-ci comme une alternative à l'alliance avec les États-Unis, c'était la certitude de tuer l'idée même d'Europe de la défense, en tout cas pour la quasi-totalité des pays de l'Est de notre continent. En revanche, présenter cette dernière comme une action complémentaire de l'Otan permettait de faire progresser l'idée d'une défense européenne.

L'autre inconvénient, à mes yeux majeur, était que nous ne disposions d'aucun poste militaire de responsabilité. Nous n'avions donc pas notre mot à dire quand les Alliés définissaient les objectifs et les moyens militaires pour les opérations de l'Alliance. En fait, la France avait fini par s'exclure elle-même. C'était devenu plus qu'une habitude, une simple posture. Le moment était donc arrivé de mettre fin à cette situation. Les absents ont toujours tort. Je préférais une France qui codirige plutôt qu'une France qui subisse. En retrouvant toute notre place, nous étions de nouveau là où s'élaboraient les décisions et les normes. Par ricochet, notre retour renforçait l'influence de l'Europe au sein de l'Otan et modérait celle des États-Unis. Ainsi, l'Alliance devenait-elle moins exclusivement dominée par les États-Unis. Mais le plus important était le climat de confiance que nous avions rétabli en reprenant pleinement toute notre place. Nos partenaires européens devinrent à partir de cet instant plus attentifs à nos ambitions en matière de défense européenne. Nous n'étions plus suspectés de jouer double jeu avec les États-Unis. J'étais soulagé d'avoir conduit jusqu'à son terme un processus auquel je croyais et qui suscitait depuis des années une véritable hystérisation du débat. Des postures martiales étaient prises. Des anathèmes étaient lancés. Des polémiques s'enflammaient à tout instant. Il était décisif que la majorité, qui comptait de très nombreux parlementaires d'obédience gaulliste, puisse me suivre sur ce chemin de la réintégration complète dans les structures militaires intégrées.

Je terminai mon intervention en rappelant que bien évidemment nos forces armées resteraient nationales. Ce qui signifiait qu'elles ne seraient intégrées dans aucune force supranationale dont la responsabilité échapperait au gouvernement de la France. Je précisai en outre que la dissuasion nucléaire demeurerait indépendante et que nous conserverions notre liberté d'appréciation quant à l'envoi de nos troupes. Je répondais ainsi à tous ceux qui prétendaient que notre indépendance nationale pouvait être remise en cause par ma décision. Après de très nombreuses polémiques, et des procès d'intention de bien mauvaise foi, j'ai pu observer que plus de douze années après cette décision, aucun des deux présidents qui m'ont succédé n'est revenu en arrière. Aucune nouvelle majorité parlementaire n'a remis en cause ce choix. Aujourd'hui, le consensus s'impose donc, comme si le retour de plain-pied de la France au sein de l'Otan avait été une évidence. Il l'est devenu. Il ne l'était pas. Ce fut une décision stratégique qui peut donner aux Français la mesure du bilan d'un quinquennat, car elle s'inscrit dans la durée, non dans l'immédiateté. Il fallait du temps pour en mesurer l'impact. C'est un choix que je ne regrette pas.

Restait la question de la trahison dont j'étais fréquemment accusé à propos de l'héritage du général de Gaulle. Je ne peux m'empêcher de penser qu'il fallait une bonne dose d'aveuglement pour affirmer ce qu'aurait fait celui-ci dans les circonstances qui se présentaient alors à nous. Est-ce que les raisons qui l'avaient convaincu d'agir comme il l'avait fait en 1966 en quittant l'Alliance demeuraient les mêmes ? À l'évidence, non. Fallait-il de la même manière qu'au nom de la fidélité gaulliste, la France rejetât le traité de non-prolifération des armes nucléaires parce que, en son temps, le Général l'avait décidé ? À l'évidence, non. J'étais si déterminé à avancer dans cette direction en toute transparence que j'avais, le matin même où je prononçais ce discours, demandé au Conseil des ministres d'engager la responsabilité du gouvernement sur la politique étrangère de la France. C'était nouveau s'agissant du pré carré des compétences présidentielles. La démocratie a ses règles. Le Parlement devait être consulté sur ma décision, qu'il la refusât ou qu'il l'acceptât. C'était bien l'esprit de la révision constitutionnelle de 2008 que j'avais fait passer *in extremis*. Finalement, il l'a acceptée. Une page pouvait se tourner. Ce fut moins difficile que je ne l'avais imaginé. Les polémiques s'éteignirent immédiatement après ce vote. Il y a donc parfois des évidences qui finissent par s'imposer.

*
* *

Le premier week-end du mois d'avril fut consacré au sommet de l'Otan qui se tenait tout à la fois à Strasbourg, à Kehl et à Baden-Baden sous la double présidence franco-allemande. Je ne reviendrai pas sur le fond des choses. J'ai déjà expliqué les raisons qui m'avaient incité à prendre l'initiative d'une telle réunion. C'était un évènement d'autant plus marquant qu'il s'agissait de la première visite en France de Barack Obama en tant que président des États-Unis et de son épouse Michelle. Les médias étaient surexcités par la présence du couple présidentiel américain. Carla et moi devions les accueillir dans la capitale alsacienne au palais Rohan qui avait été aménagé pour l'occasion. Je connaissais déjà Barack Obama, avec qui j'avais eu deux longues conversations au cours des trois dernières années à Paris et à Washington, alors même qu'il n'était pas encore à la Maison Blanche. En revanche, je n'avais jamais rencontré sa femme. Le couple avait apporté des cadeaux à notre intention, dont une belle guitare Gibson pour Carla sur laquelle était fixée une petite plaque indiquant qu'il s'agissait d'un présent de Michelle et Barack Obama avec la date de leur visite. C'était une attention sensible et réellement amicale. Le fait est assez rare pour être souligné.

Le président américain était adulé par la presse française, on le couvrait d'éloges et on lui faisait crédit de toutes les qualités. Sa personnalité réelle est, cependant, assez éloignée de l'image millimétrée et particulièrement soignée qu'il veillait à donner à chaque instant. En fait, il est de tempérament assez froid, introverti, et ne manifeste qu'un intérêt assez modéré pour tous ceux qui l'entourent. Sa femme est plus authentique, plus forte, plus sincère dans l'expression de ses convictions. Elle en a d'ailleurs beaucoup, et les exprime avec une grande franchise et un réel courage. Son mari, à l'inverse, détestait tout ce qui pouvait le mettre en porte-à-faux avec la pensée unique la plus stricte. Il s'agissait pour lui avant tout d'éviter tout évènement qui pouvait écorner son image. Il ne prenait aucune décision qui n'avait été antérieurement validée par ses conseillers et son administration. Ce fut cette dernière qui, durant ses années de présidence, avait pris et assumé la réalité du pouvoir. Cela compta beaucoup dans la victoire de Trump qui sut tirer avantage de cet amour de la pensée conformiste de son prédécesseur.

Durant le sommet, nous eûmes deux désaccords assez profonds qui ont contribué à dégrader sensiblement notre relation. Le premier survint dès le début du premier tête-à-tête organisé à Strasbourg. Barack Obama voulait à toute force faire plaisir au Premier ministre turc Erdoğan. Or, celui-ci avait affiché comme priorité sa volonté de faire adhérer son pays à l'Union européenne. Comme j'ai déjà eu l'occasion de l'expliquer dans *Le Temps des Tempêtes*, je ne voulais pas en entendre parler. J'avais été très clair sur ce sujet durant la campagne électorale. Je ne pouvais en aucun cas me dédire. Le président américain le savait. Cela ne le gêna nullement pour me présenter sa requête avec une insistance troublante. Il y aurait sans doute eu une meilleure entrée en matière. Il fit cependant un effort sur la forme en me complimentant sur « mon intelligence » qui devait m'amener à comprendre que l'« intérêt supérieur » devait me conduire à céder. C'était de la pure flatterie. George Bush, avec d'autres mots, mais une égale insistance, m'avait dit la même chose un an auparavant. Je ne sais si l'évolution de l'ancien Premier ministre et actuel président turc les a fait changer d'avis depuis... En tout état de cause, j'opposai à mon interlocuteur un « non » ferme et définitif. J'ajoutai que ce n'était pas aux États-Unis de décider qui devait être membre de l'Union européenne et qui ne le devait pas. De mon point de vue, il s'agissait même d'une ingérence assez déplacée.

Cela m'a cependant aidé à ouvrir les yeux sur l'importance que les Américains attachaient à la Turquie, et jusqu'où ils étaient prêts à aller pour aider leur ami Erdoğan. J'ai vite compris que le premier objectif de notre entretien était de faire pression sur moi, afin que je modifie fondamentalement la position que j'avais exprimée sur cette question au nom de la France. Cela commençait donc assez mal. À ceci s'ajouta bien vite un bras de fer avec le président turc Abdullah Gül (téléguidé par son Premier ministre Recep Tayyip Erdoğan) qui fit tout pour bloquer la désignation du Danois Anders Fogh Rasmussen comme nouveau secrétaire général de l'Organisation. Son tort ? Être citoyen du pays qui avait osé publier les caricatures de Mahomet. Barack Obama était disposé à céder ou du moins... à laisser passer quelque temps. Angela Merkel et moi-même lui avons opposé un front uni jusqu'au bout de la nuit tant nous étions certains de la portée civilisationnelle de ce symbole. Ni elle ni moi n'étions disposés à céder à la menace. Renoncer à cette nomination, c'était accepter le diktat des fatwas. Le camp de la raison l'emporta. De ce jour, mes relations avec Obama ne furent jamais plus les mêmes. J'avais du mal à lui pardonner une telle absence de conviction sur un sujet si grave. Et, à l'inverse, sans doute pensait-il que je durcissais inutilement les choses. Deux cultures s'opposaient. La tradition anglo-américaine qui tolérait le communautarisme et la nôtre qui était celle de la République.

*

* *

Le premier véritable sommet du G20 qui s'était tenu à Londres le 2 avril fut particulièrement difficile. La réunion de Washington avait été celle de la mise en place de cette nouvelle instance internationale. Elle avait suscité beaucoup d'espoir, et peu de décisions concrètes. À l'inverse, celle de Londres devait accoucher des premiers résultats tangibles. Il s'agissait réellement d'un test de crédibilité. Nous ne pouvions pas échouer. J'étais attendu au tournant. Or la diplomatie était hélas en train de reprendre ses droits, et donc l'immobilisme avec elle. La crise frappait toujours, mais le pic de sa violence était derrière nous. Nombreux étaient ceux qui imaginaient que les choses pouvaient reprendre leur cours normal et que nous n'étions plus obligés de prendre des décisions, donc des risques. Les médias étaient aux aguets. Ils avaient, dans leur ensemble, salué le succès que représentait la création du G20. Mais, selon une règle bien établie, et dans un « souci d'équilibre relatif », ils auraient été heureux de pouvoir désormais écrire : « Tout ça pour ça. »

Je choisis donc la seule stratégie possible, en tout cas à mes yeux, celle qui consistait à me mettre dos au mur. J'avais reçu les conclusions du travail préparatoire des sherpas. C'était ronflant, pompeux, consensuel et totalement imprécis. En fait, le projet de communiqué représentait ce que l'on pouvait faire de pire en matière de langue de bois. Il était difficile d'imaginer moins opérationnel. Je reconnais bien volontiers qu'accorder sur un même texte des intérêts aussi différents et contradictoires que ceux des Chinois, des Américains, des Saoudiens, des Brésiliens… et de tant d'autres relevait de la gageure. Mais j'étais persuadé que nous n'arriverions à rien si personne ne prenait l'initiative de frapper un grand coup sur la table pour sortir des habitudes et des banalités. C'est donc ce que je fis en annonçant la veille du sommet de Londres que la France ne signerait pas le communiqué en l'état actuel de sa rédaction. Et cela alors même que toutes les autres Nations avaient déjà donné leur accord sur ce texte. Pour souligner encore davantage ma détermination, je reçus à l'Élysée, le matin de la réunion de Londres, Jean-Pierre Elkabbach, qui réalisait alors pour Europe 1 l'interview politique matinale. C'était un interlocuteur coriace, redoutable, qui en demandait toujours davantage à celui qu'il interrogeait. Il jugeait la pertinence de ses interviews à l'aune du nombre de dépêches AFP qui en résultait. La recherche du scoop était son obsession.

J'étais assez impressionné par sa curiosité intacte après tant d'années à exercer ce métier. Sa capacité de travail, sa connaissance des moindres détails de l'actualité me bluffait. Tous ses confrères ne possédaient pas la même rigueur. Je l'avais choisi, car la complexité des sujets qu'avait à traiter le G20 de Londres exigeait de pouvoir échanger avec quelqu'un qui connaissait le fond des dossiers ou avait au moins essayé de les maîtriser. De ce point de vue, le niveau de préparation de ses questions présentait toutes les garanties. Il avait le souci constant de tirer son invité vers le haut, beaucoup plus rarement vers le bas, ce qui était finalement aussi agréable qu'inhabituel. Il est sans conteste plus aisé de réussir une prestation médiatique lorsque l'on se trouve confronté à un interlocuteur qui met son énergie dans la rigueur et la précision de ses interrogations plutôt que dans une agressivité de pure forme. Jean-Pierre Elkabbach est l'un des rares journalistes à avoir compris qu'une interview n'est pas un débat. Ce devrait toujours être une série de questions sans concession dont le spectateur ou l'auditeur peut écouter les réponses et, finalement, se faire une opinion.

Comme prévu, j'annonçai donc, avant que le sommet n'ait débuté, que la France « ne s'associerait pas à un G20 qui se conclurait par des faux compromis ». Je voulais que de nouvelles règles se mettent en place, pour que le monde ne risque plus de se retrouver aux prises avec une situation telle que celle à laquelle nous étions en train de faire face. Je réclamai des actes et, au premier rang de ceux-ci, que soit publiée la liste des paradis fiscaux à travers le monde et la nature des changements que nous exigerions d'eux. Je précisai même qu'il serait « parfaitement inacceptable que des décisions concrètes ne soient pas mises en œuvre dans les jours qui suivraient la réunion de Londres ». C'était crucial, car si à Washington nous avions bien avancé sur la coordination de la relance économique mondiale et sur le refus parallèle de tout protectionnisme, nous n'avions encore rien décidé sur la régulation des marchés financiers comme sur la nouvelle gouvernance mondiale. Or, c'était ce qui avait provoqué le déclenchement de cette crise financière systémique. Si nous voulions retrouver une véritable croissance mondiale, nous devions pouvoir nous appuyer sur un système financier stable et efficace ainsi que sur un retour de la confiance des marchés dans le fonctionnement de l'économie. Plus précisément, je souhaitais obtenir du G20 la publication d'un document qui listerait les paradis fiscaux en les désignant nommément.

S'agissant de la nouvelle gouvernance mondiale, je plaidai, une nouvelle fois, en faveur des pays émergents qui devaient obtenir un rôle aux Nations Unies qui correspondait mieux à leur place désormais incontournable dans la démographie de la planète. Je souhaitais ainsi ouvrir le grand chantier de la rénovation de l'ensemble du système multilatéral. Je dois, hélas, constater que près de quinze années après, il n'a toujours pas commencé, et ce alors même que plus aucune des instances internationales en charge du multilatéralisme n'est aujourd'hui en état de fonctionner juste convenablement. Évidemment, cette position heurtait de plein fouet des intérêts puissants et pas toujours avoués ni avouables. Ainsi la Chine, qui défendait la place financière de Hong Kong, était très en arrière de la main, et bien des pays européens n'avaient pas envie que des amis aussi proches que le Luxembourg ou Monaco sans parler de Chypre ou de Malte, soient désignés. Les États-Unis eux-mêmes étaient assez ambigus sur le sujet. Cela faisait de nombreux obstacles à surmonter.

Ma position suscita beaucoup de critiques assez contradictoires. Pour le Parti socialiste, je ne faisais que m'agiter et montrer mes muscles, mais à n'en pas douter, dans le cas contraire, j'aurais été tout aussi violemment accusé de ne rien faire et de défendre les riches et les puissants. La presse n'était pas en reste. Pour un éditorialiste de la presse quotidienne régionale, il ne s'agissait que « de coups de menton » qui resteraient inefficaces et sans lendemain. *Libération* évoquait même mes « fanfaronnades ». Au fond, c'était comme si l'ensemble des éditorialistes avaient souhaité un échec du sommet qui aurait validé la thèse bien connue du « Tous incompétents, tous pourris ».

L'opinion en France était particulièrement clivée, puisque 62 % des sympathisants de droite approuvaient mon action internationale alors que 79 % des sympathisants de gauche la désapprouvaient. Je n'avais pas été élu par ces derniers, ce qui me permettait de relativiser ! J'étais en revanche soulagé de conserver la confiance de mon électorat. Au regard de la dureté des temps, c'était même assez inespéré et constituait une base de résistance très forte. Je ne pouvais décemment espérer davantage. Cette bipolarisation avait, en outre, le mérite de limiter l'espace politique des extrêmes, de droite comme de gauche, et de les contenir sur un spectre assez réduit. Ce qui n'était pas anecdotique pour la vie démocratique. Il est aisé de constater que les temps ont bien changé. C'est pourquoi je continue de préférer le clivage gauche-droite – qui correspond à notre histoire politique, qui existe, et qui est sain – à celui de ce face-à-face aussi déprimant que dangereux entre des extrêmes qui ne feront qu'aggraver une situation qui n'en a vraiment pas besoin. Certains vont avancer que j'ai été le premier à prôner le dépassement des frontières traditionnelles avec l'ouverture à gauche ; c'est vrai, je l'assume. La France mérite d'avoir la meilleure équipe à sa tête. Les meilleurs éléments. Mais le dépassement n'a rien à voir avec le « en même temps ». Ma ligne est toujours restée de droite. Le camp du bien me l'a suffisamment reproché ainsi qu'à tous ceux qui m'avaient rejoint !

La tension était donc montée sérieusement. Barack Obama, qui ne pouvait pas se permettre un échec de ce G20, essayait de trouver un compromis que j'estimais bancal. Sur la question très sensible des paradis fiscaux, le président américain souhaitait se contenter d'une simple grille d'évaluation des places financières. C'était théorique et surtout cela serait inefficace. Je ne voulais pas démordre de mon exigence à obtenir l'établissement d'une véritable liste noire des pays n'ayant pris aucun engagement de transparence. L'existence de ce document public était de mon point de vue le seul moyen de faire peser une pression suffisante pour que ces véritables « trous noirs » de la finance disparaissent. Il y avait eu trop de scandales, trop de souffrances, trop de situations choquantes pour nous contenter d'adopter des demi ou même des quarts de mesures !

La veille au soir, l'ensemble des participants étaient conviés par la reine Élisabeth II à une réception officielle à Buckingham Palace. C'était protocolaire et inévitable, même si j'eusse préféré que fussent organisées des réunions de travail pour tenter de rapprocher des points de vue encore beaucoup trop antagonistes. Il y avait notamment la question très symbolique, par ces temps de crise, de la rémunération des traders, dont j'exigeais qu'elle soit au minimum autorisée par le conseil d'administration de la banque concernée, que leur montant soit plafonné et que les bonus récompensent la performance actuelle et non une éventuelle promesse de gain futur. Ici encore, nous avions beaucoup de pain sur la planche.

La journée du lendemain fut interminable. Les sujets étaient horriblement complexes, nécessitant un effort de concentration pour comprendre exactement ce qui était proposé et les conséquences qu'engendreraient des mesures présentées comme simplement techniques, mais dont l'impact pouvait être très politique. En l'occurrence, le diable était vraiment dans les détails. Il y avait eu au cours des travaux préparatoires des avancées réelles que je saluai, mais toujours aucun accord sur la fameuse liste noire. Gordon Brown, le Premier ministre britannique, présidait la réunion avec efficacité et autorité. Il semblait très à l'aise sur tous ces sujets financiers qui l'avaient passionné depuis les tout débuts de sa carrière politique. Barack Obama, habilement, faisait comme si tout allait pour le mieux dans le meilleur des mondes. Il jouait visiblement la montre et souhaitait à tout prix éviter le clash de quelque côté qu'il vienne.

Vers 16 heures, alors que nous étions en réunion depuis plusieurs heures, le président de séance nous interrogea pour connaître l'opinion de chacun sur le projet de communiqué final qui allait être publié le soir même et qui devait récapituler toutes nos décisions. L'unanimité était en train de se faire jusqu'au moment où je demandai si la liste des paradis fiscaux allait être annexée à ce document en vue d'une publication concomitante. Un silence embarrassé suivit ma déclaration. Ce n'était pas prévu. Les paradis fiscaux ne seraient pas désignés. Je répondis que, dans ces conditions, la France n'apposerait pas sa signature au bas de ce document et que je serais contraint de dénoncer cette chape de plomb et cette impuissance. Mes collaborateurs étaient livides. François Pérol, le secrétaire général adjoint, et Xavier Musca, alors directeur du Trésor, pour qui j'éprouvais de l'affection et en qui j'avais une grande confiance, me passèrent un mot sans ambiguïté : « Tu sais les risques que tu es en train de prendre. Ça passe ou ça casse. Dans ce dernier cas, ça sera terrible. » Je ne répondis rien, car j'étais convaincu que le plus catastrophique serait un faux accord. À tout prendre, je préférais être seul que complice.

Autour de la table, c'était désormais la stupéfaction. Le blocage venait d'abord du président chinois Hu Jintao, qui avait obstinément refusé toute avancée sur le sujet. Comme quoi les communistes n'avaient pas fini de me surprendre... Il était calme, mais regardait ses chaussures. On le sentait presque absent. J'étais hors de moi.

J'avais imaginé et voulu le G20. Ce n'était certainement pas pour cautionner une telle palinodie. En pleine séance, Barack Obama quitta sa chaise pour venir me parler. Tous les participants étaient restés à leur place. Il régnait un silence gêné. Personne ne voulait d'un échec, chacun commençait à comprendre que ma menace n'avait pas été lancée en l'air. Tous, autour de la table, avaient une longue expérience politique et finissaient par imaginer combien il pouvait être dangereux d'être assimilé à ces paradis fiscaux et laisser la France faire cavalier seul dans cette croisade qui promettait d'être très populaire auprès des opinions publiques. Barack voulait, une nouvelle fois, apaiser les choses. Il m'expliqua que c'était difficile pour les Chinois qui de fait ne voulaient pas bouger. Il fallait donc leur parler. Il y eut alors un moment vraiment étonnant où tous les membres du G20, qui étaient restés à leur place dans la salle de réunion, assistèrent au spectacle d'une discussion très animée entre le président chinois, le président américain et moi-même. Nous étions tous les trois debout dans un coin de la salle. Les autres nous regardaient, se demandant ce qu'il pourrait bien en sortir. Il s'agissait réellement d'une discussion en direct devant les dix-sept autres représentants des vingt plus grandes économies du monde. Seuls les interprètes nous entouraient. La tension était palpable. Gordon Brown nous rejoignit. Il était plus que tout autre soucieux de la réussite d'un sommet qu'il recevait dans son propre pays.

Je ne pouvais reculer sur le principe de la publication de la liste noire. Le président Hu ne voulait pas céder sur Hong Kong. Nos trois sherpas avaient également entamé des discussions. Après ces quelques minutes de blocage total, Barack Obama s'est penché vers moi : « Je vais te faire plaisir. » Je lui répondis avec une certaine brutalité. « Il ne s'agit pas de me faire plaisir. Tu as été élu pour construire un nouveau monde ! Les paradis fiscaux, c'est l'incarnation de l'ancien monde. » Mais peu importait la forme, puisque j'avais désormais le soutien des Américains eux-mêmes. Le président chinois ne pouvait plus prendre le risque de l'isolement complet. Dans un ultime compromis, nous avons donc décidé d'annexer au document final du G20 la liste des paradis fiscaux établie par l'OCDE. Je m'étais également engagé à ne pas cibler la place financière chinoise dans la communication post-G20.

C'était une réelle victoire obtenue de haute lutte qui eut comme conséquences qu'à compter de ce jour, la plupart des pays désignés comme paradis fiscaux ne cessèrent de vouloir sortir de ce statut bien peu enviable, et particulièrement stigmatisant. La pression mondiale était telle que personne ne pouvait y résister. Le temps du secret bancaire était révolu. Le soutien de dernière minute de Barack Obama avait été particulièrement utile. Je fus très surpris, en revanche, par la violente intervention du Premier ministre tchèque Mirek Topolánek, qui s'opposait à toute mise en accusation des paradis fiscaux. Venant d'un Européen, ce comportement était aussi étrange que choquant. Le président de la Commission européenne José Manuel Barroso fut courageux en désavouant sur-le-champ Mirek Topolánek. L'essentiel était donc sauvé. Personne ne pouvait écrire ou dire que le G20 n'avait rien décidé. Et d'ailleurs, je dois à l'honnêteté de reconnaître que nul dans la presse ne le fit ou même n'eut l'idée de le faire.

Les pays du G20 avaient décidé de réformer en profondeur l'organisation financière internationale. Cela n'était plus arrivé depuis les accords de Bretton Woods en 1944. Le mouvement n'était pas terminé. Il faudrait encore certainement des mois, voire des années pour toucher au but, mais les choses étaient en marche et rien ni personne ne pouvait les arrêter. La régulation et la supervision des activités financières pouvaient enfin commencer. Il n'était que temps ! En creux, cela signifiait également que c'était bien les défaillances de celles-ci qui étaient à l'origine de la crise financière. Par ailleurs, les fameux *hedge funds* allaient désormais pouvoir être réglementés. La conférence de presse finale fut tenue conjointement par Gordon Brown et moi-même. Angela Merkel ne fut pas en reste puisqu'elle salua « ce compromis historique né d'une crise exceptionnelle ». Durant le sommet, sa solidarité ne m'a jamais manqué même si, comme à l'accoutumée, elle fut surtout silencieuse. La chancelière se garda bien de vouloir s'immiscer dans les discussions « frontales » avec les Chinois !

Enfin, les vingt plus puissantes économies du monde s'engageaient à injecter toutes ensemble et en même temps cinq mille milliards de dollars dans l'économie, et ce d'ici la fin de l'année 2010. Le FMI se voyait quant à lui crédité d'une rallonge de cinq cents milliards de dollars, les banques de développement, dont la Banque mondiale, de cent milliards. Deux cent cinquante milliards de nouveaux droits en tirages spéciaux seraient émis. Ces montants étaient vertigineux et indiquaient par leur ampleur la gravité de la crise dont nous étions en train de sortir. Ce premier véritable sommet du G20 fut un succès et confirmait chacun dans ses convictions qu'aucun pays, qu'aucun continent, qu'aucune région du monde, si puissant soit-il, n'était à l'abri des conséquences de ce tsunami économique, et que ce n'était qu'en allant tous dans la même direction que nous pouvions espérer avoir une chance de voir le bout du tunnel. J'avais vraiment l'impression que nous pouvions entrer dans un nouveau monde. La suite montrera que non. Il n'en restait pas moins qu'une réelle opportunité s'était présentée. La violence de la crise nous permettait de faire bouger les lignes. Beaucoup de choses étaient en train de changer. Mais sans doute pas assez… Et puis la croissance est revenue rapidement et, avec elle, les immobilismes et les facilités. Il nous avait fallu déployer une énergie folle pour éviter le pire et commencer à aller vers un marché mondial où le mot « régulation » n'était plus tabou et où l'on pouvait espérer que les mêmes erreurs ne puissent se reproduire.

J'ai aimé vivre l'intensité de ces moments où en un instant tout pouvait basculer vers le meilleur comme vers le pire. Je n'oublierai pas la passion qui s'emparait de ma petite équipe de proches collaborateurs comme de moi-même, qui nous faisait oublier la fatigue, le stress, les nuits blanches, les déceptions, les trahisons… C'était si intense et en même temps si dangereux que l'on finissait par s'oublier soi-même. Nous étions portés par notre mission. Tout prenait un sens. Peut-être même avions-nous la vanité d'imaginer que nous étions en train d'écrire l'histoire. J'ai adoré vivre ces instants où la politique, la véritable, reprenait toute sa substance ; où les polémiques dérisoires avaient moins leur place ; où les décisions que nous assumions pouvaient avoir des conséquences planétaires ; où l'on avait le sentiment de travailler pour « le livre », pas pour « le journal » du jour ou tout juste celui du lendemain.

Bien sûr, il y avait aussi les souffrances, le chômage, la misère, les malheurs qui s'abattaient sur tant de victimes innocentes, de situations et de faits qui les dépassaient en même temps qu'ils les fracassaient. Mais justement, c'était dans ces circonstances que le mot « servir » prenait tout son sens. Nous avions l'impression de nous mettre au service d'une cause plus grande que nous. Et c'est sans doute ce qui fait le mystère d'une vie réussie lorsqu'il est possible de se dire, en se retournant : « Ce jour-là, nous avons été utiles ! » C'est ce sentiment qui m'habite lorsque je repense à ces jours et à ces nuits que nous avons vécus au bord du précipice.

*

* *

À la fin du mois d'avril survint le décès de Maurice Druon. Je le connaissais bien et avais souvent partagé des repas en sa compagnie, ainsi que celle de sa femme Madeleine. C'était un ami délicieux, fidèle et courageux. J'aimais parler avec cet homme d'une grande érudition qui avait connu et rencontré tant de géants du XXe siècle. Jeune lecteur, j'avais été emporté par les sept volumes des *Rois maudits* qui faisaient revivre de façon magistrale le XIVe siècle et les débuts de la guerre de Cent Ans. Grâce à son talent de conteur, j'avais pu découvrir l'histoire de France comme on dévore un roman policier. *Les Rois maudits* avaient fait l'objet d'une série télévisée que Jean Piat illuminait de son talent. J'étais adolescent et n'aurais manqué pour rien au monde un seul épisode de cette fresque historique. Par la magie de la plume de Maurice Druon, je devenais familier de Louis X le Hutin, de Philippe V le Long, de Charles IV le Bel, des Templiers et des guerres de succession de la monarchie française. Il fut l'un de ceux qui m'avaient donné l'envie de lire.

Il était le modèle de l'écrivain français du XXe siècle. Il avait connu la guerre, la Résistance, le combat, la peur et donc le courage. Il voyait grand et large. Sa vie fut une épopée, ses romans tout autant, avec une écriture limpide, un rythme haletant, des sentiments exacerbés. Tout me plaisait dans son œuvre comme dans sa personne. Je l'imaginais membre de la tribu des Kessel, Gary, Saint-Exupéry. Ces baroudeurs qui aimaient la vie, savaient la raconter et lui donnaient un sens. Sa voix caverneuse et son tempérament incandescent pouvaient faire trembler n'importe quel interlocuteur, si fameux soit-il. Il fallait prendre garde à ses colères et à ses indignations. Il porta l'allégresse de la jeunesse jusqu'à la dernière minute de son existence.

Je lui avais rendu visite dans sa maison près de Bordeaux, aux Artigues-de-Lussac, au milieu des vignes. Il aimait le bon vin et la terre généreuse. Il fut élu à 48 ans à l'Académie française. Il était fait pour porter l'habit de cérémonie des immortels. Sans relâche, sa vie durant, il combattit pour la France libre, pour la langue française, pour la politique, pour le général de Gaulle. C'était un indigné de nature, mais il avait une autre allure et un autre souffle que les insoumis d'aujourd'hui. Il aimait la France comme une patrie universelle. Ce n'était pas un nationaliste étriqué. Ce fils d'immigré russe se plaisait à proclamer que « la France était d'abord une volonté ». En 1939, quand la guerre fut déclarée, il écrivit une lettre admirable qui commençait ainsi : « J'ai vingt ans et je pars. » Visionnaire, il parlait de la nécessité « du courage dans la paix après le courage dans le sang ». Il ne connaissait ni la haine ni la rancune. Il admirait et connaissait la force du « non » dans l'histoire. Ce « non » qui, depuis la tragédie grecque jusqu'au gaullisme, est l'expression ultime de la liberté humaine. Le « non » de Maurice Druon n'était pas un « non » de mort, mais un « non » de vie puisqu'il allait jusqu'au sacrifice ultime pour la liberté. Encore aujourd'hui, je ne peux entendre ce *Chant des partisans* qu'il écrivit avec son oncle Joseph Kessel sans en être profondément bouleversé. Au milieu de tant de malheurs, ce chant incarnait la vie, la dignité, l'espérance.

Lorsque je prononçai le discours en son hommage en l'église des Invalides où se déroulait la cérémonie officielle le 20 avril, je voulus citer ces quelques vers inoubliables et indépassables : « Ici chacun sait ce qu'il veut, ce qu'il fait quand il passe… Ami, si tu tombes, un ami sort de l'ombre à ta place. Demain du sang noir séchera au grand soleil sur les routes. Sifflez, compagnons, dans la nuit la liberté nous écoute ! » Il était de ces hommes qui ne voulaient pas admettre que l'histoire fût petite. Tragique, oui. Triste, souvent. Petite, jamais. Honneur et patrie furent ses mots à la radio de Londres. Je n'ose imaginer quelles auraient été « ses éruptions » devant notre actualité quotidienne. C'était un grand homme.

*

* *

Je terminai le mois d'avril par une visite d'État à laquelle j'attachais une grande importance, puisqu'elle devait me conduire en Espagne. Mon équipe diplomatique, et au premier rang mes conseillers en charge des questions européennes Fabien Raynaud et Éric Tallon, avait préparé chaque étape sans négliger le moindre détail. L'Espagne a toujours été chère à mon cœur. Je n'ai jamais compris ni accepté cette sorte de condescendance que j'ai souvent observée au cœur de nos élites à l'endroit de la péninsule Ibérique. Ainsi, Jacques Chirac n'aimait pas José María Aznar et n'avait aucun tropisme hispanisant. François Mitterrand, pas davantage. Très souvent, l'unique priorité politique de nos dirigeants était l'Allemagne. Quant à notre préférence sentimentale, elle se dirigeait toujours vers l'Italie. Notre hostilité spontanée allait fréquemment vers la Grande-Bretagne. Notre exaspération se portait de façon répétée vers les pays d'Europe de l'Est. L'Espagne restait à mes yeux la grande absente.

Et encore, dans le meilleur des cas ! Car dans le pire, il y avait notre position traditionnelle de complaisance passive envers les terroristes de l'ETA que nous laissions utiliser notre territoire comme véritable base de repli, et ce au grand dam des autorités espagnoles qui s'en plaignaient. Cette politique était commune à Valéry Giscard d'Estaing, à François Mitterrand et à Jacques Chirac. J'y avais mis un terme brutal lorsque j'étais devenu ministre de l'Intérieur en 2002. Cette attitude générale de distance légèrement méprisante, ou au moins indifférente, était injuste, inappropriée et regrettable. D'abord parce que l'Espagne, par sa population de quarante-deux millions d'habitants, son économie particulièrement innovante et créative, ses liens avec le continent latino-américain, sa culture et ses artistes parmi les plus talentueux du monde est un grand d'Europe. Ensuite parce que nous sommes proches d'elle par la géographie, l'histoire, la civilisation, la religion. Les Espagnols sont souvent comparés aux Italiens. C'est une erreur, car ils sont plus sombres, plus graves, peut-être aussi plus profonds. Cela s'explique simplement par l'omniprésence de la mort dans leur culture et leurs traditions populaires comme la tauromachie.

Je confesse que Madrid est l'une des villes d'Europe que je préfère. Je pourrais y vivre aisément. Elle est la deuxième capitale la plus haute de notre continent, un peu plus de 657 mètres, ce qui lui procure un ciel et une lumière rares pour une cité de cette importance. Dans toutes les responsabilités que j'ai exercées, j'ai toujours cherché à privilégier l'axe Paris-Madrid, et ce quelle que soit la couleur politique des présidents des gouvernements qui résidaient au palais de la Moncloa. J'avais développé des liens de réelle amitié avec chacun d'entre eux : Felipe González, José María Aznar, José Luis Rodriguez Zapatero, Mariano Rajoy. Et puis il y a cette couronne d'Espagne qui m'a toujours fasciné par son respect des traditions comme par le rôle joué par le roi Juan Carlos lors de la transition démocratique post-franquiste. Je me rendis souvent au palais de la Zarzuela, la résidence royale à Madrid avec son parc immense à l'écart de la ville habité par tant de cerfs et de daims. L'Espagne devrait être pour nous une partenaire, une alliée, une amie de tout premier plan. Tout sentiment de supériorité à l'endroit de cette grande nation m'est toujours apparu comme parfaitement déplacé.

Nous commençâmes la visite d'État par un déjeuner offert en l'honneur de la France par le roi et la reine d'Espagne. À la table monarchique régnaient la gaîté, la bonne humeur et une proximité qui n'avait rien de protocolairement royal. La politique y était omniprésente, car elle passionnait cette famille. La reine Sofia était attentive, attentionnée, d'une dignité qui n'avait rien d'artificiel et infiniment plus réservée que son époux. Je ne sais si c'est dû à ses origines grecques. Elle ne parlait pas un mot d'espagnol lorsque, toute jeune, elle arriva à la cour. L'apprentissage et l'acclimatation furent sans doute plus rudes qu'on l'imagine. Les relations entre les deux têtes couronnées nous apparurent assez tendues, même s'il s'agissait davantage d'un sentiment que d'une information révélée. En tout état de cause, le repas fut agréable, décontracté, souvent drôle. Nous avons ainsi pu partager avec la famille royale un moment heureux. Carla, qui faisait alors sa connaissance, fut agréablement surprise et charmée par cet accueil aussi chaleureux qu'amical. Bien qu'il ne soit pas socialiste, Juan Carlos m'expliqua qu'il ne connaissait aucun problème avec le président du gouvernement Zapatero. Leurs relations étaient cordiales, assez confiantes, et permettaient une collaboration intelligente au service de l'Espagne. La monarchie ne me semblait alors nullement attaquée par la gauche espagnole, qui voyait bien l'utilité d'un monarque pour un pays à ce point miné par les divisions basques et catalanes.

Je rencontrai ensuite le président du Parti populaire Mariano Rajoy, qui avait toutes les chances de devenir le futur président du Conseil. Je l'avais connu quelques années auparavant, alors que nous étions tous les deux ministres de l'Intérieur. Il était le successeur d'Aznar à la tête de la droite espagnole. On ne pouvait pourtant imaginer personnalité et tempérament plus différents. Il était sombre, réservé et taiseux, là où son ancien mentor était charismatique, volubile et explosif. Je me fis la remarque qu'il ressemblait davantage à un homme du Grand Nord qu'à un sudiste, tant il était difficile de le décontracter ou de lui tirer un sourire. C'étaient ses grandes qualités de travail, de persévérance, de rigueur et une forme de jansénisme qui lui avaient permis de prétendre occuper les premiers rôles.

On peut légitimement s'étonner qu'un chef d'État invité par un gouvernement étranger prenne le temps de rencontrer l'opposition à celui-ci. Et pourtant, c'est toute la force de nos démocraties que de savoir organiser des rencontres « cordiales » qui permettent de préparer l'avenir en cas, toujours probable, de futures alternances, et d'entendre un autre discours que celui des officiels au pouvoir. J'ai toujours agi ainsi durant mes déplacements à l'étranger et, à l'inverse, naturellement, je veillais à ce que nos visiteurs en France puissent avoir les contacts et les visites qu'ils souhaitaient avec ceux qui m'étaient opposés. C'est sans doute la marque exclusive des démocraties, une pratique tout à leur honneur qui leur donne la noblesse. Cette ouverture d'esprit est à mes yeux importante, car le sectarisme et l'ostracisme ne peuvent pas avoir droit de cité dans un régime libre. La meilleure façon de responsabiliser l'opposition est de lui faire partager une partie de la connaissance nécessaire des affaires de l'État. Bien sûr, cela peut générer des susceptibilités ou froisser des ego, mais dans l'ensemble ces démarches sont aussi bien comprises qu'admises. Elles font même partie du rituel obligé.

À peine terminé ce premier rendez-vous politique, je devais retrouver avec Carla le couple royal au Prado, en plein centre de Madrid. Il s'agit sans doute de l'un des plus beaux musées du monde, avec sa collection de Vélasquez et de Goya unique. Je m'y étais déjà rendu à plusieurs reprises, tout comme au musée Reina Sofia, où j'aimais contempler le fameux chef-d'œuvre de Picasso, *Guer-*

nica. Me plonger dans la gigantesque peinture du génie espagnol est toujours une opportunité de nouvelles découvertes. Certaines parties de l'œuvre vous échappent puis finissent par vous sauter aux yeux. C'est ce regard sans cesse renouvelé qui révèle le mystère du génie créateur. Il est impossible de faire le tour d'une telle peinture. Ces échappées dans les différents musées espagnols, ces immersions dans leurs œuvres, me firent comprendre à quel point nous appartenions à la même culture. Il y avait également nombre d'artistes français comme Georges de La Tour. Nos deux pays sont intimement imbriqués. La Méditerranée, les racines judéo-chrétiennes, l'Europe constituent une identité commune, et ce bien au-delà des guerres fratricides qui ont pu nous opposer comme des rivalités de voisinage. C'est ce qui explique que l'Union européenne est si solide. Elle n'est pas réductible à la seule construction politique qui dépend des alternances. Elle ne peut se résumer à des intérêts économiques, si puissants et légitimes qu'ils soient. L'Europe est d'abord une identité culturelle et artistique. Cela lui confère des racines plus profondes qu'on ne l'imagine et lui permettra de résister aux passions destructrices que peut provoquer la colère des peuples. Une rivière en crue peut quitter son lit naturel, mais elle y reviendra toujours. Des populations exaspérées peuvent refuser l'Europe, être injustes avec elle, la critiquer violemment, et même la rejeter provisoirement. Les peuples européens y retourneront pourtant, car il s'agit de leur histoire et de leur destin. Nos Nations européennes ne sont pas faites pour l'isolement. En visitant le Prado, j'avais ces évidences en tête.

Le dîner d'État au Palais royal fut aussi majestueux qu'impressionnant. Il faut dire qu'en matière de faste et de protocole les monarchies sont indépassables. Elles s'appuient sur des siècles d'histoire et de traditions. Certes, la République française et son défilé du 14 Juillet peuvent supporter la comparaison. Pour le reste, notamment au nord de l'Europe, c'est plus triste ou plus modeste, selon le point de vue que l'on adopte – celui des symboles et du protocole ou bien celui de la simplicité et de la proximité. J'ai toujours appartenu à la première école, car je crois que pour susciter le respect durable, le pouvoir a besoin de conserver de la distance et d'incarner des symboles d'unité qui s'expriment au travers de cérémonies prestigieuses et traditionnelles. Je ne crois pas qu'un pouvoir qui scande sa proximité, sa normalité, sa transparence sera moins critiqué qu'un autre. Nos treize siècles de monarchie ont créé une tradition qui n'a pas disparu avec les rois. Quand on observe la virulence des coups bas que s'échangent les écologistes entre eux, par ailleurs partisans acharnés de la désacralisation du pouvoir, on ne peut être qu'atterré. Je ne suis ni envieux ni fasciné, c'est le moins que l'on puisse dire, par leur pratique du pouvoir. Elle ne suscite aucun rêve, ne fait ressortir que le pire de la nature humaine et donne une piètre image de la politique. On ne pourrait même imaginer la dégrader davantage !

Souvent, pour les dîners d'État, l'image compte au moins autant que le fond. Les discours officiels qui y sont échangés sont courts, formels et toujours consensuels. Les médias s'étaient donc passionnés pour une tout autre compétition, celle-là même qu'ils avaient, seuls, organisée entre l'épouse du prince héritier Felipe de Bourbon, Letizia Ortiz, et Carla. Il s'agissait de savoir qui des deux femmes serait la plus élégante, la plus charismatique, et finalement qui prendrait le pas sur l'autre. C'était quelque peu réducteur et assez machiste. La presse espagnole y consacrait toutes ses unes. Seule comptait l'apparence, alors que chacune aurait eu beaucoup à dire en matière de vision et d'intelligence. Leur vivacité d'esprit n'était plus à démontrer. Le très sérieux quotidien *El Mundo* osa une comparaison historique qui nous amusa beaucoup, Carla et moi : « Madrid a résisté à Napoléon mais deux cents ans après, la ville a succombé à sa réplique ou plutôt à l'épouse de sa réplique. À l'évidence, Napoléon commit une erreur en envoyant le général Murat envahir la capitale de l'Espagne. S'il avait envoyé Joséphine, l'Histoire aurait peut-être été différente… » On pouvait difficilement trouver plus bel hommage. Il est vrai que Carla fut une première dame qui donna une image mondiale de l'élégance et de l'intelligence françaises. J'étais heureux de ce succès tellement mérité. Comme désormais elles paraissaient lointaines et dérisoires les critiques à propos de notre mariage. Carla faisait honneur à la France et assuma ce jour-là les devoirs de la fonction avec application, rigueur et excellence, comme elle le fit chacune des journées de mon quinquennat. De son côté, la future reine d'Espagne tenait son rang avec une grâce remarquable et beaucoup de retenue. Cette ancienne journaliste se préparait assidûment à son futur rôle de reine. Elle était appliquée et sérieuse. Mais je sentis à travers quelques-unes de ses remarques, qu'elle avait également ses propres convictions et qu'elle n'était pas prête à y renoncer. Le futur roi Felipe était très attentif aux réactions de son épouse. Il la couvait littéralement du regard. Je le vis très proche et à l'écoute de tout ce que disait sa femme. C'était un mari amoureux et cela faisait plaisir à voir. À l'inverse, les relations de Letizia avec le roi, son beau-père, ne me parurent ni confiantes ni affectueuses. J'avais clairement constaté une réticence, en l'occurrence certainement réciproque.

Ce soir-là, nous dormîmes dans le palais qui avait été affecté par nos hôtes à la délégation française. Il se trouvait qu'il s'agissait de l'ancienne demeure du général Franco. Le palais du Prado était situé au milieu d'un parc verdoyant aux portes de Madrid. Quand Carla l'apprit, elle eut bien du mal à trouver le sommeil, tant l'idée lui paraissait perturbante. Sans jamais croire aux fantômes, elle a toujours été sensible à l'atmosphère d'une maison et a souvent pensé que certaines, par leurs histoires, n'étaient pas de bonne compagnie… C'était peut-être le cas pour la demeure où nous résidions.

Il y eut une scène cocasse quand nous regagnâmes notre lieu de résidence dans la voiture blindée qui nous emmenait à très vive allure à travers les rues de Madrid. Carla avait une robe qui lui serrait douloureusement l'épaule et la faisait souffrir jusqu'à la blesser. Le dîner s'était étiré bien après minuit comme toujours en Espagne où tout finit tard et où rien ne commence tôt. Elle avait mal et n'en pouvait plus. Elle me demanda, à peine étions-nous dans le petit habitacle de notre véhicule, de dégrafer en urgence le haut de sa robe. J'étais moi-même en habit avec toutes mes décorations d'apparat, ce qui ne facilitait guère mes mouvements. Pour des raisons de sécurité, le convoi roulait à près de cent kilomètres à l'heure. Nous étions ballottés d'un coin à l'autre de la voiture, c'était très inconfortable. Les deux policiers espagnols à l'avant du véhicule ne se retournèrent pas, par pudeur, alors que j'étais en train d'essayer d'enlever cette fichue agrafe ! Je finis, par pure maladresse, par la déchirer. Nous explosâmes alors de rire à l'idée que l'on puisse nous voir dans cette piteuse situation : Carla avec sa robe en partie dégrafée et moi avec mon nœud papillon qui s'était décroché durant la « délicate » opération, avec en prime le bouton de mon col de chemise qui avait lui-même volé en éclats. Nous avions tellement ri ce soir-là que nous en avions les larmes aux yeux. Fort heureusement, aucun accueil officiel ne nous attendait à la porte de notre logis provisoire. Nous pûmes gagner notre chambre sans témoins et dans une relative discrétion. C'était mieux ainsi ! Je mesurai cependant ma chance d'être en si bonne compagnie durant un voyage officiel. Je ne crois pas qu'il existe beaucoup mieux dans la vie que de pouvoir partager son bonheur.

La véritable séquence politique était prévue lors du deuxième jour de la visite. Elle commença par un entretien bilatéral avec le président du gouvernement espagnol. J'avais fini par trouver le moyen de créer une complicité presque amicale avec lui. Cela n'avait pas été si facile, car le journal *Libération*, spécialisé dans les fausses rumeurs dès qu'il s'agissait de la droite, avait affirmé sans en apporter la moindre preuve que je me serais laissé aller quelques jours auparavant à porter en privé un jugement sévère et désagréable sur la personne de Zapatero. C'était absurde et parfaitement infondé. Mais le mal était fait. L'intention de ce journal était limpide. Il lui fallait nourrir le portrait peu flatteur qu'il se faisait de moi : égocentrique, prétentieux, mal éduqué. Fort heureusement, mon interlocuteur, en politique expérimenté, n'était pas tombé dans le piège. Je lui en fus reconnaissant, nous rivalisions donc l'un et l'autre de démonstrations d'amitié. La presse espagnole vanta des relations au beau fixe entre nos deux pays. Nous signâmes deux accords. L'un sur la sécurité intérieure pour renforcer notre coopération stratégique et opérationnelle contre le crime et le trafic de drogue. L'autre sur la présidence espagnole de l'Union européenne, qui était prévue pour le premier semestre 2010. Cela ne constituait pas un tournant majeur ni ne présentait une originalité particulière. Mais cela avait l'avantage d'ancrer le partenariat entre nos deux pays. Je pensais que la France avait un grand besoin d'élargir son réseau d'amitiés privilégiées en Europe. Je nous trouvais trop isolés dans notre partenariat exclusif avec l'Allemagne. L'Espagne constituait à mes yeux une alliée idéale.

L'évènement le plus marquant de cette visite d'État fut l'invitation qui m'avait été faite de parler devant « les Cortes generales », le parlement espagnol. J'ai toujours aimé cet exercice si particulier qui consiste à s'adresser dans sa langue maternelle à un hémicycle composé de toutes les variantes politiques du pays que l'on est en train de visiter. C'est une occasion unique de découvrir, et parfois aussi de comprendre de l'intérieur, les subtilités du fonctionnement d'une société étrangère. Je prenais du plaisir à observer les visages de tous ces parlementaires, de droite comme de gauche, que je voyais pour la première fois. Je devais essayer de trouver des angles, des sujets, des propos, une tonalité qui puissent rassembler, étonner, et même intéresser. Être consensuel sans être ennuyeux. Être rassembleur sans utiliser la langue de bois. Telles étaient les données de la problématique du jour devant les Cortes.

Je sentais que l'attente de mon auditoire était forte. Je prononçai une allocution d'une demi-heure en choisissant délibérément de cibler prioritairement le terrorisme des indépendantistes basques de l'ETA. Je voulais faire comprendre de toutes mes forces que la France serait toujours l'amie engagée de la démocratie espagnole contre son ennemi, les terroristes de l'ETA. Cela n'avait pas toujours été le cas par le passé. La France s'était parfois montrée complaisante à leur égard. Je voulus en finir avec ces atermoiements et je n'avais pas hésité à les qualifier d'assassins en précisant que la France, patrie des droits de l'Homme, se déshonorerait en acceptant de près ou de loin d'être un sanctuaire pour ces terroristes. À ces mots, les députés et les sénateurs de toutes tendances se levèrent d'un bond pour applaudir à tout rompre. L'hémicycle était bondé. Il n'y avait pas une place libre, y compris sur les bancs du public venu également en rangs serrés. En quarante années, l'ETA a été tenue pour responsable de plus de huit cent cinquante assassinats, ce qui en faisait l'une des organisations terroristes les plus sanguinaires d'Europe. Son bilan était accablant. Sa sauvagerie, sans limites. Aujourd'hui encore, chaque famille espagnole en a gardé un souvenir éprouvant.

C'était émouvant de parler dans ce lieu qui fut le théâtre de l'un des derniers combats entre la démocratie et la dictature en Europe. Où durant toute une nuit, le 23 février 1981, plusieurs grands leaders des forces démocratiques espagnoles avaient été retenus prisonniers par des hommes en armes. De cette place si particulière, je sentais physiquement la puissance de cette jeune démocratie. Je vivais comme un grand honneur cette possibilité de m'adresser à ces élus au nom de la France dans ce lieu si symbolique. En rentrant à Paris après ces deux journées chargées où Carla avait brillé et où nous avions été reçus comme de réels amis, je pensais à cette phrase de Stendhal que j'aurais pu faire mienne : « J'ai une inclination naturelle pour la nation espagnole. »

*
* *

Déjà deux années que j'exerçais les fonctions de président de la République. En ce mois de mai, j'avais tant de souvenirs, d'images, d'impressions qui se bousculaient dans mon esprit lorsque je regardais en arrière. Et pourtant, tout me semblait être passé si vite. Comme si le temps s'était accéléré. Les journées pleines étaient suivies par d'autres encore plus chargées. Chaque jour, il me fallait prendre des décisions, fixer un cap, régler un tempo. Je n'avais pas le temps de souffler réellement. Heureusement, Carla veillait et imposait, lorsque nous étions en France, des soirées familiales autour d'un film ou avec quelques amis intimes. C'est elle qui avait eu la très opportune idée que nous conservions notre maison personnelle. Comme cela, disait-elle, « quand il faudra quitter l'Élysée, tu ne seras pas dépaysé et tu ne te seras pas habitué à vivre dans un palais ». Sage recommandation qui me fut très utile et me permit de garder les pieds ancrés dans la réalité.

Les médias voulurent à l'unisson tirer un bilan provisoire de cette presque première moitié de mandat, ce qui était au demeurant bien normal. Le journal *Le Parisien* se livra même à un décompte amusant. « En deux ans, l'Airbus A319 présidentiel a parcouru 584 700 km, ce qui représentait quatorze fois le tour de la planète et 1,5 fois la distance de la Terre à la Lune. » Effectivement, j'avais sur la période effectué cent quatre-vingt-seize déplacements en France et à l'étranger – je suis reconnaissant à mes chefs de cabinet Cédric Goubet puis Guillaume Lambert, et à leurs adjoints Samuel Fringant et Simon Babre, qui eurent la délicate mission de veiller à l'organisation de chacune de mes sorties de terrain. J'entends déjà les reproches sur mon bilan carbone de tous ceux qui pensent aujourd'hui qu'une société idéale serait celle où on ne prendrait pas l'avion, ni la voiture et où l'on se contenterait d'acheter près de chez soi. Inutile de préciser que je n'ai pas cette vision des choses. C'est sans doute une question d'éducation. Dès mon enfance, ma mère m'a toujours encouragé à partir découvrir le monde. Alors que j'étais tout jeune, j'imaginais que pour être un citoyen du xxe siècle, il fallait aimer voyager, partager, découvrir. A fortiori lorsque l'on est président de la France et que l'on se fait « une certaine idée » de son rayonnement et de sa place dans le monde, le voyage devient alors la règle. C'est au fond la meilleure formation que l'on puisse imaginer pour un jeune. Et c'est la façon la plus efficace pour « un moins jeune » de demeurer enthousiaste, curieux et vivant. Voyager est le moyen de prendre conscience de notre appartenance à la même planète comme de notre destin commun. C'est le contraire du repli et du nationalisme étriqué, l'antidote aux malentendus nés de l'ignorance et de la peur des différences. Faut-il que l'outrance et la bêtise aient pris le pouvoir pour qu'il soit possible, au nom de la légitime promotion d'une société décarbonée, de dénoncer le principe même des déplacements, de la découverte, des aventures lointaines ? J'ai même récemment entendu l'une de nos prophètes autoproclamés de l'écologie énoncer sentencieusement qu'il faudrait « désormais apprendre à nos enfants à ne plus utiliser l'avion ». Ce qui revient à interdire à tous les jeunes Européens d'aller voir au-delà de l'Atlantique, du Pacifique et de l'océan Indien. Rien que cela. À moins d'utiliser un voilier et pour cela de disposer de très grandes vacances… Ainsi, le monde sera plus petit, et les mentalités aussi auront rétréci, pour notre plus grand malheur. Et avec elles l'ouverture d'esprit, qui ne sera plus qu'un lointain souvenir.

Je savais que l'anniversaire des deux premières années serait un cap difficile. D'autres avant moi s'y étaient fracassés. J'avais en tête les exemples de François Mitterrand et le tournant de la rigueur de 1983, avec la défaite des municipales qui en découla. De Jacques Chirac, qui connut en 2004 la déroute des régionales et, en 1997, la fameuse dissolution qui conduisit à la cohabitation. Il n'y avait aucune raison pour que je ne connaisse pas à mon tour mon lot de difficultés, et ce d'autant plus que nous étions à moins de cinq semaines des élections européennes. Les éditorialistes s'en donnèrent à cœur joie. Mais l'un dans l'autre, ce n'était ni particulièrement sévère ni complètement laudatif. Disons qu'ils étaient dans l'ensemble modérément critiques. Ils mettaient à mon crédit l'énergie, la volonté de continuer les réformes et même la manière dont j'avais géré la crise financière. À mon débit revenait toujours « la forme de mon action ». J'étais considéré comme n'écoutant pas assez, trop cassant et en tout cas toujours trop pressé, pour ne pas dire impatient. Il y avait sans doute du vrai dans leurs analyses. Je dois cependant reconnaître que j'avais pris en horreur une expression qui était alors utilisée comme une rengaine et que je vois revenir aujourd'hui : « Il ne faut pas passer en force ! » Pour moi, c'était clair, il s'agissait d'un prétexte pour ne rien faire. Ceux qui ne voulaient pas que j'agisse ainsi auraient été très heureux, en fait, que je n'agisse pas du tout. François Bayrou, qui m'avait aimablement qualifié d'« enfant barbare », s'indignait que je ne prenne jamais assez le temps de l'écoute et de la concertation. Il me décrivait dans le costume d'un quasi-dictateur !

Il faut dire que ce dernier était devenu un maître en matière d'immobilisme puisque, après quatre années passées rue de Grenelle au ministère de l'Éducation nationale, il n'y avait jamais eu une seule réforme qui portât son nom, et pour cause… Il n'en avait jamais mis une seule en œuvre ! C'était donc bien ce qu'il appelait « ne pas chercher à passer en force ». Inutile de préciser que je déteste cet immobilisme et que je le trouve parfaitement contraire aux besoins de la France. Je ne peux pas cacher une certaine inquiétude en pensant aux responsabilités qui lui incombent désormais. Nos compatriotes l'ont peut-être oublié, tant son silence est assourdissant sauf quand il en sort pour distiller quelques phrases sur la politique du président qui l'a nommé, François Bayrou officie aujourd'hui à la tête du haut-commissariat au Plan et à la Prospective. Organisme qui est censé dessiner l'avenir de la France avec courage et détermination, et prouver sa capacité à surmonter tous les conservatismes. « Le regard sur l'avenir est le premier temps de l'action », soulignait Pierre Massé, Commissaire général du Plan. Qui sait ? Peut-être qu'une fulgurance finira par ouvrir les yeux de cette personnalité pusillanime et qu'il se mettra enfin à agir plutôt que de commenter. « Il n'y a qu'une seule façon d'échouer, disait si justement Clemenceau, c'est d'abandonner avant d'avoir réussi. » Bayrou, lui, abandonne avant d'avoir commencé.

On me reprochait donc d'en faire trop et, dans le même temps, j'étais aussi accusé d'avoir trop tendance à tourner le dos à « la rupture » sur laquelle j'avais fait campagne pour « le compromis ». Ces reproches contradictoires montraient combien les attentes étaient multiples. Pour dire la vérité, je ne m'appesantis guère sur tous ces commentaires, somme toute assez convenus. Le seul papier qui retint alors mon attention était signé d'un homme que j'admirais beaucoup et qui sous des apparences Grand Siècle connaissait très bien la France réelle. Il s'agissait du célèbre écrivain Jean d'Ormesson. La conclusion de son article me força à réfléchir. « Il reste trois ans, écrivait-il, à un président éminemment pragmatique, devenu par la force des choses un négociateur hors pair, pour convaincre ce pays dont de Gaulle pensait qu'il n'était ni de droite ni de gauche, mais qu'il était la France. » Ni de droite ni de gauche… il théorisait ma conviction que je devais marcher sur mes deux jambes, la droite et la gauche, tout en restant bien à droite ! Mais je veillais à ne pas risquer l'hypertrophie de l'une au détriment de l'autre. Le constat était juste, mais trouver le subtil équilibre était beaucoup plus difficile. C'était à cela qu'il fallait que je m'attelle désormais.

La France est un pays libre. Son peuple n'aime rien moins qu'être réduit à un camp ou à un autre. Les Français veulent pouvoir changer, avoir le choix de modifier leur vote à chaque consultation électorale, être en mesure de réclamer des choses contradictoires. L'idéologie seule ne peut expliquer les pulsions françaises. C'est en cela que notre pays est l'un des plus difficiles à gouverner, à comprendre, à prédire. Il est trop mouvant, trop imprévisible, trop inflammable pour cela. Cette réalité, je la connaissais et l'avais en tête. C'est pourquoi je voulais aller vite, afin de ne pas donner aux oppositions la possibilité de reprendre leur souffle et de s'organiser. En cela, je différais beaucoup de certains de mes prédécesseurs comme de mes successeurs. François Mitterrand pensait qu'il convenait toujours de donner du temps au temps. C'était sans doute une question d'époque et peut-être d'âge. Emmanuel Macron imagine qu'il peut être le maître du temps. C'est aussi une affaire de génération. Je crois pour ma part que le temps ne nous appartient pas et que la vitesse d'exécution est la meilleure, pour ne pas dire la seule marge de manœuvre d'un président de la République. En cela, je diffère de l'actuel président.

*

* *

Les élections européennes de 2009 approchaient. J'avais choisi Michel Barnier pour conduire la liste de la majorité en Île-de-France. Le scrutin avait lieu à l'époque par grande Région. Mais la tête de liste francilienne ferait également figure de tête de liste nationale. Je voulais adjoindre à Michel Barnier, dont le sérieux est reconnu mais qui peut manquer parfois d'un peu de charisme, une numéro deux vibrionnante et pugnace en la personne de Rachida Dati. Je connaissais ses talents de combattante, sa capacité hors norme à argumenter et sa solidité à nulle autre pareille. Elle ne se laisse jamais ni démonter ni impressionner. Pour moi, le choix était évident.

Le problème fut de la convaincre. Je fus surpris, bien que la connaissant, par la scène sans précédent qu'elle me fit, m'accusant entre autres choses de vouloir l'exiler à Bruxelles ! Elle alla jusqu'à affirmer qu'elle préférait tout abandonner plutôt que de subir cette humiliation de quitter le gouvernement. En bref, il s'agissait d'un désaveu insupportable de ma part et rien de moins qu'une rupture entre nous dont je portais l'entière responsabilité. C'est un grand classique de la « vie ministérielle ». Au moment de leur nomination, les ministres sont satisfaits d'avoir été reconnus pour leurs justes compétences et leurs mérites personnels. Ils sont gentiment reconnaissants envers celui qui les a nommés. Dès le lendemain, les premières aigreurs arrivent avec les décrets d'attribution qui ne sont jamais assez larges et les périmètres de compétence qui sont toujours trop étroits. Les entrées gouvernementales se déroulent assez fréquemment sans l'ombre d'une difficulté. C'est la sortie qui relève d'une tout autre ambiance. Lorsque c'est la majorité sortante qui a perdu les élections, le choc est brutal, mais il n'est pas ressenti comme un désaveu ; lorsqu'il s'agit à l'inverse d'un remaniement, les choses se compliquent beaucoup, car autant la nomination était « naturelle », autant la non-reconduction est la marque d'une injustice individuelle particulièrement insupportable, en tout cas pour celui qui en est la victime. La reconnaissance pour la promotion antérieure est oubliée depuis longtemps, ne reste que l'humiliation pour la démission exigée. En cela, Rachida Dati ne se distinguait pas de la norme, si ce n'est qu'elle a toujours eu davantage d'énergie que les autres et que j'éprouvais pour elle des sentiments d'amitié réels, et même une admiration sincère. C'est ce qui expliqua que je pris le temps nécessaire pour lui exposer combien le défi que je lui proposais était à la hauteur de ses ambitions. J'étais sincère. Je pensais qu'elle avait besoin de se frotter aux dossiers européens et d'apprendre les pratiques parlementaires du Parlement de Strasbourg. Pour elle, tout était allé vite, sans doute trop vite. Elle était devenue ministre sans connaître aucune des étapes préalables – étapes qui sont profondément formatrices. Quel que soit son talent, Rachida Dati avait besoin d'apprendre. J'ajoute que je la trouvais trop présente dans la « vie parisienne ». C'était une réaction sans doute normale. Personne ne peut résister à l'attrait de la nouveauté autour de ce qui brille, et de ce nouveau statut qui pouvait lui faire penser qu'elle avait beaucoup de « nouveaux amis ». Un temps d'éloignement relatif ne pouvait que la protéger des risques d'une trop grande exposition médiatique. Devant mon insistance, elle finit par céder, puis par accepter. Le tout presque de bonne grâce. C'est une combattante qui n'aime rien tant que de relever de nouveaux défis. Elle fit merveille, même si, au fond d'elle-même, elle a sûrement gardé de cette période un sentiment d'injustice. Je lui ai souvent dit depuis que ce n'est pas moi qui fus injuste avec elle, c'est l'« injustice » elle-même qui est présente au fond de son identité la plus intime. Celle-ci est tout à la fois sa force, car elle lui donne une énergie folle, et sa faiblesse, car elle lui fait mener nombre de combats inutiles. Je suis bien placé pour comprendre ce genre de tempérament…

J'eus moins de succès avec Rama Yade, que je voulus convaincre d'emprunter le même chemin. Elle avait à peine 33 ans et bénéficiais d'une carrière aussi fulgurante que facile. Je croyais en son talent. Je l'imaginais capable de rassembler beaucoup de jeunes qui pouvaient se reconnaître dans son parcours, dans son identité multiple, dans sa jeunesse. Elle aussi avait besoin de parfaire sa formation. Je lui demandai donc de rendre à sa famille politique, comme à moi, un peu de tout ce que nous lui avions donné. Elle ne voulut rien savoir ni entendre. Elle souhaitait rester à Paris et faire de la « politique », c'est-à-dire, en fait, voir des journalistes et bénéficier d'articles dans les journaux. Elle craignait par-dessus tout qu'elle puisse être « oubliée » de tous à Bruxelles. Ce comportement m'avait déçu qu'autant qu'agacé. Et pourtant, je n'insistai pas. Rachida Dati pensa, sur le moment, que c'est parce que je lui préférais Rama. C'était tout le contraire, je ne m'étais pas investi plus que cela parce que, en réalité, je croyais bien davantage en la première qu'en la seconde.

En choisissant avec autant de soin les deux têtes de liste de la majorité aux élections européennes, je voulais tourner le dos à la détestable habitude française de n'envoyer à Strasbourg que « des seconds couteaux » ou « des intermittents du spectacle ». J'avais moi-même été de ceux-ci en 1999, quand je n'étais demeuré que quelques semaines parlementaire européen. Ce n'était pas responsable de ma part, quelles qu'eussent été les circonstances de mon élection de l'époque après la démission de Philippe Séguin. Cette pratique décrédibilisait notre pays, l'empêchait d'exercer une influence réelle au sein d'une institution qui prenait de plus en plus d'importance. Je craignais aussi beaucoup l'évolution de ce Parlement poussée par un certain nombre de ses membres aux comportements erratiques comme Daniel Cohn-Bendit, idéologiques comme l'ultra-libéral ancien Premier ministre belge Guy Verhofstadt… ou sectaires comme les Verts français. Le tandem Barnier-Dati me semblait très adapté pour gagner la campagne nationale et pour inspirer le respect à nos partenaires à Bruxelles.

Plusieurs médias s'offusquèrent beaucoup que je puisse m'occuper du parti qui me soutenait comme du choix des candidats qui défendraient mon bilan européen lors du prochain scrutin national. Les mêmes s'étaient montrés moins regardants lorsque, une fois par semaine, le président François Mitterrand recevait les éléphants du Parti socialiste pour un petit déjeuner à l'Élysée ou lorsque la quasi-totalité des dirigeants des syndicats étudiants étaient membres du Parti socialiste. Dans ces cas, il n'y avait pas confusion des genres. Ou encore, lorsque toutes les organisations syndicales étaient représentées par des secrétaires généraux dont aucun ne faisait mystère d'avoir eu toute sa vie le cœur à gauche et le bulletin de vote qui allait avec. Là aussi, cela semblait naturel à ce journal. J'aurais donc dû affronter tous les réseaux de gauche et d'ultra-gauche de France, et Dieu sait qu'ils sont nombreux, sans jamais me préoccuper d'organiser, de mobiliser, de rassembler ceux qui voulaient me soutenir. Bel exemple d'équilibre républicain !

Dans un instant d'objectivité rare, les mêmes médias m'accordaient cependant un élément à décharge : « Au moins, il ne fait pas semblant d'être l'omniprésident. » Et c'est vrai que, encore aujourd'hui, je me demande ce qu'il pouvait bien y avoir d'« étonnant » dans cette démarche cohérente avec l'esprit de la Constitution de la Ve République, qui veut que le président soit responsable de tout devant tous ! J'étais bien décidé à m'engager pleinement dans le combat pour les élections européennes. Je ne me préoccupais guère des conseils de prudence de tous ceux qui m'exhortaient à ne pas me mêler de ce scrutin, afin de ne pas en être éclaboussé en cas d'échec (à leurs yeux) inéluctable. Ce raisonnement était doublement erroné. Car que je m'y engage ou pas, j'aurais été tenu pour responsable du résultat, en tout cas s'il était mauvais. Donc mieux valait m'y engager corps et biens afin d'atteindre le plus haut score possible.

À ceci s'ajoutait le fait que nous venions de sortir de la présidence française de l'Union européenne et qu'il aurait été incompréhensible que je donne le sentiment de me désintéresser des sujets européens dont j'avais fait une priorité de mon quinquennat. Quitte à renforcer les caricatures sur le prétendu « omniprésident », j'avais donc choisi de m'occuper de tout. C'est-à-dire du projet, du choix des candidats, des thèmes de la campagne et même de la mobilisation ! Cela avait au moins le mérite d'être clair et pleinement assumé. Je n'avais nulle intention de me cacher, de biaiser, de tromper. Mes opposants étaient prévenus, j'étais décidé à monter sur le ring une nouvelle fois. Je dois même avouer que cette perspective me réjouissait, tant j'attachais de l'importance à faire comprendre aux Français qu'entre le refus de l'Europe incarné par les souverainistes et les partisans d'une construction fédérale adepte de la pensée unique, il y avait un chemin où les mots France et Europe pouvaient aller de pair sans qu'aucune ne soit condamnée à disparaître.

J'avais choisi de me rendre à nouveau à Nîmes pour lancer la campagne par un meeting en bonne et due forme. Dans cette ville du Sud, je comptais de nombreux amis, au premier rang desquels se trouvait le maire Jean-Paul Fournier, elle me semblait donc adaptée aux buts que je poursuivais. Je voulais que le Front national morde la poussière sur un terrain qui lui était pourtant très favorable. L'opposition criait au mélange des genres, parce que je m'engageais dans la campagne. Les chroniqueurs étaient sceptiques sur ma capacité à mobiliser l'opinion française pour une élection qui, à les entendre, ne la passionnait pas. Et mon propre ministre des Affaires étrangères, Bernard Kouchner, avait déclaré sottement qu'il ne savait pas pour quelle liste il allait voter lors du scrutin européen. Même s'il avait tenté de corriger ce propos par la suite, le mal était fait. J'étais stupéfié par une telle maladresse qui témoignait soit de sa déloyauté soit de son manque d'expérience politique. Dans les deux cas, ce n'était guère brillant !

Dans mon discours, j'essayai de bousculer des années de paresse intellectuelle sur l'Europe. Car sur la scène politique française, soit on la combattait par principe soit on la considérait avec un contentement béat. Mais rarement on évoquait son avenir, les choses qu'il fallait changer, les initiatives qu'il convenait de prendre. Ce soir-là, je répétai que la France mettrait toujours son veto à la candidature de la Turquie, ce qui dans mon esprit était également un acte de franchise à l'égard d'Ankara à qui on racontait des balivernes depuis près d'un demi-siècle. J'affirmai ensuite que l'Europe avait besoin de frontières pour exister. J'allai jusqu'à évoquer la nécessité de « la préférence communautaire ». Cela fâcha beaucoup les libéraux de ma majorité. Jean-Pierre Raffarin trouvait même que j'allais trop loin en empruntant un vocabulaire qui était à ses yeux celui du Front national avec la préférence du même nom, comme si les mots leur avaient appartenu. Cette préférence communautaire peut paraître banale aujourd'hui, cela ne l'était pas en 2009. Il s'agissait même d'une idée choquante pour les tenants de la pensée unique.

J'insistai également sur la nécessité d'un gouvernement économique européen qui représentait un véritable « chiffon rouge » pour les plus européens, lesquels y voyaient étrangement un risque de mise sous tutelle de la Banque centrale européenne. Jean-Claude Trichet n'était pas le moins opposé à cette idée comme d'ailleurs les Allemands. Je souhaitais, en fait, réconcilier et bien sûr rassembler ceux qui croyaient encore à l'Europe et ceux qui n'y croyaient plus. C'était la seule façon de constituer une majorité. Au fond, les plus européens étaient devenus les plus conservateurs et les plus immobilistes. Je voulais montrer que, au contraire, c'était au nom de l'idéal européen qu'il fallait faire bouger l'Union et lui apporter les changements structurels qui étaient indispensables pour qu'elle retrouvât la confiance des peuples et la capacité à les protéger.

Enfin, je proposai l'instauration d'une taxe carbone aux frontières de la Communauté pour lutter contre le dumping écologique dont étaient victimes nos entreprises. Je trouvais particulièrement injuste d'imposer à celles-ci des règles très contraignantes en matière d'environnement et d'accepter dans le même temps que l'on continuât d'importer en Europe des produits venant de pays qui ne respectaient aucune de ces mêmes règles. Je précisai que la réciprocité devait être imposée par nos institutions, car nous étions trop naïfs ou trop faibles et que cela ne pouvait pas durer. Ce soir-là, la foule des militants était au rendez-vous puisque l'AFP recensa « plus de quatre mille cinq cents personnes pour le meeting de Nîmes ». Cela témoignait de la mobilisation de notre électorat que je sentais grossir à de multiples petits signes. Cette affluence en était un.

Daniel Cohn-Bendit, tête de liste du parti Europe-Écologie, était comme à l'accoutumée surexcité. Il prétendait aimer l'Europe, mais aurait souhaité m'interdire d'en parler. À ses yeux, j'étais devenu le porte-parole de l'UMP par ma seule implication dans la campagne. En tant que président, je n'aurais pas dû m'engager ! Il se fit l'avocat vibrant de l'entrée de la Turquie. Par la suite, il souhaita débattre avec moi. Je n'y étais pas favorable, car je connaissais son aptitude à créer le scandale de préférence à l'échange d'idées. Il n'était qu'un provocateur. Je n'avais nulle envie de lui offrir une tribune à si bon compte.

Pour montrer ma détermination à remporter cette bataille des européennes, je persistai dans mon engagement en partant deux jours après Nîmes pour Berlin, afin d'y tenir une réunion publique commune avec Angela Merkel. Une fois encore, ce déplacement ne fit pas l'unanimité. Mon entourage craignait qu'une trop grande proximité avec cette dernière ne finisse par nous nuire électoralement. Et, de fait, de plus en plus nombreuses étaient les voix qui s'élevaient pour dénoncer la toute-puissance économique de notre voisin germanique. Il y avait un mélange de crainte réelle et de jalousie à peine masquée. Je considérais à l'inverse que le jeu en valait largement la chandelle. Nos deux pays, en s'associant, devenaient incontournables en Europe. Cela nous donnait un incontestable surcroît de puissance mutuelle. Par ailleurs, je voulais à tout prix rejeter dans le passé notre longue tradition d'affrontements dont j'étais bien convaincu qu'elle pouvait reprendre si l'on n'y prenait garde. L'enjeu était trop important pour que je renonce à ce déplacement aussi symbolique que nécessaire, compte tenu des contentieux du siècle dernier qui avaient mis le continent européen au bord du gouffre.

Nous nous retrouvâmes sur la Potsdamer Platz, l'emblème du nouveau Berlin où les jeunes chrétiens-démocrates de la CDU avaient rassemblé deux mille de leurs partisans pour une fête qui voyait se mêler modernité et hommage aux pères fondateurs de l'Europe. On y voyait les photos de De Gaulle et d'Adenauer, de François Mitterrand et de Helmut Kohl, et bien sûr d'Angela et moi. L'ambiance était bon enfant. Les mesures de sécurité étaient très discrètes. Et, en l'honneur de la France, une chorale entonna *Les Feuilles mortes*. Je fis une véritable déclaration d'amour à mon public du jour : « La France ne vous craint pas. La France veut vous ressembler dans l'excellence de votre industrie, de votre technologie, dans la compétence de vos travailleurs… et dans l'équilibre de vos finances publiques. » J'étais vraiment sincère, surtout pour ce dernier point. Les applaudissements furent chaleureux et nourris. La chancelière ne demeura pas en reste puisque cette fois-ci elle affirma clairement que « la Turquie ne pouvait être membre à part entière de l'Europe ». Elle ajouta : « Nous ne pouvons pas accueillir tout le monde. » Visiblement, elle voulait être aimable et faisait un effort dans ma direction. Des propos si tranchés et si clairs n'étaient pas fréquents dans son vocabulaire habituel. La presse en conclut que tout allait bien entre nous deux. Le magazine *Der Spiegel* titrait : « Le meeting de Berlin est un pas de deux diplomatique à intérêt commun. » C'était plutôt bien vu. J'avais, le matin même, publié une tribune dans un autre journal allemand, le *Bild*, pour annoncer que la France trouvait légitime la demande allemande d'obtenir un siège permanent au Conseil de sécurité des Nations Unies. J'estimais que plus de soixante ans après la fin de la Seconde Guerre mondiale, il fallait tourner la page en donnant à l'Allemagne un rôle politique sur la scène internationale qui corresponde à son poids économique.

*
* *

J'étais heureux de proposer au Conseil des ministres la nomination du journaliste Jean-Luc Hees comme nouveau président de Radio France. Il m'avait invité plusieurs fois dans ses émissions de la mi-journée sur France Inter, mais je ne le connaissais pas intimement. Nous n'étions pas spécialement proches. J'appréciais l'élégance de cet homme élancé à la crinière prématurément blanchie. Toujours affable, précis, n'élevant que rarement la voix. Je lui savais gré d'ignorer tout de ses opinions politiques, ce qui était rare pour ne pas dire exceptionnel au sein de la rédaction où il travaillait, puisque tous ses confrères non seulement étaient de gauche, mais de surcroît ne le cachaient pas, et pour certains s'en glorifiaient même. Ils se considéraient comme les propriétaires de Radio France, comme si le service public radiophonique ne devait et ne pouvait s'adresser qu'aux auditeurs de ce côté-ci de l'échiquier politique. À l'inverse, Jean-Luc Hees ne faisait jamais état de ses opinions. J'avais à plusieurs reprises observé sa rigueur professionnelle et sa probité. De plus, j'aimais cette timidité qui contrastait avec son apparence physique massive. Quand, par la suite, je l'ai mieux connu, j'ai découvert une grande pudeur doublée d'une réelle sensibilité.

Lorsque, pour la première fois, je lui proposai de le nommer, il en fut surpris, étonné… et heureux. Il n'avait pas de doute sur ses capacités à relever le défi. Ce qui me conforta dans mon choix. En outre, il aimait profondément « la maison » que je souhaitais qu'il dirigeât. J'étais vraiment enthousiaste. Ce fut l'un des moments où j'eus le moins de doute, l'un de ceux pour lesquels je n'ai éprouvé par la suite aucun regret. Conformément à la nouvelle procédure prévue par la réforme de la Constitution de 2008, la commission des Affaires culturelles de l'Assemblée nationale devait donner son aval en ratifiant le choix proposé par le président de la République ou le refuser à la majorité qualifiée. Le résultat fut sans appel, puisque sur les trente-trois parlementaires votants, Jean-Luc Hees recueillit vingt-six suffrages – six s'étaient abstenus et un seul avait voté contre. C'était plus qu'il n'en fallait, son audition avait donc tourné au triomphe. C'était mérité. Il n'était pas énarque, pas davantage un haut fonctionnaire, pas même l'un de ces affidés de tous les pouvoirs qui sont en campagne permanente pour obtenir certains des grands postes que pouvait encore offrir la République. Il avait clairement manifesté sa volonté de préserver l'indépendance du service public, mais, dans son esprit, cela valait tout autant pour le gouvernement que pour les syndicats ou les partis de gauche. Ce discours changeait avantageusement avec les pratiques précédentes. Lors de son audition, un obscur député socialiste, Didier Mathus, lui lança : « Vous devez tout à Sarkozy. » Une fois prononcé son anathème, il fut cependant bien en peine de débuter son argumentation. Car d'arguments, il n'en avait pas. Jamais je n'avais fait quoi que ce soit pour Jean-Luc Hees.

La première décision prise par ce dernier fut la nomination à la tête de France Inter de Philippe Val, qui venait de quitter les fonctions de directeur de la rédaction de *Charlie Hebdo*. Je ne le connaissais que depuis peu de temps. Il m'avait été présenté par Carla. Nous étions devenus assez proches, du moins intellectuellement. Son intelligence vive, sa culture immense, son expérience de la vie très variée, sa profonde gentillesse… toutes ces qualités que je lui trouvais m'avaient convaincu qu'il s'agissait du bon choix. Le fait qu'il vienne de la gauche ne me gênait nullement, puisque cela crédibilisait ma volonté d'ouverture. Nous avions eu plusieurs conversations. Il m'avait impressionné par sa liberté d'esprit, son ouverture intellectuelle et sa grande curiosité pour toutes les questions qui agitaient notre société. J'étais certain que ce tandem serait capable de construire une programmation de qualité pour le service public. Je reconnais volontiers que l'originalité de ces personnalités a pu étonner, voire déstabiliser nombre de mes soutiens. C'était pourtant l'image que je souhaitais donner de la « droite populaire » au pouvoir. Je devais être capable d'aller chercher les meilleurs où qu'ils se trouvent, de rassembler des gens différents et de répondre à la diversité de la France par des choix qui portaient en eux-mêmes cette aspiration à la différence.

Jean-Luc Hees avait travaillé trente ans à France Inter avant d'en être débarqué en 2004 à l'arrivée de Jean-Paul Cluzel. Sa nomination en 2009 marquait donc le retour d'un enfant de la maison. C'était un clin d'œil malicieux : viré sous l'ère de Jacques Chirac par un proche d'Alain Juppé, promu sous la mienne, on pouvait y voir des arrière-pensées plus personnelles que politiques. J'étais heureux de ce processus de nomination qui avait le mérite de la clarté. Ce n'était pas une autorité indépendante lambda qui avait pris cette décision. Que l'on soit pour ou contre, il n'y avait aucune difficulté à identifier le responsable, je l'étais. C'était bien l'idée que je me faisais et que je me fais toujours de la démocratie.

*

* *

Cette fin du mois d'avril 2009 vit les premiers cas de la grippe A/H1N1 arriver en Europe. À ce moment précis nous n'avions qu'une quarantaine de malades suspects, dont la situation devait être considérée avant toutes conclusions définitives. Cependant, il était clair que la grippe A/H1N1 était en France. Roselyne Bachelot ne perdit pas une minute pour mobiliser tous les moyens nécessaires. Elle me saisit immédiatement et me demanda de débloquer les financements dont elle avait besoin. Nous étions très inquiets des ravages que pourrait provoquer ce virus. Je lui répondis qu'elle devait prendre toutes les mesures que ses services jugeraient nécessaires et qu'elle n'avait pas à se préoccuper des arbitrages financiers, puisque j'étais décidé à faire de ce risque sanitaire une priorité. En clair, cela signifiait que nous payerions tout ce qui serait utile. Je ne voulais aucune polémique sur le nombre élevé de victimes que nous anticipions pour des raisons qui auraient été liées soit à des économies, soit à un défaut d'anticipation et de prévention. Je présidais moi-même les réunions destinées à mettre en place la stratégie du gouvernement face à ce risque épidémique. L'Organisation mondiale de la santé venait de décider le passage au niveau 5. C'était très sérieux.

La priorité absolue fut de vérifier et éventuellement de compléter nos stocks de produits médicaux et paramédicaux. À cette époque, nous avions en réserve un milliard de masques chirurgicaux et 723 millions de masques FFP2 destinés aux professionnels de santé ou aux agents de sécurité. Par ailleurs, nous disposions de trente-deux millions de traitements des deux molécules en cause. Nous étions prêts. Ce qui ne nous empêcha pas de passer une commande supplémentaire de quatre-vingt-dix millions de doses du futur vaccin contre cette grippe A/H1N1. Il y en avait pour près d'un milliard d'euros. Nous avions pris soin de répartir nos demandes entre trois laboratoires pharmaceutiques : GlaxoSmithKline, Novartis et

Sanofi Pasteur. Nous ne voulions en aucun cas dépendre d'un seul. L'ensemble du dispositif était en place. Roselyne Bachelot avait bien fait son travail. Les priorités du gouvernement étaient fixées. Il fallait coûte que coûte préserver la vie des patients qui seraient atteints, et ce quoi qu'il en coûtât. Nous avions même prévu des lieux où la vaccination de masse pourrait se mettre en place. Le nombre de victimes de ce virus en Asie avait été très grand. Il n'y avait aucune raison, en tout cas d'un point de vue rationnel, pour que les mêmes causes ne produisent pas les mêmes effets en Europe, et donc en France.

À la surprise de la plupart des scientifiques, ce ne fut pas ce qui arriva. Nous connûmes un peu plus d'un millier de cas graves, mais sans commune mesure avec ce que nous redoutions. Et finalement, le virus disparut de nos écrans radars aussi mystérieusement qu'il était apparu. Encore aujourd'hui, les scientifiques n'ont pas réussi à formuler une hypothèse crédible pouvant expliquer cet évènement inattendu qui nous prit complètement de court. Une violente polémique s'ensuivit. Nous fûmes accusés d'avoir dilapidé les deniers publics de façon inconsidérée. Plusieurs années après, la Cour des comptes produisit un rapport à charge sur notre prétendue incurie dans la gestion d'une crise sanitaire qui n'aurait pas dû nécessiter une telle mobilisation de moyens. C'était tellement plus simple de dire « après » ce qu'il aurait fallu faire « avant » ! J'imaginais tous ces hauts fonctionnaires tranquillement installés dans leurs certitudes et n'ayant de comptes à rendre à personne. Ce qui est bien commode… mais qui n'a rien à voir avec les responsabilités « chaudes » exercées par le président de la République et son ministre de la Santé.

Il y eut même une enquête pénale qui vit le directeur du cabinet de Roselyne Bachelot être sommé de s'expliquer sur cette gestion « dispendieuse ». Je pense, plus encore aujourd'hui que je ne l'imaginais hier, que nous avions bien agi au regard de notre obligation de respecter le principe de précaution inscrit au cœur même de nos règles constitutionnelles. J'ai, depuis, vu comme tous les Français l'état d'impréparation grave dans lequel François Hollande avait laissé le pays quand la première vague de Covid déferla. Les stocks de masques étaient à peine à la moitié de ce qui était nécessaire et de ce que nous avions laissé. L'état matériel de ces mêmes stocks déjà insuffisants était catastrophique avec près de 30 % des masques inutilisables. La France s'est ainsi trouvée en retard sur tout, notamment pour les commandes de vaccins, du fait de la situation de profonde désorganisation et d'impréparation dont Emmanuel Macron venait d'hériter. C'était d'autant moins excusable que le Livre blanc sur la défense et la sécurité nationale de 2008 avait consacré une nouvelle notion : celle de pandémie. Elle avait fait l'objet d'un encadré intitulé « Pandémie massive à forte létalité ». Ses conséquences étaient parfaitement décrites : « La cinétique d'une pandémie à forte contagion et à forte létalité s'étendrait sur une durée de quelques semaines à quelques mois, en plusieurs vagues. Par son ampleur, sa durée, son extension géographique, son caractère indiscriminé, une telle crise est de nature à remettre en cause le fonctionnement normal de la vie nationale et des institutions. » C'était vraiment prémonitoire et témoignait de la qualité et du sérieux de notre Livre blanc.

Je préfère de beaucoup qu'il me soit reproché d'en avoir trop fait pour protéger la santé des Français que de n'avoir rien fait, ou, pire, de l'avoir mal fait ! C'est bien là la grande difficulté de la politique où l'on est jugé sur le moment avec des critères dont seul le temps qui passe permettra d'évaluer la pertinence. Ainsi, après les multiples vagues de Covid qui ont déferlé sur la France et les dizaines de milliers de victimes qui ont succombé à ce virus et à ses mutations, il est sans doute plus aisé d'apprécier l'action d'un gouvernement ayant tout fait pour ne pas se laisser surprendre par un virus qui aurait pu tuer tout autant et qui avait fini par disparaître. Le temps qui passe est toujours le mieux à même de remettre à sa juste place l'« actualité du passé ».

*
* *

Mon agenda obéissait à une règle immuable. À une forte activité nationale succédait une période dédiée à l'international. Il s'agissait une nouvelle fois d'un voyage important, voire stratégique puisqu'il me conduisait à Abou Dabi dans les Émirats arabes unis. J'avais souvent observé la grande ignorance dont cette région, le golfe Persique, était victime de la part des observateurs et des responsables politiques français. Il est vrai que cette partie du monde avait longtemps été la chasse gardée des Américains et des Anglais. Certes, François Mitterrand et Jacques Chirac y avaient planté à juste titre de premières banderilles. Mais, dans l'ensemble, le jugement porté sur les pays de la zone était pour le pire mauvais, pour le meilleur neutre.

J'avais en tête une stratégie bien différente. Je voulais qu'Abou Dabi devienne notre véritable tête de pont dans l'océan Indien et dans ces territoires qui marquent le début de l'Asie. Je souhaitais que cette année 2009 vît sa priorité diplomatique dédiée aux pays du Golfe. Je devais, au cours de ce voyage, inaugurer la base militaire dont j'avais décidé l'ouverture quelques mois auparavant. Le projet était ambitieux. Il y avait une partie navale avec un quai de trois cents mètres de long, permettant l'accueil de navires de guerre de fort tonnage, une installation prévue pour recevoir un détachement aérien où stationneraient en permanence une dizaine de nos avions de combat, un groupement terrestre avec un centre d'entraînement en zone désertique pour nos forces armées. L'intérêt de cette installation puissante était sa localisation face à l'Iran, dans une zone maritime cruciale, celle du détroit d'Ormuz où transitaient quarante pour cent du pétrole mondial.

Cette nouvelle implantation militaire française n'avait rien de fortuit. Elle avait vocation à marquer l'engagement de notre pays dans une région hautement stratégique, au cœur d'un « arc de crises » qui avait été souligné et identifié dans le Livre blanc sur la défense de 2007. J'avais préparé cette initiative de longue date. Elle avait fait l'objet d'un accord signé au début de 2008 lors d'un précédent voyage. Elle témoignait de la confiance immédiate que m'avait inspirée celui qui n'était alors que prince héritier, Mohammed ben Zayed, dit MBZ. Il est sans doute l'un des chefs d'État les plus déterminés et les plus inspirés qu'il m'ait été donné de rencontrer. Il savait parfaitement où et comment il voulait conduire son pays. Il avait été l'un des premiers dirigeants à dénoncer et à combattre l'islam politique et ses dérives. Il considérait que le régime des mollahs iraniens était la principale menace pour son pays et n'était pas homme à se tromper d'ennemi. Déjà, il songeait à se rapprocher d'Israël face à cet adversaire commun. Ce qu'il a fait depuis avec les accords d'Abraham de 2020 et ce spectaculaire échange d'ambassadeurs entre les deux pays qui témoigne d'un grand courage. Il m'expliqua souvent et longuement que nous n'étions pas assez fermes avec les islamistes radicaux en France et qu'un jour cela finirait mal. Que ce que nous appelions les droits de l'Homme étaient compris par ces illuminés comme des signaux de faiblesse des démocraties et vécus comme autant d'encouragements à persévérer sur la voie du mal absolu. Les évènements de ces quinze dernières années ne lui ont pas vraiment donné tort ! J'ai été impressionné dès notre première rencontre par sa lucidité, son calme et sa détermination. Rien ni personne ne semblait être en mesure de le faire dévier du cap qu'il s'était fixé. Il était à mes yeux le partenaire arabe idéal pour la France.

À ces considérations personnelles s'ajoutait le fait que le golfe Persique avait toujours été pour moi un sujet de curiosité intense. Il est rare de trouver rassemblées dans un périmètre aussi étroit (la mer s'y étend au plus large sur quelque trois cents kilomètres seulement) des Nations aussi différentes, et parfois antagonistes, que l'Iran, l'Arabie saoudite, le Qatar, Oman, les Émirats et le Koweït, sans parler du Yémen. L'influence de l'Asie y est omniprésente et se mélange avec la tradition arabe la plus stricte. Au cours du dernier demi-siècle, ces pays ont connu des évolutions vertigineuses et construit des villes géantes dont la modernité n'a rien à envier aux nôtres. Finalement, les dirigeants de ces nouvelles Nations, Iran et Yémen mis à part, ont commis assez peu d'erreurs dans leur stratégie de développement. Et personne ne peut nier leur volonté d'ouverture et de modernisation. J'avais l'intuition que la France devait être présente à cet endroit du monde où tout bougeait à une rapidité stupéfiante et où tout se mélangeait pour le meilleur souvent, et pour le pire parfois. Bien sûr, il y avait aussi les contrats qu'il serait possible d'établir pour nos entreprises. Cela n'était pas anecdotique ! Pourquoi se tenir à l'écart d'un tel potentiel d'investissements dont le besoin se faisait cruellement sentir pour nos vieilles Nations ? Il eût été bien irresponsable de ne pas considérer à sa juste importance une telle manne. D'ailleurs, si nous ne l'avions fait, les autres pays d'Europe ne se seraient pas privés pour en profiter et prendre notre place. Il n'y avait donc aucun état d'âme à avoir.

Mais dans mon esprit, il y avait bien davantage. J'étais persuadé qu'il nous fallait observer de très près ce qui se passait là-bas. Nous ne pouvions pas être absents de ces mouvements tectoniques propres au XXIe siècle. Notre présence nous permettait d'être mieux informés et de mieux comprendre. En un mot, il s'agissait d'une décision stratégique motivée par le mouvement violent de l'axe du monde de l'ouest vers l'est. À Abou Dabi, nous étions au cœur de l'Est. Là où beaucoup de choses allaient se passer. J'allais donc inaugurer la première base militaire française dans le golfe Persique. La première créée par la France depuis 1945. Beaucoup d'observateurs étaient inquiets de nous voir ainsi placés au premier rang d'un éventuel conflit avec l'Iran. En effet, l'accord de défense que j'avais négocié nous engageait à utiliser tous les moyens militaires dont nous disposions pour défendre les Émirats arabes unis, nos hôtes, s'ils venaient à être agressés. Nous nous étions cependant bien gardés d'employer le mot nucléaire. Le nouvel accord n'offrait pas « une garantie atomique » sans limites, mais je reconnais qu'il nous faisait franchir un pas supplémentaire dans notre partenariat avec les ÉAU. J'étais conscient de cette situation, mais elle n'était que la contrepartie de tout ce que nous apportait cette nouvelle alliance. Qui aurait pu imaginer que nous puissions bénéficier de tous les avantages sans avoir aucun inconvénient ? Et d'ailleurs, était-ce un réel problème que de nous trouver face à l'Iran des mollahs et des guides religieux, dont l'ambition était d'imposer à leur peuple un retour au Moyen Âge ? J'étais heureux de ce choix de la France qui pouvait faire oublier celui de l'accueil et de l'hospitalité qui furent réservés à l'ayatollah Khomeini au début des années 1970, sous la présidence de Valéry Giscard d'Estaing. J'assumais donc pleinement le fait que cet accord bilatéral augmentait significativement le risque que nous soyons un jour amenés à nous engager militairement dans cette région aux côtés de nos alliés.

Quant aux Émiriens, leur stratégie était limpide, ils voulaient diversifier leurs alliances. Ce qui, en clair, signifiait que leur confiance dans les États-Unis n'était plus totale. J'avais senti cette brèche et étais bien décidé à en profiter. C'était de bonne guerre. Il s'agissait donc d'un basculement géostratégique pour la France, désormais de plus en plus impliquée dans les zones de conflit dont dépendait la stabilité mondiale. Cela témoignait aussi que l'Afrique n'était plus la seule priorité de notre projection militaire. Lorsque l'on se remémorait qu'Abou Dhabi avait été une ancienne colonie britannique, on pouvait mesurer le chemin parcouru par la France pour élargir ses zones d'influence. L'inauguration de cette base militaire représentait à mes yeux un réel tournant diplomatique, stratégique et politique. Enfin, il y avait une cohérence à agir ainsi, au moment où la France faisait son retour dans le commandement intégré de l'Otan. À Abou Dabi, nos militaires pourraient avoir des contacts constants avec leurs homologues américains et britanniques présents dans la région. Nous étions donc maintenant au cœur de la collecte de renseignements très utiles pour notre sécurité intérieure comme extérieure.

L'autre conséquence était l'organisation d'un certain désengagement militaire en Afrique. Nous ne pouvions pas être présents partout. Cela devait nous aider à modifier notre tropisme africain tel qu'il était resté et perçu de l'époque coloniale. Nous devions évoluer. Les évènements qui ont, ces dernières années, agité les relations franco-africaines n'ont fait que renforcer mon intuition initiale. La présence sur le long terme de l'armée française dans nos anciennes colonies est aujourd'hui devenue un problème insoluble tout à la fois épidermique et politique.

J'avais, dès 2009, retiré beaucoup de soldats de la Côte d'Ivoire. Même après les affrontements de 2011, je n'avais conservé qu'une présence réduite, le temps que le pays redevienne stable après l'installation du président Ouattara. De la même manière, le maintien de nos forces au Mali était une double erreur. D'abord sur le plan militaire. Comment prétendre contrôler un territoire grand comme trois fois la France avec quatre mille hommes ? C'était voué à l'échec. Ensuite parce qu'une mission trop longue transformait, qu'on le veuille ou non, l'armée française en force d'occupation avec des responsabilités qui étaient davantage du ressort de la police que de l'armée. Mon opinion était la même quant à notre présence en République centrafricaine comme force d'interposition entre les chrétiens et les musulmans. Ainsi que je l'ai déjà souligné, l'opération Sangaris avait permis d'éviter des massacres de grande ampleur, mais il n'était ni souhaitable ni opportun qu'elle se prolonge en mission d'interposition dans la durée. Le contexte géopolitique africain, la présence constante des médias de « l'instantanéité », les *fake news* quotidiennes sur les réseaux sociaux rendent désormais absolument impossible l'accomplissement de telles missions sans courir le risque massif et permanent de manipulations, de scandales et de polémiques à répétition. Dans un monde à ce point en mouvement, la France ne pouvait demeurer accrochée à ses vieilles certitudes. C'était à mes yeux le prix à payer pour maintenir notre rang de « puissance moyenne mais globale », c'est-à-dire qui avait vocation à influer sur tous les grands problèmes du monde.

*

* *

En cette fin du mois de mai, je tenais à célébrer la réussite économique des autoentrepreneurs. Je les avais conviés à l'Élysée à cet effet. Dans ce domaine, les satisfactions pérennes n'étaient pas légion, spécialement en cette période post-crise financière. Il s'agissait d'un pari assez audacieux dont je suivais les évolutions et les résultats mois après mois. L'idée originelle était simple. Elle consistait à compenser le manque d'emplois offerts par les entreprises après le choc financier et économique qu'elles venaient d'affronter par la possibilité donnée à chacun, et notamment à ceux qui étaient au chômage, de créer leur propre activité. C'était ambitieux et risqué, car contraire aux habitudes françaises. Notre histoire et notre culture nous portent naturellement davantage vers des emplois publics ou statutaires, avec toutes les garanties qui leur sont attachées, que vers la prise de risques et les aléas nombreux de l'aventure entrepreneuriale. Je savais que je serais attendu au tournant. Nombreux furent les ricanements et les scepticismes au moment où j'annonçai cette initiative. Le cortège des habituels pessimistes, revenus de tout et convaincus qu'il n'y avait jamais rien à faire, était renforcé par ceux qui doutaient sincèrement que ce qui aurait pu fonctionner dans une économie anglo-américaine puisse prendre racine en France. Jean-Marc Ayrault y voyait « une volonté (cachée) de déréguler l'économie ». Quant à Jérôme Cahuzac (qui n'était pas encore tristement célèbre pour ses turpitudes fiscales), il nous expliquait doctement que ce statut « dégradait l'image du secteur du bâtiment, le statut de l'autoentrepreneur assimilant les artisans à de simples bricoleurs ». Si ceux-là étaient de mauvaise foi, certains faisaient preuve d'un scepticisme qui n'était pas totalement dénué de fondement.

Je persistai cependant en me disant que même si cela ne marchait pas, cela ne coûterait rien au budget de l'État. Ensuite, peut-être que les présupposés que l'on prêtait aux Français n'étaient plus de la même nature, que nous avions changé avec la mondialisation qui s'était imposée et qu'au minimum cela nous permettrait de faire évoluer l'administration française en lui imposant des exigences de simplicité et de rapidité qui pourraient utilement faire tache d'huile ailleurs. En effet, la clé du nouveau système résidait dans la facilité avec laquelle chacun pourrait créer son entreprise. Il suffisait au futur autoentrepreneur de déclarer son activité par un « clic » sur Internet ou par une déclaration administrative unique. On ne pouvait imaginer procédure plus simple. Plus important encore à mes yeux était le système que nous avions imaginé, où lorsque le nouvel entrepreneur ne gagnait rien, il ne payait rien. J'avais recueilli d'innombrables témoignages au terme desquels j'avais été convaincu de l'absurdité d'une méthode où tant de commerçants, d'artisans et de chefs d'entreprise étaient sommés de payer des charges, des taxes et des impôts avant même d'avoir encaissé le moindre centime de recette ! Avec l'autoentrepreneuriat, on n'acquittait des charges que sur des sommes que l'on avait préalablement encaissées. C'était un changement bienvenu dans les habitudes administratives françaises.

Je cherchais à désintoxiquer les Français du recours systématique à l'État en les incitant à se prendre en main. C'était ma façon de leur faire confiance et de refuser la culture humiliante de l'assistanat à tout prix et en toutes circonstances. Je ne fus pas déçu par leur réponse, puisqu'en moins de six mois ils furent cent cinquante mille autoentrepreneurs déclarés et répertoriés comme tels ! Cela représentait moitié plus que les objectifs que nous nous étions fixés lors du vote de la loi. C'était donc un échantillon représentatif de cette population que je recevais ce soir-là à l'Élysée. Je voyais dans ces résultats l'amorce d'un phénomène de société où les valeurs de l'entrepreneuriat, du risque, du travail, du volontarisme retrouvaient la première place dans le cœur des Français. On était bien loin des théories marxistes reposant sur l'exploitation de l'homme par l'homme. Dans le cas précis, c'était plutôt : chacun doit et peut travailler par et pour lui-même. Je voulais de surcroît démythifier l'échec. J'étais persuadé que parmi ces cent cinquante mille premiers autoentrepreneurs, certains échoueraient. Ils seraient même peut-être nombreux. Mais au moins, ils auraient essayé, appris, regagné de la confiance et de l'espoir. L'échec est trop souvent vécu dans notre pays comme une condamnation définitive, alors qu'il devrait être chaque fois une occasion de rebondir. Chacun doit avoir droit à une deuxième ou à une troisième chance, et plus si cela se révèle nécessaire.

À la fin de l'année 2009, on pouvait compter plus de trois cent mille autoentrepreneurs. Le succès avait été au rendez-vous. Il était beaucoup plus fort que je ne l'avais imaginé. Plus spectaculaire encore, la moitié d'entre eux étaient d'anciens demandeurs d'emploi ! Cependant, et en dépit de cette réussite, les critiques ne manquèrent pas. Il y eut d'abord celles afférentes à la « légalisation du travail au noir », puisque l'autoentrepreneur ne payait pas ou peu de charges. La réponse était aisée à fournir. Avec ce nouveau statut, chacun pouvait régulariser ses activités, les déclarer à bon compte et payer des impôts sur ce qu'il avait gagné légalement. Le travail « illégal » devenait donc moins attractif. Plus sérieux était en revanche l'argument d'une concurrence « déloyale » avec les artisans et les commerçants qui avaient déjà pignon sur rue et qui payaient des cotisations et des assurances lourdes pour faire le même métier que nombre des nouveaux autoentrepreneurs. La CGPME et l'Union professionnelle artisanale ne s'étaient pas privées de me le faire savoir. Je leur promis un ajustement du régime de l'autoentreprise si les conditions de la concurrence devenaient vraiment trop défavorables pour leurs mandants. C'est d'ailleurs ce que nous dûmes faire.

Mais, dans l'immédiat, je voulais surtout ne pas prendre le risque de casser l'élan que je sentais monter et se développer. C'était inespéré de voir tant d'hommes et de femmes se lancer dans l'aventure entrepreneuriale avec une telle passion et un tel enthousiasme. C'était bien la preuve qu'il ne fallait pas désespérer des Français. L'ambiance de la soirée à l'Élysée était joyeuse. Chacun des participants avait à cœur de me présenter son projet. Il y avait tant d'espoir dans leurs regards. C'était émouvant de voir chacun s'accrocher à son rêve avec force et enthousiasme. Cette France rassemblée ce soir-là était bien différente de celle que l'on présentait habituellement à la une des médias. Je m'en sentais proche. J'avais l'impression de la comprendre. Ces Français incarnaient des valeurs si différentes de celles qui avaient été mises en avant lors des traditionnelles manifestations du 1er Mai. Pour les représentants de ces dernières, le travail était une aliénation dont il fallait se libérer au plus vite. Pour les premiers, le chômage était une prison, le travail, une émancipation. Je me sentais profondément appartenir à cette famille de pensée !

*

* *

Le mois de juin commençait de la meilleure des façons puisque, à la surprise de nombreux observateurs et de la quasi-totalité de la classe politique, les listes UMP aux élections européennes remportèrent un réel succès en arrivant très largement en tête, laissant derrière elles toutes leurs concurrentes. Elles rassemblaient près de 28 % des suffrages, loin devant celles du Parti socialiste tout juste à 16 % et celles des écologistes qui faisaient une belle performance. Même le journal *Le Monde* écrivit que j'étais « le gagnant incontesté de ce scrutin ». J'imagine la douleur du rédacteur d'avoir eu à rédiger ceci. Nous avions échappé au vote sanction, alors que nous étions tout juste dans l'après-crise financière. C'était un quasi-miracle, d'autant plus qu'il y avait d'autres motifs de satisfaction avec les scores très modestes du Front national à 6,5 % et de François Bayrou à 8 %. Ce dernier, comme toujours, avait annoncé son inéluctable succès futur de façon imprudente avant de devoir se résoudre à la triste réalité de ce score médiocre.

Nous avions fait campagne sur le bilan de la présidence française de l'Union, sur la nécessité de l'Europe, la force du couple franco-allemand et ma volonté de préserver « l'identité française ». Les éditorialistes n'en revenaient pas et d'ailleurs sportivement reconnurent l'ampleur de leur surprise. En fait, ce qui les étonnait le plus était que « le front anti-sarkozyste » sur lequel beaucoup parmi eux avaient parié… s'était effondré ! *Le Républicain lorrain* écrivit : « Vidange de l'électorat du Front national et accentuation de l'atomisation de la gauche… cela devrait donner à réfléchir sur le bien-fondé de l'anti-sarkozysme à tous crins développé comme stratégie politique. » C'était bien évidemment une analyse à laquelle je souscrivais. Je savais cependant que la saveur si rare des soirées de victoire ne dure jamais davantage que quelques heures. Il me fallait transformer cet essai en initiatives pour la suite de mon quinquennat. Ce n'était pas le plus facile !

L'analyse de ce scrutin d'il y a maintenant quatorze années m'autorise un ultime commentaire, car elle montre que le Front national ne peut exprimer sa force qu'en l'absence d'une droite républicaine. L'extrême droite profite à plein de la disparition de celle-ci. Certains de nos électeurs votent pour le parti de Le Pen faute de mieux ou par désespoir, ce qui revient au même. J'entends évidemment l'argument selon lequel les choses ont aujourd'hui changé, et que rien ne serait plus comme avant. Je ne partage pas cette analyse. J'eus moi-même à affronter un Front national puissant, puisque c'est Jean-Marie Le Pen qui, le premier, réussit à se qualifier pour le second tour de la présidentielle. C'était en 2002. Ce ne fut pas une chose aisée de le réduire après les déceptions d'une large partie des électeurs de droite à la suite des années Chirac. Et pourtant, nous l'avons fait, à force de volonté pour se rassembler, pour parler et pour agir clairement. Il n'y a pas de fatalité. La droite ne peut et ne doit pas disparaître, sous peine d'être remplacée par une formation politique qui est au fond beaucoup plus différente d'elle-même qu'on ne le pense et qu'on ne le dit. Sur l'Europe, sur la politique économique, sur les retraites, sur notre rapport à la culture et à l'art, il y a des fossés entre le Front national et nous qui ne seront jamais comblés. Quand je repense aux commentateurs de l'époque, à gauche comme à droite, qui m'accusaient d'aller trop loin ou d'en faire trop ; qui n'avaient pas de mots assez durs pour stigmatiser ma prétendue dérive droitière ; qui dénonçaient ce qu'ils qualifiaient de populisme, de nationalisme et même parfois de racisme… Je me souviens tout particulièrement de feu Axel Kahn, ce professeur émérite de nos universités (et candidat pour le PS dans la 2e circonscription de Paris !), qui n'avait pas hésité à tweeter ceci : « Images et symboles sont mobilisés par le Nuremberg du tout petit d'hier, ceux de la Résistance et du *Chant des partisans* s'imposent à moi. » Comment un être d'une pareille intelligence a-t-il pu se laisser aller à comparer notre rassemblement du Trocadéro en 2012 à un congrès de nazis ? Il ne servirait à rien de polémiquer. Il s'en est d'ailleurs excusé.

Le temps finit toujours par passer, mais je demeure, aujourd'hui encore, stupéfié par la capacité d'une certaine gauche élitiste à nier la réalité de ce que vivent et pensent les Français. Ces derniers ne se sont d'ailleurs pas fait prier pour lui faire payer au prix fort électoral cette arrogance. Les moins de 2 % du Parti socialiste lors de la présidentielle en portent la marque indélébile.

*

* *

Depuis plusieurs semaines, toute la classe politique et médiatique bruissait de la rumeur d'un remaniement. Ce dernier interviendrait, selon les commentateurs, après les élections européennes du mois de juin. Je n'avais rien fait pour les démentir, car ils disaient vrai. Je voulais réorganiser le dispositif gouvernemental. C'est toujours une décision délicate. Il fallait d'abord choisir le moment adéquat. La façon dont s'était déroulé le scrutin européen me donnait une bonne occasion d'entamer « un nouveau chapitre ». De ce seul point de vue, les choses étaient assez incontestables. Le calendrier nous servait. Je devais cependant éviter de laisser la rumeur prendre une trop grande importance sous peine de faire monter les attentes de manière inconsidérée et en définitive de forcément les décevoir. Je savais que la valse des noms autour « des sortants » et « des entrants » suscite toujours beaucoup d'agitation et exaspère légitimement les Français occupés avec les réalités quotidiennes et donc peu enclins à supporter la comédie des « excellences » promues ou déchues. Enfin, ce n'était pas si facile de trouver des personnalités immédiatement prêtes à assumer de telles responsabilités et en même temps capables d'incarner un réel renouveau. Cela ressemblait à s'y méprendre à une forme de quadrature du cercle. Les aguerris ne faisaient pas « nouveau ». Et les nouveaux étaient sans expérience. À tout ceci s'ajoutait la difficulté de faire partir ceux qui ne pensaient pas avoir démérité – ou en tout cas n'en étaient pas conscients – et qui ressentiraient cette décision comme injuste d'abord et humiliante ensuite. J'ai souvent été décrit comme ayant du mal à me séparer de ministres ou de collaborateurs. C'est vrai !

Surtout lorsque les personnes en question ont été fidèles et loyales. Dans le cas contraire, il s'agissait d'une tout autre histoire : j'avais moins de scrupules… Il est exact cependant que je n'aime pas faire de la peine à qui que ce soit, a fortiori à des amis. À la différence de nombre de « grands fauves politiques » que j'ai côtoyés, je n'ai jamais éprouvé un quelconque plaisir à voir souffrir quelqu'un, et encore moins à lui faire perdre la face.

Ce remaniement ne m'en apparaissait pas moins nécessaire. J'y avais beaucoup réfléchi. Ces deux premières années avaient été difficiles, éprouvantes, et elles avaient dévoilé pour certains de mes ministres des fragilités ou des faiblesses qu'il convenait de pallier. Certains m'apparaissaient psychologiquement épuisés par le stress de la fonction ou usés par la lourdeur d'une tâche souvent répétitive. D'autres avaient fait preuve de maladresse ou même de déloyauté. Je devais me séparer d'eux pour envoyer un message clair à tous ceux qui auraient eu la mauvaise idée de vouloir les imiter. Enfin, pour les derniers, c'était plus discutable ou même injuste, mais je trouvais qu'ils n'existaient pas assez médiatiquement par leur volonté de ne prendre aucun risque, ou tout simplement par leur personnalité plus effacée. Il me fallait aussi faire de la place au sein du gouvernement pour tous ceux qui auraient mérité d'y appartenir depuis le début, et qui pourtant n'avaient pas été retenus. Un minimum de rotation des hommes et des femmes, en tout cas pour les membres de la « seconde ligne », était absolument nécessaire, afin d'éviter de trop grandes frustrations qui auraient fini par agiter ma majorité parlementaire, laquelle n'en avait vraiment pas besoin.

Échaudé par mes « bavardages » des années passées aussi imprudents que contre-productifs et enrichi enfin par une expérience qui était devenue plus consistante, j'avais choisi de n'évoquer cette éventualité qu'avec un tout petit nombre de mes proches. Parmi ceux-là se trouvaient le secrétaire général de la présidence, Claude Guéant, dont j'avais un moment envisagé qu'il fasse partie du futur gouvernement, et le Premier ministre François Fillon. C'était un mois auparavant, mais davantage pour que ce dernier me confiât les noms de ceux dont il souhaitait se séparer plutôt que de ceux qu'il aurait aimé faire entrer. J'avais déjà bien assez de candidatures spontanées, je n'avais nul besoin que l'on en rajoutât. En dépit de ces sages résolutions, et malgré ces précautions, la rumeur avait donc fini par se répandre. C'était sans doute inévitable. Fidèle à ma stratégie habituelle, je voulais maintenant agir rapidement. Je savais où je souhaitais aller. En décidant sans tarder, j'espérais donner du gouvernement une image de professionnalisme et d'efficacité.

L'importance du remaniement surprit les observateurs. C'était pas moins de huit ministres qui partaient, et neuf qui entraient ou qui changeaient d'affectation. Je nommai Michèle Alliot-Marie ministre d'État en charge de la justice. C'était une façon « aimable » de lui demander de quitter la place Beauvau. Je ne voulais pas l'humilier et souhaitais donc la conserver au sein de l'équipe gouvernementale, mais je désirais corriger ce que je pensais être l'erreur de sa nomination place Beauvau. Elle n'était pas faite pour un poste qui exigeait une réactivité de tous les instants : malgré ses qualités certaines, cela lui était impossible, car opposé à sa nature profonde qui exigeait un cadre précis et prévisible afin de pouvoir s'y sentir à l'aise. Je la remplaçai par mon ami de toujours, Brice Hortefeux, dont j'espérais que notre grande proximité lui donnerait le poids et l'autorité nécessaires pour exercer cette exigeante responsabilité tellement prioritaire à mes yeux. Je ne pouvais pas me permettre de décevoir les Français sur cette question régalienne où leurs attentes étaient si fortes.

Pour compléter ce jeu de chaises musicales, je demandai à Xavier Darcos de quitter la rue de Grenelle. Je ne voulais pas qu'il demeurât à l'Éducation nationale, où je sentais qu'il s'exaspérait de la fréquentation quotidienne de ses pairs enseignants. Quelques semaines auparavant, je l'avais vu réagir avec eux davantage comme l'inspecteur général de l'Éducation qu'il était que comme un ministre ! À la place, je lui proposai les relations sociales, où son sens inné du compromis pouvait nous être utile. Luc Chatel se fit prier pour accepter de le remplacer. J'insistai, car je pensais que sa capacité d'empathie ferait de lui un bon ministre à la tête d'une administration nombreuse et frondeuse. Il était capable d'annoncer les choix les plus durs avec une gentillesse et un talent pour créer de la convivialité qui m'avaient impressionné. De surcroît, sa simplicité et ses propres doutes quant à sa capacité à être à la hauteur du poste achevèrent de me convaincre que cette absence d'arrogance qui lui était propre serait au bout du compte un grand atout.

L'entrée la plus inattendue fut celle de Frédéric Mitterrand, qui avait l'avantage de montrer que je n'avais nullement renoncé à l'ouverture. Son nom était un énième clin d'œil politique, qui eut le don d'exaspérer le Parti socialiste, lequel n'en finissait pas de condamner mes « tentatives de débauchages individuels ». J'étais à l'inverse assez heureux de poursuivre l'action de déstabilisation d'une opposition que je trouvais sectaire et manichéenne pour ne pas dire simpliste. Par ailleurs, j'appréciais la personnalité de ce nouvel entrant en politique. Il était enthousiaste, cultivé, volontaire et tellement heureux de se voir enfin offrir un poste à la hauteur de ses ambitions, qui d'ailleurs m'apparurent plus importantes que je ne l'avais imaginé. Il était blessé de n'être souvent considéré que comme un saltimbanque. J'étais un familier de ses émissions de télévision, de ses films et même de ses livres. Peu au fait des us et coutumes de ce nouveau milieu, il annonça lui-même sa nomination comme ministre, et ce avant même que le nouveau gouvernement ne fût connu ! Ce fut une gaffe retentissante qui provoqua une belle pagaille. Il s'en excusa longuement auprès de moi. Il était sincèrement désolé. Je ne lui en tins pas rigueur, mettant tout cela sur le compte de l'inexpérience. L'avenir ne tardera pas à me montrer qu'il était prêt cependant à commettre d'autres impairs…

Enfin, je proposai à Pierre Lellouche, novice de responsabilités ministérielles, de rejoindre l'équipe, en succédant au secrétariat d'État aux Affaires européennes à Bruno Le Maire, que je nommai au ministère de l'Agriculture. Je connaissais bien le premier et j'avais toujours apprécié sa grande intelligence et un sens de la pédagogie assez exceptionnel, doublés d'une passion profonde pour les affaires internationales. Il hérita du portefeuille européen. Quant à Bruno Le Maire, je voulais le tester et le voir à l'œuvre avec des responsabilités de premier plan, et surtout des enjeux réellement politiques. Au ministère de l'Agriculture, il avait la possibilité d'exprimer tout le talent que je lui pressentais. Je ne fus jamais déçu par son sérieux et sa capacité de travail. Il a depuis démontré ses grandes qualités politiques au service d'Emmanuel Macron. J'étais enfin décidé à donner une dernière chance à Rama Yade en lui confiant la responsabilité des sports. J'ai cependant hésité, tant sa difficulté à « jouer en équipe » m'avait, à plusieurs reprises, exaspéré. Mais je pensais que c'était à mettre sur le compte de la jeunesse et que, avec davantage d'expérience, cela pourrait s'arranger. J'étais, sans m'en rendre compte, en train de prendre mes désirs pour des réalités !

Je subis bien sûr la grande amertume de ceux qui sortaient. C'était inévitable qu'ils ressentissent de l'injustice, au moins pour une partie d'entre eux comme Christine Albanel. Pour les autres, Yves Jego était

« tombé » sur la crise des Outre-mer qu'il n'avait pas su maîtriser, Christine Boutin sur un style et un positionnement peu adaptés au nouveau contexte politique et sur ses nombreuses déclarations conservatrices à l'excès, et Roger Karoutchi sur tous les couacs à propos de plusieurs projets de loi qui avaient échoué au Parlement sans qu'il ait pu mettre de l'ordre dans notre majorité parlementaire. La règle pouvait sembler cruelle, mais elle était connue de tous. Nul n'était propriétaire de son poste, pas davantage moi-même qui aurais un jour à subir le même sort. Je l'avais bien en tête ! Dans l'immédiat, je devais faire des choix, y compris à l'endroit d'amis proches et de longue date. Le Premier ministre ne montra aucune réticence sur les décisions que je prenais et ne se battit en faveur d'aucun postulant. Je lui en fus reconnaissant. L'exercice du remaniement était délicat. Je savais qu'il ne créerait qu'un élan de quelques jours s'il était réussi, mais qu'il pouvait nous valoir des ennuis sur le long terme en cas d'échec. J'étais heureux que tout se soit déroulé harmonieusement. La loyauté et la discrétion de François Fillon en cette occasion m'avaient facilité la tâche.

*

* *

Tout ceci ne concernait que la forme, le style, le choix des personnes. Je devais aller plus loin en pensant au cap à fixer. Je décidai de saisir l'opportunité du vote de la révision constitutionnelle pour m'adresser au Congrès. Il s'agissait d'une première solennelle dans l'histoire de la Ve République, et même de la République tout court. En effet, depuis 1875, le chef de l'État n'avait pas eu le droit de venir s'exprimer devant les assemblées. Il ne pouvait communiquer avec elles que par des messages écrits. Cette règle, aujourd'hui désuète, avait été posée dans un climat de méfiance où la République se sentait fragile et menacée. Fort heureusement, cette époque était révolue, la République était désormais solidement ancrée. Le temps était venu d'établir entre le pouvoir législatif et le pouvoir exécutif des rapports plus conformes à l'esprit d'une démocratie apaisée, c'est-à-dire un lieu où chacun acceptait les différences des autres, s'écoutait et se respectait.

Après la crise financière et les élections européennes, je voulais exposer ce que seraient mes orientations pour le pays au cours de cette seconde moitié de mon quinquennat. L'article 18 de la Constitution permettait de le faire. Le Parlement fut donc convoqué à Versailles. J'avais donné comme consigne d'alléger au maximum le protocole. La symbolique de Versailles était en soi déjà suffisamment lourde. J'arrivais cependant en position de force, compte tenu de notre succès électoral récent. Le moment était venu de donner un nouvel élan, un second souffle, même si l'exercice était périlleux. La difficulté était triple. Il fallait ne pas décevoir les attentes, ce qui n'est jamais aisé, ne pas commettre l'erreur de faire un simple discours de politique générale, qui aurait été de la responsabilité du Premier ministre, et demeurer dans la continuité de ce que nous avions mis en œuvre depuis 2007 tout en annonçant des changements. C'était bien le défi de la vie politique où il fallait se réinventer aussi souvent qu'il était nécessaire pour éviter, exactement comme dans un couple, que le peuple français ne se lasse, ne s'habitue ou ne verse dans une déception bougonne. Conscient des enjeux, je m'étais attelé au discours quelques jours auparavant. Et jusqu'à la veille au soir, j'avais corrigé, modifié, ajouté, façonné la première ébauche qu'avait préparée Henri Guaino. Comme à l'accoutumée, je n'avais dévoilé mon texte à personne. Je voulais conserver un effet de surprise, afin que rien ne soit éventé avant de le prononcer. Je devais frapper les esprits. Je ne pouvais avoir convoqué le Congrès pour le seul plaisir d'un discours sans lendemain.

En arrivant à Versailles, je sentis la pression monter. Carla était à mes côtés, attentive et disponible comme à son habitude. Elle découvrait le protocole républicain de l'intérieur qui, même allégé, demeurait impressionnant. Je devais, avant de me rendre dans l'hémicycle, traverser un long couloir où deux rangées de gardes républicains en grand uniforme me présentaient les honneurs. Le tambour rythmait mes pas et annonçait mon entrée dans l'immense salle de séances. Neuf cent vingt parlementaires placés par ordre alphabétique s'étaient levés. Le hasard de l'alphabet avait réservé des surprises, faisant parfois siéger côte à côte des adversaires de longue date. Vu de la tribune, le spectacle était saisissant. Chacun avait à cœur d'être à la hauteur de l'évènement et donc s'abstenait de tout geste ou de toute parole qui aurait pu être jugé « intempestif ». Je pus donc prononcer mon discours sans être interrompu, à l'inverse de ce qui m'était arrivé tant de fois à la tribune de l'Assemblée nationale alors que je n'étais que ministre.

Je défendis d'abord l'idée que la crise n'était pas une simple parenthèse qui, une fois refermée, permettrait à chacun de recommencer comme avant avec les mêmes critères et les mêmes méthodes. Je voulais convaincre que la demande de protection, de justice et de régulation allait devenir de plus en plus forte, et ce dans des proportions que nous ne pouvions imaginer. Je n'ai pas l'impression d'avoir été démenti par les faits survenus au cours des quinze dernières années !

Pour financer nos nouvelles priorités, nous avions besoin de moyens importants, alors même que le déficit de la France allait dépasser 7 % du PIB. La crise financière avait frappé durement. En dépit de cette situation, je déclarai que nous allions émettre un grand emprunt destiné à financer les priorités nationales. C'était un pari hardi qui ne faisait pas l'unanimité dans mon propre entourage et même dans ma majorité, dont une partie significative voulait me convaincre de réduire d'abord le déficit, en quelque sorte à marche forcée, avant de dépenser davantage. Je ne voulais pas de cette stratégie, laquelle nous aurait immédiatement conduits à la politique de rigueur qui, de Raymond Barre à Alain Juppé sans oublier Pierre Bérégovoy, avait toujours échoué en augmentant les sacrifices des Français sans jamais permettre de conduire à un avenir meilleur, pas davantage qu'à une réduction des déficits. J'annonçai donc que cet emprunt serait consacré exclusivement aux financements des investissements de demain pour que la France puisse tenir sa place dans la compétition mondiale féroce pour la technologie, le progrès et la croissance. Je pensais que seule une stratégie ambitieuse dans les investissements du futur nous permettrait d'obtenir le surplus de création de richesses dont nous avions besoin pour susciter de nouveaux emplois et finalement réduire nos déficits. J'indiquai qu'il était encore trop tôt pour fixer le quantum et les modalités d'utilisation de ce futur emprunt. Je lançai l'idée d'une concertation tous azimuts de trois mois qui servirait à définir les priorités. Pour compenser ce choc financier, je précisai qu'une décision sur le recul inéluctable de l'âge du départ à la retraite serait prise dès l'année suivante. C'était un véritable tabou que je m'apprêtais à lever en revenant sur le totem des fameux 60 ans décidé par François Mitterrand, à rebours de toutes les projections concernant l'allongement constant de la durée de vie. Naturellement, les syndicats ne voulaient pas en entendre parler. J'y reviendrai. J'avais donc, avec ces deux premiers éléments, les fondations de ma stratégie.

Je devais aussi trancher quelques autres questions qui agitaient la vie politique depuis plusieurs mois. C'était moins stratégique en termes de prospective, mais tout aussi important politiquement. Il y avait d'abord le sujet de la burqa, dont je précisai qu'elle n'était pas un signe religieux, mais un signe d'asservissement. J'annonçai donc un texte de loi pour l'interdire sur tout le territoire de la République. Cela avait le mérite de la clarté, même si cela provoquait l'ire de l'extrême gauche et même d'une partie de la gauche toujours prête à brandir le risque de l'islamophobie. Je veillai cependant à recadrer le débat. Je ne voulais pas participer au rejet du sentiment religieux que je sentais monter parmi nos élites politico-médiatiques. Il ne fallait pas se tromper de combat. Avec la burqa, ce qui était en cause, c'était la dignité et la liberté de la femme, pas une question religieuse. J'ai toujours pensé que les religions sont là pour aider à donner un sens à la vie. À mes yeux, elles ne constituent nullement une menace. C'est leur instrumentalisation par des fanatiques extrémistes qui les transforme en cancer de nos sociétés.

J'évoquai ensuite la réforme des collectivités territoriales, qui me tenait à cœur parce qu'elle était décisive pour mettre fin aux complexités et au doublon de notre organisation politico-administrative. Elle passait notamment par une réduction indispensable du nombre des élus régionaux et départementaux. Je connaissais la difficulté de sa mise en œuvre, car avec elle je touchais au cœur de l'immobilisme et des habitudes françaises. La réforme des retraites et celle des collectivités revenaient à s'attaquer à deux des sujets parmi les plus explosifs. Avec cette stratégie, nous étions au cœur de la culture des « avantages acquis » qu'il fallait impérativement remettre en cause ! Les oppositions ne seraient pas les mêmes pour les deux réformes, mais elles feraient preuve d'une égale pugnacité. Cela, j'en étais bien convaincu.

Mon intervention devant le Congrès ne fut pas très longue puisqu'elle dura à peine quarante-cinq minutes. Il n'y eut aucune surprise dans les réactions, ce qui était plutôt bon signe. La majorité faisait bloc et me soutenait. La gauche était déçue. Il y eut quelques remarques assez savoureuses quand on les analyse à l'aune d'évènements postérieurs. Ainsi, Jérôme Cahuzac se posait en grand défenseur de la rigueur à l'endroit de toute dépense excessive de l'État. Il eut même un côté janséniste lorsqu'il déclara : « Cinq cent mille euros, le coût du Congrès pour entendre ce que l'on vient d'entendre, c'est très cher payé. » Du côté des Verts, l'analyse était plus nuancée. Visiblement, l'évocation de la taxe carbone les avait ébranlés. Entre le résultat des européennes, l'accueil fait au remaniement et le Congrès, le bilan que je pouvais tirer de la période fut plutôt positif. J'étais persuadé que c'était lorsque la France épousait l'avenir qu'elle devenait la plus forte. Telle était ma feuille de route.

*
* *

La période politique avait été intense. J'aspirais à changer de terrain d'action et à entrer à nouveau dans le concret des décisions « pratiques ». Je suis un politique, et chacun sait que j'ai aimé au-delà du raisonnable pratiquer la politique. J'ai cependant constaté combien se consacrer à cette seule activité de façon exclusive était épuisant, desséchant et frustrant, car l'on n'est jamais le maître de l'agenda. Les évènements s'imposent à vous et fixent leur rythme propre.

C'était le lundi de Pentecôte, il faisait beau. Nous étions en famille dans notre résidence du cap Nègre où nous nous reposions enfin. Ces deux journées devaient nous permettre de décrocher quelque peu. Et cela nous ferait le plus grand bien. En fait, rien ne se passa comme prévu. Très tôt, le lundi matin du 1er juin, je reçus une note alarmiste m'indiquant que dans la nuit, très exactement à 2 h 14, le contrôle aérien avait reçu un message automatique émis par l'avion d'Air France qui effectuait le trajet Rio-Paris, signalant une panne du circuit électrique. L'appareil se trouvait alors au-dessus de l'Atlantique dans une zone de forte activité électromagnétique, autrement dit de terribles orages. Depuis, le contrôle aérien n'avait plus reçu la moindre nouvelle. Je ne tardai pas à comprendre que nous n'étions pas près d'en recevoir… Dans mon esprit, le pire était sur le point de devenir certain. Je frémis en poursuivant la lecture du document qui venait de m'être remis et qui détaillait le nombre effrayant des potentielles victimes. Ils étaient deux cent vingt-huit ce jour-là à avoir embarqué, pleins de projets, de souvenirs et d'espoirs, pour ce qui allait devenir le cauchemar de leur dernier voyage. Parmi ces malheureux, les Brésiliens et les Français étaient les plus nombreux. À l'époque, nous ignorions tout de ce qui avait bien pu se produire. L'avion était en bon état, m'avait-on assuré. Il était même relativement récent. Les trois pilotes, expérimentés. Mis à part les conditions météorologiques exécrables, tout paraissait normal. J'appris un peu plus tard au cours de la journée que la région où le décrochage s'était produit était connue, sinon pour être dangereuse, du moins pour être familière des épisodes météorologiques très violents.

Je ne pouvais rien dire publiquement tant que nous n'avions pas confirmation de l'issue fatale. Entre-temps, les familles et les proches des voyageurs disparus affluaient en masse à l'aéroport de Roissy dans une quête désespérée pour comprendre et pour savoir. Ils étaient là depuis des heures sans que personne ait pu leur dire clairement qu'ils ne reverraient jamais l'être aimé, que c'était fini, qu'il n'y aurait même pas le soulagement de récupérer les corps des défunts, afin que chacun puisse les enterrer dignement. Je ne sais ce qu'il y avait de pire entre la soudaineté de la tragédie, la brutalité des évènements, ou la véritable sauvagerie que représentait pour eux cette attente interminable, autant qu'inhumaine. Je décidai en début d'après-midi de rentrer à Paris et d'atterrir directement sur les pistes de Roissy, afin d'aller à la rencontre des familles et de leur dire la vérité qu'elles pressentaient, redoutaient mais ne connaissaient pas encore officiellement. Comment d'ailleurs ne pas les comprendre ? Quand on est confronté à l'inacceptable, il est profondément dans la nature humaine de continuer à espérer jusqu'à la dernière seconde. Dans ces situations, le cerveau donne une information que le cœur ne peut saisir ni accepter. Il y a des douleurs trop fortes, trop saisissantes, trop brutales pour que l'idée même puisse atteindre l'endroit où se forme la compréhension.

Il fallait abréger ce moment suspendu qui crucifiait les familles des disparus. Dans l'avion qui me ramenait vers Paris, je ne pouvais penser à autre chose qu'à ce drame. Je n'ai d'ailleurs pas desserré les mâchoires ni pu prononcer une phrase durant tout le trajet. Je me demandais ce que je devrais dire aux familles, comment il faudrait le dire. Quelles seraient leurs réactions ? Je m'imaginais à leur place. Quelle force fallait-il pour surmonter la perte d'un enfant, d'un mari, d'une épouse, de parents… alors que rien, absolument rien ne le laissait prévoir ? Le seul mot qui me venait à l'esprit était celui d'« inhumanité ». C'était au sens littéral inhumain. Quand un jeune soldat meurt, c'est un drame, mais au moins on peut se dire qu'il avait choisi sa vie à défaut de sa mort. Quand un malade vient à succomber, souvent la maladie a préalablement commis ses ravages. Les proches ont pu un peu se préparer. Dans le cas présent, nous étions tous sidérés. Et de surcroît, il s'agissait d'Air France, l'une des compagnies réputées les plus sûres au monde.

Le voyage fut court, davantage que je ne l'avais imaginé. Je craignais cette rencontre, ce fut peut-être pour cela que je n'avais pas vu le temps passer. Nous y étions maintenant. J'eus cependant un bref répit au moment de la réunion avec les responsables d'Air France et de l'Aviation civile. Ils eurent à cœur de me faire un dernier point de la situation. Hélas, il n'y avait rien de nouveau à apprendre, si ce n'est que, désormais, nous n'avions vraiment plus aucun espoir de retrouver le moindre survivant.

Plusieurs centaines de proches étaient rassemblés dans un grand salon de Roissy duquel, ultime ironie du sort, ils pouvaient voir les pistes avec la noria d'avions partant et arrivant « sains et saufs ». Beaucoup avaient les yeux rougis par les larmes. Les visages étaient blêmes, déformés par l'angoisse et la fatigue extrême de ces dernières heures qui avaient été atroces à vivre. Ceux à qui il restait davantage d'énergie contenaient avec difficulté leur colère. Cette dernière se dirigeait tous azimuts vers les responsables, les techniciens, le destin… C'était un exutoire. La porte s'ouvrit, j'entrai, accompagné de Jean-Louis Borloo et de Dominique Bussereau, les ministres en charge. Quand j'apparus, l'atmosphère se fit encore plus pesante. Le silence était glaçant. L'ambiance était lourde, peut-être la plus étouffante de toutes celles que j'ai eu à connaître dans ma vie. Rien ne bougeait plus. Les malheureux s'écartaient, silencieux et tétanisés, pour me laisser passer alors que je me dirigeais vers le micro. Je n'avais salué personne et personne ne m'avait interpellé.

Je regardais droit devant moi. Ils attendaient avec effroi que je leur annonce quelque chose. Si invraisemblable que cela puisse paraître, je compris en les regardant que certains nourrissaient encore un espoir fou. C'était bouleversant !

Je n'oublierai jamais ces moments où la vie des autres avait basculé dans le cauchemar, où l'on ne pouvait rien faire, où l'on était démuni, totalement désarmé devant l'inacceptable réalité. J'étais ému. Curieusement, entendre le son de ma voix me rasséréna. Mon message était cru, car je ne pouvais pas mentir. Il fallait dire la vérité. Les mots sortirent de ma bouche comme une guillotine qui tombe : « Les chances de retrouver des survivants sont infimes. » À ce moment, je vis des femmes, des enfants, des hommes qui commençaient à pleurer dans un silence de cathédrale. Les bruits, les sanglots, les cris vinrent quelques secondes plus tard. Après la sidération, comme s'il avait fallu ce moment de transition. Nous avions mis en œuvre tous les moyens imaginables avec les autorités brésiliennes pour retrouver des débris de l'avion et d'éventuels survivants. Je donnai ma parole : nous allions continuer à chercher jusqu'aux limites du raisonnable. Ce soir-là, je vis de près la souffrance et la détresse humaines dans leur nudité, et dans leur effroyable cruauté.

Ce fut une expérience qui m'a profondément changé. Je crois bien que de ce moment, je n'ai plus été le même. C'était trop, même pour quelqu'un que les quatre années passées au ministère de l'Intérieur avaient habitué à la souffrance et à la mort. Du moins, c'était ce que j'imaginais. Je m'étais trompé lourdement. J'ai compris depuis que la mort et la souffrance qui accompagnent l'Homme tout au long de son existence ne peuvent jamais devenir acceptables, encore moins banales. C'est beaucoup trop sérieux pour pouvoir s'en accommoder.

Je revis les familles à l'Élysée la semaine qui suivit le drame. Chacun avait un tel besoin de s'exprimer… En les écoutant, nous leur permettions de commencer le long calvaire du deuil. La cérémonie œcuménique d'hommage national eut lieu à Notre-Dame de Paris. Elle fut déchirante. C'est le cardinal et archevêque de Paris André Vingt-Trois qui la présidait. Il y avait posé, là, juste devant le premier rang, deux cent vingt-huit bougies éteintes, une par victime. Puis les proches des défunts venaient à tour de rôle allumer la leur. Je regardais tous ces visages que le destin avait frappés. Ils étaient dignes, accablés de douleur, et tentaient de communier par la pensée et par la prière avec ceux qu'ils venaient de perdre. Il n'y avait pas un seul cercueil, ce qui rendait les choses encore plus poignantes. Carla qui était à mes côtés pleurait sans discontinuer. Nous étions tous bouleversés. Lorsqu'une toute jeune veuve avec un enfant alluma sa bougie, le temps se trouva suspendu. L'émotion submergeait chacun. Personne ne pouvait demeurer insensible. Tous ces visages nous prenaient au cœur. Devant tous ces malheurs, je pouvais sentir une fraternité humaine qui s'élevait. Je compris mieux cet après-midi-là le secours que pouvaient apporter le sentiment religieux et l'espérance dans une vie future.

*

* *

Le 8 juin 2009, à 73 ans, Omar Bongo, président emblématique du Gabon, s'éteignit dans un hôpital espagnol où il avait été soigné durant de longues semaines. Je ne sus jamais la nature exacte de sa maladie. Je n'avais d'ailleurs pas à la connaître. Mais j'ai toujours pensé qu'il était mort de tristesse et de dépression, à la suite de la disparation de son épouse qu'il adorait. Cette dernière n'était autre que la propre fille du président d'un pays voisin, le Congo Brazzaville. Omar Bongo se trouvait donc être le gendre de Denis Sassou N'Guesso. Ainsi va l'Afrique, dont on doit connaître les entrelacs familiaux pour comprendre la complexité des réseaux humains qui ont toujours irrigué cet immense continent. Pour des raisons d'âge – j'étais beaucoup plus jeune que le président gabonais –, je n'étais ni un familier ni un proche. Je l'avais cependant rencontré à plusieurs reprises lors de ses séjours parisiens. Comme il était un ami de Jacques Chirac, il essayait toujours de me convaincre de faire la paix avec celui-ci. Je n'avais pas outre mesure écouté ses conseils de vieux sage, mais j'étais sensible à la manière dont il m'expliquait l'Afrique que je connaissais si mal à cette époque. C'est sur ce continent, justement, qu'il était le plus respecté et le plus écouté. Chez les Africains, l'âge est un privilège, un gage de sagesse et d'expérience. Plus on est vieux, plus on doit être considéré. Inutile de préciser que nos sociétés européennes sont bien différentes. Et en l'occurrence, pas forcément pour le meilleur…

La nouvelle de son décès m'attrista. Il se disait beaucoup de choses sur lui, sur la Françafrique, sur son régime de président à vie, sur les biens mal acquis… il n'en restait pas moins que cet homme aimait et respectait profondément la France. Les intérêts français étaient toujours une priorité pour cette génération de chefs d'État à laquelle il appartenait. De surcroît, c'était un homme cultivé. Il connaissait beaucoup de choses et beaucoup de gens. Il avait rencontré la quasi-totalité des géants du XXe siècle. Sa francophonie militante ne l'empêchait pas d'être complètement gabonais. Il était d'ailleurs fier de cette identité particulière à ces hommes de la forêt du bassin du Congo, l'un des quatre plus grands espaces boisés naturels de la planète, et sans doute le plus beau si l'on considère les espèces rares et précieuses dont il est richement doté. Comme tout être humain, Omar Bongo avait ses défauts. Croit-on cependant que le monde a gagné au change avec ces nouveaux dictateurs de pacotille, issus de coups d'État successifs et qui appartiennent chacun à une junte militaire ? Ils ont en commun, du Mali au Burkina Faso, d'être sans culture, sans expérience, sans humanité. Ils professent par ailleurs tous une égale détestation pour la France, pour notre langue, pour notre passé commun. En cela, ils se trompent de stratégie. Ainsi, remplacer l'armée française par les milices Wagner ne m'apparaît pas être un choix particulièrement judicieux. Troquer notre aide au développement pour des prêts chinois n'est pas le meilleur investissement pour ceux qui souhaitent l'indépendance. Croire dans les promesses du président turc, qui parfois agit comme un sultan, pour se développer peut réserver bien des surprises désagréables. J'ai la conviction que ni la France ni les pays africains ne profiteront de cette triste évolution…

À l'annonce de la mort d'Omar Bongo, je décidai immédiatement de me rendre à Libreville pour participer aux cérémonies des funérailles. C'était un signe de fidélité que je souhaitais adresser non seulement au peuple gabonais, mais aussi à tous ceux d'Afrique centrale et d'Afrique de l'Ouest. Le continent africain a toujours constitué à mes yeux une priorité stratégique, dont j'ai voulu faire évoluer la nature, pas l'intensité. Nous ne pouvons nous en désintéresser. Nous sommes trop près les uns des autres pour ne pas comprendre que nos destins sont liés. Renoncer à une politique africaine ambitieuse serait ni plus ni moins que sacrifier une partie de l'avenir de l'Europe, et donc de la France.

À l'occasion de ces funérailles, je voulus que nous soyons représentés par les deux derniers présidents de la République. Je conviai donc Jacques Chirac à s'y rendre à mes côtés. D'abord parce qu'il connaissait Omar Bongo mieux que moi, en tout cas depuis plus longtemps. Ensuite parce que cela faisait plaisir à mon prédécesseur. Enfin parce que toute l'Afrique apprécierait ce geste de respect à l'endroit de mon aîné. Jacques Chirac accepta avec un plaisir visible. En apprenant la nouvelle, Bernadette m'avait téléphoné pour s'enquérir des conditions dans lesquelles son mari effectuerait le déplacement. « Vous savez, m'avait-elle confié, il a son âge. Il est fatigué. Je ne voudrais pas que ce voyage l'épuise. » Rétrospectivement, j'ai compris que les maux dont souffrait Jacques Chirac étaient sans doute plus sérieux qu'on ne l'imaginait à l'époque, et qu'en tout cas ils étaient déjà à l'œuvre en cette année 2009. Je répondis que naturellement nous mettrions un avion de la République à sa disposition exclusive : « Il lui sera donc possible de s'y reposer autant qu'il le souhaitera. »

Nos deux avions arrivèrent ensemble. Nous prîmes la même limousine du protocole gabonais pour nous rendre sur le lieu des cérémonies. Je fus surpris de trouver à notre arrivée une cinquantaine d'énergumènes agités qui nous saluèrent par des slogans agressifs : « Non à la France », « On ne veut plus de vous, partez ! » Jacques Chirac était aussi étonné que moi. Le Gabon était un pays paisible et peu habitué à ce genre de démonstration. J'appris par la suite qu'il s'agissait d'un groupe d'opposants à la famille Bongo. Nous avions été pris en otages par les soubresauts de la vie politique gabonaise. Ce fut le seul incident, d'ailleurs mineur. Mais il s'agissait sans doute aussi des prémices d'un mouvement qui verrait bientôt tous les opposants en mal d'exister ne pas hésiter à prendre la France pour cible. Le reste de la cérémonie fut beaucoup plus chaleureux. Lorsque nous entrâmes dans la grande salle du palais présidentiel, où plusieurs centaines d'invités attendaient, nous fûmes cette fois-ci chaleureusement applaudis. Et ce fut ensemble, côte à côte, que Jacques Chirac et moi nous inclinâmes devant la dépouille d'Omar Bongo. Notre présence commune, malgré les désaccords du passé, envoyait à tout le continent un message d'amitié, de respect et de fidélité. Les journalistes étaient très nombreux, plus de trois cent cinquante, témoignant par leur présence de l'importance qu'ils accordaient à cet évènement. C'était un passage de générations qui allait en amener bien d'autres. Il illustrait parfaitement la place qu'occupait Omar Bongo sur la scène africaine et internationale, beaucoup plus importante que les deux millions de Gabonais ne l'auraient espéré. Le contraste était saisissant entre l'avalanche de critiques sur la Françafrique – tout ce que cela recouvrait pour les médias de sulfureux et de condamnable – et la véritable fascination que les personnalités qui l'incarnaient inspirait chez tous ceux qui en parlaient. L'expression est devenue au fil des années si négative qu'elle se passe même de commentaires. Il suffit de la prononcer et elle condamne dans l'instant celui ou celle à qui elle s'adresse. La conséquence directe en fut la véritable désaffection pour l'Afrique, que j'ai pu observer chez tant de jeunes politiques français, toutes familles confondues. Au fur et à mesure qu'il s'amplifiait, le phénomène s'est traduit par une méconnaissance profonde et générale de ce continent, et de ceux qui maintenant le dirigent, de la part de nos élites. La perte d'influence de la France s'est jouée en partie sur cette tendance. Si condamnables qu'aient été les comportements propres à la Françafrique, et je fus l'un des premiers à les critiquer dès 2006 lors de mon discours de Cotonou, il n'empêche que ceux qui la faisaient vivre connaissaient et aimaient les Africains et leurs pays ; cette proximité et cette compréhension mutuelle permirent à de très grandes personnalités africaines d'émerger : Léopold Sédar Senghor, Félix Houphouët-Boigny, Alassane Ouattara… et tant d'autres.

Il est possible, et je m'y suis employé durant tout mon mandat, de construire avec nos partenaires africains des relations assainies, décomplexées, débarrassées des scories et des complaisances du passé, des circuits officieux et des secrets, mais qui ne soient pas, et ne puissent jamais être comprises comme une forme de désintérêt pour ce continent unique, auquel nous sommes liés non seulement par l'histoire, mais par le destin. J'ajoute que j'ai du mal à comprendre que des médias de la sphère publique française comme RFI ou France 24 puissent considérer que leur mission première est de critiquer le pays dont l'État se trouve être l'actionnaire unique.

Quelle étrange situation que celle où la France finance au prix fort des télévisions et des radios censées l'aider à accroître son influence et qui n'en finissent pas de verser dans un véritable « bashing » de tout ce que nous représentons. Jamais les Anglo-Américains n'auraient fait preuve d'un tel masochisme ou d'une si grande naïveté. En tout état de cause, la perte de nos réseaux, de notre connaissance, de notre influence en Afrique constitue à mes yeux l'une des plus importantes menaces pour notre avenir. Imaginer qu'il sera possible de construire une stratégie mondiale sans l'Afrique, qui est à notre porte et qui devrait voir sa population doubler dans les trente années qui viennent, est tout simplement un contre-sens.

*
* *

L'actualité internationale n'est finalement qu'un perpétuel recommencement. Au moment où j'écris ces lignes, le peuple iranien, avec un courage qui force l'admiration, se révolte une nouvelle fois contre le régime des mollahs. Ce sont les Iraniennes qui ont pris l'initiative après qu'une des leurs a été battue à mort par la police des mœurs. La seule idée qu'une telle institution ait pu encore exister au XXIe siècle fait froid dans le dos. En ce mois de juin 2009, il y avait eu un simulacre d'élections en Iran. Les fraudes avaient été massives et d'ailleurs quasiment assumées par ce régime oppresseur. Je les avais dénoncées sans ambiguïté au nom de la France. L'ultraconservateur Mahmoud Ahmadinejad avait été réélu contre le candidat modéré Mir Hossein Moussavi. Ce scrutin n'était qu'une parodie. Plusieurs civils avaient été tués au cours de différentes manifestations de protestation. Ces dernières avaient montré la force d'un mécontentement populaire certainement sans précédent depuis la révolution islamique de 1979. La situation reste, hélas, la même. Les Iraniens souffrent. Les mollahs règnent. Les victimes innocentes s'accumulent. Cette culture perse multiséculaire disparaît peu à peu. Le Moyen Âge règne sur l'une des civilisations les plus fines et les plus élaborées de la planète. Combien de temps cela va-t-il encore durer ? Jusqu'à quel niveau de sacrifice le peuple iranien sera-t-il obligé de s'élever pour gagner sa liberté ? Bien sûr, l'issue ne fait guère de doute ! L'opposition multiforme à ce système théocratique finira par l'emporter, mais quand, et au prix de combien de nouvelles victimes ? Les sanctions imposées à l'Iran depuis tant d'années sont à double tranchant, puisqu'elles accroissent la misère d'un peuple qui n'a vraiment pas besoin que l'on en rajoute de ce point de vue. Et de surcroît, elles ne paraissent pas suffisantes pour affaiblir un régime honni par la population. D'un autre côté, lever ces sanctions serait comme donner un véritable bol d'air à des dirigeants religieux qui ne le méritent pas et qui l'interpréteraient comme la preuve de notre faiblesse.

À ce contexte déjà très difficile s'ajoute la problématique inextricable du programme nucléaire militaire iranien qui fait peser une réelle menace sur la stabilité du système international. C'était déjà le cas durant mon quinquennat. J'avais clairement affirmé que la perspective d'un Iran doté de la bombe était inacceptable. J'avais également été en première ligne pour demander davantage de fermeté face aux multiples provocations et au double discours du régime – notamment après que nos services de renseignements eurent découvert à l'automne 2009 un nouveau site nucléaire clandestin à Qoms. Ce sujet sensible était suivi à l'Élysée par le conseiller diplomatique en charge des affaires stratégiques, François Richier, qui connaissait bien le système sécuritaire iranien pour avoir été auparavant chargé de la négociation sur le programme nucléaire. Depuis cette époque, les choses se sont aggravées avec la décision de Donald Trump de sortir de l'accord sur le nucléaire iranien signé par son prédécesseur. Cet accord n'était certes pas parfait, mais il avait le mérite de suspendre le programme d'enrichissement. Il ne s'agit pas d'une affaire anodine ou accessoire. Les dirigeants iraniens sont prêts à tout. Les savoir proches de l'obtention de la bombe atomique n'a rien de rassurant. Tous les services de renseignements à travers le monde connaissent la réalité du programme iranien, son niveau d'avancement et donc la crédibilité de sa menace. Il convient de prendre très au sérieux cette question qui n'est plus « technique », c'est-à-dire qui consisterait seulement à évaluer le niveau de maturité de leur programme d'enrichissement des matières fissiles pour la confection de la bombe atomique, mais « politique » au sens où le monde doit répondre à la problématique de la possession de telles armes entre de telles mains.

Au préalable, il est réellement nécessaire que les yeux des observateurs se dessillent quant à la réalité de ce régime iranien. Je trouvais, et je trouve encore aujourd'hui, que les médias, comme nombre de dirigeants à travers le monde, faisaient, et font, preuve d'une naïveté qui peut tourner à la complaisance lorsqu'il s'agit de porter un regard critique sur le régime chiite. J'ai toujours senti qu'il existait un deux poids, deux mesures lorsqu'il s'agissait d'évoquer des pays comme l'Arabie saoudite ou le Qatar d'un côté, et l'Iran de l'autre. Force est de constater que le jugement des commentateurs et des spécialistes est infiniment plus sévère pour les premiers que pour le second. Il suffit de se remémorer le scandale mondial qu'a constitué, à juste titre, l'assassinat de l'intellectuel saoudien Jamal Khashoggi, et de le comparer au très faible écho qu'a suscité le crash de l'avion en provenance d'Ukraine, qui a fait cent soixante-seize morts après qu'il a été abattu par erreur par un missile iranien. La polémique a duré à peine huit jours. Le régime iranien s'est excusé, puis chacun est passé à autre chose… Ce silence avait quelque chose d'effrayant. Comme si tout était permis à ce pays, par ailleurs particulièrement habile à manier et à orienter les médias du monde entier. Cette relative indulgence est incompréhensible et en même temps profondément injuste. Je suis certain que cette forme d'apathie presque bienveillante renforce le sentiment d'impunité des mollahs.

Quelques mois après les évènements de 2009, j'avais eu une conversation téléphonique avec le président iranien. Je l'avais appelé, car je souhaitais lui parler pour des raisons strictement humanitaires. En effet, le régime n'avait rien trouvé de mieux que de condamner à mort par lapidation une jeune femme, Sakineh Mohammadi Ashtiani, accusée d'adultère. Au XXIe siècle, il était donc encore possible de connaître de telles abominations. Le régime iranien est l'un des plus brutaux au monde. Carla était horrifiée par la perspective de la mort certaine de cette femme. Elle ne pouvait imaginer que les mollahs iraniens iraient jusqu'au bout. J'étais infiniment moins optimiste, à moins qu'une pression populaire de grande ampleur ne se levât à travers le monde pour tenter de faire obstacle à cette infamie. C'est pourquoi nous décidâmes que Carla publierait une tribune pour défendre cette malheureuse et que j'appellerais les autorités iraniennes, montrant ainsi l'importance que la France attachait au sort de cette femme. Les réactions iraniennes furent tout aussi violentes que déplacées, puisque le quotidien ultraconservateur *Kayhan* traita Carla de « prostituée », précisant que, comme Sakineh, elle méritait de mourir. J'eus par la suite une conversation franche pour ne pas dire brutale avec le président iranien Mahmoud Ahmadinejad. Au terme de celle-ci, il m'indiqua, après avoir développé un raisonnement surréaliste, que la décision finale quant à la lapidation appartiendrait à la famille du mari offensé ! Finalement, elle n'eut, fort heureusement, pas lieu. La pression internationale avait joué son rôle. J'eus même droit à un communiqué du ministère des Affaires étrangères iranien indiquant qu'« il n'était pas correct d'insulter des personnalités étrangères comme Carla Bruni ». C'était vraiment le minimum. Je tirai de cet épisode effrayant la conviction que rien ne serait possible tant que les ayatollahs dirigeraient ce pays à la culture pourtant multiséculaire. Tout ce qui s'est passé depuis m'a conforté dans cette vision.

*
* *

Je terminai le mois de juin par un voyage à haut risque de deux jours aux Antilles françaises. Je m'y étais engagé après les blocages et les violences qui avaient embrasé les deux îles. Le front social n'était en effet pas uniquement métropolitain. Je devais également faire face à une très violente contestation en Outre-mer et plus particulièrement dans les Antilles françaises. Dès le lendemain du sommet social du 18 février, j'avais donc réuni à l'Élysée les élus ultramarins. La situation était en train de dégénérer en Guadeloupe, où les forces de l'ordre avaient essuyé des tirs à balles réelles depuis des barrages érigés sur les routes à Gosier et à Sainte-Rose. Un syndicaliste, membre du LKP, avait été tué par balle une nuit de ce mois de février. Ces îles paradisiaques qui font rêver chacun de nous, cette nature exubérante et d'une beauté à couper le souffle, ces baies d'un bleu profond, ces plages de carte postale, ces territoires paradisiaques cachent au plus profond de la société antillaise une capacité de violence inouïe, soudaine et sans limites. Le contraste est fulgurant entre la perfection des paysages qui appelle à la méditation, à la poésie, au repos, et la capacité éruptive de la population. Les frustrations, la colère, les humiliations du passé et l'énergie des habitants créent un cocktail aussi détonant qu'explosif.

Quand ils se mettent en marche, rien n'arrête les Guadeloupéens comme les Martiniquais. Assurer la paix civile y est plus compliqué que partout ailleurs en France. Chaque gouvernement a tenté de ramener le calme par des mesures concrètes et matérielles qui, si significatives soient-elles, ne parviennent à calmer la colère que provisoirement. C'est alors une question de semaines, de mois et parfois de quelques années pour que tout recommence à l'identique. Bien sûr, il y a la pauvreté, l'exclusion, la souffrance, le chômage, mais il y a bien davantage, avec cette identité caribéenne si ancrée et tellement à fleur de peau. On ne sait plus par quel bout prendre le problème. Ne pas s'en occuper, ce serait les mépriser. S'en préoccuper, ce serait faire peser une chape centralisatrice sur des territoires qui aspirent à la liberté tout en rêvant d'assistance. La contradiction est flagrante et rend toute solution profondément aléatoire. Je m'investis pourtant de tout mon cœur dans ces situations ultramarines inextricables.

J'ai toujours aimé ces territoires et leurs habitants. Je me reconnais dans ces tempéraments tout à la fois joviaux et ombrageux, optimistes et sombres, pleins d'énergie et si flegmatiques, jeunes et tellement tournés vers leur passé. Personne ne peut rester indifférent devant un tel mélange de contradictions et d'attentes si parfaitement opposées. Chacune des visites que j'ai faites dans ces territoires me prenait une énergie que l'on ne peut imaginer. Tout est physique dans ces îles. Tout est considéré et compris comme un rapport de force. On a le sentiment que chacun se jauge avant de s'affronter. Celui qui vient de métropole doit sans cesse se justifier, prouver sa bonne foi, donner des gages et s'investir sur le long terme. C'est tout à la fois passionnant, émouvant et éreintant. Les impressions que l'on y ressent sont souvent trompeuses car, à force d'effort, on peut penser avoir convaincu et peut-être même avoir emporté l'adhésion. On se trompe ! Les foules qui viennent écouter sont nombreuses et fréquemment enthousiastes. On cède alors à la vanité d'imaginer avoir marqué les esprits. Illusion ! Car il s'agit d'îles où, sitôt parti, le visiteur acclamé est oublié au profit d'un autre déjà annoncé. Et celui-ci aussi aura l'impression d'avoir eu raison... avant d'être détrompé. Ce n'est nullement une question de fidélité, d'infidélité ou de versatilité. C'est une affaire d'alizés, ces vents caribéens qui viennent et qui tournent. Nul n'en est le propriétaire, le bénéficiaire, le récipiendaire exclusif. Il en va de même pour les habitants, tellement accoutumés aux promesses sans lendemain, si souvent déçus et qui en sont venus à faire semblant de croire le dernier venu !

En dépit du contexte que je savais difficile, j'avais choisi de m'impliquer personnellement pour convaincre les Antilles françaises qu'il n'y avait nulle fatalité et que des solutions à leurs problèmes existaient. J'annonçai donc que je me rendrais en Guadeloupe sitôt le calme revenu, afin d'ouvrir une série d'états généraux qui devaient permettre de débattre des grands enjeux dans chacune des collectivités ultramarines. Je proposais cinq thèmes principaux : la formation des prix, les circuits de distribution, le pouvoir d'achat, les productions locales et le développement endogène, la gouvernance au sens large. J'indiquai à ce propos que la question de l'évolution institutionnelle n'était pas un tabou. J'étais d'ailleurs favorable à la création d'une collectivité unique par département, si tel était le choix de la population. J'étais en effet de plus en plus convaincu qu'il n'y avait pas un Outre-mer français, mais des Outre-mer, de plus en plus différents les uns des autres. J'annonçai diverses autres mesures pour un total de près de six cents millions d'euros. C'était beaucoup d'argent, et pourtant c'était nécessaire et revenait moins cher que de laisser les violences prospérer, la pagaille s'installer et la paralysie économique perdurer. Sans compter que je craignais que les images de blocage en Guadeloupe relayées en abondance par les médias ne finissent par donner des idées aux syndicalistes métropolitains !

La presse fit ses gros titres sur mon implication personnelle dans le dossier de l'Outre-mer renforçant encore davantage mon statut d'« omniprésident ». En ce domaine, l'équilibre était difficile, voire impossible à trouver. J'avais été critiqué sévèrement pour avoir laissé les évènements dégénérer durant un mois, ce qui était aux yeux de nombre d'observateurs trop long. Je l'étais maintenant pour vouloir tout faire remonter à l'Élysée par l'intermédiaire de mon conseiller Olivier Biancarelli qui traitait les élus avec patience et attention. La vérité était que le ministre en charge, Yves Jego, malgré toute sa bonne volonté, ne pouvait s'en sortir seul. Il n'en avait ni les moyens politiques ni les outils administratifs. De surcroît, je l'avais senti sur les nerfs en constatant qu'il n'arrivait ni à apaiser les choses ni à renouer les fils du dialogue. Je l'avais envoyé sur place pour qu'il puisse se faire une idée précise de la situation. Il y était resté longtemps, sans doute trop, presque deux semaines. C'était cependant inévitable compte tenu de la gravité des tensions. Mais en même temps, cela avait agi comme un piège qui se refermait sur lui en décrédibilisant sa parole et en le rendant prisonnier du discours local. Je m'en rendis compte après lui avoir parlé au téléphone. Le syndrome de Stockholm était en train d'agir sur lui. Il en était venu à faire siens les propos et les propositions des plus exaltés sur l'île. Son moral était très instable. Il pouvait être dans la même journée surexcité et déprimé. Il est vrai que la situation était loin d'être facile à appréhender et encore moins à gérer. Je devais en tirer rapidement les conclusions en montant en première ligne.

Je voulus m'adresser directement aux Antillais. Je me méfiais des intermédiaires politiques, syndicaux ou professionnels locaux. Ce n'est pas la moindre des difficultés pour un gouvernement que d'avoir le plus grand mal à trouver sur place des interlocuteurs représentatifs et raisonnables. En vérité, sur ces territoires, personne ne représente vraiment la population. Cela me convainquit de faire une déclaration solennelle sur RFO, la télévision et la radio de l'Outre-mer. Je pouvais ainsi évoquer plus commodément l'arrière-plan historique du conflit, dans ces îles à ce point marquées par l'esclavage et un passé fait de tant d'injustices. J'étais bien conscient du chemin qu'il restait à parcourir pour construire avec les Antillais une République vraiment fraternelle. J'usai même du mot « exploitation » pour évoquer des formes de travail qui ne devraient plus avoir cours au XXIe siècle, ce qui fut reçu assez positivement. Finalement, j'étais certain, et je le suis tout autant aujourd'hui, que nous étions arrivés à la fin d'un cycle historique en Outre-mer. Il fallait désormais réfléchir à de profonds changements. Naturellement, je ne pouvais faire droit à la revendication des Antillais d'une augmentation généralisée des salaires, sous peine de déclencher instantanément des demandes reconventionnelles du même type dans l'Hexagone, ce qui nous aurait conduits vers un gouffre économique instantané ! Sur ce point, je n'avais donc pas la moindre marge de manœuvre.

Je fus bien sûr critiqué, tant sur le fond que sur la forme. Pour les uns, je ne lâchais pas assez. Pour les autres, je le faisais trop. Mais l'essentiel était ailleurs puisque les violences cessèrent. Le dialogue reprit, car tous acceptaient de participer aux états généraux. Je pus même observer qu'une certaine attente était en train de monter à propos de mon prochain déplacement en Guadeloupe. Je l'avais planifié pour le mois de juin. Ainsi va le quotidien du président de la République, qui peut s'estimer heureux d'avoir pu enrayer la spirale de l'affrontement, et l'avoir troqué contre une simple promesse d'un dialogue sans concession. Je savais que ce voyage serait complexe et sensible, mais au moins avais-je réussi à gagner un temps précieux.

Je commençai par la Martinique, que je considérais comme davantage attachée à son identité sous l'angle intellectuel et culturel que la Guadeloupe, plus sensible aux rapports sociaux et strictement politiques. C'est la raison qui me fit me rendre, dès mon arrivée à Fort-de-France, devant le monument aux morts de la ville, afin de mettre en valeur une page injustement oubliée de notre histoire nationale, et pourtant majeure pour l'identité martiniquaise. Il s'agissait des milliers de jeunes Antillais et Guyanais qui, en 1940, avaient quitté leurs îles au péril de leur vie pour rejoindre Sainte-Lucie et la Dominique, et s'engager dans les Forces françaises libres. Ces authentiques résistants étaient à l'époque surnommés les dissidents. Ils participèrent ensuite au débarquement en Provence, puis à la libération de Paris. Nombre d'entre eux y laissèrent la vie. Leur absence de notre roman national était particulièrement injuste. Je terminai mon discours en exaltant notre « destin commun… nos sangs sont mêlés, c'est un ciment que nul ne pourra briser ! ».

J'étais bien conscient de ne pas pouvoir me contenter de cette seule évocation historique à l'occasion de mon voyage en terre antillaise. Je devais annoncer une initiative politique forte pour tenter de reprendre l'initiative à propos de territoires qui avaient, je le percevais, de plus en plus l'intention de s'émanciper de tout lien avec la métropole – à l'exception, bien sûr, des liens financiers toujours très prisés, en tout cas de ce que je pouvais en juger par la longue liste des demandes qui m'avaient été présentées dès mon arrivée sur l'île !

J'avais donc décidé de prendre des risques que j'espérais raisonnables, car j'étais convaincu que l'immobilisme nous aurait conduits à brève échéance à la catastrophe. Dans mon esprit, elle pouvait prendre plusieurs formes, de la reprise des évènements violents que nous avions déjà eu la plus grande peine à surmonter à la montée d'un indépendantisme désespéré que nous ne pourrions plus maîtriser. Ce qui aurait été encore pire. Celui-ci, je le craignais vraiment, même si je savais que cette éventualité avait également des partisans au cœur de mon électorat en métropole. Je connaissais leurs arguments à propos du coût financier exorbitant des territoires ultramarins et des problèmes insurmontables que les populations posaient à l'État français. C'était une réaction épidermique d'exaspération, mais, malgré la réalité incontestable d'une partie de ce raisonnement, il ne m'avait jamais convaincu, car sans nos Outre-mer, la France perdrait cette particularité quasi unique au monde d'être présente sur tous les océans de la planète. Du seul point de vue de nos intérêts stratégiques, géographiques, politiques, ces territoires constituent donc des atouts rares et remarquables. Et à ceci s'ajoute la vigueur démographique d'une population jeune, qui pourra dans un avenir proche enrayer le vieillissement de l'Hexagone, lequel ira de pair avec la baisse de la fécondité que l'on peut déjà observer. Enfin, si l'on veut bien considérer notre histoire nationale et tout ce que nous ont légué les générations qui nous ont précédés, je ne voulais pas que nous défissions tout ce qui avait coûté tant d'énergie à bâtir. Abandonner ces populations ultramarines dont une nette majorité croyait encore en la France et en la République était inconcevable.

Pour concilier tous ces impératifs parfois contradictoires, j'avais donc décidé de proposer une évolution institutionnelle à la carte. C'est ainsi que j'annonçai la consultation par référendum des Martiniquais sur la possible modification des institutions de leurs territoires. Je précisai cependant que « le débat dont nous parlons n'est pas celui de l'indépendance… c'est le débat du juste degré de l'autonomie ». J'étais convaincu que l'on ne pouvait administrer un territoire situé à sept mille kilomètres de l'Hexagone comme on le faisait avec un département d'Île-de-France. Les Martiniquais allaient donc avoir le choix entre le statu quo, c'est-à-dire demeurer un département-Région régi par l'article 73 de la Constitution, ou s'approprier le statut d'autonomie prévu par l'article 74. Je soulignai l'avantage de cette dernière formule, où plus une collectivité devient autonome, moins l'État aura de prise sur les affaires qui la concernent. En fait, ce dernier statut donnait beaucoup de liberté en termes d'impôts, de réglementation pour la construction de logements ou d'initiatives locales. Cela pouvait même aller jusqu'à permettre d'avoir un drapeau, une monnaie ou encore un hymne propres au territoire. Mon initiative fut reçue assez positivement par les élus martiniquais, majoritairement en faveur d'un changement de statut et d'une collectivité autonome. Il s'agissait d'un premier pas intéressant, et pour moi d'un réel soulagement, car nous avions enrayé les tentatives de ceux qui souhaitaient précipiter les départements d'Outre-mer dans le chaos et l'aventure.

Ce fut une tout autre histoire en Guadeloupe. Ces deux territoires éloignés seulement de quelques petites centaines de kilomètres sont en réalité très différents. Ils n'ont en commun qu'une égale conviction que la métropole, l'extérieur, les pays limitrophes, en bref, tous les autres… les méprisent, ou, au minimum, ne les considèrent pas assez. Pour le reste, leurs réactions, leurs priorités, leurs sentiments ne sont pas les mêmes. Ce serait une erreur de penser que, parce qu'ils sont très proches géographiquement, leurs identités seraient les mêmes. Je ne tardai pas à le comprendre puisque, à peine arrivé en Guadeloupe, le président PS de la Région m'avertit : « Pas question d'enclencher ici le même processus qu'en Martinique. » Il poursuivit par cette injonction assez paradoxale, pour ne pas dire contradictoire : « Nous ne sommes ni pour l'immobilisme ni pour une autonomie désargentée. » Autrement dit, il ne fallait ni bouger ni changer ! J'avais rarement entendu quelque chose de plus démagogique et de moins clair.

La vérité était que lui aussi était débordé par les revendications protéiformes des Guadeloupéens. Je n'avais d'ailleurs pas besoin de son avertissement pour savoir que la priorité de l'île était « sociale », surtout après ces quarante-quatre journées de grève générale. Une bonne nouvelle arriva grâce au leader indépendantiste Élie Domota, qui ne voulait ni me rencontrer ni discuter, mais qui essuya un cinglant échec avec sa manifestation qui rassembla au dire de la presse à peine un millier de participants. Preuve était faite que les plus radicaux n'étaient pas les plus représentatifs. J'installai donc tranquillement les états généraux de l'Outre-mer qui devaient permettre de faire émerger une vision commune et partagée de l'avenir économique et social de la Guadeloupe.

Je rentrai épuisé à Paris après ces quarante-huit heures menées au pas de charge, peuplées de multiples rencontres et scandées par autant de discours. J'ai toujours aimé le caractère antillais fait de joie de vivre, d'énergie, de colères, de passions. Cela changeait tellement de l'ambiance en métropole. Dans l'avion qui me ramenait, j'étais soulagé que nous n'ayons pas rencontré le moindre incident. C'était encore un petit miracle. À la manière des volcans, les Antilles françaises s'apaisent et se mettent en fusion sans que personne ne puisse raisonnablement le prévoir. Le calme était donc revenu. Avec mon optimisme habituel, je m'imaginais que c'était grâce à mes initiatives. La lucidité aurait dû me conduire à pencher plutôt vers ce caractère imprévisible et mystérieux qui pousse les peuples à demeurer calmes et à se résigner ou, au contraire, à manifester sans qu'une raison plus importante qu'une autre puisse l'expliquer. Cet axiome se vérifie partout, mais il est spécialement juste s'agissant de nos Outre-mer. J'en reviens à Jean Cocteau, déjà cité dans *Le Temps des Tempêtes* : « Ces évènements nous dépassent, feignons donc d'en être les organisateurs. »

*

* *

J'avais décidé de reprendre ma stratégie de triangulation en donnant une interview à l'hebdomadaire de gauche qui m'avait si souvent combattu, *Le Nouvel Observateur*. Il y avait notamment entre nous le contentieux sur le fameux texto que j'étais censé avoir adressé à mon ex-épouse. C'était une *fake news* qui avait laissé des traces, en tout cas de mon côté. Cependant, je voulais tourner la page de cet épisode déplaisant et tenter de construire avec lui une relation plus apaisée. J'étais en cela bien naïf. Je les imaginais de bonne foi. On ne pouvait se tromper davantage, comme la suite allait me le montrer.

Ma crainte était l'enfermement à l'intérieur de la seule droite. J'avais naturellement besoin de ce qui constituait le cœur de mon électorat, mais je savais qu'il était insuffisant pour constituer une majorité. Il me fallait donc continuer ce travail d'élargissement et de rassemblement. Je devais m'atteler chaque jour à cet ouvrage de haute intensité afin de combattre la tendance politique naturelle à la rétractation et au repliement. Donner une interview au journal qui parlait si naturellement à la gauche mondaine et « intellectuelle » pouvait être utile. Je ne me faisais guère d'illusions sur ma capacité à obtenir son soutien, ainsi que celui d'une grande partie de ses lecteurs, mais j'aspirais à diminuer l'intensité de sa mobilisation contre notre gouvernement et notre politique. Le rendre moins agressif était un objectif que je croyais raisonnable, en tout cas atteignable. Cette démarche fut facilitée par ma rencontre avec le directeur de la publication de l'époque. J'avais en effet, quelques mois auparavant, confié à Denis Olivennes une mission sur le projet Hadopi. Il s'en était fort bien sorti. C'est un homme de gauche, mais ouvert d'esprit. Cela en fait un interlocuteur rare… Il est d'une grande honnêteté intellectuelle. Cette première impression positive se confirma puisque, au fil des années, nous sommes devenus amis. Mon aile gauche était minoritaire. Je voulais d'autant plus la préserver. On ne gouverne pas la France avec son seul parti.

Le simple fait que ce journal censé être d'informations puisse interroger le président de la République en fonction pour lui poser toutes les questions possibles et imaginables provoqua une polémique intense. Encore aujourd'hui, je dois me pincer pour y croire. Cette gauche était devenue si sectaire que l'idée même de m'interviewer lui était choquante. La palme du sectarisme aurait pu être décernée à Claude Bartolone qui, au nom du Parti socialiste, déclara : « J'ai mal à mon *Nouvel Observateur*. » Pour ce dernier, donc, ce journal n'avait le droit de donner parole qu'à la gauche. Les autres interlocuteurs étaient disqualifiés. Imagine-t-on le tollé de cette même gauche, prétendument si prompte à défendre la démocratie et la République, si *Le Figaro* avait décidé de n'ouvrir ses colonnes qu'aux seuls responsables de droite ! À l'intérieur même de ce journal le débat fut intense. On était bien loin du journalisme et de son exigence supposée d'impartialité et d'équilibre. La rédaction alla jusqu'à publier un communiqué où elle s'interrogea « sur la pertinence de m'avoir consacré la une et les huit pages relatant cet entretien ». Le communiqué se terminait par un trait d'humour hélas involontaire : « Nous craignons une dérive sarkophile. » Vu l'attitude du journal depuis mon élection, il y avait assez peu de risques. J'étais donc accusé d'avoir instrumentalisé *Le Nouvel Observateur*. Fallait-il que cette rédaction se sente si peu assurée de ses convictions pour craindre à ce point d'être contaminée par cette seule interview ? Denis Olivennes fut courageux. Il assuma son initiative et porta le coup de grâce à ses opposants en ajoutant que les ventes en kiosque avaient été « très supérieures à la moyenne ». Au moins les lecteurs avaient-ils suivi. C'était la seule chose qui comptait à mes yeux. La preuve était une nouvelle fois apportée que la gauche française se croyait tout permis, y compris de désigner ceux qui avaient le droit à la parole. On avait atteint des sommets dans l'intolérance... au nom de la tolérance. Cette polémique eut l'avantage d'assurer une large publicité à mon entretien. Au fond, il n'y avait pas de petits profits...

Durant l'échange, j'avais pris soin de revenir sur l'incident qui m'avait opposé quelques mois auparavant à Laurent Joffrin, alors patron du journal *Libération*, que j'avais quelque peu bousculé verbalement lors d'une conférence de presse. À sa question, très modérée selon lui (!) – j'aurais instauré « une sorte de pouvoir personnel, pour ne pas dire une monarchie élective » –, j'avais répondu de façon un peu lapidaire, j'en conviens : « Une monarchie est héréditaire, croyez-vous que je sois le fils illégitime de Jacques Chirac qui m'aurait placé sur un trône ? » Les rires avaient fusé dans la salle. Il en avait été particulièrement ému, ce qui m'avait surpris. J'ai souvent observé que les journalistes à la plume la plus acerbe pour les autres sont ceux qui ont l'épiderme le plus sensible quand il s'agit d'eux-mêmes ! Je précisai que si c'était à refaire, je n'utiliserais ni le même ton ni les mêmes mots. Avec un certain fair-play, « ma victime » salua mon geste, qu'il qualifia de « républicain ». Cela faisait un psychodrame médiatisé en moins.

Le reste de l'interview était assez politicien. Mes interlocuteurs du jour voulaient absolument me faire dire que j'avais commis des erreurs durant les deux premières années de mon quinquennat. Je leur en donnai bien volontiers acte en reconnaissant, ce qui était la stricte vérité, qu'il m'avait fallu un certain temps pour entrer dans la fonction que j'occupais, pour comprendre comment cela marchait, pour me

« hisser à la hauteur d'une charge presque inhumaine ». Je ne pouvais pas m'expliquer plus sincèrement. C'était vraiment mon état d'esprit du moment. Par ailleurs, j'admets que la reconnaissance spontanée de mes erreurs n'était pas mon inclination naturelle. Elle exigeait toujours que je fournisse un effort sur moi-même. J'étais donc au fond assez convaincu de la nécessité de cet acte de contrition. L'équilibre est difficile à atteindre entre la grande confiance en soi que nécessite l'action politique au plus haut niveau et l'image d'arrogance qu'elle peut produire sur les observateurs, y compris les moins engagés. Le leadership impose d'aller tout droit et très vite sans s'encombrer de trop de nuances pour entraîner, pour mobiliser et aussi pour rassurer. Mais cette force peut vite paraître insupportable pour le monde extérieur, qui alors perçoit de la prétention ou de la suffisance. Il me fallait donc au minimum alterner des périodes de fortes avancées et des moments d'introspection. C'est peu dire que j'étais plus à l'aise avec les premières qu'avec les seconds.

*

* *

Le Conseil constitutionnel, alors présidé par Jean-Louis Debré, avait rendu une « invraisemblable » décision à propos de la loi Hadopi. Je ne reviendrai pas en détail sur les raisons qui m'avaient amené à souhaiter protéger les artistes et les créateurs en exigeant le respect de leurs droits d'auteur. Je voulus renouveler mon engagement de défendre jusqu'au bout la liberté des artistes et des créateurs en protégeant les droits d'auteur tellement mis à mal par l'absence de règles propres à Internet, qui s'apparentait à une jungle où tout était permis, y compris le pillage et le vol de la propriété artistique. Mon propos intervenait après l'invalidation pour des raisons politiciennes par le Conseil constitutionnel d'une partie de la fameuse loi Hadopi. Je n'étais pas décidé à tolérer des zones de non-droit au seul motif qu'il s'agissait d'un nouveau mode de communication. À mes yeux, il en allait de l'avenir de notre culture comme de celui de la création.

La France devait bouger, changer, s'adapter. Nous ne pouvions pas nous contenter d'être un vieux pays, sur un vieux continent, avec une vieille civilisation, satisfaits de notre passé et incertains de notre avenir. Nous devions nous tourner vers le futur avec les armes d'aujourd'hui. C'était la seule ambition possible. Mais je voulais illustrer et documenter la difficulté à réformer et à innover dans notre pays. Le texte de loi d'Hadopi envisageait une réponse faite de sanctions graduées pour mettre un terme au véritable pillage instauré au cœur d'Internet des créations artistiques principalement musicales. Ainsi, le fraudeur occasionnel recevrait d'abord un simple courrier le mettant en garde. Puis les sanctions s'alourdiraient au fur et à mesure de la répétition des actes de piratage jusqu'à la suspension de tout abonnement à Internet. La progressivité de celles-ci était essentielle pour garantir l'efficacité du dispositif qui, dans le cas contraire, n'aurait été qu'indicatif et donc parfaitement inefficace. Pour des raisons donc fondées essentiellement sur un ressentiment personnel, le président du Conseil supprima toutes possibilités de sanction au motif parfaitement malhonnête que « celle-ci ne pouvait être prononcée que par un juge », alors que le projet de loi prévoyait qu'elle le soit par l'autorité indépendante en charge de la gestion de cette question. L'argument invoqué par le Conseil était fallacieux, car il y avait une quantité impressionnante d'autres autorités indépendantes qui prononçaient déjà des peines autrement plus lourdes, comme l'Autorité des marchés financiers qui pouvait interdire à une personne d'exercer une profession financière, ou la CNIL qui était en capacité d'infliger des amendes de plusieurs centaines de milliers d'euros, ou même le CSA qui était libre d'interdire à une chaîne de télévision d'émettre !

Les exemples abondaient qui permettaient de démontrer le caractère partial de cette décision. Elle ne provoqua pourtant pas le scandale juridique qu'elle aurait dû susciter parce que, hélas, la majorité des observateurs et des commentateurs de l'époque étaient opposés à la loi Hadopi qu'ils jugeaient liberticide. L'idée même de ramener un peu d'autorité dans le système Internet leur était insupportable. La démagogie comme la couardise coulaient à flots. C'est-à-dire principalement la peur de déplaire aux jeunes, majoritaires dans l'utilisation de ce nouveau moyen de communication. Fixer une limite, expliquer que tout n'était pas autorisé apparaissait à tout le

Carla… sans commentaire !

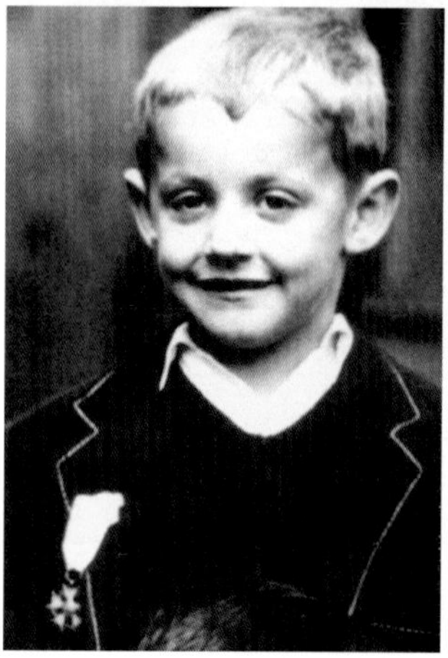

La seule fois où j'ai eu la croix.
Cela méritait une photo.

en colonie de vacances. À ski
je suis plus à l'aise à l'arrêt
qu'en marche...

Avec ma mère
à la mairie de
Neuilly.

Louis était aussi impressionné par Barack Obama.

Mes fils Jean et Pierre, ainsi que Carla et François Fillon
rencontrent le prince devenu depuis le roi Charles III, à l'occasion des commémorations
pour l'anniversaire des soixante-cinq ans du Débarquement.

MORT POUR LA FRANCE
ÉMILE
18-2-1915

Visite du cimetière militaire de Notre-Dame de Lorette.

Avec Jacques Chirac, nous avions des moments de complicité après mon élection.

La vie passe… c'est à moi de la décorer.

en Chine.

Déplacement à Montboudif dans
le Cantal, à l'occasion du centième
anniversaire de la naissance
de Georges Pompidou.

Bain de foule à l'occasion
d'un déplacement à Fort-de-France
en Martinique.

J'ai toujours aimé l'Outre-Mer
et les ultra-marins.

On ne doit jamais s'habituer à siéger à la table du Conseil des Ministres. C'est un tel honneur.

J'aimais bien Bernard Thibault. Il était franc, et carré. Ce n'était pas le cas de tous ses collègues

Avec Jean Castex.

Ce fut viril, et sympathique. Au moins avec eux il n'y avait de langue de bois.

Le bureau du général de Gaulle
durant cinq années est une
source d'inspiration.

Visite d'État au couple
royal à Londres.

milieu familier de ces questions à proprement parler insupportable. Hélas, ma majorité était également contaminée. Plusieurs parlementaires avaient refusé de voter le texte ou l'avaient amendé de façon à le vider de toute substance. À leurs yeux, il ne fallait aucune sanction. Le mot même était devenu imprononçable. La ministre de la Culture, Christine Albanel, défendit la position du gouvernement avec courage et intelligence, mais sans l'énergie qu'il aurait fallu pour inverser la tendance. Au sein même du gouvernement, les plus jeunes de mes ministres ne comprenaient pas le risque que j'étais prêt à assumer pour protéger le droit des auteurs. Persuadés que ces derniers appartenaient au « monde d'avant », ils préféraient de beaucoup laisser à penser qu'ils étaient « modernes » par le seul fait qu'ils ne voulaient aucune règle qui puisse contraindre ce nouveau mode de communication. Nathalie Kosciusko-Morizet rivalisa d'ambiguïté. Elle ne voulait pas endosser cette règle d'autorité. Elle aurait risqué d'abîmer une image à laquelle elle était très attachée. Elle pensait sincèrement qu'instaurer des règles de fonctionnement était « obsolète ». Comme l'était sans doute l'idée pour un ministre d'avoir le courage de dire non !

La presse de gauche était tout aussi réfractaire à cette loi. Ce fut la première réelle fracture entre le monde des artistes et la gauche politique. Les premiers se sentirent abandonnés par la seconde, qui avait préféré choisir le camp qu'elle pensait être celui des « jeunes ». Ce déferlement de démagogie et de lâcheté m'avait profondément heurté. Je n'aimais pas ce que j'estimais être des poses ou des postures, en aucun cas l'expression de réelles convictions. Je voyais clairement les conséquences de ces démissions en cascade avec la paupérisation du monde de la musique d'abord, car le plus vulnérable au piratage, mais ensuite celui des écrivains et des maisons d'édition, et enfin celui du cinéma. Tous, un jour ou l'autre, auraient à y perdre gros ! Je dus faire face à la pétition du « réseau des pirates », qui déclarait : « J'affirme avoir consommé, remixé ou diffusé des œuvres culturelles »… naturellement sans payer, comme si tout devait être gratuit. Après tout, pourquoi se gêner ? C'était pour moi le comble du cynisme.

J'exigeai donc du gouvernement qu'il déposât un nouveau texte. Ce qui fut fait. Mon échec à l'élection de 2012 ainsi que l'arrivée de François Hollande ruinèrent tous ces efforts. Il était certain que l'on pouvait compter sur ce dernier pour laisser faire et ne prendre aucune mesure coercitive. Rien de ce qui s'est passé depuis ne m'a fait changer d'avis. C'est la liberté de la création et celle des auteurs qui étaient en cause, et qui le restent aujourd'hui. C'est l'idée que nous nous faisons de notre modèle culturel qui est en jeu. La culture, l'art, la musique et tout le processus de création sont trop importants pour céder à la démagogie, à la démission et à la faiblesse. Je suis heureux d'avoir mené ce noble et vital combat. Je suis triste de l'avoir perdu. Les auteurs et les artistes n'ont plus désormais que leurs yeux pour pleurer.

Quelques mois plus tard, je profitai de l'opportunité qui m'était donnée de parler devant un jeune public pour réévoquer ce sujet. Les premiers courriers adressés aux « fraudeurs » par la toute nouvelle institution « Hadopi » venaient d'être envoyés. L'objectif était de lutter contre le téléchargement illégal d'œuvres culturelles sur Internet. Je n'avais, bien évidemment, pas l'intention de punir les utilisateurs, mais de protéger les artistes dont les droits d'auteur étaient vitaux pour garantir tant leur existence que leur indépendance. L'envoi des premières missives avait suscité un grand émoi. Cela ne me gênait pas, car c'était une étape absolument nécessaire pour stopper le piratage et mettre un terme au pillage des œuvres. Je tentai d'expliquer cette réalité aux lycéens qui m'écoutaient ce jour-là. Je soulignai notamment que la sauvegarde du cinéma français avait été une sorte de miracle. La situation de notre pays était bien différente de celle de l'Italie, de l'Allemagne ou même de l'Angleterre. C'était toute l'Europe du cinéma qui était en train de disparaître. La France avait eu la sagesse de préserver un système de financement qui permettait à ses créateurs de continuer à réaliser des films. Le piratage pouvait détruire en un instant ce fragile équilibre en privant le cinéma des recettes dont il avait besoin. Tel était bien l'enjeu.

La gauche faisait preuve d'une démagogie sans limites, abandonnant les artistes pour tenir aux jeunes le discours du « tout gratuit et du tout libertaire ». C'était facile, mais tellement dangereux pour la liberté de la création. Si les auteurs ne pouvaient plus vivre de leur travail, qu'adviendrait-il de leurs œuvres futures ? C'était ainsi que débuta la catastrophe que représenta, notamment pour la musique, le refus de la défense des droits d'auteur, puisque l'on sait avec le recul ce qu'il advint de l'Hadopi, détruite par mon successeur sans qu'un débat de fond ait été engagé sur un sujet qui l'aurait amplement mérité. Je ne regrette pas d'avoir mené ce combat qui me semblait juste et qui l'est toujours. Je suis triste de voir qu'une fois encore la démagogie l'a emporté. La liberté sans règle produit toujours l'oppression du plus fort sur le plus faible. Les grandes compagnies en ont profité, les artistes ont été spoliés. L'opérateur de téléphonie Free fut le seul à refuser de relayer les mises en garde d'Hadopi aux fraudeurs. Xavier Niel, son propriétaire, était opposé à la loi. C'était bien sûr son droit, mais je souriais en pensant à la réaction de ce dernier si ses clients avaient décidé de ne plus payer leurs abonnements. Aurait-il été aussi « généreux » pour ses propres revenus qu'il l'avait été avec ceux des artistes qu'il n'avait pas hésité à brader sur l'autel d'une modernité de pacotille qui n'était rien d'autre qu'un mensonge ? Il y a fort à parier que la réponse soit non.

*

* *

Le mois de juillet n'en finissait plus. J'aspirais à ces quelques jours de repos du mois d'août même si, par expérience, je savais qu'il convenait de prendre garde à ces moments que l'on annonce paisibles et qui surprennent par leur vigueur inattendue. Nous étions arrivés avec Carla à la Lanterne en fin d'après-midi, la veille de ce dernier dimanche de juillet. Comme à l'accoutumée, j'étais parti faire mon jogging quotidien. Je me réjouissais de cette rupture dans la monotonie de mes courses grâce au changement de lieu et de parcours. Le parc de Versailles est toujours splendide, mais ce jour précisément, avec le soleil qui brillait, pas un nuage à l'horizon, le jeu des ombres autour des grands arbres du domaine, l'eau des bassins qui scintillait de mille feux. On aurait dit des miroirs posés là pour le seul plaisir du reflet et des promeneurs. Le spectacle était étonnant. Je pensais au génie de Le Nôtre qui avait su calculer, prévoir, agencer toutes ces perspectives. Chaque détour réservait une surprise. J'avais croisé quelques dizaines de badauds matinaux. Nous avions échangé de petits signes de sympathie ou de courtoisie. J'étais entouré de policiers du Groupe de protection du président de la République. Le médecin qui suit toujours le président était demeuré à la Lanterne. C'était Sergio Albarello qui était de garde ce jour-là. Nous partîmes au petit trot. Je ne sentais aucune fatigue particulière. Je n'avais aucun malaise perceptible. J'avais pris mon petit-déjeuner dans le jardin qui se trouve en lisière du parc sans ressentir une quelconque gêne. Il faisait certes chaud, mais c'était supportable – du moins le pensais-je. Au bout de quarante-cinq minutes, je ressentis comme des éblouissements dans les yeux. Je n'étais pas essoufflé, mais une grande fatigue s'était soudainement emparée de moi. Cela me gêna suffisamment pour que je me souvienne d'avoir eu la tentation de m'arrêter. D'ailleurs, je m'étais mis à marcher, puis je me suis écroulé. Je me suis réveillé dans un lit d'hôpital au Val-de-Grâce. J'ai su après que le fidèle et compétent Dr Albarello était arrivé immédiatement. Il m'avait perfusé une solution de sucre qui me permit de reprendre mes esprits. Carla était à ses côtés. Elle avait été prévenue en urgence et était arrivée en courant de la Lanterne. Le médecin avait appelé un hélicoptère qui s'était posé sur la pelouse où je me trouvais encore allongé. Nous avions volé un petit quart d'heure au-dessus de Paris, puis nous étions posés directement au Val-de-Grâce, où toute une équipe médicale avait été mobilisée et mise en alerte. Je fus immédiatement pris en charge par celle-ci. Les soignants commencèrent par me sédater avant de me faire passer une IRM qui dura un peu plus d'une heure. Le bilan était très satisfaisant, puisque rien d'anormal ne fut décelé. Il n'y avait donc eu ni accident cardiaque ni AVC. Tout le monde apparaissait très soulagé. Je me souviens des explications du docteur, alors que j'étais dans le lit de ma chambre d'hôpital. Cela me réconforta, même si je me sentais désormais en meilleure forme et pour tout dire prêt à repartir dans l'instant. Les médecins ne me laissèrent pas le choix. Je devais passer la nuit sur place. Le lendemain matin, ils pratiquèrent une coronographie qui fut elle aussi jugée normale. Entre-temps, j'avais pu parler à chacun de mes enfants. Leur inquiétude était extrême, spécialement pour Louis qui se trouvait alors à New York.

Les médias, comme il était naturel, en avaient fait leurs gros titres : « Le président a eu un malaise. Il est à l'hôpital. » C'était l'unique nouvelle du jour. Je n'avais pas suivi le détail des informations. J'étais coupé de l'extérieur et je ne souhaitais pas regarder la télévision. Mais j'imaginais sans peine ce que devait être l'ambiance… Carla était à mes côtés. Je lui avais fait passer une mauvaise journée. Je ne m'attendais pas à vivre un tel évènement. Ce fut une belle leçon de modestie. Quelles que soient les précautions que l'on prend, et de ce côté-là j'en avais pris beaucoup puisque je n'ai jamais bu une goutte d'alcool, n'ai pas davantage fumé, que je pratique une activité sportive quotidienne et suis quasiment constamment au régime afin de ne pas prendre de poids, on n'est pas à l'abri d'une défaillance physique. Les médecins conclurent dans mon cas à une déshydratation qui avait conduit à une perte de connaissance. Cela avait été spectaculaire, mais ne présentait aucun caractère de gravité. Je devais simplement m'astreindre à boire davantage, ne pas présumer de mes forces et m'abstenir de courir en pleine chaleur. Toutes choses de bon sens que j'aurais dû comprendre, intégrer et anticiper bien avant. Je n'avais vraiment pas fait preuve de sagesse. C'était donc un avertissement sans frais.

Ces périodes où surgissent des évènements brutaux obligent chacun à se révéler. À montrer sa nature profonde dans ce qu'elle a de meilleur ou… de pire. Ainsi affaibli, j'ai pu apprécier la gentillesse, l'amitié désintéressée, l'émotion sincère de simples anonymes, comme éprouver la force de l'amour de ma famille, de ma femme, de mes enfants, de ma mère, de mes amis proches. Je me sentais fautif de leur avoir causé une telle inquiétude. Mais j'ai également noté avec étonnement le scepticisme, la méfiance, la perversité de certains observateurs que je n'aurais pas crus capables de tels sentiments. J'ai remarqué enfin la véritable méchanceté et la joie mauvaise d'adversaires dont j'avais sans doute sous-estimé la détestation qu'ils éprouvaient. Je ne suis pas fait ainsi. J'ai donc toujours du mal à prêter aux autres des sentiments que je ne ressens pas.

J'avais pris toutes les précautions pour assurer la plus grande transparence à propos de cet incident. Le secret médical ne vaut pas pour le président en exercice, qui doit pouvoir disposer à chaque instant de la plénitude de ses moyens physiques. J'ai donc demandé que toutes les informations soient communiquées. J'avais moi-même été troublé, voire choqué par les mystères et les mensonges d'État qui avaient entouré la santé de mes prédécesseurs. Je m'étais promis d'agir différemment.

Dans la journée où se produisit cet incident, l'Élysée publia pas moins de trois communiqués pour préciser les examens qui avaient été pratiqués et le diagnostic des médecins sur mon « malaise lipothymique d'effort soutenu par grande chaleur ». Aucun traitement ne m'était recommandé. Tout juste devais-je respecter quelques jours de repos relatif. Cela tombait bien, le mois d'août arrivant, nous devions passer les trois prochaines semaines au cap Nègre. Je sortis de mon hospitalisation dès le lendemain en fin de matinée sur mes deux jambes. Une foule de journalistes et de caméras m'attendait de pied ferme, scrutant le moindre détail de mon état physique. Ce n'était vraiment pas le moment de trébucher ou de faire un faux pas. Je saluai un à un les médecins ainsi que tout le personnel médical. Ils avaient été professionnels, attentionnés, gentils, et par-dessus tout discrets. Tous étaient des militaires, conscients de leurs devoirs et fiers de leur mission. Je mesurai le privilège d'avoir été pris en main par une telle équipe. Je me sentais un peu fatigué, comme étourdi par tous ces évènements, mais bien sûr je donnai le change sans en rajouter. Dans la voiture qui nous ramenait à l'Élysée, Carla me demanda de veiller « vraiment » à l'observation stricte de ces trois semaines de vacances. Je présidai le Conseil des ministres trois jours plus tard et fis même une petite conférence de presse à son issue pour répondre à toutes les questions sur ma santé. Il n'y avait là rien que de très normal et de très naturel. Les Français devaient savoir et comprendre, et donc les médias avec eux.

Pour une large partie de la presse, l'affaire était close. Il n'y avait pas davantage à dire ou à éditorialiser. Une minorité cependant, en quête de publicité, emprunta une tout autre voie. Celle du prétendu « mensonge d'État ». Ce n'est pas la presse à scandale ou les journaux people qui furent les pires. Dans cet exercice particulier, Christophe Barbier fit preuve d'une mauvaise foi qu'il n'est pas excessif de qualifier d'abyssale. Pour lui, les choses étaient claires, on avait sciemment caché la vérité aux Français. Ce malaise était beaucoup plus grave qu'on ne l'avait dit. Fort de ses connaissances médicales, à ma connaissance assez superficielles, il affirma que tout ceci dissimulait au minimum une affection cardiaque grave. Avait-il une information ? Non. Était-il bénéficiaire d'une indiscrétion ? Non. Aurait-il été mis au courant d'un secret ? Non. Simplement enivré par lui-même et le rôle qu'il se voyait jouer, il décida de ne pas y aller de main morte, n'hésitant devant rien. Il affirmait donc sans savoir. J'étais devenu le contraire du Malade imaginaire. Molière s'était trompé : il y avait désormais un « bien portant imaginaire », et c'était moi. Bien sûr, ce n'était ni le premier ni le dernier à prendre ses désirs pour des réalités. Mais je mesurai alors combien l'énergie que j'avais développée pour accomplir mes ambitions politiques avait heurté ceux qui avaient dû me suivre depuis tant d'années. Le fait que je puisse être faible, malade, souffrant, apparaissait comme une consolation. Il fut presque seul à défendre cette thèse. J'ai pensé qu'il y avait là un mélange d'incompétence et de méchanceté. D'ailleurs, les quatorze dernières années n'ont pas révélé la fameuse maladie que j'aurais cachée ! A-t-il fait amende honorable depuis ? Cela serait sans doute trop demander...

D'autres éditorialistes avaient choisi la même thèse mais avec davantage de finesse. Pour les uns, puisque Georges Pompidou, François Mitterrand et Jacques Chirac en leur temps avaient dissimulé la vérité, il était dans la nature des choses que je le fasse moi-même. D'autres encore pointaient les maladresses de mon entourage ou de certains de mes prétendus proches. Et là, je ne peux pas leur donner tort tant il y en eut ! De Frédéric Lefebvre, alors porte-parole de l'UMP, qui évoqua, avant de se rétracter, « un accident cardiaque ». C'était plus sot que malintentionné. Il est vrai qu'il n'était pas réputé pour sa particulière finesse d'analyse. De Patrick et Isabelle Balkany, qui profitèrent de l'occasion pour donner leur analyse sur mon état de santé à tous les médias, alors même que je n'avais pas communiqué avec eux. De leur côté, il y avait beaucoup de gentillesse et d'affection, mais aussi une habitude à parler d'abord, à réfléchir ensuite. Il y avait enfin dans la presse ceux qui soulignaient le manque de transparence. En fait, je ne vois vraiment pas ce que j'aurais pu dire ou faire de plus. J'ai compris par la suite que tant que nous n'avions pas annoncé un accident cardiaque nous n'aurions pas dit la vérité. Certains journalistes jouaient sur l'ambiguïté en parlant d'un malaise vagal présentant les symptômes d'un malaise cardiaque. Ainsi, la boucle était bouclée. Je mentais parce que j'avais refusé de dire « la vérité » que beaucoup de ces commentateurs espéraient avoir à commenter. J'imaginais dans ce cas de figure leurs raisonnements et les titres annonciateurs : « Un président diminué physiquement » ne pouvait que renforcer l'analyse d'« un président affaibli politiquement ». À l'inverse, mon opposition politique fut irréprochable. Chacun eut à cœur de me souhaiter un prompt rétablissement. Les véritables professionnels n'aiment pas les coups en dessous de la ceinture... c'est ce qui fait toute la différence.

*

* *

Le rapport de la Cour des comptes sur les dépenses de l'Élysée constituait un véritable tournant historique. C'était en effet la première fois depuis Louis XVI que l'on pouvait vérifier les dépenses du chef de l'État et publier le rapport détaillé de celles-ci. Cela n'avait jamais été mis en œuvre auparavant. Le Parti socialiste, si sourcilleux à propos de mon comportement, n'avait par exemple jamais songé à demander à François Mitterrand la moindre explication sur sa vie à l'Élysée durant quatorze années, pas davantage sur celle de sa deuxième famille logée par l'État dans les appartements du quai Branly. Le contrôle fut si détaillé que je dus rembourser 14 123 euros de dépenses privées qui avaient été payées par la présidence. À titre d'exemple, les enquêteurs m'avaient demandé de rembourser le dentifrice et les produits de rasage qui se trouvaient dans l'avion présidentiel. Sur un budget total de cent dix millions, cela montrait au moins qu'il n'y avait rien qui puisse donner crédit à scandale ou à détournement. Mon directeur de cabinet, le regretté Christian Frémont, y veillait scrupuleusement. Cela avait le mérite de renvoyer à ses études le député PS René Dosière, qui avait publié un rapport au vitriol sur le budget 2008 de l'Élysée. L'avantage avec cette nouvelle pratique était qu'elle protégeait la présidence des instrumentalisations politiques grossières. Je n'ai en tout cas jamais regretté cette initiative qui, de mon point de vue, aurait beaucoup gagné à être mise en œuvre bien auparavant… et qui devrait également concerner l'hôtel Matignon encore laissé en dehors de tout contrôle.

*
* *

Il me restait à apporter la dernière touche à l'organisation du vaste programme d'investissement que j'avais voulu pour éviter la récession après la grande crise de 2008 et pour élargir nos possibilités de croissance pour le futur. Comment répartir cette manne de plusieurs dizaines de milliards d'euros sans susciter les polémiques à répétition ou les scandales de demain ? La problématique était claire et aisée à énoncer, mais bien complexe à mettre en œuvre. Au moins, j'avais une idée précise de ce que je ne voulais pas. J'en ai raconté la mise en place dans *Le Temps des Tempêtes*. Par souci d'indépendance, j'avais demandé à Michel Rocard de prendre la tête de ce programme. Sa nomination révéla le véritable caractère de Bertrand Delanoë qui parla « d'un débauchage indécent et de marketing politique ». Derrière une façade ouverte en apparence, il y avait chez cet homme beaucoup de sectarisme et une certaine jalousie à l'endroit de tout ce qui n'était pas lui. Curieusement, Jean-Marc Ayrault fut plus modéré et mesuré, rappelant « qu'il faisait confiance à Michel Rocard pour donner son avis en toute liberté ». Cela avait au moins le mérite de ne pas condamner cette démarche a priori. Le nom d'Alain Juppé me sembla tout aussi naturel. Il avait l'avantage d'être un homme de dossiers, de ne pas être réputé proche de moi, et de posséder une rigidité naturelle qui le protégeait de toutes formes de pressions ultérieures. Je pensais de surcroît que les deux hommes étaient très complémentaires et que leur « couple » fonctionnerait harmonieusement.

Visiblement, je ne fus pas le seul de cet avis puisque la quasi-totalité des observateurs fut unanime à saluer cette démarche. Il est vrai que faire travailler ensemble un ancien Premier ministre de droite avec un ancien Premier ministre de gauche était plutôt inhabituel. On aurait pu s'attendre à une guerre d'ego, il n'en fut rien.

Les deux hommes ont appris à se connaître et se sont immédiatement respectés : « Juppé est bien élevé, intelligent. À la différence des monétaristes, il a le sens de l'État », confiait Michel Rocard. « On s'entend bien, mais c'est surprenant, Rocard est parfois plus libéral que moi ! » rétorquait Alain Juppé. Quant à moi, j'étais conforté dans mon intuition de toujours : s'il y avait des talents à gauche prêts à servir le pays, mon devoir de président était de leur donner l'opportunité d'agir au service de l'intérêt général.

Les deux hommes travaillèrent d'arrache-pied, près de deux cent cinquante auditions furent tenues. Le Programme d'investissements d'avenir d'un montant de trente-cinq milliards d'euros fut lancé dans le cadre de la loi de finances rectificative du 9 mars 2010. Rocard voulait mettre l'essentiel de l'argent sur l'université, Juppé sur les infrastructures ; c'est la thèse de Rocard, très influencée par les travaux de l'économiste Daniel Cohen (encore un homme de gauche !), qui l'emporta. Une partie très importante du plan fut en effet dirigée vers l'enseignement supérieur et la recherche.

J'étais fier de préparer l'avenir grâce à des personnalités capables de dépasser les querelles partisanes. Après Dominique Strauss-Kahn que j'avais envoyé à Washington pour diriger le FMI, Jack Lang que j'avais nommé Défenseur des droits, Michel Rocard désormais à la tête de la Commission en charge du choix des investissements d'avenir, l'ouverture à gauche commençait à prendre une réelle consistance. Cependant, il y avait plus important encore. Plus personne n'évoquait l'État-UMP comme cela s'était constamment produit avec l'État-RPR ! Cela représentait une différence particulièrement notable. Il s'agissait d'une victoire. Le prix à payer était le mécontentement qui montait au sein d'une partie de ma majorité, ainsi privée de certains postes alléchants. C'était un risque que j'avais pris en toute connaissance de cause et donc sans états d'âme particuliers. Même parmi mes plus fervents et habituels détracteurs, cette initiative « bi-partisane » fut saluée sans la moindre réserve. C'était curieux à observer. La France aime le pugilat politique, les tensions, les affrontements, les crises, les débats frontaux… mais elle est toujours, dans le même temps, nostalgique des grands rassemblements et des moments d'unanimité comme celui incarné par le mythique Conseil national de la Résistance ou celui de 1998 où la France se disait « black blanc beur ». Toute la presse régionale était à l'unisson pour saluer « ce joli coup politique ». Olivier Picard, dans les *Dernières Nouvelles d'Alsace*, allait jusqu'à écrire qu'« avec cette initiative inattendue, Nicolas Sarkozy montre le meilleur de lui-même ». Pour d'autres encore, j'étais en train « d'inventer une Ve République sans tabou ». Je n'avais pas été habitué à un tel traitement, et ce d'autant plus que, parallèlement, le Parti socialiste était critiqué de toute part. *Le Nouvel Observateur* résumait à sa manière les choses : « Le PS est en hibernation comateuse. » La formule avait été soufflée par Michel Rocard. On ne pouvait mieux dire…

*

* *

Nous avions choisi, pour nos vacances estivales, le lieu qui devait susciter le moins de polémique puisqu'il s'agissait de la maison familiale du cap Nègre. Au train où vont les choses, je ne sais d'ailleurs pas combien de temps encore nous aurons le droit de continuer à utiliser cette appellation qui existe depuis toujours et qui trouve sa source dans la couleur noir-argenté si particulière de la roche de ce cap s'avançant fièrement dans la Méditerranée. De nos jours, on peut être accusé de racisme pour moins que cela ! Chaque fois que je l'utilise, je pense à Aimé Césaire qui fut le chantre et l'inventeur génial de la « négritude ». Que dirait-il de toutes ces fausses pudeurs qui cachent tant d'arrière-pensées mesquines et mauvaises, sans parler des hypocrisies ? Nous aurions pu tout aussi bien nous rendre à Brégançon, mais outre que Carla préférait être chez elle, le cap Nègre avait le mérite d'éviter les remarques attendues sur les vacances du chef de l'État payées par les Français ! De ce point de vue au moins, nous étions protégés, et de surcroît tellement privilégiés. Car l'endroit est spectaculaire.

J'ai beaucoup voyagé dans ma vie, pourtant je crois n'avoir jamais rien vu d'aussi beau. Le cap Nègre est situé juste en face des trois îles du Levant, de Port-Cros et de Porquerolles, posées comme par miracle dans cette Méditerranée qui est à mes yeux, et de très loin, la plus belle mer du monde. Lorsque je travaille ou que j'écris, je peux les surveiller du coin de l'œil. C'est un spectacle fascinant. De la maison, la vue s'étend sans le moindre obstacle dans toutes les directions. Où que l'on se trouve, la mer est présente et vous stupéfie par sa beauté, sa force à peine dissimulée, si animale qu'on la sent prête à surgir et à se dresser à chaque instant dans une imprévisibilité complète. Le décor naturel est saisissant, hypnotique, même. Je me surprends à le considérer de longs moments sans bouger et sans aucune lassitude. Chaque jour, nous nous rendîmes à la mer sans même avoir à sortir du domaine. Nous plongions directement dans l'eau, souvent salués par des vacanciers à bord de leurs petites embarcations venus profiter du calme protecteur de la baie de Cavalière et du soleil intangible des mois d'août dans le Midi pour pique-niquer, pour bronzer, pour regarder. Les rencontres étaient toujours cordiales et bon enfant. Il y avait souvent une ou plusieurs invitations à partager un apéritif, à faire une photo ou à échanger quelques mots. La tenue estivale aidait à lever les barrières protocolaires et à créer la complicité. J'avais l'impression de revivre.

Les enfants nous avaient rejoints pour quelques jours. C'était bon de se retrouver tous ensemble. Il n'y avait ni obligations, ni photographes, ni pression extérieure. Les gens du Lavandou parlent souvent à propos de la maison du « château ». C'est gentil mais cela ne correspond pas à la réalité. Il s'agit d'une grande demeure faite de pierres et de tuiles plantée solidement en haut du cap, sans prétention mais avec élégance. L'intérieur est confortable, mais lui aussi sans affectation, luxe inutile ou ostentatoire. La famille Bruni vient de Turin où la bonne éducation et la discrétion ont toujours été élevées au rang de vertus cardinales. La maison est donc à leur image. Ainsi, les salles de bains sont quasiment d'époque. Et c'est pour chacun une fierté de souligner que les radiateurs sont en fonte et les interrupteurs en porcelaine comme il était de bon ton dans les années 1930. Ne cherchez pas ces nouveaux meubles stylisés ou la marque d'un décorateur à la mode, vous ne les trouverez pas ! Il est probable que cet intérieur décevrait beaucoup les nouveaux propriétaires russes ou moyen-orientaux qui sont devenus légion dans le Var et les Alpes-Maritimes. Le domaine est dans la famille depuis soixante ans. Respecter son identité est un devoir intangible.

En fait, il s'agit d'une enclave italienne qui préserve ce coin de France miraculeux. Dans la maison, il règne d'abord la liberté. Il n'y a ni obligation, ni horaire fixe, ni agenda à respecter. Chacun est libre et doit veiller à respecter la liberté des autres. Fonction présidentielle oblige, j'avais dû faire installer un système de communication protégée ainsi qu'un espace pour la sécurité rapprochée, et également un endroit pour l'aide de camp qui m'accompagnait partout avec les codes nucléaires. L'espace est si large que l'impression d'enfermement n'existe pas. Carla a ainsi passé tout ce mois d'août sans jamais quitter le domaine. Nous étions avec ma belle-mère Marisa, qui règne toujours en maîtresse de maison accueillante, prévenante et si heureuse de tout le remue-ménage qu'un gendre président a apporté dans sa vie. Elle n'aurait manqué pour rien au monde un dîner, une rencontre, une occasion de bavardages, de rires, de vivre… et d'oublier le temps qui passe. Toujours flanquée de sa sœur Gigi, à l'élégance immuable, toutes les deux imposent le plus souvent possible l'italien comme langue officielle du cap Nègre. La présence de Gigi et sa gaîté vont beaucoup nous manquer. C'est le premier été que nous passerons sans elle. Le volume sonore est toujours élevé, joyeux et éruptif. Les rares tensions surviennent soudainement, font impression sur le moment par leur théâtralité et disparaissent aussi mystérieusement qu'elles sont apparues. Même le souvenir s'en trouve effacé. Le clan est uni, là encore à l'italienne, et fera face à tout évènement extérieur sans compromis et sans faiblesse, avec un amour qui peut conduire jusqu'à la mauvaise foi ! La famille est sacrée et ce n'est pas une formule creuse pour chacun de ses membres. Avec le décès de mon beau-père et celui, prématuré, de mon beau-frère, cette petite République à laquelle il convient d'ajouter Valeria, ma talentueuse belle-sœur, fut longtemps un régime matriarcal conçu, dirigé, incarné par des femmes où les hommes n'avaient pas la première place. Ici, le féminisme n'est pas une posture ni un slogan, juste une réalité comme une évidence qu'il serait de très mauvais goût de contester. Je suis d'autant plus reconnaissant à cette famille de m'avoir accueilli avec tant de chaleur et de confiance. Sans jugement, sans a priori, sans idée préconçue. Depuis seize années, je mesure chaque jour la chance qu'a constitué ma rencontre avec Carla et cette tribu transalpine dont l'originalité ne cesse de me surprendre et de me charmer.

Tous les jours, je partais pour une promenade à vélo de plusieurs heures dans le massif des Maures. Je traversais des forêts entières de chênes lièges. Je croisais nombre de sangliers intrigués de voir une petite troupe de cyclistes transpirant d'abondance sur les routes de ces cols du Sud. C'est étrange comme à l'instant où l'on abandonne le littoral, le paysage se trouve alors débarrassé des maisons, des voitures, de toute pollution visuelle. Il n'y a plus rien que la beauté des lieux pour accrocher le regard. Le col du Canadel, celui du Babaou, la route des crêtes, les hauteurs de Bormes-les-Mimosas ou le village de Collobrières sont encore aujourd'hui mes destinations de promenades favorites.

En ce mois d'août, il y avait les multiples odeurs, le silence, le suintement des pneus de mon vélo sur la route mal asphaltée, la sueur qui coulait de façon surprenante de la tête vers les jambes et le plaisir de cette souffrance diffuse qui était aussi une jouissance. Il n'y avait nul masochisme, juste le bonheur de l'effort. Quel serait le sens de la vie sans celui-ci ? Que seraient nos joies si on pouvait tout obtenir avec facilité sans même avoir eu le temps de les espérer ? C'est en cela que le sport est une école de vie, et surtout une leçon pour celle-ci. Durant toutes ces heures à vélo, je ne parlais pas. Cela reposait de pouvoir demeurer silencieux. Je réfléchissais et je revenais ressourcé, plein d'idées nouvelles. Je ne fis que deux exceptions dans ma nouvelle résolution de repos complet. La première fut pour inviter Bernadette et Jacques Chirac à dîner au cap Nègre. Ils résidaient à Saint-Tropez chez les Pinault, que nous avions également conviés ainsi que leur grand ami Mgr Di Falco, le sympathique évêque de Gap et d'Embrun, qui n'en finissait plus d'espérer être appelé par la hiérarchie de l'Église à d'autres responsabilités. C'était la première fois que nous les recevions dans ce cadre familial. Bernadette en était visiblement heureuse. Je l'étais tout autant de la revoir dans cette atmosphère propice aux conversations plus intimes et plus confiantes. Elle fut comme à son habitude enjouée, attentive et amicale. Elle s'enquit de ma santé avec une sincérité qui me toucha. C'est elle qui mena la conversation tout au long du dîner. Elle avait clairement pris le pouvoir dans sa famille. Elle était diserte, disponible, épanouie. Visiblement, la politique ne lui manquait pas. Elle avait digéré le choc du départ. J'étais heureux de sa relation avec Carla qui lui posait beaucoup de questions sur la façon dont elle devait agir comme première dame. Comme toujours, ma femme était avide de conseils et attentive à ceux de Bernadette, qu'elle aimait en même temps qu'elle l'admirait.

Je ne savais pas grand-chose des problèmes de santé de Jacques Chirac. Je l'avais pourtant trouvé étrange ce soir-là. J'avais mis cela sur le compte du choc du départ, que lui n'avait pas encore encaissé. Aucun sujet de conversation ne l'intéressait plus vraiment. Il ne se mêlait qu'assez peu aux échanges du dîner. C'était très inhabituel chez cet homme connu pour sa vitalité et surtout sa cordialité. Durant le repas, je l'interrogeai sur la rédaction de ses Mémoires dont j'avais lu dans la presse qu'ils étaient annoncés pour bientôt. Je voulais savoir s'il en était heureux et s'il avait eu du plaisir à les rédiger. Il me répondit avec une certaine brutalité et une pointe d'agacement qu'il n'y attachait « aucune importance ». Il précisa même que cela ne le concernait que très superficiellement et que, pour tout dire, il s'en moquait ! J'étais vraiment étonné de cette forme de désinvolture que je ne lui avais jamais connue. Ce n'est que par la suite que j'ai saisi à quel point « ses souvenirs » avaient dû être pilotés en dehors de celui qui visiblement ne pouvait plus en être le seul auteur. Clairement, ce soir-là, je sentis une altération du caractère de Jacques Chirac. La maladie commençait sans doute à faire ses ravages. Ce fut la dernière fois que nous le reçûmes... Je compris également pourquoi François Pinault était si attentif au comportement et aux paroles de son ami. Le secret partagé par ce petit groupe devenait de plus en plus difficile à garder, et plus encore à cacher.

La deuxième exception fut pour recevoir le Premier ministre François Fillon. Je souhaitais que nous ayons le temps d'évoquer les dossiers de la rentrée, de même que les noms des futurs secrétaires d'État dont j'avais repoussé la nomination pour le mois de septembre. Cela avait permis d'éviter les déceptions de ceux qui n'étaient pas entrés en juillet comme ministres et donc pouvaient espérer dans la « session de rattrapage ». Je me réjouissais de ce moment avec François Fillon, dont j'appréciais le calme et cette forme de distance avec les évènements et les personnes qu'il savait jouer parfaitement. Il était toujours vêtu avec une grande élégance, un peu affectée à mon goût, mais assez originale dans le choix des couleurs et dans la forme des vestes ou des chemises. J'avais fini par remarquer qu'il y attachait un soin tout particulier. Chaque détail avait été pensé. Il avait un style à lui. Je m'amusais de ces costumes qui le rendaient toujours très visible sur les photos.

Nous avions parlé à bâtons rompus pendant deux à trois heures. Ce qu'il disait était toujours intelligent, mais conformiste. C'est sans doute ce qui rendait notre tandem complémentaire. Je souhaitais créer davantage de complicité et d'amitié entre nous. J'avais été sensibilisé par tous les commentaires qui m'avaient donné le rôle désagréable de celui qui « martyrisait » son Premier ministre. Mais en dépit de mes efforts, je n'arrivais pas à aller au-delà d'une certaine limite dans la profondeur et dans la liberté de nos rapports. La vérité est que François Fillon était plus froid que je ne le pensais. Sans doute, il attendait son heure. Ce qui n'était pas illégitime, compte tenu de ses qualités réelles et de son talent. Mais je me trompais en pensant lui faire plaisir en l'invitant au cap Nègre. Avec le recul, je compris qu'en vérité cela lui déplaisait bien davantage que je n'aurais pu l'imaginer. Il voulait sans doute être traité d'égal à égal. À ses yeux, je n'en faisais jamais assez. Il n'était pas le premier locataire de l'hôtel Matignon à ressentir ces sentiments mitigés et mêlés après deux années en poste. Il n'a pas été le dernier non plus si j'en juge par les réactions d'Édouard Philippe à l'endroit d'Emmanuel Macron. Ils étaient d'ailleurs sur bon nombre de points très similaires. Il s'agit de deux personnalités de valeur qui présentent bien et qui ont de réels talents d'orateur. Mais ils ne sont jamais meilleurs que quand ils adoptent des « postures » qui peuvent dissimuler un manque de leadership. Ces comportements, sans doute inévitables, sont très humains. Le titulaire de la fonction de Premier ministre oublie toujours qu'il a été nommé par celui qui a été élu. Cette ambiguïté qui a créé beaucoup de difficultés relationnelles finira par faire disparaître la fonction de Premier ministre, qui est tant espérée par celui qui la désire et qui suscite tant de frustrations pour celui qui l'a obtenue. La rivalité au sommet du pouvoir ne peut se terminer que par la victoire du président élu qui lui-même le payera au prix fort de la désunion de son propre camp. Dans ce « drame », il n'y a pas de vainqueur possible. C'est pourquoi j'ai conservé ma confiance à François Fillon durant les cinq années du mandat sans jamais le regretter.

*

* *

Je repris mes activités à temps plein le 25 août. C'est à regret que je quittai le cap Nègre et son insouciance relative. Il fallait retrouver le rythme infernal de l'Élysée. En rentrant avec l'avion de la République, je pensais à la fugacité du temps qui passe et à ce magnifique titre de Jeanne Herry qui m'avait tant marqué : *80 étés*. Une vie se résumait à cela. Quatre-vingts étés. C'était donc un de moins. Je me rappelais qu'en arrivant au début du mois je m'étais dit dans un moment d'inconscience : « Trois semaines, c'est long. » Je ne tarderais pas à comprendre par la suite que trois semaines, trois heures, trois ans ou même trente… cela passe finalement aussi vite qu'un instant.

Je tenais à cette première réunion de travail qui m'attendait, puisqu'elle devait évoquer la question des banques et des banquiers. Je ne faisais pas un point de fixation de leurs personnes ou de leurs situations, mais j'étais bien obligé de constater qu'ils avaient été au cœur de la crise financière. Dans ses causes d'abord, du fait de l'imprudence et du cynisme d'une partie d'entre eux. Dans son déroulement ensuite, en adoptant par réaction des postures trop rigides. Du « Tout est possible pour chacun », on était arrivé à « Plus de crédit pour quiconque ». Cette fois-ci, c'était la quasi-totalité des dirigeants de banque qui avaient adopté cette posture. Dans ses conséquences enfin, avec la pratique des bonus faramineux d'avant la crise qui avaient tendance à repartir de plus belle après celle-ci.

Je sentais que l'exaspération du pays à l'endroit de ces comportements était montée de plusieurs crans. Par principe, je n'aime pas désigner des boucs émissaires, d'autant moins que c'était facile de les utiliser dans ce dessein, tant eux-mêmes ne semblaient pas conscients de la gravité de la situation comme du rejet qu'ils suscitaient. C'était d'autant plus regrettable que le besoin de finances et de financiers était encore plus crucial dans notre période de crise économique que si nous avions été poussés par une croissance vigoureuse. Au fond, les banquiers pouvaient aider à faire repartir les choses fortement ou, au contraire, en cas d'erreurs faire replonger tout le monde dans une crise encore plus profonde, et surtout beaucoup plus longue. C'est dire combien j'attachais d'importance à cette rencontre dont j'attendais des résultats et pas simplement des analyses ou des déclarations de bonne volonté. Je l'avais fait précéder d'un communiqué officiel publié quelques jours auparavant où le gouvernement exigeait « avec fermeté que les nouvelles règles adoptées par le G20 en matière de rémunération soient strictement respectées ». J'avais été agacé, le mot était faible, par une annonce de la première banque française, BNP Paribas, qui prévoyait la reprise des « bonus variables » pour la fin de l'année et avait même provisionné rien de moins qu'un milliard à cet effet ! C'était beaucoup trop tôt, alors que nous en étions encore à éponger les pertes, et c'était particulièrement maladroit alors que tant de gens souffraient durement des conséquences de la crise. Cela ne pouvait pas tomber au plus mauvais moment. La banque américaine Goldman Sachs avait fait encore pire en provisionnant une somme sept fois supérieure à celle de BNP Paribas pour rémunérer les bonus de ses traders. Dans ce cas précis, cela devenait clairement irresponsable.

La difficulté principale résidait dans le fait qu'une réponse exclusivement nationale aurait pénalisé nos banques. Il fallait donc internationaliser notre riposte. C'est pourquoi je demandai dans la foulée de ces annonces que le prochain sommet du G20 à Pittsburgh puisse se saisir du problème de la fin de l'automaticité des bonus. Je souhaitai également qu'en même temps que des bonus quand tout allait bien soient prévus des malus pour les mêmes quand tout allait mal. Pour préciser ma pensée, j'utilisai la formule : « Pas de bonus sans malus. » C'était en effet un système injuste où lorsque de la valeur était créée, les traders en revendiquaient la paternité, et quand, à l'inverse, des pertes survenaient et devaient être assumées, cette fois-ci, personne n'en était ni comptable ni responsable.

La réunion débuta dans un climat tendu. Les meilleurs banquiers de la place étaient face à moi. Tous protestèrent de leur bonne foi ainsi que de leurs bonnes pratiques. Tous me reprochèrent de tenir un discours de gauche, voire d'extrême gauche. Je connaissais très bien chacun d'entre d'eux, certains étaient même des amis. Cela ne m'empêcha pas de leur parler rudement. « Vous pensez que je vous attaque, alors que je vous protège en vous évitant de retomber dans vos travers, de céder à la pression de votre milieu professionnel et de commettre l'irréparable en termes d'image et de relations avec les Français ! » Tel était le sens de ma déclaration liminaire. Je reconnais avoir été brutal. Je voulais les réveiller et leur faire comprendre que nous étions tous en train de cheminer sur une corde raide. Ce n'était pas le moment des demi-mesures, des hypocrisies et des faux-semblants. Je sais que cette réunion laissa des traces parmi certains des participants, dont le soutien me manqua lors de la campagne de 2012. Ceux-là pensaient sans doute que je devais être à leur service… C'est l'une des faiblesses de ces grands acteurs de l'économie et de la finance qui exigent pour eux-mêmes un soutien inconditionnel qu'ils ne sont jamais prêts à donner en retour. Ils comprirent cependant vite qu'il était inutile d'insister. Baudoin Prot, le dirigeant de BNP Paribas, fut le premier à faire un effort en réduisant de moitié, soit de cinq cents millions d'euros, l'enveloppe prévue pour les bonus des traders de sa banque. C'était un premier pas dans la bonne direction. Je précisai que l'État n'accorderait aucun mandat aux banques qui n'appliqueraient pas les nouvelles règles. J'étais au fond de moi scandalisé de voir les leçons de la crise que nous venions de vivre si vite oubliées, et ce alors même que la page de celle-ci n'était pas encore tournée.

Un autre dossier me préoccupait tout autant mais pour des raisons différentes. Il s'agissait de l'accès au financement pour les entreprises. De tous les côtés me parvenaient des signaux alarmants sur les refus des banques de prêter, notamment aux petites et moyennes entreprises. Ces dernières se retrouvaient asphyxiées, coincées qu'elles étaient entre la crise et le manque de fonds disponibles. Les exemples abondaient. Je recevais quantité de lettres me saisissant de situations particulièrement choquantes. Nombre de PME risquaient de ne pouvoir passer le cap. Je craignais de surcroît que cette situation, si elle perdurait, puisse conduire à un étouffement des premiers signes de la reprise. C'était un comble. Les banques avaient prêté à n'importe qui pour n'importe quoi avant la crise. La crise des *subprimes* en était la preuve. Maintenant, elles ne voulaient plus prêter à personne. Le bras de fer était engagé. Je n'avais d'autre choix que de le gagner !

Assez curieusement, l'opposition et les syndicats, au lieu de soutenir ma démarche, dénoncèrent de concert « une opération de stricte communication ». Je fus ainsi accusé par François Chérèque au nom de la CFDT de ne pas « avoir été assez combatif à l'égard des banquiers ». C'était aussi rituel qu'injuste, mais cela n'avait pas grande importance. Je savais que je serais jugé plus tard sur ma capacité à entraîner l'Europe d'abord, le G20 ensuite sur le chemin de la refondation du capitalisme. Je m'attendais à un combat d'autant plus difficile que le président des États-Unis Barack Obama venait d'annoncer qu'il renonçait de son côté à faire appliquer la moindre règle en matière de bonus. Pour un démocrate… cela faisait très républicain. Cela augurait mal du G20 de Pittsburgh, mais ne m'étonnait pas outre mesure tant Barack Obama nous avait habitués à la pusillanimité chaque fois qu'il aurait fallu affronter un lobby ou un adversaire. Et il est vrai que les banquiers aux États-Unis représentaient un pouvoir autrement plus puissant que celui qui était habituellement conféré aux banques françaises et à leurs dirigeants.

*

* *

Le mois de septembre débuta par un voyage de deux jours au Brésil. Notre entente avec le président Lula da Silva s'était renforcée au fil du temps. Ma volonté de créer un partenariat avec « le géant Brésil » commençait à prendre forme. Je voyais tout l'intérêt stratégique de cette alliance qui nous permettait d'installer une tête de pont en Amérique latine, ce continent de six cents millions d'habitants, de doper nos exportations dans un pays qui avait besoin de tout, et de renforcer notre influence dans les enceintes internationales grâce à cette amitié « étrange » entre le héros de la gauche sud-américaine et le leader d'une droite française qui commençait à faire école en Europe. C'était vraiment un système gagnant-gagnant. Lula en était aussi heureux que moi. Il m'avait plusieurs fois demandé de venir au Brésil, notamment lors de notre déjeuner d'avril 2009, au cours de notre premier véritable tête-à-tête. Je voulais depuis longtemps nouer des liens de confiance avec lui, car je tenais à faire du Brésil un partenaire privilégié de la France. La première puissance économique d'Amérique du Sud m'apparaissait comme un colosse aux dimensions humaines. « Colosse », parce que ses plus de deux cents millions d'habitants en faisaient l'une des plus grandes démocraties du monde. « Humaines », parce que son économie encore en développement ne lui permettait ni d'écraser ni même de dominer un partenaire comme la France. Le Brésil était suffisamment puissant pour être un allié utile, et assez faible pour ne pas devenir dominant dans nos relations bilatérales. Le fait que Lula soit connu pour son engagement à gauche, voire à l'extrême gauche n'était nullement gênant puisque, au contraire, nous pouvions jouer de nos complémentarités, du moins si nous avions la sagesse d'additionner nos amitiés et nos réseaux. J'avais même l'intuition qu'à nous deux nous pourrions rassembler beaucoup de monde. C'était, en outre, une occasion de mettre en avant l'Amérique du Sud dont je trouvais une nouvelle fois la place politique sur la scène internationale très insuffisante, comparée à son poids démographique. Tout nous différenciait, la langue, l'orientation politique, l'histoire personnelle, les références historiques et amicales. Et pourtant, nous nous comprîmes instantanément. Ce fut immédiat. J'avais plaisir à discuter avec lui. J'aimais sa façon de voir les gens et les situations. Ce fut même l'un des chefs d'État pour qui j'ai éprouvé le plus de sympathie. C'était spontané et assez profond. Plus j'apprenais à le connaître, plus j'appréciais la richesse de son parcours et l'intensité des combats qu'il lui avait fallu mener. Fils d'une famille de huit enfants, élevé seulement par sa mère, il fut ouvrier pendant de nombreuses années. C'est en travaillant à l'usine qu'il perdit un doigt de sa main gauche. Il dut s'y reprendre à quatre reprises avant d'être élu une première fois président du Brésil. J'ai rarement rencontré une telle volonté, une si profonde ténacité, un tel courage qui lui ont permis de surmonter tant d'épreuves. Je l'ai vu lorsqu'il a combattu un méchant cancer du larynx qui modifiait fortement le son de sa voix. Je l'ai rencontré après l'épreuve de son incarcération, alors qu'il s'apprêtait à se remarier. Lula n'est pas un homme que l'on peut abattre, détruire ou réduire. C'est un roc. Je confesse admirer cet homme sans porter de jugement sur des « affaires » dont j'ignore tout.

Bien sûr, nous avions des désaccords politiques, mais en vérité bien peu de divergences sur les questions de personnes. Il fut un allié précieux grâce à sa capacité à transgresser. Lors de sa visite en France, il envoya dans les cordes la pauvre Ségolène Royal qui, pourtant, revendiquait une proximité avec lui. Mal lui en avait pris, puisqu'il déclara : « Sarkozy a raison, la France doit travailler davantage. » Lula est sans doute de gauche, mais il n'est certainement pas un adepte de la pensée woke ! C'est d'ailleurs le charme des relations internationales, où les contraintes imposées par les contingences politiques nationales font moins obstacle aux sentiments personnels. Si curieux que cela puisse paraître, j'ai aimé travailler avec le président brésilien à qui j'ai toujours accordé ma confiance. En tout état de cause, si je devais aujourd'hui le comparer au président Bolsonaro, j'aurais encore moins de doute. Je n'aurais éprouvé aucun plaisir à travailler avec ce dernier, alors que j'ai aimé construire la nouvelle relation franco-brésilienne avec Lula. Il illustrait avec éclat la différence bien réelle entre le populisme le plus démagogique et une présidence qui se revendiquait comme étant issue du peuple. On peut avoir des désaccords avec Lula, qui n'a pas tout réussi, mais on ne peut contester son authenticité ! Il y a, à travers le monde, peu de chefs d'État qui pourraient en dire autant.

Lula m'avait donc réservé l'honneur d'assister à ses côtés au défilé de la fête nationale brésilienne du 7 septembre, qui était l'occasion de célébrer l'indépendance du pays. Le spectacle était tout à la fois coloré, joyeux, multiple, étrange et en même temps enthousiasmant. Coloré, car il semblait que la couleur avait été inventée par le Brésil et pour son seul profit. Je ne savais où porter mon regard. C'était comme si les teintes sombres n'existaient pas. Les participants étaient tous revêtus de costumes de lumières luxuriantes et chatoyantes. C'était un tableau éblouissant sans faute de goût où aucun coloris ne prenait le pas sur l'autre. C'était un invraisemblable capharnaüm où régnait malgré tout une certaine cohérence. Le défilé se déroulait sans monotonie, tant le spectacle changeait à chaque instant. Joyeux, car malgré la pauvreté et les inégalités, je ne vis parmi les spectateurs si nombreux et parmi les participants que des gens souriants et prêts à se déhancher aux premiers rythmes de tous les groupes musicaux qui se succédaient. La danse était comme une seconde nature. Je compris que quand un Brésilien bouge, il danse sans même qu'il s'en rende compte. Cela contrastait tellement avec notre raideur coutumière et notre manque de souplesse au propre comme au figuré ! Multiple, car aux armements les plus sophistiqués tels des missiles à longue portée succédaient immédiatement des organisations de la société civile comme l'école de samba de São Paulo ou celle des sports de combat de Rio. Défilaient ainsi des régiments marchant impeccablement au pas de l'oie et des jeunes filles aux collants parfois troués dansant au son d'une musique traditionnelle autant qu'endiablée. Les Brésiliens sont de toutes les origines. Il y a des Noirs, des Blancs, des métis, des Indiens. Impossible de les enfermer dans un morphotype. La mixité est le cœur de leur identité. Le mot même a dû être créé pour le Brésil. Étrange, parce qu'en dépit de ces différences multiples, de cette spectaculaire addition de cultures, de traditions, d'identités qui à l'origine n'avaient que très peu en commun, le Brésil est devenu un véritable pays. L'ensemble a su construire et trouver une cohérence qui n'est pas artificielle. Il constitue une nation, une société, un tout dont les liens sont extrêmement puissants. Et enfin enthousiasmant, parce que ce pays est la preuve vivante que toutes les différences devraient pouvoir coexister pacifiquement comme il continue à nous en apporter la démonstration.

J'étais fasciné par ce spectacle du nouveau monde qui m'apparaissait si jeune et tellement puissant par le potentiel sans limites de cette nation dont le sol et le sous-sol recèlent toutes les richesses, et dont le nombre d'habitants en fait la troisième plus grande démocratie de la planète. Bien sûr que les Brésiliens ont leurs difficultés et leurs problèmes, qu'ils sont divisés politiquement, socialement et culturellement, mais pas beaucoup plus que ne le sont les Européens aujourd'hui. Pourtant, en matière de différences, ils partaient de plus loin et surtout ils eurent moins de temps que nous pour parfaire leur système d'intégration.

La visite devait commencer par un dîner privé que Lula tenait absolument à organiser. Cela faisait presque une année qu'il m'avait promis un churrasco, le barbecue brésilien. Il souhaitait le préparer lui-même, affirmant qu'il en était devenu le spécialiste. Lorsque nous arrivâmes en début de soirée sur la terrasse du palais présidentiel à Brasilia, Lula était déjà en train de s'affairer avec gourmandise autour de l'appareil destiné à faire griller les fameuses viandes brésiliennes. Cet engin imposant et assez moderne était encadré par deux glaces de verre trempé installées sur chacun de ses côtés. Malheureusement, Lula, voulant bien faire, avait sans doute mis trop de charbon dans le foyer. J'avais d'ailleurs remarqué au moment de mon entrée que le feu était impressionnant de puissance. Alors que nous étions installés depuis à peine dix minutes, nous entendîmes une violente explosion qui nous fit sursauter et qui attira une quantité respectable de gardes brésiliens en armes qui, visiblement, avaient dû penser à un attentat. Après quelques minutes de grande confusion, la cause du vacarme était découverte. C'était moins romanesque que la police ne l'avait imaginé, puisqu'il s'agissait du fameux barbecue qui venait d'exploser dans un fracas terrible de verre brisé. Celui-ci s'était répandu sur la viande destinée à notre consommation, la rendant immédiatement impropre à cet usage. Lula était désolé et particulièrement déçu. Le barbecue serait pour une autre occasion… Heureusement, Marisa, l'épouse aujourd'hui décédée du président, avait anticipé le risque de la pluie. Elle avait donc prévu une solution de repli dans une salle à manger annexe, et couverte. C'est là que nous nous rendîmes afin de déguster la moqueca, un plat de poisson traditionnel brésilien accompagné de haricots. L'honneur était sauf. Lula ne parlait pas anglais et je ne pratique pas le brésilien, nous devions recourir aux services d'un interprète. Cela ne gênait nullement la fluidité de nos échanges.

Le dîner fut joyeux, intéressant et confiant. Lula était un hôte chaleureux qui faisait tout ce qui était en son pouvoir pour mettre à l'aise ses invités. Il avait gardé ses manières et ses goûts simples de l'époque où il n'était qu'un ouvrier parmi les autres. C'était tout le contraire d'un parvenu ou d'un nouveau riche. Ses costumes, ses préférences, son apparence ne s'étaient pas départis de la simplicité qui était sa marque de fabrique. Marisa était, elle, discrète et réservée. Il faisait très chaud. Lula transpirait beaucoup. Sa femme avait toujours à la main un grand mouchoir avec lequel elle épongeait tendrement le cou de son mari. Ils me donnèrent l'impression de former un couple heureux.

J'ai rarement rencontré un homme de la trempe de Lula. Je suis heureux de la nouvelle page de son destin hors norme qui s'est ouverte avec sa récente victoire à l'élection présidentielle. On peut dire qu'il aura tout connu et tout vécu. Je crois qu'il sera un meilleur président qu'il ne le fut, car il a conservé son talent, mais a accumulé une telle expérience qu'il a pu enrichir son humanité de sa connaissance de l'échec, de la maladie et de la prison. Mille fois, il a imposé sa renaissance. À tous ceux qui l'ont critiqué et qui continuent de le faire, je dirai simplement : « N'est pas Lula qui veut. » Il est une leçon d'espérance, d'énergie, d'envie de vivre. Le Brésil a de la chance d'avoir un leader de sa trempe. J'ajoute que dans les périodes de grandes incertitudes telles que celles que nous vivons, ce n'est pas un hasard de voir triompher un peu partout dans le monde des hommes d'expérience. Ils ont la capacité de rassurer et de guider les peuples désorientés par les crises multiples. Je pourrais faire la même remarque pour expliquer le retour inattendu du Premier ministre israélien Benyamin Netanyahou, qui ne répond à aucun des critères habituels de la politique !

Durant le dîner, nous parlâmes des nombreux dossiers qui occupaient nos deux pays. Ma priorité portait sur l'industrie d'armement. J'avais transgressé les règles habituelles et ignoré l'opposition des États-Unis, en acceptant d'aider les Brésiliens à acquérir des sous-marins à propulsion nucléaire. C'était une forme de tabou qui sautait, même si le nucléaire ne concernait que le mode de propulsion et bien sûr en aucun cas « la bombe ». Malgré tout, le signal de confiance était fort, car tous les gouvernements français et même tous les pays dotés de cette technologie avaient jusqu'à présent refusé de la partager avec le Brésil ! Je ne voyais pas les choses ainsi. À quel titre aurions-nous dû interdire le recours à la propulsion nucléaire à une authentique démocratie comme l'était le Brésil ? Nous exportions bien nos centrales nucléaires, il n'y avait à mes yeux aucune raison crédible de ne pas faire de même pour les sous-marins. En tout cas, cela avait instauré un nouveau climat entre le Brésil et la France. Je voulais en profiter pour pousser nos avions Rafale qui depuis vingt-cinq ans n'avaient jamais trouvé un seul acquéreur étranger. Cela commençait à créer un grave problème pour les chaînes de production du groupe Dassault Aviation, qui n'avaient pas été configurées pour n'avoir comme seul client que l'armée française. La compétition avec les Américains était violente et frontale. Tous les coups étaient permis, car ils considéraient le Brésil comme faisant partie de leur pré carré et ne pouvaient imaginer qu'un marché d'armement leur échappe. Lula s'était montré très encourageant en revendiquant un partenariat stratégique dans le domaine de la défense avec la France, accompagné des transferts de technologies qui l'intéressaient tout particulièrement. Le Brésil représentait la huitième puissance économique du monde et la cinquième par sa superficie. Nous avions tout intérêt à développer cette nouvelle amitié. Cette alliance était d'ailleurs d'autant plus naturelle que nous étions le seul pays d'Europe à disposer d'une frontière commune, de sept cents kilomètres ! C'était aussi cela que nous apportait la Guyane. C'était un atout décisif. L'annonce par Lula de l'entrée en négociation pour l'acquisition de trente-six Rafale français fut une des grandes satisfactions de ce voyage, et n'allait pas tarder à provoquer une réelle tension avec les Américains qui se battront jusqu'au bout pour faire échouer ce projet.

Enfin, et ce n'était pas le moins important, nous avions décidé d'adopter une position commune entre nos deux Nations sur la question centrale de la nouvelle organisation du système multilatéral mondial, lors du prochain sommet du G20 à Pittsburgh. Nous étions tous les deux également convaincus que les changements nécessaires se produisaient trop lentement, qu'il fallait réformer la composition des membres permanents du Conseil de sécurité, qu'il convenait de modifier la stratégie du FMI et de la Banque mondiale pour que ces institutions soient mises davantage au service du développement, et non pas seulement au contrôle des dépenses de fonctionnement des pays les plus pauvres. Autrement dit, nous ne voulions plus que ces organismes de contrôle rendent la vie impossible à des petits pays comme le Bénin en coupant nombre de ses dépenses, mais n'aient pas été en situation d'adresser le moindre signal d'alerte pendant toutes ces années aux grandes banques américaines qui avaient fait n'importe quoi avec les *subprimes* et les autres instruments financiers à la complexité redoutable et à l'opacité totale. Durant tout mon quinquennat, cette alliance franco-brésilienne a fonctionné sans le moindre accroc. Je n'ai jamais regretté d'avoir engagé cette politique. Maintenant que le président Bolsonaro est parti et que Lula est revenu, c'est à Emmanuel Macron de reprendre le flambeau d'une stratégie tellement profitable pour ces deux Nations.

*

* *

Rentré en France après avoir voyagé toute la nuit, je ne tardai pas à être rattrapé par la politique par le biais de trois affaires qui n'avaient rien à voir, mais qui provoquèrent une grande agitation. La première concernait l'arrestation aussi choquante qu'inattendue de Roman Polanski en Suisse, alors même qu'il avait été invité par les autorités de ce pays à recevoir le prix qui lui avait été décerné par les organisateurs du Zurich Film Festival pour l'ensemble de son œuvre. La démarche en elle-même était étrange, puisqu'elle consistait à accorder un visa pour que Roman Polanski puisse se rendre à cette manifestation et, dans le même temps, à organiser son arrestation dès sa descente d'avion. On a connu meilleur accueil ! Les Suisses auraient pu déclarer le réalisateur *persona non grata* et ne pas le laisser venir chercher son prix. Il n'y aurait rien eu à redire. Mais l'accueillir pour l'arrêter, c'était une tout autre affaire. Le mouvement #MeToo n'existait pas à l'époque. L'affaire de l'arrestation et les conditions de sa mise en œuvre déclenchèrent un scandale retentissant.

Je connaissais Roman Polanski. J'appréciais le réalisateur génial de tant de nos films cultes, de *Rosemary's Baby* au *Bal des vampires*, et j'aimais l'homme rescapé du ghetto de Cracovie alors qu'il n'était qu'un tout jeune enfant. Avec Carla, nous étions proches de la talentueuse Emmanuelle Seigner qui est sa femme depuis plus de trois décennies. Je fus abasourdi par la nouvelle de l'incarcération de Roman Polanski, et plus encore par le risque de son extradition aux États-Unis où il encourait jusqu'à trente années de prison. Le problème venait d'un mandat d'arrêt délivré en 1978, c'est-à-dire trente-deux ans auparavant ! Mandat que tout le monde avait oublié, y compris le principal intéressé âgé à ce moment précis de 75 ans. Les faits sont suffisamment connus pour qu'il soit inutile d'y revenir en détail : Roman Polanski avait commis la faute grave d'avoir eu des relations sexuelles avec une mineure de 13 ans. Les faits étaient inacceptables et nul, pas même Roman Polanski, ne l'avait jamais contesté. Aucun des drames qu'il a pu traverser dans sa vie ne peut être brandi comme une circonstance atténuante. Ni la déportation des siens durant la Seconde Guerre mondiale, ni l'assassinat atroce de Sharon Tate, son épouse alors enceinte, par le démoniaque Charles Manson. On ne peut pas non plus se dissimuler derrière l'ambiance particulièrement délétère qui régnait dans la Californie des années 1970, ivre de drogue et de sexe. Cependant, tout cela existe. Par ailleurs, la victime de monsieur Polanski avait clairement exprimé sa volonté que cette affaire cesse d'être évoquée. Elle alla même jusqu'à affirmer avoir tourné la page depuis bien longtemps. J'ajoute un dernier élément qui est important à mes yeux, celui du droit à l'oubli pour chacun, surtout si c'est avec le consentement de la victime. Or, c'était bien le cas puisque cette dernière requit l'abandon des poursuites. Trente années se sont écoulées depuis les faits, Roman Polanski vit avec cette épée de Damoclès au-dessus de la tête. Jamais il ne fut concerné par une autre affaire de ce type.

La nouvelle de son incarcération provoqua une grande émotion dans les milieux culturels français comme européens. Les Suisses avaient un délai de quarante jours avant de répondre à la demande d'extradition du procureur de Los Angeles en charge du dossier. Cela ne laissait que peu de temps pour agir. Je reçus Emmanuelle Seigner qui était bouleversée et très inquiète. Elle était en même temps pleine de sang-froid et de détermination. J'admirai le courage de cette femme prête à tout pour sortir le père de ses deux enfants de ce piège. Je tins à lui dire la vérité, si difficile à entendre soit-elle. Elle devrait se préparer à ce que cela soit long, et donc s'armer de patience. Le temps de la justice est interminable, surtout lorsqu'il convient de mettre en œuvre des conventions internationales. J'étais cependant décidé à les aider, non pas parce qu'ils étaient connus, pas davantage parce qu'ils étaient nos amis, mais parce que, en tant que président de la République, je devais, comme je l'avais fait tant de fois pour des anonymes, ramener tous les Français dans ces situations périlleuses en France. La notoriété de Roman Polanski ne lui conférait pas moins de droits que n'importe quel autre citoyen !

Je m'entretins du cas Roman Polanski avec le président des États-Unis Barack Obama. Je souhaitais le sensibiliser à la situation de ce réalisateur mondialement connu et à l'émotion suscitée au sein des milieux culturels français. Il m'écouta avec politesse mais ne fit rien… Il me le confia assez franchement : il ne voulait ni ne pouvait rien entreprendre ! L'« icône » des studios hollywoodiens ne bougea donc pas le petit doigt. Il aimait pourtant recevoir les acteurs, les metteurs en scène, les stars du petit comme du grand écran. Il appréciait d'être pris en photo avec eux, d'afficher sa proximité. Mais je sentis que, dans ce cas d'espèce, il y avait trop de risques pour son image. Il ne pouvait supporter le moindre accroc, même si cela eût été pour répondre à une situation aussi injuste. Hillary Clinton fut plus courageuse en faisant clairement part de son émotion. Elle était beaucoup plus sensible et accessible à l'aspect humanitaire de la situation. C'était déjà cela !

J'évoquai également la question avec la représentante fédérale suisse. C'était une femme intelligente et sympathique qui se trouvait être pour une année la présidente du pays. Ainsi fonctionne le système suisse, où le titulaire de la première fonction du pays n'occupe que très brièvement cette place. La rotation annuelle au sein du Conseil fédéral est la règle constitutionnelle. Le résultat était que le titulaire manquait d'expérience du pouvoir et des relations internationales. De surcroît, cette présidente était assez jeune. Je la sentis très ennuyée par cette affaire dont elle se serait bien passée et qui semblait la dépasser. Je lui fis valoir qu'une décision d'extradition vers les États-Unis d'un homme de 75 ans qui avait été préalablement invité officiellement en Suisse ferait courir un grand risque réputationnel à son pays. Elle en convint assez rapidement, et avec un certain fair-play. Je sentis toutefois que le poids du pouvoir et de la décision ultime pesait lourd sur ses épaules. Après quarante-deux jours de prison, Roman Polanski fut finalement assigné à résidence dans la maison qu'il possédait dans la montagne suisse. C'était une première étape, et un véritable soulagement. Il fallut encore pas moins d'une année pour qu'il soit autorisé à quitter le territoire suisse. Mais aujourd'hui, à près de 90 ans, il ne peut toujours pas voyager et quitter la France. La « petite Suisse » avait finalement résisté au « géant américain ».

C'est alors que surgit la polémique à propos de Frédéric Mitterrand. Je ne m'y attendais pas. La surprise fut complète. Mon ministre de la Culture avait volé au secours de Roman Polanski à l'occasion de son emprisonnement. Je trouvais qu'il avait eu raison, compte tenu des fonctions qu'il exerçait. Il se devait d'être aux côtés des artistes. De surcroît, je connaissais sa sensibilité. Il aimait ce milieu artistique auquel il appartenait. Il vivait leur vie, leur passion et partageait leurs réactions. Il était lui-même un artiste de talent. J'étais donc satisfait de le voir ainsi monter au front et faire preuve d'un courage réel. Je n'avais pas imaginé que l'affaire Polanski pourrait devenir celle de Frédéric Mitterrand. C'est pourtant bien ce qui se produisit. Ce fut Marine Le Pen qui mit le feu aux poudres. Avec un cynisme assumé et sa mauvaise foi habituelle, elle n'hésita pas à expliquer que le soutien du ministre au cinéaste était naturel, puisque les deux avaient eu un même comportement pédophile. Pour étayer sa « thèse », elle lut au cours de l'émission *Mots croisés* un extrait du livre autobiographique de Frédéric Mitterrand, *La Mauvaise Vie*. Elle y cita des extraits tronqués narrant des épisodes de la vie personnelle de celui-ci en Thaïlande. Elle alla jusqu'à inventer l'expression « jeunes garçons », qui n'existait pas dans le livre. En un instant, et par sa bouche, l'homosexualité devenait donc de la pédophilie. Le raccourci était malhonnête et injurieux. Malheureusement, il était efficace pour frapper les esprits. Elle n'en resta pas là, puisqu'elle n'hésita pas à demander sans délai la démission du ministre. C'était ennuyeux, mais cela venait du Front national qui nous avait, de longue date, habitués à ce genre de comportement nauséeux.

Les choses s'enflammèrent véritablement lorsque le porte-parole du Parti socialiste, Benoît Hamon, soutenu par le « procureur » Arnaud Montebourg, rejoignit sans manifester la moindre gêne le camp de la morale outragée incarnée par le Front national. Les deux firent leur l'argumentation de Marine Le Pen en se disant choqués par le livre de Frédéric Mitterrand, qui avait été publié, je tiens à le rappeler, quatre années auparavant ! Il s'agissait pour le moins d'un choc décalé, ou plus exactement d'opportunité, puisqu'ils voulaient régler un compte avec un ministre qui avait quitté la gauche pour me rejoindre. J'étais stupéfait que le Parti socialiste puisse ainsi s'aligner sur le Front national dans le seul but d'affaiblir la majorité. On comprend mieux la perte complète d'identité des dirigeants socialistes d'alors. Ils n'avaient plus de repères, plus de lignes, plus de limites. Malgré l'élection de François Hollande en 2012, je pense que la crise du socialisme français commença durant ces années toutes entières consacrées à la démolition des autres, et jamais à la construction d'un nouveau corpus d'idées et de valeurs. Frédéric Mitterrand répondit avec beaucoup d'à-propos et de façon cinglante : « Si le Front national me traîne dans la boue, c'est un honneur. Si un député de gauche me traîne dans la boue, c'est une honte pour lui. » En cela, il montrait qu'il avait vite assimilé les codes de la vie partisane et qu'il était devenu un authentique ministre politique. Ce dont beaucoup avaient douté au moment de sa nomination.

J'avais lu son livre bien avant que ne débutât la polémique. Je l'avais trouvé talentueux, douloureux et sensible. Jamais Frédéric Mitterrand n'avait fait l'apologie du tourisme sexuel, encore moins de la pédophilie. Il y révélait en revanche son homosexualité et confessait avoir eu recours à des prostitués hommes adultes. Il montrait ainsi le visage sombre d'une partie de lui-même. Je comprenais que cela puisse choquer, mais j'estimais que nous n'étions plus au Moyen Âge et que, surtout, ce comportement n'avait rien qui puisse donner matière à des poursuites pénales. Frédéric Mitterrand était tout à la fois très blessé par ces attaques et, à juste titre, furieux de cette mauvaise foi. Il faisait preuve dans la même minute d'un réel abattement et d'une volonté belliqueuse d'en découdre à tout prix. Je lui conseillai instamment de prendre la parole pour clore le débat. Il me semblait que le journal de 20 heures de TF1 serait l'occasion de toucher le plus grand nombre de Français. J'étais certain que l'honnêteté, la sincérité et la vérité de son témoignage fermeraient cet épisode qui n'avait rien d'agréable. J'imaginais sans peine combien il pouvait être humiliant d'être contraint de s'expliquer sur sa vie intime. Nous étions bien avant le déferlement de révélations scabreuses qui nous sont servies aujourd'hui, sans doute était-ce le début.

Il fit une bonne prestation télévisuelle qui lui permit de confirmer que les accusations portées étaient diffamatoires, en précisant toutefois avec une profonde sincérité : « J'ai commis une erreur, un crime non, une faute même pas. » Je confirmai dans la foulée mon soutien à ce ministre tellement différent des autres. Il me confia combien ma fermeté à ses côtés l'avait touché, et qu'il s'en souviendrait ! Les hommes sont ce qu'ils sont, et donc pas toujours ce qu'ils auraient aimé être. Je suis certain que Frédéric Mitterrand était sincère. Et puis sa nature profonde reprit le dessus. Il ne fut pas par la suite le défenseur intransigeant de notre action commune que j'avais espéré qu'il serait. Je ne lui en ai pas tenu rigueur, car c'est un homme qui s'était engagé sur un sentiment, une cause, une pulsion, mais qui a plus de mal à le faire sur le long terme et dans un registre plus technique ou plus politique qu'affectif. Frédéric Mitterrand n'aimait rien mieux que se torturer en donnant de lui une image souvent exagérément négative. Il voulait par-dessus tout être aimé et avait la hantise d'être rejeté. C'est peut-être ce qui expliquait son recours d'autrefois aux amours tarifées. Il était trop sensible pour affronter sur le long terme les combats politiques si rudes, où il faut faire preuve de constance et de résilience. J'aimais sa différence et cette forme de douceur naïve et d'enthousiasme adolescent qui faisait sa spécificité. La vie partisane manque aujourd'hui de semblables talents inclassables et pourtant bien utiles pour s'élever, pour rêver et pour continuer à croire que l'art est indispensable à l'homme parce qu'il lui est propre et qu'il est toute sa spécificité à l'intérieur du monde du vivant.

Depuis lors, les choses se sont envenimées encore, comme on a pu le constater avec la désolante cérémonie des César de l'année 2020. Nous vivons désormais dans une atmosphère de lynchage permanent. Qui peut croire que ce déferlement de haine puisse soulager les injustices, les misères, les souffrances de ceux qui y sont le plus exposés à l'intérieur de nos sociétés ? Ce climat exacerbe au contraire les tensions comme les rapports humains. Il désacralise tout. Il salit tous ceux qui y prennent part ou s'y trouvent momentanément exposés. Cette exhibition n'a rien à voir avec la justice, avec la transparence, avec la vérité. Ce sont les pulsions les plus basses de l'être humain qui se trouvent flattées au quotidien. La démocratie recule et la civilisation avec elle. La vérité aussi, car dans ce brouhaha où seuls les coupeurs de têtes et les imprécateurs ont la parole, personne n'est en mesure de s'y retrouver. Le résultat, c'est la confusion qui règne en maîtresse absolue. On ne cherche pas à comprendre, à réfléchir, à analyser ou simplement à prendre du recul. Il faut juste lyncher. Finalement, il ne reste plus qu'un goût amer qui demeure dans la bouche, celui d'un dégoût généralisé. Le pire est que cela finira même par décourager ceux qui s'engagent pour le respect des femmes, pour le recul des injustices entre les hommes et les femmes, pour l'éradication d'une violence physique et morale intolérable. Ces justes causes peuvent disparaître derrière les polémiques à répétition. On ne combat pas ces fléaux en étant soi-même violent, intolérant, sectaire, imprécateur ou simplement calomniateur. L'État de droit a les armes qui lui ont été conférées par des siècles de civilisation. Ce sont elles, et elles seules, qui doivent être employées, quelle que soit la cause à défendre. Être président, c'était aussi savoir prendre le risque de se tenir aux côtés de celui qui est seul face à la meute ou à l'émotion du moment. Sinon, à quoi aurait servi ce grand pouvoir dont j'avais la disposition momentanée ? Suivre systématiquement l'opinion, accepter l'injustice, se taire devant elle n'était pas à mes yeux une option.

La troisième polémique concernait la fameuse affaire Clearstream, qui avait vu deux proches amis de Dominique de Villepin à la manœuvre dans une affaire sordide. Il était question de la fabrication de toutes pièces de deux faux comptes à mon nom dans une banque luxembourgeoise, afin de tenter de me compromettre à propos de fraude et d'évasion fiscale. Je ne reviendrai pas sur les détails d'une histoire sur laquelle je me suis déjà exprimé. Je l'évoque parce qu'il s'agissait du moment du procès devant le tribunal correctionnel de Paris. L'ancien Premier ministre, mis mal à l'aise par l'accumulation des faits qui lui étaient opposés, essaya habilement et avec un certain succès de modifier l'angle du débat judiciaire pour le transformer en une question politique. Pour lui, ce n'était plus une barbouzerie, mais « un procès politique dans lequel Nicolas Sarkozy, la partie civile, pèse de tout son poids institutionnel ». Il décrivait en conséquence une situation devenue malsaine par ma seule faute. De coupable présumé, il se présentait désormais comme « victime désignée ». Pour émouvoir davantage, il se rendit à l'audience accompagné de sa femme et de ses trois enfants qui l'entouraient au moment de sa déclaration solennelle. Les médias, pourtant si souvent passionnés par les scandales de toutes sortes, ne s'intéressaient plus à celui-ci, pourtant authentique. Ils étaient bien davantage passionnés par ce qu'ils pressentaient être un affrontement politicien entre l'actuel président de la République et l'ancien Premier ministre de Jacques Chirac. J'étais ulcéré par cette attitude que je trouvais injuste. Je pensais naïvement que ce procès serait l'occasion de débarrasser la Ve République de ces complots odieux. J'étais sans doute trop émotif, et surtout trop impliqué. J'avais beaucoup souffert de cette affaire, j'ai donc eu du mal à tourner la page. Pour l'occasion, je manquai de sang-froid. Si compréhensible que cela soit, cela n'en constituait pas moins une faute que Dominique de Villepin exploita sans le moindre état d'âme doublé d'un cynisme et d'un aplomb certains. Il joua avec talent la victime, alors même qu'il connaissait parfaitement la réalité et le rôle qui lui était imputé dans l'ordonnance de renvoi.

Nous en étions là quand les choses se compliquèrent par la faute d'un lapsus de ma part qui tomba au plus mauvais moment, celui justement où toute la presse se trouvait focalisée sur l'évènement. J'étais à New York où je devais prononcer un discours devant l'Assemblée générale annuelle des Nations Unies. Il me fallait faire le point sur l'avancement de la régulation bancaire mondiale avant le sommet du G20 qui se tenait le lendemain à Pittsburgh. TF1 avait dépêché à New York Laurence Ferrari, qui me recevait en direct pour couvrir l'évènement. Un studio avait été improvisé dans un immeuble proche de celui des Nations Unies et qui abritait la mission permanente de la France. C'était l'occasion de mettre en perspective tous les efforts faits par notre pays pour obtenir la fameuse refondation du capitalisme dont j'avais tant parlé et la régulation qui devait aller de pair. France 2 était associée à ce rendez-vous médiatique par le biais de son journaliste David Pujadas. Les dossiers ne manquaient pas, puisque à ceux liés à la crise financière s'ajoutaient tous ceux qui concernaient le réchauffement climatique. Ils n'étaient ni moins nombreux ni moins importants. C'était d'ailleurs une semaine particulière puisque pour la première fois de mon quinquennat, j'allais être absent de France pendant cinq jours. Cela ne m'était jamais arrivé. Je n'aimais pas m'absenter trop longuement. Cela ne correspondait pas à mon tempérament, peut-être trop angoissé. Je craignais également le risque de déconnexion avec les réalités nationales. Et celui-ci me faisait vraiment peur. J'avais vu mes prédécesseurs y succomber. Je voulais tout faire pour ne pas y sombrer à mon tour ou, en tout cas, le plus tard possible. Il m'arrivait de penser au général de Gaulle, qui n'hésitait pas à quitter la France pour plusieurs semaines afin de visiter le monde. Sa tournée sud-américaine s'était par exemple étendue sur trois semaines ! C'était à ces détails que je comprenais à quel point le monde avait changé.

L'entretien avait duré près de trente minutes. À la fin, deux questions me furent posées de façon incidente sur l'affaire Clearstream. Je répondis expressément ceci : « Je fais totalement confiance à la justice. Que chacun s'explique devant le prétoire, devant les juges, et ces derniers décideront qui sont les opérateurs, qui sont les commanditaires… Au bout de deux ans d'enquête, deux juges indépendants ont estimé que les coupables devraient être traduits devant un tribunal correctionnel. » Aucun des deux journalistes n'avait réagi à ces propos sur le moment. L'entretien se poursuivit sans l'ombre d'un incident. Ils n'avaient pas perçu l'objet de la polémique future. Ce ne fut que quelques heures après que le débat fut lancé et tourna rapidement à l'affrontement. Dominique de Villepin s'était saisi du mot « coupable » et fut relayé par ses avocats qui pilonnèrent sur cette « violation intolérable de la présomption d'innocence » à laquelle je m'étais laissé aller. J'aurais bien aimé profiter des mêmes scrupules lorsqu'il m'arriva par la suite de me trouver confronté aux épreuves judiciaires… Pour tout dire, je ne ressentis jamais une telle réserve à mon endroit ! En un instant, le scandale n'était plus le montage financier dont j'avais été la victime, mais l'emploi du mot « coupable ». L'expression était sans aucun doute maladroite et inappropriée. Elle ne portait pourtant pas un grave préjudice à Dominique de Villepin. Cependant, une fois la polémique lancée, aucun de mes arguments ne fut plus audible. Je m'étais mis tout seul dans ce piège. Je ne pouvais m'en prendre qu'à moi-même. Toute mon émission fut réduite à cette seule polémique dont je sortis vaincu. Peu importait que cela soit injuste ou outrancier, le mal était fait.

J'ai voulu évoquer ces évènements dans le seul but de montrer l'état de concentration permanent dont il faut savoir faire preuve lorsque l'on exerce la fonction de président. Le moindre mot de travers, le plus petit dérapage entraîne des conséquences que l'on ne pouvait ni imaginer ni anticiper. Les six heures de décalage horaire, les cinq journées d'absence du territoire national, l'immersion complète dans les dossiers internationaux tout au long de ce déplacement faisaient que je ne disposais plus de la concentration nécessaire. Je n'étais donc pas en mesure de donner une interview télévisée aussi longue où j'allais fatalement être interrogé sur les sujets les plus politiques du moment. Je ne fus pas assez attentif à tous ces détails qui en fait n'en étaient pas. Je me promis de ne pas renouveler cette expérience. Il est vrai que l'on apprend d'abord de ses erreurs. Ce jour-là, j'avais donc appris… à mes dépens.

La difficulté venait également du décalage entre l'importance des sujets que j'étais en train de traiter et l'explosivité des questions « périphériques » beaucoup plus inflammables. Ces dernières ne durent pas, mais elles brûlent, et en brûlant, elles laissent des traces. Le climat, la crise financière étaient des sujets ô combien plus graves et plus décisifs pour la planète, mais ils imposaient que les observateurs investissent du temps pour les travailler avant de les commenter. La polémique politique, à l'inverse, peut occuper un plateau de télévision pendant des heures sans obliger à un quelconque investissement personnel. La conclusion est que les sujets périphériques prendront toujours le pas sur les grands problèmes de fond sur les chaînes d'information de l'immédiateté. Il ne s'agit pas d'un jugement de valeur ni d'une critique, simplement d'un constat. Je ne suis même pas certain que, dans le système actuel, les dirigeants de ces médias puissent faire autrement ! L'évolution va aller en s'aggravant, ce qui ne simplifiera pas le travail de tous ceux qui sont, ou qui seront, en charge des affaires de la France.

L'avantage de cette polémique, outre qu'elle s'évapora assez rapidement, fut qu'elle me permit de voir ceux sur qui je pouvais vraiment compter dans ma majorité. À cette occasion, le secrétaire général de l'UMP, Xavier Bertrand, fit preuve de beaucoup de vaillance. Il me défendit avec constance... Je le considérai autrement à partir de ce moment. Il avait en quelque sorte gagné ses galons politiques. François Fillon fut également solide. Le courage n'était pas une qualité si répandue. Elle devait donc être appréciée à la mesure de sa rareté ! Xavier Bertrand et François Fillon en avaient fait preuve. À l'inverse, il y eut ceux qui, comme Gérard Longuet, alors président du groupe UMP au Sénat, furent assez calamiteux. Le pire étant que ce dernier n'avait aucune mauvaise intention. J'avais déjà observé sa capacité particulière à commettre des maladresses, alors qu'il était pourtant doté d'une réelle intelligence et d'une solide expérience. Comme quoi ce n'était pas suffisant... Il évoqua la mémoire de Michel Poniatowski, alors ministre de l'Intérieur, qui avait été condamné par la Cour européenne des droits de l'Homme pour avoir présenté un prévenu comme coupable ! Il y avait sans doute meilleur argument pour m'aider... d'autant plus que je n'avais pas prononcé le nom de « Villepin » accolé à celui de « coupable ». Et, enfin, il y avait tous ceux dont l'habitude était de se cacher en cas de polémique en espérant que tout cela finirait par m'affaiblir. Le président du groupe UMP à l'Assemblée nationale était à leur tête. Ce ne fut pas une surprise.

L'avocat de Dominique de Villepin annonça qu'il allait dès le lendemain m'assigner devant les tribunaux pour violation de la présomption d'innocence et qu'il demanderait même des dommages et intérêts. L'annonce fit grand bruit. Puis personne ne remarqua qu'il n'avait jamais mis sa menace à exécution... Je ne veux en rien minimiser mon erreur, qui était bien réelle, mais la preuve de la superficialité de toutes ces indignations feintes fut apportée par le fait que deux jours après, plus personne n'évoquait la polémique. Elle était tombée dans les oubliettes. Ce fut beaucoup de temps perdu, alors que les véritables dossiers attendaient pour être arbitrés et traités.

Je compris cependant qu'il me fallait mieux organiser la majorité, renforcer son unité, aiguiser ses arguments et surtout doper son dynamisme. C'était fascinant de constater combien beaucoup de ceux qui m'avaient accompagné dans la conquête du pouvoir s'étaient « embourgeoisés ». Comme si celui-ci était un droit. Ils avaient oublié qu'il ne se méritait qu'au prix d'un travail de chaque instant et de prises de risques continues. Ni eux ni moi ne pouvions nous permettre le moindre relâchement. Là encore, c'était humain. Cela n'en constituait pas moins une faiblesse. Je décidai donc de réunir à l'Élysée un comité de liaison composé de l'ensemble des leaders des partis et mouvements associés ou alliés de l'UMP. La présence dans ces réunions de deux nouveaux fit beaucoup parler.

Il y avait d'abord Frédéric Nihous, le président de Chasse, Pêche, Nature et Traditions. Bien que n'ayant jamais chassé de ma vie, je l'aimais bien et surtout je pensais qu'il représentait un véritable courant dans l'opinion. Non pas au sens strictement politique, mais relativement à la nostalgie d'un certain mode de vie. Il parlait au nom d'une France qui ne voulait pas disparaître. Je comprenais ses sentiments. J'aurais moi-même été heureux d'avoir eu un père qui m'aurait pris avec lui le dimanche matin, avec qui j'aurais pu partager tout à la fois une passion et une complicité. Je n'aurais sans doute pas pu tirer sur un animal. L'acte en lui-même me déplaît assez profondément. Mais je peux comprendre la passion que cette activité suscite et les liens qu'elle est susceptible de créer entre ceux qui la pratiquent. J'ajoute que je préférais de beaucoup que tous ces gens soient avec nous au sein de la majorité présidentielle plutôt qu'ils ne rejoignent les rangs du Front national.

Cependant, l'invité qui fit l'objet du plus grand nombre de commentaires fut Philippe de Villiers. J'étais obsédé par l'idée qu'il me fallait rassembler toutes les droites à l'exception de celle du Front national. C'était la condition absolue du succès. Nous n'avions pas d'autre choix. Et cela valait particulièrement s'agissant des souverainistes qui avaient été majoritaires en 2005 lors du référendum sur la Constitution de l'Europe. Je ne pouvais me résoudre à ne compter dans ma majorité que des Européens convaincus, même si je l'étais moi-même. Nous aurions été minoritaires dans le pays. Il fallait faire preuve d'esprit de rassemblement et en même temps d'ouverture. Or, cette dernière qualité est de loin la plus rare en politique, où chacun est souvent prêt à rompre au nom de convictions naturellement « intangibles ». Je crois au contraire que plus celles-ci sont fortes, plus on se doit au compromis et à la synthèse. Ces deux arrivées provoquèrent des grincements de dents dans la majorité. Christine Boutin parla de ma volonté de « mélanger l'eau et le feu » et les centristes me suspectèrent un temps d'être prêt à brader mes convictions européennes. Je ne démordis pas de ma position. Le rassemblement devait être le plus large possible.

A posteriori, lorsque je constate l'éclatement de la droite d'aujourd'hui en « mille petites chapelles irréconciliables », en pure perte, je me trouve conforté dans l'idée que notre stratégie de l'époque était la bonne et d'ailleurs la seule possible. Si la droite veut de nouveau exercer le pouvoir, elle devra faire fi de ses mesquineries, de ses jalousies, de ses intolérances, de ses petitesses, afin que ceux qui ont quitté ses rangs pour partir chez Macron, chez Zemmour, chez Édouard Philippe ou qui sont restés au sein des Républicains puissent se retrouver, travailler, réfléchir, proposer, militer ensemble. Ce n'est pas impossible, puisque ce fut très exactement ce que nous fîmes durant toutes ces années. Pour contester cette évidence, on évoque souvent les incompatibilités programmatiques. Il s'agit d'un prétexte. On oublie que le succès aide beaucoup à les surmonter, et que l'échec, à l'inverse, les attise. On trahit bien davantage ses idées en étant réduit au score de 4,7 % qu'en acceptant des compromis utiles et intelligents qui permettront d'exercer le pouvoir, et surtout d'éviter que d'autres aux idées opposées aux nôtres ne l'exercent. La division est toujours une preuve de faiblesse et témoigne d'un manque d'ambition. Il y aura bien sûr à résoudre la question du leadership pour l'avenir. La politique est d'abord une affaire d'incarnation. Elle n'est pas qu'une question d'idées et de programme. La valeur d'une peinture ne saurait s'expliquer par le seul choix des pinceaux, des toiles ou de la qualité des tubes de couleur, c'est le peintre seul qui fait toute la différence. En politique, il en va de même. Le leader fait l'essentiel. Mais celui-ci aura davantage de chances d'émerger s'il se trouve au sein d'une grande et puissante formation plutôt qu'enfermé dans une petite. En la matière, la droite n'a pas la même latitude que la gauche. Les électeurs de la première exècrent la division. Ceux de la seconde la considèrent à l'inverse comme une opportunité qui permet la liberté et la créativité !

Contrairement à ses habitudes, Philippe de Villiers répondit à mon appel au rassemblement par une attitude positive autant que collective. Il déclara ainsi : « On nous a proposé d'intégrer le comité de liaison et nous pensons que c'est une approche intéressante pour l'avenir. » J'étais heureux de tous ces signes d'unité. L'élargissement rendait la gestion de la majorité plus complexe. Je devais me démultiplier pour que chacun se sente considéré et entendu. Mais cela créait une dynamique, suscitait un espoir, permettait une émulation. Et surtout, c'était de ma responsabilité. La division m'aurait été à juste titre reprochée. L'union reposait donc sur mes épaules. Les critiques les plus vives vinrent de tous ceux qui n'en étaient pas ou de mes opposants. Nicolas Dupont-Aignan, d'abord, dont je n'avais pas souhaité la présence, non pour des raisons idéologiques, mais du fait de son tempérament qui ne lui permettait jamais de s'intégrer dans un collectif sans ressentir une pulsion de destruction. Quant à la gauche, elle m'accusa comme de coutume de « ne plus être le président de tous les Français ». Cela aurait été tellement plus commode pour elle que je laisse la majorité se déliter… Les commentateurs furent à l'inverse assez impressionnés par la constance de cette volonté de rassemblement. Ainsi, Paul-Henri du Limbert décrivit pour *Le Figaro* : « Les raisons qui ont permis l'incroyable élargissement de la majorité. Incroyable, le mot n'est pas trop fort quand on se souvient de l'image qui collait à la peau de Sarkozy en mai 2007 où beaucoup voyaient en lui le représentant d'une droite arrogante et intolérante. » Avec le recul, j'ai compris que c'est le jour où le comité de liaison de la majorité s'était réuni à l'Élysée que ma future candidature à l'élection de 2012 devenait certaine pour tous les observateurs. Comment leur donner tort...

*

* *

En ce mois de septembre, j'annonçai l'une des décisions les plus complexes et les plus difficiles de mon quinquennat avec l'inscription dans le budget 2010 de la première fiscalité écologique. Il s'agissait de renforcer les prélèvements qui devaient peser sur les activités polluantes tout en allégeant d'autant les impôts qui frappaient la production et le travail. Mon raisonnement était simple : mieux valait pénaliser les comportements néfastes à la collectivité que ceux qui lui étaient utiles. On ne pouvait pas continuer à taxer le travail, à taxer le capital et à ignorer la taxation de la pollution. C'était donc l'annonce de la taxe carbone. Elle devait porter sur le pétrole, sur le gaz et sur le charbon en fonction de leur contenu en gaz carbonique, qui était celui qui pesait le plus sur le changement climatique. Cette fiscalité nouvelle n'avait qu'un seul objectif, celui d'inciter les ménages et les entreprises à réduire progressivement la consommation des énergies fossiles qui émettaient du CO_2. C'était une décision importante, pour ne pas dire historique. J'annonçai que l'électricité ne serait pas concernée par cette taxe parce que, étant d'origine nucléaire, elle ne produisait pas de CO_2 et n'avait donc pas vocation à être surfiscalisée. Cette exception posée, la taxe carbone devait être universelle et payée par tous les consommateurs d'énergie fossile.

Ce mécanisme s'inspirait du principe « pollueur-payeur ». Je dus arbitrer le niveau de ce nouveau prélèvement. Michel Rocard avait proposé de le fixer à trente-deux euros la tonne de CO_2. Je refusais d'aller si loin. Je pensais qu'il s'agissait d'un montant, surtout en cette période post-crise, trop élevé. Nous nous basâmes en conséquence sur la valeur du prix moyen du marché de la tonne de carbone, tel qu'il avait été observé durant les deux dernières années. Cela représentait dix-sept euros par tonne de CO_2. La même charge devait être assumée par les entreprises et par les ménages, soit quatre centimes de plus par litre d'essence, quatre centimes par kilowatt de gaz, et quatre centimes et demi par litre de fioul. C'était un effort, mais il me semblait raisonnable. D'autant que, dans le même temps, je m'engageai à ce qu'il n'y eût aucune augmentation de la fiscalité générale. Le solde fiscal devait donc être neutre. Dans ce but, j'avais promis une réduction de l'impôt sur le revenu pour ceux qui y étaient éligibles et le versement d'un chèque vert équivalent au montant prélevé pour les ménages inéligibles. Nous avions même prévu que les ruraux bénéficieraient d'une baisse plus importante, car ils n'avaient d'autre choix que d'utiliser leurs voitures. L'ensemble me paraissait très équilibré.

Je savais qu'il s'agissait d'un pari politiquement risqué. Un nouvel impôt, même s'il était compensé, n'est jamais populaire. D'autant plus que personne ne croit vraiment à la compensation ! J'étais pourtant déterminé à aller jusqu'au bout. Le débat était à mes yeux assez binaire. Soit on pensait que le changement climatique en cours nous préparait une catastrophe planétaire et, en conséquence, il n'y avait d'autres choix que d'agir tout de suite ; soit on ne l'imaginait pas, et il était alors possible de continuer à différer toutes actions et à demeurer immobile. Or, non seulement je croyais les sombres prévisions des scientifiques quasi unanimes sur le sujet, mais, de surcroît, j'avais pris au nom de la France des engagements que j'avais bien l'intention de tenir, avec la réduction de 20 à 30 % des émissions de gaz à effet de serre sur les dix prochaines années. La fiscalité écologique nous permettait de tourner le dos à l'écologie coercitive, moralisatrice et culpabilisante, pour adopter une politique incitative dont la taxe carbone pouvait être l'arme première.

La gauche, malgré toutes ses promesses en la matière, eut des réactions particulièrement négatives. Pour Jean-Luc Mélenchon, « avec Sarkozy, l'écologie est devenue une nouvelle méthode pour tondre la population aujourd'hui en lui promettant des pâquerettes pour demain. On est loin de sortir du modèle productiviste avec de telles méthodes ». Il protesta donc contre le principe même de la taxe carbone. C'est amusant de le voir aujourd'hui allié à ses amis Verts et rivaliser de promesses futures, alors que le passé a montré de façon éloquente qu'il n'a jamais fait de l'enjeu environnemental une priorité. Bertrand Delanoë se montra tout aussi démagogique. Il m'accusa d'avoir « gâché une occasion historique en refusant de mettre à plat tout notre système fiscal ». Ce sont toujours ceux qui affirment vouloir tout changer qui se trouvent être, en fait, les plus conservateurs. Car naturellement, « le Grand Soir » n'a jamais lieu !

Les Verts étaient les plus gênés. Ils ne pouvaient être opposés à une fiscalité écologique qu'ils avaient tant de fois réclamée en vain. Alors, ils essayèrent de trouver d'autres angles d'attaque. Ainsi, Yannick Jadot m'accusa d'être « prisonnier de mon soutien inconditionnel au nucléaire qui m'avait fait casser la cohérence de la taxe carbone ». Le raisonnement était difficile à suivre. En quoi mon engagement en faveur de l'industrie nucléaire remettait-il en cause la logique de la taxe que je proposais ? Cela n'empêcha pas le même Yannick Jadot d'inscrire la création d'une fiscalité écologique au cœur de son projet présidentiel de 2022. Il réunit à cette occasion moins de 5 % des suffrages ! C'est sans doute que les Français avaient perçu une forme d'insincérité, ou même d'opportunisme, qu'ils ont voulu sanctionner. Tous ces acteurs de la vie politique avaient, à peine deux ans auparavant, signé le pacte qu'avait proposé Nicolas Hulot au nom d'un collectif d'ONG environnemental qui prévoyait la création de la taxe carbone. Sitôt paraphé, sitôt oublié ! Ils ne respectaient donc pas la signature qui aurait dû les engager formellement.

La palme de la démagogie revint comme souvent à Ségolène Royal qui s'éleva contre « cet impôt injuste et insupportable » qu'elle avait pourtant fait sien durant la campagne sans vraiment le soutenir, tout en signant le Pacte de l'écologie de Nicolas Hulot qui le portait en son sein. Comprenne qui pourra ! Je demeurais toujours comme interdit devant cet aplomb qui lui permettait d'enchaîner les « vérités » successives et aléatoires sans en paraître le moins du monde gênée. Je me souvenais d'ailleurs avec un brin de malice de cette petite phrase que je lui avais assénée quand, durant la campagne de 2007, les socialistes avaient lancé une polémique sur un prétendu espionnage de la candidate par mes équipes… J'avais balayé ces accusations fallacieuses d'un revers de main et ajouté : « Pour chercher quoi ? Son programme ? Ce n'est pas une enquête qu'il faut, c'est une exploration ! » Cela n'était pas tendre, mais l'avenir m'a donné raison.

Le plus ennuyeux résidait dans la réaction des Français telle qu'elle était mesurée par les enquêtes d'opinion. Un sondage CSA qui fut très largement commenté révéla que les trois quarts de ceux-ci étaient défavorables à la taxation des énergies produisant du dioxyde de carbone. Cette étude avait été commandée par la puissante association de consommateurs « Que choisir » qui ne montrait pas un réel enthousiasme à s'engager dans la défense de l'environnement, et en conséquence redoublait d'efforts pour s'opposer à tout ce que nous faisions. Évidemment, ce déficit dans l'opinion accentuait et amplifiait l'énergie de mes opposants. Tout le monde était convaincu de la gravité et de l'urgence des enjeux environnementaux. Chacun connaissait l'importance d'une fiscalité écologique. Mais personne ne souhaitait en assumer la paternité ! Même dans la majorité apparaissaient, sous des prétextes divers, des réticences voire des oppositions. Ainsi, Jean-François Copé s'inquiétait d'« éventuelles inégalités géographiques dont serait responsable la future taxe carbone ». En cela, il marquait une certaine constance à vouloir me compliquer la tâche.

Je dois cependant reconnaître que Nicolas Hulot nous apporta un soutien public minoritaire mais appréciable, puisqu'il jugea qu'il s'agissait d'« un pas tout à la fois très positif et très important ». C'était fair-play et courageux de sa part, même si cela restait dans la logique des choses. Je mesurai à cette occasion l'insincérité de toutes ces professions de foi environnementalistes. À droite, beaucoup m'appelaient à ne pas laisser ce thème à la gauche. Mais mis au pied du mur, ils renâclaient. À gauche, ils ne voulaient surtout pas être dépassés par leurs alliés naturels. Donc ils parlaient en abondance, mais ne voulaient rien faire, privilégiant le combat politique contre moi plutôt que la protection de l'environnement. Je me retrouvai donc seul, critiqué de toutes parts, avec l'opinion publique majoritairement hostile. Le bilan n'était pas très encourageant. Ma seule consolation résidait dans la conviction d'avoir raison au moins pour le long terme. C'était important d'ancrer la droite dans la problématique écologique. Nous étions en train de bâtir notre crédibilité.

Il me restait à compléter le dispositif en essayant de lui donner une dimension européenne. C'était une affaire importante, car je ne pouvais pas me permettre qu'aux désagréments politiques viennent s'ajouter les questions de compétitivité de l'industrie française. Comment pourrais-je justifier la pertinence d'une taxe qui n'aurait porté que sur nos entreprises sans que leurs concurrentes européennes ou mondiales aient à faire face aux mêmes charges ? C'était une affaire d'équité et de respect des règles d'une concurrence loyale… Je demandai donc que soit mise à l'agenda des prochains conseils européens la question d'une taxe carbone aux frontières de l'Europe, afin de protéger celle-ci de tous risques de dumping environnemental. Je ne voulais pas imposer à nos entreprises des contraintes pour l'équilibre climatique de la planète alors que, dans le même temps, on continuerait à importer en Europe des produits fabriqués dans des pays qui ne respectaient aucune des règles qui étaient imposées en France. Cela n'avait rien à voir avec un quelconque protectionnisme. C'était la problématique de la concurrence équitable qui était en jeu. En agissant ainsi, j'espérais renforcer l'influence de la France. Nous disions à nos partenaires : voici ce que nous avons fait avec la taxe carbone. Faites-le maintenant avec nous et imposons-la à nos frontières pour protéger notre continent.

*

* *

Un fait divers bouleversa les Français et occupa, en octobre 2009, une grande place dans les médias qui rivalisèrent dans la révélation de détails plus effrayants les uns que les autres. Une assistante maternelle, Marie-Christine Hodeau, venait d'être assassinée près de Milly-la-Forêt dans l'Essonne. Elle fut d'abord kidnappée par son agresseur alors qu'elle faisait son jogging, jetée ensuite dans le coffre d'une voiture, où elle réussit à s'emparer de son téléphone portable pour appeler les gendarmes et leur donner l'immatriculation du véhicule. Cela ne suffira pas, car l'assassin continua son chemin jusqu'au bois de Rumont en Seine-et-Marne. L'endroit était isolé. Le calvaire de cette malheureuse n'était pas terminé. Elle fut violée et attachée à un arbre. Elle arriva à se libérer et à s'enfuir. Il la rattrapa, la frappa et la tua. Les faits étaient terrifiants. Mais le plus insoutenable était que ce prédateur avait déjà tué et violé. Il avait été condamné en 2002 à onze ans de réclusion criminelle pour le viol d'une enfant de 13 ans. Il était sorti de prison en 2007 après avoir bénéficié d'une libération conditionnelle et d'une réduction de peine.

Cette histoire m'avait bouleversé. J'avais voulu recevoir la famille de cette jeune femme. C'était le moins que je pouvais faire. Le déroulement de ce drame était accablant pour l'État que je représentais. Ce fut l'un des rendez-vous les plus difficiles et les plus émouvants de toute ma carrière politique. Je me sentais impuissant face à la douleur de cette famille. Je ressentais une profonde culpabilité. Comment une telle faillite était-elle possible de nos jours ? Quelles étaient les failles béantes dans notre dispositif sécuritaire ? Qui étaient les responsables ? C'était trop facile de s'en remettre au seul destin. Cela ne pouvait pas et ne devait pas recommencer. Nous ne devions pas juste détourner le regard, nous en laver les mains et passer à autre chose. Je ressentais une révolte, une colère et même de la honte, de ne pas avoir su protéger cette femme. L'entretien dura un long moment. Quand ils furent partis, je ne pus me remettre au travail. J'avais besoin de rester seul et de reprendre mes esprits. La détresse de cette famille m'habite encore aujourd'hui. On m'accusa à l'époque d'avoir été trop émotif, de surréagir à l'actualité, d'utiliser un fait divers, d'instrumentaliser les victimes. Et pourtant, qu'aurais-je dû faire ? Demeurer froid, indifférent, distant, comme si le fait d'être président de la République aurait dû me déshumaniser ? Je referais la même chose aujourd'hui. C'est pourquoi j'ai approuvé la décision du président Macron de recevoir les parents de la petite Lola si sauvagement assassinée à son tour. C'était son devoir. Il a eu raison.

Je décidai d'engager sans délai une réflexion sur la question des prédateurs sexuels. Je ne voulais pas d'une commission qui aurait débouché sur un énième rapport qui n'aurait fait que prolonger l'inaction et l'impuissance. La vérité que l'on ne voulait pas voir, mais qui pourtant m'éclatait à la figure, c'est que le risque de récidive chez les criminels sexuels est énorme. Je ne suis même pas loin de penser qu'il est proche des 100 %... Un jour ou l'autre, ils finissent par recommencer, parce qu'ils ont cette folie en eux. Je demandai donc au ministre de l'Intérieur, Brice Hortefeux, et à la garde des Sceaux, Michèle Alliot-Marie, de préparer un texte de loi qui permettrait, en complément de la sanction destinée à punir le crime, d'élargir la mesure de rétention de sûreté que j'avais introduite dans le droit français en 2008. Je mettais ainsi la protection de la société avant les droits du condamné. J'en étais parfaitement conscient. C'était le prix à payer pour ne pas relâcher des assassins au milieu de tant de victimes potentielles. Les beaux principes, les nobles idées, les intentions vertueuses, les indignations sélectives ne pesaient pas lourd au regard de toutes ces vies brisées et de ces destins martyrisés. Nous devions entrer dans la réalité et refuser toute forme de posture. Tenter d'être efficace dans la lutte contre le crime sexuel n'était pas répréhensible, tout de même ! Il nous fallait nous en donner les moyens. Et pour cela nous n'avions d'autres choix que celui d'innover. On me reprocha beaucoup d'avoir eu la tentation de légiférer à chaque nouvel évènement. Cette polémique n'avait aucun sens, car toute tragédie devait être l'occasion d'apprendre et de comprendre où nous avions collectivement péché, et pourquoi ! Était-ce par naïveté, par faiblesse ou même par incompétence ? Tirer des leçons de ces dramatiques retours d'expérience était un devoir.

La fin tragique de Marie-Christine Hodeau méritait au moins cela. Nous le devions à sa mémoire. Comme toujours, et ainsi que je les avais si souvent vus faire, les syndicats de magistrats unanimes faisaient bloc avec une détermination corporatiste parfaitement assumée. Un juge d'application des peines avait libéré ce récidiviste. On en connaissait les conséquences, mais rien ne pouvait lui être reproché ! Aux yeux de ses pairs, il n'avait fait qu'appliquer la loi. Chercher un responsable, ou, pire, un coupable n'était que l'expression de la démagogie du pouvoir. La faute, si faute il y avait, n'était due qu'au manque de suivi de ces criminels. C'était donc le résultat du déficit d'effectifs contre lequel ces mêmes syndicats avaient protesté. Une chose était certaine : cela ne pouvait pas être de la responsabilité d'un magistrat, celle-ci ne devait jamais être mise en cause, ni dans ce drame ni dans un autre ! Dans ce concert de protestations, pas un mot n'avait été prononcé en mémoire de la victime ou même en soutien à sa famille éplorée. Cela se passait de commentaires…

Si intense et vif que fût le débat, je n'étais pas décidé à reculer d'un centimètre. Je ne l'avais pas fait pour les peines planchers. Je ne le ferais pas davantage pour la mesure de sûreté. Les peines planchers furent supprimées par la gauche dès son arrivée au pouvoir. L'explosion de la délinquance durant toutes les années qui ont suivi n'était naturellement pas due à ce seul retour en arrière, même s'il était emblématique d'un état d'esprit de démission et de renoncement. Au moins ma majorité avait-elle essayé d'enrayer cette progression de la délinquance, du crime et de la violence. Nous avions cherché, innové, expérimenté. C'était sans doute insuffisant. Et j'aurais parfaitement compris que le nouveau pouvoir amendât ces mesures, qu'il les modifiât, voire qu'il les remplaçât. La désinvolture et la légèreté qui ont prévalu à leur abandon, sans même que se pose la question de leur substituer d'autres mesures, a montré à quel point ces sujets cruciaux n'intéressent pas la gauche, ne la concernent pas, voire lui déplaisent, car risquant de porter atteinte à la posture de générosité et d'humanisme. Cette réalité a pesé lourd dans le score de 1,7 % à la dernière élection présidentielle de la candidate socialiste Anne Hidalgo, quel que soit par ailleurs son talent personnel. Jamais divorce avec les Français ne fut si éclatant, si prévisible et si prédictible que celui qui porta sur leur sécurité.

*

* *

Si j'avais eu besoin que l'on me rappelle que je venais d'entamer la deuxième moitié de mon quinquennat, la multiplication des polémiques sur tant de sujets périphériques aurait pu me servir de sonnerie d'alarme. J'étais en quelque sorte passé dans la « phase descendante » de mon mandat. Nous n'étions pas encore à la prochaine élection, mais l'objectif devenait visible. On ne touchait pas encore au but, mais on pouvait l'apercevoir. Cela attisait les tensions, excitait les acteurs qui se sentaient pousser des ailes, et bien sûr aiguisait les appétits. Tout devenait donc prétexte à scandale. L'atmosphère était devenue inflammable. La moindre étincelle pouvait embraser un vaste territoire. La vérité était que je ne m'en rendais pas réellement compte. Cela paraîtra étrange au regard de l'expérience qui était déjà la mienne, c'est pourtant la vérité. Mais mon tempérament ne me portait pas à l'hésitation, à la pusillanimité, à l'immobilisme… Je voulais par-dessus tout avancer, réformer, mettre en œuvre le plus vite possible mon projet, conscient que j'étais de la brièveté du temps qui m'était donné pour accomplir tout ce que nous avions à réaliser. J'étais passionné par ma tâche. J'y pensais à chaque instant. Le travail était difficile, épuisant, mais tellement exaltant. Chaque journée était comme un tourbillon où il me fallait décider, arbitrer, prévoir, entraîner, mobiliser, et expliquer encore et toujours. J'étais concentré sur mes objectifs comme sur mes devoirs de président. Il fallait être partout en France, en quelque sorte sur tous les fronts, et aussi très souvent à l'international où les problématiques financières, environnementales, économiques et politiques ne laissaient guère de répit. Je devais faire un effort sur moi-même pour détourner un peu de mon temps disponible afin de m'occuper des questions plus politiciennes ou qui engageaient des problèmes de personne. Pour tout dire, cela ne m'intéressait qu'assez peu et je trouvais même qu'y consacrer trop de temps était justement un risque de le perdre. Cela n'excuse nullement mon manque de vigilance, mais contribuera peut-être à l'expliquer.

Ce fut ainsi qu'apparut « l'affaire » de la présidence de l'EPAD. J'avais été le président du département des Hauts-de-Seine. Je connaissais donc la procédure qui permettait de porter à la tête de cet établissement public en charge de la gestion du quartier de la Défense un élu du conseil départemental. Cette présidence était statutaire. Le titulaire n'avait aucune responsabilité opérationnelle. Il ne disposait ni d'un bureau, ni d'une rémunération, ni d'un secrétariat. La réalité du travail était exercée par un directeur général qui était de facto le véritable patron. Le président assumait en fait la seule présidence du conseil d'administration. Mon fils Jean avait été deux ans auparavant élu conseiller général de Neuilly-sur-Seine – il était même, à 22 ans, le plus jeune de France. Il s'était engagé dans ce mandat avec passion et avec un talent qui m'avait bluffé ! De tous mes enfants, il était sans doute, avec Louis, celui qui avait les plus grandes dispositions pour réussir une brillante carrière politique. Ce n'était pas mon souhait. Comme tous les parents, j'avais peur pour lui. Je savais combien cette passion est dévorante, aléatoire, cruelle. Je me méfiais aussi de la méchanceté du milieu. Mais je ne pouvais ni ne voulais contrarier son engagement et surtout les prédispositions dont il faisait preuve. Il avait une maturité et une capacité pédagogique qui me surprenaient. De surcroît, il savait entraîner, et se faire aimer. Je voyais en lui un réel jeune talent pour l'avenir et j'ai toujours voulu faire émerger ceux-ci d'où qu'ils viennent. C'est d'ailleurs ce qu'il y a de plus rare et de plus difficile à trouver. Le fait de porter mon nom ne m'apparaissait donc pas rédhibitoire.

Je me souvenais du fils de François Mitterrand qui avait été salarié de l'Élysée sans que cela choque personne, de la fille de Jacques Chirac dans la même situation, ou encore de Bernard Debré qui avait pris la succession du père à Amboise. Ce n'était donc ni la première fois ni sans doute la dernière que la vocation politique passait d'une génération à l'autre au sein d'une même famille. Jean avait évoqué la possibilité qu'il fût candidat à cette fonction. Rien n'avait alerté ma méfiance ou suscité ma réserve. C'était sans compter sur le climat politique. Ce fut l'hebdomadaire *Le Point* qui révéla le premier que Jean pourrait succéder à Patrick Devedjian à la tête de l'EPAD. Aussitôt les réactions déferlèrent de tous les côtés. Beaucoup comprirent qu'ils avaient l'opportunité de m'attaquer par mon point faible, celui des sentiments que j'ai toujours portés à ma famille. En un instant, je devins l'incarnation de ce qu'il pouvait y avoir de pire dans le « népotisme français ». Je rappelle que Jean avait été élu et qu'il n'avait donc pas bénéficié de la moindre nomination. Tous les arguments étaient utilisés contre lui, y compris celui de son déficit de diplômes. Il est vrai qu'il n'avait pas fait l'ENA, et l'on sait ce que ce manque peut représenter pour une partie de nos élites... Quand Jacques Chirac avait nommé Jean-Louis Debré à la tête du Conseil constitutionnel, personne n'avait rappelé que ce dernier avait échoué au baccalauréat ! En France, il y a ceux, bien nés, qui ont le droit de construire une dynastie. Et puis il y a les autres. Ceux que cette caste considère comme des parvenus. Elle veut à toute force préserver son pré carré pour elle et sa progéniture. Empêcher le succès de ceux qu'elle ne considère pas de leur monde. Si cette coterie a le droit d'installer ses enfants après avoir été elle-même installée par ses parents, « les autres » ont tout juste le droit de réussir en silence, et de se faire oublier à la génération suivante. Je pense que dans la détestation que ressentent les Français envers leurs élites, il y a ce sentiment très juste que ni eux ni leurs enfants n'auront droit aux mêmes privilèges. Ils firent donc payer à Jean ce qu'ils ne pouvaient plus me faire payer à moi.

À force de matraquage médiatique quotidien, ces élites politico-médiatiques réussirent même à radicaliser les Français. Un sondage fut réalisé pour les interroger sur leur hostilité à sa candidature. Sans surprise, ils furent donc hostiles ! J'étais même étonné qu'un gros tiers y soit encore favorable, en dépit de toute cette polémique. L'âge de mon fils excitait les passions en France comme à l'étranger. Dans le torrent de moqueries, de bassesses et de coups bas qui déferla, je remarquai le courage et la dignité d'un député du Parti socialiste, Julien Dray : « Le procès fait à Jean Sarkozy est injuste. Il a du talent et il est victime d'une cabale. » Inutile de préciser qu'il fut bien le seul dans son camp. Je n'ai jamais oublié ses mots, d'autant qu'il alla plus loin : « Je dis à tous ceux qui sont en train de s'en prendre à Jean Sarkozy que demain leurs enfants vont aussi peut-être être amenés à faire de la politique et qu'ils n'aimeront pas que, parce qu'ils portent un nom, ils soient victimes d'une cabale. » Cela n'a pas permis d'enrayer la polémique, mais c'était un témoignage qui m'a profondément touché. Le paradoxe était qu'il provenait d'un adversaire politique pour qui j'ai toujours éprouvé du respect et de la reconnaissance.

Jean finit par comprendre que la manière dont les choses se déroulaient rendrait impossible le maintien de sa candidature. C'était injuste, mais les dégâts étaient déjà lourds. C'est ce qu'il annonça au journal de 20 heures de France 2 qui l'avait invité en plateau. J'étais tellement inquiet pour lui que je ne pus même pas regarder l'émission en direct. C'était trop pour moi. Je la visionnai deux jours plus tard. Il avait été remarquable de calme, de précision, de clarté et aussi d'honnêteté. J'étais triste de le voir humilié et jeté dans la fosse aux lions. C'était mon manque de discernement qui l'avait précipité dans ce piège. Les coups étaient portés sans nuance, sans respect, avec la volonté de faire mal. J'ai gardé dans ma mémoire le nom de ceux qui avaient été les pires. Toucher à ma famille à ce niveau de violence fut certainement l'un des moments les plus pénibles de mon mandat. C'était pleinement mon erreur. Je n'avais pas su freiner les élans compréhensibles de Jean, anticiper l'enclenchement évident des faits, arrêter les choses tant qu'il en était encore temps. Jean était donc le seul conseiller départemental qui n'avait pas le droit d'être élu à cette fonction pour l'unique raison qu'il était mon fils. C'était injuste et en même temps prévisible ! Je n'ai jamais aimé les injustices.

La seule consolation fut le sondage (encore un !) réalisé après la prestation télévisée de Jean, qui montrait que 43 % des personnes interrogées estimaient qu'avoir renoncé à présider l'EPAD était une preuve de sagesse ; 42 % estimaient au contraire qu'il avait reculé face à l'opinion publique. C'était assez satisfaisant. Mais le plus étrange à observer fut le retournement quasi instantané d'une grande partie de la presse. Elle avait été très critique durant toute la polémique. Après le journal de 20 heures et le renoncement, ce fut comme si les journalistes se rendaient compte que cela avait été trop loin et qu'ils éprouvaient des remords d'avoir jeté un jeune homme de 23 ans en pâture avec cette violence. Ainsi, *Le Progrès* résuma assez bien cette nouvelle attitude : « En cinq minutes à peine Jean Sarkozy nous a fait : l'innocent persécuté, le fils obéissant, l'élu dévoué à ses électeurs, l'homme blessé, le jeune mûri dans l'épreuve, le politique porteur d'une ambition. Du très grand art. Son père en plus blond, plus jeune et plus calme. La gauche se réjouit ? Les inconscients ! » C'était bien écrit, et surtout bien vu. Je compris combien cette affaire avait blessé profondément Jean et lui avait montré que s'il s'engageait dans la vie politique, il ne lui serait jamais permis de combattre à armes égales. Il renonça donc et choisit un tout autre univers pour construire sa vie professionnelle. Il a eu raison, mais l'amoureux de la politique que je suis demeuré sait qu'elle a perdu un grand talent. Ce fut un gâchis.

*

* *

Un déplacement en Haute-Marne à Saint-Dizier me donna l'occasion, en cette fin de mois d'octobre, de revenir aux dossiers de fond et de me consacrer à notre très ambitieux programme de réformes. Je ne boudai pas mon plaisir, même si je savais le sujet du jour politiquement très sensible. C'était pourquoi je tenais à présenter moi-même le projet de réforme des collectivités territoriales.

Il s'agissait de l'un des « marronniers » de la vie politique. Tout le monde en parlait, personne ne la faisait. Et il y avait de solides raisons à cet immobilisme. La première était le conservatisme de ce milieu des élus locaux, tout à la fois très attaché à ses habitudes et faisant preuve d'un dévouement souvent admirable. C'était justement au nom de cet engagement citoyen sans limites et reconnu par les Français qu'il était si difficile pour un gouvernement de donner le sentiment qu'il pourrait s'attaquer à ces élus locaux ou même simplement les bousculer. Ils étaient devenus, à l'image des personnels hospitaliers, des « intouchables » de la vie publique. De surcroît, lorsqu'ils s'imaginaient menacés par un projet de réforme maladroit, ou trop ambitieux, ils savaient serrer les rangs autour de leurs puissantes associations de défense des maires ou des élus départementaux et régionaux. Devant toute offensive, leur discours devenait unanime. Il n'y avait plus ni gauche ni droite, ni Paris ni ruralité, ni petites ou grandes communes, mais un monde transpartisan capable de faire reculer tout gouvernement à qui l'opinion publique telle qu'elle était mesurée par les sondages donnerait tort. Le président Macron l'a très bien compris en s'appuyant sur les forces vives pour faire son Grand Débat national. Je connaissais cette réalité pour avoir été vingt années maire, mais également élu départemental et même président d'un département. Je savais le rapport de force déséquilibré.

J'avais choisi cette petite ville, et ce département essentiellement rural, à dessein. Je souhaitais parler au plus profond de ce monde des élus locaux en grande partie constitué de représentants de toutes petites communes et où le conseiller général était encore une personnalité capable de faire avancer les dossiers du terrain. J'aimais me rendre dans ces cités de taille moyenne, malgré tout chefs-lieux de département. J'y sentais le pouls du pays. Je pouvais même humer l'ambiance du moment. L'échange direct y était encore possible. Personne n'était blasé à l'idée d'une visite d'un président de la République. L'émotion était là, palpable, touchante, réelle. La population était plus rétive à la manipulation des syndicats ou des partis au service d'une cause partisane. Les manifestations d'hostilité y étaient plus rares. Et puis, il y avait la politesse et la courtoisie propres à ces territoires qui reçoivent peu de visites, mais que celles-ci honorent lorsqu'elles se produisent. J'appréciais la fierté que ressentait chacun à propos de son territoire, de son église, de ses commerces, de ses particularités locales. Je rencontrai beaucoup de gens qui aimaient leur ville, leur travail, leur famille, leur pays. Il y avait bien sûr des sujets de mécontentement, des désaccords, des incompréhensions et même des déceptions. Mais j'avais le sentiment qu'il était encore possible de dialoguer, de s'écouter, de s'expliquer. Au cours de ces déplacements, j'étais confronté à très peu de cynisme ou de mauvaise foi. Il y avait parfois quelques manifestants plus violents ou plus radicaux mais la plupart du temps, ils venaient d'ailleurs pour me réserver un comité d'accueil. Tout au long de ma longue carrière politique et quelles que soient mes fonctions, je n'ai jamais ressenti de lassitude à effectuer ces plongées en province. J'en ai vécu des centaines. Il y avait toujours quelque chose de nouveau à découvrir ou à entendre. Je peux dire que j'ai appris la France à l'occasion de ces visites. Encore aujourd'hui, je me livre à ce rituel pour signer des livres, remettre une décoration, inaugurer un lieu, prononcer un discours. Mon plaisir est demeuré intact. On ne s'habitue pas à la France. On n'en a jamais fait le tour ! C'est sans doute cela le miracle français.

Le sujet du jour était donc éminemment sensible d'un point de vue strictement politique. Il s'agissait de ne pas se mettre à dos le monde des élus locaux, tout en annonçant la réforme qui permettrait de simplifier notre organisation territoriale et d'alléger ses coûts, qui s'étaient considérablement alourdis avec l'empilement des structures. Plus personne n'y comprenait rien ou même ne pouvait simplement s'y retrouver. Aux conseils régionaux et départementaux s'étaient ajoutés les communautés de communes, les territoires, les agglomérations, les syndicats intercommunaux… le tout sans que, pour autant, l'administration de l'État elle-même s'allégeât ou se simplifiât. J'étais bien décidé à donner un fameux coup de pied dans la fourmilière et à refuser toute forme de statu quo.

J'étais pris entre deux thèses, celle des régionalistes et celle, tout aussi déterminée, des départementalistes. Les uns me demandaient de supprimer les départements, les autres les Régions. Les deux camps disposaient d'arguments assez forts à l'appui de leurs convictions. En effet, les Régions avaient en leur faveur la légitimité économique, grâce à leur taille. Mais les départements disposaient d'une légitimité tout aussi forte avec l'histoire. Ils avaient été créés par Napoléon deux siècles et demi auparavant. Leur ancrage territorial et leur représentativité étaient incontestables. Choisir entre les deux relevait non seulement du casse-tête, mais de surcroît n'était pas réaliste au regard des oppositions virulentes qu'aurait suscitées la disparition de l'un ou de l'autre échelon. C'est à ce moment que j'eus l'idée de proposer la création d'un conseiller territorial, qui me permettait d'affirmer que la solution ne résidait pas dans la suppression de l'une des collectivités, mais dans leur rapprochement. Le conseiller territorial aurait donc vocation à représenter tout à la fois son département et sa Région. Ce serait le même élu qui siégerait au sein des deux instances. Ce mouvement permettrait d'organiser ces deux grandes assemblées sur le mode de la complémentarité et non sur celui de la concurrence. Je disposais de beaucoup d'exemples où les deux collectivités se marchaient sur les pieds en s'occupant des mêmes dossiers ou en mettant en œuvre au gré des alternances politiques des stratégies opposées ! Je pouvais, en outre, maintenir une carte cantonale à la représentativité de laquelle je croyais. Bien sûr, il fallait la redessiner, mais nous conserverions ainsi un niveau de représentativité entre les communes et le département. Notre réforme était ambitieuse, puisqu'elle allait réduire le nombre des élus locaux de moitié. Les six mille conseillers régionaux et départementaux seraient remplacés par trois mille conseillers territoriaux. Une meilleure organisation à un moindre coût faisait clairement partie de nos objectifs. J'avais choisi de conserver un scrutin uninominal majoritaire pour l'élection du conseiller territorial. Cela permettrait de conserver l'ancrage territorial de ce nouvel élu. Je prévoyais cependant que 20 % des sièges seraient répartis à la proportionnelle pour que tous les courants de pensée aient une chance d'en obtenir un. Enfin, je supprimai la clause de compétence générale des départements et des Régions qui avait donné lieu à beaucoup d'abus en permettant des initiatives étranges qui n'avaient rien à voir avec leurs responsabilités initiales.

La réforme suscita un tollé à gauche. Comme toujours, celle-ci aimait à disserter sur le changement, mais ce n'était jamais le bon. Le Parti socialiste était devenu celui de l'ultra-conservatisme. Il ne fallait toucher à rien ni pour l'hôpital, ni pour les collectivités territoriales, ni pour la retraite et encore moins pour l'Éducation nationale. La seule chose qui trouvait grâce à ses yeux était « la dépense ». Et encore, ce n'était jamais assez. Laurent Fabius, pourtant souvent présenté comme intelligent et fin par les commentateurs, était toujours celui qui incarnait les positions les plus binaires et les plus brutales. C'était étrange de le voir agir de la sorte. On pouvait espérer qu'il eût été plus exigeant avec lui-même. Il s'enfermait dans une caricature de ce qu'il était. Celle-ci avait commencé par son « non » au référendum sur l'Europe dont il ne s'était jamais remis.

Nous étions en train d'imaginer une nouvelle étape dans la récente histoire de la décentralisation. C'était nouveau, car durant des siècles, la matrice politique française avait été tout entière tournée vers la centralisation. C'est elle qui caractérisa l'histoire de France. De Philippe Auguste à Louis XIV en passant par Saint Louis, Philippe le Bel ou Henri IV, tous nos rois ne cessèrent, pour asseoir leur souveraineté, de construire un État fort, centralisé et hostile aux féodalités comme à toute forme de pouvoir local. Il est à souligner que la Révolution avait poursuivi l'œuvre centralisatrice de la monarchie. Ce fut bien ce qu'elle fit en abolissant les privilèges des anciennes provinces et en mettant fin, au nom de l'égalité, aux particularismes locaux. Ce fut le général de Gaulle qui, le premier, eut l'intuition d'une nécessaire décentralisation. Cela lui fut fatal, puisque le « non » l'emporta au référendum de 1969. Ce furent donc les lois Mitterrand de 1983 qui donnèrent les premières véritables impulsions à ces nouvelles libertés locales. Il ne fallait pas couper cet élan, mais il devait être organisé et maîtrisé. Le système coûtait de plus en plus cher et cela commençait à poser un problème majeur pour les finances publiques de la France. Ainsi, entre 2003 et 2007 et en dehors de tout transfert de compétence, les dépenses locales avaient augmenté de quarante milliards d'euros ! Quant à la fonction publique territoriale, elle avait procédé aux recrutements de trente-six mille nouveaux emplois publics au cours de la seule année 2008, ici encore à compétences stables. Depuis 1992, il y avait eu un million de fonctionnaires en plus. On ne pouvait continuer sur cette voie. Face à cette réalité, une avalanche de rapports avaient été commandés, ceux de Mauroy, de Pébereau, de Lambert, d'Attali, de Warsman, de Valletoux, de Perben… Et bien sûr, il n'y avait pas eu la moindre décision… ! Voilà pourquoi je tenais à cette réforme et souhaitais la présenter, l'expliquer et la défendre moi-même.

Avec le recul, je me rends compte que le rythme des changements que je proposais était très soutenu, peut-être trop. Entre la taxe carbone et la nouvelle carte territoriale, il y avait de quoi frôler l'indigestion. J'imagine que les quelques-uns qui, dans ma famille politique, ont récemment trouvé que je n'en avais pas fait assez, ont dû être frappé d'amnésie à moins qu'il ne s'agisse que d'ignorance des faits. La vérité était que ma majorité tanguait à tenter de suivre ce rythme effréné. Je pouvais la comprendre, mais je voulais mettre en œuvre une nouvelle stratégie fondée sur la théorie que m'avait expliquée un architecte de mes amis quelques années auparavant. Elle reposait sur la répartition des charges entre les poutres qui supportaient un toit. Aucune de celles-ci ne devait assumer seule la totalité du poids, il fallait donc veiller à une harmonieuse répartition de la charge.

Je souhaitais faire la même chose avec nos réformes. J'avais vu tant de gouvernements contraints de reculer sur des projets de lois ou des mesures qui avaient coagulé toutes les oppositions. En bons élèves, les ministres avaient présenté une réforme après l'autre. Mais après le premier recul, il n'y avait plus eu de réforme possible. Tout le système se trouvait encalminé ! En multipliant ces dernières et en les additionnant sur la même période, je rendais la coagulation beaucoup plus difficile, voire impossible. Mes opposants ne savaient plus où donner de la tête ou de la voix. Ainsi, la polémique sur la taxe carbone avait été chassée par celle, non moins violente, sur la réforme des collectivités territoriales. La mobilisation contre une mesure en particulier avait en conséquence bien du mal à s'installer dans la durée. C'était un point positif. Mes oppositions perdaient le nord ! Il y avait cependant une contrepartie plus négative avec la focalisation des attaques sur ma personne, puisque j'étais le point de jonction de tous ces projets. C'était ennuyeux sans pour autant être dirimant. J'étais préparé pour ces chocs qui d'ailleurs ne me déplaisaient pas complètement…

La véritable difficulté résidait dans la déstabilisation de ma majorité. Je voyais beaucoup de parlementaires devenir inquiets. Cela créait de la tension et de la fébrilité dans une période qui n'était déjà pas facile. Si l'on ajoutait à ce tableau les sondages d'opinion qui réagissaient par une baisse de ma cote de popularité à chaque nouvelle épreuve politique, la situation devenait encore plus complexe. Beaucoup dans mon entourage m'enjoignaient de ralentir le rythme. Ils avaient parfois de solides arguments, dont celui qui soulignait la difficulté que pouvaient avoir les Français à comprendre le sens de notre action. Et il est vrai que tout ceci créait de la confusion. Je n'écoutai pas ces conseils de prudence, car j'étais pressé par le temps qui passait si vite. J'avais la hantise de me retrouver à la fin de mon mandat avec le regret d'avoir tellement attendu le bon moment pour agir que je l'aurais laissé passer… sans agir. Je préférais affronter aujourd'hui ces oppositions plutôt que me voir reprocher demain de n'avoir rien fait ou si peu !

*
* *

Le mois de novembre marqué par la Toussaint incarne le temps des morts et celui de l'empreinte qu'ils ont laissée dans nos mémoires. Chacun a les siens. Avec l'âge, on en a même de plus en plus. Ils sont partis, mais ils demeurent. J'aime évoquer le souvenir de ceux qui m'étaient si chers. Ma mère, mon grand-père, ma tante, mes amis proches, Jean-Michel Goudard, Jean-Marc Forneri et… aussi mon père. Je porte chacun de mes morts en moi, je pense souvent à eux. Où sont-ils ? J'aimerais tellement que leur vie ait eu un sens. Ce n'est pas la mort qui fait peur, c'est l'ignorance à laquelle nous sommes condamnés qui nous accable ! Elle ne nous laisse que l'espérance comme antidote au chagrin définitif. J'ai toujours aimé la vie et j'ai toujours pensé à la mort, y compris lorsque j'étais jeune. Il faut bien s'y habituer tant elle est familière. Comment l'oublier quand tout dans notre quotidien nous y ramène ? Comme chacun, je cherche. Comme beaucoup, j'ai du mal à trouver… Pour autant, je ne renonce pas. C'est ailleurs bien ce qui me fascine dans les religions et ce qui me conforte dans mon identité et ma culture chrétiennes. J'avoue une prédilection pour Jésus, sans doute la personnalité la plus importante dans l'histoire de l'humanité. Je ne trancherai certes pas le débat de savoir s'il est un Dieu ou un homme. Je reste cependant fasciné par la place qui est la sienne vingt siècles après sa naissance, en ayant eu seulement trois années de vie publique et pas l'ombre d'un écrit laissé à la postérité. Les paroles qu'il a prononcées ont pourtant conservé intacte toute leur puissance. Sa fin, aux confins d'une souffrance extrême, demeure bouleversante. Et l'histoire de son linceul pieusement conservé à Turin est à proprement parler extraordinaire. Comment ne pas être ému par ce récit ?

Je n'ai jamais trouvé que novembre était triste. Les chrysanthèmes sont mes fleurs préférées. C'est au milieu de l'automne que l'on peut le mieux penser, rêver, imaginer. Cette saison de transition agit comme un passage. Les sentiments y sont moins violents comme les journées y sont moins longues. J'aime l'automne.

C'était ce moment qu'avait choisi Claude Lévi-Strauss pour quitter ce monde, à l'âge de 100 ans, avec une discrétion et une dignité qui le caractérisèrent toute sa vie durant. Je l'admirais profondément et l'avais abondamment cité dans nombre de mes discours. Il fut l'un des plus grands ethnologues de tous les temps. Ses missions au cours des années 1930 dans ce Brésil qu'il chérissait tant ont révolutionné nos connaissances sur les cultures premières. C'était un grand savant et un intellectuel qui faisait honneur à la pensée française. *Tristes Tropiques* m'a profondément marqué. C'est l'ouvrage d'un homme libre, curieux, humain, parfois violent dans son expression et tellement original. « Je hais les voyages et les explorateurs. Et voici que je m'apprête à raconter mes expéditions. Mais que de temps pour m'y résoudre ! » écrivait-il en débutant son chef-d'œuvre. Il tranchait, par son goût de l'aventure et son ouverture d'esprit, avec beaucoup de ceux qui se prétendent aujourd'hui membres de l'intelligentsia. Il fit découvrir au monde la richesse et la complexité de la vie sociale des tribus indiennes de l'Amazonie. Il affirmait qu'elles n'étaient pas l'adolescence de la civilisation, mais des cultures à part entière.

Le mot « identité » ne lui faisait pas peur. Il osa écrire : « L'identité n'est pas une pathologie. » Il étudiait tous les systèmes sociaux avec la même passion et sans esprit de supériorité ou de volonté de hiérarchisation. C'était un géant intellectuel qui aidait la communauté non seulement scientifique, mais nationale, à réfléchir, à comprendre, à s'élever. Il a su renouer avec la tradition du voyage philosophique. Sa réflexion sur la place de l'homme dans la nature, ses inquiétudes sur la mise en danger de la biodiversité, la façon qu'il avait de démonter les rapports complexes entre la civilisation et le progrès firent de lui un précurseur dans la défense des équilibres de la planète. C'est n'être ni passéiste ni nostalgique que d'affirmer combien nos écologistes d'aujourd'hui font pâle figure en comparaison des travaux et des écrits de Claude Lévi-Strauss. C'est peu de dire que l'on est descendu de beaucoup d'étages...

J'eus le privilège de le rencontrer chez lui le jour de ses 100 ans, alors que je le décorais de la Légion d'honneur. Nous avions pu échanger assez longuement. Il m'avait confié que le seul drame de son grand âge était qu'il ne pouvait plus lire du fait de ses problèmes de vue. Pour le reste, il était alerte et capable de soutenir une conversation. La place qui était la sienne dans l'intelligentsia française contribuait à rendre nos compatriotes fiers de leur pays. Qui est le Lévi-Strauss d'aujourd'hui ? Je serais en peine de citer un nom. Il n'y a jamais eu autant de forums d'expression, de chaînes de télévision, de radios... et jamais aussi peu d'invités d'exception. C'est sans doute ce qui devrait nous alerter sur le risque de déclin de la France ! Dans notre époque où tout a tendance à devenir virtuel sous la pression des réseaux sociaux, il serait certainement utile de donner à réfléchir à tous « les modernes du moment » cette phrase de Claude Lévi-Strauss, pleine d'humilité et de force : « Tout ce que j'aperçois me blesse et je me reproche sans relâche de ne pas regarder assez. » Quel plus bel appel à lutter contre toutes les formes d'indifférence ? Je me suis souvent posé cette question. Pourquoi ne pas avoir regardé davantage ? Sa réflexion sur l'homme, sa place, son rôle, son destin manque cruellement.

*

* *

C'est l'un des grands attraits de la fonction de président. Il est possible de rencontrer, de parler, de connaître à peu de chose près qui l'on souhaite. Il s'agit d'un très réel privilège, finalement octroyé à un tout petit nombre. Je n'ai jamais boudé ce plaisir de pouvoir échanger avec celui ou celle que j'admirais. C'est dire si, en cette fin d'après-midi du 13 novembre, j'étais heureux de recevoir Clint Eastwood à l'Élysée pour le faire commandeur de la Légion d'honneur. Si le mot légende a une signification, c'est bien lorsqu'il s'applique à ce cinéma américain qui fascine toute la France. Et à l'intérieur de celui-ci, Clint Eastwood a toujours occupé une place particulière, tout à la fois comme acteur et comme réalisateur. On ne compte plus les Oscar et même les César qu'il a obtenus. En France, chacun le connaît et a vu au moins une fois l'un de ses films. Il incarne la facilité américaine à ne pas opposer ce qui est populaire et ce qui est de qualité. Nos querelles nationales entre films d'auteur et films grand public, entre financement privé et soutien public, entre ce qui est méprisé par la critique et ce qui est adoré par les Français paraissent dérisoires quand on pense à l'œuvre de Clint Eastwood, qui a réussi le miracle de la synthèse du succès avec toutes les générations et tous les styles, comme tous les publics. Sa filmographie intègre les westerns, les films noirs, les superproductions autour de la guerre, les mélodrames… Il est inclassable, puisqu'il a touché à tout et réussi partout. Il a emporté les plus larges publics en ne cédant jamais au manichéisme ni à la facilité. Parler à tous en restant subtil, ce n'est pas donné à tout le monde.

Quand il entra dans mon bureau, je vis le même homme que celui que j'avais tant de fois admiré sur le grand écran. J'étais vraiment impressionné. C'est le mystère des acteurs américains. Dans la vie, ils sont comme dans leurs rôles. J'ai parfois rencontré de très bons acteurs ou actrices français qui prenaient parfaitement la lumière de la caméra, mais qui, dans la « vraie vie », étaient plus ternes. Avec Clint Eastwood, je voyais l'homme que j'avais imaginé. Il venait de terminer *Invictus*, ce merveilleux film qui racontait comment, à la faveur de la Coupe du monde de rugby de 1995, les Springboks avaient permis, sous l'autorité de Nelson Mandela, la naissance d'une Nation réconciliée d'où l'apartheid était banni. Il respirait la simplicité propre aux stars américaines qui ne se demandent jamais si une rencontre avec un président risque de les compromettre politiquement. Nous parlâmes un bon moment avec chaleur, comme si nous nous étions déjà rencontrés et que nous nous connaissions de longue date. « Heureusement, me dit-il, que vous n'êtes pas candidat aux États-Unis, ce serait difficile de me décider entre vous et Barack Obama. Je serais déchiré, mais heureusement cela n'arrivera pas. » Il finira par changer d'avis sur le président américain, puisqu'il lui préférera le candidat républicain. J'espère qu'il n'en aurait pas été de même avec moi !

Il était heureux de recevoir cette décoration française. Cela montrait le prestige que conservait notre pays dans cette Amérique qui avait pourtant tant de mal à saisir qu'il existait d'autres pays que le sien ! Nous avions parlé politique. Le sujet le passionnait. J'ai souvent constaté que les artistes américains ont un rapport avec celle-ci beaucoup moins idéologique que les nôtres. Ils ont leurs convictions, posent des questions, sont friands d'anecdotes de la grande comme de la petite histoire. Mais ils éprouvent rarement le besoin de prendre des poses. J'ai rencontré tant des nôtres engagés à gauche sans toujours savoir pourquoi, jouant les « Che Guevara du boulevard Saint-Germain ». J'ai passé un bon moment avec Clint Eastwood. C'est si rare de ne pas être déçu lorsque l'on rencontre l'un de ses héros de jeunesse. Et c'était important de mettre à l'honneur le cinéma, au travers de l'un de ses acteurs les plus éminents.

Le cinéma m'a toujours impressionné au sens littéral de l'expression. Je me souviens de ma première séance au début des années 1960. Ma tante avec qui je vivais m'avait emmené au Kinopanorama de la place Clichy pour voir *Ben Hur* avec Charlton Heston. Le film était à l'affiche depuis trois ans ! Quand les scènes étaient trop violentes, cette si gentille femme me couvrait les yeux avec sa main, ce qui me faisait protester vigoureusement. Nous avions donné un peu d'argent à l'ouvreuse qui nous avait placés et qui avait attendu avec sa main tendue largement ouverte. Cela ne laissait guère de doute sur ses intentions et peu de choix pour nous de refuser sous peine de déclencher une remarque désagréable… J'en avais eu honte par avance ! Depuis, j'ai toujours la même émotion lorsque l'écran immense m'éclabousse de sa lumière au moment où la séance débute. La magie du cinéma a toujours agi sur moi. J'aime quand la salle est pleine. Je me retrouve à l'unisson des réactions des spectateurs. Le bonheur est fait pour être partagé. Le cinéma en salle est un partage. Régulièrement, avec Carla, nous nous rendons à la séance du dimanche en début d'après-midi. Je crois être un assez bon public, car je suis rarement déçu, et souvent assez enthousiaste. Je trouve qu'il n'y a guère mieux pour se changer les idées. Durant ces deux heures de spectacle, je me sens transporté ailleurs, loin des soucis et des contraintes du quotidien. C'est si vrai que je prends toujours un moment avant de recouvrer mes esprits à la fin de la projection. Revenir à la réalité me laisse comme groggy. Malgré la télévision et l'explosion du nombre de chaînes nouvelles, en dépit des réseaux sociaux et des multiples occasions de distraction, le cinéma demeure. Des millions de spectateurs se pressent encore dans les salles obscures, même si c'est de plus en plus complexe. Le cinéma est accessible, populaire, spectaculaire, intense.

C'est la raison pour laquelle je n'ai jamais voulu que l'on touche au système français extrêmement généreux d'aide à la création cinématographique. Le cinéma est l'art populaire par excellence, au même titre que la musique et les concerts. Il est un révélateur excellent de l'état d'esprit et de la vitalité d'une époque. Il suffit pour s'en convaincre de voir ce qu'il est advenu du cinéma italien, qui incarnait jusque dans les années 1960 ce qu'il y avait de plus raffiné et de plus bouleversant dans le septième art. Ce thermomètre n'est pas anecdotique, il est profondément lié aux tendances de fond d'une société… Prendre garde à la survie et à la santé du cinéma français devrait être une priorité de tout pouvoir politique refusant la disparition de la France comme puissance culturelle. Le cinéma est un moyen inégalable de rayonnement. Et notre pays en a bien besoin en cette période !

*
* *

J'avais choisi Marseille pour lancer le Plan Cancer II. Ce n'était pas un hasard. Je voulais saluer la longue tradition d'excellence de cette ville dans le domaine de la médecine et de la recherche biomédicale. C'est en devenant président de la République que j'avais pris réellement conscience de l'ampleur des désastres que provoquait cette maladie. Je n'étais pas fier de ce tardif réveil. C'est une question qui n'est pas facile à évoquer. Chacun frissonne au prononcé du mot « cancer », moi le premier, et cette crainte m'a tenu longtemps éloigné de ce sujet. Tous nous craignons de devoir affronter ce cauchemar pour nous-mêmes comme pour nos proches. Le cancer fut trop longtemps tabou. La réalité des chiffres demeurait inconnue du plus grand nombre. Cette maladie ne pouvait être la seule affaire des médecins. Sa gravité exige un engagement de la société tout entière dans un triple effort de prévention, de traitements et de recherche.

À la suite de Jacques Chirac, qui avait eu l'excellente idée d'un Plan Cancer I, j'avais voulu amplifier l'effort en engageant une phase II ambitieuse sur laquelle travaillait sans relâche mon conseiller santé Arnold Munnich, secondé par Raphaël Radanne puis Olivier Bogillot. Il s'agissait d'une cause nationale du fait de l'ampleur dramatique qu'avait prise cette maladie sous toutes ses formes. Les chiffres font froid dans le dos. À cette époque, on voyait apparaître trois cent cinquante mille nouveaux cas de cancer en France chaque année, pour rien de moins que l'une des premières causes de mortalité avec plus de deux cent cinquante mille décès annuels. En vérité, tous les Français avaient été ou seraient touchés, directement ou indirectement, par ce fléau. Nous avions décidé d'engager sept cent cinquante millions d'euros de dépenses nouvelles pour faire face à cette maladie. J'avais l'ambition que notre plan ne se contente pas de faire mieux supporter le cancer par les malades, mais de le faire reculer, voire de le vaincre autant qu'il était possible. L'idée était donc de mettre les cinq mille chercheurs français en cancérologie dans les meilleures conditions d'efficacité. Pour cela, il convenait de rompre avec la détestable habitude du saupoudrage de crédits, qui consistait à donner à tous un petit peu, ce qui avait pour résultat que personne ne disposait jamais des moyens nécessaires pour accomplir des progrès décisifs. Nous avions donc décidé de faire labéliser cinq sites de recherches par l'Institut national du cancer. Ces hôpitaux d'excellence disposeraient ainsi de la masse critique nécessaire en termes de médecins, de patients, de chercheurs et d'équipements pour être le plus efficaces. Je pensais par ailleurs que ces cinq sites de dimension mondiale pourraient plus aisément travailler avec d'autres de leurs homologues, mais cette fois-ci dans un cadre européen. En effet, le cancer ne causait pas moins de drames en Espagne, en Italie, ou en Angleterre. Je voulais faire de la France un pays leader en matière de recherche cancérologique. Nous étions quatrièmes derrière les États-Unis, l'Allemagne et le Royaume-Uni. Nous pourrions faire encore mieux.

Ce problème majeur de santé publique se trouvait encore accentué par la question des inégalités. Celles-ci étaient d'autant plus insupportables que l'on n'en parlait jamais. Quelle étrange chose que de voir les Français, si prompts à dénoncer des injustices parfois accessoires, omettre celles, bien réelles, qui existaient devant le cancer. Ainsi le risque d'en mourir entre 30 et 65 ans était deux fois plus élevé chez les ouvriers que chez les professions libérales. Pour un pays qui met le mot égalité au frontispice de tous les bâtiments publics, c'était clairement inacceptable. Si l'on entrait dans le détail des différentes pathologies, les chiffres devenaient encore plus éloquents. La mortalité par cancer du pharynx était multipliée par dix et celle du poumon par trois et demi selon que l'on soit issu d'un milieu favorisé ou défavorisé. C'était tout notre contrat social qui se trouvait menacé. La réduction des inégalités face au cancer était donc l'une des priorités de notre Plan.

En faisant ces annonces, j'avais bien conscience que la maladie pouvait arriver à tout le monde, s'abattre avec une brutalité inouïe sur chacun de nous. Je me sentais tout autant concerné. Je ne me suis naturellement jamais imaginé au-dessus de la maladie. Je voyais aussi dans cette campagne une bonne façon d'humaniser la politique, de la désidéologiser, de la rendre plus concrète dans la vie quotidienne de tous ceux qui souffraient. J'espérais même naïvement qu'un consensus transpartisan pourrait se créer autour de cette grande cause nationale. Mes espoirs furent vite déçus. Les réactions de l'opposition étaient très critiques : « Le plan manquait de souffle et était décevant », affirma Jean-Marie Le Guen au nom du Parti socialiste, sans naturellement articuler la moindre piste alternative. En écoutant cette réaction et quelques autres, je me souviens m'être interrogé, afin de savoir si j'avais été aussi obtus lorsque j'étais moi-même dans l'opposition. La réponse était sans doute affirmative… Je ne m'en glorifie pas. J'espère cependant avoir changé en saisissant combien ces comportements binaires pouvaient éloigner de la politique des Français de bonne foi qui voulaient juste que le pays progresse. C'était sans doute cette distance qui m'avait manqué à quelques moments de ma vie politique partisane.

Au moins le combat contre le cancer était-il un objectif incontestable. Ce fut l'une des causes à laquelle je suis demeuré le plus attaché tout au long de mon quinquennat, et même après. Les patients comme les chercheurs le méritaient. J'ai rencontré des gens d'un courage admirable face à la maladie. J'ai vu aussi des médecins se dévouer à cette cause sans aucune limite. Ils étaient si rares, les domaines où je pouvais avoir la certitude que nous pouvions réellement donner de l'espoir et soulager les douleurs. Le cancer, par sa violence, nous imposait cet engagement. Cela aurait dû davantage intéresser les observateurs et les médias. La vérité était que cela ne fut que très peu le cas. Les commentaires sur ce Plan II ne durèrent pas davantage que la journée de l'annonce. Puis tout retomba dans l'oubli. Il n'y avait sans doute pas assez de polémiques pour qu'on en parle vraiment ! C'était décevant qu'une aussi grande cause fasse aussi peu les gros titres. Depuis que j'ai quitté l'Élysée, j'ai poursuivi ce combat en m'engageant auprès de l'institut Gustave-Roussy contre le pire des cancers, celui qui touche les enfants. Je ne connaissais pas ce monde. Il me faisait peur. J'avais tort. Je croyais y voir la mort, j'y ai rencontré la vie. Peu d'expériences m'ont à ce point changé. Noé avait 7 ans quand je l'ai vu pour la première fois. Les parents venaient d'apprendre que leur fils était condamné à brève échéance. Sa tumeur au cerveau était « définitive ». Aucun enfant n'avait jusque-là survécu avec cette pathologie. Noé s'est battu trois ans. Je l'ai rencontré plusieurs fois. La chimiothérapie l'avait rendu chauve. Je suis devenu ami avec ses parents, des personnes admirables de courage et de dignité. Les avoir côtoyés tous les trois fut un privilège et une chance.

*
* *

La politique politicienne reprenait vite ses droits. Nous étions à peine à quatre mois des prochaines élections régionales. Ainsi allait le rythme de ce quinquennat parsemé d'élections, quasiment une par an. Cinq années, c'était déjà très bref, mais les scrutins intermédiaires qui se succédaient ne facilitaient vraiment pas l'action à long terme du gouvernement. Cela renforçait même beaucoup le camp des « immobilistes » dans ma propre majorité, qui trouvaient toujours une occasion bonne ou mauvaise d'expliquer qu'il aurait mieux valu différer telle ou telle réforme. Il aurait fallu que j'attende toujours le prochain scrutin avant d'agir. À leurs yeux, ce n'était jamais le bon moment.

De la même façon qu'avec les élections européennes, j'avais décidé de mener campagne. Je pris donc la parole en conclusion du Conseil national de l'UMP qui se tenait dans les docks rénovés d'Aubervilliers. Nous avions choisi cette ville et ce département populaire de la Seine-Saint-Denis comme un symbole de notre volonté de nous adresser à toute la France. Le pli était pris. Ma présence suscita moins de controverses que les fois précédentes. Chacun commençait à s'accoutumer à mon engagement, et surtout le mythe des élections sans enjeux politiques nationaux était en train de s'évaporer.

J'avais eu une semaine particulièrement chargée en déplacements internationaux. Je revenais juste de Manaus où Lula m'avait demandé de participer à une conférence des puissances de l'Amazonie, cercle auquel la France appartenait du fait de la Guyane. Je m'étais rendu dans la foulée à Trinité-et-Tobago où Gordon Brown m'avait invité à participer au sommet du Commonwealth, c'était une première historique pour un président français. J'étais arrivé à Paris tard la nuit précédente et n'avais pas eu une minute pour écrire mon discours. Je ne voulais pas davantage lire un texte qui m'aurait été préparé. Je décidai donc d'improviser. J'aimais cet exercice « sans filet » devant mes amis politiques. Cela me permettait de dire vraiment ce que j'avais sur le cœur et d'aller au fond de ma pensée. C'était également plus adapté à l'ambiance propre à ces meetings en pleine journée. Comme toujours, j'étais heureux de retrouver mes compagnons. La fibre militante ne m'a jamais quitté. J'aimais ces réunions de famille. J'avais toujours à cœur que les cadres et les militants repartent enthousiastes, regonflés, boostés. La pire critique pour moi aurait été qu'un seul parmi eux me confiât qu'il s'était ennuyé au cours de ces congrès. C'était pourquoi je ne craignais ni les tensions ni les rivalités, et encore moins les débats, car ils ajoutaient la fièvre qui me permettait de tenir en haleine cette si large majorité. Je savais depuis longtemps qu'une armée en marche était plus facile à maintenir en ordre de bataille qu'une troupe au bivouac. Ce n'était vraiment pas le moment de nous arrêter.

Durant près d'une heure, j'exhortai mes amis à avoir le courage d'assumer les choix politiques structurants que nous avions engagés pour l'avenir : la suppression de la taxe professionnelle, la création de la taxe carbone, l'avènement du conseiller territorial, le débat sur l'identité… Les réformes engagées ne manquaient pas. Je n'avais que l'embarras du choix. C'était étrange pour moi de voir combien l'élan réformateur d'avant mon élection s'était transformé, chez nombre de mes élus, en tentation de l'immobilisme, comme s'ils s'imaginaient qu'en allant moins vite il y aurait eu moins d'attaques. J'étais persuadé du contraire. Le quinquennat de Jacques Chirac que j'avais vu de près m'avait vacciné contre cette tentation. Je profitai de l'occasion pour rendre quelques coups aux écologistes, qui plaidaient pour la décroissance. Je me demandai à haute voix : « Savent-ils qu'il y a du chômage ? Savent-ils qu'il y a de la misère dans le monde ? Savent-ils qu'il y a un milliard de gens qui ne mangent pas à leur faim ? » Visiblement, ils ne le savaient pas… Je visai ensuite les socialistes qui étaient en train de remettre la question des sans-papiers sur le devant de la scène afin d'exciter le Front national et de le faire prospérer. À leurs yeux, les vieilles recettes étaient toujours les meilleures. Pour eux, il n'y avait jamais de petits profits !

Xavier Bertrand, en tant que secrétaire général de l'UMP, avait fait un bon travail. La majeure partie des chefs de file régionaux et départementaux avaient été désignés. L'accueil qui me fut réservé était enthousiaste, chaleureux, indéfectible. Tous ces militants ne savaient pas, au moment où ils m'applaudissaient à tout rompre, combien ils me donnaient d'énergie et de force pour continuer. Ils ignoraient sans doute à quel point, dans la solitude du président de la République, la chaleur de cette matinée avec ceux qui m'avaient accompagné depuis si longtemps était déterminante. La politique n'est pas une affaire de monstres froids. C'est une légende qui ne dit pas le vrai, car ceux-là ne vont jamais très loin. La politique est une question de sentiments, d'engagements et de passions. Et sur ce plan, je suis conscient d'avoir été particulièrement chanceux, car j'ai reçu tellement de cet amour et de cette amitié de la part des militants. Ma fidélité leur sera acquise à jamais. Je ne pourrais pas quitter une famille qui m'a tant donné, avec qui je conserve précieusement tous ces souvenirs et grâce à laquelle j'ai pu relever le défi de ma vie, celui de servir la France. Sans elle, rien n'aurait été possible. Ils sont des centaines de milliers, des anonymes, des sans-grade qui ont tout donné pendant tant d'années. Il m'arrive encore aujourd'hui de les rencontrer. Ils me parlent d'un discours, d'une date, d'une réunion, d'un moment où ils ont vibré, pleuré, crié, espéré. Qu'ils sachent que ces journées dont ils se souviennent, je les ai moi aussi gardées précieusement dans ma tête comme dans mon cœur.

*
* *

J'ai souvent été confronté au petit milieu des intellectuels français. Beaucoup parmi eux brillent par leur talent, leur intelligence et un sens acéré de la formule. La plupart professent une volonté constante de « penser bien ». En paroles, les bons sentiments, la générosité et l'humanité abondent. Jamais ils n'hésitent à donner des leçons de morale et de comportement qu'ils ne s'appliquent, bien entendu, pas à eux-mêmes. Leur réaction est facile à prévoir, puisqu'elle indique toujours la même direction. Ils n'en restent pas moins utiles au débat public, ne serait-ce que pour désigner le chemin qu'il conviendra de ne pas emprunter ! Parmi eux se trouvent cependant des personnalités d'exception, qui tranchent par l'originalité de leur pensée et le courage de leurs positions. Être capable d'aller à contre-courant n'est pas une qualité commune. Alain Finkielkraut fait partie de ce petit nombre. Je l'ai toujours admiré sans être un ami proche. Je l'ai écouté davantage que je ne l'ai rencontré. Et souvent, je me suis trouvé en harmonie avec sa pensée sans même que nous ayons eu l'occasion d'en débattre. Son sens de la synthèse, bluffant de clarté, lui permet de décortiquer les évènements du quotidien pour en souligner le sens profond et la signification véritable. Son physique, massif, ne correspond en rien à sa douceur… qui en un instant peut se muer en colère. L'interlocuteur pacifique se métamorphose alors en débatteur enragé.

Je le sais capable de tous les enthousiasmes et de toutes les nostalgies. L'importance qu'a prise son épouse dans sa vie me touche et me parle. Ce mélange de force et de fragilité a quelque chose de poignant et de fascinant. Tout ce qu'il affirme paraît lumineux, même lorsqu'on ne partage pas sa cause. Il m'arrive de rester interloqué par son agilité hors norme. Face à la meute, au qu'en-dira-t-on, à la mauvaise foi, ou au politiquement correct, il oppose sa dignité et l'acuité de son intelligence. Il est courageux d'une façon si rare qu'elle n'en est que plus précieuse. Alain Finkielkraut est une personnalité à part. C'est une chance d'avoir cette voix qui compte dans le paysage intellectuel français. Je m'en suis inspiré plus souvent qu'il ne le pense.

*
* *

Le mois de décembre commença par la publication d'une tribune ahurissante dans le journal *Libération* d'une vingtaine de chercheurs, philosophes, historiens, sociologues qui appelaient à la suppression du ministère de l'Identité nationale et de l'Immigration, accusé de « mettre en danger la démocratie ». Rien que cela ! Si j'évoque cette anecdote, ce n'est pas parce que le texte mérite que l'on s'y intéresse en soi. Il était outrancier, ridicule, et ne tranchait que par sa violence. Il était intéressant, malgré tout, pour ce qu'il révélait de l'état d'esprit d'une large partie de nos élites bardées de diplômes et de titres universitaires. Ces dernières, parfaitement respectables par ailleurs, perdaient tout sens commun dès que les mots immigration, identité et peuple étaient prononcés. C'était étrange à observer. Ces derniers suscitaient de véritables crises d'hystérie qui engendraient les déclarations les plus folles. Ainsi, cette équipe d'ultra-diplômés de nos universités, au premier rang desquels se trouvait Patrick Weil, qui courait d'un plateau de télévision à un autre pour étaler ses connaissances en matière de flux migratoires et multipliait les propos outranciers. Ils pointaient « le risque d'enfermement identitaire de la France », « les scandaleux objectifs d'expulsions d'étrangers ». Ils allaient même jusqu'à évoquer « la rafle des sans-papiers » dont je me serais rendu coupable ! J'étais enfin accusé « de rapt nationaliste de l'idée de Nation ». À la lumière de ce que nous connaissons aujourd'hui des flux migratoires dans toute l'Europe qui ne sont plus sous contrôle, de l'exaspération croissante du peuple français devant les multiples signes de disparition de son mode de vie et de sa culture, des difficultés que tous les gouvernements ont éprouvées à faire exécuter des reconduites à la frontière, y compris celles décidées par la justice, on mesure à quel point tous ces gens prétendument savants et lettrés avaient perdu toute mesure pour ne s'enivrer que d'idéologie, de fantasmes et d'illusions – le pire étant qu'ils étaient représentatifs de l'état d'esprit d'une part non négligeable de nos élites. Le proverbe dirait-il vrai, « le poisson pourrit par la tête » ? Comment la France pouvait-elle préparer son avenir et défendre ses intérêts, alors que de tels propos étaient assénés et revendiqués sans gêne et comme autant d'évidences ? Je ne sais si aujourd'hui encore les signataires de ce brûlot sont toujours enfermés dans leurs prisons idéologiques. En tout cas, leurs prises de position de l'époque illustraient bien la difficulté, pour un gouvernement qui voulait agir avec bon sens et mesure dans le domaine de l'immigration, de résister à ce harcèlement irrationnel autant que démesuré.

Que voulions-nous mettre en œuvre qui paraissait si grave à ces « intellectuels » ? D'abord, il nous fallait tenter de maîtriser les flux migratoires. Qui pouvait contester cet objectif parfaitement républicain et tellement nécessaire au regard de la pression intense qui régnait à nos frontières ? Comment avaient-ils osé prononcer le mot « rafle » ? Cela témoignait d'une méconnaissance de notre histoire. C'était une insulte jetée à la face de tous ceux qui, pendant l'Occupation, avaient été des victimes de ces procédés abjects. Les signataires et leurs soutiens agissaient ainsi pour jeter l'opprobre sur le gouvernement, le culpabiliser, le paralyser et le condamner soit à l'inaction, soit à l'épreuve de force. Le piège était mortel, car la première exaspérait mes électeurs et la seconde était perdue d'avance – le tribunal médiatique privilégierait toujours les fausses générosités et les hypocrisies humanistes à la fermeté d'une politique migratoire. Il était assuré qu'une majorité de l'opinion partageait nos objectifs, mais elle aussi était impactée par les images de souffrances de tel ou tel de ces malheureux venus chercher un Eldorado illusoire dans notre pays. Nos efforts étaient souvent mis au débit du gouvernement qui en plus d'être inhumain semblait inefficace.

Nous voulions ensuite débattre de l'identité française, de ce qu'elle était devenue, de ce qui pouvait la faire disparaître ou au contraire renaître, de ce qu'elle représentait pour les Français comme pour le monde. Réfléchir et débattre était aux yeux de ces nouveaux censeurs illégitime, et devait donc être proscrit. Il était loisible de disserter sur l'humanisme, l'universalisme, la culture de tous les autres sur la planète à l'exclusion expresse de la nôtre. Au fond, nous n'avions pas le droit de croire, d'aimer, de vouloir préserver notre héritage culturel et notre mode de vie. Nous devenions à l'instant où nous prononcions le mot « identité » des nationalistes, des populistes, de dangereux réactionnaires pour ne pas dire davantage. Il y aurait eu de quoi en rire tant c'était absurde ou en pleurer tant c'était préoccupant. Le pire étant que ces outrances ne choquaient pas le monde médiatique, en tout cas infiniment moins que la reconduite, à la même période, de deux sans-papiers afghans que le gouvernement avait décidé d'expulser. J'étais consterné de constater à quel point le bon sens et la mesure semblaient s'être évaporés au profit d'un obscurantisme porté par l'extrême gauche, les écologistes et des activistes en mal d'occupation.

Le débat sur l'identité fut encore avivé par le résultat du référendum suisse sur les minarets, en novembre 2009. Une majorité de nos voisins avait décidé de se prononcer contre leur construction, en tout cas pour de nouveaux sur son territoire. Chacun y allait en France de son commentaire. Les uns y voyaient la preuve que l'on ne pouvait décidément pas faire confiance au peuple censé toujours choisir l'excès, les autres dénonçaient une décision fondée sur l'islamophobie que naturellement ils condamnaient. Les derniers se moquaient ouvertement de nos voisins qualifiés d'égoïstes et de conservateurs, pour ne pas dire pire... Je pris position pour indiquer qu'au lieu de condamner sans appel le peuple suisse, il aurait été plus avisé de chercher à comprendre ce que ressentaient tant de peuples en Europe, y compris le nôtre. Je publiai une tribune dans *Le Monde* pour expliquer que ce résultat témoignait de la sourde menace que tant de gens ressentaient pour leur identité, qu'il fallait donc en parler, que ce n'était pas un tabou ! J'étais persuadé que seul le débat aurait pu apaiser les choses. Toutes les gauches s'étouffaient d'indignation, estimant qu'à l'inverse le seul fait d'ouvrir la discussion tendrait la situation et aviverait les plaies. Leur stratégie était facile à décrypter. Elles avaient d'abord ignoré le problème, et maintenant que celui-ci éclatait à la face de la société, il convenait à tout prix de le minimiser en le présentant comme un fantasme de la droite au pouvoir. Casser le thermomètre n'a jamais fait baisser la température. Nier une difficulté ne l'a pas davantage fait disparaître.

Mes opposants s'ingénièrent à caricaturer le débat pour mieux le refermer. La violence de ces prises de position dissimulait la méfiance viscérale de nos élites pour tout ce qui venait du peuple, considéré comme trop vulgaire. La simple référence à celui-ci était déjà vue comme le commencement du populisme. Ce n'était ni plus ni moins que l'expression d'un mépris de classe des sachants à l'endroit des « incultes » que nous étions. Moi le premier ! Il s'était passé à peu près le même phénomène lors du rejet du projet de Constitution européenne en 2005. Je me souvenais des paroles blessantes proférées à l'endroit de la majorité de Français qui avaient dit « non ». Je voulais clairement mettre un terme à la politique du déni. J'avais donc décidé d'ouvrir largement ce débat, que je croyais non seulement utile, mais nécessaire. Je pensais profondément que l'identité nationale était l'antidote au communautarisme. J'étais même allé jusqu'à défendre le « métissage », qui exprimait la volonté de vivre ensemble, alors que le communautarisme induisait celle de vivre séparément. Je précisais que le métissage n'était pas la négation des identités. Celui qui accueillait devait reconnaître ce que l'autre pouvait lui apporter. Celui qui arrivait devait respecter ce qui préexistait avant lui.

La presse me fit le procès d'ouvrir un débat qui allait profiter au Front national. Le beau prétexte à ne jamais rien penser ni dire ! Il fallait être aveugle pour croire en de telles billevesées. Comme s'il avait suffi de taire le problème pour qu'il se réglât comme par miracle. Les éditorialistes furent dans l'ensemble très critiques sur mon initiative. Pour le journal *La Montagne*, c'était du « populisme ». Pour *Le Courrier picard* : « Il est permis de réfléchir à la question de l'identité mais pas au niveau politique. Car il s'agit d'abord d'une question philosophique. » S'il y avait bien un débat politique, c'était celui-ci. Et il était urgent d'y répondre ! Quel devait être le niveau des transferts de compétences entre l'Europe et la Nation ? Comment devait se manifester la priorité donnée à la laïcité sur les revendications des pratiquants musulmans ? Nous devions également réfléchir à la place qui devait être réservée dans les programmes de l'Éducation nationale à l'histoire des pays d'origine de tant de Français venus d'ailleurs et qui souhaitaient ne pas se couper de leurs racines familiales. Heureusement, quelques rares courageux prirent des positions fortes. Ainsi, *L'Union* s'interrogeait : « Est-ce qu'aimer son pays, connaître son histoire, défendre ses valeurs fondatrices, promouvoir l'égalité homme-femme… sont des choses qu'il faut taire ? » Je ne pouvais pas être plus en accord.

Cela tanguait également dans ma majorité, dont certains membres étaient comme tétanisés par la mobilisation de l'intelligentsia de gauche. Ils ne voulaient surtout pas apparaître trop clivants ou trop à droite ou trop courageux. Dans cet exercice, Jean-Pierre Raffarin était devenu un expert. Il trouvait lui aussi tout cela « populiste ». Il le regrettait. Oubliant ce faisant qu'il était le Premier ministre qui avait organisé, sur ordre de Chirac, le référendum piégé de 2005 auquel les Français avaient répondu « non » à 55 % ! Celui où l'on avait fait semblant de leur demander leur opinion sur la construction européenne, après leur avoir imposé un élargissement dont ils ne voulaient pas. Sans surprise, ils ont voté un « non » de colère. Les Français avaient très bien compris qu'ils avaient été bernés. Je peux en parler d'autant plus sereinement que j'ai dû mener cette campagne perdue d'avance. Et c'est moi qui, politiquement, en acceptai le coût en négociant et en signant le traité de Lisbonne en 2007, pour nous sortir de l'impasse dans laquelle le résultat de ce référendum nous avait plongés. Recevoir des leçons de vertu venant de personnes qui avaient joué avec le feu sans en payer les conséquences… c'était un comble ! Et de surcroît, ce devrait être moi, le populiste ? Il fallait reconquérir ces électeurs qui avaient fui le camp des modérés européens à cause de ses démissions successives.

Prendre le temps d'entendre ce que disaient les Français dans les urnes n'était en rien du populisme. Refuser d'écouter, de comprendre, d'agir était infiniment plus grave. Je sentais que les choses empiraient. Le commissaire à la Diversité et à l'Égalité des chances Yazid Sabeg, que j'avais nommé, joignit sa parole au concert des hypocrisies. Sa prise de position ne me facilita guère la tâche : « Il y a un vrai risque que le débat sur l'identité nationale revienne à traiter les musulmans comme une ethnie à part. L'identité de la France ne doit pas se construire contre l'islam, mais avec. » Je ne sais pas si au moment où il écrivait ces mots, il avait conscience que son propos heurtait de plein fouet l'idée que nous nous faisons de la laïcité. En effet, « construire l'identité de la France avec l'islam », c'était osé et surtout pas approprié… Quel scandale si un chrétien ou un juif avait dit cela ! Je pensais que, sans doute avec les meilleures intentions du monde, en tout cas pour les plus sincères, c'étaient tous ces « humanistes autoproclamés » qui mettaient, sans s'en rendre compte, les musulmans au cœur du problème. J'étais d'ailleurs sur ce point assez d'accord. Ils étaient la part la plus complexe à assimiler au sein de notre future identité. Pourquoi le contester et essayer de faire croire que tout se passerait aisément ?

Sans doute avais-je commis bien des maladresses en lançant ce débat. Mais si erreurs il y avait, elles étaient de pure forme, car pour le reste, sur le fond, nous avions raison. Et les faits l'ont confirmé. Avec le recul, qui pourrait affirmer que la question identitaire n'était pas au cœur des préoccupations de tant de Français ? Que le problème ne se posait pas ? Près de quinze années plus tard, on constate la pertinence de ce diagnostic, l'erreur de nos opposants, et surtout le regret cuisant que ce débat n'ait pas pu contribuer à apaiser les tensions qui se trouvent aujourd'hui décuplées au cœur de la société française. La situation s'est beaucoup dégradée tout au long de ces dernières années. Devant les blocages, les incompréhensions et les malentendus, je ne connais rien de plus efficace que la parole, l'échange, le débat. Parler, c'est déjà agir. C'est vraiment une difficulté spécifique à notre pays que cette incapacité à pouvoir échanger sans drame sur des sujets importants. De la même façon, il nous est si difficile d'évoquer les questions liées à l'argent, à la réussite, aux frontières, à l'immigration. Au seul énoncé de ces mots, chacun se croit obligé d'adopter une posture d'autant plus généreuse qu'elle n'engage à rien ! À partir de cet instant, plus aucun argument n'est audible, plus aucune rationalité n'est possible, plus aucun compromis n'est acceptable. Le camp du « bien » affronte celui du « mal ». Aucune action n'est envisageable. Les Français s'en exaspèrent et deviennent disponibles pour les forces politiques les plus excessives et les plus caricaturales. Cela dure depuis trop longtemps. Un jour, plus proche qu'on ne le croit, ils finiront par vouloir les essayer. Ce jour-là, il sera trop tard pour verser des larmes de crocodile sur tant d'occasions manquées !

*

* *

Je terminai cette année 2009 par une conférence de presse sur les priorités qui seraient financées par le grand emprunt national. J'en avais annoncé le principe devant le Congrès. Il me fallait détailler le quantum et surtout les affectations. Il en allait de la crédibilité de toute la démarche. Après de multiples débats internes entre ceux qui craignaient que nous dépensions trop et souhaitaient caper les dépenses à dix milliards d'euros, et ceux qui voulaient un montant d'investissement plus significatif considérant qu'en dessous de cent milliards nous manquerions nos objectifs, j'avais fini par arbitrer en faveur de la somme de trente-cinq milliards destinés aux investissements d'avenir. C'était une dépense importante, mais d'autant plus nécessaire que la part des investissements dans la dépense publique n'avait cessé de chuter depuis 1974, où elle était de 12,5 %, à 2008, où elle s'élevait à 7,5 %. La vérité était que l'investissement public avait été sacrifié au profit de l'explosion des dépenses sociales. J'avais un moment caressé l'idée de lancer un emprunt auprès des particuliers, afin de mobiliser les Français autour de cet objectif. Je dus y renoncer compte tenu du coût élevé qui en aurait résulté. En effet, il aurait fallu rémunérer au prix fort les prêteurs individuels. Il était bien moins cher de lever cet argent auprès des marchés. Le taux d'intérêt servi était nettement plus bas. L'économie réelle était de près d'un milliard d'euros.

Je décidai qu'à l'intérieur de l'enveloppe totale la priorité serait donnée à l'enseignement supérieur et à la formation. C'était à mes yeux une évidence. Il s'agissait d'un secteur où la France investissait deux fois moins que les États-Unis. Il y avait pire puisque, entre 1995 et 2006, les dépenses dans ce domaine avaient décru en pourcentage du PIB ! L'effort annoncé représentait onze milliards d'euros. J'annonçai dans la foulée la création sur le plateau de Saclay d'un gigantesque campus, regroupant sur un seul site AgroParisTech, l'École centrale, l'École normale supérieure de Cachan et l'Université de Paris XI. Je souhaitais créer dans la région parisienne une sorte de Silicon Valley. C'est une fierté de constater aujourd'hui que ce site est devenu le plus dense en chercheurs de toute l'Europe. Ils sont près de quinze mille ! C'était un très grand projet, pour lequel mon équipe, au premier rang de laquelle mon conseiller Bernard Belloc, était pleinement mobilisée. C'est à cela que devrait servir la politique. J'affectai un milliard d'euros pour le développement de cette seule initiative. Par ailleurs, nous avions décidé de sélectionner une petite dizaine de pôles universitaires de dimension mondiale, afin que chacun puisse disposer d'un milliard d'euros de dotation. Les universités étaient clairement prioritaires dans notre plan. Si l'on ajoutait la loi qui leur conférait l'autonomie ainsi que le Plan Campus, nous faisions un effort jamais engagé avec une telle ampleur. Nous visions l'excellence et espérions ouvrir l'université française sur le monde, sur l'entreprise, sur la technologie et sur les enjeux du futur. J'aspirais aussi à la libérer de la chape de plomb idéologique qui l'enfermait dans ce carcan de gauche, voire d'extrême gauche, et qui lui interdisait tout développement. Il suffisait pour s'en convaincre de constater la dégradation constante du classement de nos universités dans les baromètres internationaux. Si j'en juge par la progression délétère de la pensée woke en son sein, beaucoup de travail reste à faire !

La deuxième priorité était la recherche, à laquelle nous affections huit milliards d'euros. Elle non plus n'était pas au mieux de sa forme et de son efficacité, victime de la dispersion des efforts budgétaires et d'un cloisonnement étanche avec le monde économique. Nous subissions notamment un grand retard en matière de dépôts des brevets. Nos chercheurs travaillaient bien, mais les applications industrielles avaient beaucoup de mal à émerger.

Le troisième axe était celui de l'industrie, pour laquelle nous avions fléché six milliards et demi d'euros. Les problèmes de compétitivité de l'économie française s'étaient beaucoup accrus. La part des exportations françaises dans la zone euro sur les dix années précédentes avait reculé de 25 %. C'était un plongeon très préoccupant. Un effort massif pour l'industrie s'imposait. Et enfin, nous réservions cinq milliards d'euros pour le développement durable, dont un milliard pour la recherche sur les réacteurs nucléaires de quatrième génération qui devaient recycler l'uranium et le plutonium. La question des déchets nucléaires pouvait ainsi être traitée. Au cours de la conférence de presse, la première question porta sur le retour à la planification qu'induisait notre plan. Il s'agissait, avec l'explosion de la dette due aux séquelles de la grande crise financière, du principal angle d'attaque. Après avoir été caricaturé comme trop libéral, je l'étais maintenant comme pas assez. J'ai toujours cru dans le marché, mais je n'ai jamais pensé que c'était lui qui pouvait réaliser les infrastructures que toute économie moderne devait posséder pour affronter la compétition mondiale. Ainsi, sans l'État, nous n'aurions jamais eu la filière nucléaire, celle de l'aéronautique, les TGV et les RER... Le marché était très efficient pour le court terme, mais s'agissant du très long, c'est l'État qui devait avoir une vision et les moyens financiers de la mettre en œuvre. Plus de dix années après le lancement des travaux financés par le grand emprunt, aucun scandale d'attribution ou de réalisation n'a été porté à la connaissance des Français. C'est une forme de miracle ou d'exploit !

La presse fut partagée à propos de cette initiative. Les commentateurs balançaient entre la séduction que provoquait chez eux la nouveauté de ces investissements d'avenir et le coût important qui pèserait sur nos finances publiques, déjà en mauvaise situation du fait de la crise financière. Ces réactions n'avaient rien d'anormal. Je m'étais posé moi-même ces questions. Pour une fois, le journal *Libération* avait eu du mal à ajuster son tir : « La vision universitaire qui se dégage des ambitions présidentielles a une couleur très scientifique, très économique, très, pour tout dire, utilitariste. » J'avais pris tout ceci comme autant de compliments : je n'allais certes pas investir dans les sciences sociales qui étaient tellement dominantes dans nos universités. Notre retard sur les questions scientifiques et économiques était patent et n'en finissait pas de s'aggraver. Il fallait faire quelque chose. Quant à l'adjectif « utilitariste », j'étais prêt à m'en contenter, tant je le préférais à celui d'« idéologique » qui était le prisme habituel de toute la gauche... Ce fut Erik Izraelewicz qui fit la remarque la plus pertinente pour le journal *La Tribune*. Cela ne m'étonnait pas, venant d'un journaliste dont j'aimais lire les billets économiques qui étaient souvent originaux et assez pertinents. « Le seul problème dans tout cela, c'est finalement que pour financer ces investissements d'avenir, l'État français n'ait qu'un seul moyen : continuer à accroître son endettement. » Tout ceci était bien dit et finement analysé. Mais que pouvais-je faire d'autre ? Attaquer à marche forcée la réduction de notre endettement ? C'était un risque majeur de « plomber » la reprise économique dont nous avions un grand besoin. S'abstenir d'investir pour l'avenir ? C'était la certitude d'accroître notre retard en termes de compétitivité. De surcroît, l'argent était peu cher et abondant sur le marché. Nous aurions eu tort de ne pas en profiter. Je reconnais qu'il y avait dans cette stratégie un pari que nous n'étions pas certains de remporter. Mais, à l'inverse, si nous n'avions rien fait pour soutenir la croissance qui revenait à peine, alors le coût financier aurait été beaucoup plus élevé et le risque politique infiniment plus grand.

Comme de bien entendu, l'administration de Bercy fit tout ce qui était en son pouvoir pour retarder les engagements financiers et limiter l'ampleur de ce plan d'investissement. Les fonctionnaires des Finances étaient opposés par principe à toute nouvelle dépense. On pouvait les comprendre, vu les responsabilités qui pesaient sur leurs épaules. Une fois le grand emprunt lancé, je dus m'employer bien davantage pour qu'il soit mis en œuvre que ce que j'avais dû faire pour qu'il fût adopté ! C'est la difficulté avec l'administration française : elle est consciencieuse et rigoureuse, mais il lui arrive souvent d'essayer de gagner dans la mise en œuvre des lois des batailles qu'elle a perdues lors de leur approbation. Ces combats d'arrière-garde sont fréquents et chaque année renforcés par l'instabilité ministérielle, qui fait contraste avec la stabilité des directeurs d'administration centrale. Les ministres passent, les directeurs restent. Le pouvoir politique diminue, la force de l'administration augmente. C'est l'un des problèmes majeurs de la démocratie française.

*
* *

L'année se termina comme elle avait commencé. C'est-à-dire par des polémiques et des controverses qui sont le quotidien d'un président de la République. La première était de loin la plus ennuyeuse, car le Conseil constitutionnel présidé par « mon meilleur ennemi », Jean-Louis Debré, avait eu la très mauvaise idée d'annuler la contribution carbone que j'avais eu le plus grand mal à installer et à faire adopter. Le motif affiché n'était qu'un prétexte qui servait à masquer un règlement de comptes politicien. En effet, le Conseil arguait que cette contribution carbone était contraire à l'objectif de lutte contre le réchauffement climatique, car pas assez ambitieuse. Il fallait oser l'écrire ! Sans celle-ci, on voyait mal comment la France pourrait être plus efficace dans ses ambitions environnementales. On pouvait penser que cette première fiscalité écologique était insuffisante, mais l'annuler ne renforcerait certes pas son efficacité ! Les « sages » protestaient contre le fait que la moitié seulement des émissions de gaz à effet de serre aurait été soumise à la contribution carbone. Mais avec sa suppression, cela devenait 100 % ! Le Conseil pointait également « une rupture d'égalité devant les charges publiques du fait des exemptions qui avaient été prévues ». L'argument était encore mal choisi, puisque s'il suffisait de désigner l'existence de « niches fiscales » pour déclarer un impôt inconstitutionnel, c'était tout notre Code fiscal qui aurait dû être annulé ! Cette décision était lourde de conséquences et donna un coup mortel à la création d'une fiscalité écologique pourtant nécessaire. La contribution carbone représentait un premier pas qui aurait sans doute mérité bien des aménagements, mais cette annulation, s'ajoutant aux difficultés politiques qui avaient prévalu pour sa mise en œuvre, signifiait un retour en arrière très difficile à surmonter. Et ce même si nous étions décidés à présenter une nouvelle contribution carbone. L'élan était brisé.

La décision du Conseil constitutionnel n'avait rien de juridique et tout de politique. Il faudra vraiment un jour s'attaquer à cette incongruité. Nous sommes une démocratie. Les élus devraient avoir le dernier mot. Il convient bien sûr que leurs décisions soient encadrées d'un point de vue constitutionnel comme administratif. Je suis le premier partisan de ce cadre, mais cela ne doit pas aboutir à un véritable gouvernement des juges. Ainsi, entre le Conseil d'État, le Conseil constitutionnel et les règles européennes, j'affirme qu'aucun gouvernement français, quelle que soit sa couleur politique, n'est encore libre de proposer une politique de régulation des flux migratoires, et ce malgré la demande pressante et les attentes de tant de Français. Le Conseil constitutionnel est saisi sur quasiment chaque texte de loi. Or il ne peut ni ne doit se substituer au Parlement. Il s'agit d'un sujet complexe, sensible et majeur, car il contribue à donner une image d'impuissance à la politique et aux gouvernements successifs. La réflexion sur la composition, sur les règles de nomination et sur les pouvoirs de ces deux institutions est incontournable. Je crois cependant qu'un consensus pourrait être trouvé entre les grandes forces politiques françaises, car il y va de leur crédibilité, et toutes sont conscientes de l'importance de ce débat.

La deuxième polémique produisit un battage médiatique encore plus violent, mais elle était plus aisée à surmonter, puisqu'il s'agissait du cas de neuf Afghans que nous avions expulsés et renvoyés dans leur pays d'origine. Cette décision avait d'autant plus choqué qu'il s'agissait d'un pays en guerre. La télévision ne parlait plus que de cela. La proximité des fêtes de Noël excitait encore davantage les sentiments les plus généreux et parallèlement la volonté de leurs auteurs de les exhiber. C'était le monde à l'envers. Ces malheureux n'avaient aucune raison de demeurer en France. Ils ne le souhaitaient d'ailleurs pas, puisqu'ils voulaient se rendre en Grande-Bretagne qui de son côté n'était pas décidée à les accepter. Et malgré cela, c'était le gouvernement qui faisait figure d'accusé. Les autorités afghanes étaient d'accord pour les recevoir. Naturellement, nous ne les ramenions pas dans une zone de combat, mais dans des territoires en paix. Aucun d'entre eux n'avait déposé une demande pour être reconnu comme réfugié politique. Cependant, je me trouvais accusé de tous les maux et dénoncé de toute part. J'étais « inhumain », « sans cœur », « dépourvu de toute générosité ». On n'était pas loin des accusations rituelles de fascisme ! Le plus saisissant était que ces reconduites avaient été décidées en commun accord avec le Premier ministre britannique Gordon Brown, pourtant travailliste ! Cela n'empêchait nullement la gauche française de redoubler d'agressivité.

Il est certain qu'il était plus facile d'étaler complaisamment ses émotions que d'assumer des décisions de fermeté ! Mais si ces dernières n'étaient pas prises, je craignais que n'éclate une révolte en profondeur des Français légitimement exaspérés que leur pays soit assimilé à une « passoire ». Je constate avec tristesse que depuis cette époque, la situation n'a fait qu'empirer. Ce fut encore le cas à la fin de l'année 2022, avec les deux cent trente-quatre Éthiopiens et Somaliens de l'*Ocean Viking* qui ont été dirigés vers la France par une ONG complice. Quelques jours plus tard, ils se sont évaporés dans la nature à partir de Toulon où leurs dossiers étaient pourtant supposés faire l'objet d'un examen approfondi. Seule une poignée d'entre eux a finalement été reconduite dans leur pays. A-t-on pris conscience des dégâts qu'une telle image d'impuissance imprime dans l'esprit des Français ? Les ravages sont considérables et profonds quand les lois sont à ce point bafouées, quand l'autorité de l'État est moquée, quand les ONG se complaisent dans un rôle de passeurs qui ne dit pas son nom, mais qui est bien réel.

Que reste-t-il de la politique, de la démocratie, de l'esprit civique ? Rien… Or le temps presse, puisque contrairement à ce que pensent ou disent ces humanitaires proclamés, la crise de l'immigration n'en est qu'à son commencement. On peut même affirmer qu'elle n'a pas encore réellement commencé. Le pire est à venir avec le doublement de la population du continent africain dans les trente années qui viennent. La pression migratoire va donc être décuplée. Que pèseront les cinq cents millions d'Européens face aux deux milliards et demi d'Africains dont la moitié auront moins de 20 ans ? Les Européens vivront ce phénomène comme une invasion économique, sociale, culturelle. Et comment leur donner tort ? L'Afrique ressentira une profonde amertume car, au bout du voyage, il y aura pour la plupart de ces enfants le chômage, la pauvreté, l'exclusion. Le continent africain lui-même perdra une bonne part des élites dont il aurait un grand besoin. La catastrophe est programmée. Elle produira des humiliations, des frustrations, des amertumes profondes. Ce seront toutes les relations entre ces deux continents si proches par la géographie qui s'en trouveront dégradées pour longtemps. La stratégie de la « posture généreuse » nous est désormais interdite. L'inaction n'est plus une option. Il faut maintenant parler clairement et agir fortement. Il me paraît que la seule voie qui puisse avoir une chance de succès consistera à échanger la coopération des pays africains dans la lutte contre l'immigration irrégulière contre une très ambitieuse politique de développement des infrastructures africaines financée massivement par l'Europe. L'échec économique de l'Afrique aurait des conséquences dramatiques pour notre continent. Je pèse mes mots en affirmant que nous pourrions ne pas y survivre. La réussite de ce continent frère est la seule alternative porteuse d'avenir pour les vieux pays européens.

Financer le développement de nos voisins du Sud n'est pas qu'une question de générosité, c'est d'abord une affaire vitale. Le temps est désormais compté. Rarement un défi à ce point majeur n'a été aussi proche de nous éclater en pleine face. Les pudeurs, les exhibitions, les poses sont indécentes au regard des enjeux et de l'urgence. La France et l'Europe doivent se réveiller et enfin assumer leurs responsabilités.

*
* *

J'en avais fini avec la première moitié de mon quinquennat. Je savais qu'allait démarrer la partie la plus difficile de mon mandat. Je ne bénéficiais plus de l'attrait de la nouveauté. Deux années et demie, c'était interminable pour les médias de l'instantané, et en même temps trop court pour que les premiers résultats de notre action puissent commencer à produire leurs effets. Je sentais la lassitude d'une partie des Français monter et leur impatience décupler. J'avais besoin de réfléchir et de changer d'air. L'opportunité de le faire est venue de l'initiative du roi du Maroc Mohammed VI. Il nous invitait à séjourner quelques jours dans sa résidence de Marrakech pour nous reposer et avoir l'opportunité d'un dîner et d'une réunion approfondie sur les relations entre nos deux pays. J'ai toujours aimé le Maroc. Des trois nations d'Afrique du Nord, elle est celle qui nous est la plus proche. La seule aussi qui a su digérer pacifiquement notre passé commun sans en éprouver la moindre amertume ou le plus petit ressentiment. La différence avec l'Algérie est saisissante. Il n'y eut pas de guerre entre nos deux pays. Cela compte dans notre histoire commune.

Et puis, il s'agissait de Marrakech. Dès ma première visite il y a bien longtemps, je fus saisi comme un coup de foudre amoureux par la beauté de cette ville. J'y trouvai la lumière dont Majorelle tira le bleu qui porte son nom. J'y sentis la douceur de l'air descendant tout droit des froideurs de l'Atlas et qui arrive dans l'oasis que constitue la ville après avoir traversé le désert surchauffé. Le contraste donne au vent qui souffle sur cette ville bénie une impression soyeuse. Les neiges éternelles veillent sur elle en lui procurant l'eau si nécessaire et le ciel si souvent immaculé. J'y aime l'art, les artisans, la culture, les couleurs présentes à chaque coin de rue. Et enfin, il y a les gens simples et élégants, chaleureux et réservés, joyeux et graves, accueillants et secrets. J'apprécie de me promener dans ces ruelles bondées et mystérieuses. Tout est différent, et pourtant je m'y suis toujours senti familier de tous et de tout. Le Maroc est un pays frère. C'est un égal de la France qui doit désormais être considéré comme tel. Le royaume est devenu une grande puissance africaine. Ses entrepreneurs, ses intellectuels, ses artistes, ses élites n'ont plus rien à envier aux nôtres. Le roi Mohammed VI restera dans l'histoire comme l'un des plus grands souverains marocains. Son héritage sera même plus fécond que celui de son père. Je me souviens du scepticisme et même de la commisération qui suivit son avènement au plus haut niveau de notre classe dirigeante du milieu des années 1980. Ces propos d'alors paraissent bien dérisoires quand on mesure le chemin qu'il a fait parcourir à son pays.

J'ai toujours ressenti cette proximité avec les Marocains. C'est un peuple hospitalier et profondément généreux. Même lorsqu'ils ont peu, ils sont toujours prêts à le partager, à ouvrir leur maison, à entamer la discussion, à offrir ce thé brûlant qui est leur boisson nationale. Le Maroc a réussi son entrée dans le monde moderne sans brader son style de vie, ses traditions, son univers si particulier. Ce n'est pas aux Marocains que l'on a besoin d'expliquer l'importance de la sauvegarde d'une identité nationale. N'est sans doute pas né celui qui voudra la leur faire perdre ! La France doit chérir cette relation privilégiée. Elle doit la préserver, car elle ne va pas de soi. Les Marocains sont sensibles parfois jusqu'à la susceptibilité. Il faut y prendre garde, car la moindre maladresse, fût-elle non intentionnelle, peut avoir des conséquences fâcheuses. Ainsi, le roi est le roi. Il est de surcroît le descendant direct du Prophète. Le président de la République française doit avoir la sagesse de comprendre cette particularité et en tirer toutes les conséquences en matière protocolaire. Le roi Mohammed VI est un homme de large culture et d'une finesse intellectuelle éblouissante. Combien de fois ai-je été impressionné par sa capacité à anticiper les évènements et à garder le cap de sa vision pour le royaume ? Il sait être un ami à la fidélité de roc. Il montre rarement son agacement ou sa déception, mais il les ressent profondément. Ce n'est pas parce qu'il ne réagit pas à l'offense qu'il ne l'a pas comprise. La relation exige de la constance, du tact, de la fidélité. Elle demande aussi une certaine réserve. Le temps médiatique n'est pas le sien. Il a besoin d'être certain que ses propos ne seront pas exploités ou, pire, déformés par la presse. Jacques Chirac fut très proche de son père, le roi Hassan II. Il le resta du fils, mais avec plus de distance. C'était aussi une affaire de génération.

Le président Macron n'a pas toujours su trouver les mots ou les gestes que les Marocains attendaient. Son tropisme algérien lui procurera bien des déceptions. C'est sans doute un point de désaccord qui existe entre nous. Je ne crois pas qu'il nous faille multiplier les initiatives auprès des dirigeants algériens dont la représentativité à l'intérieur de leur pays est aussi faible que la popularité. Plus nous essaierons de bâtir une amitié « artificielle », plus ils la refuseront. Ils ont besoin d'un adversaire pour détourner l'attention de leur peuple de l'échec patent dans lequel ils ont plongé ce pays magnifique, qui compte parmi les plus riches au monde du fait d'un sous-sol regorgeant de matières premières, spécialement dans le contexte énergétique que nous connaissons. Ces initiatives, dont je peux comprendre les raisons et qui partent d'un bon sentiment, sont à mes yeux vouées à l'échec. En outre, elles risquent de nous détourner du Maroc. Ce dernier est ulcéré de l'attitude de son voisin, qui lui a fermé ses frontières au nez depuis trente-deux ans ! À ce jeu-là, nous risquons de tout perdre. Nous ne gagnerons pas la confiance de l'Algérie et perdrons celle du Maroc. C'est un pari dangereux, de surcroît condamné d'avance.

La résidence du roi à Marrakech est située dans la Palmeraie. Il s'agit d'un vaste domaine de plusieurs dizaines d'hectares uniquement planté de citronniers, d'orangers et d'oliviers immenses. L'activité agricole y est intense et menée avec un professionnalisme qui impressionne les très rares visiteurs. C'est le père de l'actuel roi qui fit bâtir ce palais où tout est aujourd'hui agencé et choisi par Mohammed VI lui-même. Il est un parfait connaisseur de la peinture du XXe siècle. Ses collections témoignent d'un goût très sûr. C'est lui qui m'a initié à la peinture africaine contemporaine. Elle n'a que quelques décennies d'ancienneté, mais commence à pénétrer le cercle très fermé des grands marchands d'art et des maisons prestigieuses qui organisent les ventes internationales les plus renommées.

Du palais, la vue sur l'Atlas enneigé est éblouissante. C'est dans ce havre de paix que nous passâmes une petite semaine. Durant notre séjour, le roi nous invita à dîner dans sa résidence de la Médina. Il a toujours préféré les bruits de la ville au silence de la Palmeraie. Il était accompagné de son épouse. Nous passâmes une soirée merveilleuse sans protocole et sans affectation. Notre hôte était visiblement heureux de notre présence. Il tenait par-dessus tout à ce que nous puissions nous reposer. Il me parla longuement de sa volonté de démocratiser et de moderniser le Maroc. Il avait déjà présente à l'esprit la réforme de la Constitution qui permit que, de tous les pays arabes, le Maroc fut l'un des seuls à ne pas connaître de « printemps ». Sa vision de la question des Frères musulmans était audacieuse et prémonitoire : « S'ils gagnent les élections législatives, je nommerai l'un des leurs Premier ministre. Il vaut mieux qu'ils soient confrontés aux réalités du pouvoir plutôt que d'en faire des martyrs en les mettant en prison », m'avait-il dit. J'étais incrédule. C'est pourtant ce qu'il fit, et quelques années plus tard les Frères musulmans rassemblèrent moins de 10 % des suffrages des Marocains ! Le pari royal était gagné. Il fut le seul à agir ainsi. Les faits lui ont donné raison.

On ne mesure pas assez en France la chance qu'a le Maroc d'avoir un roi comme Mohammed VI. Il est un rempart contre le fanatisme et les extrémistes. Il est l'un des rares dirigeants musulmans sincèrement engagé dans le combat pour le développement d'une réelle vie démocratique dans son pays. Notre devoir comme notre intérêt bien compris seraient de l'aider davantage car, et c'est une difficulté supplémentaire, il ne dispose pas des richesses en matières premières de son voisin algérien. La France devrait maintenant prendre clairement position en faveur de la marocanité du Sahara occidental. Cette question est centrale pour les intérêts stratégiques du Maroc. Elle permettrait d'éviter une république sahraouie dont la solidité et la pérennité laissent tous les observateurs informés plus que perplexes. Savoir choisir ses amis, ne pas craindre d'encourir le courroux de ceux qui le sont moins, s'inscrire dans une perspective longue, s'appuyer sur l'histoire commune : telles devraient être les boussoles du président de la République. S'il est un domaine de la diplomatie française qui mériterait d'être revisité et amodié, c'est celui de notre engagement auprès de nos frères marocains !

Notre séjour fut bref mais enchanteur. La température était parfaite dans la journée où le soleil de Marrakech régnait sans partage. Elle devenait fraîche à la nuit tombante, ce qui permettait un sommeil paisible. Ces vacances inespérées étaient consacrées à la lecture, au sport, aux films en retard, aux bavardages familiaux. Je sentais mes forces se reconstituer jour après jour. Il y avait bien sûr les appels téléphoniques avec Paris et les dossiers d'actualité, mais l'intensité n'avait rien de comparable avec ce qu'avait été mon quotidien tout au long de l'année. La trêve de Noël n'était pas un vain mot. Elle est une réalité que rien ne peut changer ! Tout s'arrête au profit de l'activité familiale intense des Français. Rien n'est en mesure de troubler ces moments de rencontres et d'échanges attendus par chacun. En ce début d'année, le pays reprenait son souffle. Cela valait pour tous, qu'ils soient pratiquants ou non, croyants ou pas. Les racines chrétiennes de la France se manifestaient avec éclat dans cette façon de célébrer la Nativité et de respecter ce moment si particulier. S'il y a bien une chose qui n'a jamais changé, c'est l'attachement des Français à cette période étrange qui ne ressemble à aucune autre et qui rassemble les familles pour un temps limité mais sacré.

Je sacrifiai quelques heures de mes journées à l'écriture de mes vœux aux Français pour la nouvelle année. L'exercice était incontournable, attendu, et finalement ne laisserait que peu de traces. C'est ce qui le rendait difficile à réussir. Il fallait trouver le ton juste. Ne pas briser l'atmosphère des fêtes. Être rassembleur, car ce n'était pas le moment de la politique. Essayer de ne pas être mièvre et encore moins insincère. Une fois le texte écrit, les techniciens le mirent en place sur le prompteur qu'un opérateur faisait défiler sous mes yeux, afin que je puisse le suivre scrupuleusement en essayant de ne pas donner l'impression d'une lecture, mais bien celle d'une improvisation. L'ensemble était tout sauf naturel. L'enregistrement se déroula dans l'après-midi du 31 décembre, de façon à pouvoir remédier à toutes mauvaises surprises. Je ne goûtais guère cette pratique qui me semblait anéantir toute forme de naturel. À une exception près, je me suis toujours arrangé pour n'effectuer qu'une seule prise, afin de ne pas avoir à recommencer l'exercice. Je n'ai jamais été à l'aise avec le prompteur. J'avais vu Jacques Chirac s'en servir maintes fois, y compris dans ses meetings. De mon côté, je ne l'ai jamais utilisé car je trouvais qu'il créait un décalage entre la salle et l'orateur, et surtout qu'il rendait ce dernier prisonnier de son texte et de celui qui en coulisse le déroulait. Je préférais les improvisations, les adaptations, les digressions. J'avais besoin de la réaction spontanée de la foule. Cet instrument venu des États-Unis ne m'a jamais séduit et encore moins été utile. Je dus pourtant, cette année-là comme les suivantes, en passer par lui pour les huit minutes de mon intervention de fin d'année.

Sur le fond des choses, j'essayai de donner un cap en fixant trois axes de travail prioritaires pour le gouvernement. Le rejet par le Conseil constitutionnel de la taxe carbone avait curieusement été analysé comme un grave revers personnel. Je devais donc rapidement revenir sur le sujet. Ce que je fis en annonçant un nouveau projet pour le Conseil des ministres de la fin janvier. J'annonçai ensuite la réforme à haut risque des retraites. La caisse des salariés du privé affichait près de onze milliards d'euros de déficit ! Cela signifiait qu'une pension sur dix était désormais financée à crédit. J'estimais que c'était intenable. Il fallait agir. Cette réforme était incontournable. J'ouvris enfin le débat sur l'une des questions essentielles pour la cohésion sociale future, celle du financement de la dépendance et de l'aide aux plus âgés. Avec le vieillissement de la population et l'augmentation de l'espérance de vie, la France devrait faire face à cinq millions de citoyens âgés de 85 ans et plus en 2060. Avec ces trois questions, il y avait de quoi faire ! J'étais bien conscient que chacun de ces sujets était en soi suffisamment explosif pour « dynamiter » la majorité et le gouvernement, surtout à quelques mois des prochaines élections régionales. Cependant, je ne voulais pas en démordre, nous devions continuer notre action réformatrice. Une fois encore, l'immobilisme n'était pas une option. En tout cas pour moi.

Pour la majorité, c'était moins clair. Alain Juppé et Jean-Pierre Raffarin avaient de concert dénoncé le débat sur l'identité, décrit par leurs soins comme « inopportun et mal maîtrisé ». Ils n'avaient d'ailleurs pas davantage soutenu la taxe carbone ou le principe de la réforme des retraites. En cela, ils illustraient parfaitement le dicton populaire : « Garde-moi de mes amis, quant à mes ennemis je m'en charge. » Le pire était qu'ils pensaient sincèrement ce qu'ils disaient. La gauche avait réussi à les intoxiquer plus profondément qu'ils ne l'imaginaient eux-mêmes. C'est souvent le cas avec la droite. Cela ne l'est jamais de l'autre côté de l'échiquier. La presse fut en général très critique, moins sur mes vœux ou sur ma prestation télévisuelle que sur le climat politique qu'elle analysait comme particulièrement précaire. Le journal *La Montagne* résumait son état d'esprit en me décrivant sans beaucoup de nuances comme « désorienté par les déboires qui s'accumulent »... C'était toujours étrange de voir comment les autres me percevaient depuis l'extérieur ! C'était toute la fébrilité du monde médiatique ainsi que du politique. La surréaction, la surinterprétation, la surexcitation étaient devenues la norme. Il fallait faire avec, mais force était de constater que cela nous compliquait profondément la tâche. Et d'ailleurs, à force de décrire la situation comme apocalyptique, ces observateurs finissaient par la rendre conforme à leurs prédictions.

J'avais eu l'intention initiale de réduire la longue litanie des vœux. Un restant de réalisme me fit comprendre rapidement qu'en agissant ainsi j'allais blesser beaucoup de gens qui auraient reçu ces suppressions comme autant d'offenses personnelles ! J'y renonçai donc, à l'exception des vœux à la presse, qui m'apparaissaient décalés et inutiles compte tenu de l'ambiance médiatique qui m'entourait. C'était peut-être une erreur, mais elle me donna au moins l'occasion d'éviter un moment d'hypocrisie ! Je reconnais bien volontiers ce qui est chez moi une incontestable faiblesse. Je me révèle incapable de dissimuler ce que je pense vraiment. L'idée de présenter mes meilleurs vœux à une corporation dont je pensais qu'elle me caricaturait sans vergogne était au-dessus de mes forces. Forcément, cela n'arrangeait pas mes rapports avec ladite profession. J'en étais le seul responsable.

*
* *

Je commençai l'année par un déjeuner avec les femmes ministres du gouvernement, qui avaient été préalablement invitées par la première d'entre elles, protocolairement parlant, Michèle Alliot-Marie, à la Chancellerie, place Vendôme. Pour dire la vérité, je n'ai jamais beaucoup goûté ces démonstrations publiques de féminisme affiché. J'ai toujours aimé travailler avec des femmes. Cela m'est naturel, je n'ai jamais imaginé de pouvoir faire autrement. Beaucoup d'entre elles au gouvernement étaient des amies proches et de longue date. C'était un réel plaisir de les retrouver et de passer ce moment ensemble. J'étais en même temps mal à l'aise avec l'image symbolique que nous donnions. Comme si être « une femme ministre » était à ce point différent d'être « un homme ministre ». Je voyais le gouvernement comme une équipe, pas deux avec la masculine et la féminine. Croyait-on vraiment que l'ambition de Nathalie Kosciusko-Morizet était moindre que celle de Bruno Le Maire ? Imaginait-on que la dureté de Valérie Pécresse était inférieure à celle d'Alain Juppé ? Pensait-on que l'humour de corps de garde de Roselyne Bachelot se trouvait plus policé que celui de Brice Hortefeux ? Jugeait-on que l'autorité de Michèle Alliot-Marie était plus souple que celle de François Baroin ? Imaginait-on, enfin, que les sujets politiques qui furent abordés au cours du déjeuner étaient si différents de ce qu'ils auraient été avec leurs collègues masculins ? Tout ceci n'avait guère de sens, au-delà de la seule recherche de l'image. Je trouvais même qu'il y avait quelque chose d'humiliant. Pour les femmes d'abord, que l'on traitait comme une caste à part, qu'il fallait protéger en fonction de l'idée que nous nous faisions de leurs prétendues faiblesses. Pour les hommes ensuite, que cela rejetait sans le dire du côté de la force insensible par construction. Pour moi enfin, qui m'étais prêté à un exercice à ce point artificiel. En tout cas, je ne le referais certainement pas ainsi !

Même si cela n'avait rien à voir, ce moment correspondit avec le départ de ma directrice de cabinet Emmanuelle Mignon, qui m'avait accompagné depuis mon arrivée au ministère de l'Intérieur en 2002. Je fus surpris par sa décision, même si je ne fis rien pour la faire changer d'avis. C'est une règle à laquelle je me suis toujours tenu. Mes collaborateurs, si proches soient-ils, ne m'appartiennent pas. Ils ont leur vie, leur carrière, leurs désirs. Les respecter, c'est d'abord accepter leurs choix. Emmanuelle Mignon avait une capacité de travail inégalée. Celui-ci était son équilibre et constituait l'essentiel de sa vie. Son intelligence s'exprimait par une science de la synthèse que j'ai rarement rencontrée. De surcroît, j'appréciais sa franchise comme son originalité. Elle assumait ses désaccords, y compris avec moi, sans jamais se soucier des fonctions des uns et des autres. De tous ces points de vue, elle était vraiment la parfaite directrice de cabinet. La médaille avait cependant un revers. Elle était très discrète sur ses émotions. Il m'arrivait de me demander qui elle était en profondeur et ce qu'elle ressentait réellement. Cette difficulté à s'ouvrir engendrait parfois une certaine brutalité dans ses réactions. Son inimitié avec Claude Guéant était notoire, comme l'étaient également ses penchants pour une droite trop influencée par ses profondes convictions religieuses. Je fus abasourdi quand elle m'expliqua qu'elle allait intégrer la société de production cinématographique de Luc Besson. Ce dernier est un très grand artiste, mais ses capacités de gestionnaire étaient souvent et avec raison mises en doute. J'étais convaincu que l'aventure ne durerait pas. Le contraste entre l'extrême rigidité de l'une et la « souplesse » légendaire de l'autre n'allait pas tarder à faire des étincelles ! De fait, la collaboration cessa brutalement et assez rapidement. Elle fit par la suite quelques déclarations désagréables, expliquant notamment qu'« Emmanuel Macron était le meilleur président de droite de la Vᵉ République ». Je ne sais si elle pense toujours ainsi. J'en ai déduit qu'elle avait gardé un ressentiment qu'il m'est encore aujourd'hui difficile de comprendre, à moins qu'il ne s'agisse du syndrome bien connu des majors de l'ENA qui ne peuvent supporter qu'on ne les reconnaisse pas comme les premiers et donc les seuls ! Je lui garde cependant une grande reconnaissance pour tout ce qu'elle m'apporta durant la campagne présidentielle de 2007 ainsi que pour l'élaboration de la révision constitutionnelle de 2008.

Dès le commencement de mes vœux aux différentes catégories de Français, je dus prendre la parole fortement pour soutenir et relancer le débat sur l'identité nationale qui prenait l'eau de toute part, attaqué qu'il était de l'extérieur autant que de l'intérieur de la majorité. Quelles que soient sa bonne volonté et son intelligence, je ne pouvais laisser le ministre en charge, Éric Besson, seul face à ce défi impossible à relever, en tout cas médiatiquement. Et de fait, les médias étaient déchaînés. Le mot « identité » les insupportait. C'était comme une tache qu'on leur aurait infligée sur l'idée qu'ils se faisaient de la France. À leurs yeux, c'était encore pire qu'être nationaliste, populiste, ou même réactionnaire : il ne pouvait rien y avoir de pire, non pas seulement de défendre l'identité française, mais même d'imaginer qu'il y en avait une !

Dix années plus tard, chacun peut mesurer l'outrance de tels propos et aussi l'erreur profonde du diagnostic dont ils témoignaient. Je reconnais que c'est avec un brin de provocation que j'affirmai, en ce début d'année 2010, que « le débat sur l'identité nationale était indispensable pour être au rendez-vous de l'histoire qui est en train de s'écrire ». Les critiques redoublèrent. Je voulais juste que, pour chaque Français, les mots « Nation » et « République » reprennent tout leur sens, quels que soient son origine, le quartier où il habitait, le milieu social où il était né. J'ajoutai : « La force de notre identité, c'est notre plus grand atout face aux défis du XXIe siècle. » J'étais convaincu que dans la crise financière dont nous sortions à peine, les Nations avaient retrouvé leur rôle protecteur, totalement oublié dans les périodes de forte croissance. Je précisai que, sans identité, il n'y aurait plus de diversité. « Comme il est étrange ce débat où tout le monde est d'accord pour cette dernière et où tant ont peur de la première. » Ce furent mes mots de 2010. Ils sont toujours d'actualité. Qui ne voit ou ne comprend que les vingt-cinq millions de téléspectateurs qui ont regardé la finale de la dernière Coupe du monde de football n'ont pas seulement applaudi des footballeurs de grand talent ou un scénario sportif inédit, mais aussi leur espérance dans une France qui gagne à nouveau ? Beaucoup de ces Français ont manifesté ainsi leur patriotisme et leur volonté de défendre leur identité spécifique ; qui songerait à le leur reprocher ?

Le même phénomène pouvait être observé pour le mot « frontière », qui écorchait la bouche de la gauche, de nos élites et même, hélas, d'une partie de ma majorité. Ce fut l'objet d'un début de controverse avec l'aile la plus centriste de mes soutiens lors de la campagne présidentielle de 2012, où j'avais orienté tout mon projet autour de l'idée que contrairement à ce qui était constamment proclamé, les frontières n'étaient pas des murs, mais des ponts entre des pays voisins ; que le risque de guerre existait bien davantage quand celles-ci étaient incertaines que lorsqu'elles se trouvaient fermement établies et incontestables. Curieusement, une partie du centre considérait que toute référence à l'idée de frontière constituait une attaque contre l'Europe. À mes yeux, il s'agissait d'un parfait contresens. Mais quel que soit mon bilan en matière européenne, je me trouvais donc suspecté dans mon européanisme. En fait, on ne pouvait être européen qu'aveuglément. La moindre critique, la plus petite réserve, la proposition infime d'amodiations était vécue comme un risque majeur. La vérité était que l'esprit de conservatisme et d'immobilisme s'était emparé de beaucoup de ces Européens convaincus. En cela, ils ne comprenaient pas à quel point ils étaient en train de trahir le tempérament novateur autant que courageux des pionniers de l'aventure européenne, qui avaient réussi à accomplir leurs rêves en tournant résolument le dos aux habitudes, aux compromissions et aux frilosités du passé. Je ne sus pas les convaincre de l'impatience du peuple à l'endroit de tous ces non-dits, que déjà je sentais frémir. Pour canaliser ce flot d'énergie angoissée, il nous fallait en prendre la tête et l'apaiser. C'était tout mon projet. Force est de reconnaître qu'il fut insuffisamment compris, puisque j'ai perdu l'élection de 2012.

*

* *

Cela faisait quinze jours que je n'avais pas pris l'avion. C'était sans doute trop long pour satisfaire mon besoin irrépressible de mouvement, de voyages, de découvertes. Ce premier déplacement de l'année n'était pas le plus aisé, car il s'agissait de traverser l'océan Indien pour me rendre à Mayotte d'abord, à La Réunion ensuite. J'avais en effet instauré le rituel, à la fois pour marquer mon attachement profond à nos compatriotes des Outre-mer et pour dépoussiérer un peu les cérémonies de vœux de les présenter depuis un territoire différent chaque année. J'inaugurai cet exercice à La Réunion et à Mayotte en 2010, suivront ensuite les Antilles en 2011 et la Guyane en 2012. L'année 2009 m'avait beaucoup porté vers les Antilles, je ne voulais pas que les Mahorais et les Réunionnais eussent l'impression que l'État ne se tournait que vers les plus turbulents des départements d'Outre-mer.

Mayotte est un territoire plein de contrastes pour lequel j'ai toujours éprouvé des sentiments mêlés. D'un côté, j'admire la volonté indomptable des Mahorais de demeurer français envers et contre tout. Alors que leurs frères et sœurs des autres îles de l'archipel des Comores avaient choisi l'indépendance et donc l'appartenance aux Comores lors du référendum de 1975, eux avaient résisté et persisté dans le choix de la France. Un tel attachement ne pouvait demeurer sans réponse. Tout particulièrement si l'on veut bien considérer le climat anticolonialiste qui fait si souvent de la France la cause de toutes les lâchetés et de toutes les compromissions de nombre de nos anciennes colonies. Cette constance mahoraise est admirable et ne peut être réduite à un seul intérêt matériel et financier. Je voulais rendre à nos compatriotes de l'océan Indien un peu de cet amour qu'ils avaient si vaillamment et si constamment manifesté à la France. Je souhaitais ardemment mettre un terme à ce scandale qui consistait à leur promettre d'accéder au statut de cent unième département français sans jamais que cette promesse ne soit suivie d'effet. Ce n'est pas parce qu'ils se trouvaient à neuf mille kilomètres de la métropole que le mensonge avait moins d'importance et surtout moins d'impact ! En même temps, j'entendais et même comprenais les critiques qui s'élevaient de toute part, indiquant que compte tenu de leur retard de développement et de leurs spécificités multiples, la départementalisation serait vouée à l'échec. J'ai pourtant choisi de trancher en faveur de cette dernière.

L'intérêt stratégique de cette île de l'océan Indien, la confiance de la population en la République, les engagements non tenus de mon prédécesseur ne me laissaient en fait guère de choix. Je pus mesurer dès mon arrivée l'attente que suscitait ma visite parmi les cent quatre-vingt-dix mille habitants de l'île. Ils étaient plus de dix mille à venir écouter mon discours sur l'esplanade du marché de Mamoudzou. Je commençai par un « *Kwesi wa mahoré* » (« Bonjour à tous ») du meilleur effet, même si ma prononciation était plus qu'approximative, et ce malgré plusieurs répétitions ! Je ne laissai guère d'ambiguïté en affirmant d'entrée : « Mayotte, c'est la France. » Le succès était garanti. La chaleur humide était étouffante. Je transpirais d'abondance, mais j'étais porté par la force que me communiquait l'enthousiasme de tous ces gens qui s'étaient si souvent sentis abandonnés. Je compris mieux à cet instant ce qu'avait pu ressentir le général de Gaulle lors de sa fameuse visite où il avait lancé : « Vive le Québec libre » ou même au balcon du palais du Gouvernement d'Alger pour son célèbre : « Je vous ai compris ! » On peut penser qu'il s'agissait d'une forme de sensiblerie, mais j'étais réellement ému par l'amour manifesté à la France, avec tout ce que cela représentait d'espoirs qui finalement ne pouvaient qu'être déçus compte tenu de l'ampleur des attentes. Pour cette île française depuis 1841, ce n'était pas rien de pouvoir devenir dès 2011 un département de la République. Le défi était immense. Un tiers des habitants subissait un chômage endémique. La moitié de la population était en situation illégale. Le territoire était musulman à 90 %. C'est dire que ce bout de France ne ressemblait à rien d'autre. Cela me le rendait d'autant plus attrayant. Je connaissais le gouffre qui existait entre le droit coutumier qui s'appliquait encore très largement et les règles du Code civil français.

Afin de mettre un terme à l'immigration irrégulière qui submergeait Mayotte et causait des drames épouvantables, puisque nombre de malheureux en provenance des Comores voisines se noyaient en tentant la périlleuse traversée, je proposai la création, financée par la France, d'une maternité aux Comores – les femmes comoriennes cesseraient ainsi de se rendre à Mayotte pour y accoucher dans le seul but d'obtenir la nationalité française pour leurs enfants au titre du droit du sol. Le détournement de nos procédures pour devenir français était aussi évident que multiple... J'avançais cependant à pas comptés vers une adaptation de celles-ci limitées à ce territoire, car dans le climat d'hystérie que j'ai précédemment décrit, la proposition faisait déjà l'objet de multiples oppositions et d'autant de caricatures. Aujourd'hui, où les choses ont beaucoup évolué sur ces questions, je crois incontournable la suppression du droit du sol à Mayotte. On ne peut plus demeurer inerte devant la réalité d'un territoire où il existe pas moins de vingt mille reconduites forcées chaque année, c'est-à-dire autant pour ce seul département que pour la France métropolitaine ! Malgré la pauvreté, l'insécurité, les trafics divers, le chômage, je fus accueilli avec une chaleur et une gentillesse qui me firent oublier les rigueurs du climat politique hexagonal. Je ne restai que quelques heures, mais elles me firent du bien. J'en ai, encore aujourd'hui, gardé un souvenir profond. Ce déplacement donnait vraiment du sens à la fonction si particulière de président de la République française. À Mayotte, je me sentis plus utile que jamais dans mes fonctions. C'était un bain de fraîcheur, malgré les difficultés et les souffrances des Mahorais.

Je gagnai l'île de La Réunion, distante de seulement quelques heures d'avion. Dans cette partie du monde, trois heures de vol signifient la porte à côté ! J'avais prévu de présenter mes vœux aux Français d'Outre-mer depuis Saint-Denis. J'étais toujours obsédé par l'idée que sans un développement économique réussi, tous ces territoires risquaient un jour plus proche qu'on ne l'imaginait de verser du côté de l'indépendance. Et ceci de façon irrémédiable. Je voulais tout tenter afin d'éviter cette extrémité qui se payerait de beaucoup de violences inutiles et d'une dégradation définitive du statut de la France. L'île de La Réunion est un monde à lui seul, très peuplé avec son million d'habitants. Il s'agit sans doute du seul de nos départements d'Outre-mer qui peut s'appuyer sur un marché intérieur assez large pour développer une économie réellement endogène. Ce nouveau modèle économique que je proposais reposait sur un développement durable fondé sur le tourisme, la nature et les énergies renouvelables. J'avais également l'ambition de permettre à La Réunion d'être autonome en matière d'énergie. Elle en avait tous les moyens, avec le solaire comme avec les éoliennes. La mixité de la population où l'on compte des Européens, des créoles, des Indiens, des Africains est une richesse. Tout ce monde vit en harmonie sur un territoire qui abrite la plus ancienne mosquée de France, inaugurée en 1905, près de dix années avant la Grande Mosquée de Paris. Cinq mille personnes étaient venues écouter mon discours de vœux retransmis en direct dans tout l'Outre-mer français depuis le Parc des expositions de Saint-Denis.

L'île est située au milieu d'un bassin francophone de près de trente-cinq millions d'habitants avec Maurice, Madagascar et les Seychelles. Je pensais qu'il serait possible d'en faire le « hub » de la région. Je voulais développer une université de médecine qui formerait des praticiens pour tous ces territoires qui en avaient un grand besoin. Je croyais possible d'imaginer des circuits touristiques combinés entre toutes ces destinations de rêve. J'étais même prêt à confier des responsabilités diplomatiques aux autorités locales pour représenter la France dans toutes les instances propres à cette partie de l'océan Indien. J'étais débordant d'idées nouvelles et de projets.

Je voulais réellement lancer toutes ces initiatives que j'imaginais prometteuses. Pourquoi n'avons-nous pas réussi ? Les explications sont sans doute multiples. Parmi celles-ci, la difficulté à trouver de véritables relais locaux solides et représentatifs a compté certainement pour beaucoup. La métropole ne pouvait pas tout, surtout lorsque l'on représente l'extérieur et qu'il est si difficile de peser sur l'intérieur. Sans doute également l'organisation administrative française, qui est aussi peu adaptée que possible à tout ce qui est différent, spécifique, original, n'a rien facilité. La norme rassure les administrations. Les exceptions sont vécues comme autant de brèches dans leurs pouvoirs. Enfin, je dois avoir l'honnêteté de reconnaître que, comme le dit le proverbe, « Qui trop embrasse mal étreint ». Je ne pouvais pas suivre tous les chantiers que je lançais à jets continus. Peut-être aurais-je dû mieux les hiérarchiser, mais en même temps, il y avait tant à mettre en œuvre. Le dernier septennat de Mitterrand affaibli par sa maladie puis les deux mandats de Jacques Chirac avaient pour des raisons diverses imposé de longs moments de « glaciation politique ». J'avais été élu du premier coup. Je débordais d'énergie et de projets, mais je n'avais pas compris que par ma suractivité, je suscitais un embouteillage dans mon sillage. En tout état de cause, je crois avoir été le président le plus sincèrement convaincu du potentiel de nos Outre-mer. Je ne suis pas le seul à avoir aimé les Ultramarins. Jacques Chirac les appréciait beaucoup, mais les voyait comme des amis avec qui il était possible de passer du bon temps. Son attachement était sincère, mais il doutait de leur capacité à changer. J'avais une ambition différente. Je voulais leur permettre de gagner leur autonomie et leur dignité par leur travail et leur compétence. Dans mon esprit, ils n'étaient pas condamnés à ne réussir que dans le sport et le tourisme, si importantes que soient ces deux activités. Je voyais nos compatriotes ultramarins comme la jeunesse de la métropole. Je voulais leur donner toutes les chances possibles de développement tant personnel que collectif.

Les résultats ne furent pas à la hauteur de mon investissement notamment sur le plan politique, comme je ne tarderais pas à le comprendre avec le score que j'y ai réalisé lors de l'élection de 2012. Je veux cependant qu'ils sachent que lorsque je repense à mon quinquennat, il y a beaucoup d'images qui surgissent dans ma mémoire et qui portent leurs visages. Ces rencontres m'ont marqué de façon indélébile, sans doute davantage que d'autres. En vérité, je me sens proche de leurs différences. Je pense les comprendre. Elles me parlent. Elles me touchent. Je ne les ai pas oubliées. Je reconnais qu'il peut sembler étrange de s'identifier à des personnalités, à des situations, à des paysages si loin de ce que l'on est soi-même. Peut-être qu'il se trouve un fil invisible qui rattache par le cœur comme par l'esprit tous ceux qui, à un moment de leur vie, se sont sentis illégitimes !

*
* *

J'avais apporté un soin tout particulier au discours que je devais présenter pour les vœux aux mondes de l'éducation et de la recherche réunis pour l'occasion. Je connaissais les réticences (le mot est faible) que je suscitais dans cet univers si anciennement phagocyté par la gauche et plus récemment par la pensée woke. J'avais invité ensemble des enseignants, des chercheurs, des présidents d'université, des recteurs. Les universités avaient eu à subir un premier choc avec l'« autonomie ». Cela avait suscité nombre d'oppositions, d'occupations de locaux et de manifestations. Les choses étaient depuis rentrées dans l'ordre, puisque sur les quatre-vingt-quatre universités françaises, cinquante et une avaient choisi de devenir autonomes avant la date limite de 2012. C'était la meilleure preuve que le monde universitaire était moins conservateur que ce qui était complaisamment affirmé. J'étais moi-même étonné de la vitesse et de la facilité avec lesquelles cette réforme majeure avait été intégrée. Même la gauche demeurait coite. Elle savait que malgré ses protestations violentes, personne, et surtout pas elle, ne reviendrait en arrière.

Je voulais m'inscrire dans cet élan pour pousser notre avantage dans cette offensive. Le premier de mes nouveaux chantiers consistait à orienter le milieu universitaire vers les sciences, qui avaient été délaissées depuis trop longtemps au profit des matières sociales. La société française ne souffrait pas d'un excès, mais d'un manque de science. Or, dans un monde bouleversé par la crise économique et financière sans précédent que nous venions de vivre, le savoir était notre arme principale. Je dénonçai ainsi clairement le nouveau discours de défiance vis-à-vis du progrès, de la connaissance et des matières scientifiques. Force est de reconnaître que, de ce point de vue, les choses n'ont fait qu'empirer depuis ! La science est devenue un risque, là où elle était pour mes parents une opportunité ; une menace, là où elle devrait être considérée comme une solution ; un objet de polémique, là où elle pouvait rassembler dans un même espoir commun. Une fois encore, la pensée écologiste de l'ultragauche a fait des ravages. Il convenait de lui opposer des digues pour éviter que tout ne soit emporté ! Ce retour vers les sciences allait de pair avec mon souhait réitéré de l'excellence pour l'école publique. Je savais que le mot même était devenu polémique, mais je ne voulais pas en démordre. L'excellence était le contraire de l'égalitarisme et du nivellement. Dans une société de la connaissance, l'ambition de l'exigence devait être plus élevée que jamais. Je plaidais pour que, à l'école, tous puissent s'élever et que cela ne soit pas le niveau d'ensemble qui soit abaissé afin de permettre au plus grand nombre d'obtenir des diplômes qui auraient encore une valeur.

Cette orientation allait de concert avec une politique de l'égalité des chances infiniment plus volontariste. Celle-ci ne constituait pas seulement un devoir moral. Elle était consubstantielle à l'identité française qui devait se construire sur le talent de ses enfants, et non sur la couleur de leur peau ou le statut social de leurs parents. De ce point de vue, nous devions faire beaucoup mieux puisque notre pays recrutait ses futures élites dans à peine 10 % de sa population. En creux, cela signifiait que nous nous privions de 90 % de l'intelligence potentielle de la France. C'était pourquoi j'avais fixé un objectif de 30 % de boursiers dans chaque lycée disposant de classes préparatoires. Ce dernier fut finalement atteint avec une année d'avance. Les meilleurs établissements devaient s'ouvrir à tous ! J'imposais la même ambition pour chacune de nos prestigieuses grandes écoles. Il fallait absolument élargir la base sociale de leur recrutement et les ouvrir à des talents différents. Ces déclarations suscitèrent de nombreuses polémiques. Je fus tour à tour accusé de céder à la fascination pour la discrimination positive à l'œuvre aux États-Unis et de brader les diplômes de ces fameuses institutions. Quelles que soient les craintes parfois légitimes qui s'exprimaient, elles étaient infiniment moins dangereuses pour la société que celle constituée par la pérennisation d'un modèle social à ce point injuste et déséquilibré. Le risque de fracturation de notre pays m'apparaissait comme le danger majeur. Sans ce volontarisme, il n'y avait aucune chance de donner le moindre espoir et d'éviter d'aller droit dans ce mur d'incompréhension et de frustration que je voyais venir vers nous avec angoisse.

L'exemple le plus emblématique de cette politique était l'aménagement du campus de Paris-Saclay. Comme je l'ai écrit, je suis fier que Saclay soit devenu le plus grand d'Europe en nombre de scientifiques qui y travaillent. Pour en arriver à ce résultat, il avait fallu engager de rudes batailles avec nos administrations, dont la force d'inertie, le conservatisme et l'immobilisme n'étaient plus à souligner. J'avais l'ambition de constituer à Saclay un ensemble de classe mondiale dans le domaine scientifique et technologique. Il y avait sur le plateau des institutions prestigieuses qui s'étaient installées au lendemain de la guerre. Frédéric Joliot-Curie y avait choisi les premiers terrains sur lesquels allait démarrer le futur Commissariat à l'énergie atomique. Mais ces différentes institutions se développaient indépendamment les unes des autres sans qu'elles soient fédérées par une vue d'ensemble ou un projet commun. Cela donnait le sentiment d'un véritable gâchis que de constater que, depuis un demi-siècle, tant de talents se soient implantés sans stratégie et sans volonté de développer un campus digne de ce nom. C'était d'autant plus dommageable que ce dernier aurait pu être une source de créativité, d'innovation, de développement économique pour la France. La vérité était que chacun des établissements déjà sur place entendait rester maître de son domaine en toute indépendance. Quant à ceux qui devaient venir, ils considéraient cette perspective comme un déclassement ! Ils n'envisageaient leur avenir que dans Paris intra-muros, imaginant la grande banlieue parisienne indigne de leurs propres prestiges. Je dus donc imposer à l'AgroParisTech, à l'École centrale de Paris, à l'École nationale de la statistique et de l'administration économique, à l'École normale supérieure de Cachan et à l'École des mines l'installation sur le campus de Saclay, qui allait devenir le réceptacle d'une extraordinaire concentration d'intelligence scientifique. Dans la foulée, j'affectai à ce nouveau campus huit cent cinquante millions d'euros de dotations en capital, auxquels venait s'ajouter une subvention d'un milliard d'euros provenant du grand emprunt. L'importance des sommes mobilisées illustrait la priorité que représentait ce projet. Cet investissement massif dans la matière grise scientifique constituait une rupture dans une tradition universitaire française davantage tournée vers les sciences sociales. J'insistai sur la nécessité de la mutualisation des services afin de donner une vie véritable à ce nouveau lieu. Je ne voulais pas que chacun revendique son restaurant universitaire, ses propres logements, ses installations sportives particulières, ses étudiants. Je souhaitais que, sur ce site, règne la règle de la communauté d'usage – l'usage exclusif devant être l'exception. Je voulais m'opposer à tout ce qui aurait pu constituer un frein au mélange des étudiants et à la mutualisation des infrastructures.

J'annonçai également la création d'une gare à Saclay, pour accueillir le futur métro automatique qui était destiné à faire le tour de l'Île-de-France dans le cadre du Grand Paris. Le chantier est en cours de réalisation aujourd'hui. Les écologistes protestèrent bruyamment ! Bien entendu et comme toujours, ils étaient contre. Je pensais qu'en leur qualité ils auraient dû être pour la réduction du nombre de voitures et le développement des transports publics. Alors pourquoi s'opposèrent-ils contre toute logique à tous les chantiers, qu'il s'agisse du TGV ou du Grand Paris Express ? À les en croire, il y avait toujours une bonne raison pour refuser. Mais que souhaitent-ils en vérité ? Laisser nos territoires et nos banlieues enclavés ? Il aurait aussi fallu que je renonce à la gare prévue pour desservir l'institut Gustave-Roussy ? Et que je laisse ces familles dans la souffrance de la maladie se débrouiller pour s'y rendre ? Je ne me suis jamais laissé influencer par ces billevesées. Nous pûmes ainsi débuter la réalisation de ce campus mondial, qui est désormais classé dans le peloton de tête des meilleurs pôles universitaires internationaux. C'est même la seule institution d'enseignement supérieur française aujourd'hui classée dans le top 20 mondial.

L'ambition que je portais suscita de nombreuses et diverses oppositions. Leur point commun était la force, voire la violence de leurs refus. Il y avait ceux qui arguaient, au nom de l'écologie, que le développement de Saclay allait perturber, voire détruire les équilibres naturels, l'activité agricole et l'harmonie environnementale de ce territoire. Il s'agissait une nouvelle fois d'opposer la nature et le progrès. C'était une autre manière de défendre la stratégie folle de la croissance zéro. Les autres s'arc-boutaient sur le confort de leur situation présente. Ils refusaient d'être mélangés avec qui que ce soit d'autre, même si leurs nouveaux voisins travaillaient à partir des mêmes données et étaient parfaitement complémentaires. C'était la version scientifique du corporatiste français ! Il n'y avait là rien de nouveau ni de très original. Je m'y attendais, même si la puissance de leur capacité de freinage me surprenait encore. Les élus locaux faisaient également obstacle, voyant d'un très mauvais œil une opération nationale dont l'ampleur risquait de les dépasser. Ils exprimaient la crainte d'être « caporalisés » par l'État. Ils étaient donc d'accord pour recevoir les crédits massifs que j'avais annoncés, mais à la condition qu'ils puissent en disposer pour eux-mêmes et par eux-mêmes. Je ne voulais à aucun prix d'une bataille picrocholine entre les communes et les départements riverains, dont chacun défendait des priorités, bien sûr différentes des autres. Si j'avais laissé faire, il en aurait été fini de ce campus d'excellence mondiale.

Et surtout, il y avait toute la gauche universitaire, majoritaire dans ces milieux et qui voyait d'un très mauvais œil mon offensive. J'étais, à ses yeux, doublement fautif. J'avais des idées pour l'université, or ces personnes pensaient qu'elle était leur domaine exclusif. De quoi me mêlais-je ? De surcroît, j'investissais de l'argent pour cela. Cela rendait la caricature qu'ils présentaient de la droite comme de moi-même parfaitement inopérante. Enfin, il convenait de ne pas oublier toutes les grandes universités de province, qui voyaient le risque que Paris avalât l'essentiel des crédits universitaires disponibles et qui en tiraient la conclusion que ce serait le temps des vaches maigres pour elles si le projet de Saclay allait à son terme. C'était inexact, mais les craintes fantasmées n'étaient pas les plus simples à combattre. Finalement, cela faisait beaucoup d'obstacles à surmonter. Malgré tout, trois années seulement s'étaient écoulées entre l'annonce du projet et le début de sa réalisation. C'était court au regard des délais administratifs français. Le résultat en valait la peine. Peu d'ambitions m'ont autant mobilisé, passionné, convaincu que celle-ci.

Bien sûr, il fallait également que je confirme nos engagements financiers. C'était, comme souvent en France, le meilleur moyen de faire passer des réformes difficiles que de les accompagner de sommes importantes autant que récurrentes. Et de ce point de vue, nous n'avions pas lésiné, puisque depuis 2007 nous consacrions chaque année un milliard d'euros supplémentaire à l'enseignement supérieur. J'avais décidé qu'en 2009 l'augmentation moyenne du budget des universités serait de 15 %. Quant aux dépenses consacrées à la remise en état de leurs bâtiments, elles furent abondées de plus de 43 %. Le tout, sans compter les sept cent cinquante millions d'euros affectés à la recherche et à l'enseignement supérieur au titre du plan de relance. Ces chiffres parlaient d'eux-mêmes et permettaient de faire taire les oppositions idéologiques habituelles dans ces milieux. Cet afflux de moyens nouveaux aidait beaucoup la ministre en charge, Valérie Pécresse, qui était à juste titre inquiète à l'idée de nouveaux heurts dans les universités – cela ne l'empêcha pas de faire son travail avec compétence – et aurait souhaité que je sois moins « créatif » dans un domaine qui avait tant été habitué à l'immobilisme. Elle fut cependant une ministre sérieuse, travailleuse et loyale.

Non seulement je croyais sincèrement en l'efficacité et en l'utilité de notre politique, mais de surcroît mon activisme avait une arrière-pensée plus politicienne, puisque je voulais en finir avec le quasi-monopole de la gauche à l'intérieur de ce monde de l'éducation. Je ne voyais aucune fatalité à cette situation. Je la trouvais même profondément anormale. En fait, elle était le résultat d'une forme de paresse intellectuelle de la droite complexée par la pensée unique issue des évènements de 1968 et qui avait fini par se convaincre de son illégitimité. Il y avait également la marque de la démission, voire du manque de courage dès qu'il s'agissait de contrarier si peu que cela soit un monde que nous connaissions mal et à qui nous prêtions davantage de conservatisme qu'il n'en avait. En cela, nous confondions les syndicats et leurs représentants, quasiment tous engagés dans un combat idéologique et politique, et les enseignants, qui étaient les premières victimes de ces forces au service de l'immobilisme. Il s'agit de l'une des fiertés de mon quinquennat que d'avoir pu imposer ces changements sans jamais céder à la loi de la rue, des piquets de grève et des occupations de locaux universitaires. Après tant d'années de recul et de craintes multiples, nous avions réussi à reprendre l'initiative et à retrouver l'écoute du monde enseignant. Pour dire la vérité, je m'étais imaginé que cela serait plus complexe que cela ne le fut. En 2007, j'avais adressé un courrier aux professeurs. « Aider l'intelligence, la sensibilité à s'épanouir, à trouver son chemin, quoi de plus grand et de plus beau ? Quoi de plus difficile aussi ? » J'ai toujours su la grandeur de ce métier qui, lorsqu'il est choisi, relève du sacerdoce.

Lors de la campagne de 2012, j'ai plaidé pour la rémunération des heures supplémentaires, arguant qu'il s'agirait d'une réforme sociale puisque nous mettrions ainsi à la disposition des élèves qui en ont le plus besoin des professeurs compétents pour les accompagner. Cela aurait été, j'en suis certain, le plus sûr moyen d'aider les jeunes les plus en difficulté à s'en sortir. Depuis toujours, nous faisons mine de traiter tout le monde de la même manière, alors que nous savons pertinemment que nous ne partons pas tous avec les mêmes chances dans la vie. Plus de la moitié des élèves parvenus en classes préparatoires ont un parent cadre ou appartenant à une profession intellectuelle supérieure. Les enfants de parents inactifs sont dix fois plus nombreux à avoir du retard à leur entrée en 6e que les enfants de cadres. Nous avons créé des ghettos, de véritables trappes à pauvreté. Près des trois quarts des collégiens en REP + (réseau d'éducation prioritaire) ont des parents ouvriers ou inactifs…

Faire passer, dans le second degré, la présence des professeurs à vingt-six heures par semaine contre dix-huit heures, avec une augmentation de salaire de 25 %, aurait permis en outre d'attirer les talents qui aujourd'hui se détournent de l'enseignement faute de rémunération suffisante. Ne nous voilons pas la face, l'égalitarisme forcené décourage les plus brillants des professeurs, qui se voient relégués au même niveau salarial que les autres, et, pire, les étudiants qui auraient cette vocation. Comme le dit justement l'essayiste Laetitia Strauch-Bonart : « Si les enfants des ministres et des hauts fonctionnaires fréquentaient les mêmes écoles que les autres élèves du pays, la réforme scolaire serait immédiate. » Un éphémère ministre de l'Éducation nationale ne préférait-il pas mettre ses enfants dans une prestigieuse école privée du 6e arrondissement de la capitale plutôt que dans le public ?

*

* *

En pleine polémique sur l'identité, j'avais choisi de me rendre au cimetière militaire national Notre-Dame de Lorette, dans le Pas-de-Calais, afin d'y mettre à l'honneur la mémoire des combattants musulmans durant les conflits sanglants du XXe siècle. On ne se trompe pas lorsque l'on se tourne vers l'histoire de France, pour la faire mieux connaître et essayer d'en tirer des leçons pour l'avenir. Il se trouvait que cette partie de notre passé était très largement méconnue. De surcroît, la pression ne cessait de monter à l'encontre des Français musulmans. De la burqa au voile en passant par les attentats commis un peu partout dans le monde au nom d'un islam dévoyé, les occasions d'amalgame étaient multiples. Je sentais monter un mouvement de colère parallèle au sein des musulmans français, qui se trouvaient injustement montrés du doigt, et d'une large partie de la communauté nationale, tout à la fois exaspérée et inquiète. Mettre à l'honneur les « aïeux musulmans » qui avaient participé aux combats pour libérer la patrie était une façon de montrer à la communauté nationale que les musulmans n'étaient pas étrangers à notre histoire, à notre passé, à notre roman national. Il me fallait souligner le rôle qu'avaient joué les grands-parents comme les parents des musulmans français d'aujourd'hui. Ils avaient payé un lourd tribut pour gagner leur place en France. Je savais que cette cérémonie avait une dimension essentiellement symbolique, mais que serait la République sans les symboles ? C'est bien l'addition de ces derniers qui fait notre histoire commune et qui permet à chacun de ressentir un profond sentiment d'appartenance.

Parmi les quarante mille tombes de Notre-Dame de Lorette, il y avait cinq cent soixante-seize soldats français de confession musulmane. Ils furent tués en 1915 au cours de la bataille de l'Artois. Être français, c'est appartenir à une Nation qui s'est construite au fil de l'histoire, siècle après siècle, en surmontant bien des épreuves. Être français, c'est avoir la France en héritage. Et dans celui-ci, on trouvait le comportement héroïque de la « division marocaine » et du 7e régiment de tirailleurs algériens qui, au cours du premier conflit mondial, s'élancèrent pour prendre la crête de Vimy dans un assaut dont deux combattants sur trois ne revinrent pas. Il y avait les soixante-dix mille soldats musulmans morts pour la France à Verdun. Il y avait cette armée d'Afrique – tabors, spahis, tirailleurs, zouaves, goumiers – qui rendit à la France son honneur militaire lors du débarquement en Provence. Il y avait aussi les cent soixante mille harkis qui firent le choix de la France et en subirent les terribles conséquences. Il y avait enfin Harouna Diop, ce père de six enfants âgé de 40 ans, qui venait de tomber au champ d'honneur alors qu'il servait la France dans une opération extérieure en Afghanistan.

On m'a souvent reproché mon attachement pour ces cérémonies. Certains y voient même une tentative de récupération politique. Chez tous les présidents, il serait sans doute possible de retrouver ce souci de gagner la prochaine élection. Après tout, cette aspiration est consubstantielle au fonctionnement de la démocratie. Mais ces célébrations vont bien au-delà, puisqu'elles donnent une âme à la République. Elles lui confèrent la chair dont elle a besoin pour être aimée. Elles célèbrent la profondeur de notre histoire en donnant du sens au sacrifice de tous ces jeunes hommes qui ont perdu la vie au service de la France. Ce ne sont pas des exercices creux, artificiels, vains. La France n'est pas une page blanche. Encore aujourd'hui, je m'astreins, en tant qu'ancien président de la République, à participer à toutes les cérémonies de commémoration auxquelles je suis convié. Il s'agit d'un devoir. Nous appartenons à une histoire. Nous devons la célébrer. En cela, nous affirmons une continuité et nous nous inscrivons dans un mouvement représentant bien davantage que l'addition de nos destins individuels.

C'est au chef de l'État de prendre ces initiatives qui permettent de rassembler la Nation tout entière. Pour les musulmans français, elles étaient encore plus nécessaires, car elles permettaient de combattre le communautarisme, qui se construit sur la victimisation et sur l'humiliation. La gauche n'a en rien soutenu ma démarche. Ce fut même tout le contraire, puisqu'elle encouragea de toutes ses forces un vote musulman de revanche dans les municipalités qu'elle contrôlait. Et le pire, c'est que le stratagème fonctionna parfaitement, car lors de la présidentielle de 2012, son candidat recueillit l'immense majorité de ces suffrages. Derrière les grands principes et les beaux discours, il y avait une réalité bien différente. C'est sur les mêmes ressorts que s'appuie Mélenchon, qui, en attisant le communautarisme – sous couvert de faire semblant de l'apaiser –, a récolté le vote musulman ; 69 % de nos compatriotes musulmans ont voté Mélenchon à la dernière élection présidentielle. Une note du service central du renseignement territorial révélait ainsi une campagne active en sa faveur d'influenceurs appartenant aux courants les plus rigoristes de l'islam. Serait-ce une nouvelle sécession ? L'écrire aujourd'hui n'est que la manifestation d'une vérité qui a été dissimulée et qui est gênante pour ceux qui n'avaient que le mot « République » à la bouche. Les musulmans français méritaient mieux que d'être les instruments d'une manœuvre qui hélas a laissé des traces profondes parmi les plus jeunes d'entre eux.

*
* *

Il me fallait sans tarder revenir aux réalités économiques et financières en prononçant un mot qui a toujours fâché en France, celui de « déficit ». Depuis le premier choc pétrolier des années 1970, celui-ci n'avait cessé de s'aggraver. Les raisons en étaient assez simples à comprendre, elles tenaient à l'effet de ciseau entre une croissance trop faible du fait de la concurrence mondiale exacerbée et des dépenses publiques qui ne cessaient d'augmenter de façon exponentielle. La crise financière tellurique de 2008 n'avait rien arrangé puisque l'écart entre nos recettes publiques et nos dépenses s'était accru de quatre-vingts milliards d'euros ! Ces dernières étaient même devenues les plus élevées de la zone euro, atteignant le niveau record de 55 % de la richesse nationale. Sur les trente dernières années, les effectifs de fonctionnaires avaient augmenté de 36 %, alors même que la population ne s'accroissait que de 18 %. La première conséquence pesait sur les investissements publics, qui reculaient sur la même période de 4 % à 3 % du PIB. Tout ce qui était dépensé en plus dans le fonctionnement était naturellement retiré à l'investissement. La conclusion était évidente. Nous dépensions trop et surtout nous dépensions mal.

Le fait que les autres pays européens connaissaient des difficultés semblables ne constituait qu'une bien maigre consolation. Je regardais ainsi l'Allemagne, qui avait accru son déficit de près de cinq points de PIB, mais qui était à l'équilibre quand la crise avait commencé, ce qui n'était pas notre cas. Loin de là ! Il fallait donc réagir sans tarder. C'était la raison qui m'avait convaincu d'organiser une conférence sur le déficit au palais de l'Élysée en cette fin de mois de janvier. Je préférais préempter le problème, afin d'être à l'initiative, plutôt que de laisser toutes mes oppositions se saisir de la question. Les mêmes qui m'accusaient hier de ne pas avoir assez dépensé pour soutenir le retour de la croissance étaient aujourd'hui les plus prompts à me reprocher d'avoir creusé des déséquilibres budgétaires sans précédent. C'était classique, mais assez dangereux compte tenu de la versatilité de l'opinion publique et des médias. Nous étions dans la période post-crise et les attentes comme les priorités avaient brutalement changé. Je devais en tenir compte. Un hebdomadaire fera même un article me désignant comme « L'homme qui nous a coûté 500 milliards ». C'était d'une parfaite mauvaise foi, simpliste, militant, mais cela marquait les esprits alors que ceux-ci commençaient déjà à s'échauffer dans la perspective de la présidentielle future.

J'avais accru la difficulté de l'exercice en m'interdisant d'avoir recours aux sempiternelles augmentations d'impôts. Nos marges de manœuvre sur ce point étaient déjà plus qu'entamées. Les prélèvements obligatoires français représentaient 43,6 % du PIB, soit sept points de plus que l'Allemagne et neuf points de plus qu'en 1970. Alourdir les impôts était la certitude de créer les conditions d'une débâcle économique après le désastre financier. Cet excès de prélèvements avait nourri le chômage, accéléré les délocalisations, aggravé la désindustrialisation. Je refusai donc de m'engager dans cette voie mortifère, et ce malgré les pressions multiples qui se faisaient jour. Dans ce type de période, il y a toujours quantité de démagogues qui réclament que l'on fasse payer les riches sans d'ailleurs jamais préciser à quel moment on le devient. C'est cette pente dangereuse qui fut si souvent empruntée par notre pays, avec le résultat que l'on connaît et que chacun peut constater. Il n'y avait donc pas d'alternative à la poursuite du difficile effort de maîtrise et même de réduction de la dépense publique.

Il y avait autour de la table des responsables de l'État, des collectivités locales et de la Sécurité sociale. Tous étaient concernés par notre niveau de déficit, qui avait atteint après la crise 7,9 % de la richesse nationale pour l'année 2009. Le constat avait été assez rapidement établi. Les dépenses sociales représentaient à elles seules plus de la moitié des dépenses publiques et, de surcroît, c'étaient elles qui croissaient le plus vite. J'étais donc fermement résolu à mettre en œuvre la réforme des retraites dès cette année 2010. Elle rapporterait à la Sécurité sociale la bagatelle de 20 milliards d'euros. Nous ne pouvions en aucun cas nous en passer et faire l'impasse sur ce rendez-vous périlleux, mais indispensable. Ici encore, je constatais l'inconséquence de tous ceux qui voulaient me faire porter le poids du déficit, sans bien sûr être le moins du monde prêts à partager le fardeau politique de la réforme des retraites. Les collectivités locales n'étaient pas en reste puisque depuis 1980 leurs dépenses avaient augmenté de 20 %, et ce indépendamment des effets de la décentralisation. Du côté de l'État, je confirmais que je n'étais pas décidé à revenir sur la règle du non-remplacement d'un fonctionnaire sur deux partant à la retraite, malgré les protestations de plus en plus vive des ministres. Brice Hortefeux notamment faisait valoir que la sécurité devait être exonérée de cet effort. Il avait de bons arguments, mais si nous ouvrions une seule brèche, si légitime soit-elle, c'était tout l'édifice qui s'en trouverait fragilisé. La France risquait à tout moment d'être attaquée par la spéculation et les marchés financiers. Notre endettement et nos déficits nous rendaient trop fragiles. Je ne pouvais ni ne voulais prendre le moindre risque en la matière. Nous étions réellement sur le fil du rasoir.

Peu de gens, à l'époque et encore aujourd'hui, étaient conscients de l'extrême précarité de la situation financière de toute l'Europe à ce moment précis. Si les digues n'avaient pas sauté, il s'en était vraiment fallu de peu. Et l'annonce de la réforme des retraites comme la poursuite de la réduction des effectifs publics avaient pesé dans la bonne direction. Chaque nuit en m'endormant, chaque matin en me réveillant, je pensais à la catastrophe qui menaçait. Je n'en parlais qu'à mes plus proches collaborateurs. Et encore, je le faisais avec mesure, car je ne voulais pas accroître le niveau de stress qui nous étreignait tous. C'était étrange de voir ainsi le monde occidental danser sur les bords d'un volcan avec tant d'insouciance et un manque complet de lucidité. Je me félicitais de pouvoir compter sur la solidité de la ministre des Finances, Christine Lagarde, qui se montra à la hauteur de la situation, ainsi que sur Xavier Musca, dont le pessimisme actif et la technicité remarquable firent merveille dans cette période chargée de tant de périls.

Seule ombre au tableau, les représentants des Régions et des départements avaient refusé de participer à cette conférence, comme si les déficits ne les concernaient pas. Inutile de préciser que leur appartenance au Parti socialiste les paralysait dès qu'il s'agissait de parler de la France à un président qui n'était pas des leurs.

*

* *

Je terminai le mois de janvier par une nouvelle prestation télévisuelle sur TF1. En la matière, je n'ai jamais su où se trouvait le bon équilibre entre le silence, la rareté, l'absence, ou au contraire l'explication, la présence, le risque du trop-plein. On m'a prêté de nombreuses arrière-pensées stratégiques. C'était me faire trop d'honneur. La vérité est que beaucoup résidait dans mon instinct et dans l'envie que j'avais de m'expliquer. Le processus était souvent le même. J'encaissais les critiques, les attaques, les approximations sans broncher. Puis, sans que moi-même je l'aie vraiment intériorisé, je décidais de céder aux innombrables sollicitations qui arrivaient sur le bureau de Franck Louvrier. Avec calme, méthode et professionnalisme, il essayait d'en faire le tri. C'est lui qui gérait les relations avec la presse. Il était précieux par son sang-froid à toute épreuve. Il pouvait répondre aux dizaines d'appels quotidiens sans perdre ni sa patience ni son sourire. Je l'admirais pour cela. Il savait être gentil et cordial avec « les pires » de ses interlocuteurs. Cela m'aidait beaucoup, car cela permettait de ne pas ajouter de la tension à celle qui existait déjà bien suffisamment.

Ce rendez-vous fut qualifié d'« exceptionnel » par la chaîne de télévision. Il se déroula en deux parties. La première consistait à répondre à des questions d'actualité dans le journal de 20 heures. La seconde à rejoindre ensuite Jean-Pierre Pernaut, afin de dialoguer avec onze Français qui avaient été préalablement sélectionnés pour avoir figuré dans différents reportages de la rédaction de TF1. C'est toujours un exercice difficile que cette conversation sur un « pied d'égalité » avec des citoyens venus parler de leurs inquiétudes, de leurs colères ou de leurs frustrations. Il convenait d'être proche sans être familier, d'expliquer clairement sans être simpliste, de savoir écouter tout en répondant précisément. La sympathie du téléspectateur allait naturellement vers le novice qui interrogeait pour la première fois plutôt que vers le professionnel censé être rodé à l'exercice ! Je devais faire attention à ne pas tomber dans le travers de l'agressivité, penchant naturel chez moi… Contrairement à ce que l'on pourrait croire, il est beaucoup plus facile de répondre aux questions d'un journaliste professionnel qu'à celles d'un Français « anonyme ». C'est dire si, ce soir-là, j'étais particulièrement concentré. La présence de Jean-Pierre Pernaut me rassurait. Je l'appréciais depuis longtemps. Il avait les pieds sur terre, ne s'en laissait pas conter, allait jusqu'au bout de toutes ses interrogations, mais était profondément gentil, bienveillant, droit. À la différence de nombre de ses confrères, il connaissait bien la France et savait à quel moment le téléspectateur risquait de décrocher. Avec lui, il y avait peu de risque de s'embourber dans un long tunnel politicien. J'ai appris sa mort avec émotion, le 2 mars 2022. C'était toute une époque qui disparaissait. J'ai voulu, par respect pour sa famille comme pour lui-même, participer à la messe d'enterrement. J'ai été désagréablement surpris de n'y retrouver que peu de responsables politiques. Brigitte Macron représentait son mari, mais où étaient passés tous ceux qui, un jour ou l'autre, avaient demandé à Jean-Pierre Pernaut un reportage, une invitation, un coup de main ? C'est sans doute le lot de la vie, mais ce n'était pas à l'honneur des absents…

Je ne fus pas déçu par la première question de Laurence Ferrari durant le journal. Elle évoqua la polémique du moment à propos du « double salaire » d'Henri Proglio à la tête d'EDF et de Veolia. La journaliste insista sur le fait que les Français en étaient « profondément choqués ! ». Je répondis que j'avais souhaité doter cette grande entreprise de cent soixante mille salariés, la deuxième de France (à l'époque) par la capitalisation, du meilleur président possible. Dans mon esprit, il devait être un industriel de grande expérience. Or il se trouvait qu'Henri Proglio cochait toutes les cases. Il avait durant trente-neuf années appartenu au groupe Veolia, dont il avait fait un empire de dimension mondiale. Il n'était pas candidat pour ce poste. Je l'avais reçu pour l'inciter vivement à l'accepter. Il n'y avait pas beaucoup de dirigeants bénéficiant d'une telle expérience. J'étais certain qu'il disposait de toutes les qualités pour y réussir. Il avait fini par céder à la condition qu'il ne soit pas obligé d'abandonner du jour au lendemain les équipes de Veolia, qui représentaient trois cent vingt mille personnes à travers le monde. Nous étions donc convenus qu'il cumulerait pendant quelques mois les deux responsabilités, de façon à organiser la meilleure transition possible. Laurence Ferrari poursuivit : « Le salaire de M. Proglio sera de 1,6 million d'euros, soit cent quarante fois le salaire de base d'un salarié ! » J'étais choqué par la démagogie de la question. C'était tellement facile. Je répondis vivement qu'en tant que président de Veolia, il touchait deux millions d'euros. Il voyait donc ses revenus diminués de 20 % en prenant la responsabilité d'EDF. Cette polémique était si française ! Cela a coûté depuis beaucoup plus d'argent d'avoir à la tête de cette entreprise des responsables moins payés et… moins compétents ! J'ai toujours pensé que la « qualité » avait un coût. C'était ce critère qui devait primer. Qu'elle semble dérisoire, cette controverse, après que notre grand électricien national est passé si près de la faillite du fait de l'impéritie des gouvernements et des dirigeants de ces dix dernières années ! Excédé, je finis par demander à mon interlocutrice si je pouvais à mon tour comparer son salaire de journaliste « star de TF1 » avec celui d'un smicard ! Un blanc suivit ma question, qui demeura sans réponse, mais permit de tourner la page…

La deuxième interrogation faisait écho à l'arrivée des Éthiopiens et des Somaliens fin 2009, mais cette fois, il s'agissait de cent vingt-trois Kurdes qui avaient débarqué sur les plages corses en situation irrégulière, sans droit ni titre. Le ministre de l'Immigration les avait fait placer dans un centre de rétention et se préparait à renvoyer ceux qui ne satisfaisaient pas aux critères d'admission. La justice, saisie par des ONG, décida de remettre tout le monde en liberté. Le résultat était connu. Nous étions ridiculisés ! L'impuissance de l'État était pointée par chacun. Nos frontières étaient bafouées. Rien n'a changé depuis, malgré la bonne volonté du gouvernement. En agissant ainsi, les tribunaux rendaient et continuent à rendre impossible la gestion rationnelle de l'immigration. C'est ainsi que nos démocraties furent transformées en régimes d'impuissance. Je ne crois pas que les choses pourront s'éterniser ainsi. Un jour proche, une épreuve de force aura lieu entre ces deux pouvoirs qui se font désormais face et qui s'annihilent : le pouvoir politique et le pouvoir judiciaire. François Mitterrand avait eu des mots définitifs sur le sujet de la République et des magistrats : « Méfiez-vous des juges, ils ont tué la monarchie. Ils tueront la République. » Je ne suis pas loin de penser qu'il n'avait pas tort…

Je dus ensuite m'expliquer sur la réforme des retraites. Il était trop tôt pour conclure ce débat explosif que je venais d'ouvrir en annonçant une date précise, mais je souhaitais au moins faire œuvre de pédagogie. Les données disponibles parlaient d'elles-mêmes. Au lendemain de la guerre, l'espérance de vie des Français était de 62 ans. En 2010, elle avait atteint 80 ans. Vingt années auparavant, il existait deux actifs pour financer la pension d'un retraité. À très bref délai, il n'y en aurait plus qu'un. La conclusion était limpide. Il fallait agir. Je précisai que je n'abandonnerais pas le régime par répartition, qui était le garant de la solidarité entre les générations et qui correspondait à notre histoire. On sait depuis ce qu'il est advenu du projet de retraite par points un temps envisagé par Emmanuel Macron. Je lui avais à l'époque conseillé d'y renoncer, car j'étais certain qu'il ne passerait pas, ce qui n'a pas manqué de se produire. Par ailleurs, j'annonçai que la future réforme concernerait tout le monde, le public comme le privé. Avec cela, il y avait de quoi bien agiter le landerneau syndical et politique !

La première question de Jean-Pierre Pernaut avait l'air simple, mais la réponse était complexe. Il voulait savoir si, lorsque l'on était président, « on pouvait encore être près des réalités ». La vérité, c'est que le président se trouve « sur-informé ». Il reçoit quantité de notes, de visiteurs, discute avec d'innombrables interlocuteurs et surtout voit son action et ses décisions soumises au feu roulant des critiques et des médias. Il faudrait vraiment être parfaitement insensible pour ne pas comprendre, entendre et percevoir la réalité de la situation. Elle lui est toujours présentée de façon plus extrême et plus noire qu'elle ne l'est dans la « vraie vie ». De ce strict point de vue, il était impossible de ne pas savoir ce qui n'allait pas, puisque l'armée de mes contradicteurs expliquait à satiété que rien ne fonctionnait ! J'étais cependant sans illusions sur ma capacité à convaincre, tant mon raisonnement disparaissait derrière l'imaginaire du pouvoir et de la vie prêtée à ceux qui l'exerçaient. Il y a le palais, l'existence sous protection policière, les déplacements où l'on a l'impression d'être transporté comme au temps de la chaise à porteurs, les multiples avantages matériels dans la pratique de tous les jours, les soucis matériels qui s'évanouissent. Et pourtant, je disais la vérité quand j'affirmais ne pas me sentir « coupé des réalités ».

Les phénomènes de cour furent fréquents à mon époque comme ils le furent avant et après moi. Mais c'était bien peu de chose au regard du brouhaha extérieur qui finissait toujours par pénétrer le palais de l'Élysée et faire voler en éclats ces protections tellement artificielles et illusoires. D'autant que nous avions choisi de continuer à habiter notre résidence parisienne, ce qui s'est révélé salutaire au moment de la défaite de 2012. J'ajoutai que les deux déplacements en province que j'effectuais chaque semaine me permettaient de me confronter directement et même parfois brutalement aux soubresauts de la vie du pays. En fait, je ne me suis jamais senti ni enfermé ni coupé de la vie de tous les jours durant mon mandat. C'est sans doute aussi la conséquence de mon anxiété naturelle, qui me portait davantage à la vigilance qu'à la somnolence ! Je ne crois pas avoir passé une journée, voire une demie, tranquille en pensant que tout fonctionnait parfaitement. J'imagine qu'il s'agit surtout d'une question de tempérament, plus encore que de condition matérielle de vie. Avais-je convaincu ce soir-là ? Je suis loin d'en être certain.

Une jeune femme de niveau bac +5 qui ne trouvait pas d'emploi me posa une question précise, alors que la réponse ne pouvait qu'être générale. La situation des jeunes diplômés tournait au cauchemar, puisque 10 % d'entre eux étaient au chômage. Elle m'expliquait qu'elle avait besoin d'un salaire pour vivre. Je lui répondis qu'il fallait davantage de croissance. Que c'était ce sur quoi nous étions en train de travailler. J'évoquai ensuite les dispositifs spécifiques que nous avions mis en œuvre, comme l'exonération totale des charges pour les TPE qui proposaient la première embauche d'un jeune. Et de fait, ils furent huit cent mille à profiter de ce dispositif, dont les deux tiers avaient moins de 26 ans. En même temps que je parlais, je comprenais l'extrême difficulté à faire coïncider ces réponses de macroéconomie avec la réalité microéconomique de mon interlocutrice. C'était pourtant le pari de l'émission.

Mon deuxième interviewer était plus aisé à circonvenir, car plus caricatural. Il s'agissait d'un syndicaliste de la CGT travaillant pour un sous-traitant automobile. Il m'accusa d'entrée de porter la responsabilité de la casse sociale et des délocalisations. Je commençai par lui indiquer que nous avions des points d'accord, notamment celui de la défense de notre industrie, qui représentait plus de 10 % de la population active française, soit plus de trois millions d'emplois. Puis, je fis remarquer à mon contradicteur que si Renault et Peugeot existaient encore, c'était bien parce que l'État les avait sauvées des conséquences de la crise et avait relancé le marché de l'automobile avec la prime à la casse. La preuve en était que l'année 2009 fut celle où l'on avait vendu le plus de voitures en France sur les dix dernières années, avec deux millions deux cent mille véhicules. À cet instant, le syndicaliste pensa que j'essayais de l'endormir. Il se braqua et devint beaucoup plus offensif, expliquant que les aides du gouvernement n'avaient servi qu'à enrichir les actionnaires au détriment de l'emploi. Je fus finalement servi par cet interlocuteur rugueux. Le lendemain de l'émission, tout le monde me parla de lui et de son sectarisme. Il m'avait, sans le vouloir, facilité la tâche. Je savais qu'il était en mission et que la seule chose qui lui importait était que ses camarades de la CGT l'aient trouvé assez pugnace avec le président de la République. Chacun était dans son rôle et parlait à ses électeurs. D'ailleurs, après avoir été assez désagréable durant l'émission, il fut charmant et cordial lors du petit verre qui rassembla tout le panel de mes interviewers. Il démontrait ainsi qu'il était loin d'être aussi « amateur » qu'il l'avait prétendu.

Puis la parole fut donnée à une infirmière, qui décrivit longuement et justement tout à la fois la difficulté de son métier et le manque d'effectifs. J'en profitai pour rappeler que nous venions de satisfaire une revendication très ancienne des infirmières en leur accordant la montée statutaire de la catégorie B à la catégorie A, ce qui représentait tout de même deux mille euros de pouvoir d'achat en plus chaque année. La conversation vint sur la misère de l'hôpital français et les « réductions drastiques » que je m'apprêtais à lui imposer. Je dus faire une nouvelle fois preuve de pédagogie pour expliquer que nous avions, sur la seule année 2009, donné deux milliards d'euros de plus à l'hôpital ; que, sur les dix dernières années, les établissements hospitaliers avaient bénéficié de vingt-trois milliards d'euros et de cent mille emplois supplémentaires ! Ces chiffres étaient exacts, mais ils n'empêchaient pas mon interlocutrice de me répondre sèchement que c'était « une vision comptable de la santé ». Sans doute, mais ces sommes représentaient le produit des impôts et des cotisations qui pesaient tellement négativement sur l'emploi et donc sur le chômage. Nous étions bien au cœur des contradictions françaises. Il y avait trop d'impôts et pas assez de dépenses... Il y eut quantité d'autres sollicitations, puisque l'émission s'éternisa jusqu'à presque minuit. Je ne prétendais pas avoir convaincu, mais au moins avoir démontré ma bonne foi et ma volonté d'expliquer les contraintes, les difficultés, les défis auxquels le pays se trouvait confronté.

Je me levai tôt le lendemain. J'attendais impatiemment les chiffres d'audience qui, je le savais, seraient les véritables juges de paix. Je ne fus pas déçu puisque 8,6 millions de personnes avaient regardé l'émission et 57 % d'entre eux, aux dires d'une étude de CSA, m'avaient jugé convaincant. C'était vraiment inespéré et en grand décalage avec les commentaires des observateurs, qui, au sortir de l'émission, avaient été beaucoup plus dubitatifs sur ma prestation. Je n'en attendais pas tant. J'avais voulu parler à la France profonde sans l'intermédiation des médias traditionnels, dont je me méfiais. De ce seul point de vue, nous avions réussi. La télévision m'avait permis de communiquer directement avec un grand nombre de Français. Mon entourage était boosté par ces résultats. Je sentis même une forme d'euphorie parmi mes soutiens. J'étais donc, aux yeux de ma majorité, encore capable de trouver les accents de la campagne de 2007, ce qui par contraste montrait que certains avaient commencé à en douter ! J'étais heureux de cette embellie, mais je pressentais qu'elle ne durerait pas. Et que les semaines de commentaires acerbes ne tarderaient pas à reprendre avec une violence redoublée par ce succès d'audience qui montrait que ni le gouvernement ni moi-même n'étions en bout de course.

*

* *

Je devais procéder à deux nominations importantes au début de février. La première concernait la présidence de la Cour des comptes, laissée vacante par le décès brutal de Philippe Séguin à qui j'avais proposé le poste alors que j'étais ministre des Finances en 2004. Trouver le successeur d'une telle personnalité n'était pas une mince affaire. De surcroît, je souhaitais faire un choix qui ne puisse être sérieusement contesté. Je venais d'autoriser cette grande institution, pour la première fois de l'histoire, à contrôler les dépenses de l'Élysée. Je ne voulais ni ne pouvais me permettre de désigner l'un de mes amis proches et encore moins un affidé ! C'eût été indigne de ma fonction comme de la Cour des comptes. Tous les yeux étaient braqués sur ma décision. Le milieu politique bruissait de quantité de rumeurs. Les manœuvres allaient bon train comme les instrumentalisations plus ou moins grossières. J'avais fait mon choix depuis déjà quelque temps et n'en avais parlé à personne, si ce n'est à l'intéressé, dont je pus tester la loyauté comme la discrétion puisqu'il ne trahit aucune de nos conversations. Il s'agissait du député socialiste de l'Isère Didier Migaud. Je le connaissais depuis longtemps, car il était un spécialiste reconnu des questions budgétaires. J'avais dû, maintes fois, ferrailler avec lui alors que je n'étais que jeune ministre du Budget. J'avais apprécié son sérieux, son honnêteté intellectuelle, son calme et son caractère empathique. Nous avions sympathisé sans pour autant devenir des amis. Je lui faisais confiance. Il m'avait confié sa lassitude à continuer son travail à l'Assemblée nationale et son intérêt pour un poste en rapport avec ses compétences. C'était ainsi que nous en étions venus à envisager la Cour des comptes. C'était un choix sensible. Le titulaire pouvait faire beaucoup de dégâts politiques si ses pensées et même ses arrière-pensées n'étaient pas mises au service de l'État, mais de ses intérêts politiciens. Je tenais de surcroît à persévérer dans la voie de l'ouverture, la seule qui m'apparaissait digne d'une démocratie comme la nôtre. Didier Migaud présentait toutes les garanties de sérieux et d'honnêteté politique comme morale. Pour la France, tellement habituée aux pratiques du sectarisme politique que l'on avait abondamment mis en œuvre à l'époque de François Mitterrand comme à celle de Jacques Chirac, cela représentait un virage aussi salutaire que brutal. C'était vraiment une « innovation » que de nommer un opposant politique à la tête du premier organisme de contrôle de la République. J'étais fier de cette décision et n'avais donc pas le moindre état d'âme à l'assumer.

Il me fallut cependant affronter l'ire d'une partie de ma majorité, exaspérée à l'idée qu'un poste pouvait lui échapper. Ainsi, le député des Alpes-Maritimes Lionnel Luca, que pourtant j'aimais bien et que je connaissais depuis longtemps, déclara : « L'ouverture peut laisser croire qu'il n'y a que des nuls à droite et que des gens intelligents à gauche. » Il en concluait qu'il s'agissait d'une mauvaise chose puisqu'il alla jusqu'à préciser que « la conséquence, le peuple le dira bientôt, c'est qu'il votera à gauche ». Il prophétisait donc notre défaite future. Pour un député de la majorité, cela témoignait d'un malaise assez profond ainsi que de la difficulté à civiliser nos pratiques démocratiques. Je me rassurais en pensant que l'on ne pouvait pas mettre un terme à des décennies de comportements claniques sans provoquer des effets en réaction. J'étais malgré tout surpris par l'immaturité politique d'une partie de mes soutiens, qui pensaient sincèrement que la seule manière de bien gagner, c'était de tout prendre, de tout garder, de tout conserver. Ce n'était pas ma vision des choses. Les Français sont trop éruptifs pour risquer d'exciter les tensions en ne nommant que des membres du « clan » au pouvoir.

J'aggravai mon cas en procédant, au même moment, à la désignation de Michel Charasse au Conseil constitutionnel. Cet ancien très proche de François Mitterrand s'était passionné pour les questions juridiques depuis bien longtemps. Il désirait ardemment appartenir à cette grande institution. Il avait milité à gauche toute sa vie. Cependant, il se désolidarisait fréquemment de sa famille politique, pour laquelle il avait souvent eu des mots sévères. Il avait surtout un sens de l'État particulièrement exacerbé. Celui-ci était sa vie. Il aimait l'autorité et était légaliste. Je le connaissais de longue date et nous avions rapidement sympathisé. C'était d'ailleurs difficile de ne pas apprécier cette personnalité truculente et originale. Il aimait la bonne vie, la bonne chère, les cigares fins et le langage fleuri. On ne s'ennuyait jamais avec Michel Charasse. Il fut fidèle à son Puy-de-Dôme jusqu'au bout. Cela faisait un point d'entente avec mon ami Brice Hortefeux, qui le fréquentait assidûment. Je confesse avoir toujours éprouvé une certaine affection pour cet homme, malgré nos grandes différences sur la religion, sur la politique, sur les amitiés. J'appréciais surtout son courage ainsi que son franc-parler. J'ai admiré la façon digne dont il fit face à ce cruel cancer de la mâchoire qui l'emporta après lui avoir imposé un chemin de douleurs et de souffrances. La vie politique manque d'hommes de sa trempe, de son expérience et de son engagement.

Cela faisait cependant deux socialistes promus. Un autre député de la majorité, Christian Vanneste, s'étrangla de fureur : « Il faut désormais avoir sa carte du PS pour obtenir des responsabilités dans la République », affirmait-il. Quelques années plus tard, ce même député cédera aux sirènes de Marine Le Pen. Mais surtout, il oubliait que Michel Charasse avait été exclu du Parti socialiste pour m'avoir soutenu lors de la présidentielle de 2007. Encore aujourd'hui, je persiste à penser que l'ouverture était nécessaire et utile dans un pays fracturé, divisé et violent. C'était au président de fixer le cap et de proposer la stratégie. Ce n'était pas à la majorité de la lui imposer. Je ne crois pas avoir perdu en 2012 à cause de l'ouverture. Je crois bien au contraire que si j'ai perdu de si peu, c'est justement parce que les Français m'ont su gré de mon refus de toute appropriation clanique du pouvoir. Je dois reconnaître que la presse fut dans l'ensemble assez laudative à propos de ces choix. C'était *Ouest-France* qui résumait le mieux l'atmosphère, sous la plume de Michel Urvoy : « Ces nominations résultent d'un subtil calcul. Il est remarquable que le président plus d'une fois égratigné par ces institutions pour des lois mal ficelées ou des dépenses excessives nomme des membres qui ne partagent pas exactement sa sensibilité. »

Pendant ce temps, Dominique Strauss-Kahn commençait à frétiller, enivré par des sondages qui le mettaient en tête des candidats socialistes pour la prochaine élection présidentielle. Il déclara avec une modestie toute relative que, pour l'instant, il avait l'intention de faire son mandat « au FMI jusqu'au bout », mais pourrait se « reposer cette question dans certaines circonstances ». En clair, cela signifiait que s'il y avait une opportunité à la présidentielle, il la saisirait. Ainsi, il faisait fi des engagements qu'il avait pris vis-à-vis du Fonds monétaire international au moment où je l'avais propulsé. Ceux-ci devenaient secondaires. Et je n'évoque que pour la forme les propos qu'il m'avait tenus lorsqu'il faisait ma cour afin d'obtenir le poste tant convoité, sur sa « loyauté à l'endroit de celui » auquel il devrait cette prestigieuse responsabilité. Il est vrai que tout cela était prévisible. Sa compagne d'alors, la journaliste Anne Sinclair, s'était lancée dans une course éperdue faite de mondanités et d'apparitions glamours, où il me fut plusieurs fois rapporté qu'elle s'interrogeait ingénument sur sa capacité à assurer dignement les fonctions de « First Lady » qui devaient lui revenir prochainement ! Ce n'était pas la première qui « vendait la peau de l'ours... ». Je regardais ce manège tellement « germano-pratin » avec amusement. Contrairement à tant d'observateurs de la vie politique, je ne craignais pas DSK. Non pas que je sous-estimais son intelligence, son énergie ou même son brio, mais je savais à quel point son arrogance pourrait lui faire perdre pied. Or ce défaut est toujours considéré comme rédhibitoire par les Français.

*

* *

C'était un texte important que celui qui créait le service civique des jeunes. Je m'étais longuement interrogé sur la possibilité de rétablir un véritable service militaire, car j'avais été impressionné par le manque cruel qu'avait entraîné sa suppression. Le brassage social qu'imposait cette année militaire était irremplaçable. Il n'y avait eu aucun dispositif alternatif efficace en termes d'intégration, notamment pour les jeunes des quartiers. Je renonçai finalement devant la difficulté d'un service militaire qui aurait concerné chaque année une classe d'âge entière de huit cent mille nouveaux conscrits. En effet, il aurait été incompréhensible de réserver celui-ci aux seuls garçons en en excluant les filles. Les chiffres étaient énormes par rapport aux capacités d'accueil de l'armée française. Le coût l'aurait été tout autant.

C'était cet ensemble de raisons qui m'avait fait rechercher une alternative ; celle d'un service civique fondé sur le seul volontariat s'est imposée. Ce dernier point, je le reconnais, en réduisait tout à la fois le coût financier et l'ambition. Mais je me devais d'être réaliste, et en conséquence de revoir à la baisse mes ambitions initiales. Nous avions donc imaginé un service civique dont l'objectif était de concerner 10 % d'une classe d'âge d'ici cinq ans, soit près de soixante-quinze mille jeunes en 2014. Cinq cents millions d'euros étaient prévus pour financer chaque année ce dispositif. Il devait être facilement accessible pour les candidats et simple pour les organismes qui allaient les accueillir. Le service civique était proposé aux jeunes de 16 à 25 ans, à qui l'on offrait la possibilité de s'engager pour une durée de six à vingt-quatre mois au sein d'une association, de collectivités territoriales ou de missions locales. Enfin, pour le gérer, nous avions prévu la création d'une agence chargée du pilotage et de l'animation de ce tout nouveau dispositif. Un diplôme devait être décerné à la fin de cet engagement civique volontaire.

J'avais confié la réalisation de ce projet au haut-commissaire à la Jeunesse Martin Hirsch. Il disposait d'une grande expérience dans le mouvement associatif. Il me semblait fait pour la mission. La loi fut votée par le Parlement avec une confortable majorité. Une partie de l'opposition nous rejoignit, ce qui était suffisamment rare pour être souligné. Beaucoup de parlementaires avaient regretté le caractère volontaire du nouveau dispositif et auraient préféré qu'il fût obligatoire. Je pouvais les comprendre, mais ils sous-estimaient la difficulté que représentait pour une association ou une collectivité l'effort d'encadrement de ces jeunes qui ne pouvaient être livrés à eux-mêmes. Le démarrage fut d'ailleurs assez lent. Je persévérai malgré tout, car je voyais tout ce que ce service civique pouvait offrir comme possibilités pour des jeunes qui se posaient des questions sur leur avenir ou même qui s'imaginaient ne pas en avoir. J'étais aussi convaincu que la réintégration dans le vocabulaire public des notions de « service » et de « civisme » ne pouvait qu'être profitable. Cela représentait une aubaine pour le monde associatif, qui pouvait ainsi disposer d'une réserve de volontaires pour l'aider dans ses tâches. Le ministère de la Défense était soulagé de ne pas avoir à gérer ce nouveau dispositif. Le choix de la professionnalisation de nos forces armées avait été fait à l'époque de Jacques Chirac. Je voyais clairement qu'il était sans retour. C'était en revanche assez décevant de constater combien les médias ne s'étaient que peu intéressés à cette initiative. Dès sa naissance, le service civique souffrit de cette absence d'exposition qui ne valorisait pas ceux qui avaient choisi de s'y engager. Je pense sincèrement que cette initiative méritait mieux.

Plus tard, le livre écrit par Martin Hirsch – qui venait à peine de quitter ses fonctions de haut-commissaire aux Solidarités actives contre la pauvreté –, un brûlot intitulé *Pour en finir avec les conflits d'intérêts*, me posa une réelle difficulté. C'était un homme qui venait de la gauche et qui avait accepté que je lui confie des responsabilités quasi gouvernementales pendant trois années, sans que cela lui posât le moindre problème. La prochaine élection présidentielle approchant, il avait voulu s'éloigner de responsabilités politiques actives. Je l'avais compris et accepté, mais jamais je n'aurais imaginé qu'il publierait un ouvrage à peine quelques semaines après son départ, dans lequel il prendrait violemment à partie des membres importants de ma majorité, et ce au moment même où il avait la responsabilité de la mise en œuvre du service civique. Cela dépassait les bornes. Je n'ai jamais apprécié qu'un ministre publiât ses souvenirs à peine sorti du gouvernement, comme s'il avait eu du temps disponible pour écrire durant l'exercice de ses responsabilités. C'était en soi un très mauvais signe quant à son implication personnelle dans son travail. Dans le cas d'espèce, c'était pire, car je découvrais la déloyauté de Martin Hirsch, qui critiquait ceux qui l'avaient loyalement soutenu. Il s'agissait d'une véritable entreprise de « délation », digne des années les plus sombres de notre pays. Il avait en effet ciblé Jean-François Copé, qui présidait le groupe parlementaire majoritaire à l'Assemblée nationale, et Gérard Longuet, qui en faisait de même au Sénat. Au premier, il reprochait d'avoir des activités d'« avocat d'affaires » et au second de s'être prétendument acheté une maison avec le fruit de la vente de timbres de grande valeur que la Poste avait l'habitude d'offrir aux plus hautes autorités de l'État. Martin Hirsch n'était ni juge, ni policier, ni même journaliste. De surcroît, il faisait grand cas de son action aux côtés de l'abbé Pierre, dont visiblement il n'avait pas retenu les enseignements chrétiens sur le respect des personnes et sur le devoir de ne pas blesser. Quel que soit le mauvais état de mes relations avec Jean-François Copé, j'étais choqué par ce comportement de délateur, cette déloyauté et cette volonté d'exister à tout prix, y compris en utilisant de telles méthodes. Ce jour-là, Martin

Hirsch ne s'était pas grandi. Depuis, je ne puis m'empêcher de le considérer sous ce prisme peu flatteur de sa personnalité profonde.

*
* *

La presse qualifia mon voyage en Haïti d'« historique ». L'île venait une nouvelle fois d'être frappée par un séisme de grande ampleur qui avait fait 280 000 morts et 1,3 million de sans-abri. Ces chiffres étaient d'une violence inimaginable. La population, déjà parmi les plus pauvres au monde, se trouvait exposée au dénuement le plus profond. La situation était apocalyptique. Je n'avais jamais rien vu de pareil. Nous devions faire preuve de solidarité et de compassion devant tant de malheurs. Je profitai donc d'un nouveau déplacement en Martinique pour faire escale à Port-au-Prince. Il se trouvait qu'il s'agissait de la première visite d'un président français dans cette ancienne colonie qui s'était libérée en 1804 de la tutelle française. J'avais découvert cette « anomalie » en préparant le voyage. C'était un quasi-miracle que Haïti soit demeurée francophone durant les deux derniers siècles au regard de notre histoire commune. En effet, nous avions méthodiquement surexploité les richesses de l'île, décimé ses élites quand Bonaparte avait tenté de la reconquérir et l'avions saignée financièrement en échange de la reconnaissance de l'indépendance ! Cela faisait beaucoup. Je ne me prêtais à aucun exercice de repentance, l'ayant maintes fois dénoncé. Je ne pouvais pourtant faire l'impasse sur ce passé douloureux. Je me devais de l'évoquer, ce que je fis en présence du président René Préval : « Ne nous voilons pas la face. Notre présence ici n'a pas laissé que de bons souvenirs. Les blessures de la colonisation et les conditions de la séparation ont laissé des traces. » Tels furent mes premiers mots.

Nous avions atterri à 7 heures du matin après avoir traversé l'Atlantique dans la nuit. Le président haïtien m'accueillit avec chaleur. Puis nous embarquâmes dans l'hélicoptère acheminé par la marine française afin de survoler les zones sinistrées. Le chaos était total. Tous les bâtiments administratifs sans exception étaient anéantis.

Les destructions matérielles représentaient plus que l'intégralité du PIB. Les visages des Haïtiens étaient hagards, leurs regards exprimaient un désarroi sans fond, la peur se lisait encore sur chacun d'eux. L'ambassade de France elle-même avait beaucoup souffert. Je ne pus y pénétrer, car une simple réplique sismique aurait provoqué son effondrement. Tout se passa donc dans les jardins, dont les murs s'étaient écroulés et avaient été prestement remplacés par des barbelés. La foule rassemblée pour entendre mon discours était bigarrée. On y côtoyait des marchands de souvenirs, des élus, des familles qui se frayaient un chemin au milieu des tentes de fortune, des coqs en cage, des linges tendus. C'était émouvant, choquant, irréel. Un hôpital de campagne avait été installé dans le lycée français. Sa visite fut éprouvante. Les blessés souffraient, gémissaient, enduraient au milieu d'une foule de malheureux qui ne savaient où aller. Je me demandais ce qu'avait bien pu faire ce peuple haïtien pour « mériter » tant d'injustices. J'admirais sa capacité de résilience. Je voyais sans filtre et en direct ce que j'avais tant de fois regardé d'un œil distrait à la télévision pour des catastrophes précédentes. Ce n'était pas la même chose de constater le malheur de ses propres yeux que de se le faire raconter de loin. La violence du destin haïtien soulevait le cœur. C'était au sens propre inacceptable autant qu'inexplicable. Je ne pouvais que regarder en silence. Les mots étaient devenus insignifiants.

Il fallait maintenant s'atteler à la reconstruction de cette île martyrisée. Un premier débat occupait les esprits et suscitait bien des craintes chez les Haïtiens, celui de la mise sous tutelle de l'île par les Américains comme elle l'avait été dans les années 1920. Et d'ailleurs, depuis le séisme, il y avait déjà vingt mille GI qui avaient débarqué. L'île était verrouillée pour éviter l'émigration vers la Floride. Les Haïtiens avaient certes besoin de tout, mais pas qu'on les mette hors jeu de la reconstruction de leur propre pays. Le mois suivant devait se tenir à New York une conférence internationale sur l'aide à Haïti. Pour préempter les choses, je déclarai : « Le peuple haïtien est meurtri, il est épuisé, mais il est debout. ». La position de la France était claire. Il fallait que les Haïtiens eux-mêmes organisent le redressement de leur nation, même si nous nous trouvions au milieu de la sphère d'influence américaine. C'était une façon de faire de cette catastrophe un renouveau en tournant le dos aux erreurs du passé. Sur cette île aussi, il fallait trouver les moyens d'un développement endogène qui serait seul en mesure de libérer progressivement les Haïtiens de la dépendance à l'égard de l'aide internationale. Enfin, j'annonçai trois cent vingt-six millions d'euros d'aide. Les chiffres semblaient significatifs, mais au regard des besoins de ce pays dévasté, c'était une goutte d'eau. Lorsque je survolai Haïti, je pensai aux images des Duvalier, dictateurs de père en fils, surnommés « Papa Doc » et « Baby Doc », et de ces brutes que l'on dénommait les « tontons macoutes » et qui étaient à leur service pour les plus viles besognes. Plus jeune, j'en avais beaucoup entendu parler. C'était même devenu une expression familière pour désigner la force brutale. Cela me semblait exotique, lointain, irréel. Maintenant, je pouvais mettre des lieux, des paysages, des rues sur ces souvenirs.

Je ne pus rester que la matinée. C'était peu, sans doute trop peu, suffisant toutefois pour comprendre le destin de ce peuple d'esclaves qui avait deux siècles auparavant défait l'armée de quarante mille hommes de Napoléon. Ils n'avaient rien. Ils souffraient de tout. Les catastrophes naturelles se succédaient à un rythme effrayant. Les États-Unis, en voisins vigilants, étaient prêts à utiliser le moindre prétexte pour les mettre sous tutelle. Mais leur volonté de vivre, et même juste de survivre, était la plus forte. J'ai vu qu'ils avaient encore de l'espoir. Ce fut pour moi une belle leçon. J'y ai souvent pensé depuis. Le peuple haïtien mérite notre admiration.

*
* *

Ce qui est bien avec la politique, c'est qu'il se passe toujours quelque chose. Alors que je me débattais avec le drame haïtien et que j'avais à peine posé les pieds en Martinique, un psychodrame venait d'éclater en métropole. La ministre chargée de l'Outre-mer, Marie-Luce Penchard, avait déclaré lors d'un meeting aux Abymes en Guadeloupe : « Je n'ai envie de servir qu'une population, la population guadeloupéenne. » Elle faisait ainsi allusion à sa prochaine candidature régionale. C'était incontestablement inapproprié et certainement maladroit, mais cela valait-il le charivari qui m'attendait à mon arrivée à Fort-de-France ? Les médias ne parlaient plus que de cela. Elles semblaient bien loin, les images de la souffrance des Haïtiens. Il n'y avait plus aucune mesure. Jean-Marc Ayrault, le président du groupe socialiste à l'Assemblée nationale, s'était répandu en sentences explosives : « Mme Penchard n'a plus sa place dans le gouvernement de la République. » Rien que cela. Quant au Parti communiste, jamais avare en leçons données, il qualifia les propos de ma ministre d'« intolérables ». La polémique enfla jusque dans la majorité, où il se trouvait toujours un volontaire pour jeter de l'huile sur le feu. Ainsi, Patrick Balkany déclara qu'elle devait « être virée du gouvernement ». La dépêche AFP précisait que cette déclaration émanait d'un proche du chef de l'État, lequel ne m'avait naturellement rien demandé et n'était pas habilité à donner un avis que nul n'avait sollicité. Le porte-parole du Nouveau Centre fut également de la partie, indiquant que ma ministre devait « quitter le gouvernement sans délai ». Je dus clore la polémique en soutenant comme il se devait cette dernière. Les choses s'apaisèrent dès le lendemain et plus personne n'en parla. Mais que de temps et d'énergie perdus pour si peu ! Quelle impression de désordre avait été donnée pour rien ! Je n'en voulais pas à Marie-Luce Penchard, plutôt à moi d'avoir nommé une personne de qualité, mais qui, contrairement à ce qu'elle pensait, ne disposait d'aucun des codes de la politique. D'ailleurs, si « les avoir » n'est pas une garantie contre les faux pas, ne pas les posséder est, en revanche, la certitude de les commettre. L'amateurisme est la pire des choses en politique. C'est bien pourquoi la nomination d'acteurs de la société civile se conclut souvent par un échec. Je m'en apercevrais trop tard…

*
* *

Je terminais ce mois de février 2010 par un voyage « sous haute tension » au Rwanda. Ce fut, à coup sûr, l'un des déplacements les plus complexes et les plus sensibles de mon quinquennat. L'un de ceux également auxquels j'attachais le plus d'importance.

Le drame rwandais m'avait de très longue date hanté. Je voulais comprendre comment cet épouvantable génocide qui avait fait huit cent mille morts avait pu se dérouler. Comment une telle accumulation d'horreurs avait-elle été possible ? Que faisait l'armée française au milieu de cet imbroglio ? Et pourquoi, après tant de violences, le Rwanda avait-il pu devenir l'un des pays les plus stables et les plus sûrs d'Afrique ? Telles étaient les questions qui me taraudaient. Je m'étais promis de ne pas m'en tenir à la position officielle. Je voulais comprendre et aller plus loin.

L'occasion m'en avait été donnée quelques mois auparavant, alors que j'avais pris le risque de recevoir le président Paul Kagame, au grand dam d'une partie de ma majorité, qui pensait que le simple fait d'échanger avec lui était en soi une offense faite à l'armée française. Je souhaitais tourner la page de ce douloureux malentendu. Ce blocage avait des conséquences sur toute notre politique africaine. J'étais décidé à résoudre ce problème ou à tout le moins le tirer au clair. Le président rwandais est grand, longiligne, ascétique, réservé. Il émane de sa personne une impression de jansénisme, sauf lorsqu'il sourit. C'est d'abord un combattant qui a passé plus de dix années dans la jungle ougandaise à la tête de ses hommes pour échapper à la mort certaine que lui promettaient ses adversaires alors au pouvoir. À force de dormir à même le sol, sa hanche se détériora gravement au point de le faire encore souffrir aujourd'hui. En dépit de ce passé de combattant – ou peut-être « grâce à », tant il sait la valeur de la vie, l'ayant éprouvée dans sa propre chair et dans celle de ses proches –, Paul Kagame est un homme calme, plein de sang-froid, doté d'une grande capacité d'écoute et même timide. Il est de surcroît réfléchi et particulièrement intelligent. Dès notre première rencontre, nous pûmes aller au fond des choses, pour apprécier où se trouvaient nos lignes rouges respectives. Il voulait que soient reconnues la souffrance de son peuple et l'erreur de jugement des Occidentaux, c'est-à-dire pour l'essentiel les Américains, les Belges, les Allemands et bien sûr les Français. Comment lui donner tort ? Je lui répondis qu'en aucun cas je n'accepterais que la France soit déclarée complice d'un génocide. Mais il me crut lorsque je lui expliquai ma volonté de faire le premier geste et de reconnaître des fautes de jugement à mes yeux incontestables. En gage de bonne volonté, je lui indiquai que j'étais prêt à venir à Kigali pour parler au peuple rwandais et tourner cette page douloureuse. Il releva le défi et m'invita. C'était le moment de passer aux actes.

Je ne sais pas pourquoi, mais j'ai immédiatement eu confiance dans la parole de Paul Kagame. Mon entourage était loin d'être aussi convaincu. Je décidai de courir le risque de ce voyage, et ce à peine trois mois après le rétablissement des relations diplomatiques entre nos deux pays. À quoi bon tergiverser et perdre du temps ? Je voulais profiter de cette nouvelle dynamique. C'était donc la première fois qu'un président français se rendait au pays des Mille Collines depuis l'extermination des Tutsis au printemps 1994. Je savais que le moindre de mes faits et gestes serait scruté tout à la fois par les dirigeants rwandais et par mes propres amis politiques, comme Édouard Balladur ou Alain Juppé. Les premiers accusaient l'État français de complicité avec les tueurs hutus et attendaient des excuses publiques. Les seconds rejetaient toute responsabilité dans le génocide et ne voulaient pas entendre parler d'un quelconque regret ni encore moins d'une demande de pardon. La voie était donc étroite. L'ancien ministre des Affaires étrangères de François Mitterrand, Hubert Védrine, habituellement plus calme, ne décolérait pas contre ce rapprochement.

Pour tout arranger, il y avait une instruction judiciaire menée par le juge Bruguière sans beaucoup de finesse et avec pas mal de parti pris, qui avait rapidement désigné Paul Kagame comme le responsable de l'assassinat de son prédécesseur. Ce qui était contesté par de nombreux témoins de l'époque et contredit par les conclusions de la mission d'information parlementaire française de 1998. C'était peu dire que le climat était lourd lorsque mon avion se posa en fin de matinée à Kigali, alors que j'étais parti le matin même de Libreville. Paul Kagame et moi eûmes un premier entretien pour harmoniser nos interventions réciproques et préparer la conférence de presse commune, où le moindre dérapage pouvait détruire ce subtil équilibre que nous voulions préserver aussi sincèrement l'un et l'autre. Je confirmai à mon interlocuteur que j'avais l'intention de tenir ma promesse en allant aussi loin que je le pensais juste et que je le pouvais. Je le sentis soulagé, bien qu'encore tendu. Dès mon propos liminaire devant les médias du monde entier, qui étaient venus nombreux, je reconnus « de graves erreurs d'appréciation et une forme d'aveuglement de la France et de la communauté internationale pendant le génocide de 1994 ». Je précisai même que l'opération Turquoise « avait été engagée trop tardivement et trop peu ». À partir de cet instant, les dépêches de presse se multiplièrent à travers tout le continent africain. Une barrière symbolique venait d'être renversée.

Paul Kagame était satisfait, conscient que je ne pouvais guère aller plus loin. Il répondit avec dignité et élégance qu'il refusait d'être « otage du passé. Des erreurs ont été reconnues, nous en avions discuté. L'essentiel est de regarder maintenant vers l'avenir ». Nous avions fait l'essentiel. La visite pouvait se poursuivre plus tranquillement. En arrivant au mémorial de Gisozi consacré aux victimes du génocide, je fus interpellé par un passant sur la responsabilité de la France. Je ne répondis rien, tant je craignais les provocations. Il faut dire que cet endroit avait été bâti au milieu des tombes de deux cent cinquante mille victimes qui y avaient trouvé une sépulture ! C'est dire que la mort y était omniprésente. Le lieu est assez dépouillé, ce qui le rend encore plus poignant. Il était impossible de ne pas être submergé d'émotions, alors que nous nous trouvions face à la réalité de ce que les hommes avaient été capables de faire. La salle réservée au génocide des enfants était encore plus saisissante. Il y avait le prénom des petites victimes, leur photo, leur âge, leur occupation favorite et la manière dont elles avaient été assassinées. Je restais littéralement sans voix. Durant notre visite, aucun des membres de la délégation ne prononça le moindre mot. Et d'ailleurs, qu'aurait-on pu dire qui fut à la hauteur de toute cette souffrance ? Avec Yad Vashem à Jérusalem et le musée du génocide arménien à Erevan, ce lieu de mémoire à Kigali était mon troisième « pèlerinage ». Cela devrait être une obligation d'emmener les enfants voir et comprendre. C'est d'ailleurs ce que Carla et moi fîmes quelques années plus tard avec Giulia. Découvrir la face sombre de l'être humain est peut-être l'ultime chance de la contenir, et aussi de la réduire.

Il y avait une photo terrible. J'en avais entendu parler, mais je ne l'avais jamais vue. Je redoutais d'y être confronté. Il s'agissait d'une imposante colonne de génocidaires, armés de machettes, de gourdins, de couteaux, qui croisaient dans les collines rwandaises les militaires d'un détachement français en armes qui faisaient comme s'ils ne les avaient pas vus. À ce moment précis, le guide rwandais me lança : « Ici, c'est la responsabilité de la France », puis, me montrant un portrait de l'ancien secrétaire général de l'ONU Kofi Annan, il me précisa : « Lui a demandé pardon. » Malgré mon envie brûlante de parler, d'expliquer et aussi de condamner les errements du passé, une nouvelle fois, je ne répondis rien. De toute façon, l'émotion qui nous étreignait tous était trop forte pour engager une conversation « raisonnable ». Puis, je signai le livre d'or du mémorial. J'écrivis : « Au nom du peuple français, je m'incline devant les victimes du génocide des Tutsis. L'Humanité conservera à jamais la mémoire de ces innocents et de leur martyre. » Durant toute la visite, j'étais accompagné de la ministre des Affaires étrangères rwandaise, Louise Mushikiwabo. Cette francophone, intelligente et sensible, fut précieuse lors de ces moments de grandes tensions.

Une fois ce travail politique réalisé, la place devait être laissée aux historiens, pour faire toute la lumière sur les zones d'ombre qui demeurent. Le processus était lancé. Personne ne pouvait plus l'arrêter. François Hollande, mon immédiat successeur, ne fit rien. Ni en bien ni en mal. Il était sans doute embarrassé par les subtils équilibres politiciens propres au Parti socialiste. Parler du Rwanda, c'était évoquer la politique africaine de François Mitterrand. Or, chacun connaissait les rapports confiants qui existaient à l'époque entre Paris et le précédent régime hutu du président Habyarimana, sans parler du rôle joué par le fils du président français, alors en charge de la cellule africaine au palais. Il était plus aisé de donner des leçons que de se les appliquer à soi-même ! J'ai été, en revanche, heureux de voir le président Macron reprendre cette politique de réconciliation en se rendant à son tour à Kigali. Il a bien fait, même s'il a lui aussi dû résister aux pressions d'une partie de ses amis. Les commentateurs mettent souvent en exergue la perte d'influence de notre pays sur le continent africain. C'est parfois exact, à l'exception notable du Rwanda, où la France a retrouvé sa place, son rôle et sa dignité. La souffrance et le sacrifice du peuple rwandais ne pouvaient demeurer plus longtemps ignorés. Il y a plus de force à reconnaître nos erreurs qu'à tenter vainement de les dissimuler. J'étais vraiment convaincu que nous avions eu raison et que l'histoire le confirmerait.

Ma majorité résista cependant plus longtemps que je ne l'avais imaginé. Ainsi, Alain Juppé refusa en 2011, alors qu'il était ministre des Affaires étrangères, de recevoir son homologue rwandaise. Gérard Larcher, le président du Sénat, expliqua la même année qu'il n'avait « pas beaucoup de temps pour recevoir ce monsieur Kagame ». Il y eut même les déclarations de l'ancien commandant de l'opération Turquoise, le général Lafourcade, qui sans nuance affirma que « recevoir Paul Kagame à l'Élysée était une insulte faite aux militaires français ». Depuis, bien de l'eau a coulé sous les ponts. Les historiens ont fait leur travail, échangé leurs convictions, confronté leurs éléments de preuve. Tout ce que j'avais dit en 2010 a été reconnu exact, notamment par le rapport Duclert. On touche là à la difficulté de la politique. Avoir raison trop tôt peut provoquer bien des difficultés et des fureurs, mais c'est tellement mieux que de persévérer trop longtemps dans l'erreur. Depuis, Alain Juppé a reconnu qu'il s'était trompé. C'est tout à son honneur.

*

* *

J'avais des sentiments mêlés en me rendant au Palais-Royal. Je devais m'y exprimer devant les membres du Conseil constitutionnel pour le premier jour de l'entrée en vigueur de la question prioritaire de constitutionnalité. J'étais heureux d'expliquer en quoi cette réforme allait marquer un tournant dans notre droit en réservant aux citoyens la possibilité de vérifier la conformité d'une loi avec les règles constitutionnelles. J'avais minutieusement préparé mon intervention avec mes collaborateurs. Hommage soit rendu à l'un d'entre eux, l'aussi modeste que brillant Édouard Crépey, décédé trop brutalement il y a deux ans. Il fut l'un des artisans de l'ombre de cette réforme si chère à mes yeux, je lui dois beaucoup. Pour revenir à cette époque, je me souviens très bien de mon état d'esprit. J'étais amusé de cette situation étrange qui voyait trois présidents de la République dans la même pièce, puisque Valéry Giscard d'Estaing et Jacques Chirac étaient membres de droit de la haute assemblée. Je devais en revanche mobiliser toute mon énergie à l'idée de rencontrer Jean-Louis Debré à propos d'un sujet techniquement aussi complexe, dont, avais-je eu plusieurs fois l'occasion de constater, il ne maîtrisait aucun des éléments constitutifs. C'était même impressionnant de voir à quel point cela le dépassait. Heureusement, le secrétaire général du Conseil suppléait les béances de son président. Je dus vraiment faire un effort sur moi-même pour donner l'impression d'une courtoisie minimum. Encore une fois, je mesurais ma difficulté à « faire semblant ».

Quelque trois cents invités se pressaient dans la grande salle de réception du Conseil. Il s'agissait, pour l'essentiel, de magistrats et de chefs de juridiction venus de toute la France. Les deux anciens présidents étaient assis au premier rang, juste en face de moi. Valéry Giscard d'Estaing était impénétrable et concentré. Ses yeux brillaient d'intelligence et de cruauté. Je le savais réservé sur la QPC et je le sentais prêt à se saisir de ma première approximation pour évoquer « la légèreté de tout ceci ». C'était comme si je l'avais entendu avant même qu'il ne prononçât une seule parole. Jacques Chirac était plus souriant, affable comme toujours, et affectait une grande distance avec le sujet du jour. Il est vrai que les questions juridiques l'avaient toujours profondément ennuyé. Il manifestait un désintérêt souverain mais chaleureux. Que pensait-il au fond de lui, de me voir parler à sa place et d'avoir à m'écouter en spectateur muet, lui qui exerçait les responsabilités du pouvoir si récemment ? C'était cruel ! De façon inédite, Jean-Louis Debré fut aimable, puisqu'il me remercia pour cette réforme qui accroissait l'étendue des attributions du Conseil constitutionnel. Ce fut suffisant pour satisfaire son ego et le rendre accommodant en cette fin de soirée.

Je suis persuadé qu'il conviendrait maintenant de franchir une nouvelle étape en faisant du Conseil constitutionnel une véritable Cour suprême placée au sommet de nos institutions judiciaires, c'est-à-dire au-dessus de la Cour de cassation et du Conseil d'État. En 2008, je n'osai franchir ce pas qui eût été trop important. Les esprits n'y étaient pas prêts. Mais, à partir du moment où l'on accordait au Conseil constitutionnel un pouvoir juridictionnel, la suite me paraissait évidente, même si à l'époque je ne le dis pas, pour des raisons politiques. Le changement que je proposais était déjà bien assez important.

Le temps est donc venu de transformer le Conseil constitutionnel, ce qui impliquera une refonte profonde de sa composition et du mode de désignation de ses membres. Il faudra notamment mettre un terme à la présence en son sein des anciens présidents de la République et s'inspirer de la procédure de nomination des juges de la Cour suprême qui existe dans la plus grande démocratie du monde : les États-Unis. C'est le président américain qui les choisit parmi des juristes professionnels et avec l'approbation d'une majorité du Sénat. Il conviendra de réfléchir ensuite sur leur inamovibilité et sur la durée d'un mandat qui pourrait être de dix ans. J'appelle donc clairement à une réforme profonde de notre Constitution. La philosophie qui devrait la porter ne peut être que celle du rétablissement de la primauté du suffrage universel. Il devrait toujours avoir le dernier mot, or ce n'est plus le cas. Nos démocraties ne peuvent demeurer des régimes d'impuissance où chacun a le pouvoir de dire « non » et où personne n'a plus la force d'imposer le « oui ». Il est étrange de constater que l'on prête au président de la République tous les pouvoirs, or ceux-ci sont en train de devenir très largement virtuels. C'est pourquoi je crois nécessaire d'engager la suppression d'un certain nombre de ces comités et commissions prétendument indépendants et qui, finalement, ne parlent qu'au nom d'eux-mêmes. Et pour les autres, que le pouvoir politique prenne la responsabilité de « repolitiser » les nominations à leur tête ; et d'assumer que les personnalités choisies partagent la vision stratégique et le projet du gouvernement. C'est le seul moyen de contenir, voire de mettre un terme à la toute-puissance d'une technocratie administrative qui n'a plus de comptes à rendre à personne et dont la seule légitimité serait sa prétendue technicité. Je préférerais, au point où en sont arrivées les choses, un système où le pouvoir sorti des urnes nomme lui-même des responsables en charge avec une feuille de route précise. Ainsi, il serait logique que le président de la Commission de la concurrence mette en œuvre la politique du gouvernement si celui-ci veut privilégier la constitution de grands groupes européens. Notre République y gagnerait beaucoup en transparence, en efficacité, en représentativité. On saurait au moins qui est responsable de quoi.

J'ai toujours été pour un système de nomination transparent et assumé à la tête des entreprises et établissements publics ainsi que des autorités administratives ; cela garantit la mise en œuvre de la politique sur laquelle le gouvernement au pouvoir aura été élu. Et c'est loin d'être anecdotique. L'impression d'impuissance donnée par le gouvernement en place est dangereuse autant que désespérante pour tous ceux qui, comme moi, croient au volontarisme, à la vision, à l'ambition, et donc à la politique. Dans la période de doute, de démission, de dépression que nous connaissons, seuls de grands projets sont susceptibles de remettre notre République à l'endroit. La réforme de la Constitution en est un. La démocratie française en a le plus grand besoin, et de surcroît sans attendre.

*

* *

Le mois de mars commença par une tornade. Cette fois-ci, il ne s'agissait pas de politique, mais d'évènements climatiques naturels. La tempête Xynthia venait de frapper avec une fureur destructrice sans précédent la Vendée et la Charente-Maritime. Les dégâts étaient considérables. L'émotion était si forte, le désarroi si profond. Déjà, les polémiques commençaient à enfler. Je dus me rendre sur place sans tarder. Ce que j'y vis ce jour-là fut édifiant et, pour dire la vérité, assez effrayant.

Nous déplorions cinquante-trois personnes décédées et cinq cent mille sinistrées, ce qui était assez inédit pour des évènements de ce type. Il faut dire que la nature s'était littéralement déchaînée sous la pression d'un triple phénomène. Il y eut d'abord des vents très violents soufflant jusqu'à cent soixante kilomètres par heure, ensuite des marées particulièrement fortes et enfin une dépression qui avait encore accentué la montée des eaux, le tout ayant entraîné la destruction de plusieurs digues. La mer avait ainsi pu pénétrer à l'intérieur des terres sur la profondeur hallucinante de deux kilomètres. Je rencontrai moi-même un couple habitant une maison à un étage située à un kilomètre et demi du littoral. La chambre était au premier. Dans la nuit, aux alentours de 3 heures du matin, alors qu'ils dormaient, ils furent projetés par la vague dans leur jardin à l'arrière de la maison. J'imaginais leur terreur, alors qu'ils me contaient leur étrange mésaventure. La mer s'était donc aventurée très loin à l'intérieur des terres.

Une fois les archives exhumées, nous comprîmes que, quelques siècles auparavant, la mer se trouvait exactement à l'endroit des habitations d'aujourd'hui. La vieille règle selon laquelle la mer revient toujours où elle était initialement s'était une nouvelle fois vérifiée. Ce n'était qu'une question de temps, mais c'était inéluctable. La première polémique concerna les digues. Ségolène Royal, alors présidente de la région Poitou-Charentes, expliqua qu'elles n'étaient « pas suffisamment hautes et solides pour supporter un tel choc ». Ce n'était pas entièrement inexact, puisqu'elles dataient de Napoléon, mais elle passait à côté du réel problème, celui des constructions sur des terrains qui n'auraient jamais dû être lotis. Comme souvent, Philippe de Villiers, qui présidait le Conseil général de Vendée, avait vu juste avant les autres. Il fit part de sa conviction qu'il s'agissait « moins d'un problème de digues que de constructions en bord de mer... Les normes ne sont pas assez sévères ». Le choix devenait clair, voire binaire. Soit on bâtissait des digues de plus en plus hautes et renforcées, soit on construisait des logements plus loin. À partir de ce moment, ce furent les élus locaux, et notamment les maires, qui durent faire face à la meute des procureurs, toujours innombrables dans ces périodes de crise. On les accusait pêle-mêle de ne pas respecter les règles du code de l'urbanisme, d'avoir cédé à des intérêts politiciens, et même parfois d'être corrompus. Bref, tout y passait, ce qui était assez injuste compte tenu de la taille de nombre de ces toutes petites communes, qui disposaient de peu de moyens au regard de la pression du coût du foncier, qui avait beaucoup augmenté. Dire toujours non face à la demande pressante des électeurs qui souhaitaient transformer des terrains agricoles en habitations était une rude tâche. Tous ne s'en étaient pas révélés capables. Il était facile de leur jeter la pierre. C'était oublier également le dévouement inlassable dont ils avaient fait preuve au service de leurs territoires. Tout en défendant ce monde des élus ruraux si utile pour faire vivre des lieux en recherche d'activités, j'annonçai, pour faire diminuer la pression médiatique, que l'État allait prendre ses responsabilités et que, en conséquence, certains habitants ne retrouveraient pas leur maison lorsque celle-ci se trouverait dans une zone dangereusement inondable.

En quittant La Roche-sur-Yon, je pensais à l'image si tranquille et tellement apaisée qui était celle de ces territoires où la nature venait de se déchaîner. Ces évènements avaient été imprévisibles, surprenants, et avaient pris de court tout le monde. C'était bien la démonstration que les ennuis ne venaient jamais d'où on l'imaginait. La vie est beaucoup trop malicieuse pour se laisser réduire à un calcul de probabilités. Je revins à Paris épuisé par cette longue journée. Il est difficile de trouver le ton juste dans ce type de circonstances. Si je ne m'étais pas déplacé, on me l'aurait à juste titre violemment reproché. Si j'y allais comme je l'avais décidé, mes opposants, sans surprise, parleraient de récupération politique, alors que nous étions à quelques jours du deuxième tour des élections régionales. Il n'y avait aucune alternative satisfaisante. De surcroît, il fallait être attentif à toutes ces souffrances que je voyais naître un peu partout. Certains avaient tout perdu, des proches, leur maison, leurs biens, leur cadre de vie. Je devais trouver les mots qui apaisaient et qui consolaient. Et enfin, car l'actualité allait si vite, je devais donner des réponses pour le présent comme pour l'avenir, et ce alors même que le bilan de la catastrophe n'était pas stabilisé. Sans compter qu'il fallait de surcroît arrêter tous les autres chantiers politiques en cours pour présider quantité de réunions, afin que les choses ne s'enlisent pas dans le marécage administratif. Il y avait soixante-deux communes qui avaient demandé à être reconnues « en état de catastrophe naturelle ». Les assureurs estimaient les dommages matériels à un milliard et demi d'euros. L'Élysée devenait le lieu de gestion des crises en continu et de toutes natures. J'avais l'impression que nous avions la tête sous l'eau. Qu'il nous fallait écoper sans relâche. Que l'avenir était en train de se faire dévorer par le présent. Comment conserver un cap politique lisible dans ces conditions ? Tel était, à ce moment précis, l'écheveau complexe que je devais démêler.

*

* *

Le premier tour des élections régionales n'apporta aucune bonne nouvelle, ce fut même un cauchemar. Preuve s'il en est que, contrairement à ce que s'étaient délectés à dire mes détracteurs, il n'y avait eu aucune visée électoraliste de ma part quand je me suis rendu au chevet des Français touchés par la tempête. L'abstention se trouvait à un niveau sans précédent de près de 53 %. Jamais pareille démobilisation n'avait caractérisé une élection régionale. Ensuite, la gauche réalisait un bon score avec 31 % des suffrages. L'UMP était déçue de ses 27 %. Si je compare ces chiffres avec les résultats obtenus depuis 2012, je peux mesurer que ce n'était pas aussi mauvais que je ne l'avais pensé alors. La seule source de satisfaction relative était le score du Front national, cantonné à 11 % : nous avions réussi à tenir la majeure partie de notre électorat à l'abri de toute dérive extrémiste. Quant à François Bayrou, dont la stratégie agressive à mon endroit n'avait cessé de se durcir, son score de 4 % le condamnait à une modestie bien inhabituelle. Le soir de sa défaite, il se contenta de déclarer qu'entre la gauche et la majorité il ne trancherait pas. Une nouvelle fois, il faisait donc le choix de la compromission avec la gauche. Cela devenait une habitude !

Les commentateurs furent unanimes pour m'attribuer la responsabilité de l'échec de la majorité. C'était prévisible et, à mes yeux, naturel. Je ne m'attendais d'ailleurs à aucune bienveillance de leur part. Il n'aurait servi à rien de le contester ou même de le relativiser. Ils allaient cependant un peu vite en besogne en annonçant « le divorce complet entre Nicolas Sarkozy et l'opinion ». Beaucoup prenaient leurs désirs pour des réalités. La situation était cependant bien compliquée. Nombre de mes ministres se trouvaient en grande difficulté sur le front électoral. De surcroît, et comme toujours dans ce genre de situation, la majorité préférait se diviser, régler ses comptes, me critiquer, plutôt que serrer les rangs. Là encore, c'était aussi humain que prévisible. Chacun y allait donc de son analyse. Pour les uns, c'était mon « virage à gauche » qui était sanctionné. Pour les autres, c'était au contraire « le débat sur l'identité nationale » et ma « radicalité à droite » qui se trouvaient désavoués. Pour d'autres encore, il s'agissait de mon comportement personnel. Pour les plus sévères, c'était à la fois « la forme et le fond » qui n'allaient pas. Bref, si chacun avait sa lecture propre, tous avaient la même cible.

Pour tout dire, ce ne fut pas la période la plus agréable de mon quinquennat. Et ce d'autant plus que des officines avaient répandu la rumeur que, dès le lendemain des régionales, Carla et moi allions divorcer. Il n'y avait pas le début du commencement de la moindre réalité. Mais l'information était donnée pour certaine. Nous étions tous les deux abasourdis par le mensonge, la méchanceté, la bassesse de ces ragots. En tout cas, plus d'une décennie après, la « prétendue information » n'a toujours pas été confirmée… C'est d'ailleurs à compter de ces journées que nous avons tous les deux décidé de ne plus jamais attacher le moindre crédit à ce qui est rapporté dans la presse sur la vie privée des uns et des autres. Nous savons d'expérience que tout cela n'a comme objet que de détruire. Même à mon âge, j'en apprenais donc encore sur la nature humaine… Le fait qu'il s'agisse maintenant des « autres » ne rend pas ces pratiques odieuses plus acceptables.

Je n'attendais rien de bon du deuxième tour, sachant qu'au mieux il viendrait confirmer les résultats du premier et qu'au pire il les amplifierait. Mon expérience des élections ne me berçait d'aucune illusion. Et de fait, nous partîmes avec deux régions, l'Alsace et la Corse. Nous revînmes avec trois : la Guyane, l'Alsace et La Réunion. Nous n'en avions gagné aucune en métropole. C'était décevant, médiocre, et inquiétant, même si ce n'était pas le raz-de-marée de mécontentement et de désaveu qu'invoquait la presse à chaque instant. J'étais loin de considérer ces résultats comme satisfaisants, mais, à relire les éditoriaux de l'époque, je suis encore stupéfié de la violence des commentaires. Ainsi, *Le Progrès* commentait : « La défaite est sarkozyste, forcément sarkozyste. Car tout le pays tourne autour de sa personne. L'hyper-président est devenu l'hyper-perdant. » Heureusement que les Lyonnais étaient réputés modérés. Qu'en aurait-il été s'ils ne l'avaient pas été ? *Libération Champagne* faisait encore mieux : « L'autiste de l'Élysée aura du mal cette fois à minimiser sa défaite cinglante… Il a reçu une nouvelle claque. » Je ne sais toujours pas quelle fut la première.

La vérité était que tous, me sentant et me souhaitant affaibli, se trouvaient libres de lâcher leurs coups. C'était la règle de la politique. Il ne servait à rien de s'en plaindre. Il fallait d'abord garder son sang-froid et ensuite repartir au combat. Rester calme dans ce genre de circonstances était indispensable autant que complexe. La violence des évènements et la brutalité des commentaires faisaient bouger toutes les lignes, modifiaient tous les repères, déstabilisaient tous mes soutiens. Rien n'eût été pire que de surréagir ou d'essayer de contrer la vague sur le moment. Il convenait que je me déploie rapidement mais discrètement. Ce n'était pas simple, car je n'avais aucune envie de me montrer ou de sortir publiquement. Lorsque l'on vient de subir un échec, c'est toujours un problème de se soumettre au regard du public. L'on se sent scruté, dévisagé, radiographié. Quand les gens me disaient bonjour, c'était comme si chacun me prenait la tension. Puisque tous étaient fébriles, je devais rester calme. Bien que je n'en ressentisse aucune envie, je décidai de multiplier les réunions pour que chacun puisse s'exprimer, me présenter ses doléances, se sentir écouté. Je commençai par m'entretenir deux fois avec le Premier ministre, François Fillon. La presse bruissait de violentes tensions entre nous sur le fond de sondages qui lui étaient plus favorables qu'à moi. Peu importe que ces informations fussent fausses. Elles avaient la capacité de nous déstabiliser. François Fillon fut très loyal durant cette période, il qualifia même de « manipulations » les nouvelles relatant nos divergences potentielles. Xavier Bertrand, le secrétaire général de l'UMP, se multiplia pour répandre la bonne parole. Il fut très utile.

Puis se posa la question de la stratégie. Dans mon esprit, les choses étaient claires. Nos électeurs ne s'étaient pas déplacés pour voter. Il fallait donc les remobiliser. Je fis une première déclaration à l'issue du Conseil des ministres qui suivit la défaite des élections régionales. J'annonçai la couleur : « Rien ne serait pire que de changer de cap. Il faut continuer les réformes. Je tiendrai donc mes engagements. » Je précisai même que la réforme des retraites « serait adoptée dans les six mois ». La seule concession qui me paraissait utile fut celle qui concernait la taxe carbone.

Je souhaitais qu'elle ne soit mise en place que lorsque l'Europe aurait adopté une taxe équivalente. J'aurais dû poser cette condition dès le début. Ce fut une erreur que je tentai de rattraper. Je savais bien que tous ceux qui me demandaient de faire une pause dans les réformes auraient été les premiers à dénoncer mon immobilisme si je les avais écoutés. Je n'avais nullement l'intention de devenir une cible immobile et donc beaucoup plus aisément atteignable. Mais le plus important, comme souvent, c'était de ne pas donner l'impression que cet échec me laissait abattu. Au contraire, il devait m'avoir dopé, réveillé, transcendé. Il me fallait trouver des réserves d'énergie pour les communiquer à tous les miens, dont beaucoup avaient été sonnés par les résultats si décevants de cette élection. Ce fut Gérard Carreyrou qui dans *France-Soir* l'avait le mieux compris : « Loin de céder à un quelconque abattement, Nicolas Sarkozy a entendu le message populaire, et il est immédiatement remonté à cheval. » C'était juste, mais que pouvais-je faire d'autre ? Je n'avais guère le choix. Comme à l'accoutumée, une partie des observateurs annonça en frémissant et en exagérant mon virage à droite. Depuis le temps que l'on décrivait ces virages multiples, et toujours dans la même direction, j'aurais dû me trouver à l'extrême droite de l'extrême droite...

Dans ma déclaration devant le Conseil des ministres, j'avais cité la lutte contre l'absentéisme scolaire, le projet de loi sur l'interdiction du voile intégral, les difficultés de la médecine de proximité et la défense de la politique agricole commune... Tous ces thèmes étaient donc analysés comme des marqueurs de droite. C'était très réducteur, car ces préoccupations étaient partagées bien au-delà des rangs de ma majorité. Tout cela avait au moins le mérite de susciter une avalanche d'analyses, de prédictions, de commentaires plus ou moins pertinents. À ce moment précis, je compris vraiment qu'il y avait en France autant de stratèges politiques que de sélectionneurs de l'équipe nationale de football – c'est dire combien j'admire le travail de ce dernier... C'était intéressant à constater et amusant à interpréter. Je devais absolument me préserver de tout ce brouhaha si je ne voulais pas définitivement perdre le nord. Les supputations fusaient de toutes parts, toujours contradictoires, sur ce que j'allais faire comme sur ce que je devrais faire. Sachant que, selon le bon mot de Jacques Chirac, « les emmerdes volent toujours en escadrille », je dus en plus de tout cela rappeler sèchement à l'ordre l'une de mes ministres, Chantal Jouanno, qui venait de se déclarer « désespérée » par l'abandon de la taxe carbone. Il ne manquait plus que cela. Nathalie Kosciusko-Morizet, toujours allante pour rajouter de l'huile sur le feu, avait cru utile de proclamer sa « parfaite solidarité » avec sa collègue. Je dus les convoquer pour leur signifier que, si elles voulaient démissionner, elles ne devaient surtout pas se gêner. Les candidatures pour les remplacer étaient nombreuses. Confrontées à ce dilemme, je vis que leurs convictions s'évaporèrent en un instant.

Enfin, je décidai de recevoir, une semaine après notre échec, tous les parlementaires de l'UMP pour une discussion à bâtons rompus qui promettait d'être au moins « franche » et plus vraisemblablement « chaude ». C'est une forme de tradition. Dans la famille gaulliste, tout leader digne de ce nom doit assumer la défaite comme la victoire. Faire face est la seule posture acceptable pour les élus comme pour les militants. Les plus virulents ou les plus opposés s'inclineront toujours et rentreront dans le rang à la condition expresse que leur soit accordé ce moment de confrontation où chacun a l'impression d'être monté sur le ring et donc d'exister. C'est plus physique qu'intellectuel et cela sert de catharsis. La presse était aux aguets. Certains allaient jusqu'à évoquer « une ambiance insurrectionnelle ». La tension était perceptible alors que j'entrais dans la grande salle des fêtes de l'Élysée. Elle était bondée. Je la sentais éruptive. Je commençai par un propos liminaire destiné à expliquer les raisons de notre échec et à faire diminuer la pression. J'identifiai les trois difficultés majeures que nous avions dû affronter. La première résidait dans le mode de scrutin proportionnel à deux tours. C'était une singularité qui ne nous avait pas simplifié la tâche. Nous étions le seul pays au monde à mixer la proportionnelle et les deux tours. Avec les triangulaires imposées par le score du Front national, cela rendait les choses extrêmement difficiles. Ainsi, avec un seul tour et les mêmes résultats, nous l'aurions emporté au minimum dans huit régions ! La deuxième était que nous avions eu à affronter ces élections alors même que nous n'étions pas encore sortis d'une crise économique comme le monde n'en avait pas connu depuis un siècle. Enfin, une troisième difficulté venait aggraver les désastres économiques : la crise agricole, qui se trouvait aussi être celle du siècle. Toutes les productions, tous les secteurs et toutes les régions avaient été confrontés à une grande perte de revenus ! Le moins que l'on pouvait dire était que le contexte que nous avions dû affronter n'était pas porteur.

À cela s'ajoutait un phénomène bien français : c'était le président de la République qui était désigné comme le perdant des régionales tout en n'ayant pas eu « le droit » de faire campagne. En effet, si j'avais multiplié les meetings, toute la presse aurait stigmatisé l'absence de neutralité de l'État. Mais les mêmes ne se gênaient nullement pour affirmer que c'était moi que les Français avaient clairement voulu sanctionner ! J'avais le droit de subir, pas d'agir… Je conclus mon propos introductif en livrant ce qui était le fond de ma pensée. Je croyais dans l'analyse selon laquelle nous avions fait suffisamment de réformes pour faire « souffrir » ou « déranger » nombre de Français, sans en contrepartie avoir obtenu des résultats suffisamment tangibles puisque nous n'étions qu'à la troisième année de mon quinquennat. Les parlementaires m'écoutaient avec attention. On aurait pu entendre une mouche voler. Je sentais physiquement que les sentiments belliqueux du début de notre rencontre étaient en train de s'estomper. J'avais mis toute mon énergie à leur « laver » la tête de tous les commentaires hostiles dont ils avaient été abreuvés. J'avais posé mes tripes sur la table. Ils avaient compris que nous ne changerions pas de cap, que je tiendrais celui-ci et que, par-dessus tout, j'assumais sans reculer d'un centimètre. Au fond, cela les rassurait.

La première question concernait la réforme des retraites, qui commençait à les inquiéter sérieusement. La réponse était facile. Il manquait trente milliards d'euros dans les comptes sociaux ! On ne pouvait ni attendre ni tergiverser, à moins de choisir la banqueroute. Je leur annonçai donc un texte de réforme des retraites pour le mois de septembre. Je ne dissimulai pas la difficulté de la tâche. Nous pouvions avoir deux ou trois millions de personnes dans la rue, mais quoi qu'il arrive, il faudrait tenir.

La deuxième question était plus personnelle. Une députée me demandait comment je vivais ce « désamour » avec les Français, et surtout comment j'entendais y remédier. C'était bien vu et utile. Cela me permettait de mettre les choses au point en évacuant une bonne fois pour toutes cette thématique très en vogue. Comme un réflexe et sans doute parce que j'avais été touché, je répondis par une interrogation : « T'es-tu demandé pourquoi je suis la cible de toutes ces attaques ? N'est-ce pas parce que nos adversaires ont compris que le point fort de l'ancrage à droite du pays, c'est le président de la République ? Et qu'à partir de là, l'affaiblir ou le démolir, c'est immédiatement régler le problème ? » Je poursuivis en posant une seconde question : « Y a-t-il eu un seul président qui ait été populaire à mi-mandat ? » Je conclus par cette formule : « Nos adversaires pensent que je suis le patron, donc je prends tout. » Et pourtant, je n'étais pas décidé à me cacher. Je les exhortai à s'attacher moins aux sondages qui passaient qu'au bilan qui, lui, était destiné à demeurer. Je ne connaissais qu'une seule stratégie efficiente : être ensemble, être réactifs, être déterminés. Je sentis en un instant la salle redresser la tête, les parlementaires retrouver leur énergie, je voyais que tous étaient en train de se dire : et s'il avait raison ? J'avais repris la main. L'offensive était bien la meilleure riposte.

La troisième question venait du député-maire de Maisons-Laffitte, Jacques Myard, qui avait toujours été opposé au bouclier fiscal. C'est un petit homme, fort en gueule, volontiers braillard, facilement critique, mais toujours loyal et même sentimental. Je l'aimais bien et je savais que, finalement, je pourrais toujours compter sur lui. Ce qui était précieux. Je lui redis une énième fois que ce serait une erreur d'aller là où tous nos opposants souhaitaient que nous allions. J'avais été élu sur le principe que nul ne payerait plus de la moitié de ce qu'il avait gagné en impôt. J'étais bien décidé à tenir cette ligne, car elle me semblait juste par rapport au « travail » qui méritait d'être mieux récompensé, et efficace au regard de la compétitivité de la France.

La quatrième question porta sur la « fameuse ouverture ». C'était bien la preuve que la parole était libre et que chacun pouvait exprimer ce qu'il avait sur le cœur. En réponse, je tentai de faire réfléchir mes interlocuteurs sur ce qu'était la France et ce qui rendait notre pays si différent des États-Unis, de l'Angleterre ou de l'Allemagne. À mes yeux, il était clair que la France avait une tradition de violence et d'attirance pour les affrontements idéologiques sans égale à travers le monde. Chez nous, tout, absolument tout, est susceptible de provoquer un embrasement avec une rapidité stupéfiante. Je leur rappelai l'éditorial de Pierre Viansson-Ponté du 15 mars 1968 dans *Le Monde* : « Quand la France s'ennuie ». Quelques semaines après, elle était en feu. L'ouverture ne nous faisait sans doute pas gagner une voix, mais elle apaisait le pays. Tel était son plus grand mérite. J'ajoutai qu'il était curieux de me reprocher de ne nommer que des personnalités de gauche, alors que le président de la République, le Premier ministre, les présidents de l'Assemblée et du Sénat, vingt-neuf ministres… étaient des nôtres. Un peu de mesure serait donc bienvenue…

À partir de cet instant, tous les intervenants appelèrent à se ranger derrière moi. Certains voulaient même que je me déclare sans attendre pour 2012. Ainsi va la famille gaulliste. Nous sommes des sentimentaux, excessifs, bagarreurs, idéalistes... Ce n'était pas le parti le plus facile à diriger, mais c'était le plus intéressant, car il s'y passait toujours quelque chose. C'était aussi le plus réactif, car un rien pouvait faire repartir ses membres au combat avec un enthousiasme sincère. C'était sans doute la famille politique où les sentiments de compagnonnage avaient la place la plus importante.

Les gaullistes sont rarement cyniques. Ils pouvaient passer sans transition de l'exaspération la plus forte à l'amitié la plus chaleureuse. C'est bien pourquoi j'aime cette famille dont je me sens proche. J'ai même l'impression de ressembler à ses membres. Ce soir-là, j'avais réussi à inverser la tendance. Je leur avais fait du bien par mon engagement total. Mais ils m'en avaient donné tout autant. J'étais moi aussi reboosté. C'était ainsi. Nous avions réussi à tourner la page des élections régionales.

*

* *

J'avais décidé de répondre positivement à l'invitation de la prestigieuse université américaine Columbia. Nous profitions d'une invitation des Obama à Washington pour effectuer ce déplacement à New York. J'avais eu une réunion de travail, puis nous avions dîné avec le couple présidentiel dans son appartement de fonction à la Maison Blanche. C'était la première fois que j'y pénétrais. J'étais heureux de découvrir le cadre de vie intime des présidents américains. Il y avait un garde armé derrière chaque porte. J'en avais conclu que ce ne devait pas être facile de conserver une certaine intimité familiale. Barack Obama m'avait fait visiter les lieux, notamment les chambres de ses filles, qui étaient en train de finir leurs devoirs pour l'école du lendemain. L'appartement était confortable, typiquement américain, et donc sans le charme des bâtiments qui ont des siècles d'histoire derrière eux. Sans ostentation et sans personnalité. Il m'est même difficile de me souvenir d'un détail précis. La soirée avait été sympathique. Carla et Michelle l'avaient terminée accoudées au balcon de la Maison Blanche à la nuit tombée.

Nous étions partis dès le lendemain pour New York afin de rencontrer les jeunes étudiants américains. La pensée woke n'avait pas encore causé les ravages que nous connaissons aujourd'hui. J'étais heureux de cette opportunité de contact avec cette jeunesse d'outre-Atlantique. Peut-être y avait-il aussi chez moi une volonté d'exprimer un ego national froissé par la fascination que suscitait le président américain auprès des jeunes Européens lorsqu'il se rendait sur notre continent. Que l'une des plus prestigieuses universités des États-Unis organisât cette rencontre était une façon de montrer que la France existait encore. Cela pourra paraître déplacé, ou naïf, mais je pensais qu'il fallait rééquilibrer les échanges culturels et politiques entre nos deux Nations. Tout ne pouvait pas venir que des États-Unis et jamais du vieux continent européen, qui avait, en tout cas dans mon esprit, encore tant de choses à dire. C'était aussi une opportunité de parler au peuple américain et de lui faire comprendre qu'il pouvait compter sur nous, mais qu'il devait accepter que nous ne soyons pas d'accord sur tout. Je pensais à la vision que nous avions d'un capitalisme régulé, où toutes les opérations financières ne devaient pas être autorisées sans conditions et où la liberté se devait d'être encadrée pour préserver les conditions d'une concurrence équitable. C'était enfin une façon de leur faire comprendre qu'au XXIe siècle un pays, si puissant soit-il, ne pouvait diriger seul la planète. Le monde était devenu multipolaire. Ils étaient les premiers à devoir accepter cette nouvelle réalité justement parce qu'ils étaient les plus puissants. Il fallait donc faire preuve de créativité pour inventer les réponses aux défis de notre époque. Dans mon esprit, les choses étaient claires. Si l'Europe et les États-Unis ne le faisaient pas, personne ne le ferait à leur place. Le premier exemple que j'avais en tête était celui de la régulation du coût des matières premières. En moins de deux années, le prix du baril de pétrole était passé de 30 à 150 dollars. Il ne s'agissait pas seulement d'une question de prix de marché, mais surtout d'une affaire de spéculation. Or celle-ci était devenue délirante lorsqu'il s'agissait des « *commodities* ».

J'avais appris que le Prix Nobel d'économie Joseph Stiglitz avait souhaité assister à la rencontre que je devais animer avec les étudiants. Il était professeur à Columbia, sa présence était flatteuse. Je l'avais ressentie comme telle, d'autant plus que j'avais été passionné par ses travaux sur les « nouveaux critères » qui permettaient de mesurer la croissance et la richesse des nations. Joseph Stiglitz ne voulait plus se contenter de mesures uniquement quantitatives. Il souhaitait intégrer des critères qualitatifs comme le bien-être, l'éducation, le respect de l'environnement.

Malgré tout, il s'agissait d'un rude défi que de défendre devant les étudiants d'une prestigieuse université américaine l'idée que c'était l'absence de règles qui risquait de tuer la liberté et que celle-ci ne pouvait prospérer sans un minimum de régulation. La première question me surprit, puisque mon interlocuteur me demanda ce que j'admirais le plus dans les universités américaines et en conséquence ce que je souhaiterais « importer » en France. Le sujet était à haut risque compte tenu des polémiques et des manifestations dont nous venions à peine de sortir à propos de la loi d'autonomie des universités françaises. Je répondis que c'était justement l'ampleur de l'autonomie accordée aux universités américaines qui m'avait inspiré ! Je prenais l'exemple du conseil d'administration de Columbia, qui avait été composé et choisi exclusivement par l'université elle-même et qui comptait davantage de chefs d'entreprise que d'enseignants. C'était vraiment un exemple dont nous pouvions nous inspirer. La deuxième chose qui m'avait frappé, c'était la taille comme la modernité de leurs campus. Il n'y avait vraiment qu'aux États-Unis que de telles installations modernes, ouvertes, bien entretenues, sportives comme culturelles, existaient. Nous souffrions beaucoup de la comparaison avec nos locaux sinistres, souvent dégradés, couverts d'inscriptions et de graffitis, équipés d'installations sportives remontant à un âge antédiluvien ! C'était bien avec l'exemple américain en tête que j'avais décidé de lancer un ambitieux plan campus. Notre retard en la matière était impressionnant.

Après le piège politique français, ce fut le tour du piège politique américain, puisqu'un étudiant m'interrogea pour savoir ce que je pensais de l'Obamacare. Le président américain avait voulu, à juste titre, que chaque Américain puisse disposer d'une protection médicale minimum, ce qui paraissait aller de soi en France, mais avait provoqué quantité de virulentes oppositions aux États-Unis. Je me fis un devoir de dire mon admiration pour Barack Obama d'avoir réussi à faire adopter cette réforme. Je soulignai cependant qu'il venait de se doter d'un système d'assurance publique que nous connaissions en France depuis plus de soixante ans, et ce à la satisfaction générale ! Nous n'étions donc pas toujours en retard...

Un troisième étudiant m'interrogea sur l'Europe, me précisant que personne dans son pays ne comprenait comment cela fonctionnait, et même si cela fonctionnait. Je n'eus aucun mal à répondre que nous aussi, nous nous agacions de ses lenteurs, de ses complexités, de ses faiblesses. Mais je soulignai aussi le prodige que représentait cette organisation sans équivalent dans le monde, qui avait su fédérer vingt-sept pays différents, qui de surcroît avaient été en guerre les uns contre les autres durant plusieurs siècles. Sans doute, vu des États-Unis, il leur était difficile de mesurer le miracle que cela représentait et à quel point nous y étions viscéralement attachés. Enfin, je fus interrogé sur la future gouvernance mondiale et la façon dont nous pourrions l'envisager. Je reçus un accueil chaleureux lorsque je soulignai que la seule grille de lecture des vainqueurs et des perdants de la Seconde Guerre mondiale ne me semblait plus pertinente. Je plaidais pour l'intégration du Japon et de l'Allemagne, mais aussi de l'Afrique et de l'Amérique du Sud, au cœur de la future gouvernance multilatérale.

Je sentis vraiment, ce jour-là aux États-Unis, la véracité du dicton « Nul n'est prophète en son pays ». C'est bien d'ailleurs ce qui explique l'appétence de tous les présidents de la République pour l'international. Au moment où j'étais brocardé dans mon propre pays à la suite de l'échec des régionales, je venais de dialoguer deux heures durant avec des étudiants américains et leurs professeurs. J'aurais eu bien du mal à trouver en France une université qui me reçoive dans une ambiance à ce point apaisée, attentive et bienveillante. Il allait falloir que je me garde de ce confort trompeur et du risque de perdre le contact avec la réalité hexagonale. Je n'étais pas le premier à céder aux sirènes de l'international et encore moins le dernier. Le président Emmanuel Macron – ce n'est pas lui faire injure – fait preuve de la même attirance pour ce que Jacques Chirac appelait « les étranges affaires ». Je comprends mieux en le regardant aujourd'hui ce qui m'est arrivé hier !

Durant ce court déplacement, nous eûmes une soirée libre à Washington. Nous en profitâmes pour tester l'un des restaurants préférés de Barack Obama. Il nous l'avait lui-même chaudement recommandé. Il s'agissait du Ben's Chili Bowl, dont la spécialité était les « half-smoke », autrement dit les hot-dogs. Le président américain vibrait de plaisir rien qu'en évoquant cette « adresse bénie ». Je pus constater à cette occasion que nous n'avions pas les mêmes goûts culinaires. C'était bon, mais gras et lourd à souhait. Avec ce régime alimentaire, je compris mieux les problèmes d'obésité de nombre de ses compatriotes. Aux États-Unis, même une simple salade fait grossir.

La capitale américaine était beaucoup plus verdoyante que je n'en avais gardé le souvenir. Les nombreux lacs m'impressionnèrent. L'architecture de style anglais tout autant. En regardant les passants depuis la voiture qui me transportait, je constatais que la population de couleur et la population blanche semblaient appartenir à deux mondes qui coexistaient sans véritablement vivre ensemble. J'y voyais le résultat du communautarisme anglo-américain si éloigné de nos règles républicaines. Je sentis que de ce point de vue, le fossé était en train de s'élargir entre la société américaine et ses homologues européennes. L'influence wokiste était bien en train d'émerger. La situation s'est depuis beaucoup dégradée. Les universités américaines sont devenues des caricatures de ce qu'elles étaient. Elles ne recrutent leurs étudiants que sur des critères raciaux, religieux ou sexuels. La pensée unique y règne en maîtresse absolue. Dans son remarquable ouvrage, *La Révolution racialiste et autres virus idéologiques*, l'intellectuel canadien Mathieu Bock-Côté utilise une expression forte : « Les campus américains passent pour des asiles à ciel ouvert. » C'est cruel, mais en les regardant de près, on ne peut que partager ce point de vue. Je reconnais que, plus jeune, j'ai été fasciné par l'Amérique. J'aimais ses espaces immenses, son dynamisme économique, son inventivité culturelle, son mode de vie. New York me séduisait au point que je m'y rendais plusieurs fois par an… C'était à bien des égards une référence. Je n'étais pas le seul dans ma génération à éprouver ces sentiments. Tous ou presque, nous avions ce tropisme américain. Nous étions sans doute naïfs, mais l'Amérique nous faisait rêver.

J'avais la chance d'avoir un guide hors pair en la personne de Jean-Michel Goudard. Il fut l'un des rares Français de cette génération à avoir réussi outre-Atlantique, en dirigeant depuis New York le bureau international de RSCG, avant de prendre la tête de la célèbre agence de publicité américaine BBDO. Il disposait d'un appartement à New York qu'il me prêtait à chaque fois que je lui en faisais la demande. Il ne manquait jamais de me faire découvrir le dernier restaurant en vogue ou rencontrer un chef d'entreprise qui l'avait séduit. Puis nous joggions à Central Park par tous les temps et en toute saison. Je pense avec nostalgie à cet ami cher, parti il y a maintenant quatre ans. Cela me laisse comme un grand vide. Il y a encore tant de pays à travers le monde que je ne connais pas. Je les privilégie donc aujourd'hui, délaissant le plus souvent cette Amérique dont tout devrait nous rapprocher et qui ne fait que s'éloigner. Tout comme s'amoindrit l'influence de l'Occident dans le monde.

*
* *

Un drame aérien ouvrait sinistrement ce mois d'avril. Le président polonais Lech Kaczynski était mort dans le crash du Tupolev présidentiel. Il se rendait en visite officielle dans l'ouest de la Russie pour commémorer le massacre de Katyn, où vingt mille officiers polonais avaient été assassinés par la police secrète soviétique. Pendant des décennies, cette tragédie avait été dissimulée. Il s'agissait donc d'un grand jour pour le nationaliste Kaczynski. Il se trouvait en compagnie de son épouse et de nombreuses familles de victimes de ce massacre odieux. Et c'était donc au moment où ils espéraient se recueillir à la mémoire de leurs martyrs que le destin les avait frappés. Mystérieuse coïncidence et dramatique conclusion ! J'avais passé de nombreuses heures avec cet interlocuteur intraitable, à négocier en 2007 le contenu du futur traité de Lisbonne. Les discussions étaient complexes, car il ne s'exprimait qu'en polonais, ne connaissant pas un mot d'anglais. Son univers commençait avec la Pologne et finissait avec elle. Il ne possédait ni carte bancaire ni chéquier. Il était resté dans son époque, qui n'était pas la nôtre. Il ne décidait rien sans avoir reçu l'aval de son frère jumeau, qu'il consultait à chaque instant et qui exerçait les fonctions de Premier ministre. Étrange situation qui avait mis deux frères à la tête d'un pays de près de quarante millions d'habitants. Toutes ses particularités n'empêchaient pas l'homme d'être sympathique et assez bon vivant.

Le jour de la commémoration, le temps était exécrable puisqu'il y avait un brouillard à couper au couteau. Le moment de l'atterrissage fut très délicat. L'avion heurta un arbre avec l'une de ses ailes durant son approche vers le sol. Que s'était-il vraiment passé ? Il se disait que le pilote n'avait pas voulu atterrir compte tenu de la visibilité trop faible. Le président n'avait, semble-t-il, pas voulu en entendre parler. Les retombées politiques d'une annulation auraient été trop lourdes pour une commémoration à ce point « symbolique ». Il aurait donc donné l'ordre d'un atterrissage forcé. Ce serait dans ces conditions que le drame aurait eu lieu. J'étais sincèrement attristé par la nouvelle, même si je n'aurais jamais eu l'idée absurde de forcer le pilote de l'avion gouvernemental à faire quelque chose dont il ne se sentait pas capable. Si cela était vrai, il avait vraiment pris tous les risques et en avait payé le tribut. L'évènement était rare, surprenant, désolant.

Et pourtant, certains crurent bon d'en rire ! L'« humoriste » de France Inter Stéphane Guillon se saisit de cette histoire dans sa chronique matinale pour éditorialiser contre moi. J'étais devenu son obsession. Je savais qu'il s'agissait d'un adversaire politique assumé. J'ignorais qu'il manquait à ce point de sensibilité et de finesse. Je rappelle qu'il s'exprimait sur une radio publique financée par les impôts des Français. Le prétendu humoriste avait donc ce jour-là fait un rêve délicieux, celui de me « voir à la place du président polonais mort dans l'avion ». Il ne s'en tenait pas là, puisqu'il se gaussait de l'attitude de Carla lors des funérailles de son mari, soutenue « par ses deux premières femmes ». C'était d'une élégance parfaite. Voici donc ce qu'était devenu le service public censé parler à tous les Français et s'en tenir à une neutralité de bon aloi. Rêver de la mort du président de la République était donc la nouvelle norme ! Inutile de préciser que je ne crus pas devoir verser une larme de crocodile quand Jean-Luc Hees décida, l'année suivante, de renvoyer ce piètre personnage à ses occupations politiques et partisanes. Le plus drôle étant que s'il m'avait pris l'idée de porter la moindre critique contre lui, Stéphane Guillon n'aurait pas manqué de protester vivement au nom de la démocratie offensée. Sa susceptibilité pour lui-même était proportionnelle à l'outrance dont il usait lorsqu'il s'agissait des autres. C'est à des signes comme celui-ci que l'on peut mesurer l'état de décomposition d'une société.

*
* *

J'avais rendez-vous à l'Élysée avec un rude interlocuteur en la personne de Recep Tayyip Erdoğan, le chef du gouvernement turc. Il y avait un sérieux contentieux entre nous, puisqu'il me considérait à juste titre comme le premier opposant à l'entrée de son pays dans l'Union européenne. Je ne pouvais lui en tenir rigueur : c'était exact. Je n'avais jamais caché cette opposition et l'avais rappelée publiquement en maintes occasions. Je souhaitais malgré tout entretenir avec cet immense pays de bonnes relations, et même approfondir les possibilités d'un lien franc et privilégié. Il s'agissait de notre première véritable rencontre. Mon interlocuteur du jour ne se laissait pas décourager pour si peu, il avait déclaré qu'il ne désespérait pas de me faire changer d'avis au sujet de son pays et de l'Europe. Ce qui, en soi, constituait un objectif ambitieux !

Erdoğan savait ce qu'il voulait et n'hésitait pas à le dire clairement. Cet aspect de sa personnalité ne m'était pas désagréable. Bien au contraire, puisque j'ai toujours apprécié la franchise. Je compris vite cependant qu'elle pouvait s'accompagner d'une brutalité certaine, voire d'une tendance à la menace. C'était un homme intelligent, travailleur, habile et n'ayant ni doutes ni complexes. La limite de ces qualités réelles était qu'il était prêt à tout pour atteindre ses objectifs. En un mot, rien ne l'arrêtait et rien ne lui semblait impossible pour peu que cela servît ses intérêts ou l'idée qu'il s'en faisait. La conversation était difficile, car il cherchait à obtenir le K.-O. à chaque instant.

Nous eûmes un long déjeuner. C'était intéressant de voir ainsi se développer sans aucune retenue ce porteur d'un islamisme conquérant et fier. Nous avions un autre grave sujet de discorde avec la question arménienne et la reconnaissance du génocide du début du XXe siècle. Cette affaire, pourtant si évidente d'un point de vue historique, hystérisait les débats dans le camp turc. La simple demande d'une reconnaissance de ces horreurs commises un siècle plus tôt était vécue comme un affront fait à la Nation dans son ensemble. Aucun argument n'était acceptable ni même simplement audible. Il s'agissait pour moi d'un point non négociable. À l'occasion de cette rencontre, je découvris un troisième sujet de désaccord à propos d'Israël. Erdoğan était très excessif. Je me rendis compte à ce moment précis de l'intensité du processus de radicalisation dans lequel il se trouvait. Et encore il n'en était qu'à ses prémices... Ses attaques contre Israël étaient d'une grande violence. Il qualifia l'État juif de « principale menace pour la paix du monde ». J'étais abasourdi par son parti pris et son engagement total en faveur des Palestiniens. C'était nouveau chez lui et cela marquait une nouvelle étape dans son raidissement idéologique. Sur l'Europe même, il refusait de faire profil bas, bien au contraire puisqu'il revendiquait haut et fort la légitimité de la candidature de son pays. Il alla jusqu'à affirmer publiquement que la Turquie remplissait beaucoup plus de critères que certains des vingt-sept États membres actuels ! Je ne savais s'il croyait sincèrement en ces arguments ou s'il cherchait simplement la provocation. J'avais du mal à me contenir tant j'étais effaré par son arrogance. Dans mon cauchemar, je l'imaginais autour de la table du Conseil européen représentant le pays le plus peuplé de l'Union. Je pensais aux incompréhensions, aux risques de malentendus, aux différences culturelles et politiques immenses entre lui et les autres chefs d'État européens. Comment avait-on pu sérieusement imaginer que cela puisse fonctionner ? C'était vraiment une affaire de simple bon sens. Après cette visite, je me sentis conforté dans mon idée initiale de refuser toute adhésion turque.

Mais le pire arriva avec la question de la burqa. Erdoğan, avec un culot d'acier et un aplomb impressionnant, m'expliqua qu'il avait « des difficultés à comprendre le débat français sur le port du voile islamique intégral ». Il alla plus loin en se faisant l'exégète de la laïcité : « Dans un système laïc, chacun doit pouvoir vivre ses propres croyances. » Je lui répondis en indiquant qu'enfermer les femmes dans une « prison de tissu » n'était pas conforme à l'idée que nous nous faisions de leur liberté. Sans compter toutes les malheureuses qui étaient forcées de s'habiller ainsi sous la pression du mari, de la famille ou même de l'environnement social du quartier. Je soulignai qu'il s'agissait de nos valeurs et de nos principes. C'était donc aux derniers arrivés en France de se plier aux us et coutumes du pays qui les recevait. Cela ne le convainquit en rien. L'incompréhension était totale.

Avec la meilleure volonté du monde, nous aurions eu bien du mal à trouver un seul sujet de plein accord. Même sur la forme, nos échanges furent rudes ou en tout cas bien éloignés des habitudes feutrées de la diplomatie. Nous nous rendions coup pour coup. Des deux côtés de la table, aucun ne voulait ou ne pouvait céder un pouce de terrain. Les diplomates qui m'entouraient étaient atterrés. J'avais rarement connu un tel niveau de divergences. Cela n'avait rien à voir avec une antipathie quelconque. Je n'en éprouvais d'ailleurs aucune, bien au contraire. C'était plus grave que cela, nous étions en désaccord sur absolument tout. Je commençais même à me demander ce que nous allions bien pouvoir dire dans le communiqué de presse qui suivrait notre déjeuner.

Ce fut à cet instant qu'Erdoğan m'invita étonnamment à visiter son pays et à poursuivre nos discussions. Une fois encore, je me posai la question de savoir s'il s'agissait d'un piège ou d'une réelle volonté de dialogue. J'acceptai cependant le principe d'une visite, pensant que ce serait plus honnête d'affronter ces désaccords de fond en me rendant à Ankara et en expliquant les raisons de mon refus de toute adhésion à l'opinion publique turque plutôt qu'en restant tranquillement en mon « palais ». J'espérais secrètement que ce courage ou cette franchise seraient en définitive appréciés par les Turcs. Je ne me faisais guère d'illusions sur la difficulté de ce futur déplacement, mais il serait toujours temps d'aviser au pied du mur.

*
* *

L'opération de retour au calme dans les rangs de la majorité n'avait porté ses fruits que durant quelques jours. Les tensions étaient encore vives. Tout était bon pour accentuer les divisions. Pour les uns, c'était le bouclier fiscal, contre lequel Alain Juppé tempêtait. Il plaidait pour que je demande « aux très riches un effort de solidarité supplémentaire ». Je m'y opposais, car je savais trop ce qu'avaient coûté à la droite les constantes augmentations d'impôts et de taxes lorsqu'il occupait les fonctions de Premier ministre. Pour les autres, c'était la réduction du nombre des fonctionnaires qui posait problème. Pour d'autres encore, il s'agissait du voile intégral. Bernard Accoyer, alors président de l'Assemblée nationale, m'appelait « à la grande prudence », arguant qu'il y avait « des priorités plus pressantes ». Comme si on ne pouvait pas faire deux choses à la fois. Enfin, tous mes adversaires « historiques de l'intérieur » attaquaient plus ou moins ouvertement sur mon style présidentiel, qui les irritait. Jean-Pierre Raffarin le faisait assez habilement et sournoisement. En la matière, je dois lui reconnaître des qualités d'orfèvre ! Il proclama que nous n'étions rien de moins que « dans une impasse institutionnelle avec la République du leadership » que j'avais instaurée. Il alla plus loin en théorisant le fait que cette pratique était « fortement différente de celle, traditionnelle, de la Ve République ». Il estimait sans doute que de Gaulle, Pompidou, Mitterrand et Chirac avait un « leadership » moindre que le mien ! Le raisonnement était bien court, mais seule la conclusion comptait, puisqu'il réclamait « un vote de confiance ». Dominique de Villepin s'agitait beaucoup, espérant légitimement une revanche. Il avait même envoyé au feu le sénateur Lambert, qui proclamait : « Nicolas Sarkozy n'est plus en mesure de faire gagner nos idées. » L'ambiance était à nouveau devenue exécrable.

C'était intéressant de voir comment, à partir d'une défaite réelle aux régionales, nous étions en train de nous précipiter dans un tourbillon négatif que nous entretenions nous-mêmes. Chacun travaillait maintenant efficacement au service de… l'opposition, sans même en avoir réellement conscience. Heureusement, et d'une façon tout à fait inattendue, un sondage censé me compliquer un peu plus la tâche vint au contraire m'aider à calmer provisoirement les choses. Ipsos avait testé tous les candidats potentiels de la droite pour la prochaine élection présidentielle. De façon inespérée, 72 % de nos électeurs croyaient que j'étais encore le meilleur candidat. Je pensais en moi-même qu'ils étaient d'une fidélité et d'un courage à toute épreuve pour avoir su résister à ce torrent continu d'attaques et de critiques multiformes. Je les aurais « embrassés » un à un si cela m'avait été possible, tant ma reconnaissance leur était acquise.

Il était cependant difficile de faire bonne figure dans cette ambiance où tout pouvait être interprété négativement. Garder le moral, sourire, trouver du plaisir dans l'accomplissement de sa tâche quotidienne, conserver l'espoir dans des succès futurs, trouver des réserves d'énergie pour relancer, une fois encore, la machine étaient de plus en plus difficile. C'était mentalement épuisant. Il y avait des jours plus lourds que d'autres où l'envie d'envoyer tout balader se faisait plus forte. Mais je n'en avais pas le droit. Heureusement que ma famille était là. Carla et les enfants furent des soutiens plus que précieux. À partir de cette enquête Ipsos, les choses se calmèrent quelque peu. Il y eut même une dépêche de l'AFP pour s'interroger : « Le malaise ne serait-il que passager ? » Dans l'ambiance du moment, c'était pratiquement un compliment. Je devais me contenter de peu, mais ce peu était déjà beaucoup.

Certains de mes collaborateurs étaient également en train de perdre petit à petit leur boussole et leur calme. Peut-être étaient-ce la fatigue, l'usure, la déconnexion avec la réalité ou même le phénomène bien connu lorsque l'on se trouve à l'Élysée de « la grosse tête ». Toujours était-il que je dus intervenir avec autorité, voire une certaine brutalité. Le problème survint au sein de la dizaine de mes plus proches conseillers, qui se réunissaient tous les matins à 8 h 30 dans le bureau du secrétaire général Claude Guéant. Ils étaient quatorze à faire le point sur le travail de la journée. Certains des participants s'étaient mis à raconter à la presse ce qu'il s'y passait en se donnant bien sûr le meilleur rôle et en n'oubliant pas d'accabler leurs voisins. Les fuites étaient de plus en plus nombreuses et me créaient à chaque fois des difficultés nouvelles. Il fallait y mettre un terme. C'était une faiblesse traditionnelle des politiques à laquelle j'avais moi-même bien des fois succombé que de croire qu'en livrant des informations aux médias ceux-ci vous en seraient reconnaissants. C'était confondant de naïveté, car en agissant ainsi, l'on récoltait de ces derniers davantage de mépris que de considération. De surcroît, imaginer que l'on puisse se confier sans réserve à un journaliste ou simplement être en confiance avec celui-ci était une erreur qui ne tardait jamais à être sanctionnée.

L'autorité du secrétaire général Claude Guéant commençait à être contestée. Henri Guaino se croyait promis aux plus hautes destinées et n'acceptait plus aucune contradiction, Pierre Charon, que j'aimais beaucoup, se démenait pour m'aider, mais pas toujours à bon escient, Catherine Pégard avait de plus en plus de mal à trouver sa place. La presse faisait légitimement ses choux gras de toutes ces querelles d'ego. Je devais au plus vite siffler la fin de la récréation. Cela n'avait que trop duré. J'étais exaspéré et en même temps responsable. Je les avais tous choisis pour leurs grandes qualités, mais je leur avais laissé trop de liberté. J'en payais maintenant le prix. Je supprimai donc la réunion et imaginai, pour la première fois, de changer le secrétaire général Claude Guéant, en qui j'avais pourtant une grande confiance. J'avais cru pouvoir demeurer avec la même équipe tout au long de mon quinquennat. C'était une erreur. Le pouvoir use, y compris les conseillers. J'avais besoin de sang neuf !

Je dus faire face à une autre polémique, cette fois-ci à propos de la publicité au sein des antennes de France Télévisions et du renouvellement de son président, Patrick de Carolis. Je tenais beaucoup à mener à bien cette réforme, qui me paraissait indispensable pour libérer le service public de la tyrannie de l'audience, qui elle-même décidait des flux de publicité. Je voulais qu'il y ait une spécificité plus grande de l'identité du service public par rapport aux chaînes privées. Il m'était toujours répondu qu'il était impossible d'aller dans cette direction, au risque de perdre trop de recettes publicitaires. En les supprimant et en les compensant au centime près, j'étais convaincu de régler le problème. C'était ma conviction. À cet argument déjà fort convaincant, s'ajoutait l'exaspération que je sentais grandissante de voir des œuvres cinématographiques coupées à deux ou trois reprises par des écrans publicitaires. J'avais plusieurs fois été effaré par la télévision américaine, où les interruptions étaient constantes. Je ne voulais pas que nous allions dans cette direction détestable.

Les créateurs, les artistes, les téléspectateurs étaient à l'unisson sur cette ligne. Pour des raisons que j'ignore encore aujourd'hui, Jean-François Copé était d'un avis inverse. Il voulait donc maintenir la publicité sur France Télévisions. Patrick de Carolis partageait son opinion. Je ne connaissais pas à l'époque ses liens avec Bygmalion. L'affaire était compliquée par un élément plus personnel, celui de mon antipathie pour Patrick de Carolis. J'avais beaucoup apprécié l'animateur de l'émission *Des Racines et des Ailes*. Je le trouvais cultivé, fédérateur, d'une élégance largement au-dessus de la moyenne dans le milieu de la télévision. J'appréciais également le binôme qu'il formait avec Patrice Duhamel, ce journaliste de grande qualité, formé à l'ancienne (ce qui dans mon esprit constitue une qualité). Puis, j'ai observé une évolution prononcée lorsque Patrick de Carolis devint président de France Télévisions. Je l'avais reçu plusieurs fois et avais remarqué une arrogance que je ne lui connaissais pas. Il était devenu tellement sûr de lui. La vérité était que je l'avais pris en grippe. Il n'y avait aucun contentieux, aucune opposition politique, puisqu'il était même clairement de droite, aucun « cadavre » dans les placards. C'était simplement une question de tempérament. Je souhaitais qu'il fût remplacé. Cela donna lieu à un nouveau quiproquo puisque mon choix s'était porté sur le jeune et talentueux Alexandre Bompard, qui travaillait au sein du groupe Lagardère. Je l'appréciais beaucoup et je pensais nécessaire de donner un coup de jeune au service public. À 37 ans, il était pourtant déjà expérimenté. C'était le postulant idéal. Malheureusement, mon ami Alain Minc, qui était dans la confidence, avait lâché l'information beaucoup trop tôt. Les médias s'en étaient emparés. La polémique avait prospéré. J'avais été contraint de démentir une information pourtant parfaitement fondée. Sa nomination devenait bien injustement impossible. Ce fut une belle occasion ratée de porter un authentique talent à la tête de France Télévisions.

J'appréciais les avis toujours créatifs d'Alain Minc, mais ses bavardages incessants lui nuisaient beaucoup. C'est sans doute l'un des sujets majeurs lorsque l'on est au sommet du pouvoir. À qui peut-on vraiment faire confiance ? Qui est réellement capable de conserver une information secrète ? Qui saura rester à la place qui est la sienne sans chercher à se donner un rôle qui ne lui revient pas ? Plus jeune, j'avais souvent fauté et avais succombé à la tentation de montrer que j'étais informé… Au pouvoir, j'ai souvent échoué dans le choix de confidents qui ont rarement su tenir leur langue. Je ne leur en ai conservé aucune rancune pour la raison simple que j'en portais seul la responsabilité. Savoir choisir à qui l'on peut faire confiance est le minimum que l'on peut attendre du chef de l'État.

*

* *

Je terminai le mois par un véritable moment de plaisir, de nostalgie et de rêve. Je devais ce soir-là remettre les insignes de grand officier de la Légion d'honneur à Michèle Morgan. D'aussi loin que mes souvenirs me portent, j'ai toujours admiré cette actrice merveilleuse. J'ai longtemps pensé qu'elle était la définition même de la beauté comme de l'élégance. Lorsque j'exerçais les fonctions de vendeur de glaces à la sorbetière rue Madeleine-Michelis à Neuilly, je m'installais tous les jours à 18 heures sur le pas de la boutique, car je savais que Michèle Morgan passerait pour rentrer chez elle. Je ne lui avais jamais adressé la parole. Elle était bien trop intimidante. Jamais je n'aurais osé. Elle marchait droit, regardant loin devant elle. Rien ne pouvait distraire ce regard bleu acier. C'était un spectacle de la voir arpenter la rue. Je conservai pieusement ce souvenir jusqu'au moment où, beaucoup plus tard, j'eus l'opportunité de la rencontrer. Parfois, l'on peut être déçu à voir de près son « idole ». Ce ne fut pas le cas, bien au contraire, puisque je découvris en plus de tout ce que je connaissais de l'extérieur son extrême gentillesse, son attention aux autres et son soutien personnel qui ne me fit jamais défaut. Je suis sans doute nostalgique en soulignant combien elle paraît aujourd'hui tellement au-dessus du lot de toutes ces influenceuses ou prétendues célébrités aux millions de followers, prêtes à dire et à faire n'importe quoi juste pour un buzz.

Michèle Morgan incarnait une autre époque. C'était une femme de paradoxes. Chacun pouvait s'en sentir proche tout en la considérant si différente du commun des mortels. Elle était universellement connue et elle avait su miraculeusement conserver tout son mystère. Sa filmographie était impressionnante, puisqu'elle avait tourné dans pas moins d'une soixantaine de films. Elle était profondément française tout en ayant une double culture franco-américaine. Elle avait, à de multiples reprises, affiché son amour pour la France, jusqu'à déclarer : l'aimer « comme on aime quelqu'un de sa famille ». Il y avait également sa belle histoire d'amour avec cet autre génie qu'était Gérard Oury, lui aussi tellement présent dans le cœur des Français. Ce couple mythique fait partie de la légende française. Ce soir-là, à l'Élysée, se trouvait au premier rang Danièle Thompson, devenue la grande cinéaste que l'on connaît. Elle prolongeait l'histoire familiale en s'inscrivant dans les pas de son père. C'était poignant de la voir émue au côté de sa « belle-mère », quatre années après le décès de Gérard Oury. En épinglant cette médaille sur cette prestigieuse poitrine, j'ai pensé, avec un petit peu d'orgueil, que j'aurai été le président de la République qui a décoré Michèle Morgan. Le jeune vendeur de glaces des années 1970 ne l'aurait certainement pas cru si on le lui avait prédit. Cela restera l'un de mes beaux souvenirs.

*

* *

L'Exposition universelle de Shanghai me donna l'occasion d'un nouveau voyage en Chine. C'était toujours une source d'émerveillement et en même temps d'incompréhension. La Chine me fascine par son histoire, par ses dimensions, par ses réussites économiques, par l'intangibilité de son identité, par sa confiance en elle-même, par sa résilience. Et en même temps, je confesse que plus je m'y rendais, moins je comprenais. Le fossé culturel est immense. Le plus déconcertant est la quasi-impossibilité d'avoir des relations personnelles, amicales, intimes avec ses dirigeants. C'était comme si nous appartenions à deux planètes différentes qui n'avaient rien en commun. Ainsi, ce n'était qu'après trois journées passées ensemble que j'ai réussi à savoir (au prix de nombreuses entorses au protocole) que le président Hu avait deux petits-enfants. Derrière son sourire imperturbable et souvent inexpressif se dissimulait un homme qui ne dévoilait jamais ses sentiments et ne se confiait qu'avec parcimonie. La plupart du temps, il lisait un papier qui lui avait été préparé et qui avait fait l'objet d'un débat préalable et parfois même d'un vote des sept membres permanents du bureau politique du Parti communiste. Tout était réglé, normé, encadré, y compris les tête-à-tête, qui n'étaient jamais stricts, car le président chinois était toujours entouré de conseillers dévoués, mais dont on ne connaissait ni le rôle exact ni l'importance dans le processus de décision.

Il était impressionnant que, malgré la lourdeur de cet appareil politico-administratif, la Chine fonctionnât avec une réelle efficacité. C'était en même temps frustrant ; je finissais par me demander à quoi mes efforts de conviction pouvaient servir puisque tout avait été préalablement arrêté, et donc n'avait pas vocation à bouger. Comment négocier, échanger, construire avec de tels partenaires ? L'équation était complexe. J'essayais de me tenir éloigné de toute idée préconçue et de tout préalable. La première chose importante était d'accepter qu'ils soient à ce point différents de nous. Vouloir les convertir à nos idées, à notre culture, à notre façon de voir et de faire, était une stratégie vouée à l'échec le plus complet. Avec la Chine, il convenait d'être d'abord pragmatique, afin de créer une situation d'intérêt économique comme politique mutuel. Sur cette base-là, un accord sera toujours possible. Il fallait le faire sans idéologie : à ce jeu, les Chinois étaient toujours les plus forts, puisqu'ils sont d'abord des idéologues. Sur ce terrain, ils étaient imbattables.

Ensuite, il convenait de résister à la tentation bien occidentale et tellement française de leur donner des leçons. Leur faire perdre la face était la dernière chose à envisager, car ils ont une mémoire aussi longue que leur histoire est ancienne. Cela ne veut pas dire qu'il convenait de renier nos convictions sur le sort des chrétiens, des Ouïghours ou des droits de l'Homme, mais de le faire dans un cadre approprié, c'est-à-dire en dehors des médias occidentaux. La publicité autour de ces sujets était parfaitement contre-productive. J'eus ainsi le plus grand mal à rattraper les polémiques qui entourèrent le passage de la flamme olympique à Paris en route pour les Jeux olympiques de Pékin. Je n'étais pour rien dans cet affront mis en scène par Bertrand Delanoë, mais c'est à moi qu'ils en voulurent. Delanoë avait surtout essayé de se sortir du piège tendu par Robert Ménard, qui à l'époque n'était pas encore élu RN, mais poussait la voix du côté de l'extrême gauche. Il était alors le porte-drapeau de Reporters sans frontières et à ce titre s'opposait avec virulence au passage de la flamme olympique. Il avait d'ailleurs multiplié les provocations jusqu'à escalader Notre-Dame pour défendre le peuple tibétain et finalement obtenir gain de cause, car la pusillanimité de Delanoë, mêlée à son activisme, avait débouché sur un psychodrame dont la France a le secret. Quand on pense rétrospectivement au gauchisme du Ménard de l'époque… On ne peut s'empêcher de sourire. Posture, quand tu nous tiens !

À la suite de cette affaire, la réconciliation avec les autorités chinoises fut un long processus. La seule rédaction du communiqué de « réconciliation » avait exigé de Jean-David Levitte et de mon conseiller pour l'Asie, Bertrand Lortholary, spécialiste de la Chine et parfait sinisant, de longues heures de négociation. À chaque phrase, tous les mots étaient disséqués. Enfin, il convenait d'être réaliste. Que cela plaise ou non aux ONG, rien n'était possible sans les Chinois. Qu'il s'agisse de la croissance, de la prospérité de nos entreprises, de la lutte contre le réchauffement climatique, de la paix dans le monde et même des équilibres monétaires, nous avions besoin de la Chine, de son milliard quatre cents millions d'habitants et de tous les pays sulfureux, comme la Corée du Nord, sur lesquels elle est seule à avoir de l'influence. Mes adversaires me reprochaient de faire de la realpolitik ; c'était absurde, car la politique se doit d'être réelle pour ne pas tomber dans la pusillanimité ou le mensonge. Je ne voyais pas comment il eût été possible de boycotter un quart de l'humanité et la deuxième puissance économique mondiale. J'ajoute que la multiplication des liens, des intérêts et des contacts entre la Chine et le monde était la meilleure façon d'ouvrir ce vaste pays aux influences étrangères.

Quel sera l'avenir de la Chine ? Je me garderai d'un pronostic trop arrêté. Elle est obsédée par l'effondrement de l'Union soviétique. Ses dirigeants feront tout pour éviter la désintégration du régime chinois. Mais combien de temps pourront-ils gérer les contradictions entre un système libéral économiquement et une organisation politique totalitaire ? Et surtout comment éviteront-ils que la classe moyenne – près de quatre cents millions de personnes au niveau de formation et de revenus de plus en plus élevé – ne se révolte ? A priori, elle ne se laissera pas traiter comme si elle était semblable à la société agraire du début du siècle précédent, non formée, non éduquée, et beaucoup plus facilement instrumentalisable. C'est sans doute le grand défi interne à la Chine du XXIe siècle.

J'ai été très impressionné et même ému de voir comment le président Hu Jintao a été traité lors du dernier congrès du Parti communiste chinois. En regardant cette vidéo où deux sbires l'ont contraint à quitter sa place à la tribune, j'ai pour la première fois vu l'émotion s'emparer du visage de cet homme précocement vieilli, avec qui j'ai eu tant de réunions. J'ai senti aussi sa stupéfaction et son incompréhension. Celui qui avait dirigé le parti, l'armée, l'État, était traité comme un importun dont la présence seule devenait gênante. J'ai compris que, dans ce système, il n'y avait de pitié pour personne et que tous se trouvaient en sursis. Cela donnait une impression de brutalité extrême et sans limite. Faut-il pour autant tourner le dos à la Chine ? Désigner les Chinois comme les ennemis de l'Occident ? Accroître encore le fossé entre eux et nous ? Je ne le crois pas. Le monde n'a rien à gagner à une guerre, fût-elle même froide, avec la Chine. En revanche, il nous faut être plus puissants pour parler d'égal à égal. Les Chinois ne comprennent et ne respectent que le rapport de force quand les leçons de morale ou de politique qu'on pourrait leur asséner restent, elles, lettre morte.

Les déplacements en Chine ont toujours été délicats pour les présidents français. Celui que j'effectuai n'échappait pas à la règle. La presse m'enjoignait d'évoquer les droits de l'Homme, alors que la Chine ne souhaitait enclencher aucune polémique au moment où elle accueillait l'Exposition universelle. J'étais vraiment dans une situation d'équilibre précaire. Malgré tout, le voyage se déroula sans heurts. Nous signâmes une quantité non négligeable de contrats, dont deux nouvelles tranches de la centrale atomique EPR et beaucoup de nouveaux Airbus. Une partie de la presse m'accusa de vendre mon âme. J'avais juste le sentiment de faire mon devoir en donnant du travail aux entreprises françaises. Éternel dialogue de sourds. Nous inaugurâmes avec Carla le Pavillon français. Il était beau architecturalement et intéressant, car assez créatif. Alain Delon nous accompagnait. Il était heureux d'être là. Il pensait sincèrement qu'il incarnait la France. C'était sans doute vrai. Son enthousiasme faisait plaisir à voir. Son besoin de reconnaissance était infini et rafraîchissant. Je lui sais gré d'avoir fait le déplacement, même s'il me fallait continuellement m'occuper de lui. Il interprétait chaque geste ou chaque absence d'attention. Cela pouvait déclencher de longues bouderies.

L'Exposition était belle, mais j'étais quelque peu déçu. Pas par Shanghai, toujours aussi grouillante, énergique, impressionnante, par quelque aspect on la considérât. J'avais une faiblesse pour les promenades sur le « bund », avec ce mélange d'architecture coloniale et futuriste. C'était tout à la fois le passé encore présent et l'avenir déjà là ! Ma déception ne venait pas de l'Exposition, où tous les pavillons rivalisaient d'inventivité, c'était plus le concept lui-même qui avait vieilli. L'ambition était trop grande et les moyens des pays participants sans doute trop limités. Et puis les marques commerciales occupaient une place démesurée.

Nous quittâmes Shanghai vers 22 h 30 pour rejoindre l'avion présidentiel, qui devait nous ramener à Paris. Dès le matin, j'avais ressenti une douleur diffuse dans la mâchoire. J'essayais de ne pas y attacher trop d'importance. De faire comme si elle n'existait pas. La méthode Coué dans toute sa splendeur. Au moment de quitter la Chine, le mal s'est véritablement emballé. Je ne pouvais plus penser à autre chose qu'à cette douleur lancinante. Je consultai le docteur alors que je venais de pénétrer dans la cabine de l'avion. Le verdict tomba sans délai et sans hésitation. Une de mes dents de sagesse s'était infectée. Il fallait l'extraire au plus tard à notre arrivée à Paris. Mais en attendant, nous avions onze heures d'avion, ce qui n'était pas l'idéal pour une rage dentaire. À cet instant, la souffrance était devenue vive, voire difficile à supporter. Je suppliai le médecin de ne pas me laisser souffrir. Je ne sais pas ce qu'il me donna, mais cela se révéla efficace. Je dormis d'une traite jusqu'à l'arrivée à Paris, où le dentiste m'attendait pour procéder en urgence à cette opération.

Je ne crois pas qu'il faille interférer dans les « affaires intérieures » des Chinois. Ils ne le toléreront pas davantage que nous ne l'accepterions nous-mêmes. Ainsi, que pouvons-nous faire pour Hong Kong après la décision inévitable des Anglais de partir ? Rien ou pas grand-chose. Le sort de la presqu'île est réglé depuis longtemps. Reste Taïwan et ses près de vingt-cinq millions d'habitants. Le mieux que l'on puisse espérer est le statu quo, qui arrange les affaires de tout le monde, y compris des Taïwanais. Je me demande quelle mouche a piqué la présidente américaine de la Chambre des représentants, Nancy Pelosi, dans sa décision de se rendre sur l'île pour un voyage médiatisé à outrance. Elle a attisé les tensions là où il aurait fallu les apaiser. Elle a compliqué la situation là où il aurait fallu la simplifier. L'« ambiguïté » est la seule façon de gérer cette question brûlante pour la paix dans le monde.

*

* *

La situation financière de la Grèce était devenue la grande affaire. Tout le monde s'en inquiétait à juste titre. L'angoisse était même palpable aux États-Unis, qui craignaient que la crise ne reparte de plus belle en cas de défaillance de celle-ci. Barack Obama en avait parlé à plusieurs reprises à Angela Merkel comme à moi-même. Chaque jour apportait son lot de mauvaises nouvelles. Une fois encore, le précipice n'était pas loin. La question grecque révélait une différence majeure d'interprétation entre l'Allemagne et la France. C'est peu dire que nous divergions. La chancelière, comme son nouveau gouvernement et notamment le ministre des Finances Wolfgang Schaüble, considérait que la crise grecque concernait la Grèce et la Grèce seule. Pour eux, c'était la conséquence de la mauvaise gestion de ce pays et de la complaisance des marchés à son égard, qui avaient, à tort, estimé que les titres grecs étaient aussi sûrs que les titres allemands ou français sous prétexte que ce pays était dans la zone euro. Cette crise était donc pour eux comme un « juste retour des choses » et devait être mise à profit pour corriger en même temps le comportement des Grecs et celui des marchés. En un mot, il fallait « punir » ces mauvais Européens tout à la fois fraudeurs et dissimulateurs. Les Allemands s'en tenaient donc à une lecture stricte des traités pour refuser toute idée d'une aide européenne à ce pays.

Je ne partageais en rien cette analyse car, à mes yeux, la fragilité grecque pouvait mettre en question la solidité de la zone euro tout entière. En un mot, nous devions monter tous rapidement et massivement au créneau pour défendre la Grèce. Dans le cas contraire, la crise allait s'aggraver, s'étendre à d'autres pays, au premier rang desquels se trouvait l'Italie, et, finalement, devenir incontrôlable. Poussée par une opinion publique nationale très hostile aux pays méditerranéens dans leur ensemble, considérés quasi explicitement comme « paresseux », la chancelière ne voulait rien entendre et campait sur une fermeté toute germanique, qui manquait de finesse dans l'analyse. On pouvait porter le jugement moral le plus sévère sur les Grecs, et notamment sur ceux de leurs dirigeants qui avaient maquillé les comptes publics et caché la réalité de la dette. Je pouvais le comprendre et même, pour partie, le partager. Mais s'en tenir à cette seule posture était au mieux stupide, au pire irresponsable. Cela revenait à se faire politiquement plaisir au prix de risques majeurs. En effet, nous sortions à peine de la crise financière mondiale pour entrer sans même nous en rendre compte dans une crise financière européenne dont les conséquences pouvaient être tout aussi systémiques. Je harcelai littéralement Angela Merkel pour qu'elle sorte de son immobilisme. J'usai même d'un argument fort peu diplomatique, mais qui correspondait parfaitement à mon intime conviction : « Tu as aimé Lehman Brothers, tu vas adorer la Grèce. » Nous ne pouvions pas laisser un pays européen de neuf millions d'habitants faire faillite et s'abstenir de payer ses dettes. La crise de confiance des prêteurs mondiaux à la zone euro aurait été insurmontable. L'Italie de Berlusconi était déjà sous la menace des spéculateurs et des marchés mondiaux. J'étais persuadé que la France aurait été emportée à sa suite. Je disais à la chancelière : « Ne crois pas que ton pays est à l'abri. Nous sommes tes premiers clients et vous êtes nos premiers fournisseurs. Si nous faisons faillite, vous serez emportés inéluctablement dans la foulée. » Ces sombres perspectives n'étaient pas probables. Elles étaient certaines.

Je finis, à l'arraché, par convaincre Angela Merkel. Comme toujours, elle acceptait de suivre, mais que d'énergie et de temps perdu ! Je pensais que l'amitié et l'axe franco-allemand étaient un chemin de croix aussi essentiel qu'assommant ! Ce fut une période de tensions entre Angela et moi, mais sans doute fallait-il en passer par là pour tester la solidité de notre alliance. Nous nous mîmes finalement d'accord sur une aide sans précédent de l'Union européenne et du FMI, d'un montant de cent dix milliards d'euros, pour la Grèce surendettée. En échange, les pays européens exigeaient de cette dernière de douloureux sacrifices. Nous n'avions pas le choix. Nous le devions aux opinions publiques, choquées par le fait que nous trouvions de l'argent pour la Grèce, alors qu'il en manquait dans chacun des autres pays. Le plan de soutien était considérable. Il dépassait même ceux mis sur pied dans le passé pour l'Argentine, le Mexique ou durant la crise asiatique. La cure d'austérité promettait de l'être tout autant. La dette de la Grèce, avec ses trois cents milliards d'euros, l'était aussi. Ces décisions furent prises au cours d'un sommet européen des chefs d'État et de gouvernement. J'espérais ainsi empêcher la contagion de la crise. Le Premier ministre grec de l'époque était Georges Papandréou. Il était socialiste et membre d'une des grandes familles, avec les

Karamanlis, alternativement au pouvoir depuis quarante ans. Son propre père avait exercé les fonctions de chef de gouvernement. Il était dans une situation impossible, car ses convictions sociales et politiques étaient le strict inverse de ce qu'il allait devoir mettre en œuvre. Et de fait, les mesures qui lui étaient imposées s'annonçaient très difficiles. Il fallait supprimer les treizième et quatorzième mois de salaire dans la fonction publique, augmenter la TVA de deux points, alors qu'elle se trouvait déjà à 21 %, et de surcroît trouver aux alentours de trente milliards d'euros d'économies budgétaires. On parlait d'une baisse des revenus pouvant aller jusqu'à 35 % pour la classe moyenne grecque. C'est dire que l'effort demandé était immense.

Cela me valut une nouvelle polémique avec l'ineffable Daniel Cohn-Bendit, qui m'accusa d'avoir « fait une pression sur la Grèce contraire aux règles démocratiques ». Il s'en étouffait de rage et d'indignation. Il alla même jusqu'à nous traiter, Angela Merkel et moi, de « fous qui exigeaient des efforts démesurés ». Je ne l'ai pas entendu depuis porter un seul commentaire sur la situation de la Grèce, aujourd'hui sortie d'affaire, et sur notre stratégie européenne, qui s'était révélée payante ! La vérité était dans l'irresponsabilité de cet homme qui ne se lasse jamais de se tromper. Les médias s'interrogèrent longuement sur la conversion d'Angela Merkel. Une rumeur prétendit qu'elle avait finalement accepté parce que je l'aurais menacée de quitter la zone euro si elle persistait dans son refus d'aider la Grèce. C'est parfaitement inexact. Merkel avait fini par céder parce qu'elle avait compris les conséquences qu'engendrerait la faillite d'un pays européen. Ce n'était pas plus compliqué que cela. Elle l'avait accepté avec retard, parce qu'elle n'était jamais en avance sur des changements qui impliquaient une modification des procédures habituelles ou même des habitudes tout court !

J'étais soulagé qu'une solution ait pu enfin être trouvée, même si elle m'ouvrait immédiatement un nouveau front politique en France avec le mot « rigueur » qui était revenu dans le débat public. Puisque nous l'avions imposée à la Grèce, c'est que nous nous préparions à la mettre en œuvre pour les Français, tel était le discours de l'opposition. Je demandai à François Fillon de se déployer pour expliquer qu'il n'y aurait aucun « tournant de la rigueur », mais des mesures de saines économies. Parmi celles-ci, je confirmai la poursuite du non-remplacement d'un départ à la retraite sur deux dans la fonction publique. C'était sans doute un argument « comptable », mais il avait le mérite de crédibiliser notre engagement de revenir à moins de 3 % de déficit en 2013. Ainsi va le débat politique français, où la moindre mesure pour réduire les dépenses est immédiatement analysée comme une résurgence du fameux tournant de la rigueur de François Mitterrand en 1983. Cela témoignait d'une forme d'« immaturité » française chaque fois qu'il était question d'une dépense publique. Ainsi, cela faisait trente-cinq ans qu'aucun budget n'avait été voté à l'équilibre. Mais cela n'empêchait pas la plupart des commentateurs comme des acteurs de la vie politique de dénoncer la rigueur de Mauroy, de Bérégovoy, d'Alain Juppé... Comme on pouvait le constater, celle-ci était toute relative et en tout cas ne se retrouvait pas dans les chiffres ! Avec le « quoi qu'il en coûte » de la période Covid, nous avons vécu une nouvelle illustration de cette capacité à puiser dans le budget de l'État comme s'il était sans fond et que cela n'avait aucune conséquence. De ce seul point de vue, les choses ne changent pas !

*

* *

J'avais choisi de commémorer le soixante-cinquième anniversaire de la victoire du 8 mai 1945 en me rendant à Colmar. C'était à dessein. J'avais, très jeune, lu le récit de Guy Sajer dans son livre *Le Soldat oublié*. Il y était question des « malgré nous », ces jeunes Alsaciens qui furent enrôlés de force par les SS pour être envoyés sur le front russe. Je ne sais pourquoi, mais ce témoignage m'avait marqué si profondément que j'avais continué à me passionner pour cette question sensible, complexe et, sur bien des aspects, dramatique. Colmar avait été l'ultime ville française libérée. En effet, le dernier soldat allemand avait quitté le sol national le 19 mars 1945. Colmar avait retrouvé la liberté à peine un mois auparavant. La bataille d'Alsace s'éternisa donc. Les souffrances endurées par la population furent terribles durant un hiver glacial, avec des températures sous les – 20 °C. Je m'étais promis de réparer une injustice qui n'était que rarement évoquée dans les livres d'histoire. Il n'y avait que l'Alsace et la Moselle qui avaient dû faire face au drame des « malgré nous ». En 1940, l'Alsace-Moselle vécut une annexion de fait. Tout ce qui rappelait la France fut banni, traqué, puni. À Colmar, même la langue française était proscrite. Les noms et les prénoms durent être changés. Les villes furent divisées en sections, cellules et blocs pour être mieux contrôlées. La population fut enrôlée dans les organisations nazies. Les jeunes de 10 à 18 ans furent obligés d'adhérer aux Jeunesses hitlériennes. Mais la pire des souffrances fut celle qui a été la plus occultée. Le silence qui s'est fait autour d'elle n'a fait qu'ajouter à la douleur parce que ce silence était un soupçon. Et ce soupçon a pesé lourd dans la mémoire de cette région.

À partir de 1942, les Alsaciens et les Mosellans furent enrôlés de force dans l'armée allemande et, pour la plupart, envoyés sur le front est pour éviter la sédition. Ils furent cent trente mille, trente mille moururent. Ils étaient envoyés au combat pour une cause qui n'était pas la leur et qu'ils haïssaient. Ils durent agir contre leur patrie, leur serment, leur conscience. Les menaces qui pesaient sur leur famille ne leur laissaient aucun choix. Sur le front russe, les souffrances physiques s'ajoutèrent à leur détresse morale. En tant que président de la République, je voulais dire à leurs familles, à leurs enfants comme aux survivants de cette tragédie que la France s'était déshonorée en les laissant traiter ainsi. Le destin de ces hommes faisait partie de notre histoire, de notre mémoire collective, et leur douleur méritait la compréhension et le respect.

Il était important de reconnaître que les « malgré nous » n'étaient pas des traîtres, mais des victimes. Réparer cette blessure me tenait à cœur. C'est aussi la tâche du président de la République, de revisiter notre histoire pour réparer des injustices aussi criantes. C'était une question d'identité et de vérité. En me rendant à Colmar, je pensais aussi au merveilleux film de Kubrick, *Les Sentiers de la gloire*, qui décrivait l'histoire non des mutins, mais de tous ces très jeunes paysans qui, un jour, avaient craqué et n'ont pas eu la force de sortir de la tranchée pour participer à l'assaut. Beaucoup parmi eux furent fusillés comme déserteurs après un sordide tirage au sort. Ils n'étaient pas des objecteurs de conscience. Ils avaient seulement trop souffert depuis des mois et des années. Ils n'en pouvaient plus. Ils ne méritaient ni la mort ni l'opprobre. Eux aussi faisaient partie de ces « doubles victimes » de la guerre. Le cinéma et la littérature leur avaient rendu leur juste place dans notre roman national. Il n'était que temps que la politique en fasse autant.

J'étais convaincu que le discours de Colmar entrerait dans l'histoire comme celui qui avait réparé une injustice. C'était donc la première fois qu'un chef de l'État saluait publiquement la mémoire des « malgré nous », source de tant de malentendus entre ces trois départements et le reste de la France. Cette incompréhension avait atteint son apogée en 1953, quand le tribunal militaire de Bordeaux, jugeant les coupables du massacre d'Oradour-sur-Glane, avait condamné à la prison et aux travaux forcés treize « malgré nous » qui avaient été incorporés de force dans une unité SS. Le tollé avait été immense en Alsace et ils avaient été finalement amnistiés par l'Assemblée nationale. C'est dire si les accidents de l'histoire peuvent laisser de profondes blessures dans la communauté nationale.

C'était l'occasion de faire œuvre de rassemblement et de tourner une page douloureuse. Le jour de ma venue à Colmar, le ciel était étincelant. La grande place était remplie d'une foule compacte. Les Alsaciens se trouvaient être en beaucoup plus grand nombre que lors des habituelles célébrations patriotiques. Il n'y avait pas d'exubérance, mais une grande attention. J'imaginais que chacun de ceux qui m'écoutaient avait en mémoire un membre de sa famille. Je fus applaudi sans hystérie et même sans ostentation visible, mais je sentis une profonde approbation. Je me demandai comment les associations patriotiques ou d'anciens combattants des autres régions de France allaient réagir à mon propos. Je fus agréablement surpris par l'absence complète de polémique. Je dois reconnaître qu'il n'y avait pas davantage d'acquiescement. Tout le monde avait compris. Tous étaient d'accord, mais personne ne voulut reprendre mes mots, comme si la gêne de cet épisode de notre histoire était encore bien présente… En tout cas, plus que je ne l'avais imaginé. J'ai gardé un souvenir très précis de ces instants. Mon émotion du moment était réelle. Elle ne m'a pas quitté depuis.

*

* *

C'était une grande satisfaction de procéder à l'inauguration de la première décentralisation d'un établissement culturel national et, de surcroît, de le faire dans une ville, Metz, que j'avais dû faire souffrir lors de la restructuration de nos implantations militaires. En effet, quelques mois auparavant, j'avais décidé la fermeture de nombreuses casernes sur le territoire national et spécialement en Lorraine, où il y en avait beaucoup. Les élus avaient violemment protesté. La population s'était mobilisée. D'imposantes manifestations eurent lieu. Tous criaient à l'abandon des terroirs et au sacrifice de leur région. Metz était, depuis toujours, une ville de garnison et entendait le demeurer. Je m'étais époumoné en vain à expliquer que l'on ne pouvait garder ouverte une structure militaire uniquement dans un but d'aménagement du territoire. L'armée française devait assurer la sécurité du pays, pas le chiffre d'affaires des commerces de centre-ville ou le nombre d'enfants nécessaire pour éviter les fermetures de classes. Une délégation d'élus m'avait demandé de décentraliser des administrations dans leur ville pour compenser le déficit en emplois publics après le départ des soldats. Je répondis que nous avions beaucoup mieux avec le Centre Pompidou à Metz, qui allait créer une formidable dynamique économique autour de ce projet culturel d'ampleur nationale. Le scepticisme avait accompagné mon discours.

Plus personne ne croyait aux promesses. Tous ne voulaient plus juger que sur des actes. Nous y étions avec l'inauguration de ce bâtiment spectaculaire. Malgré la crise et les problèmes immenses de financement que cela nous posait, j'avais voulu développer une politique ambitieuse d'investissement culturel de dimension nationale. Le Beaubourg de Metz mobilisait 72,5 millions d'euros d'argent public. Il allait être suivi du Louvre à Lens, de la Philharmonie à Paris et du Mucem à Marseille. Le programme était copieux, même trop à entendre mes détracteurs. Il correspondait à ma conviction que la culture était l'une des meilleures réponses à la crise puisqu'elle engendrait de la croissance et beaucoup de création de richesses. J'avais donc fait de celle-ci un élément stratégique du développement français. C'était bien à cela que correspondait cette inauguration, qui devait porter la renaissance économique de la Lorraine. Ainsi, le Centre Pompidou-Metz participait de la continuité présidentielle. C'était Georges Pompidou qui l'avait créé. Et ce ne fut pas facile.

Les avant-gardistes de l'époque affirmaient que c'était une provocation que d'enfermer l'art contemporain dans un musée. Les conservateurs, quant à eux, n'avaient cessé de dénoncer la structure tubulaire de Beaubourg. En bref, tous avaient de bonnes raisons d'être contre. Le président Pompidou avait tenu. Puis ce fut le ministre de la Culture de Jacques Chirac, Jean-Jacques Aillagon, qui, le premier, avait eu la bonne idée de cette décentralisation. Et, enfin, c'était à mon initiative que Bercy n'avait pas eu raison des crédits nécessaires à la construction de ce nouveau musée.

Beaucoup de critiques s'étaient élevées sur le caractère « dispendieux » de cet investissement. Depuis, les faits ont éteint toutes les polémiques, puisque ce nouveau musée Pompidou est devenu un succès populaire en accueillant pour la première année de son ouverture plus d'un demi-million de visiteurs ! Qui aujourd'hui oserait demander sa fermeture ou simplement suggérer qu'il n'est pas devenu le premier emblème de Metz ? Ce musée avait aussi une vocation internationale, avec le Luxembourg, la Suisse et l'Allemagne si proches. On pouvait même affirmer qu'il portait une dimension européenne tout à fait en harmonie avec les racines du territoire où il se trouvait désormais érigé. Ce n'était que justice pour une ville qui était celle de Robert Schuman, ce Lorrain, ce Mosellan, né Allemand dans une famille francophone, qui avait grandi au Luxembourg avant de devenir député de la Moselle durant quatre décennies. Pour l'inauguration, je fus accompagné de Bernadette Chirac. Elle en avait été heureuse. Nous avions bavardé, beaucoup ri et aussi, je dois l'avouer, critiqué tous ceux que nous n'aimions pas ensemble. Et il y en avait quelques-uns… Ce furent de bons moments. C'était agréable de voir la réalisation de ce que nous avions décidé. C'est si rare en politique, où les délais sont tellement longs. Raison de plus pour ne pas bouder ces opportunités.

Je veux ajouter que le geste architectural qui inspira le développement de ce nouveau centre culturel était particulièrement réussi. Il était l'œuvre de deux architectes, l'un japonais, Shigeru Ban, l'autre français, Jean de Gastines. Ils avaient ensemble eu l'idée, risquée mais couronnée de succès, de créer une structure composée de trois sortes de boîtes superposées, coiffées d'un chapeau chinois et portées par six piliers coniques et une flèche centrale. L'ensemble valait vraiment le coup d'œil et donnait l'opportunité aux élus municipaux de restructurer complètement ce quartier du centre-ville. En revenant à Paris, je me trouvais renforcé dans ma conviction, déjà ancienne, de l'importance majeure de l'architecture, qui devrait être au cœur de toute action publique d'envergure. Je précise qu'à mes yeux elle n'est pas un complément de ces dernières. Elle doit en être le fondement, la cause et même l'inspiratrice.

*
* *

Le mois de mai s'achevait par une cérémonie éprouvante. Je devais me rendre aux obsèques d'une jeune policière municipale lâchement abattue par un criminel. Ce dernier n'avait pas hésité à utiliser sa kalachnikov contre les forces de l'ordre. Rédoine Faïd était un multirécidiviste, il venait de s'échapper de prison et de commettre un nouveau braquage. Une course-poursuite s'était engagée sur l'autoroute A4, en Seine-et-Marne. La voiture des policiers avait été touchée par vingt-quatre balles. La volonté de tuer était évidente. La violence de la scène fut terrible. La jeune Aurélie Fouquet était âgée de 26 ans. Elle était mère d'un petit garçon de 14 mois. Elle fut la première femme policière municipale à tomber en mission sous les balles d'un criminel.

Le temps était pluvieux au moment où j'arrivai devant la mairie de Villiers-sur-Marne. La foule était immense, émue et choquée. Je sentais la colère silencieuse mais profonde qui étreignait tous les participants. Les parents d'Aurélie Fouquet se tenaient avec une grande dignité au premier rang. Son compagnon se trouvait à leurs côtés. Ils étaient dévastés. Que leur dire ? Comment trouver les mots justes ? Comment ne pas parler comme un robot ? Une nouvelle fois, il fallait prendre la parole. J'avais du mal à dissimuler ma colère comme mon indignation. Je déroulai dans mon discours ce qu'avait été la vie et la carrière de cette jeune femme jusqu'à cette issue dramatique. Je mesurais ce qu'il pouvait y avoir de « pathétique » à égrener les étapes de cette vie sacrifiée qui avait été si courte. Je l'avais fait tant de fois et je comprenais que c'était pour nous tous, et moi le premier, un constat d'échec. Nous avions décidé d'engager une guerre sans merci contre la criminalité et je me trouvais face à ce destin brisé. C'était un drame de plus dans une trop longue liste. Un septuagénaire avait été tué à coups de couteau quelques semaines auparavant. Un policier avait été froidement abattu par un commando de l'ETA le mois précédent. C'était malheureusement dans l'ordre des choses. Plus nous nous engagions dans ce bras de fer sécuritaire, plus la réponse de la criminalité devenait brutale. Il fallait en passer par là et continuer à « frapper » sans faiblesse.

J'en profitai pour annoncer l'ouverture d'un débat approfondi sur le rôle et le statut des dix-huit mille policiers municipaux. Nous en avions un grand besoin pour épauler la police et la gendarmerie. J'étais décidé à autoriser leur armement. Après tout, ils portaient un uniforme. Ils devaient avoir les moyens de se défendre et de se faire respecter. En revenant vers l'Élysée, je pensais à cette jeune femme, à cet enfant de 14 mois qui aurait à peine eu le temps de connaître sa mère, à cet homme qui avait perdu sa compagne avec une brutalité inouïe, à tous ces Français qui attendaient de nous d'être mieux protégés. Les attentes étaient immenses. Je sentais monter la demande de fermeté et de sanctions. Je leur avais dit que j'y étais prêt. Je voyais surtout le décalage effrayant avec le monde médiatique et les élites. Le fossé se creusait de façon inéluctable. Les éditorialistes se déchaînaient. J'étais devenu l'accusé. *Le Télégramme de Brest* écrivit : « Ce n'est pas en serrant le poing que Sarkozy réussira à apaiser l'inquiétude ravivée par la mort d'une jeune mère de famille. » Certes, mais qu'aurais-je dû ou pu dire d'autre ? Dès que j'annonçais une nouvelle mesure répressive, le concert des droits-de-l'hommistes m'accusait de dérives ultradroitières. Dès qu'un nouveau fait divers dramatique survenait et que je le dénonçais, j'étais accusé de jeter de l'huile sur le feu par ceux-là mêmes qui en faisaient leurs gros titres. Et enfin, si je ne réagissais pas, j'étais pointé du doigt comme responsable du laxisme ambiant et de la résignation générale. C'était réellement la quadrature du cercle. Face à tant de contradictions, je m'en remettais à mon instinct. J'étais convaincu que nous n'en faisions pas assez. Nous avions alors réellement passé la vitesse supérieure, mais ce n'était encore pas suffisant. Il m'arrive de penser que nous avons été comme paralysés par cette pression médiatique que j'aurais dû combattre plus fermement.

*

* *

La tension à propos de la réforme des retraites augmentait lentement, mais sûrement. Le journal *Le Monde*, spécialisé dans l'« information militante », venait de consacrer sa une à la description d'un projet de réforme entièrement inventé par sa rédaction. Sans aucune gêne et sans davantage de guillemets, les journalistes annonçaient comme déjà décidé les 61 ans pour 2019, les 62 ans pour 2020 et les 63 ans pour 2030. Ce n'était pas fait pour faciliter la tâche du gouvernement. Cette annonce provoqua un tollé et renforça la mobilisation de toutes les oppositions. C'était d'ailleurs le but : il fallait faire monter la pression pour obtenir une mobilisation massive lors des futurs mouvements sociaux. Je fis immédiatement démentir cette prétendue information et profitai d'une rencontre avec les organisations syndicales pour préciser qu'il n'y aurait pas de hausse des prélèvements obligatoires pour financer les retraites. Et qu'en conséquence la seule piste que je privilégiais était celle du report de l'âge légal de départ à la retraite. Je précisai enfin qu'un effort financier supplémentaire serait demandé aux hauts revenus comme aux revenus du capital. Tout cela n'empêcha nullement la radicalisation du conflit contre notre future réforme.

Des incidents éclatèrent d'ailleurs dans les rangs des premières manifestations. Déjà, les observateurs agitaient le spectre du CPE et de son retrait par Jacques Chirac, anticipant ainsi mon prochain recul. Pour ne rien arranger, la CGT avait décidé de bloquer les raffineries de façon à couper les Français d'accès au pétrole et aux carburants. Je décidai immédiatement de faire évacuer les piquets de grève et de libérer les dépôts de carburant. J'étais prêt à employer la force pour empêcher la paralysie de toute l'économie française. Contrairement à ce que l'on pourrait penser, il valait mieux agir vite. Tergiverser n'aurait servi qu'à aggraver la situation. Cette perspective n'enchantait guère le ministre en charge, Jean-Louis Borloo, qui avait quelque ambition présidentielle et ne voulait pas prendre le moindre risque d'écorner son image. J'ai un souvenir pénible de la première réunion de crise sur ce sujet à l'Élysée, où Jean-Louis Borloo et son directeur de cabinet, Jean-François Carenco, étaient particulièrement confus ! Leur fébrilité m'a convaincu qu'il me fallait suivre quotidiennement l'évolution de la situation.

J'étais décidé à demeurer en première ligne. Les enjeux étaient trop importants pour agir différemment. Ce mois de mai marquait le début de la mobilisation contre notre projet de réforme des retraites. C'était bien prématuré, alors que le texte ne devait être présenté au Parlement qu'à l'automne. Je me préparai pour une véritable course de fond, beaucoup plus proche du marathon que du sprint. Mon conseiller social, Raymond Soubie, utilisa une expression étrange mais juste : « La réforme des retraites ne sera pas un chemin de roses. » La vérité était que rien ne pouvait entamer ma détermination. Le Conseil d'orientation des retraites avait été très clair : une retraite sur dix était financée par de la dette et si nous n'agissions pas, ce serait six sur dix en 2030. On comptait en 2010 seize millions de retraités, ils seraient vingt-deux millions en 2050. Il fallait donc travailler plus longtemps. Le constat était implacable à l'époque. Il l'est tout autant aujourd'hui. Rien n'a changé, si ce n'est que les déficits se sont encore aggravés et que la démagogie sur la « pénibilité du travail » a pris des proportions inédites.

*

* *

J'étais impatient de monter pour la première fois à bord du porte-avions *Charles-de-Gaulle*, même si je me méfiais de mon enthousiasme de chef des armées. Nous partîmes de Toulon en hélicoptère, afin de nous poser sur le pont de cet immense bâtiment qui mouillait dans la rade de la capitale du Var. L'approche était impressionnante car, au fur et à mesure, nous avions le loisir d'apprécier la hauteur comme la largeur de cette cathédrale des mers. Une fois posé, je ne sentis aucun roulis, bien que le vent soufflât au moment de l'atterrissage. Le navire était aussi stable que puissant. Une large partie de l'équipage se tenait dans un alignement impeccable sur ce qui constituait habituellement la piste de décollage comme d'atterrissage. Les Rafale Marine et les Super-Étendard attendaient sagement leurs nouvelles missions. En regardant au loin, j'apercevais tout autour du *Charles-de-Gaulle* les bateaux accompagnateurs qui formaient l'escorte du bâtiment central. Le géant ne partait jamais seul. Il a besoin d'une frégate capable de combattre les sous-marins ennemis, d'une autre en mesure de faire face à une attaque aérienne et d'un sous-marin nucléaire d'attaque… C'était toute une ville maritime qui se trouvait rassemblée.

La fierté d'être à bord se lisait sur le visage de chacun des membres de l'équipage. Je fus frappé par leur jeunesse, la passion qui les animait, du simple matelot jusqu'à l'amiral, la sveltesse de leur allure générale. Je voyais que l'activité physique n'était pas que théorique sur ce navire. J'étais tout autant impressionné par la variété de tous les métiers qui se trouvaient réunis en un même lieu. C'était réjouissant d'observer cette activité grouillante et cet enthousiasme, qui tranchaient tellement avec la morosité du climat politique à terre. Je me disais que l'armée était vraiment l'institution qui résistait le mieux au travail de démolition engagé par les forces progressistes auto-proclamées contre le travail, la structure familiale et la fierté nationale. Je voyais dans le regard de tous ces soldats que la France pouvait compter sur eux. C'était rassurant.

Il y avait près de 12 % de jeunes femmes, qui ne s'en laissaient pas conter et tenaient leur place sans se poser davantage de questions. C'était la meilleure réponse à la question fondamentale de l'égalité entre les hommes et les femmes. Ces dernières étaient désormais légitimes dans ce qui avait été par le passé un véritable sanctuaire masculin. Nous avions changé d'époque, et c'était tant mieux. L'armée était désormais pleinement engagée dans la féminisation. Elle démontrait par là même une modernité et une capacité à s'ouvrir et à se réformer que ses délateurs habituels étaient bien loin d'imaginer.

Durant ma visite à bord, des avions décollèrent et appontèrent dans un vacarme assourdissant. J'avais été équipé d'un casque et d'un micro qui me permettaient de communiquer avec ceux qui m'entouraient. L'appontage était particulièrement spectaculaire, notamment au moment où le crochet sous l'appareil de chasse agrippait l'un des énormes câbles métalliques installés sur la piste. L'avion s'immobilisait dans un énorme fracas et un nuage de fumée. L'approche était réglée au centimètre près. L'erreur ne pardonnait pas. J'imaginais le choc physique que devait ressentir le pilote lorsqu'il passait de deux cent cinquante kilomètres par heure à l'immobilité en moins de soixante mètres. Cette merveille de technologie avait coûté trois milliards et demi d'euros. Il était opérationnel depuis six ans. C'était à la fois beaucoup en termes de crédit et peu si l'on voulait bien considérer le *Charles-de-Gaulle* comme l'un des éléments de l'assurance-vie de la Nation.

J'avais entrepris cette visite pour rassurer nos armées dans le contexte tellement tendu de nos finances publiques. Elles craignaient d'être les premières sacrifiées. Je marchais sur une ligne étroite, car je devais respecter les ambitions du Livre blanc sur la réorganisation de notre défense, que j'avais fait voter, et en même temps je ne pouvais exonérer l'armée de tout effort budgétaire. C'était une question d'équilibre et de justice. Nous avions prévu un gel des dépenses de l'État pour trois années. Ce gel devait s'appliquer à tous les ministères sans exception.

Il y avait de surcroît un autre sujet sensible avec la construction éventuelle d'un second porte-avions nucléaire, que la marine réclamait avec de solides arguments. Le premier était que, lorsque le *Charles-de-Gaulle* allait subir sa grande révision, il demeurerait à quai pour au moins six mois, ce qui risquait d'affaiblir la défense de la France. Le second n'était pas moins pertinent : la France est une puissance maritime présente sur tous les océans de la planète. Disposer d'un deuxième porte-avions renforcerait considérablement les capacités de projection de nos moyens militaires, l'image de notre pays comme puissance mondiale et la défense de nos intérêts économiques comme stratégiques partout dans le monde. J'étais donc plutôt enclin à donner satisfaction à notre état-major militaire, ce qui faisait s'étrangler d'indignation tout à la fois le locataire de Matignon et celui de Bercy. Il y avait enfin un enjeu de prestige, car la France est avec les États-Unis l'un des deux seuls pays au monde capables de concevoir et de construire un porte-avions nucléaire et son groupe aérien embarqué. C'est encore aujourd'hui un club très fermé. Engager la construction

Angela était sur son "31".
Nous avions une grande complicité tous les trois !

Sommet sur les marchés financiers et l'économie mondiale à Washington.

Mini-sommet à l'Élysée.

Angela était souvent en retard !

il avait retrouvé une photo "étrange" de moi en jean à 20 ans.

ma première visite dans le bureau ovale.

Au sommet de l'OTAN à Strasbourg.

Lors de la cérémonie d'investiture d'Alassane Ouattara.

À Kigali au Rwanda, avec le président Paul Kagame et en arrière-plan le ministre Bernard Kouchner.

Je décore une idole.

Avec Lula au Brésil
pour les célébrations
du Jour de
l'indépendance.

il est difficile de trouver un peuple
plus chaleureux que les Brésiliens.

Avec le dalaï-lama
à Gdansk.

Avec le Premier ministre britannique David Cameron, dans un hélicoptère français de l'armée de l'air, au départ de Tripoli.

Devant la foule en Libye.

Avec les militaires.

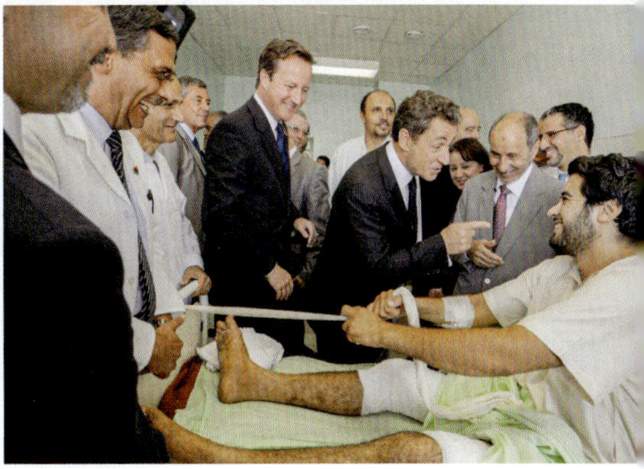

sans doute l'un de mes voyages parmi
les plus émouvants de ma vie de président.

En Arménie.

En Afghanistan.

À Kaboul, en Afghanistan, auprès de soldats du 8e régiment de parachutistes d'infanterie de marine.

Avec Serge Sarkissian.

Le tête à tête avec le pape dans son bureau

du Vatican est un souvenir inoubliable.

Au G20 en France, à Cannes.

Je préside le G8 de Deauville.

G8 à L'Aquila.

d'un second bâtiment de ce type était la meilleure garantie de ne pas perdre ces compétences hors normes.

Sur un porte-avions, l'improvisation et l'amateurisme n'ont pas leur place, c'est ce qui explique cette tradition d'excellence et de professionnalisme. À cela s'ajoutait la capacité à faire vivre en harmonie un équipage de près de deux mille membres. Le chef d'état-major des armées, qui avait été auparavant mon chef d'état-major particulier, l'amiral Guillaud, avait d'abord commandé le *Charles-de-Gaulle*. Grâce à lui, j'avais bénéficié des meilleures informations.

La vérité est peut-être cruelle, mais elle est incontournable pour qui veut simplement faire preuve de lucidité. Le dernier élément incontestable de notre rang de puissance mondiale demeure notre arsenal nucléaire. C'est bien pourquoi les décisions en la matière ne pouvaient être de nature seulement budgétaire et comptable. C'est la particularité des responsabilités du président de la République française, qui est aussi chef des armées. Ce rôle n'a rien de symbolique. Il est pleinement opérationnel dans les décisions d'engagement et de stratégie qu'il lui faut assumer. Je n'imaginais pas avant d'exercer ces fonctions le temps qu'il me faudrait consacrer aux sujets de défense nationale. Il fallait y être confronté pour le savoir. J'ai dû apprendre, comprendre et enfin décider. Toutes ces étapes étaient indispensables et ont nécessité un engagement de tous les instants. Fort heureusement, mes fonctions ministérielles antérieures, aussi bien aux Finances qu'à l'Intérieur, m'avaient préparé. J'étais déjà « dégrossi ». La politique est un métier qui s'apprend peu à peu et qui ne s'improvise pas. Au fond, c'est un curieux paradoxe que celui qui veut que le président battu doive quitter ses fonctions au moment où il est le mieux préparé et pourrait être plus efficace qu'il ne le fut, en tout cas à ses débuts. C'est la conséquence paradoxale des règles démocratiques et des alternances à répétition… Je ne le regrette ni ne le déplore. Il s'agit juste d'une observation qui est le fruit de mon expérience.

*

* *

C'est le 16 juin que débuta ce long et nauséeux feuilleton de l'affaire dite Bettencourt. J'étais bien loin d'imaginer alors quels seraient ses nombreux rebondissements et comment des officines sans foi ni loi essaieraient de m'y attraire en employant tous les moyens, y compris les plus frauduleux. Ce fut le site Mediapart qui porta le complot. Comme par un « heureux hasard », l'affaire éclaboussa le ministre du Travail, Éric Woerth, au moment même où il présentait la réforme des retraites. La ficelle était tellement grosse. Je ne pouvais croire qu'elle passerait. C'est pourtant bien ce qui arriva. Peu importait qu'il n'y eût aucun élément probant contre mon ministre, comme l'issue du procès finira par le démontrer. L'important était comme de coutume de laisser prospérer la calomnie. Les médias s'en donnèrent à cœur joie. J'étais pressé de toutes parts de « démissionner » sans délai Éric Woerth. Il était proprement inimaginable que la présomption d'innocence fût à ce point foulée aux pieds dans la patrie qui s'enorgueillit d'être celle des droits de l'Homme. Le déchaînement fut d'une extrême violence.

La femme de mon ministre travaillait pour Liliane Bettencourt. Elle était chargée au sein de toute une équipe de ses placements financiers. Éric Woerth se trouvait être l'ami de l'homme de confiance de cette dernière, Patrick de Maistre. Il n'y avait là rien d'illégal ni même d'anormal. Le problème vint du différend privé qui opposa la fille de la milliardaire, Françoise Meyers, au photographe François-Marie Banier, qu'elle accusait d'avoir abusé de la faiblesse de sa mère. Je fus d'abord interloqué par la violence des rapports intra-familiaux entre la fille et la mère. Vouloir démontrer la sénilité de cette dernière dans le seul but d'éviter ses prodigalités, alors qu'elle disposait d'une fortune immense, m'a semblé relever d'une particulière cruauté et d'une certaine âpreté ! Le moins que l'on puisse dire, c'était que l'affection n'étouffait pas Mme Meyers. Je connaissais Liliane Bettencourt parce qu'elle résidait avec son mari dans la ville dont j'avais été maire durant vingt années. C'est à ce titre que je la rencontrais une fois par an. Je n'étais pas un proche. Nous n'étions pas de la même génération. Le couple Bettencourt fréquentait bien davantage François Mitterrand et Jacques Chirac. De surcroît, des enregistrements frauduleux avaient été effectués par le maître d'hôtel. Il s'ensuivit une invraisemblable série d'amalgames au terme desquels Liliane Bettencourt aurait fraudé le fisc avec la complicité du couple Woerth. Tout était intégralement faux, y compris les prétendus déplacements à Genève de Florence Woerth.

Finalement, rien ne demeura de ces billevesées. Mais sur le coup, il en alla autrement. Edwy Plenel s'en donna à cœur joie. Son plaisir à distiller la haine et la calomnie s'exprimait sans limites. Et de surcroît en toute impunité. Il ne s'excusa même pas lorsque la fausseté de tous ses propos fut démontrée. Dès le début de la polémique, il publia un texte expliquant les raisons qui auraient dû pousser Éric Woerth à la démission. La principale résidait dans une prétendue « fraude fiscale de grande ampleur ». Le ministre eut beau démontrer point par point que ces accusations étaient sans fondement. Rien n'y fit. Dans le journal *L'Express*, Arnaud Montebourg en rajouta. « Nous avons un ministre du Budget, en même temps trésorier de l'UMP, dont la femme travaille à organiser la fraude fiscale de Mme Bettencourt. » Éric Woerth était ministre du Budget, sa femme travaillait pour Liliane Bettencourt. Il s'agissait bien d'une multimilliardaire. Tout cela était exact, à la notable exception qu'il n'y avait pas eu la moindre fraude fiscale, comme cela a depuis été formellement démontré.

Je rappelle cette histoire pour souligner à quel point les médias auraient dû se montrer plus scrupuleux, circonspects, attentifs à ne pas être manipulés ou à manipuler. La politique elle-même ne pouvait survivre à un tel déchaînement nourri par une justice elle aussi instrumentalisée (parfois de bon cœur). Outre les dégâts personnels qui résultent de ces calomnies, les dommages sur l'esprit public se trouvent encore plus lourds sans possibilité de les rattraper. Reste une question : comment peut-on encore attacher le moindre crédit à de prétendus journalistes capables de telles fautes déontologiques ? Ce sont des comportements militants qui ne devraient plus abuser quiconque. En tout état de cause, je connaissais bien Éric Woerth, son honnêteté, sa rigueur, sa probité. Je lui maintins ma confiance sans l'ombre d'une hésitation et lui demandai de continuer son travail au service de la réforme des retraites. Il le fit avec une énergie et un courage qui renforcèrent mon admiration pour lui. Fort heureusement, ma majorité fut unanime et apporta, elle aussi, un soutien sans ambiguïté.

La vérité était bien que l'argent, comme toujours en France, faisait perdre à chacun tout bon sens. Aux médias d'abord, qui ne cessaient de mettre en avant l'immense fortune des Bettencourt. Le mot « milliardaire » suffisait à jeter l'opprobre. Il était devenu une preuve de culpabilité. Elle était riche, donc coupable d'avidité, de manque de générosité, de fraudes... La gauche ensuite, qui voyait une opportunité de me renvoyer dans le camp des possédants et de l'argent. Françoise Meyers également, qui aurait dû se dire que, n'ayant rien fait pour mériter une telle fortune, elle eût été mieux avisée d'attendre le « départ » de sa mère en la laissant vivre heureuse ses dernières années. François-Marie Banier enfin, qui avait abusé de la générosité de son amie sans gêne et sans vergogne. L'argent rend fou. Pourquoi la France a-t-elle ce rapport si malsain avec lui ? Les observateurs ont l'habitude de répondre que les Français ne l'aiment pas. Je dirais à l'inverse que c'est parce qu'il est trop aimé ou trop désiré chez nous qu'il suscite de telles passions !

J'ai encore aujourd'hui du mal à comprendre comment la manœuvre a pu à ce point fonctionner, en permettant aux officines de remporter la bataille. Nous étions donc affaiblis et Éric Woerth, bien injustement, l'était plus encore. J'étais en train de comprendre que nous ne pourrions éviter le pire, c'est-à-dire la démission de mon ministre. La presse était devenue unanime à considérer que sa position était « intenable ». Le journal *Libération*, pourtant spécialisé dans les postures droits-de-l'hommistes, attaquait sans nuance et sans prudence : « L'affaire suscite un malaise profond et est de celles qui nourrissent les pires suspicions de l'opinion publique à l'égard du politique : connivences, conflits d'intérêts, impunité des puissants. » C'était un alignement de mots qui ne correspondait à aucune réalité, mais qui alimentait le populisme tout en prétextant le combattre. On faisait difficilement pire en termes d'hypocrisie et de cynisme ! La presse de province, d'ordinaire plus mesurée, se joignait au déchaînement, qui se demandait : « Le soldat Woerth est-il encore sauvable ? » Tout en concluant qu'il devait être sacrifié de toute urgence, invoquant une prétendue connivence entre politiques et grandes fortunes. Jamais je n'avais entendu les mêmes parler ainsi des amitiés autrement plus étroites de François Mitterrand avec François Dalle, le fondateur de L'Oréal, ou avec André Rousselet, le richissime propriétaire des taxis G7 qui se vit attribuer Canal +, ou même avec André et Liliane Bettencourt, dont il était très proche. Les mots « argent » et « droite » mettaient les observateurs en furie.

Le simple fait d'être ami avec une « famille riche » nous rendait coupable d'indécence, de malhonnêteté, d'avidité, d'absence de toute générosité.

Le malheureux Éric Woerth était condamné par tous ces professeurs de vertu avant même d'avoir pu présenter le moindre argument de défense en sa faveur. Les faits plaidaient pour lui ? Peu importait, puisque les apparences plaidaient contre. Plus rien n'était audible que sa culpabilité. Son départ était exigé. C'était le retour de la Terreur, non des tribunaux populaires, mais des tribunaux médiatiques, qui n'avaient d'ailleurs rien à leur envier. La gauche était comme de bien entendu aux avant-postes de cette bataille pour la vertu et la transparence. C'était bien sûr avant que l'on ne découvrît quelques années plus tard que le ministre du Budget de François Hollande disposait d'un compte dissimulé au fisc à Singapour ! Qu'aurait-on entendu si cela avait été le cas d'Éric Woerth, qui sera innocenté de toutes ces vilenies après cinq années de cauchemar… ? Qui furent alors les procureurs ou les accusateurs qui s'excusèrent ou furent sanctionnés ? Aucun… Tout alla même pour le mieux, puisqu'un autre grand ami richissime de François Mitterrand, Pierre Bergé, racheta quelques mois plus tard le journal *Le Monde*. Ce fut unanimement salué comme un progrès de la démocratie ! À l'inverse, quand Mme Bettencourt versa, en toute légalité, une contribution à l'UMP, cela constitua la preuve d'une connivence malsaine. Deux poids, deux mesures ! C'était bien difficile de s'y accoutumer.

Je n'en avais pas fini avec les montages et les calomnies puisque le même Mediapart m'accusait désormais d'avoir été l'« architecte » en 1994, alors que j'étais ministre du Budget, de l'affaire Karachi ayant prétendument permis de financer la campagne présidentielle d'Édouard Balladur. Depuis, j'ai été clairement lavé de tout soupçon, après toutefois quatorze années d'instruction ! Mais, une fois encore, pour ces officines, toutes les méthodes étaient bonnes pour salir et abaisser. Et cela se répétait sans limites, puisqu'il n'y aura jamais la moindre sanction contre cette montagne de mensonges accumulés. J'étais donc accusé par ces manipulateurs d'avoir autorisé la création d'une société où auraient transité des rétrocommissions. Rien que cela ! C'était d'autant plus invraisemblable que des écrits de l'époque indiquaient clairement que je m'étais toujours opposé à ce fameux contrat d'achat d'armes au Pakistan. Le montage était grossier, évident, sans scrupules. Cela n'a pas empêché que je fusse suspecté pendant toutes ces longues années sans que personne s'en offusquât. L'Élysée, en coordination avec mon avocat et ami Thierry Herzog, dut faire un communiqué pour démentir ces affabulations. Personne n'en tint le moindre compte. J'entrais sans le savoir dans l'univers glauque des officines dont la vocation était de salir et de calomnier, et ainsi de saper les fondements de la démocratie.

*
* *

Je suis un passionné de football depuis les premières années de ma jeunesse. J'ai toujours aimé ce sport. Au milieu des années 1970, je me rendais seul au Parc des Princes, dont c'étaient les premières années d'existence. Je ne connaissais personne. J'achetais mon billet pour soutenir le PSG de l'époque qui déjà me faisait rêver. Cinquante ans plus tard, je n'ai pas changé. Je vais toujours au Parc pour assister au match de mon équipe. J'ai la fidélité ancrée au plus profond de mon identité. Mes goûts sont immuables, comme imperméables au temps qui passe. Il est sans doute trop tard pour que cela change le moins du monde. J'attendais avec impatience l'ouverture de la Coupe du monde, qui se déroulait en Afrique du Sud. J'étais loin de m'imaginer qu'elle serait généreuse en désagréments et même en problèmes politiques. J'aurais dû le comprendre, car dès le début, elle fut particulièrement mal engagée. Le premier match de l'équipe de France contre l'Uruguay venait de se terminer sur un nul décevant. Il avait été précédé d'une première polémique inutilement lancée par la secrétaire d'État aux Sports, Rama Yade, qui avait dénoncé le « clinquant de l'hôtel » choisi pour loger les Bleus. Avec une démagogie sans limites, elle les avait même appelés à la « décence ». On ne pouvait imaginer pire démarrage, d'autant que le choix de l'hébergement avait été celui de la Fédération française de football. Ma jeune ministre s'était donc mis tout le monde à dos. Les joueurs étaient furieux d'être pointés du doigt, les dirigeants du football d'être accusés. Les journalistes, d'ailleurs à juste titre, en faisaient leurs choux gras. Rama Yade avait voulu se faire une publicité à bon compte sur le dos de l'équipe de France. J'en avais été agacé car, à trois jours du début de la compétition, cela créait une agitation inutile et malsaine.

J'ignorais qu'il ne s'agissait que de l'apéritif, même si avoir une secrétaire d'État aux Sports jugée indésirable au Mondial de foot était une première dont je me serais bien passé. La deuxième polémique ne tarda pas, puisqu'il s'agissait de l'exclusion en plein Mondial de Nicolas Anelka, contraint de quitter l'équipe de France après avoir tenu des propos injurieux envers le sélectionneur Raymond Domenech à la mi-temps du match France-Mexique perdu par la France. En réaction à cette décision, les autres joueurs n'avaient rien trouvé de mieux que de refuser de prendre part à l'entraînement du lendemain ! Des joueurs de foot qui faisaient grève était en soi une situation invraisemblable. Comble du ridicule, Raymond Domenech avait été contraint, par ses joueurs, de lire le communiqué expliquant leur attitude incompréhensible. Depuis Paris, je regardais avec stupéfaction ces images. Je ne pouvais croire à ce que je voyais et entendais. La faillite était complète. Tous les responsables sur place étaient complètement dépassés. Le malheureux sélectionneur avait perdu tout contrôle. La situation dégénérait à une vitesse grandissante. Roselyne Bachelot, avec courage et un certain sang-froid, essayait tant bien que mal de ramener un peu de calme. Je lui avais parlé au téléphone et demandé de rester en Afrique du Sud au moins jusqu'au prochain match, dont je pressentais qu'il ne nous réserverait aucune bonne surprise. Elle avait organisé une réunion de la dernière chance avec le président de la fédération, Jean-Pierre Escalettes, le capitaine de l'équipe, Patrice Évra, et le sélectionneur, Raymond Domenech. Elle avait même parlé aux joueurs pour exiger qu'ils se ressaisissent. Ses efforts restèrent vains.

Le troisième et dernier match contre l'Afrique du Sud se conclut par une nouvelle défaite. La France était piteusement éliminée. J'étais au comble de la fureur, non à cause du résultat, qui a sa part d'aléatoire, mais du spectacle donné, ainsi que de l'engrenage auquel j'assistais impuissant. Les Français, qui avaient adoré leur équipe, la détestaient maintenant. Que s'était-il réellement passé ? Quelles étaient les raisons de cette débâcle ? Tout se mélangeait et je me garderai bien de prétendre détenir la vérité. J'ai seulement pu constater un manque criant d'autorité. Le président de la fédération était un honnête homme, mais il ne savait pas se faire obéir. Son autorité était constamment bafouée. On pourrait faire bien des reproches à son successeur, Noël Le Graët, mais certainement pas celui-ci. Quand il n'y a pas de chef, ou qu'il est défaillant, il n'y a guère à attendre pour constater les dégâts. Un excès d'autorité est toujours préférable à une absence de celle-ci, surtout lorsque l'on a affaire au monde privilégié et gâté des jeunes joueurs de football, trop adulés, trop riches, et ne possédant pas toujours les codes de la bonne éducation.

Raymond Domenech, dont les compétences comme l'expérience ne pouvaient être mises en cause, me donna le sentiment d'être dans l'incapacité totale de communiquer avec la jeune génération, majoritaire dans son équipe. Il ne connaissait aucun de ses codes et se trouvait étranger à sa psychologie. Il en était comme paralysé, hésitant sans cesse entre « brutalité » et « laxisme ». La vérité était que la situation le dépassait. Je l'ai trouvé perdu, ne sachant plus à quel saint se vouer ni vers qui se tourner. Quant à mes deux ministres, outre qu'elles n'avaient nullement la charge de l'équipe de France, elles n'étaient pas non plus des passionnées de longue date de football et n'avaient en conséquence aucun réseau privilégié d'informations qui aurait pu les alerter, les conseiller ou les protéger. Je dois convenir que tel n'était pas mon cas. Cette différence aurait dû me pousser à monter en première ligne. Mais j'étais alors chaque jour accusé d'être l'« omni-président » qui voulait s'occuper de tout. J'avais donc pris un soin jaloux à ne pas interférer dans les affaires du football. Bien mal m'en a pris. J'aurais dû, tout au contraire, y mettre mon nez. Cela n'aurait sans doute rien changé pour finir, mais au moins j'aurais pu tenter d'agir en essayant d'éviter le pire.

À tout cela s'ajoutait une certaine suffisance du football français dans son ensemble, héritée de nos succès passés. L'équipe de France se voyait plus belle qu'elle n'était. Les clans y étaient nombreux et pas toujours fondés sur des proximités amicales, mais bien plutôt sur des affinités d'« origines ». Il y avait des communautés antagonistes. L'ensemble constituait un cocktail détonant qui explosa à la première occasion. La Coupe du monde et l'hypermédiatisation qui l'entourait étaient propices à tous les débordements. Le plus savoureux à observer fut le comportement de tous ceux qui, en cas de succès, auraient violemment protesté contre toute tentative de récupération de ma part, et qui pour l'occasion de l'échec me désignait comme responsable du désastre ! La cohérence n'était pas la vertu première de mes opposants.

À l'issue de cette étrange autant que désagréable période, je fus surpris de recevoir une demande de rendez-vous de la part du meilleur buteur (à l'époque) de l'équipe de France, Thierry Henry. Il avait même souhaité que je le reçoive dès son retour d'Afrique du Sud. J'étais intrigué par sa démarche, d'autant plus qu'il n'avait aucune information particulière à me communiquer, et pas davantage de demandes à me présenter. Mon entourage était partagé sur l'opportunité de cette rencontre. Je l'avais acceptée par respect pour la personnalité de ce joueur que j'appréciais pour tout ce qu'il avait apporté à l'équipe de France, ses cinquante et un buts marqués au cours de ses cent vingt-trois sélections. Ce qui était assez considérable et méritait d'être pris en considération. Je le reçus sur la terrasse du parc de l'Élysée. C'était déjà l'été, le soleil étincelait. Il faisait très chaud. Je souhaitais donner à cette rencontre un caractère informel et cordial. Thierry Henry descendait juste de l'avion et ne semblait pas marqué par la fatigue du voyage. Il était d'une grande élégance vestimentaire. On aurait dit un lord anglais. Je lui avais demandé de rentrer par la grille du parc pour éviter les photos. Il me confia sa préoccupation à propos du spectacle navrant donné par l'équipe de France. Il m'a semblé calme, intelligent, structuré. Il n'avait rien à voir avec les comportements d'enfants trop gâtés de certains de ses coéquipiers. Il est vrai qu'il était plus âgé. Nous avions discuté des états généraux du football que je souhaitais organiser pour tirer les conséquences du fiasco français à la Coupe du monde. De nombreux journalistes voulurent à tout prix connaître le contenu de notre conversation. Ils étaient persuadés qu'il y avait là quelques secrets sulfureux sur le nom de la « taupe » qui avait révélé à la presse l'altercation entre Raymond Domenech et Nicolas Anelka ou sur les coulisses de ce désastre. Il n'y avait rien de tout cela. J'étais d'ailleurs reconnaissant à mon interlocuteur du jour d'avoir été particulièrement discret sur la forme comme sur le fond de notre rencontre.

Le seul point positif de cette triste épopée fut la confirmation de l'importance du sport et de l'équipe de France dans notre roman national, et ce pour le meilleur comme pour le pire. Qu'il s'agisse de manifestations vibrantes de joie et de fierté ou au contraire de l'expression de la désillusion la plus forte ou de l'humiliation la plus cinglante, nul ne restait indifférent et chacun tenait à exprimer son opinion. Le sport est sans doute l'un des derniers domaines d'activité publique où les passions nationales peuvent encore s'exprimer sans réserve et sans crainte du jugement condescendant d'une partie de nos élites. Il a gardé la capacité à générer des émotions qui ne diminuent pas en intensité. Si j'avais cru pouvoir compter sur « l'effet Coupe du monde » pour redonner le moral aux Français, tellement éprouvés par les deux années de crise financière mondiale, c'était raté ! L'opinion publique était déçue, énervée, et rêvait de revanche. Il allait falloir prendre garde à ne pas être dans son viseur exclusif. Cela ne me simplifiait pas la tâche.

*

* *

Après la grande crise, les petites. Décidément, ce printemps 2010 n'en finissait pas d'être empoisonné. J'attendais la coupure estivale avec une certaine impatience. Le journal *Le Monde* se trouvait en quasi-cessation de paiement. Il devait être recapitalisé et cherchait de nouveaux repreneurs. En clair, il avait un grand besoin d'« argent frais ». L'écrivain Éric Fottorino avait sollicité un rendez-vous avec moi. Il souhaitait obtenir divers avantages pour le journal qu'il dirigeait. Il était dans son rôle. Ce n'était ni le premier ni le dernier des quémandeurs parmi les dirigeants de presse, toujours très sourcilleux sur leur indépendance et peu réservés sur leurs demandes financières… Je l'avais reçu d'autant plus volontiers que j'avais lu avec intérêt plusieurs de ses ouvrages. L'homme était affable, souriant, aimable, consensuel, en tout cas en façade. J'étais enclin à faire confiance à cet esprit cultivé, d'apparence modérée, et qui donnait le sentiment d'être toujours d'accord avec son interlocuteur du moment. Je ne m'en méfiais nullement. C'était une erreur. Il ne s'agissait pas de la première occasion qui me vit tomber dans le piège des impressions immédiates par nature superficielles.

Mon visiteur me présenta donc les deux offres de rachat qui avaient la préférence de la rédaction, qui disposait d'après les statuts du journal du dernier mot, pour peu que le candidat retenu obtînt la majorité des deux tiers des suffrages. La première était constituée du trio Pierre Bergé, Xavier Niel et Matthieu Pigasse, la seconde émanait du propriétaire du groupe « Nouvel Observateur », Claude Perdriel, avec qui mes relations étaient « polaires » depuis l'épisode du faux SMS « Si tu reviens, j'annule tout ». Il s'agissait donc de deux offres de capitalistes clairement engagés à gauche et ne faisant nul mystère de leur militantisme. Comme on le sait, lorsque l'argent vient de la gauche, il ne pose aucun problème à la vertu de nos démocrates pointilleux. En tout état de cause, j'aurais bien été en peine d'en choisir un plus que l'autre ou d'exprimer une quelconque préférence marquée, puisque je n'avais avec aucun d'entre eux la moindre proximité et que de surcroît je connaissais l'hostilité qu'ils me témoignaient tous. J'écoutais donc ce que me disait Éric Fottorino avec une certaine distance et me serais bien gardé de choisir entre « la peste et le choléra ». Je n'avais rien à y gagner ou à y perdre. Je savais depuis longtemps que la rédaction du *Monde*, qui fut un grand journal de référence, était désormais « gangrenée » par l'extrême gauche, ce qui lui avait fait perdre son magistère.

La polémique éclata lorsque fut évoquée la possibilité que la société Orange rejoignît le tour de table de Claude Perdriel. Elle était alors dirigée par Stéphane Richard, avec qui j'entretenais des liens d'amitié anciens et qui avait pourtant commencé sa carrière dans le cabinet ministériel de Dominique Strauss-Kahn, dont il était également proche. Cette éventualité n'alla pas plus loin que de très vagues discussions exploratoires. Mais cela avait suffi à enflammer le landerneau politico-médiatique, qui inventa de toutes pièces un conte à dormir debout, selon lequel je voulais prendre le contrôle de ce journal afin de barrer la route à des repreneurs trop à gauche. Il était même indiqué que je préférais la solution Perdriel, à qui pourtant je n'adressais plus la parole depuis deux années ! Et ce alors même qu'à l'inverse le gouvernement venait d'attribuer à Xavier Niel la quatrième licence de téléphonie pour Free. En toute logique, j'aurais dû préférer ce dernier. Mais la logique n'avait rien à faire dans cette polémique. Il convenait de me présenter comme un adversaire de la démocratie, prêt à tout pour défendre ses intérêts électoraux. La mauvaise foi et la malhonnêteté intellectuelle se répandaient à une vitesse stratosphérique. Il fallait défendre *Le Monde,* qui se présentait désormais en victime, malgré ces milliardaires de gauche qui se pressaient pour lui donner les moyens de vivre confortablement. L'hypocrisie était à son comble. Éric Fottorino tenta mollement d'apaiser les choses. Il connaissait pourtant la vérité et savait que je n'avais exercé aucune pression, exprimé nulle préférence ni fait preuve d'aucune ingérence dans un processus ne présentant pour moi aucun intérêt crédible ni même atteignable. Il ne s'agissait pas seulement de fantasme, c'était de la manipulation pure et simple.

Le journal *Le Point* affirma sans fournir le moindre élément au service de sa thèse que j'avais « menacé les dirigeants du journal *Le Monde* de ne pas donner les aides de l'État pour le sauvetage de leur imprimerie si le trio était choisi ». Il était exact que l'imprimerie du *Monde* était, elle aussi, au bord de la faillite. Cela ne gênait pas outre mesure les dirigeants du journal, qui trouvaient naturel que le contribuable pallie les incohérences de leur gestion. Pour autant, comme la suite le démontra, jamais je n'avais tenu de tels propos. Ce fut ce moment que François Hollande choisit pour intervenir solennellement, jugeant « inadmissible l'intervention de Nicolas Sarkozy pour écarter une offre de reprise du quotidien *Le Monde* ». Il poursuivit en soulignant que je voulais « être le maître du monde, y compris du journal ». Décidément, le leader socialiste a toujours passé plus de temps à la recherche du bon mot plutôt que du bon programme ! Affirmer que j'avais le projet de contrôler cette rédaction par l'intermédiaire de Claude Perdriel, alors que notre inimitié réciproque était de notoriété publique, était tout simplement risible.

C'était compter sans la volonté de détruire de mes opposants, pour qui tous les prétextes étaient bons, y compris les plus insensés. Aucune de ces polémiques n'était grave ni même préoccupante. Je savais bien que la vérité finirait par triompher. Mais leurs accumulations inexorables chaque semaine avaient un effet de déstabilisation lancinant sur ma majorité comme sur mes soutiens. Cela finissait aussi par lasser l'opinion publique, qui se disait que tout ce déballage était sans doute exagéré, mais que dans cet amas il pouvait bien se trouver quelque chose de vrai. Calomniez,

calomniez, il en restera toujours quelque chose. Je peux maintenant bien reconnaître que cela s'est hélas révélé vrai !

*
* *

Il y eut enfin une très bonne nouvelle dans le courant de ce mois de juin si morose, avec l'évolution de la chancelière Merkel à propos d'une question dont j'avais fait une priorité, celle de la nécessité d'institutionnaliser un véritable gouvernement économique européen. Cela faisait trois ans que je menais cette bataille sans succès. La zone euro s'était dotée d'une monnaie unique et d'une banque centrale commune et organisait régulièrement des sommets des ministres des Finances, mais elle ne disposait toujours pas d'une instance de coordination des politiques économiques de ses États membres. C'était incohérent pour la solidité de notre monnaie et dangereux pour la stabilité de toute la zone. Il avait fallu la dramatique crise financière de 2008 pour que se tienne enfin le premier sommet des chefs d'État et de gouvernement de la zone euro. C'étaient eux, et eux seuls, qui étaient en mesure d'harmoniser les différentes politiques économiques. Ils avaient le pouvoir de le faire en actionnant tous les leviers, ceux de la fiscalité, de la formation professionnelle, de la législation sociale, de la réalisation des grandes infrastructures qui permettraient les croissances futures. Les Allemands y étaient viscéralement opposés au prétexte que cette instance risquait par son poids politique d'influer sur la Banque centrale européenne. Or l'indépendance de celle-ci constituait « un morceau de la vraie croix » pour nos partenaires d'outre-Rhin. Ils ne voulaient pas en démordre, considérant que la Banque centrale était dépositaire à elle seule de la crédibilité et du sérieux de l'Europe. C'était une vision assez peu politique de la construction européenne, et surtout très comptable.

Je faisais à l'inverse valoir à la chancelière qu'il ne servait à rien de pester contre le manque de cohérence des économies européennes si on ne les réunissait jamais pour en parler et pour agir. Jean-Claude Trichet, le gouverneur de la Banque centrale européenne, était exactement sur la même ligne qu'Angela Merkel, considérant son indépendance comme une ligne rouge à ne franchir sous aucun prétexte. J'ai ferraillé avec lui sur ce sujet à d'innombrables reprises, arguant que l'indépendance que je respectais n'avait jamais signifié l'absence de discussions et encore moins de débats. Or, pour ce faire, il fallait être au moins deux. L'absence d'un gouvernement économique européen rendait impossible l'échange d'arguments, voire leur confrontation. La Banque centrale était certes indépendante dans ses décisions, mais les gouvernements devaient pouvoir lui poser des questions et même la « challenger » en cas de besoin, si tel ou tel aspect de sa politique monétaire ne produisait pas les effets escomptés. À l'image de ce qui se passait aux États-Unis avec la Réserve fédérale, je ne voulais pas qu'il s'agisse d'un sujet tabou.

J'avais une nouvelle fois mis ce point à l'ordre du jour du dîner de travail que la chancelière organisait à Berlin le 14 juin. J'étais bien décidé à aboutir. Nous ne pouvions plus prendre le risque du statu quo. Les incohérences économiques et pas seulement financières à l'intérieur de la zone euro faisaient peser de nouvelles menaces de krach financier. Ce soir-là, la discussion fut longue et âpre. Angela Merkel finit par céder à la condition qu'elle ne perdît pas la face. Elle accepta donc de reconnaître la nécessité d'un gouvernement économique européen, sous réserve qu'il ne s'agisse pas d'une nouvelle institution. Autrement dit, elle ne souhaitait pas que soient instaurées des réunions régulières des chefs d'État et de gouvernement de la zone euro. Je le regrettai, mais n'en fis pas une affaire, car j'étais convaincu qu'une fois le principe décidé et avalisé, la régularité du calendrier s'imposerait inéluctablement. L'essentiel était de faire sauter le verrou allemand. C'était déjà inespéré, si l'on voulait bien se rappeler qu'aucun dirigeant allemand n'avait jusqu'à présent voulu même simplement prononcer l'expression de « gouvernement économique ». Les marchés ne s'y trompèrent pas et réagirent très favorablement à cette perspective. La zone euro gagnait en crédibilité. Une fois le feu vert allemand obtenu, l'accord des autres membres de l'Union européenne fut une formalité, chacun considérant que les divergences de politique économique nous avaient déjà coûté assez cher. Il était grand temps d'y mettre un terme.

Je constatais une fois encore la rigidité de la doxa des plus européens. Les pères fondateurs avaient fait preuve d'imagination, de créativité et de souplesse. J'avais le sentiment désagréable que, pour être reconnu comme un Européen de conviction, il fallait désormais camper sur une forme d'idéologie immobile. Tout bougeait dans le monde et sur notre continent, mais rien ne devait changer. C'était intenable. Les peuples européens le comprenaient parfaitement, qui exigeaient, consultation après consultation, que l'Europe se réforme. Il fallait de l'audace. Le système n'engendrait plus que de la prudence. Il aurait fallu cheminer comme des géants. Nous n'étions plus capables que de marcher à petits pas. Nous avions le sentiment d'avancer, en fait nous reculions. Je pressentais ce décalage. Je voyais le mur arriver et la collision certaine. J'étais moi aussi englué dans ce système qui nous paralysait tous. Il s'agit sans doute de ma plus grande frustration. Je donnais des coups de boutoir pour en sortir et réveiller chacun, puis je devais faire des compromis. Peut-être aurais-je dû aller à la crise institutionnelle pour provoquer une réaction salutaire ? J'y pensai, mais y renonçai finalement devant le risque de déstabilisation, alors que nous étions aux portes d'une nouvelle crise financière. Je le regrette car, avec le recul, je peux imaginer combien de souffrances et d'échecs auraient sans doute pu être évités. Au premier rang desquels la catastrophe du Brexit.

*

* *

En cette fin de juin 2010, j'étais l'invité d'honneur du Forum économique de Saint-Pétersbourg qui était présidé par le président russe Dmitri Medvedev. À l'aune des évènements que nous connaissons depuis la guerre en Ukraine, je mesure à quel point les choses ont évolué défavorablement entre nos deux pays. On ne mesure pas encore l'immense gâchis dont il s'agit. Peu nombreux sont ceux qui sont capables d'apprécier la gravité de la situation et les décennies qui seront nécessaires pour apaiser les choses et retrouver des relations « normales » avec ce grand voisin de l'Europe qu'est la Russie. Et pourtant, si l'on veut bien considérer la perspective historique et non la seule actualité, je n'ai rien à renier de mes propos d'alors : « La guerre froide, c'est fini. Le mur, c'est fini. La Russie est une grande puissance. Nous sommes des voisins. Nous avons vocation à être des amis. Nous devons nous rapprocher. » Tels étaient les propos que j'ai tenus devant deux mille décideurs politiques et économiques du monde entier, dont une majorité de Russes. Je fus ovationné. La confiance commençait à renaître après des années de tensions et de conflits. L'avenir était à la coopération. J'avais même réussi à convaincre Medvedev de partager les priorités de la France pour la régulation du système financier international au prochain sommet du G20 à Toronto.

Je pensais que l'Europe serait plus forte avec la Russie. Ce pays-continent n'est pas près de s'effondrer. Chaque fois que, dans l'histoire, nous nous sommes opposés, ce fut une catastrophe. Chaque fois que nous nous sommes compris et alliés, ce fut pour le bénéfice de tous. Souvenons-nous de la Seconde Guerre mondiale, où nous gagnâmes sur le front ouest grâce aux Américains, mais nous vainquîmes à l'est grâce au rôle déterminant, à partir de 1941, des Soviétiques. Il nous faudra méditer cette leçon de l'histoire. La faute de Poutine ne change rien aux lois de la géographie. La nécessité de défendre l'Ukraine ne modifie pas les intérêts stratégiques de l'Europe et de la Russie, qui devront se parler à nouveau et se réconcilier si elles veulent éviter une catastrophique nouvelle guerre mondiale.

Nous n'en étions pas là à cette époque. J'étais heureux de ce déplacement, même si j'ai toujours trouvé que Saint-Pétersbourg était une ville magnifique mais triste. Loin de moi l'idée de contester la beauté des canaux de la Neva, la somptuosité de cette architecture si particulière, la richesse inouïe des collections qui s'y trouvent rassemblées, ou même l'étrangeté de ces nuits de plein jour. Il émane cependant de cette ville une nostalgie caractéristique de l'âme slave et même une absence de légèreté qui rend l'atmosphère pesante. Je lui ai toujours préféré l'activité intense et grouillante de Moscou, qui est devenue l'une des plus belles villes du continent européen. Il s'en dégage une énergie et une force de vie que je ne retrouve pas à Saint-Pétersbourg, comme si l'histoire pesait encore trop lourdement sur cette dernière, qui peine à épouser le XXIe siècle. Bien sûr, l'âme russe est commune à ces deux cités, mais je la perçois plus joyeuse dans l'une que dans l'autre.

En me rendant à ce forum, je pensais aux destinées de nos deux Nations, tout à la fois si différentes et si proches. La patrie de Balzac et de Victor Hugo ne pouvait que comprendre celle de Tolstoï et de Dostoïevski. Il y a à peine plus d'un siècle, on parlait français à la cour du tsar. Peu de pays comme les nôtres étaient à ce point attachés à leur culture, à leurs racines, à leurs traditions. C'était la part européenne de notre grand voisin russe. Mais l'on oublie trop souvent l'importance de l'influence asiatique de la Nation la plus vaste du monde, qui a conservé plus de quatre mille kilomètres de frontières communes avec la Chine. Le lac Baïkal ne se trouve qu'à deux heures d'avion de Pékin et, à l'inverse, à six heures de vol de Moscou. Là peut-être se trouvait l'origine de la violence latente de l'âme russe, de la brutalité de ses pratiques politiques et de la quasi-absence durant toute son histoire de parenthèse démocratique. D'où vient cette obsession de l'encerclement qui mine ce pays-continent ? Je ne saurais le dire, pas davantage que je ne pourrais trouver les origines du complexe russe par rapport à l'Europe. Complexe qui existait déjà à l'époque des tsars et leur faisait rechercher à tout prix la considération des rois de France. La vérité est que nous sommes différents. Sans doute bien davantage qu'on ne peut le penser. Ces différences pourraient être une force, pour peu que nous les considérions comme complémentaires. Or, des deux côtés, on voudrait au contraire qu'elles soient à tout prix antagonistes. Cette posture est dangereuse et ne peut conduire qu'à la catastrophe. Il faut de la sagesse et de la force pour comprendre ce que devrait être la nature des relations franco-russes.

Envers et contre tout, je pense qu'il reste possible de privilégier la coopération à l'affrontement, à l'image de ce que firent les générations de l'après-guerre entre l'Allemagne et la France. L'on me dira que cela restera hors de portée tant que Vladimir Poutine exercera le pouvoir. Je ne partage pas cet avis. C'est aux Russes de choisir leurs dirigeants, pas à nous. Alors qu'il se trouve embourbé dans son « erreur ukrainienne », il devrait être possible de le ramener à un positionnement plus pacifique et plus respectueux des grands principes internationaux tels qu'ils sont définis par la Charte des Nations Unies. Il faudra y mettre un mélange de force, qui est la chose que Vladimir Poutine comprend et respecte, et de psychologie, car il n'y aura que des drames à attendre de l'humiliation de la Russie. C'est une erreur de vouloir sanctionner le peuple russe, qui ne doit pas payer pour le comportement de quelques-uns. L'on pourra m'objecter que, lorsque j'étais président, j'avais Dmitri Medvedev comme interlocuteur, que c'était donc plus facile. Ce n'est qu'à moitié exact, car chacun savait à l'époque qui était le véritable patron. Et pourtant, j'ai aimé parler et travailler avec le président Medvedev. La situation était étrange, car il se comportait comme le décideur final sans jamais exprimer la moindre réserve envers son Premier ministre Vladimir Poutine, qui exerçait en coulisse la réalité du pouvoir. C'était sans doute plus facile à dire qu'à faire. Je peux témoigner que ce « couple étrange » fonctionnait. Medvedev donnait une image plus moderne et plus ouverte de la Russie. Il était possible de le convaincre et d'obtenir de lui des décisions. Je reste confondu par sa radicalité d'aujourd'hui. Pour autant, je ne veux ni ne peux me résigner à cette nouvelle guerre froide, qui peut à chaque instant basculer dans l'affrontement le plus chaud qui soit.

Lors de ce forum, la relation franco-russe était sans nuages et si prometteuse pour l'avenir. Nous avions multiplié les signatures de contrats. Trois milliards d'investissements français en Russie et deux milliards d'investissements russes en France étaient prévus. Nos entreprises avaient remporté deux milliards et demi d'euros de marchés. Nous étions convenus d'un accord qui prévoyait l'entrée de GDF-Suez dans le gazoduc Nord Stream. Enfin, la Russie avait décidé l'acquisition de quatre navires de type Mistral. Le bilan économique était plus que favorable. J'entendais les critiques de tous ceux qui dénonçaient la diplomatie des contrats au détriment de nos valeurs et de nos principes. L'argument pourtant ne tenait pas au-delà de la seule posture médiatique. A-t-on oublié que la paix et la reconstruction de l'Europe ravagée par la guerre n'ont été possibles que grâce et autour de la Communauté européenne du charbon et de l'acier ? Les échanges économiques ont rapproché les Nations. L'imbrication des intérêts financiers a rendu plus difficile l'émergence des conflits nationaux territoriaux. La paix en Europe s'est construite sur l'économie. La diplomatie économique est plus protectrice des intérêts de peuples antagonistes sur le long terme que la stratégie de la guerre, qui finit toujours par des humiliations et des désirs de revanche qui ne font qu'attiser les hystéries nationalistes. Il faut défendre l'Ukraine, ce n'est pas discutable, sans pour autant détruire nos relations avec le grand voisin russe. La ligne de crête est étroite, mais il n'y a pas d'autres choix.

En allant au forum de Saint-Pétersbourg, je pensais que la page de la paix et de la croissance mutuelle était définitivement ouverte. Ces dernières années m'ont montré que j'avais eu tort puisqu'il ne s'était agi que d'une parenthèse. En quelques mois, nous sommes revenus plus de trente années en arrière. Et je crains que le pire ne soit encore à venir. La France est la mieux placée pour appeler chacun à la raison. C'est le devoir d'un homme d'État de voir plus loin et d'accepter d'être à contre-courant d'une opinion médiatique qui ne considère que le très court terme. C'est le devoir du président français de conserver ouverte la voie du dialogue avec la Russie. L'histoire jugera sévèrement ceux qui n'auront pas eu le courage de le comprendre à temps.

*

* *

Le mois de juillet ne commença pas mieux que juin avait fini. Deux ministres furent contraints de démissionner à la suite de maladresses comportementales qui choquèrent d'autant plus l'opinion que l'atmosphère politique du moment était hautement inflammable. Christian Blanc se fit accrocher pour avoir abusé de son amour pour les cigares. La facture de douze mille euros était du plus mauvais effet, d'autant plus qu'il n'en avait remboursé que le quart. *Le Canard enchaîné* se l'était procurée. On ne pouvait imaginer un symbole plus caricatural. Le ministre dut quitter le gouvernement alors qu'il était en charge du Grand Paris. Je ne pouvais faire autrement que d'accepter sa démission, même si j'appréciais la compétence et la fidélité de ce grand serviteur de l'État, ancien membre du cabinet de Michel Rocard, qui avait révélé ses capacités de négociateur en Nouvelle-Calédonie. Ce fut une perte car il travaillait beaucoup et bien. Il disposait d'une vision et d'un savoir-faire assez rares. Il avait péché par manque de vigilance et de discernement. Il fut profondément bouleversé par les conditions de son départ, ce qui démontrait a contrario l'honnêteté profonde qui était la sienne. Ce premier sacrifice était cependant nécessaire pour tenter de circonscrire les choses.

L'autre difficulté vint du secrétaire d'État à la Coopération et à la Francophonie, Alain Joyandet, qui avait déjà fait parler de lui trois mois auparavant pour avoir eu la mauvaise idée d'utiliser un jet privé à l'occasion d'un déplacement gouvernemental en Martinique. La facture de cent seize mille euros avait, elle aussi, eu bien du mal à passer. La nouvelle « affaire » concernait désormais un permis de construire qu'il avait obtenu pour une villa à Grimaud. La légalité de celui-ci faisait apparemment débat. La suite montra qu'il n'avait rien à se reprocher. Mais ces deux polémiques successives, qui avaient provoqué une certaine agitation dans le milieu politico-médiatique, avaient déstabilisé mon ministre bien davantage que je ne l'avais imaginé. Il était victime d'une réelle dépression, qui ne lui permettait plus de réfléchir posément. J'appris la démission d'Alain Joyandet par une dépêche AFP publiée un dimanche après-midi du mois de juillet, sans qu'il prit même la peine de me prévenir. C'était un ami de longue date sur qui j'avais toujours pu compter. Cette manière de faire ne lui ressemblait guère. Je le connaissais calme, pondéré et fiable. Je mesurais la profondeur de son désarroi à ce changement d'attitude aussi brutal que surprenant. Je ne lui en fis même pas le reproche. À quoi cela aurait-il servi ? Le mal était fait. Ces deux départs illustraient une nouvelle fois que la politique au plus haut niveau est un métier qui a ses règles, ses exigences, ses risques et surtout ses contreparties. Tous les élus aspirent à devenir ministres. Tous ne le peuvent pas. Ce n'est pas une question de talent ou d'intelligence. C'est une affaire de résistance, c'est-à-dire de capacité à endurer et à supporter. Or, celle-ci n'est pas donnée à tout le monde. Le refus de nommer quelqu'un à un poste ministériel n'a jamais brisé personne. En revanche, la promotion à ce même poste de celui ou de celle qui n'y est pas préparé ou n'en a pas la solidité peut avoir des conséquences graves sur l'équilibre de l'intéressé. Je l'avais observé à l'époque de François Mitterrand pour Georgina Dufoix, qui était sortie brisée de l'épisode du sang contaminé. Cela m'avait beaucoup marqué et même ému. J'aurais dû être plus vigilant sur cet aspect des choses lorsque j'avais fait le choix de certains membres de mes gouvernements.

En tout état de cause, ces deux démissions ajoutées aux problèmes d'Éric Woerth permettaient à tous mes opposants de m'attaquer frontalement, et ce d'autant plus que nous venions d'adopter des mesures de rigueur budgétaire, et que j'avais fait campagne sur le thème de la « République exemplaire ». Martine Aubry, dont on pouvait attendre mieux, alla jusqu'à dénoncer « les entrelacs fâcheux entre le pouvoir politique et les intérêts de l'argent ». C'était beaucoup pour les seuls cigares de Christian Blanc ! Ségolène Royal, comme à l'accoutumée, rivalisait de démagogie en demandant que l'argent de l'Airbus présidentiel soit désormais consacré à la réfection des digues détruites par la tempête Xynthia dans la région qu'elle présidait. Une fois redevenue ministre, à l'époque où son ancien compagnon et père de ses enfants, François Hollande, était président, l'avion de la République fut utilisé à satiété sans que ni l'un ni l'autre songe une minute à le vendre ou à s'en séparer. Ainsi va la gauche : « Faites ce que je dis, jamais ce que je fais ! »

Sur le moment, je ne voulus pas accabler mes deux ministres. Mon entourage m'y poussait cependant. Il pensait que cela aurait été mon intérêt et m'aurait quelque peu préservé. Je ne le pensais pas. Je n'ai jamais cru que se défausser était la bonne stratégie. J'ai même une profonde aversion pour ce comportement qui n'est rien d'autre que de la lâcheté. Les Français ne sont jamais dupes. J'ajoute que les deux intéressés étaient à ce moment précis l'objet d'une vindicte aussi généralisée qu'outrancière. Les commentateurs s'en donnaient à cœur joie. C'était facile, compte tenu de la « bêtise » de leur comportement. Mais j'ai toujours eu en horreur ces phénomènes de curée. Je me trouve alors spontanément en sympathie avec le destinataire de cette haine collective, qui durera quelques jours avant de finir par s'éteindre. On voit alors la méchanceté, l'envie, la détestation, les sentiments les plus bas dont nous sommes tous hélas capables s'exprimer sans mesure. Il faut frapper, humilier, dénoncer, abaisser. Je n'ai jamais voulu en être. J'y aurais perdu ma dignité et l'estime de moi-même.

À tout cela qui n'était déjà pas très bon, s'ajouta la démission de son poste d'ambassadeur au Sénégal de Jean-Christophe Rufin. Au début de mon quinquennat, j'avais voulu renouer avec la tradition des ambassadeurs-écrivains. Jean-Christophe Rufin me paraissait être le candidat idéal. Son roman *Rouge Brésil* m'avait emporté et même enthousiasmé.

Dakar était une capitale friande de débats intellectuels et de langue française. Les Sénégalais ne pouvaient qu'apprécier que nous leur envoyions un ambassadeur si lettré. De surcroît, je le croyais sinon ami, du moins proche du ministre des Affaires étrangères, Bernard Kouchner. Leurs engagements communs au sein de l'ONG « Médecins sans frontières » montraient la proximité de leurs sensibilités. L'idée était bonne. La réalité se montra infiniment moins prometteuse. Je n'avais jamais rencontré Jean-Christophe Rufin. Je ne connaissais rien de sa personnalité intime ni de son caractère profond. J'ignorais notamment cette arrogance propre à une partie de nos élites. C'est un défaut qui n'est pardonné nulle part, mais encore moins au Sénégal, où la fierté de la population n'a rien à envier à celle des Français. Notre nouvel ambassadeur se croyait adoré. Il était bien loin de la vérité. Il n'était apprécié que de ceux qui détestaient le président Abdoulaye Wade. Or, je ne l'avais pas nommé ambassadeur pour être le chef de l'opposition sénégalaise, mais pour représenter la France. Ce qui imposait de rester à équidistance de tous. Par conséquent, le président sénégalais exigeait son départ, ce que j'avais dû refuser à plusieurs reprises. Je fus également surpris des rapports qu'il entretenait avec son ministre de tutelle, qu'il méprisait aussi visiblement qu'ostensiblement. C'était même devenu gênant. D'où venait cette jalousie maladive ? Peut-être de conflits de jeunesse anciens entre les deux hommes dont j'ignorais tout. L'expérience n'était pas loin de tourner au désastre. Jean-Christophe Rufin, qui le sentait, voulut tirer sa révérence avec éclat – et une certaine habileté –, ce qui permettait d'éviter de souligner l'insuffisance de son bilan en tant qu'ambassadeur. Il quitta donc théâtralement son poste afin, affirma-t-il, de protester contre « l'absence totale du ministère des Affaires étrangères dans les affaires africaines ». C'était étrange d'attaquer ainsi le ministre qui était censé être son ami en soulignant son « manque d'influence ». Il ne m'avait naturellement jamais parlé de rien. Il ne s'agissait que d'un prétexte qui lui permettait de quitter le navire sans avoir à rendre des comptes. C'était un comportement banal et peu glorieux.

*

* *

Je terminais ce mois de juillet par une intervention télévisée sur France 2 d'un peu plus d'une heure. Après ces deux mois de polémiques, et alors que la réforme des retraites commençait son long cheminement parlementaire, je me devais de prendre la parole pour redonner un cap à l'action gouvernementale, répondre à toutes les questions qui se posaient et essayer de clore le chapitre sans fin des controverses et des scandales dont l'actualité était si friande. J'étais pressé de toutes parts pour le faire, et d'abord par mes soutiens, dont le moral avait une nouvelle fois été ébranlé. C'était vraiment un travail de Sisyphe. Il fallait de plus en plus régulièrement que je nous redonne de l'air. C'était bien à cela que je constatais que nous approchions de la fin de mon quinquennat. Chacun commençait à anticiper la suite des évènements et, notamment, ma réélection éventuelle. Ainsi va la vie politique, faite de marées montantes ou descendantes, mais jamais étale. On s'y trouve toujours au lendemain ou à la veille d'une élection ! Les sentiments s'y expriment par des couleurs vives, jamais pastel. Innombrables étaient ceux qui passaient de l'euphorie à l'abattement. Je me devais de faire avec et de garder mon sang-froid, seul en mesure de rassurer et de permettre d'envisager l'avenir, c'est-à-dire la prochaine élection, avec quelques chances de succès.

Comme je pouvais m'y attendre, David Pujadas commença son interview par l'affaire Woerth-Bettencourt. Nous étions installés sur la terrasse du parc de l'Élysée. J'essayais d'évacuer le sujet en étant précis et aussi bref que possible. L'angle de la polémique avait quelque peu changé. Le procureur de la République de Nanterre, Philippe Courroye, était en charge de l'enquête préliminaire. Mes opposants considéraient qu'il ne présentait pas les bonnes garanties d'indépendance, et ce au seul prétexte qu'il était réputé dans le landerneau judiciaire pour ne pas être de gauche. Je le connaissais, sans qu'il s'agisse d'un ami ni d'un proche. Mais le simple fait qu'il n'adhère pas au Syndicat de la magistrature suffisait à le rendre suspect. Il fallait donc qu'une instruction soit ouverte et qu'elle soit confiée à des juges d'instruction dont l'indépendance serait garantie par rapport à la droite – beaucoup moins par rapport à la gauche, voire l'extrême gauche… La parenthèse nous prit un bon quart d'heure, en dépit de mes efforts pour la contourner.

Puis nous passâmes à la réforme des retraites. Mon interlocuteur semblait favorablement impressionné par l'ampleur des manifestations comme par le front uni des syndicats. Je lui répondis que c'était toujours la même chose avec mes opposants de gauche. Ce qu'ils perdaient dans les urnes au moment des élections, ils voulaient le regagner dans la rue par les manifestations. C'était ce qu'ils appelaient la démocratie. Si la droite avait agi ainsi lorsqu'ils avaient été au pouvoir, ils n'auraient pas manqué de la considérer comme factieuse, fasciste et brutale. Je n'avais donc aucune intention de céder. François Hollande, dont chacun connaît maintenant le sens de l'humour, déclara solennellement que s'il arrivait aux responsabilités gouvernementales, « la gauche s'engageait à revenir aux 60 ans ». Il ne le fit naturellement pas ; le plus étonnant ne fut pas qu'il mentît, mais que personne, dans la presse, ne lui rappelât cette promesse non tenue alors que seulement deux années venaient de s'écouler. Je confesse avoir du mal à m'habituer à ce qui n'est rien d'autre que de la complaisance. En tout cas, j'étais prévenu pour la rentrée de septembre. François Chérèque, au nom de la CFDT, et Bernard Thibault, pour la CGT, avaient évoqué « un divorce total entre le gouvernement et les syndicats ». Ils en avaient tiré la conclusion qu'il n'y avait d'alternative « que le rapport de force ». Nous évoquâmes par la suite les questions de sécurité, qui faisaient de nouveau la une de l'actualité. J'étais interpellé de toutes parts sur ce sujet. J'annonçais ma décision de m'y impliquer à nouveau fortement et de présenter, dès la rentrée prochaine, un texte de loi mettant en cause la responsabilité des parents de mineurs délinquants, dont la démission était flagrante. Je préparais, en fait, le discours de Grenoble que j'allais prononcer quelques jours plus tard.

Les retombées médiatiques de cette émission furent plutôt élogieuses. Même *Libération* écrivit : « Il faut reconnaître au président qu'il a très habilement mené sa contre-offensive politico-médiatique pour tenter d'éteindre le tumulte provoqué par l'affaire Woerth-Bettencourt. » J'ai été amusé par l'éditorial du *Progrès* : « Nicolas Sarkozy n'aura jamais l'onctuosité de François Mitterrand, ni la compassion de Jacques Chirac. Et pourtant, hier soir, il a fait président. » Je ne sais si l'auteur de ces lignes, d'ordinaire très critique à mon endroit, avait mesuré l'étendue de son compliment du jour. La vérité était que ce « miel » relatif allait être aussi éphémère que les bourgeons au printemps. Cela n'imprimait pas et n'avait aucune importance. C'est une des caractéristiques des commentateurs qui m'ont toujours impressionné. Ils ne relisent jamais ce qu'ils ont écrit auparavant. Ce qui leur permet de changer d'angle et de position avec une rapidité stupéfiante. Aussitôt écrit, aussitôt lu. Et aussitôt oublié. D'une certaine manière, c'est une force qui leur permet de s'adapter aux évolutions de l'actualité. Naturellement, en termes de cohérence et de convictions, cette attitude était certainement plus discutable. En tout état de cause, elle exprimait le strict contraire de ce que devraient être les caractéristiques d'un homme d'État.

*

* *

Je ne savais pas, en me rendant dans la capitale de l'Isère pour prononcer un discours sur la sécurité, que je m'apprêtais à déclencher un tollé qui laisserait des traces et resterait dans la petite histoire comme le discours de Grenoble. Il y avait eu, peu de temps auparavant, de très graves incidents dans différents quartiers périphériques de cette ville. J'étais bien décidé à y mettre un terme et avais choisi d'installer un nouveau préfet, Éric Le Douaron, spécialiste des questions de sécurité, pour rétablir le calme. Mon « crime », ce jour-là, avait été de lier les sujets de délinquance et d'immigration. Cela n'avait rien d'original et encore moins de choquant, sauf pour les tartuffes innombrables qui s'obstinaient à nier les évidences. En toute logique, je souhaitais que la nationalité française puisse être retirée à toute personne d'origine étrangère qui aurait volontairement porté atteinte à la vie d'un policier, d'un gendarme ou de toute personne dépositaire de l'autorité publique. J'ajoutai, aggravant ainsi mon cas, que, désormais, l'acquisition de la nationalité française par un mineur délinquant au moment de sa majorité ne serait plus automatique. J'expliquai, à ce propos, que la nationalité française se méritait, et qu'en conséquence il fallait pouvoir s'en montrer digne. Dans le cas contraire, on ne l'obtiendrait plus. Enfin, je terminai mon discours en demandant que soient évalués les droits et les prestations auxquels les étrangers avaient aujourd'hui accès lorsqu'ils étaient sans-papiers. Je précisai que, dans mon esprit, une situation irrégulière ne pouvait conférer plus de droits qu'une situation régulière et légale. Tout cela, bien que de simple bon sens, était de nature à choquer tous ceux qui faisaient assaut de « générosité médiatique » au détriment de la réalité de ce que vivaient tant de nos concitoyens dans ces quartiers minés par la délinquance, la peur et les trafics.

Mais ce qui mit véritablement le feu aux poudres fut l'évocation de la question des Roms. Je tenais, en effet, à mettre un terme aux implantations sauvages de campements de membres de cette communauté. Ils s'étaient multipliés. Ils constituaient des zones de non-droit qui exaspéraient tous ceux qui avaient le malheur d'habiter dans leur voisinage, en respectant scrupuleusement les lois et en payant des impôts nationaux comme locaux. J'annonçai qu'avant trois mois la moitié de ces implantations sauvages auraient fait l'objet d'une mesure d'évacuation. Mon discours était donc dénué de toute ambiguïté, mais restait dans la droite ligne de tout ce que j'avais dit et fait tout au long de mes années au ministère de l'Intérieur.

La riposte à mes annonces ne se fit pas attendre. Un véritable mur de protestations outrées s'éleva d'un même élan. J'avais osé cibler non seulement les gens du voyage, les Roms et les jeunes délinquants, mais aussi l'immigration. Ce dernier point constituait une véritable ligne rouge qui faisait entrer en hystérie toute la gauche et même, hélas, une partie de la droite. Cette fois-ci, c'était clair, j'avais pour mes opposants repris la rhétorique de l'extrême droite. Ainsi, aux dires du journal *Le Monde*, je violais même la charte sur les droits de l'enfant, dont la France était signataire et qui prévoyait que tout enfant avait le droit d'acquérir une nationalité. La conclusion était énoncée, sans nuance et sans finesse, par le président de la Ligue des droits de l'Homme, l'obscur Michel Tubiana. Avec le discours de Grenoble, j'étais celui qui attisait la haine contre les étrangers, soupçonnés de « venir manger notre pain ». Il poursuivait en m'accusant de reprendre « les vieux refrains racistes et antisémites des années 1930 ». Tout cela était bien sûr asséné au nom du camp de la raison, de la modération et de la République ! Il utilisait l'injure, la caricature, l'anathème, en fait « le délit de sale gueule », mais c'était moi qui avais fait preuve de violence. L'hebdomadaire

Marianne alla jusqu'à présenter, en une, une photo de moi, barrée du titre : « Le voyou de la République » !

Nous étions effectivement dans les années 1930, mais par leur faute, leur pratique vulgaire et leur vocabulaire. Le Parti socialiste était fidèle à lui-même en expliquant que l'insécurité avait augmenté parce qu'il manquait les postes que j'avais supprimés. Il fallait donc créer, en urgence, des milliers d'emplois de fonctionnaires. Compte tenu de la crise financière qui revenait et de nos déficits qui s'aggravaient, la proposition tombait au plus mauvais moment. Mais au moins elle témoignait d'une pensée constante, celle de l'obsession pour l'augmentation des dépenses publiques. Un socialiste de Grenoble déclara sans rire qu'il ne fallait pas « faire l'amalgame entre délinquance et immigration ». Difficile de trouver pire déni de réalité. Je me demandais sincèrement comment il était possible de se trouver aussi déconnecté de ce que pensaient et vivaient les Français. Ces déclarations et ces comportements les ont exaspérés bien davantage que les commentateurs ou les sondeurs ont pu le dire. Ils ont préparé et dopé la montée des comportements populistes et brutaux. Ils ont poussé à l'abstention de nombreux électeurs qui ne se reconnaissaient plus dans ce qu'ils voyaient et ce qu'ils entendaient de la classe politique. Le bilan est désastreux pour la démocratie, pour l'humanisme sincère et pour les immigrés, de plus en plus victimes du rejet et de l'incompréhension. Le refus de voir que tous les immigrés n'étaient, bien évidemment, pas des délinquants, mais que beaucoup de délinquants étaient en situation irrégulière, a profondément déplacé l'axe central du débat public, non vers la droite, mais plus dangereusement vers la radicalité. Voici où peuvent mener les idées les plus généreuses lorsqu'elles ne sont que des constructions intellectuelles au service de postures médiatiques artificielles, sans aucun enracinement dans la réalité quotidienne. La situation était vraiment impressionnante à observer : la violence des propos, l'hypocrisie des postures, la fascination pour leur propre image de tant de bavards médiatiques, la caricature en marche sans vergogne. J'avais rarement vu un tel déchaînement ni tant de disproportion. C'était une manipulation de grande ampleur soutenue par un univers médiatique toujours prêt à se donner le beau rôle dès qu'il s'agissait de prendre des poses avantageuses.

J'étais cependant conforté par la faiblesse de la mobilisation contre ma venue à Grenoble. À peine trois cents personnes dans une cité où « la main-d'œuvre » protestataire avait de tout temps été nombreuse et disponible. Leurs slogans étaient, eux aussi, un modèle du genre : « Chicago, Al Capone, Sarkozy. » Incontestablement, le niveau intellectuel remontait ! Le président de la Cimade, un collectif d'ONG partisanes, se surpassait en déclarant : « Nicolas Sarkozy fait un amalgame banlieue, immigration et délinquance qui n'est fondé sur rien. » Avec le recul des treize années écoulées, il est aisé de constater combien ces propos correspondaient à une idéologie militante qui refusait obstinément de voir, et surtout de comprendre, la gravité des problèmes auxquels la France comme l'Europe se trouvaient confrontées, avec une crise migratoire devenue hors de tout contrôle. Et enfin, une fois encore, l'inégalable Ségolène Royal brisait toutes les frontières du ridicule en déclarant : « Notre République est en train de pourrir par le sommet ! »

Je n'étais pas décidé à reculer devant cette levée de boucliers. Je savais que la France avait entendu mon message et qu'elle attendait maintenant des actes. C'est ce que je fis en convoquant deux jours après ma sortie grenobloise une réunion à l'Élysée sur « les problèmes que posaient les comportements de certains parmi les gens du voyage et les Roms ». Je voulais que soit mise en œuvre l'expulsion de tous les campements en situation irrégulière que j'avais annoncée. La seule mention de cette réunion de travail remit le feu aux poudres. La Ligue des droits de l'Homme se posait, à nouveau, en gardienne de la vertu républicaine. « Il ne faut pas faire une réunion pour stigmatiser une ethnie » : tel était son théorème de base ! C'était donc la réunion que j'allais organiser qui posait problème, pas les campements illégaux ! Il convenait, en conséquence, de continuer à utiliser la plus parfaite langue de bois en refusant d'énoncer les faits. Au moins, il était clair qu'en ne parlant pas des sujets qui fâchaient on avait effectivement bien peu de chance de les résoudre. Mais cela n'empêchait visiblement pas nos « droits-de-l'hommistes » de dormir sur leurs deux oreilles. Les Français exigeaient des réponses concrètes. Je devais persévérer et aller plus avant dans la croisade qu'il me fallait engager.

Les commentaires des éditorialistes étaient à l'unisson de ceux de la gauche, ce qui n'était guère surprenant. Le *Midi libre* résumait assez bien l'ambiance du moment : « Nicolas Sarkozy n'a pas stigmatisé. Mais il a montré du doigt. Il a donc franchi un cap. » Il convenait d'admirer la nuance. Pour l'auteur de ces lignes, reconnaître et nommer un problème, c'était se mettre en dehors des valeurs républicaines. Imagine-t-on, outre l'aveuglement, l'arrogance qu'il fallait avoir pour prétendre décider ce qui devait se dire et ce qui ne le pouvait pas ? *La Voix du Nord* n'était pas moins caricaturale : « Voleurs de poules, envahisseurs de propriété privée, graines de délinquants, tous les préjugés mènent aux Roms et aux autres familles des gens du voyage. » Aucun des commentateurs de l'époque n'avait la lucidité de comprendre qu'il était inconcevable au XXIe siècle que les Roms – ou n'importe quelle autre communauté – parcourent l'Europe sans avoir la volonté de trouver un travail ou d'inscrire leurs enfants à l'école et qu'ils décident de s'arrêter où bon leur semble et de se brancher, sans payer, sur les réseaux d'électricité et d'eau courante. Décrire cette réalité de bon sens était donc, aux yeux de nos donneurs de leçons, une attitude « stigmatisante et quasi raciste ». En agissant ainsi, ils oubliaient allègrement que la politique devait se confronter au réel, à la vie quotidienne. Cet aveuglement préparait des lendemains douloureux pour la démocratie et son image d'inefficacité. Pour le moment, cela me mettait en grande difficulté puisque je me trouvais pris entre deux feux, qui canonnaient avec une certaine efficacité et surtout sans relâche. D'un côté, il y avait tous ceux qui trouvaient que j'en faisais trop. De l'autre, tous ceux qui pensaient, à l'inverse, que je n'en faisais pas assez et que surtout les résultats n'étaient pas au rendez-vous. C'était vraiment la quadrature du cercle. Et ce d'autant qu'une partie de ma majorité, la plus friable, était impressionnée par ces feux roulants de critiques. Les mêmes qui, au moment de l'instauration des 35 heures, avaient été séduits par les théories fumeuses de Pierre Larrouturou et consorts sur les bienfaits de la réduction drastique du temps de travail, se trouvaient mal à l'aise à saisir à bras-le-corps les thématiques portant sur la sécurité. Les mêmes causes produisaient exactement les mêmes effets. Ainsi, non sans quelque perversité, Jean-Pierre Raffarin en appelait au Premier ministre François Fillon « pour intervenir comme chef de la majorité afin que soit corrigée la dérive droitière en matière de sécurité », dont, en creux, j'étais désigné comme le responsable. Sa crédibilité en matière d'autorité n'était pas telle que sa prise de position ait pu, si peu que cela soit, ébranler « les colonnes du temple ». Mais cela créait une brèche dans l'union de la majorité, dans laquelle tous mes opposants s'engouffraient avec allégresse. Je savais depuis longtemps que ce « faux débonnaire » était prêt à piquer dès qu'il en avait l'occasion. Et il ne s'en privait pas.

J'ai voulu rappeler tous ces florilèges pour montrer à quel point il était difficile pour le gouvernement d'engager une action offensive et sereine contre toutes ces dérives mafieuses qui minaient le pacte républicain. Les véritables délinquants entendaient ces débats et en tiraient la conclusion qu'ils pouvaient continuer à mettre en coupe réglée leurs quartiers puisqu'ils pensaient pouvoir bénéficier d'une forme d'impunité que leur garantiraient tous ces discours de fausse générosité. Les mêmes commentateurs délégitimaient le travail si difficile de la police en mettant sur le même pied la violence de la délinquance et la riposte des forces de l'ordre. La vérité était qu'une majorité de la classe politico-médiatique se trouvait clairement opposée à la mise en place d'une véritable épreuve de force entre la délinquance et l'ordre républicain avec les mesures fermes et parfois brutales qu'elle nécessitait. Les Français étaient d'un avis strictement inverse et campaient sur une ligne de fermeté clairement aux antipodes de la première. Là se creusait le décalage qui n'a fait que s'élargir depuis. Il m'arrive de sourire quand j'entends certains de mes amis me reprocher de ne pas en avoir fait assez. Ont-ils oublié le barrage que nous avions dû affronter à l'époque ? Visiblement, la réponse est oui. Il n'en reste pas moins que je m'interroge sur la fragilité d'une partie de la droite républicaine. D'où vient-elle ? Pourquoi persiste-t-elle ? Je n'ai pas la réponse. Elle est d'ailleurs sans doute multiple. Mais force est de reconnaître que, si minoritaire soit-elle, la gauche a réussi à culpabiliser une partie de la droite républicaine, qui n'en finit plus de reculer dans le but, finalement vain, d'obtenir un brevet de respectabilité décerné par les tenants de la pensée unique, ultra-majoritaires dans les médias. Cette dernière n'était d'ailleurs jamais mieux incarnée que par Bernard-Henri Lévy, toujours à la recherche d'un prochain combat à mener et qui s'était fendu d'une tribune dans le journal *Le Monde* afin de pointer ce qu'il affirmait être mes « trois erreurs », dont la principale était, comme de bien entendu, « de vouloir mettre à l'index les gens du voyage ». Il s'agissait d'un copier-coller et d'un résumé de tous les thèmes éculés et très en vogue sur la courageuse ligne de front du café de Flore, boulevard Saint-Germain ! En vérité, il n'y avait plus assez de place dans les journaux pour accueillir les tribunes enflammées de tous ceux qui souhaitaient dénoncer ma supposée « dérive ».

C'était à ce moment précis que fut publié un sondage IFOP qui glaça mes opposants, ou en tout cas les contraignit provisoirement à davantage de discrétion et de modestie. Selon cette étude, la politique sécuritaire que j'avais exposée était littéralement plébiscitée par les Français, puisque mes différentes propositions rassemblaient entre 55 % et 89 % d'opinions favorables, y compris celle concernant la déchéance de nationalité, pourtant contestée aussi bien par la gauche que par la droite, ainsi que par plusieurs juristes. Quant aux démantèlements des camps illégaux de Roms, c'était un raz-de-marée soutenu tout autant par les électeurs de droite que de gauche. Mes opposants recevaient un fameux démenti qui les laissait sans voix et sans réaction. C'était vraiment jubilatoire à observer. Il y avait parfois des moments de profonde consolation. C'était rassurant de voir que les Français n'étaient pas dupes et savaient à quoi s'en tenir. Il s'agissait d'un signal intéressant sur l'état de leur psychologie et surtout sur leur bon sens. Le décalage entre les élites et le peuple devenait abyssal.

Finalement, c'étaient les critiques formulées par le pape et par l'Église que j'avais trouvées le plus légitimes et aussi le plus sincères. Benoît XVI avait exhorté les pèlerins français venus au Vatican à « accueillir les hommes de toutes origines ». Il invoquait des textes liturgiques indiquant que « tous les hommes sont appelés au salut ». Il était dans son rôle en appelant à la fraternité universelle. Ce n'était ni caricatural ni outrancier. Il n'y avait là ni posture ni hypocrisie. Je ne voulais pas polémiquer et m'abstins donc de toute réponse. Tout autre fut mon jugement sur les commentaires des gouvernements roumain et bulgare, qui accusaient la France d'organiser rien de moins que « la déportation des Roms ». Nous étions au comble de la tartufferie quand on connaissait la manière dont ces deux gouvernements traitaient leurs ressortissants. Nous ne faisions qu'appliquer le droit européen. Cela aurait été une bien curieuse interprétation de la lettre des traités que de considérer que certains pays ne pouvaient offrir comme seule perspective à leurs concitoyens roms que la possibilité d'émigrer vers la France, à laquelle devait revenir la charge de les intégrer ! Chaque État membre de l'Union européenne se devait d'assurer la protection et l'intégration de ses propres ressortissants. Avec le discours de Grenoble et les débats enflammés qui s'en suivirent, la trêve estivale n'avait quasiment pas existé. Ce fut une période intense où résister fut une question de survie. Dans ces conditions, l'arrivée au cap Nègre pour quelques jours de repos fut vraiment la bienvenue.

*

* *

Comme attendu, le mois de septembre débuta par une journée-test de mobilisation des syndicats contre le projet de réforme des retraites. Tout commença par les déclarations du secrétaire général de la CGT, Bernard Thibault, indiquant qu'il me trouvait « beaucoup plus fébrile » que je ne le laissais paraître. Il basait son raisonnement sur le fait que j'avais organisé une réunion impromptue sur la pénibilité du travail avec les ministres en charge. C'était toujours le même dilemme. Si je ne faisais aucune concession, je me trouvais rangé dans la catégorie des « brutaux » qui n'écoutent rien. Si, au contraire, je proposais des avancées, c'était interprété immédiatement comme le signe avant-coureur d'un recul en bonne et due forme. Ces déclarations « syndicales » finirent de me convaincre qu'il ne fallait pas bouger. Dans une épreuve de force, le premier soupçon de faiblesse pouvait s'avérer fatal. Ce n'était vraiment pas le moment de flancher, alors que les préavis d'arrêts de travail se multipliaient. Tous les syndicats et l'opposition de gauche avaient appelé à une journée nationale de grève et de manifestations contre la réforme qui relevait l'âge légal de départ à la retraite de 60 à 62 ans. Même si le nombre réel de manifestants était moins élevé que ce que clamaient les syndicats, cela faisait beaucoup de monde dans la rue. C'était justement parce que les cortèges étaient assez fournis que je devais confirmer ma fermeté. Je ne voulais ni ne pouvais revenir sur les 62 ans. C'eût été signer l'arrêt de mort de mon gouvernement et la fin prématurée de mon quinquennat. Je n'avais donc d'autre choix que de tenir.

Bien sûr, toutes les *fake news* étaient bonnes à saisir par mes opposants, au premier rang de celles-ci l'argument asséné que les femmes seraient davantage pénalisées par notre réforme que les hommes. Ce jugement sommaire était émis par la Haute Autorité de lutte contre les discriminations et pour l'égalité. Elle justifiait son argumentaire par le fait que les femmes étaient plus souvent employées à temps partiel et qu'elles avaient des carrières plus discontinues. Je faisais valoir en retour que ce n'était pas du ressort du système des retraites de corriger toutes les inégalités. En tout état de cause, cette prise de position publique en cette journée de mobilisation sociale n'était pas faite pour nous faciliter la tâche et ne témoignait pas d'une grande impartialité de la part d'un organisme public. Aucun des deux camps opposés ne pouvait finalement se déclarer entièrement satisfait de cette première journée sociale. Le gouvernement n'était pas vaincu et les syndicats pas défaits. Ces derniers redoublèrent d'ardeur en appelant à de nouvelles manifestations et à des grèves cette fois-ci reconductibles. Avec mon optimisme habituel, je me satisfaisais non pas de chiffres de la mobilisation qui auraient indiqué une baisse, mais de chiffres qui ne marquaient aucun emballement à la hausse. C'était déjà cela. À défaut d'avoir réussi ma rentrée politique, je me disais que je n'avais pas perdu la rentrée sociale.

*
* *

Ce fut une parenthèse véritablement enchantée que d'avoir pu visiter la grotte de Lascaux en compagnie du fameux paléontologue Yves Coppens. C'était un rêve qui me tenaillait depuis fort longtemps. Que des êtres humains aient pu acquérir une telle dextérité 20 000 ans avant notre ère relevait du miracle. Qu'ils aient déjà une telle capacité à utiliser le « symbole » et la perspective était proprement stupéfiant. Je m'étais promis de me rendre un jour sur place. L'occasion m'en fut donnée à la suite d'un dîner à mon domicile où j'avais convié Yves Coppens et sa femme ainsi que leur fils. Tout au long de la soirée, je l'avais harcelé de questions sur les conditions d'existence de nos si lointains ancêtres. C'était d'autant plus passionnant que notre invité était un conteur merveilleux. Ses connaissances étaient illimitées. Il savait comme personne simplifier son propos pour le mettre à la portée de l'interlocuteur du jour. Malgré les années, son enthousiasme était demeuré intact. La nuit était bien avancée quand la famille Coppens nous quitta. Nous nous étions fait la promesse réciproque de ce déplacement dans le Périgord. J'étais d'autant plus heureux que, pour l'occasion, la grotte authentique nous serait exceptionnellement ouverte alors que, pour éviter sa dégradation, elle avait été fermée au public depuis 1963. J'avais de surcroît saisi le prétexte de la célébration des 70 ans de son ouverture en 1940 pour goûter à ce privilège qui encore aujourd'hui est demeuré parfaitement précis dans ma mémoire.

Les conditions mêmes de la découverte de la grotte étaient rocambolesques. Quatre enfants précédés d'un petit chien avaient pénétré par le plus grand hasard dans cette cavité et étaient tombés nez à nez avec ses chefs-d'œuvre. On imagine aisément leur stupéfaction. Carla m'accompagnait avec son fils Aurélien, lui aussi passionné de paléontologie. Nous prîmes l'avion jusqu'à Périgueux avant de nous diriger en voiture vers Montignac, par les routes de ce département aux mille et un châteaux dont la beauté nous subjugua. Carla me dit combien elle était heureuse de découvrir pour la première fois le « Périgou ». Nous éclatâmes de rire en constatant qu'elle avait encore quelques progrès à faire dans sa connaissance de la géographie hexagonale. Elle en connaissait cependant bien davantage de la France que je n'en savais de l'Italie. La fermeture de la grotte au public avait été décidée à la suite de l'apparition d'algues vertes qui risquaient de détruire les représentations rupestres. Cependant, depuis 1983, le public pouvait accéder à Lascaux II, posée à quelques centaines de mètres du site original et qui était la copie exacte de ce dernier. Chacun pouvait ainsi découvrir le lieu sans prendre le risque d'endommager l'original. Ma visite avait été chaudement accueillie par la communauté scientifique, qui y voyait, à juste titre, une occasion d'attirer les projecteurs médiatiques sur l'un de nos trésors nationaux. Il avait besoin de ce surcroît d'exposition. Yves Coppens lui-même était enthousiaste à l'idée de nous servir de guide.

Si j'avais oublié que nous étions en France, la présence d'une petite centaine de manifestants venus protester contre ma visite et spécialement contre le privilège qui m'était réservé me l'aurait rappelé. Leurs convictions étaient faites, la grotte était fermée pour tout le monde. Elle devait l'être aussi pour moi, « au nom de l'abolition des privilèges ». Je déplorais cette obsession robespierriste, toujours aussi vivace auprès d'une minorité de nos compatriotes.

L'accueil des habitants fut à l'inverse chaleureux et exprimait toute la fierté de pouvoir montrer cette merveille de l'humanité nichée au creux de leur département. Avant de pénétrer dans la cavité, nous fûmes équipés comme des scaphandriers descendant dans les profondeurs de l'océan. Nous étions revêtus des pieds à la tête d'une combinaison blanche qui nous laissait à peine le loisir de respirer. Après avoir parcouru un petit chemin, nous arrivâmes devant la grotte. J'eus le sentiment de pénétrer dans une cathédrale. Nous nous surprîmes à parler à voix très basse, comme si nous nous trouvions dans un sanctuaire. Je compris, à ce moment précis, pourquoi la grotte avait été inscrite au patrimoine mondial par l'Unesco. Les murs étaient recouverts de représentations de scènes de chasse ou de la vie quotidienne stupéfiantes de beauté. Les hommes d'alors ne disposaient que de quatre couleurs : le noir, le blanc, le rouge et l'ocre. Ils s'éclairaient à la lumière d'un mélange de graisse animale et de lichen. Les traits étaient sûrs, les mouvements envoûtants, la perspective parfaite. Toutes ces œuvres étaient d'une grande modernité. Nous passâmes plus d'une heure dans cette immersion complète à l'intérieur de cette chapelle Sixtine préhistorique. Ce jour-là, dans le saint des saints de l'expression artistique des premiers hommes, je ressentis physiquement la dimension sacrée de l'art. Le lieu pouvait être une école des artistes de la préhistoire, un musée, une église. Nos lointains ancêtres y avaient vécu, ressenti des émotions et voulu laisser une trace. Qu'est-ce qui les séparait des Soulages, Giacometti, Picasso ou Hartung ? Rien, car tous sont des passeurs. Ils représentent un continuum, un raccourci du destin de l'espèce humaine. C'était tout à la fois bouleversant et vertigineux. J'étais conforté dans l'idée que l'art était la spécificité de l'Homme à l'intérieur du vivant et que, dès les premiers temps de l'humanité, il tendait vers la perfection. Ce que j'avais sous les yeux était simplement parfait. Il n'y a pas de progrès dans l'art. On ne peint pas mieux depuis. Peut-être peut-on juste peindre différemment. Pierre Soulages lui-même associait la couleur noire qu'il a utilisée toute sa vie au noir de manganèse des fresques de Lascaux. Et que dire de l'exclamation de Picasso devant ces dernières : « J'ai enfin trouvé mon maître » ?

Ce fut un beau dimanche plein de soleil et de gravité. Nous étions sous le choc de tant de beauté et de tant de mystère. Cela faisait du bien de s'éloigner de l'actualité et de revenir à l'essentiel. Dans l'avion qui nous ramenait vers Paris, j'avais le sentiment curieux de m'être recueilli sur une tombe où reposait, sinon des membres de ma famille, du moins des gens qui m'étaient proches. Jamais davantage qu'en ces moments-là je n'ai ressenti la réalité du mot « fraternité ». Malgré les milliers d'années qui nous séparaient, nous étions frères en humanité.

Lascaux était une invitation à méditer sur l'histoire comme sur le temps qui passe. Au moment où les crises se succédaient et où l'histoire s'accélérait, il fallait des lieux pour réfléchir sur la permanence et sur l'identité. Lascaux était de ceux-là. Je profitai de l'occasion pour annoncer la création de la Maison de l'histoire de France sur le site des Archives nationales. J'affirmai une nouvelle fois que la crise financière était une occasion pour la France de multiplier les initiatives afin de ne surtout pas se replier sur elle-même. Le repli serait mortel. Je n'ai toujours pas compris pourquoi mon successeur immédiat s'était enorgueilli d'avoir comme première décision détruit cette initiative. Qu'est-ce qui avait bien pu le gêner ? Le mot « histoire » ? le mot « France » ? les deux mis à la suite ? Peu importent les raisons. Il demeurera le fait, et il en dit bien assez long sur l'absence de compréhension du mot « identité » par François Hollande.

*

* *

C'était émouvant de procéder à l'inauguration à Marly-le-Roi du premier des internats d'excellence dont j'avais voulu la création et qui me tenaient à cœur. J'en avais fait l'une des priorités que devait mettre en œuvre le ministre de l'Éducation nationale, en lien avec Jean-Baptiste Froment, mon conseiller en charge de ces questions. Je croyais profondément dans cette nouvelle voie de réussite. Douze d'entre eux étaient en cours d'achèvement. Cela représentait pas loin de sept mille enfants qui allaient avoir la chance d'intégrer ces établissements novateurs. L'objectif était d'atteindre les vingt mille élèves dès l'année suivante. Je voulais réconcilier les familles de France avec l'idée de l'internat, montrer que celui-ci pouvait être une opportunité plutôt qu'une punition. C'était une chance que je voulais voir donnée aux enfants de familles modestes, qui auraient ainsi la possibilité de bénéficier d'une chambre, d'un équipement informatique, d'un environnement qui favorisent l'appétit pour les études. Comment bien travailler quand, au domicile familial, l'on ne dispose d'aucun de ces éléments essentiels à une bonne scolarité ? Je pris soin de souligner que pour intégrer ces nouvelles structures, il convenait d'être un « jeune méritant ». Dans ma bouche, le mot ne signifiait pas que nous ne nous adressions qu'aux seuls premiers de la classe ni même aux meilleurs. Nous tenions à accueillir tous ceux qui voulaient s'en sortir, qui faisaient des efforts et qui en conséquence devaient se voir accorder une chance supplémentaire, même s'ils n'étaient pas en tête de leur classe. C'était bien cela, le « mérite ». Le mot correspondait parfaitement à l'idée que je me faisais de la République. On pouvait ne pas avoir atteint la moyenne de sa classe et être un élève méritant. Il s'agissait donc de s'adresser exclusivement à des familles dont la vie quotidienne était socialement difficile parce qu'elles n'arrivaient pas à joindre les deux bouts. Je pensais tout particulièrement aux structures monoparentales, où la mère devait en même temps travailler et élever ses enfants. Elle ne pouvait être présente au moment de la sortie de cours de ces derniers. Ils étaient alors livrés à eux-mêmes. Les internats d'excellence étaient là pour suppléer à ces absences forcées.

Ces établissements ne portaient donc aucune dimension disciplinaire. Ils constituaient une chance, voire une récompense, en aucun cas une sanction. Par ailleurs, je ne voulais pas figer cette nouvelle initiative dans un cadre normatif trop rigide ou trop strict.

Je n'avais pas souhaité que leur mise en place soit encadrée par une circulaire ministérielle qui les auraient organisés dans le détail. Je préférais qu'une vingtaine d'entre eux puissent voir le jour, vivre leur expérience, se développer librement pendant un an ou deux. Et dans mon esprit, ce ne serait qu'après qu'il faudrait préciser les choses. Je souhaitais même qu'ils ne soient finalement pas tous organisés sur le même modèle. L'internat d'excellence logé au cœur de la ruralité, avec cent cinquante hectares de terrain au milieu des champs, ne devait et ne pouvait pas avoir les mêmes contraintes que celui de Marly, situé en plein cœur d'une ville. Il convenait de laisser vivre le projet, de lui permettre de grandir pour qu'il produise tous ses fruits. C'était vraiment l'occasion idoine d'organiser un retour d'expérience, d'autant plus que tous les enseignants qui y avaient été affectés le furent sur la base du seul volontariat.

Naturellement, cette innovation suscita une levée de boucliers pour la seule raison qu'il s'agissait d'une nouveauté. Tous les arguments étaient bons. Pour les uns, cela risquait d'être « discriminant ». Pour les autres, de s'avérer inéquitable. Pour d'autres encore, cela pouvait devenir des ghettos. En bref, tous les prétextes étaient brandis avec une mauvaise foi confondante et si caractéristique du conservatisme de ce milieu. Dans l'Éducation nationale, tout ce qui ne relevait pas de la règle et se trouvait hors de contrôle du système représentait un danger et devait donc être combattu. Soit on donnait à tout le monde exactement la même chose, soit on ne donnait à personne ! Tout ce qui pouvait de près ou de loin s'apparenter à de la discrimination positive n'avait pas le droit de cité. C'était assez désespérant de constater ce qu'était devenu le « mammouth » de la rue de Grenelle, capable de s'opposer à tout, de décourager les meilleures bonnes volontés, et ne se complaisant que dans un dialogue fictif et convenu avec des organisations syndicales, elles aussi fossilisées. C'était bien parce que j'étais conscient de ce rapport de force déséquilibré que j'avais voulu m'engager moi-même pour desserrer l'étreinte. Quand j'ai quitté le pouvoir, j'ai vu les internats d'excellence disparaître. Ils avaient besoin d'enthousiasme, de générosité et d'imagination, et par-dessus tout d'une volonté de bousculer les habitudes. C'était trop demander à l'administration qui, ayant retrouvé après 2012 une tutelle ministérielle correspondant beaucoup mieux à ses aspirations politiques et culturelles, n'a eu de cesse que d'en finir avec ces « établissements hors cadre ». C'est vraiment dommage quand on pense à toutes ces familles modestes qui en avaient un besoin impératif. Le gâchis a été immense.

Dans le même temps, j'avais voulu qu'à côté de ces internats d'excellence puissent trouver leur place des établissements de réinsertion scolaire. J'annonçai donc pour la rentrée l'inauguration à Tende du premier établissement de ce type. Il s'agissait cette fois-ci d'une dimension disciplinaire. Ce choix était clairement assumé. J'avais prévu que, dans un premier temps, une vingtaine d'établissements auraient vocation à s'adresser à des jeunes entre 13 et 16 ans qui s'étaient mis en situation d'échec complet dans le système classique de l'Éducation nationale. Pour être plus précis, il s'agissait d'« individus » qui rendaient la vie des autres impossible en même temps qu'ils détruisaient leur propre existence. On ne savait plus quoi faire de ces jeunes « décrocheurs ». Nous étions donc bien dans la logique des droits et des devoirs sur laquelle j'avais bâti mon identité politique. Le mérite pour les uns avec les internats d'excellence, la sanction pour les autres avec les établissements de réinsertion scolaire, qui s'adressaient aux élèves que plus aucun autre établissement ne voulait accepter. Ces jeunes « difficiles » allaient donc être intégrés à ces structures de façon obligatoire, pour ne pas dire contrainte, pour une durée d'un an minimum. L'encadrement y était très renforcé pour tenir compte de la grande difficulté du public ciblé. Dans le cas d'espèce, les mêmes critiques virulentes furent exprimées sans que jamais ne soit proposée une quelconque alternative crédible, si ce n'était celle, traditionnelle, de se renvoyer d'établissement en établissement les cas impossibles qui détruisaient l'équilibre d'une classe et entraînaient dans un même mouvement tous les autres vers le pire des exemples. Encore aujourd'hui, je crois profondément que ces deux initiatives étaient utiles et porteuses de beaucoup de potentialités pour l'avenir. Personne n'a été en mesure d'expliquer pourquoi la gauche, pourtant bien bavarde quand il s'agit de stigmatiser les inégalités, avait abandonné ces deux leviers d'intégration tellement prometteurs. L'Éducation nationale est dans une telle situation d'échec, produit tellement de cas de faillite scolaire, qu'il faut innover et chercher de nouvelles voies. C'était ce que nous avions tenté.

*

* *

Je finissais le mois de septembre avec deux nouveaux problèmes politiques qui, s'ils n'étaient pas de grande ampleur, me posaient malgré tout des cas de conscience. Le premier concernait Jacques Chirac, qui avait été renvoyé en correctionnelle dans l'affaire des emplois fictifs de la Ville de Paris et risquait de devoir payer plus de deux millions d'euros de dommages et intérêts à la municipalité parisienne. C'était un grand souci pour Bernadette Chirac, qui était venue m'en parler afin de solliciter mon aide. Je lui avais promis que je ne laisserais pas tomber son mari, quels que soient les désaccords qui nous avaient opposés dans le passé. Maintenant que Jacques Chirac n'était plus président, qu'il était de surcroît malade et donc affaibli, je ne pouvais imaginer lui tourner le dos. Ce n'était pas concevable d'un point de vue moral. Je décidai donc que ce serait ma famille politique, l'UMP, dont j'étais encore le président d'honneur, qui prendrait en charge la majeure partie de la dette de mon prédécesseur. Les soixante membres du bureau politique approuvèrent à l'unanimité ma résolution, à l'exception d'un seul participant, qui avait choisi de voter contre. Il s'agissait de Louis Giscard d'Estaing, le propre fils de VGE, qui apparemment n'en avait pas fini de solder les comptes de son père avec Jacques Chirac. Cela témoignait d'une amertume peu glorieuse. Quelques parlementaires de la majorité dénoncèrent également cet arrangement qui, à les entendre, risquait d'« alimenter la thèse du “tous pourris” ». Curieusement, ils étaient membres de la frange la plus droitière de ma famille politique. Je trouvais qu'ils faisaient preuve de bien peu de courage et d'une certaine dureté de sentiments. J'étais finalement heureux de ce règlement à l'amiable qui ne suscita pas de polémiques dans la presse. Naturellement, personne ne me donna crédit de ce geste, mais on ne m'en fit pas davantage grief. C'était déjà cela.

J'avais été un militant puis un cadre du parti de Jacques Chirac, je me sentais redevable de l'action de celui qui avait été si longtemps son président, et également comptable de ce qu'il avait fait de bien comme de moins bien. Je devais donc assumer ma part de responsabilité collective, même si je n'en avais eu aucune à titre individuel. C'était vraiment une question d'éthique personnelle sans aucune forme d'arrière-pensée politique. Je savais pertinemment que ni Jacques Chirac ni sa fille Claude ne m'en témoigneraient de reconnaissance. J'étais sans illusions. Je n'avais rien à en attendre en tout cas sur ce plan. Je ne fus d'ailleurs pas surpris ni déçu lorsque mon prédécesseur, malgré ce que je venais de faire pour lui, appela à voter pour François Hollande en 2012. Pour Bernadette Chirac, c'était différent, puisque nous étions liés depuis bien longtemps par des sentiments affectueux qui m'interdisaient de la laisser dans les problèmes sans lui venir en aide.

La seconde difficulté était tout aussi politicienne, mais la moindre brindille pouvait enflammer tout le reste dans le climat politique du moment. Cette fois-ci, c'était le couple Kouchner-Ockrent qui était sous le feu roulant des critiques et que je devais soutenir, alors même qu'à l'inverse il ne le faisait pour moi que d'une manière de plus en plus intermittente. Le problème était né par ma faute car, sans doute imprudemment, j'avais proposé, quelques mois auparavant, la nomination de Christine Ockrent à la tête de France 24, alors que son mari était ministre des Affaires étrangères. Les compétences professionnelles de cette dernière n'étaient pas en cause. Sa légitimité si, du fait des fonctions de son mari. J'avais été imprudent. De surcroît, le caractère de la célèbre journaliste, que je découvrais jour après jour, ne facilitait pas les choses. Elle était brillante, professionnelle, mais cassante et autoritaire. Il ne s'était pas passé quelques semaines avant qu'elle ne se soit mise tout le monde à dos. Elle venait de licencier le directeur de l'information de la chaîne qu'elle dirigeait, Ulysse Gosset, après la diffusion d'un portrait au vitriol de Bernard Kouchner. Le rapprochement était facile à faire, même si je n'ai jamais eu le fin mot de l'histoire. De surcroît, la cohabitation avec le président de France 24, Alain de Pouzilhac, devenait chaque jour plus complexe. Le cocktail avait fini par être détonant.

Je devais ajouter à tout cela que Bernard Kouchner enchaînait les coups de sang et les gaffes. La crise politique couvait. Il en allait de même avec le moral de ce dernier, qui oscillait en permanence entre l'exaltation et la dépression. Dans la même semaine, il pouvait me demander davantage de responsabilités et de proximité, puis songeait à démissionner. C'était à y perdre son latin. *Le Nouvel Observateur* s'était même procuré une lettre que mon ministre était censé m'avoir adressée, dans laquelle il me faisait part de sa décision de quitter le gouvernement. Le problème était que je n'avais jamais reçu cette missive, qu'il ne m'avait d'ailleurs pas adressée ! Dans un moment d'abattement, il avait dû communiquer un brouillon à un journaliste de ses amis dans cette rédaction dont l'engagement à gauche était bien connu. Ce n'était vraiment pas habile. Et quand je lui avais demandé s'il souhaitait partir, il s'était récrié avec indignation, protestant de sa fidélité et de son engagement à mes côtés. C'était difficile à suivre et encore plus à supporter. Je sentais ma patience atteindre ses limites. Ma résolution commençait à se former. Je me séparerais sans doute de Bernard Kouchner au prochain remaniement. En l'état actuel, c'était une occasion d'agitation parfaitement inutile, dans une situation politique qui en avait d'autant moins besoin que nous étions désormais dans le dur de la réforme des retraites.

Le Parlement était en train de voter le texte, et la mobilisation dans la rue ne faiblissait pas. C'était le moment où tout pouvait basculer, dans un sens comme dans l'autre. J'avais dû faire une déclaration lors du Conseil des ministres de la rentrée sur le sujet. C'était une façon de fixer le cap et d'appeler chacun au sang-froid. Nous étions sur le bon chemin, mais une maladresse pouvait, en un instant, ruiner tous nos efforts. J'expliquai qu'une pension de retraite sur dix était financée par la dette. Il fallait donc sauver le système de la faillite. Je ne pouvais pas céder, même si je comprenais la gêne que toutes ces grèves représentaient pour les usagers des services publics. Je précisai que c'était cependant une bonne occasion de tester le service minimum que nous avions fait voter dès 2007. J'annonçai un ultime effort de concession en élargissant le maintien des 60 ans pour le départ à la retraite des salariés ayant un taux d'incapacité égal ou supérieur à 20 %. Je soulignai que, par souci d'équité, nous avions décidé d'imposer un effort supplémentaire pour les hauts revenus qui représenterait quatre milliards. Ce qui était loin d'être négligeable. Je confirmai la convergence des règles entre le public et le privé, qui était attendue depuis bien longtemps. Le nouvel âge de départ à la retraite à 62 ans concernerait donc tous les assurés, et notamment les fonctionnaires. Je terminai en appelant chacun à la responsabilité et la majorité à la solidarité avec le gouvernement.

Comme on peut le constater, il n'y a rien de nouveau sous le soleil. Treize années plus tard, c'étaient les mêmes griefs qui s'adressaient au président Emmanuel Macron et la même colère résignée qui emporterait les Français. Cette réforme n'était ni agréable ni facile. Elle ne l'était pas davantage à mon époque qu'elle ne l'est aujourd'hui. Les Français n'étaient pas contents, mais ils savaient au fond d'eux-mêmes qu'il fallait bien en passer par là. J'aurais pu décrire, étape par étape, ce qui allait se passer en 2023. C'était tellement prévisible et surtout conforme à ce que j'avais vécu.

Je sentais ma majorité fébrile. Il faut dire qu'il y avait de quoi. Des centaines de lycéens étaient venus grossir les rangs des manifestants. Quatre-vingts établissements étaient touchés, dont quatorze bloqués. Par ailleurs, un tiers des départements avaient des difficultés d'approvisionnement en carburant, en raison des blocages des raffineries. Éric Woerth se battait bien et avec un réel courage, épaulé par son brillant directeur de cabinet, Sébastien Proto. Seul point positif, les éditorialistes commençaient à s'inquiéter de la radicalisation du mouvement social. On pouvait lire dans *La Charente libre* qu'une « radicalisation sauvage sans pratiquement aucune chance de faire reculer un pouvoir inflexible amputerait sérieusement le capital de sympathie des organisations syndicales ». Je sentais qu'il y avait une faille sur laquelle je devais appuyer. Pourtant, les syndicats ne faiblissaient pas dans leur détermination, puisque les manifestations du début du mois d'octobre rassemblèrent près de trois millions de personnes. Ce qui faisait encore beaucoup. Les universités étaient elles aussi entrées dans le conflit. Onze sur les quatre-vingt-trois se trouvaient déjà occupées par les grévistes. La presse étrangère, toujours aux aguets, s'inquiétait d'un possible « chaos » en France. De nombreux médias mondiaux faisaient leur une sur la mobilisation contre la réforme des retraites. Tous parlaient d'un pays paralysé par un bras de fer qui allait en se durcissant entre un président « qui martèle qu'il ne cèdera pas » et un « mouvement de contestation qui se durcit chaque jour davantage ».

Pour autant, personne ne s'aventurait à prédire l'issue du conflit. J'en étais bien incapable moi-même, tout en étant persuadé que je ne pouvais céder. Le *Times* résumait les choses à sa manière, qui n'était pas la plus mauvaise, en scandant à la une : « Situation explosive ! » C'était vrai, avec de surcroît des violences qui commençaient à se généraliser.

Le premier signe encourageant n'apparut finalement que lors de la septième journée d'action du mouvement syndical. Nous étions au lendemain de l'adoption définitive du texte par le Parlement. La presse avait titré : « Une mobilisation en nette baisse ». Je pouvais exprimer mon soulagement. Nous avions franchi le sommet le plus escarpé. Nous pouvions amorcer la descente. C'est peu dire que j'étais soulagé. Qu'est-ce qui avait été décisif ?

Encore aujourd'hui je me le demande. Pourquoi si soudainement ce mouvement social qui semblait « au bord de l'explosion » était-il en train de se déliter, de se résigner, d'accepter sa défaite ? Il est certain que le vote acquis et donc définitif au Parlement avait marqué un tournant pour l'opinion publique. Le contester revenait à remettre en cause le fonctionnement de la démocratie – d'autant que je n'avais pas fait usage de l'article 49.3. Cela n'est jamais populaire dans une France qui a conservé un souvenir confus mais désagréable de toutes les périodes d'émeutes et de barricades dont elle aime souvent l'idée mais rarement la réalisation. Était-ce la lassitude des grèves et des blocages, qui commençaient à exaspérer les Français ? Était-ce la perspective de l'élection présidentielle ? Tous les acteurs de la révolte semblaient penser qu'ils pourraient prendre leur revanche dans quelques mois en me faisant mordre la poussière. Il y avait peut-être un peu de tout cela, sans que je sois capable d'en démêler les fils. Toujours était-il que nous venions de remporter notre bras de fer. J'étais persuadé que cet acquis compterait au moment où les observateurs auraient à faire le bilan de mon quinquennat. En attendant, cela se traduisait par une nouvelle baisse de ma popularité, comme si l'opinion publique, qui me tenait à l'œil, m'adressait le message de ne surtout pas me réjouir trop tôt.

*
* *

Pour s'évader vers d'autres horizons, il n'y a sans doute rien de tel qu'un bon film. Cet art, quand il est porté par des réalisateurs talentueux, vous embarque dans sa poésie et vous permet de vous abandonner à vos émotions. C'était ce que Carla et moi avions choisi de faire, lors d'une soirée de ce morne mois d'octobre, en passant dans la salle de l'Élysée le film *Des hommes et des dieux* de Xavier Beauvois. Cet endroit est situé sous le jardin d'hiver du palais présidentiel. Il compte une soixantaine de fauteuils confortables de couleur rouge et permet en toute discrétion de ne pas se tenir trop éloigné de l'actualité cinématographique. J'aimais bien m'y rendre, même si j'ai toujours préféré voir les films en compagnie d'un vrai public. Pour l'occasion, nous avions invité le réalisateur du film, les producteurs, Pascal Caucheteux et Étienne Comar, qui étaient également scénaristes, Costa-Gavras et le ministre de la Culture, Frédéric Mitterrand. Quelques amis personnels s'étaient joints à nous. L'interprétation de Lambert Wilson comme celle de Michael Lonsdale étaient éblouissantes de vérité et d'authenticité. Ils s'étaient glissés dans la personnalité des moines de Tibhirine avec une facilité déconcertante. J'étais d'autant plus ému que, ministre de l'Intérieur, j'avais pu me rendre sur les lieux de ces abominables assassinats au cœur de la montagne algérienne. Jamais nous n'avions eu le fin mot de l'histoire, ni sur les auteurs ni sur les commanditaires de ces crimes contre des hommes qui n'avaient cessé de prêcher et de faire le bien autour d'eux, y compris à l'endroit des musulmans au milieu desquels ils vivaient. Ces martyrs méritaient qu'un hommage leur soit rendu de manière posthume. Le film de Xavier Beauvois leur faisait honneur. Ce n'était que justice.

C'était ce mois d'octobre que j'avais choisi pour lancer l'initiative « Ciné Lycée », que je pensais importante pour développer l'envie de cinéma chez les plus jeunes. Je voulais que les quatre mille cinq cents lycées français deviennent des lieux qui puissent favoriser l'émergence d'un public amoureux de la culture, c'est-à-dire ouvert au cinéma, au théâtre, aux concerts, aux expositions... J'avais la conviction que les 2,1 millions de lycéens devaient être préparés et incités à devenir les spectateurs du futur. Il s'agissait donc de proposer à tous ces établissements scolaires les chefs-d'œuvre de notre patrimoine cinématographique afin qu'ils puissent en disposer, se les approprier, les connaître et les apprécier. J'étais persuadé qu'en offrant cette possibilité dès le plus jeune âge, on permettait de créer les habitudes des futurs citoyens passionnés de culture. Il s'agissait de multiplier dans la France de demain les adultes cultivés qui feraient vivre l'économie de la culture et prospérer l'identité culturelle française.

La première difficulté fut celle de la négociation des droits des deux cents films qui avaient été retenus. Cela avait coûté pas moins de six cent cinquante mille euros. Dans mon esprit, c'était un investissement qui méritait bien cet effort. La deuxième précaution consista à ne pas rendre cette initiative obligatoire, ce qui aurait été le meilleur moyen de rebuter nombre de lycéens. Nous nous étions donc servis des réseaux sociaux en mettant à disposition de chaque lycée un site dédié, dont il pouvait faire l'usage qui conviendrait le mieux à ses élèves. Nous avions commencé par le cinéma parce que, pour reprendre la belle formule de Claude Lelouch, il est l'art le plus immédiatement accessible, notamment par les plus jeunes, tellement familiers avec l'image. Enfin, il y avait eu la problématique de la sélection des films, qui pouvait ouvrir à toutes les polémiques. Nous avions choisi une première liste que chacun pouvait critiquer et dont je souhaitais qu'elle fasse l'objet d'un « bilan contradictoire » à la fin de l'année scolaire par tous les lycéens impliqués dans l'organisation de cette opération Ciné Lycée. J'avais beaucoup d'ambition pour cette nouvelle initiative culturelle, puisque je souhaitais qu'elle soit, dès l'année suivante, ouverte au théâtre, afin que toutes les pièces subventionnées puissent être présentées dans les lycées en version filmée une fois le spectacle devant le public terminé. Puisqu'elles avaient bénéficié d'aides publiques, il me semblait qu'il s'agirait d'un juste retour des choses.

Puis viendrait le tour de l'opéra. Je voulais que le monde de la culture puisse sortir de sa routine et s'ouvrir à d'autres publics, à d'autres initiatives, à d'autres façons de faire. Ce fut plus exigeant et difficile que je ne l'avais imaginé tant ce monde est conservateur et déteste être dérangé dans le confort de son fonctionnement habituel. Le contraste était même étonnant entre la liberté de l'esprit de création du monde de la culture et sa rigidité dès qu'il s'agissait de « diffusion ».

*

* *

Je devais, une nouvelle fois, me rendre au Vatican afin de rencontrer le pape Benoît XVI pour lequel, j'ai déjà eu l'occasion de le dire, j'ai toujours éprouvé une profonde admiration et une bien sincère sympathie. J'avais sollicité le rendez-vous afin que soient dissipés tous les malentendus qui avaient pu naître à la suite du discours de Grenoble sur les Roms. L'audience avait été accordée par le Saint-Père avec une célérité qui impressionna les familiers comme les connaisseurs du Vatican. La presse s'attendait à une confrontation. Elle en fut pour ses frais puisque Benoît XVI m'accueillit chaleureusement et dans un français particulièrement soigné d'un « Bonjour, monsieur le président, j'ai gardé un grand souvenir de ma visite en France ». Nous nous entretînmes dans la bibliothèque privée du pape. Ce fut lors de cette audience que nous parlâmes de Florence Cassez. Je lui avais apporté un cadeau que j'avais choisi avec un soin tout particulier. Il s'agissait d'une édition d'époque du *Génie du christianisme* et des *Mémoires d'outre-tombe* de Chateaubriand. Le Saint-Père, qui était un fin lettré et un grand amateur de livres anciens, en fut visiblement heureux. Il me remercia très chaleureusement. Il m'offrit en retour une gravure ancienne représentant la place Saint-Pierre. Le tableau était frappé du sceau papal, fixé à même le cadre. Je l'ai conservé précieusement. Sa valeur affective est importante. Il me rappelle ce saint homme et les nombreux échanges que nous avons eus.

Les journalistes ironisèrent beaucoup sur les raisons profondes de mon déplacement. Pour eux, il ne s'agissait que d'arrière-pensées politiques, qui s'étaient imposées afin de me permettre la reconquête de l'électorat catholique, que, selon leurs dires, j'avais perdu. D'abord, si cela avait été vrai, il n'y aurait rien eu de scandaleux ou même d'anormal. Nous approchions de l'échéance décisive, j'aurais été dans mon rôle en essayant de mobiliser mon électorat. Mais le plus étrange était qu'aucun d'entre eux ne me prêtait un sentiment sincère. Pas un ne s'imaginait que je pouvais être intéressé, ému, préoccupé par les avis du pape sur les grands sujets du moment et que je souhaitais échanger avec lui. Peut-être était-ce ma faute, mais souvent les observateurs me suspectaient d'une « légèreté » qui m'a toujours été étrangère. Les questions se rapportant à la transcendance me fascinent de longue date. Avec qui mieux que le pape pouvais-je les évoquer ? Je n'en parlais jamais en public, sans doute par pudeur, comme je le faisais pour toutes les choses vraiment importantes à mes yeux. D'une manière générale, il est assez troublant d'observer que la sincérité d'une démarche n'était jamais mise au crédit d'un responsable politique, toujours suspecté de cynisme. Il en va tout autrement pour les dirigeants d'ONG ou d'associations, toujours médiatiquement parés des meilleures intentions. Ce n'est pourtant pas faire injure à ces derniers que de souligner que les luttes de pouvoir en leur sein n'ont rien à envier en violence à celles de la politique.

Durant cette visite, nous passâmes à la chapelle Sainte-Pétronille, pour un temps de recueillement et une cérémonie pour la France célébrée par le cardinal Tauran. La basilique Saint-Pierre est propice aux démarches introspectives. Ce fut comme un moment suspendu qui faisait du bien et autorisait le calme d'une réflexion plus essentielle. J'étais touché par la grande sérénité des lieux.

François Bayrou se fit remarquer par son aigreur. Il déclara qu'il n'approuvait pas ma visite au Vatican. Il ne me semblait pourtant pas lui avoir demandé son avis… Il précisa : « Je suis quelqu'un qui a la foi. Je n'aime pas qu'on mélange religion et politique. » C'était exactement ce qu'il était en train de faire. Sans doute aurait-il aimé bénéficier d'une telle audience. Lors des échanges avec le Saint-Père, nous parlâmes de Dieu et de sa place dans nos sociétés. Benoît XVI était un homme sage et bon. Je lui redis ma conviction que les drames que l'humanité avait connus au XXe siècle n'étaient pas nés d'un excès de l'idée de Dieu, mais de sa redoutable absence. Le pape en était convaincu. Il me rappela son soutien à l'idée que j'avais avancée de laïcité positive et me confia combien il avait trouvé injustes les critiques qui m'avaient été faites. La laïcité devait veiller à la liberté de penser, à celle de croire ou de ne pas croire, mais ne pouvait pas conduire à considérer les religions comme un danger.

Je suis certain, après avoir mûrement réfléchi à toutes ces questions, que l'idée de Dieu n'asservit pas l'homme, mais le libère. Sans elle, l'homme se considère comme son propre dieu. Et c'est là que la catastrophe se produit. Que le président d'un pays qui partageait avec l'Église deux mille ans d'histoire commune exprimât cette conviction me semblait légitime. Nous ne pouvions nous permettre d'oublier d'où venait ce trésor que sont les valeurs morales, la culture, la civilisation, qui sont inscrites au cœur de nos racines chrétiennes et de notre identité. Dire et penser cela n'empêche nullement la distinction parfaitement nécessaire entre le spirituel et le temporel. L'Église ne pouvait demeurer indifférente aux problèmes de la société à laquelle elle appartenait en tant qu'institution, pas plus que la politique ne pouvait être indifférente au fait religieux et aux valeurs spirituelles et morales. Il n'y a pas de religion sans responsabilité sociale ni de politique sans morale. Le dernier mot sur ce sujet devrait pouvoir rester à Charles Péguy : « La foi que j'aime le mieux sur ce sujet, dit Dieu, c'est l'espérance. [...] Cette petite espérance qui n'a l'air de rien du tout. » En quoi l'espérance pourrait être un problème pour la politique ? En rien...

*

* *

En ce mois de novembre 2010, Dominique Strauss-Kahn était plus qu'à la mode, en tout cas pour les médias, qui n'en finissaient plus de vanter son intelligence et d'admirer ses capacités. Un article de *Newsweek* commençait ainsi : « DSK s'est occupé de sauver le monde et c'est ce qui pourrait le qualifier pour diriger la France. » On a connu jugement plus impartial ! Toute la presse internationale était contaminée, soulignant que le pouvoir du directeur général du Fonds monétaire international ne cessait « de grandir au milieu de la crise ». On prétendait même que les pays du G20 s'étaient tournés vers DSK pour qu'il les aide. Aux yeux de ces observateurs, il pouvait désormais revêtir les habits du sauveur sinon du monde, du moins de l'économie mondiale. Tout cela était exagéré et témoignait d'une volonté partisane souvent observée dès qu'il s'agit de décrire l'activité d'un homme de gauche, spécialement s'il revendique son appartenance à un courant modéré et libéral. En France, le journal *L'Express* faisait ouvertement campagne, sans nuance et sans distance, pour son nouveau champion. L'éditorial était inouï en termes d'imprudences prospectives : « Soit DSK sert la France en se déclarant candidat à la présidence, soit il la sert également en sauvant l'économie mondiale au FMI. C'est un dilemme grandiose qui ferait rêver n'importe quel politique. » Après de tels propos enflammés et bien éloignés de tout effort d'analyse, on pouvait comprendre pourquoi cet hebdomadaire, autrefois sérieux et de référence, était à présent sur le déclin, à force de décourager ses lecteurs par tant de professions de foi aussi naïvement béates. Les observateurs en profitaient pour expliquer que j'avais déjà perdu la prochaine élection, brossant un portrait de moi parfaitement opposé à celui de mon futur compétiteur. La réalité se trouvait être naturellement bien différente.

DSK était un homme intelligent, habile et sympathique. C'était incontestable. J'avais cependant observé depuis fort longtemps chez lui deux failles qui ne cessaient de s'agrandir. Il y avait d'abord son dilettantisme. Il ne pouvait se concentrer longtemps. Il se lassait rapidement si on lui demandait de suivre un même dossier et préférait vibrionner plutôt qu'approfondir. Il y avait ensuite un contentement de soi qui avait fini par devenir caricatural. Il est vrai que l'adulation dont il faisait l'objet ne devait pas faciliter l'exercice d'une lucidité introspective. Les journalistes décrivaient ainsi le dilemme de conscience de DSK : « Étant donné ses visions ambitieuses, il n'est pas anormal de se demander si la France ne paraît pas trop petite aux yeux de Strauss-Kahn. » La France, trop petite ! Vous avez bien lu. Il s'agit d'une citation rapportée telle quelle par la célèbre Agence France-Presse. C'était dire à quel point le monde médiatique avait perdu toute mesure et s'enflammait sans craindre le ridicule, dont on a longtemps prétendu qu'il ne tuait pas. C'était loin d'être mon avis…

Une fois encore, la réalité était différente. Dominique Strauss-Kahn remplissait bien ses fonctions de directeur général du FMI. Mais tous ceux qui ont fréquenté cette institution savent que c'est la technostructure qui fait l'essentiel et que la marge de manœuvre du directeur général est faible, voire infime. Sans compter que ce sont les Américains, et eux seuls, qui y font la pluie et le beau temps. Rien ne se décide sans leur accord préalable. Cela n'enlevait rien aux mérites de DSK, mais ramenait à de plus justes proportions la mode hagiographique qui soufflait si fort en France en faveur du probable candidat socialiste. Ayant participé à toutes les réunions du G20 au niveau des chefs d'État avant de moi-même présider cette instance, je peux certifier ne jamais y avoir entendu DSK prendre la parole ou même proposer une initiative nouvelle. Je ne lui en fais nullement le reproche. Je me contente de décrire une réalité. Quant au risque qu'il représentait dans la course présidentielle, je ne partageais pas les analyses des politologues unanimes, ni même les craintes maintes fois exprimées par mes propres amis. Je pensais profondément que les défauts de DSK seraient insurmontables à la lumière crue du combat pour la présidence. Je savais que les angles d'attaque ne manqueraient pas le moment venu. Le pire dans une compétition aussi dure et violente est de se trouver face à un concurrent qui ne laisse place à aucune prise, au moins durant le temps de la campagne. Les candidats les plus banalement normaux y sont redoutables, car il leur est possible de masquer ce manque de personnalité durant la brève période de la compétition électorale. Ce n'est qu'ultérieurement qu'apparaissent leurs faiblesses. À l'inverse, les défauts trop saillants ne peuvent être dissimulés. La suite montrerait la justesse de cette analyse…

Mon impression générale fut confirmée par le rendez-vous que j'avais fixé à Dominique Strauss-Kahn en ce début de novembre. Nous avions pris l'habitude de nous retrouver tous les six mois pour faire le point sur la situation du FMI et de l'économie mondiale. Nos entretiens étaient en général sympathiques et assez intéressants. Nous échangions d'une façon libre, relativement confiante car sans arrière-pensées et sans formalisme. Mais ce jour-là je perçus tout de suite la différence d'attitude marquée par mon visiteur… Pour tout dire, il ne marchait pas. Il volait. Il avait psychologiquement décollé. Il commença par me faire une leçon sur la situation internationale. Lorsqu'il parlait des chefs d'État qu'il avait rencontrés, il tenait à utiliser exclusivement leur prénom pour montrer à quel point il en était proche. Ses avis comme ses jugements tombaient avec le tranchant d'une guillotine. Le doute ne l'habitait plus. Ce fut un rendez-vous étrange, quoique reposant. Reposant, car je n'eus pratiquement pas un mot à dire tant mon interlocuteur s'enivrait de sa propre logorrhée. Étrange, parce que je voyais physiquement les ravages que l'excès de confiance et de contentement pouvaient faire sur un homme pourtant doté d'une intelligence certaine. Quand Dominique Strauss-Kahn eut quitté mon bureau, je me posai sincèrement la question de ce que l'avenir pourrait réserver à une telle arrogance.

J'ignorais tout de ce que seraient ses ennuis futurs, qui étaient d'ailleurs inimaginables, mais je remarquai comme rarement un déséquilibre chez cet homme qui m'avait donné l'impression de marcher sur un fil tendu au-dessus du précipice de ses démons intimes. C'était un mélange de prétention et de fragilité. Peut-être, au-delà des seules apparences, était-il lui-même conscient de ces dernières ? J'avais en face de moi un joueur addict qui misait avec une intensité d'autant plus folle qu'il ne se faisait guère d'illusions sur sa longévité. Je n'étais ni réjoui ni triste de ce spectacle. Simplement mal à l'aise.

*
* *

Je commençai le mois de novembre par un nouveau voyage à Londres. Cette visite était importante. J'avais l'ambition de renforcer notre coopération et nos liens militaires avec la seule puissance européenne dotée d'une armée digne de ce nom. J'ai toujours cru dans le partenariat franco-britannique. Je voulais donc lui donner une réelle consistance. Ce fut à cette occasion que nous signâmes les accords dits de Lancaster House, qui eurent un réel retentissement et qui, aujourd'hui encore, font référence. J'appréciais le Premier ministre, David Cameron, jeune, intelligent, jovial et vraiment très sympathique. J'ai peu souvent rencontré un homme politique étranger avec lequel j'avais spontanément envie de devenir ami ou du moins proche. Il était constamment souriant et de bonne humeur. Sa courtoisie et son absence d'ego dans les rapports personnels m'impressionnaient. C'était aisé de discuter avec lui et même de trouver un accord. Il ne m'a déçu qu'une seule fois, lorsqu'il a commis la grave erreur de céder à l'aile la plus souverainiste de sa majorité en quittant le Parti populaire européen. Ce fut la première étape de cette longue et fatale descente aux enfers vers le Brexit. Abandonner la famille des Européens convaincus pour courir après celle des souverainistes les plus acharnés revenait à acheter pour son pays un billet pour l'inconnu sans retour possible. Nous n'en étions pas encore là, mais je pressentais la tentation du séparatisme et j'espérais sans doute naïvement qu'en multipliant les partenariats nous pourrions éviter la catastrophe.

Pour mettre en place cet accord historique, nous avions prévu la signature de deux traités. Le premier concernait l'arme nucléaire et la possibilité pour nos deux Nations de faire des essais et des recherches en commun. C'était important de mutualiser les dépenses dans le domaine des technologies avancées pour des raisons financières évidentes. Le seul coût de maintenance de la « bombe nucléaire française » avoisinait les quatre milliards d'euros annuels, et ce simplement pour la conserver en état d'utilisation optimale. Le second traité prévoyait la création d'une force militaire conjointe de plusieurs milliers d'hommes, mobilisables pour des opérations extérieures. Une fois encore, il était question de rationaliser les coûts afin de les réduire et de partager les risques politiques, ce qui était à mes yeux au moins aussi important. Toutes ces interventions hors de nos frontières nous exposaient beaucoup sur la scène internationale. Agir avec les Britanniques était une façon de réduire la taille de la cible que nous représentions. Ces accords étaient d'une ampleur inédite et témoignaient de la proximité de nos analyses. David Cameron et moi nous avions déclaré que « nos deux pays avaient atteint un niveau de confiance jamais égalé durant notre longue histoire commune ». Il ne s'agissait pas d'emphase. C'était vrai et cela ne me donne que davantage de regret quand je constate ce qu'est devenue la situation aujourd'hui. Il faudra bien qu'un jour les fossoyeurs de l'Union comme Boris Johnson aient à rendre des comptes sur cette erreur historique qui a permis une telle distanciation des relations entre les îles britanniques et le continent européen.

Les accords de Lancaster House prévoyaient que les simulations sur le fonctionnement de notre arsenal nucléaire se dérouleraient désormais dans un même laboratoire, implanté près de Dijon. Dans le même temps, un centre de recherche franco-britannique devait s'ouvrir aux spécialistes de nos deux pays dans le sud de l'Angleterre. C'était en outre une façon de témoigner de notre volonté de ne pas relâcher notre effort de défense dans un monde qui devenait chaque jour un peu plus dangereux et instable. Pour l'occasion, David Cameron avait été courageux, car nombreux étaient ceux qui, dans son propre parti, lui reprochaient cette « amorce d'armée européenne ». C'était parfaitement inexact, car chaque pays conservait sa totale souveraineté, notamment en termes d'utilisation de l'arme nucléaire, qui relevait, comme il se devait, des seules autorités nationales. Il n'en restait pas moins que la polémique avait été forte en Angleterre.

Loin de nous refroidir, nous avions même été plus loin en prévoyant d'installer des avions français sur un porte-avions britannique, et bien sûr d'assurer la réciproque sur nos propres navires. Cela n'avait pas été si simple, car les chasseurs anglais décollaient et atterrissaient verticalement, quand les avions français utilisaient des catapultes et des câbles de freinage ! Le diable se logeait dans des détails techniques que nous avions réussi à surmonter. Cette coopération me semblait stratégique autant que naturelle pour deux pays qui croyaient dans les mêmes valeurs démocratiques et n'étaient séparés géographiquement que par la trentaine de kilomètres de la Manche. Cela me semblait en tout cas infiniment plus réaliste que l'idée fumeuse d'une armée européenne, dans laquelle je n'ai jamais cru. Cette coopération entre deux États souverains ne présentait que des avantages et aucun inconvénient.

Ce mouvement politique majeur n'aurait pas été possible sans la décision que nous avions prise de réintégrer quelques années auparavant le commandement de l'Otan. La cohérence de ce choix apparaissait désormais au grand jour. Les commentateurs ne s'y trompèrent pas et saluèrent quasi unanimement ce rapprochement spectaculaire. Dans *La Voix du Nord*, on pouvait lire : « Oubliées Jeanne d'Arc, Trafalgar, Waterloo, Fachoda… Demain, on verra des Rafale catapultés par un porte-avions de Sa Gracieuse Majesté. » C'était bien vu. Cela montrait que, malgré une histoire tourmentée, deux pays si souvent adversaires par le passé pouvaient devenir amis et alliés. La politique, mise au service de la paix et de l'union, avait la capacité de réussir de grandes choses, à condition de comprendre que le chemin de la concorde était bien plus escarpé, semé d'embûches et complexe à emprunter que celui de la discorde, du divorce et de la séparation. C'est hélas très exactement ce dernier que j'ai vu à l'œuvre toutes ces dernières années entre le Royaume-Uni et l'Europe. Nous n'avons pas fini de payer le prix de cet immense gâchis.

La seule ombre au tableau de ce déplacement en Grande-Bretagne fut le comportement réellement étonnant d'Hervé Morin, le ministre de la Défense. Cela aurait dû être, sinon son jour de gloire, du moins celui de son omniprésence. À ma grande surprise, je ne le vis que très peu durant la longue journée de négociations des accords de Lancaster. Dans mon souvenir, il passa une grande partie de ce sommet accroché à son téléphone portable, et visiblement ce qui s'y disait le préoccupait bien davantage que ce que nous étions en train de faire. Je m'en inquiétai auprès de mes collaborateurs, craignant que mon ministre ait rencontré une difficulté personnelle particulière. Personne ne fut en mesure de me donner la moindre indication, pas davantage dans mon équipe que dans la sienne. Je n'allai pas au-delà dans mes recherches, car je ne voulais pas être intrusif. J'ai toujours eu les indiscrets en horreur. Il n'empêche que ce comportement n'a pas été adapté à la solennité du moment que nous avions vécu. J'en avais été troublé. Cela tombait mal pour l'intéressé, puisque j'étais sur le point de déclencher les opérations du prochain remaniement. Dans mon esprit, le sort d'Hervé Morin était scellé. Il ne tarda pas à le comprendre… avec retard.

*

* *

Je voulais impulser un souffle de fraîcheur à l'équipe gouvernementale, qui était sortie épuisée, en tout cas en termes d'image, du rude combat livré pour les retraites. Nous avions clairement besoin d'un nouveau départ qui acterait la fin d'une période et le début d'une autre. Je savais qu'un remaniement, si important soit-il, ne bouleverserait pas l'opinion publique. Mais que faire quand le gouvernement était à ce point usé ? Cela me permettait en outre de corriger certaines faiblesses qui avaient fini par devenir criantes. Beaucoup me suggéraient de changer de Premier ministre. Jean-Louis Borloo le premier, qui était particulièrement pressé d'enfiler le costume de futur locataire de Matignon. Il menait une campagne tous azimuts, arguant de son « image sociale » et de sa capacité à réconcilier tout le monde. Et de fait, il était sorti assez intact du combat pour les 62 ans, mais c'était parce qu'il y avait très peu pris part ! En un mot, il s'était aussi soigneusement qu'habilement caché. Il savait parfaitement disparaître quand il se trouvait mal à l'aise. Je m'en étais aisément rendu compte puisqu'il n'avait pas donné la moindre interview sur le sujet. Cela n'avait pas remonté sa cote auprès de moi. Par ailleurs, avec les déficits accumulés du fait de la crise financière, je n'étais vraiment pas enclin à confier les clefs de la gestion budgétaire à un Premier ministre de grande empathie, mais qui aurait eu du mal à dire « non ». Jean-Pierre Raffarin s'était fendu d'une déclaration dans le journal *Le Monde* pour appeler « à un tournant social et à un recentrage », sous-entendant ainsi que j'étais trop à droite et surtout que j'étais le problème. Ce « bon ami » en tirait la conclusion qu'un nom s'imposait pour Matignon, celui de Jean-Louis Borloo. Aurait-il voulu compromettre les espérances de ce dernier qu'il ne s'y serait pas pris autrement, car dans mon esprit les choses étaient claires : Jean-Louis Borloo plus le tournant social, cela revenait à bâtir une voie royale pour Marine Le Pen et à encourager la démobilisation de mon électorat, que je devais, en tout cas pour une partie, reconquérir. Il me semblait en outre tout à fait contre-productif de déstabiliser ma majorité en changeant par pur caprice un Premier ministre qui n'était pas usé et dont l'image était complémentaire de la mienne. François Fillon rassurait ceux que je pouvais inquiéter. À l'inverse, je stimulais ceux qu'il pouvait déranger par un trop grand conservatisme.

Une fois la question du Premier ministre tranchée, je devais m'occuper des ministres. Je savais que Jean-Louis Borloo se sentirait humilié par mon refus de le promouvoir. Je m'étais préparé à son départ, dont je doutais d'autant moins que je le sentais s'agiter à l'idée d'une éventuelle candidature à la prochaine élection présidentielle. La tentation était sans doute trop forte. Cela ne m'inquiétait pas outre mesure, l'ayant tant de fois observé. Je connaissais le risque toujours possible chez lui de velléité. Je pensais, de surcroît, que ses qualités indéniables et son intelligence fine seraient moins adaptées à la période de combat dans laquelle nous allions entrer. Je n'éprouvais donc pas de regret à l'idée de tourner cette page. Jean-Louis Borloo se donna beaucoup de mal pour convaincre que c'était lui qui avait choisi de partir, afin de retrouver sa « liberté de parole ». C'était de bonne guerre, même si cela ne trompa personne.

Ce fut humainement plus difficile à propos d'Éric Woerth. Il avait bien travaillé. Je lui faisais pleinement confiance. Nous nous étions beaucoup rapprochés depuis le début du quinquennat. J'ai donc vraiment hésité à m'en séparer. J'eus d'ailleurs du mal à me résoudre à cette éventualité. C'était injuste. Je le savais. Je n'étais pas fier de céder face à la meute. Je me rangeai cependant à l'avis de mes plus proches conseillers qui pensaient son départ inéluctable. C'était une chose de l'avoir soutenu dans la tempête de l'affaire Bettencourt, cela en aurait été une autre de le nommer à nouveau, car j'aurais pris le risque de torpiller l'ensemble du nouveau gouvernement. Je reçus donc Éric Woerth pour lui expliquer mes raisons et ma décision. Il fut digne, mais triste et profondément déçu. À la différence de beaucoup d'autres, il ne s'en plaignit jamais publiquement. Il aurait pourtant pu. Je lui en ai conservé une grande reconnaissance et une profonde estime.

Je n'en avais pas fini avec les départs puisque, outre Hervé Morin, je souhaitais me séparer de Rama Yade, qui l'avait mérité par son comportement et ses déclarations à l'emporte-pièce. Je me fendis même d'un appel téléphonique pour le lui signifier. Elle en resta coite. Jamais elle ne m'aurait imaginé capable d'agir avec cette forme de brutalité. Elle était trop sûre d'elle-même. Je lui expliquai les raisons de son départ sans prendre de précautions. Elle comprit qu'elle avait été trop loin dans ce que je considérais être de la déloyauté. Elle perçut mon exaspération à son endroit malgré l'affection que je lui portais, et que je lui porte encore, et l'idée que je me faisais de son grand talent. C'était un beau gâchis. Je n'avais pas réussi à la canaliser. Ce fut plus simple avec Patrick Devedjian, dont l'amertume devenait chaque jour plus visible et donc moins maîtrisable. Il était difficile de comprendre pourquoi nous en étions arrivés là, et comment nos relations avaient pu à ce point se dégrader. Je l'aimais beaucoup, même si je l'avais toujours connu pessimiste, sombre et parfois cynique. Il ne s'était pas remis de ne pas avoir été nommé garde des Sceaux. Curieusement, il ne me l'avait jamais pardonné. Je ne comprends toujours pas quelle aurait été cette légitimité incontournable pour un poste qui, à ses yeux, devait lui revenir de droit. Je l'avais finalement fait entrer au gouvernement, mais il n'y avait pas trouvé sa place. Son amertume n'avait fait que grandir. J'avais fini par me lasser de cette bouderie permanente. Je porte encore le regret de cette rupture alors qu'il n'est plus là. La politique peut séparer et défaire de belles amitiés. C'est un prix lourd à payer.

Le départ d'Hervé Morin ne me posa pas les mêmes problèmes sentimentaux, même s'il fut l'occasion de découvrir un aspect de sa personnalité que j'avais sous-estimé : la brutalité. Je suis également fautif, car j'aurais dû lui donner toute la considération qu'il attendait, ce que je ne fis pas. Son éviction lui resta en travers de la gorge, ce que je pouvais comprendre, mais à ce point c'était étrange. Il se répandit en critiques acerbes, expliquant que le nouveau gouvernement ne serait qu'une équipe de campagne à mon seul service. En un mot, avec son départ, c'était le retour de l'État RPR. Il en tirait la conviction qu'il faudrait une voix centriste pour la compétition de 2012. De là à imaginer qu'il serait candidat, il n'y avait qu'un pas à franchir. C'est ce qu'il fit sans plus de scrupules. Tout cela me laissait de marbre, en tout cas sur le fond, et me confortait plutôt dans ma résolution. Je n'eus que peu de temps à attendre pour recevoir une nouvelle salve de l'intéressé, sous la forme d'un pamphlet qu'il publia dans les semaines qui suivirent son départ pour dire tout le mal qu'il pensait du gouvernement auquel il avait appartenu et du président qui conduisait son action. Je me demandai, dans ces conditions, pourquoi il avait tant tenu à rester dans l'équipe gouvernementale si celle-ci lui déplaisait à ce point. Sans doute était-il devenu un peu masochiste !

J'en avais fini avec les départs. Je pouvais me consacrer aux arrivées. Au premier rang de celles-ci se trouvait Alain Juppé, à qui je confiai le ministère de la Défense. C'était un gage de sérieux pour les militaires après l'impression mitigée laissée par le passage d'Hervé Morin. La communauté de la Défense y gagna au change et apprécia ce mouvement. Je pensais aussi qu'en installant l'ancien Premier ministre au gouvernement je m'achetais un peu de calme. Il lui faudrait s'abstenir de m'envoyer les flèches qu'à intervalles réguliers je recevais de sa part. De surcroît, même si nous avions peu d'atomes crochus personnels, j'appréciais son sérieux. De ce point de vue, il renforçait le gouvernement. Les vents étaient contraires. C'était utile de pouvoir compter sur des hommes d'expérience, et j'appréciais ce renfort. Il fut tellement heureux de sa nomination qu'il l'annonça lui-même quarante-huit heures avant la décision officielle !

Je proposai ensuite à Nathalie Kosciusko-Morizet de remplacer Borloo au ministère de l'Écologie, du Développement durable, des Transports et du Logement. Elle grimpait d'un coup de dix-neuf places dans la hiérarchie gouvernementale. Ce fut presque considéré comme une arrivée, tant son exposition médiatique s'en trouvait renforcée. J'étais confiant dans ses capacités à faire vivre cet immense ministère. Je savais qu'elle ne tarderait pas à faire oublier son illustre prédécesseur. Je ne me faisais en revanche guère d'illusions sur les polémiques et les singularités qu'elle n'allait pas manquer de provoquer. J'aimais son talent comme sa personnalité. Elle était l'une de celles que je considérais comme une amie réelle. J'étais donc prêt à prendre le risque tout en demeurant lucide et sur mes gardes.

Les médias avaient suivi ce remaniement quasiment en direct tout le week-end. Avec un certain cynisme, je m'en réjouissais, car plus personne ne parlait de la réforme des retraites dont je venais de promulguer la nouvelle loi. L'actualité chassait l'actualité. C'était exactement ce que j'avais tenté d'anticiper et ce que je souhaitais. De ce seul point de vue, le remaniement avait rempli sa fonction. Me permettrait-il de reconquérir l'opinion publique ? C'était une tout autre affaire, je n'en étais pas dupe. La presse souligna qu'il s'agissait de « la fin de la politique d'ouverture ». C'était numériquement exact, mais cela tenait moins à un choix politique de ma part qu'à une question de calendrier électoral. À un an et demi de la prochaine élection présidentielle, chacun retrouvait son « lit » politique naturel. La rivière était à nouveau dans son cours historique. C'était prévisible. Je devais davantage me consacrer à la reconquête des miens qu'à leur élargissement. Ainsi va la vie électorale, quand on se lance dans la compétition il faut que toutes vos troupes soient rassemblées et unies autour de vous, la main tendue aux adversaires d'hier ne peut venir qu'après la victoire. Il faut d'abord gagner avant d'élargir. La démocratie tourne autour des rendez-vous électoraux. Ce sont eux qui imposent finalement leur rythme.

Je devais également procéder à quelques ajustements dans mon équipe élyséenne. À mon grand regret, après trois années de bons et loyaux services, Raymond Soubie m'avait fait part de son désir de reprendre les commandes de son groupe d'entreprises, donc de quitter l'Élysée. En plus d'être un remarquable conseiller social, il était un chef d'entreprise aussi fin qu'avisé. La réforme des retraites était maintenant derrière nous. Je ne pouvais refuser de rendre sa liberté à cet homme que j'admirais et que j'appréciais. Il allait me manquer, car j'aimais nos conversations et nos échanges. Le remplacer n'était pas chose aisée.

Mon choix se porta sur Jean Castex, qui avait dirigé le cabinet de Xavier Bertrand et était de surcroît maire de Prades, petite commune des Pyrénées-Orientales proche de Perpignan, où il avait été élu avec l'étiquette de l'UMP. J'aimais le profil mixte de ce Gersois tout à la fois haut fonctionnaire et élu local. C'était un homme de terrain qui tranchait dans le milieu de la haute fonction publique. J'appréciais sa compétence et sa jovialité. Avec son prédécesseur comme avec lui, j'ai pu m'appuyer sur deux très bons connaisseurs de notre démocratie sociale. Ils me furent utiles l'un comme l'autre, et ce d'autant plus que je n'ai jamais été particulièrement enclin à me passionner pour les interminables palabres syndicales. J'aimais décider, agir, argumenter, certainement moins écouter pendant des heures des discours d'intérêt forcément inégal ! Jean Castex fut immédiatement opérationnel et indispensable. Je lui dois beaucoup. J'ai aimé travailler avec lui. J'ai appris à le connaître. C'est un infatigable travailleur, un perfectionniste capable de tout enregistrer. Il est fin, davantage qu'il ne le laisse paraître. Son accent, sa bonhomie, sa simplicité d'allure dissimulent une ambition de fer et une très grande confiance en soi. Ce n'est pas la moindre de ses qualités que de savoir précisément qui il est et ce qu'il veut. Il n'apprécie guère la confrontation. Il peut lui arriver de préférer l'habileté au courage, ce qui pourrait lui nuire si jamais il augmentait la mise de ses ambitions.

Pour clore cet épisode très politique destiné à tourner la page de la dramaturgie des retraites, j'acceptai l'invitation commune de TF1, France 2 et Canal + pour une longue interview télévisée à une heure de grande écoute. C'était l'occasion de répondre à toutes les polémiques, qui avaient été très nombreuses, et de tenter une nouvelle fois de fixer un cap, c'est-à-dire un calendrier de travail pour le gouvernement. À dire vrai, les sujets ne manquaient pas. Nous commençâmes par Fillon, Borloo, Woerth et bien sûr le nouveau gouvernement. Les questions étaient sans surprise, mes réponses n'étaient sans doute guère plus originales. En me remémorant cette émission, je me souviens combien il avait fallu déployer d'énergie sur des sujets périphériques qui ne laisseraient en définitive qu'une trace infime. J'étais aussi coupable que mes interlocuteurs, même si, avec David Pujadas, Michel Denisot et surtout Claire Chazal, j'étais particulièrement bien servi en termes de sujets politiciens. Avec cette dernière spécialement, dont je devinais l'extrême fragilité dès que l'on quittait le terrain de la seule politique pour celui des dossiers de fond, dont elle était peu familière. Nous revînmes notamment sur le nouvel avion présidentiel, baptisé pour l'occasion « Air Sarko One », son coût et son utilité. J'essayai de répondre avec humour et une certaine ironie en prenant le pari que mes successeurs trouveraient ce choix excellent et qu'aucun ne le revendrait ! Pari gagné, comme chacun a pu le constater. Mais pourquoi ne jamais l'avoir appelé « Hollande One » ou « Macron One » ? Mes deux successeurs ont utilisé cet avion autant sinon davantage que moi-même. Pourtant aucune question ne leur fut jamais posée sur le sujet. J'ai souvent pensé que c'était injuste ! Je fus même interrogé sur une sordide affaire d'espionnage de la presse. Des ordinateurs avaient été dérobés à un journaliste enquêtant sur l'affaire Bettencourt. L'avait-il perdu ? Le lui avait-on dérobé ? Je n'en avais nulle idée. Cela n'empêchait pas mes interlocuteurs de m'interroger gravement sur cette faribole.

Plus sérieusement, j'annonçai ma volonté d'avancer sur la question de la taxation des transactions financières afin de mobiliser l'argent dont l'Afrique avait un urgent besoin. C'était à mes yeux capital, ne serait-ce que pour éviter à l'Europe le drame d'une immigration qui risquait de devenir immaîtrisable si ce continent ne sortait pas de la pauvreté qui poussait tant des siens à rêver de s'installer chez nous. J'avais également décidé de reprendre l'offensive contre le Parti socialiste, qui faisait un assaut inégalé de démagogie. La dernière en date avait consisté à pousser les lycéens à descendre dans la rue pour défendre la retraite à 60 ans ! L'on sait depuis que c'est devenu une mauvaise habitude. J'affirmai que « mobiliser les plus jeunes pour cet objectif est absurde alors même qu'avec l'allongement de la durée de la vie nombre d'entre eux peuvent aisément espérer devenir centenaire ».

Enfin, je confirmai mon refus de toute alliance avec le Front national, alors que quelques velléités s'étaient élevées dans le sens inverse au sein de ma majorité. La question de ma future candidature à l'élection présidentielle de 2012 commençait à être sur toutes les lèvres. En vérité, elle ne faisait de doute pour personne. C'était moins évident pour moi que ce que les commentateurs laissaient entendre. En mon for intérieur, je n'étais pas encore décidé. Je me demandais si j'avais toujours le feu sacré. Pour avoir une chance de l'emporter, il convenait d'en avoir vraiment envie, en tout cas bien davantage que mes éventuels compétiteurs. Or, je ressentais une certaine lassitude. Je ne voulais pas me l'avouer, mais l'usure de ces quatre années commençait à émousser mon énergie. À cela, il fallait ajouter les près de cinq années à l'Intérieur et aux Finances. De surcroît, je sentais que pour Carla comme pour mes enfants, cela finissait par représenter beaucoup plus de sacrifices qu'on ne pouvait l'imaginer. Je n'aimais pas l'idée de les voir payer à ce point le prix de ma passion pour la politique. Je répondis donc par une pirouette qui était plus sincère qu'on ne le dit à l'époque : « Je n'ai pas encore pris ma décision. Je le ferai quelque part dans le courant de l'automne 2011. » Bien sûr, il n'était pas question que je dévoile mes intentions plus tôt. Cela aurait été très imprudent. Mais ma réponse n'était pas que tactique. Je voulais conserver ma liberté de choix, y compris pour un renoncement.

En revanche, une chose était claire dans mon esprit et ce jusqu'à la dernière minute de mon quinquennat : nous devions garder l'élan au service de la réforme intact. C'était d'ailleurs le thème du discours de politique générale que j'avais demandé à François Fillon de prononcer devant la représentation nationale. Il fut bon dans cet exercice qu'il maîtrisait et recueillit, à juste titre, l'ovation des parlementaires de la majorité. Finalement, j'étais heureux d'avoir pu passer l'écueil de la réforme des retraites sans véritable dégât politique et sans la moindre « casse sociale ». Plus personne n'en parlait. La page était tournée. C'était comme si cela n'avait jamais existé. Cela constituait en soi une sacrée victoire.

*

* *

En cette fin d'année, je fus confronté au règlement du dossier africain, sans doute le plus délicat comme le plus grave de tout mon mandat. Il s'agissait de l'élection présidentielle ivoirienne, qu'avait remportée Alassane Ouattara, dont le résultat était violemment contesté contre toutes les évidences par le président sortant Laurent Gbagbo. Le score était pourtant sans appel dans ce pays de trente millions d'habitants. 54,1 % des suffrages pour le premier, 45,9 % pour le second. Ces chiffres avaient été communiqués par la commission électorale indépendante, mais ils furent immédiatement dénoncés par le président du Conseil constitutionnel ivoirien. Ce dernier était un proche de Gbagbo. L'imbroglio était total. La tension se trouvait hissée à son comble. Une sanglante guerre civile menaçait d'éclater à tout instant, exaltée par les polémiques à propos de l'ivoirité d'Alassane Ouattara, qui se trouvait être remise en cause avec une malhonnêteté évidente. Des milliers de Français vivaient sur place et leur sécurité était désormais clairement menacée. Nous ne pouvions nous désintéresser de ce qui était en train de devenir une poudrière. Je suivais ce qui se passait sur le terrain au plus près grâce à mon conseiller pour l'Afrique, André Parant, et son adjoint, Clément Leclerc, qui étaient pleinement mobilisés, et en lien permanent avec notre ambassadeur à Abidjan et ses équipes.

Le président sortant s'accrochait à son pouvoir par tous les moyens, y compris les plus violents. Les morts et les blessés s'accumulaient. Une attaque du QG d'Alassane Ouattara dans le quartier populaire de Yopougon venait de causer la mort de huit de ses partisans. Le Conseil de sécurité de l'ONU avait décidé de se saisir de cette situation qui menaçait à chaque instant de faire sombrer le pays tout entier dans le chaos. Des consultations urgentes avaient été engagées par l'instance internationale. Le secrétaire général des Nations Unies, Ban Ki-moon, se démenait pour trouver la meilleure solution, qui ne pouvait passer que par la publication de résultats électoraux aussi incontestables que possible. Après des enquêtes approfondies, la victoire d'Alassane Ouattara fut établie et reconnue unanimement, y compris par l'Union africaine et par l'organisation régionale des pays d'Afrique de l'Ouest (Cedeao). Laurent Gbagbo protesta vivement contre ces « interventions étrangères » et se posa en défenseur de la souveraineté ivoirienne. Ce fut à ce moment-là que se déchaîna la violence aveugle de ses partisans.

La Côte d'Ivoire, naguère modèle de stabilité en Afrique de l'Ouest, devenait à nouveau le théâtre d'affrontements majeurs. Le nombre de victimes ne cessait d'augmenter. Seul contre la communauté internationale comme devant les évidences, le président sortant s'accrochait par la violence aux lambeaux de son pouvoir. L'ONU avait reconnu la victoire du président Ouattara et son chef Ban Ki-moon demandait au président élu de travailler pour une paix durable et pour la réconciliation en Côte d'Ivoire. L'Union européenne et les États-Unis faisaient également pression sur le président sortant pour qu'il s'incline. La France avait pris la même position. En réponse, Laurent Gbagbo développa une violente argumentation anti-française et anti-Blancs. C'était du racisme pur et simple. J'appelai moi-même ce dernier à reconnaître sa défaite, en lui précisant qu'il pouvait partir dignement avec un statut favorable d'ancien chef d'État que le président Ouattara lui garantirait. Notre conversation fut franche et assez brutale, car je lui confirmai que, dans le cas contraire, la communauté internationale ne laisserait pas ce hold-up électoral passer sans réagir, ni la violence continuer à se déchaîner contre des civils innocents. En réponse, Laurent Gbagbo me demanda s'il s'agissait d'une menace. J'accréditai son intuition sans la moindre difficulté : « Prenez-le comme vous le souhaiterez, mais au minimum il s'agit d'un avertissement que vous auriez grand tort de sous-estimer. » J'étais aussi sincère que transparent. Faisant fi de toutes ces mises en garde, le président sortant et battu décida de multiplier les intimidations, les exactions et les insultes. La presse du monde entier avait reconnu la victoire d'Alassane Ouattara. Je décidai de lancer un appel à tous les dirigeants et responsables civils et militaires ivoiriens pour qu'ils respectent la volonté du peuple et s'abstiennent de toute initiative de nature à provoquer la violence.

Des échanges de tirs nourris eurent lieu dans les jours qui suivirent. La Côte d'Ivoire était sous haute tension. J'étais de plus en plus préoccupé du sort des quinze mille ressortissants français. L'Union africaine entra dans le conflit en décidant de suspendre la Côte d'Ivoire tant que Laurent Gbagbo demeurerait à la tête de l'État. C'était un geste rare et donc fort. Cette organisation ne nous avait guère habitués par le passé à une telle clarté et surtout à un tel courage. C'était vraiment aussi utile qu'inédit. Cela n'empêcha nullement la crise de franchir plusieurs crans dans l'escalade de la violence. Des forces de sécurité fidèles au président battu bloquèrent l'accès à l'hôtel du Golf qui servait de QG à Alassane Ouattara. Elles décidèrent dans le même temps d'établir un couvre-feu à Abidjan. C'était la vie du président démocratiquement élu qui se trouvait menacée. Les médias internationaux recensèrent pas moins de trente morts et une centaine de blessés.

Je me trouvais dans une situation politique délicate. La démocratie et le droit nous faisaient obligation de soutenir Ouattara, mais notre statut d'ancienne puissance coloniale nous faisait à l'inverse être continuellement suspectés d'ingérence dans la vie politique ivoirienne. Laurent Gbagbo usait, avec une certaine habileté, de cette rhétorique en n'hésitant pas à parler de « la défense de la deuxième indépendance ». Nous étions face au risque d'une nouvelle guerre civile, comparable à celle qui avait déchiré le pays en 2002 et 2003. De surcroît, j'avais, à maintes reprises, affirmé qu'il fallait en finir avec la Françafrique. Je devais donc éviter que la France ne se trouve en première ligne, d'autant plus que nous disposions d'un millier de soldats cantonnés de longue date dans une base militaire à Abidjan. Mais tout cela relevait de la théorie, car la pratique allait m'obliger à agir bien différemment. La prudence et la réserve étaient interprétées par le président factieux comme une preuve de faiblesse. En conséquence, nous devions élever de plusieurs crans notre fermeté afin d'empêcher que la situation ne dégénérât, et que le statu quo ne s'installât. Je dus sortir du bois et m'exposer davantage que je ne l'avais prévu. Deux semaines après la publication des résultats, je lançai un véritable ultimatum à l'adresse de Gbagbo pour qu'il quitte sans délai les fonctions qui n'étaient désormais clairement plus les siennes. Dans le même temps, anticipant le pire, je demandai au nouveau ministre de la Défense, Alain Juppé, d'engager les préparatifs pour une éventuelle évacuation de nos ressortissants. La logistique dans ce cas extrême était particulièrement lourde à mettre en place. Il fallait anticiper. Abidjan était désormais le théâtre de véritables scènes de guerre, et dans l'intérieur du pays la situation n'était guère meilleure. La possibilité d'une intervention militaire française était sur toutes les lèvres en Côte d'Ivoire. Je voulais repousser cette option jusqu'à la toute dernière limite. De multiples offres de sortie dignes continuèrent à être présentées à Laurent Gbagbo. Il les refusa toutes. Il n'accepta même pas que nous ayons une seconde conversation téléphonique. Pendant ce temps, le bilan des violences post-électorales ne cessait d'augmenter. Nous étions selon l'ONU arrivés à près de deux cents morts. La Cour pénale internationale avait été saisie et enquêtait sur les atrocités qui lui avaient été signalées.

Je décidai de recommander aux Français de quitter « provisoirement » la Côte d'Ivoire. Près de deux mille d'entre eux l'avaient déjà fait. La proximité des fêtes de Noël et de fin d'année nous facilitait la tâche en favorisant le retour auprès des familles en France. Laurent Gbagbo multiplia les accusations contre ce qu'il appelait le « complot franco-américain » visant à l'écarter du pouvoir. Notre courageux ambassadeur sur place, Jean-Marc Simon, était tout particulièrement visé comme étant l'« instigateur de la manœuvre ». La violence continuait inexorablement sa course folle. C'était désormais avec des mortiers que Gbagbo attaquait son rival victorieux. L'hôtel du Golf où était réfugié Alassane Ouattara se trouvait pilonné par des obus de fort calibre plusieurs fois par jour. Les civils n'étaient pas épargnés. Le camp Gbagbo n'hésitait pas à attaquer à l'arme lourde des quartiers supposés acquis à son adversaire, comme lors de l'attaque du marché d'Abobo. Des semaines passèrent ainsi. Les victimes s'accumulaient. Le chaos s'installait. La vie du président élu ne tenait qu'à un fil. L'inaction n'était clairement plus une option crédible. L'autorité de la communauté internationale était bafouée, et la Côte d'Ivoire, qui n'avait plus connu une seule élection libre et transparente depuis dix ans, voyait celle qui venait de se dérouler de façon régulière réduite à néant par la volonté de ce nouveau dictateur.

J'avais eu plusieurs échanges téléphoniques avec Alassane Ouattara. Il me pressait d'intervenir en engageant l'armée française pour faire cesser les massacres. « Nous n'y arriverons pas sans vous », me confia-t-il. Et de fait, Gbagbo était réfugié en son palais entouré de chars aux mains de ses partisans. Il était un chef de guerre ne reculant devant aucun moyen, y compris les pires. Alassane Ouattara, à l'inverse, était un démocrate, un économiste, un intellectuel, un politique. Il ne pouvait rivaliser sur le terrain de la violence avec son adversaire. Le combat était trop inégal. Je devais désormais assumer mes responsabilités. Il fallait agir, même si j'avais conscience du danger politique que représentait l'utilisation de l'armée française dans un conflit interne. Je décidai de multiplier les précautions. D'abord, nous avions laissé passer presque trois semaines depuis les élections volées. Cela avait donné à chacun le temps de se faire une idée claire du rôle joué par les protagonistes. Gbagbo était clairement l'usurpateur. Ensuite, je souhaitais disposer d'un mandat officiel des Nations Unies pour agir et du soutien sans ambiguïté de l'Union africaine et de la Cedeao. Notre intervention militaire ne pouvait trouver sa légitimité que si elle était clairement demandée et voulue par la communauté internationale. Il ne pouvait y avoir le moindre doute à ce sujet. Enfin, je voulais avoir la certitude que Laurent Gbagbo serait arrêté vivant et qu'aucune violence ne lui serait faite. Ce point précis fut l'objet d'une longue conversation téléphonique avec Alassane Ouattara. Je lui demandai sa parole d'honneur qu'il garantirait l'intégrité physique de Laurent Gbagbo. Il devait respecter son engagement. Je le connaissais bien et depuis longtemps. Je savais à quel point il était un homme à qui l'on pouvait faire confiance. Je n'éprouvais pas le moindre doute à ce sujet. Il n'a d'ailleurs jamais ni déçu ni trahi notre amitié.

Mon admiration pour Alassane Ouattara était ancienne et réelle. Étrangement, mon prédécesseur, Jacques Chirac, lui préférait l'ancien président ivoirien Henri Konan Bédié. Il n'appréciait guère Alassane Ouattara. Lorsqu'il m'en parlait, il utilisait l'expression, à dessein sarcastique, « ton ami Ouattara », et il ajoutait : « Crois-moi, il ne sera jamais élu. » Un jour que je relançais la conversation pour connaître les raisons d'un si sombre pronostic, il me lança : « Parce qu'il est musulman et cela ne peut pas passer en Côte d'Ivoire. » Je lui répondis du tac au tac : « Ce n'est pas mon avis, car tout le nord de la Côte d'Ivoire est très majoritairement composé de musulmans. Cela ne doit donc pas être un argument rédhibitoire. » Il clôtura notre échange par un jugement sans appel : « Tu ne connais pas l'Afrique. » Il avait le droit de penser ainsi, mais malgré tout force est de constater que j'avais raison puisque Alassane Ouattara fut non seulement élu, mais réélu à deux reprises ! De tous les dirigeants africains, il est aujourd'hui l'un des plus reconnus et des plus influents. Son expérience, sa sagesse, son bilan lui confèrent une autorité sans équivalent. Il a su ramener la paix civile dans son pays. Ce qui n'était pas une mince affaire. Il le fit par le pardon et la réconciliation et jamais par la vengeance et la revanche. Il eut même l'intelligence de gracier son prédécesseur, Laurent Gbagbo, évitant ainsi d'en faire un martyr. Il aura porté son pays vers la paix, le progrès et la concorde, ce qui lui vaut l'admiration de beaucoup sur le continent africain.

Dans l'immédiat, il fallait mettre un terme au chaos. Je décidai donc d'engager l'armée française. C'était une décision lourde de sens et, je le reconnais, risquée politiquement. Nous étions cependant protégés par le mandat clair des Nations Unies. Les opérations militaires en elles-mêmes ne furent pas un problème. Nos troupes étaient professionnelles, bien armées et savaient parfaitement ce qu'elles avaient à faire. J'avais donné des ordres précis pour que les soldats français ne pénètrent pas dans l'enceinte du palais présidentiel. Je ne voulais pas d'images qui auraient été diffusées dans le monde entier de soldats français participant à l'arrestation d'un président africain, fût-il illégitime. C'était aux troupes ivoiriennes loyales au nouveau président de s'en charger. C'est ce qui fut scrupuleusement mis en œuvre. Laurent Gbagbo fut arrêté et envoyé devant le Tribunal pénal international. Il ne subit aucune violence.

Le président élu Ouattara put entrer en fonction et débuter le travail de réconciliation. La communauté internationale applaudit la rapidité comme l'efficacité du travail des militaires français. Le prestige de la France en Afrique comme ailleurs s'en trouva renforcé. Nous nous étions mis au service de la démocratie et de la paix. Nous l'avions fait au nom d'un principe adopté six ans plus tôt par les Nations Unies à l'unanimité, mais qui n'avait jusqu'alors jamais trouvé de traduction concrète : la responsabilité de protéger. J'étais, à titre personnel, heureux pour Alassane Ouattara, qui avait quitté les responsabilités gouvernementales depuis longtemps et qui voyait sa patience et son intelligence récompensées. Durant son exil, il avait mené une brillante carrière à Washington comme directeur adjoint du FMI. L'ancien Premier ministre du président Houphouët-Boigny, qui avait été empêché de concourir à la présidentielle de son pays pendant plus d'une décennie pour des motifs fallacieux, retrouvait donc le pouvoir. Ce fut l'une des satisfactions de mon quinquennat. Lorsque, quelques semaines plus tard, je revins à Yamoussoukro pour participer aux cérémonies officielles d'investiture, nous dûmes effectuer un trajet de quelques kilomètres en voiture pour rejoindre le palais présidentiel depuis l'aéroport. La foule massée au bord de la route était innombrable. Les médias internationaux avancèrent le chiffre d'un million d'Ivoiriens. Je ne sais s'il était exact mais, en tout cas, je peux témoigner que tout au long du trajet je les ai vu massés sur une dizaine de rangs de chaque côté de la route. Le spectacle était vraiment aussi étonnant que réjouissant. Quand ma voiture passait avec le fanion tricolore flottant sur le capot avant, les cris et les applaudissements redoublaient. Les « merci la France » étaient scandés de toutes parts. Je pensais en moi-même que la fin de la Françafrique ne signifiait pas que notre pays devait se désintéresser de ce continent si proche de nous. C'était même tout le contraire. Nous étions de nouveau légitimes à agir en partenaires. Le combat pour la liberté de la Côte d'Ivoire était incontestable. Ce ne fut pas toujours le cas de nos interventions par le passé, comme cela ne le sera pas toujours dans le futur.

En définitive, la seule polémique vint de la métropole. Laurent Gbagbo était membre de l'Internationale socialiste. Il disposait donc de puissants réseaux au sein du PS français. Henri Emmanuelli était de ceux-là. Jusqu'au bout, et malgré les faits et les évidences, ces partisans s'entêtèrent à soutenir leur ami. C'était une fois de plus amusant de constater que la gauche française était prête à sacrifier ses principes de générosité, de démocratie et de transparence à ses intérêts à court terme ou à ses amitiés internationales. Ils avaient même délégué l'un des leurs, Stéphane Fouks, pour conseiller et aider le président factieux. Fort heureusement en pure perte. Après Danielle Mitterrand et Fidel Castro, nous avions le Parti socialiste avec Gbagbo. Ce n'était guère mieux...

*

* *

Au moment où elle fut annoncée, la nouvelle ne suscita que peu de polémiques et même un intérêt mitigé. La FIFA venait de faire le choix audacieux de confier l'organisation du Mondial 2022 à un pays arabe de petite taille : le Qatar. Ce ne sera que bien plus tard que les polémiques enfleront, pour atteindre leur pic quelques semaines avant le début de la compétition. Elles disparaîtront brutalement une fois les matchs commencés, chacun pouvant alors faire le constat de la parfaite organisation de l'évènement. J'ai, à l'époque, publiquement approuvé ce choix, comme celui quelque temps auparavant de l'attribution des futurs Jeux olympiques d'hiver à Sotchi, chez Vladimir Poutine. Il n'est pas inutile de revenir sur ce sujet pour en comprendre les imbrications stratégiques comme politiques.

Le sport a pris depuis quelques décennies une importance majeure dans la vie quotidienne des citoyens du monde. Les compétitions entre les meilleurs athlètes de la planète offrent des moments irremplaçables d'émotion partagée en famille comme avec ses amis. Ce sont aussi des occasions de fierté cocardière, où le patriotisme peut s'exprimer pacifiquement sans faire de tort à quiconque. Grâce au sport, des milliards d'individus bénéficient à bon compte de ces petits bonheurs qui rendent la vie quotidienne plus heureuse ou au minimum plus acceptable. Les médias et notamment les télévisions l'ont parfaitement compris. Pour faire de l'audience et attirer des dizaines, voire des centaines de millions de téléspectateurs, rien n'est plus efficace qu'un grand rendez-vous sportif. Le sport est ainsi devenu un enjeu économique, un instrument de développement, une industrie particulièrement prospère. Le phénomène est mondial et a conquis la planète entière jusque dans ses endroits les plus reculés. Le sport est désormais un facteur de lien, d'échange, de partage entre toutes les civilisations. C'est au fond le seul véritable exemple d'une sorte de langue mondiale partagée par tous. Tout le monde parle, comprend, aime le sport, au moins lorsqu'il s'exprime par le biais de ces grands évènements que sont les compétitions sportives.

À l'intérieur de cette nouvelle économie, il y a le cas spécifique du football. Il est particulier parce que son essor et sa popularité sont devenus sans commune mesure avec toutes les autres disciplines à travers le monde. À propos de football, il est vraiment possible d'évoquer un phénomène planétaire. Dans ce nouveau contexte, il était devenu tout à fait impossible de réserver l'organisation de ces grands évènements aux seules mêmes Nations occidentales qui les avaient tous trustés au cours du siècle écoulé. Le football ne pouvait continuer à être réduit à l'Angleterre, à l'Allemagne, à l'Italie, à l'Espagne, au Brésil… et à la France. Le temps était venu d'élargir cette liste aux nouveaux acteurs du sport mondial que sont l'Afrique, l'Asie et le monde arabe. C'était particulièrement vrai s'agissant de ce dernier, où le sentiment grandissant d'injustice et d'humiliation alimentait la colère contre l'Occident et le risque de radicalisation. L'incompréhension réciproque se renforçait chaque jour, créant des fossés toujours plus larges et plus profonds. Ce fut dans ce contexte que la FIFA décida de confier au Qatar l'organisation de ce rendez-vous planétaire qu'est la Coupe du monde. J'y ai vu une opportunité unique de créer des liens là où il n'y avait que des oppositions. C'était la première fois qu'une organisation aussi complexe que gigantesque était confiée à un pays arabe. Cela pouvait représenter une occasion de fierté et d'identification pour toutes les nations musulmanes. Cela permettrait de densifier les échanges et les liens entre l'Orient et l'Occident. Cela, enfin, favoriserait l'ouverture de ce petit pays islamique sur l'extérieur et l'encouragerait à progresser sur la voie de la modernité des mœurs sans rien renier de son identité et de ses traditions. J'avais eu la même attitude lors des Jeux olympiques à Pékin, où je m'étais rendu malgré les très nombreux appels au boycott. Ouvrir la Chine, ouvrir le monde arabe, ouvrir la Russie par le sport m'a toujours semblé présenter beaucoup d'avantages et fort peu d'inconvénients. J'ajoute que le sport ne devrait jamais se trouver otage de la politique ou mis au service d'une cause partisane. En fait, j'ai observé depuis bien longtemps que les appels aux différents boycotts viennent de ceux qui n'aiment pas le sport et ne s'en servent que pour le seul bénéfice des objectifs partisans qu'ils poursuivent. À l'évidence, tout n'était pas parfait dans ces différents pays, mais en quoi la situation se trouvait-elle aggravée par l'organisation de ces grandes compétitions sportives ? S'il ne fallait retenir comme pays organisateur que des nations irréprochables, sommes-nous à ce point certains que nous le méritons nous-mêmes ? Rien n'est moins sûr…

S'agissant du Qatar, il fallut un certain temps pour que les oppositions s'organisent et que les polémiques s'installent. Une fois démarrée, la campagne de *bashing* fut d'une violence inédite. Il y eut d'abord la question du climat. En été, il faisait très chaud. Certains observateurs étaient donc légitimement inquiets pour la santé des joueurs. L'argument disparut quand la décision fut prise d'organiser la compétition en hiver. Il y eut ensuite la polémique sur les stades disposant de l'air conditionné. Les ONG environnementales protestèrent contre cette atteinte caractérisée aux bonnes pratiques.

Ce faisant, elles omettaient de préciser qu'aux États-Unis, l'autre pays candidat à l'organisation de cette Coupe du monde, de nombreux stades sont également climatisés ; et que, du fait du réchauffement climatique, les températures en plein mois d'août dans nombre de grandes villes américaines sont désormais souvent plus élevées que celles constatées à Doha au mois de décembre. Les mêmes ONG oubliaient aussi qu'un Mondial qui avait lieu dans une même ville où les stades se trouvaient éloignés de quelques dizaines de kilomètres était infiniment moins polluant qu'un évènement mobilisant plusieurs sites éloignés de centaines, voire de milliers de kilomètres les uns des autres. Dans ce cas, il aurait fallu rejoindre en avion les différents lieux avec la conséquence d'un désastreux bilan carbone. Il y eut ensuite l'affaire des pratiques religieuses, qui s'opposaient à la question des LGBT. Les lobbys voulurent alors que chaque joueur arbore les couleurs arc-en-ciel du respect des différences. Ce combat était juste, mais pourquoi l'imposer au seul Qatar ? Les supporteurs du monde entier voulaient voir du football, pas une instrumentalisation politique. À ce propos, tout fut évoqué pêle-mêle : les homosexuels qui seraient bannis des stades, les amoureux qui ne pourraient pas s'embrasser, l'alcool qui ne serait pas servi. Soit dit en passant, j'ai trouvé que c'était une très bonne idée que d'interdire les boissons alcoolisées dans les enceintes sportives, où elles n'ont rien à faire.

Finalement, toutes ces polémiques s'évaporèrent devant la réalité des faits, qui fut bien différente que celle qui était attendue. Les appels au boycott n'eurent aucun succès puisque la compétition fut si passionnante qu'elle donna lieu dans quasiment tous les pays à des records d'audience à la télévision. La majorité du conseil municipal de Paris adopta le comportement le plus hypocrite et le plus sectaire. Côté pile, les édiles parisiens étaient heureux que le Qatar soit le propriétaire du club de la capitale. Côté face, les mêmes revendiquaient le boycott de la compétition au motif qu'il se déroulait au Qatar ! Comprenne qui pourra. Les Parisiens ne s'y sont pas trompés qui, comme tous les autres, ont plébiscité cette Coupe du monde qui demeurera dans l'histoire comme l'une des mieux organisées. Et de fait, les observateurs du monde entier purent apprécier un modèle de sécurité, de beauté des stades, de qualité de l'accueil des touristes, de respect de la personnalité de chacun, de calme des organisateurs. Après la désastreuse finale de la Ligue des champions au Stade de France, nous n'étions vraiment pas en mesure de donner des leçons à qui que ce soit… Il est juste possible d'espérer que nos Jeux olympiques seront au moins aussi bien organisés.

Avec le recul, cette Coupe du monde aura donné beaucoup de fierté et de considération au monde arabe, et ce bien au-delà du seul petit émirat. Elle n'aura suscité aucun débordement de violence. C'est très utile pour le football, qui ne nous a pas habitués ces dernières années à tant de calme. Elle aura montré combien le sport et la politique ne font définitivement pas bon ménage. L'instrumentalisation forcenée a échoué. Ce fut une très bonne nouvelle. Les nouveaux ayatollahs de la pensée, de la morale, de la politique en ont été pour leurs frais. Il est même sans doute possible d'affirmer que le ridicule les a tués… pour un temps.

*

* *

C'était déjà la fin de l'année. Je n'avais pas vu le temps passer. Il me filait entre les doigts comme l'eau que l'on essaie vainement de retenir dans ses deux paumes jointes. Était-ce possible que je sois déjà en train d'entrer dans la dernière année de mon quinquennat ? Nous étions à dix-sept mois de la prochaine élection présidentielle. C'est une lapalissade de dire que la vie passe en un instant. Mais le pouvoir agit comme un formidable accélérateur de particules. La vitesse était subsonique. J'étais tout juste en train de m'en rendre compte. Mes cheveux avaient blanchi. Mes cicatrices s'étaient multipliées. Je me promettais d'agir avec d'autant plus d'énergie que je sentais que le temps m'était désormais compté. Je devais aller à l'essentiel. Refuser de m'éparpiller en projets secondaires. Trouver une nouvelle gravité.

Tel était mon état d'esprit au moment de présenter mes vœux durant la traditionnelle expression télévisée présidentielle. J'insistai sur le fait qu'il ne pouvait être question d'un quelconque immobilisme pré-électoral. Nous devions continuer à réformer, et ce jusqu'à la dernière minute de mon mandat. Je voulais souligner mon devoir de protection de la France et des Français. À cette fin, je mis chacun en garde contre tous ceux qui après la crise financière mondiale voulaient que nous sortions de l'euro : « La fin de l'euro serait la fin de l'Europe. Je m'opposerai de toutes mes forces à ce retour en arrière qui ferait fi de soixante ans de construction européenne. » Cet engagement était d'autant plus nécessaire que la France allait devoir assumer durant cette année 2011 la double présidence du G8 et du G20. Cette perspective pouvait me donner beaucoup de leviers d'action pour gérer l'après-crise financière. C'était tout à la fois passionnant, difficile et prometteur. Jean-David Levitte, entouré d'Olivier Colom et de son adjointe Consuelo Remmert, s'était attelé depuis de longs mois à la préparation de cette double présidence. Je ne savais pas et donc n'avais nullement anticipé que durant cette nouvelle année, nous aurions à faire face à une autre crise financière de grande ampleur, qui cette fois-ci serait localisée en Europe et partirait d'un défaut de financement de la dette de certains États européens, au premier rang desquels se trouveraient la Grèce et l'Italie. J'étais au moins sûr d'une chose, c'est que nous n'aurions guère le temps de nous ennuyer. De ce seul point de vue, ma prédiction fut plus qu'exaucée…

*
* *

Une grande partie de ce mois de janvier 2011 fut consacrée à un évènement qui m'a vraiment pris au dépourvu. C'était un fait que, comme beaucoup d'autres à travers le monde, je n'avais pas venu venir : la révolution tunisienne. C'était pour cela que je réagis avec retard à ce qu'il est désormais convenu d'appeler les printemps arabes. Tout avait débuté par des troubles sociaux dans la région de Sidi Bouzid, à deux cent quarante kilomètres de Tunis. La répression exercée par le régime du président Zine el-Abidine Ben Ali fut brutale et disproportionnée. Dès les premiers jours, on déplora un mort et de nombreux blessés. C'était désolant, cela méritait d'être condamné, mais cela ne présentait pas, du moins de prime abord, un niveau de gravité inhabituel. La Tunisie avait souvent connu de semblables éruptions. Cependant, un fait changea le cours des choses. La censure avait toujours été omniprésente et recouvrait le pays d'une véritable chape de plomb. Au détail près que nous étions au début de l'avènement de l'ère des réseaux sociaux. Tout ce qui était jusqu'à présent caché s'affichait désormais sur Facebook et dans une moindre mesure sur Twitter. Les internautes tunisiens étaient en mesure de poster des vidéos et des articles en lien avec les évènements. C'était comme si chacun pouvait disposer de sa propre chaîne de télévision. Le slogan des internautes tunisiens était clair : « Partager nous sauvera. » Et ces derniers s'en donnaient à cœur joie en rivalisant de créativité, de rapidité et de capacité technique. Le gouvernement essaya de bloquer des centaines de pages Facebook, d'empêcher les posts de vidéos ou de photos, de multiplier les initiatives pour poursuivre les utilisateurs de tous ces comptes soudainement mis au service de l'insurrection populaire. Mais face à l'ampleur du mouvement de contestation à Sidi Bouzid, toutes les tentatives désespérées du pouvoir demeurèrent vaines. Internet était devenu un espace de liberté que rien ne pouvait arrêter. Les chiffres donnaient une idée du rapport de force. Dans un pays de dix millions d'habitants, il y avait près de quatre millions d'utilisateurs d'Internet et 1,8 million d'entre eux disposaient d'un compte Facebook ! Durant les évènements, la Tunisie était même devenue le troisième pays au monde où le terme « Facebook » était le plus recherché. Tout était à découvert. Chacun pouvait avoir accès à une information non censurée. Cela créait comme une ivresse dans un pays si longtemps cadenassé.

La vague était en train de submerger le pouvoir. Rien ne pouvait l'arrêter ni même la ralentir. Le président Ben Ali était dépassé au propre comme au figuré ! Le nombre de morts évoluait rapidement. Quelques jours après le début des émeutes, on en recensait quatorze et les blessés se comptaient par centaines. Plus le pouvoir procédait à l'arrestation des manifestants et des blogueurs tunisiens, plus il en surgissait de nouveaux. La France était de longue date le partenaire privilégié de la Tunisie. Ben Ali était francophone et ami de notre pays. Son bilan en matière de libertés politiques était détestable, mais il n'en allait pas de même pour le développement économique et culturel, comme pour la place faite aux femmes dans la société tunisienne. De ces derniers points de vue, il pouvait légitimement faire valoir de très substantielles avancées. De surcroît, il avait toujours coopéré avec les démocraties européennes contre le terrorisme islamiste. Nul ne pouvait mettre en doute la sincérité de son engagement laïc. C'était cet ensemble d'éléments qui expliqua la timidité initiale de la France. Nous appelions au calme, à la retenue, à la liberté d'expression, mais nous n'assimilions pas Ben Ali à un simple dictateur. Je reconnais volontiers avoir moi-même été dans la retenue. Au sein du gouvernement, la Tunisie pouvait compter sur la fidélité de Frédéric Mitterrand, dont les liens avec ce pays étaient connus de longue date, et même de Bruno Le Maire, qui déclara : « Ben Ali est souvent mal jugé, alors qu'il a fait beaucoup de choses. » Je n'étais pas très éloigné de cette analyse même si je l'aurais, sans doute, formulée différemment.

À la mi-janvier, les évènements s'emballèrent et prirent une toute autre ampleur. C'était maintenant tout le pays qui se trouvait emporté par les émeutes. De sociales, elles étaient devenues politiques. Un couvre-feu s'appliquait désormais sur tout le territoire du Grand Tunis. Les jeunes Tunisiens étaient les plus remontés contre le pouvoir. Chaque jour, ils étaient des milliers à crier des slogans hostiles au régime sur la place de la porte de France. Les tirs à balles réelles des forces tunisiennes étaient de plus en plus fréquents. La crise avait franchi plusieurs crans en intensité. Sentant son régime vaciller, Ben Ali tenta de jouer l'apaisement en annonçant la libération de toutes les personnes arrêtées pendant les émeutes et en limogeant son ministre de l'Intérieur, Rafik Belhaj Kacem. Il annonça la création d'un comité d'investigation sur la corruption, ainsi que le réclamaient l'opposition tunisienne et les ONG. La crise durait depuis près d'un mois. Plus de cinquante morts étaient à déplorer. Elle avait commencé avec l'immolation par le feu d'un jeune marchand de rue qui protestait contre la saisie de sa marchandise par la police, mais maintenant elle avait dégénéré en soulèvement populaire et politique contre le régime de Ben Ali. Les choses avaient pris une telle ampleur que nous dûmes hausser le ton. J'avais demandé à François Fillon de monter en première ligne. Ce qu'il fit en dénonçant « la répression par les forces de sécurité » et en condamnant « le recours à une utilisation disproportionnée de la violence ». Nous étions désormais sur la même ligne que les États-Unis et l'Union européenne. C'était mieux, même si nous avions été quelque peu à la traîne, voire carrément en retard sur l'enchaînement des évènements.

Une maladresse de la ministre des Affaires étrangères, Michèle Alliot-Marie, souligna malheureusement ce décalage, puisqu'elle proposa « le savoir-faire des forces de sécurité françaises » au régime tunisien. Dans son esprit, cela devait permettre d'éviter les pertes humaines parmi les manifestants, mais dans le climat politique du moment, cela fut interprété comme une marque désastreuse de soutien au régime honni de Ben Ali. Ces propos furent qualifiés d'« ignobles » par le chef de file des députés socialistes, Jean-Marc Ayrault. C'était excessif, mais nous lui avions tendu un bâton pour nous faire battre ! Les évènements s'accélérèrent encore avec le départ surprise de Ben Ali pour l'Arabie saoudite. En vérité, il s'agissait d'une fuite devant une situation devenue désespérée. Ainsi se terminait piteusement une période de vingt-trois années ininterrompues au pouvoir. J'étais soulagé qu'il n'ait pas demandé à venir en France, ce qui n'aurait pas manqué d'enflammer davantage les esprits. Le Premier ministre, Mohamed Ghannouchi, exerçait l'intérim. L'état d'urgence était décrété dans l'ensemble du pays. Les pillages avaient commencé à Tunis. On entendait des coups de feu dans le centre de la capitale. Ben Ali était parti, mais la Tunisie sombrait dans le chaos. Nous avions décidé d'évacuer en urgence les ressortissants français, dont certains se trouvaient pris à partie sans que nous sachions s'il s'agissait d'actes de délinquance ou d'une volonté politique. En France, j'étais très attaqué sur ce que la presse appelait le « gros retard à l'allumage dans la compréhension de la révolution de jasmin ». Tel était désormais le nom de ce mouvement qui était paré de toutes les qualités et qui, aux dires des observateurs, allait réserver un avenir radieux à la nouvelle démocratie tunisienne.

C'était exact que je n'avais pas perçu la gravité des évènements initiaux. Je me reprochais ce manque de réactivité tout en constatant l'incapacité de notre ambassade sur place à nous avoir communiqué les bonnes informations. De ce point de vue, nous avions failli. Tout au moins au regard de l'actualité du moment. Avec le recul que nous permettent les douze années qui nous séparent de cette crise, il me semble que l'analyse comme les conclusions mériteraient d'être plus équilibrées. À l'époque, je ne voulais pas en démordre. Ben Ali avait fait de bonnes choses pour son peuple sur le plan économique comme sur celui de l'éducation et de la formation. À mes yeux, son bilan était contrasté. J'avais en tête que les régimes autoritaires au Maghreb étaient un moindre mal face au risque islamiste. Je pressentais que les groupes extrémistes allaient profiter de la confusion. Je craignais de surcroît l'effet domino pour les autres pays de la région. Mais mon discours était totalement inaudible sur le moment. Les images et l'émotion emportaient tout. Le moindre décalage par rapport à la doxa ambiante était immédiatement considéré comme la preuve de liens sulfureux avec l'« autocrate tunisien », comme avant moi Jacques Chirac et François Mitterrand. Avec le recul, lorsque l'on constate ce qu'est devenu ce pays, ami de la France, où la douceur de vivre est proverbiale et où le degré de culture et de civilisation est si élevé, on ne peut qu'éprouver de la tristesse. La Tunisie comme l'Égypte sont revenues au point de départ. Parfois, la vision en moins ! Que dire, en effet, du président tunisien actuel, qui s'est arrogé tous les pouvoirs, a interdit les partis qui le gênaient et mis en prison ses opposants ? Ce pays a-t-il gagné au change ? Ce n'est pas à moi de répondre à cette question, mais le seul fait que l'on puisse se la poser est déjà un premier élément de réponse. En tout cas aujourd'hui, je ne regrette ni ma prudence ni ma réserve. Rien dans les évènements de ces dernières années n'est venu démentir mon intuition initiale.

Le déchaînement médiatico-politique contre Ben Ali était tel que je dus préciser que sa famille n'avait pas vocation à demeurer en France. Je n'étais pas particulièrement fier ni heureux de cette déclaration à propos de gens qui cherchaient un refuge. Plus incontestable fut notre décision de bloquer les avoirs tunisiens qui pouvaient être suspects en France. Je ne fus pas très à l'aise non plus avec l'idée étrange du ministre de la Culture, Frédéric Mitterrand, de publier, sans m'en avoir informé, une lettre ouverte au peuple tunisien où il se confondait en excuses et en regrets pour ses propos initiaux. Cela partait sans doute d'une bonne intention, mais comme souvent il en faisait trop. Il les félicitait de s'être débarrassés de « la chape de plomb » qui pesait sur eux. C'était bien vu, mais pourquoi poursuivre en dénonçant Ben Ali, qui avait essayé de le « récupérer » en lui donnant la nationalité tunisienne. Il n'avait tout de même pas été obligé de l'accepter ! Ben Ali avait beaucoup de défauts, mais l'acharnement « des anciens amis » me mettait toujours mal à l'aise et ne grandissait pas ceux qui s'y livraient. Je terminai cette séquence en « débarquant » notre ambassadeur à Tunis. C'était sans doute un bouc émissaire, mais je ne voyais pas comment ce dernier aurait pu entretenir des contacts confiants et au minimum utiles avec le futur pouvoir tunisien, quel qu'il fût.

Ces évènements me confortaient dans l'idée que le poids de l'histoire ne simplifiait pas les choses pour les dirigeants d'un grand pays comme la France. La gestion de nos rapports avec nos ex-colonies relevait du grand art diplomatique, ne serait-ce que pour préserver un statu quo et sortir de l'impasse politique, afin de construire l'avenir. En faire pas assez, en faire trop : quelle que soit la décision, elle était condamnée par avance. La voie était vraiment étroite, voire impossible. Je tirai la conclusion que la meilleure posture possible et sans doute la seule était la réserve. Ce n'était pas glorieux, mais c'était réaliste. Seule l'expérience m'a conduit à cette attitude peu ambitieuse mais lucide. Après tout, la politique consiste à faire tout ce qui est possible, mais aussi à bannir ce qui ne l'est pas. Ce dernier point est moins noble, mais peut se révéler tout aussi utile.

*

* *

L'année débuta dramatiquement, puisque j'appris le 9 janvier que les deux otages français enlevés au Niger étaient décédés. On ne pouvait imaginer pire scénario. Les deux hommes étaient âgés de 25 ans. J'étais doublement sous le choc. L'âge des victimes d'abord et le fait qu'elles n'avaient jamais eu la moindre activité politique rendaient le crime odieux et accroissaient le sentiment d'injustice. Elles avaient simplement eu le tort d'avoir été au mauvais endroit au mauvais moment. Leur assassinat était aussi inutile que cruel.

Ensuite, parce que j'avais été associé au déroulé de ces évènements. Je me sentais donc responsable de l'enchaînement dramatique qui s'en suivait. Nous n'avions pas pu ou pas su les libérer à temps. J'étais vraiment bouleversé. J'ai toujours éprouvé des sentiments forts au moment où se dénouaient, pour le meilleur comme pour le pire, les nombreuses prises d'otages que j'eus à gérer comme ministre de l'Intérieur ou comme président. Je m'y suis toujours impliqué comme si l'otage était un proche ou un membre de ma famille. Je n'ai jamais pu considérer ces évènements si intenses comme relevant simplement de ma responsabilité professionnelle ou politique. Être le dernier recours pour des femmes et des hommes en situation de danger extrême exigeait à mes yeux une implication personnelle totale. On pourrait légitimement penser qu'en réagissant ainsi je témoignais d'une sensibilité exacerbée. Ce reproche me fut souvent adressé. Pourtant, le sang-froid nécessaire dans de telles circonstances ne m'a jamais paru incompatible avec les émotions que doit ressentir le décideur ultime. En cas de succès, j'étais profondément heureux de penser que le travail avait été bien mené et que nous avions sauvé des vies. J'ai parfois gardé des contacts avec certaines victimes. En cas d'échec, je n'ai jamais pu me résoudre à considérer que la faute en revenait au destin ou au manque de chance. Durant de longues semaines, je reconstituai dans ma tête le fil des évènements qui avaient conduit au drame. Ce fut le cas pour la prises d'otages du Niger.

L'une des deux victimes résidait dans ce pays. L'homme travaillait pour une ONG. Il allait se marier avec une jeune Nigérienne, c'était une question de jours. L'autre était un ami proche venu depuis la veille seulement pour assister à la cérémonie. Ils étaient tous deux originaires de Linselles, une petite ville du nord de la France. Ces malheureux dînaient dans un restaurant de Niamey qui se trouvait dans un quartier touristique et fréquenté de la capitale. Plusieurs hommes armés pénétrèrent soudainement dans le restaurant. Ils obligèrent nos compatriotes à les suivre, puis les firent monter dans un 4×4 immatriculé au Bénin, dans lequel d'autres hommes armés les attendaient. Le cortège fila à grande vitesse tous phares éteints. L'identité politique des ravisseurs ne faisait guère de doute. Nous comprîmes rapidement qu'il s'agissait de terroristes affiliés à Al-Qaïda par l'intermédiaire de sa « filiale » du Maghreb islamique, AQMI. Cette dernière avait, trois mois auparavant, revendiqué l'enlèvement de cinq Français. Notre pays était devenu la cible de ces barbares. L'objectif poursuivi était clairement d'indiquer à tous nos ressortissants qu'ils n'étaient plus en sécurité nulle part sur le continent africain.

Cette organisation criminelle ne souhaitait aucune négociation. Son but ultime était l'épreuve de force de longue durée, avec la volonté d'accentuer la pression médiatique. Elle voulait obliger la France à intervenir militairement, afin de déstabiliser les pays africains qui nous étaient les plus proches. L'une de ses revendications prioritaires était le retrait de l'armée française d'Afghanistan. Autant dire qu'il s'agissait d'une exigence impossible à satisfaire ! Ces gens voulaient tuer, pas discuter, négocier, parler. Ce contexte nous rendait particulièrement inquiets, pour le sort des deux otages. Dès la première minute, nous les savions en grand danger. Il fallait agir vite et se tenir prêts à toutes les initiatives, y compris les plus brutales pour tenter de les tirer de ce très mauvais pas. Assez rapidement, nous apprîmes que les véhicules qui emportaient nos compatriotes étaient en chemin vers un campement d'AQMI. Ils avaient emprunté la route qui menait à la frontière malienne. Les forces armées nigériennes furent les premières à intervenir. Elles repérèrent le convoi terroriste et tentèrent de le prendre en chasse afin de le stopper. Au moment où ils franchirent la frontière et se trouvèrent au Mali, les militaires nigériens cessèrent la poursuite, ne pouvant pénétrer dans un pays voisin. Ce fut à ce moment qu'ils demandèrent l'aide de la France par l'intermédiaire de nos hélicoptères. Le chef d'état-major de nos armées sollicita immédiatement mon autorisation. En tant que chef des armées, je devais donner l'aval présidentiel. Je l'accordai bien sûr, après que nous avions obtenu l'agrément des autorités maliennes pour entrer dans leur espace aérien.

Nos soldats ne tardèrent pas à repérer les véhicules. Quand les terroristes s'aperçurent de la présence de nos aviateurs, ils paniquèrent et comprirent qu'ils avaient été découverts. Ils ouvrirent instantanément un feu nourri contre nos hélicoptères. Nous étions en contact étroit avec le commandement militaire français qui pilotait l'intervention. Je suivais l'opération minute par minute. Mon consentement fut sollicité une seconde fois. L'autorisation de riposter à ce feu ennemi m'était demandée. La décision était très délicate, car nous avions nos deux compatriotes, dont nous espérions qu'ils étaient encore en vie, qui se trouvaient dans les véhicules sur lesquels nous nous apprêtions à faire feu. Je n'avais pas de temps de réflexion puisque l'ordre devait être donné sur-le-champ. On tirait sur nos hommes. Ils devaient se défendre, malgré les risques pour les deux jeunes Français. J'autorisai la riposte armée. On ne pouvait pas laisser nos soldats exposés aux tirs terroristes sans qu'ils puissent faire usage de leurs armes. Je leur précisai que le premier objectif devait être l'immobilisation des véhicules et, ensuite, il fallait engager une action au sol pour libérer nos otages. C'était un moment de grande tension où, à chaque instant, je me demandais si j'avais pris la bonne décision.

Les évènements évoluèrent pour partie comme nous l'avions anticipé. Les terroristes durent s'immobiliser. Ils furent immédiatement accrochés au sol, puis encerclés. Un violent échange de tirs s'ensuivit. Quatre des ravisseurs furent tués dans l'opération. Deux furent capturés et ramenés à Niamey. De notre côté, nous avions à déplorer trois soldats nigériens morts et deux militaires français blessés. Le bilan humain témoignait de la violence du combat au sol. Mais le plus dramatique était que nos deux compatriotes étaient morts durant l'opération. Nous avions échoué à libérer Antoine et Vincent.

Je me rendis à la cérémonie d'obsèques, qui eut lieu en l'église Notre-Dame de Linselles. Des centaines de personnes s'étaient rassemblées. L'émotion était intense. Il y avait beaucoup de couronnes et de bouquets de fleurs blanches sur le parvis. La famille avait voulu fermer la célébration aux journalistes par souci de discrétion et de dignité. J'avançai à travers la foule dans un silence total. La tristesse et la colère suintaient de chaque visage. Un proche des jeunes victimes parla avec beaucoup d'émotion : « Nous étions venus pour célébrer un mariage, nous nous retrouvons à participer à un enterrement. » Cette phrase est demeurée dans ma mémoire, car elle décrivait mieux que tout la brutalité extrême de ces disparitions et l'imprévisibilité de la vie. Le malheur avait frappé. Les barbares avaient décimé deux jeunes vies. Nous nous retrouvions à prier pour elles. J'étais au milieu de cette foule recueillie. C'était la seule chose qui restait à faire pour retrouver un petit peu d'espoir dans l'humanité. Ce moment de recueillement me faisait du bien à moi aussi. La décision et ses conséquences étaient lourdes à porter. J'eus du mal à trouver le sommeil cette nuit-là et beaucoup de celles qui suivirent. Aurions-nous dû agir différemment ? Y avait-il autre chose à faire ? Encore aujourd'hui, je me le demande. Nous avions essayé de faire pour le mieux, et tout le monde, dans la classe politique comme dans les médias, semblait en être conscient, mais deux jeunes avaient trouvé la mort et cela était en soi inacceptable. J'ai gardé le souvenir de ce drame et de cet échec comme l'un des moments les plus difficiles de mon quinquennat. Il n'y a pas de vérité absolue. On ne peut revenir en arrière. Je n'ai pas oublié ces deux vies brisées. J'aurais tellement désiré que nous fassions mieux…

*
* *

J'avais apporté un soin tout particulier à mon discours de vœux aux autorités religieuses. Camille Pascal, qui n'était pas encore le brillant écrivain de romans historiques qu'il est devenu, venait de rejoindre mon équipe à l'Élysée. J'étais heureux d'avoir pu attirer ce talent à l'état brut. J'ai toujours voulu être entouré des meilleurs. C'était un moment important et solennel. La montée des tensions religieuses en France m'inquiétait. Les amalgames allaient bon train. Tout était mélangé. La caricature et l'intolérance surgissaient de toutes les parties de la société. L'islam était réduit à l'islamisme politique. Les religions étaient assimilées à la guerre et à l'intolérance. Le communautarisme était vécu comme une protection. Partout où je portais mon regard, je voyais l'humiliation, le raidissement et l'incompréhension. La réception des autorités religieuses était l'occasion de tenter de ramener un peu de calme et de clarté. De surcroît, je voulais adresser un message de soutien et de solidarité aux chrétiens d'Orient, dont le sort n'avait cessé d'empirer. Il n'était pas exagéré d'employer le mot « génocide » pour décrire la situation qu'ils étaient en train de subir. Le 31 décembre avait eu lieu un massacre particulièrement atroce sur le parvis de l'église de Tous-les-Saints à Alexandrie, au moment où la communauté chrétienne se préparait à célébrer la nativité. Le sort réservé aux chrétiens d'Orient était une offense à l'histoire même de cette partie du monde. Cela faisait deux mille ans que le christianisme participait à l'immense richesse culturelle et humaine de l'Égypte. Les coptes avaient toujours été chez eux dans ce pays millénaire. Vouloir les assassiner, imaginer en faire des étrangers, les bannir constituaient un parfait contresens historique. Et cette réalité n'était malheureusement pas isolée puisque, quelques semaines auparavant, un commando d'Al Qaïda avait pris d'assaut la cathédrale syriaque de Bagdad, afin d'y exterminer à l'arme blanche plus de cinquante personnes ! La France ne pouvait tolérer que l'on puisse impunément prendre des innocents en prière pour cible d'un terrorisme délirant et barbare.

Je qualifiai dans mon propos ces malheureux « de martyrs de la liberté de conscience ». Au travers des chrétiens d'Orient, ce n'était ni plus ni moins qu'un plan particulièrement démoniaque et pervers d'épuration religieuse du Moyen-Orient qui était à l'œuvre. La diversité humaine, culturelle et cultuelle était en train de disparaître de cette partie du monde. Il était bien loin le temps où l'on pouvait assister au geste plein de noblesse de l'émir Abdelkader qui volait au secours des chrétiens maronites de Damas. Cette nouvelle intolérance était d'autant plus choquante que l'histoire du monde musulman montrait qu'il avait toujours toléré, parfois même accueilli et protégé ceux que le Coran lui-même appelle « les gens du Livre ».

À cette épuration moyen-orientale répondait comme dans un miroir l'incompréhension occidentale. Un sondage publié la veille de la réception des autorités religieuses indiquait qu'un tiers des Français considéraient les musulmans comme une menace. C'était plus que préoccupant, car l'islam n'avait rien à voir avec la face hideuse de ces « fous de Dieu » qui tuaient aussi bien des chrétiens, des juifs, des sunnites que des chiites. Je soulignai cette vérité que « le terrorisme fondamentaliste tue aussi des musulmans ».

Je devais, une fois encore, rappeler ma conception de la laïcité, qui n'était pas l'interdiction mais la liberté. Chacun, en France, devait pouvoir prier le dieu de son choix, qu'il soit celui de ses ancêtres ou celui qu'il a choisi par la conversion. La prière ne fait pas de bruit. La prière n'offense pas. La prière n'agresse personne. Chacun a le droit en France de perdre la foi, de la trouver ou de la retrouver. Je plaidais pour que la République laïque entretienne un dialogue permanent avec les religions pratiquées sur son sol de façon à les entendre et même, pourquoi pas, à les écouter ! Ce dernier mot choqua beaucoup. Et pourtant, c'est toujours ma conviction. Les religions ont des choses à nous dire sur le monde dans lequel nous vivons et sur la société dans laquelle nous nous exprimons. Je ne vois toujours pas en quoi ce serait l'intérêt de la République de mener une guerre contre Dieu et contre les croyants.

Je reconnais que, bien davantage que mes prédécesseurs, j'ai voulu promouvoir une image positive de la laïcité qui passait par une reconnaissance du rôle des religions dans l'espace public. C'est pour cela que j'avais voulu la reconnaissance officielle de l'islam au travers du CFCM. Seule une conception positive de la laïcité permettrait d'éviter la montée du fondamentalisme en encourageant une expression apaisée et légitime des religions. Je fus, une fois encore, vivement attaqué par tous ceux qui brandissaient l'étendard d'une laïcité sectaire. Au nom d'une tolérance pour laquelle ils prétendaient manifester, ces intégristes de la laïcité adoptaient sans même s'en rendre compte un absolutisme et un fondamentalisme qui n'étaient pas sans rappeler ceux du camp opposé. La laïcité reste pour moi un appel à la liberté, à la tolérance, à la compréhension de l'autre, au respect de chacun. Aux yeux de ces nouveaux idéologues, il fallait à l'inverse qu'elle revêtisse les habits de l'interdiction, de la prohibition et de la haine. J'ai rarement vu prospérer un aussi profond contresens.

*

* *

Le mois de janvier se termina sur une note plaisante. La CGT, par la voix de son secrétaire général, Bernard Thibault, avait décidé de boycotter mes vœux. C'était une première. Il n'y aurait donc personne de la CGT à l'Élysée pour la célébration des forces vives de la Nation. À leurs yeux, j'avais été coupable de ne pas céder à la rue dans le conflit sur les retraites. Je n'étais donc plus un interlocuteur responsable ni même légitime pour cette organisation qui aimait à donner des leçons de démocratie. Pour elle, le choix était simple : soit je cédais et ses représentants pourraient alors parler à un interlocuteur affaibli à qui ils imposeraient leurs vues ; soit je refusais de plier et, dans ce cas, j'étais assimilé à une forme de dictateur moderne, infréquentable par principe. Me faire ainsi rappeler à l'ordre par une organisation inféodée au Parti communiste mettait vraiment au défi mes capacités de patience qui, comme chacun le sait, ne sont pas infinies… Je fis cependant l'effort de téléphoner à Bernard Thibault pour le convaincre de venir et d'apaiser les tensions. Ce fut peine perdue. Je ne crois d'ailleurs pas qu'il avait lui-même eu le choix. Beaucoup dans son organisation lui tenaient rigueur d'un « relatif manque de combativité » à mon endroit ! Ce n'était pas mon avis, car je n'avais pas constaté qu'il s'était rendu coupable d'une telle indulgence.

En agissant ainsi, ce syndicat ne réalisait pas qu'il contestait la légitimité de ceux qui exerçaient le pouvoir, qu'il remettait en cause le fonctionnement des institutions républicaines et qu'il tendait beaucoup le climat social. Il en va de même aujourd'hui pour Emmanuel Macron et son gouvernement. Il n'y a décidément rien de nouveau sous le soleil. Je préférerai cependant toujours les gouvernants qui tiennent à leurs réformes et qui résistent à la pression de la rue à ceux qui les retirent sans avoir le courage d'aller au bout. Pour la démocratie, les années 2010 et 2023 de réformes des retraites furent plus glorieuses que celle de 1995 avec la réforme retirée de la Sécurité sociale et celle de 2004 avec le projet avorté du CPE.

*

* *

Après la Tunisie, c'était maintenant l'Égypte qui s'enflammait. L'Histoire s'accélérait. Le monde arabe méditerranéen était en révolution. Nous suivions les évènements avec une attention soutenue pour essayer de les comprendre et même de les anticiper. Tous nos repères avaient disparu. Nos contacts habituels dans ces pays étaient eux-mêmes perdus. C'était vraiment difficile d'analyser le cours des choses. J'avais réagi avec retard sur la Tunisie. Je ne voulais pas reproduire la même erreur avec l'Égypte.

La situation était d'autant plus compliquée que j'avais noué une véritable relation de confiance avec le président Hosni Moubarak. Nous exercions ensemble la co-présidence de l'Union pour la Méditerranée. Il n'était certes pas un démocrate au sens où nous l'entendons en Europe. Son régime était de surcroît miné par la corruption. Mais il avait poursuivi le processus de paix avec Israël voulue par Sadate, et cela comptait beaucoup. Lui aussi menait un combat déterminé contre l'islamisme radical. De surcroît, il aimait la France et avait souvent privilégié nos entreprises aux grands groupes américains. J'appréciais nos échanges et nos conversations. Hélas, son âge avancé de 82 ans et l'enfermement dans lequel le maintenait son entourage l'avaient coupé de son peuple et surtout des plus jeunes et des plus éduqués.

La révolution égyptienne ne vint pas des campagnes. Elle fut le fruit de la révolte du Caire d'abord et avant tout. Des milliers de personnes avaient pris l'habitude de se rassembler sur la place Tahrir, rebaptisée place de la Libération, aux cris de « Dehors Moubarak ». Ils étaient chaque jour plus nombreux. Après une semaine de manifestations, la chaîne de télévision Al-Jazeera en avait dénombré plus de deux millions. Les Frères musulmans étaient en embuscade et comptaient bien se venger de décennies de pouvoir laïc. L'armée égyptienne avait pris la sage décision de ne pas faire usage de la force. Malgré cela, huit jours après le début du conflit, on pouvait recenser trois cents morts et trois mille blessés, victimes des forces de l'ordre. L'armée était même en train de se retourner, puisqu'elle avait fini par considérer que les revendications du peuple étaient « légitimes ». La pression sur Moubarak devenait insoutenable. La démission du ministre de l'Intérieur et la constitution d'un nouveau gouvernement ne changèrent rien. La fin devenait inéluctable.

Les évènements s'accélérèrent. Après quelques jours de vaine résistance, le président égyptien partit avec sa famille pour Charm El-Cheikh dans le Sinaï. Aussitôt, des milliers de manifestants se dirigèrent vers le palais présidentiel dans la banlieue du Caire et le siège de la télévision d'État. Mal informé par son ministre de l'Intérieur, pressé par son fils Gamal d'ignorer la rue, Hosni Moubarak était acculé à la démission la plus piteuse qui soit. Elle fut rendue publique le 11 février. Elle sanctionnait la fin de trente années de pouvoir ininterrompu. Dix-huit jours de contestation avaient suffi pour venir à bout d'un régime dont toutes les chancelleries du monde étaient pourtant convaincues de la solidité. Sans faire injure à la Tunisie, le soulèvement égyptien était porteur de tout autres conséquences. Il s'agissait du pays arabe le plus peuplé, avec ses quatre-vingt-dix millions d'habitants environ. Et ce n'était qu'un début, car tous les six mois l'Égypte voit sa population augmenter d'un million de nouveaux Égyptiens. C'était un géant dont la stabilité conditionnait celle d'une large partie du monde musulman. Ce fut à ce moment que je saisis la véritable importance de ces printemps arabes, qui pouvaient apporter le meilleur comme le pire. Je craignais à présent la propagation de l'onde de choc.

La situation était en train de se déliter de toutes parts. Une série de grèves avaient débuté en Algérie avec des mouvements du personnel paramédical et de l'éducation qui exigeaient des augmentations de salaires. L'opposition organisait une marche sur Alger pour exiger la « fin du système ». Le président du Yémen, Ali Abdallah Saleh, était confronté à des protestations populaires. Des milliers de Yéménites manifestaient à Sanaa à l'appel des opposants pour réclamer son départ, alors qu'il exerçait le pouvoir depuis trente-deux ans. La crise avait gagné la Jordanie. Le roi Abdallah II fut contraint de limoger son Premier ministre pour calmer la rue qui réclamait son départ. Mais, ici encore, les islamistes radicaux étaient à la manœuvre et œuvraient habilement pour exciter les tensions. Même la Syrie s'enflammait contre « la monocratie, la corruption et la tyrannie ». Les groupes Facebook se multipliaient pour appeler au départ de Bachar al-Assad.

J'étais vraiment perplexe devant tous ces mouvements de la rue. Pour le moins, je ne partageais pas complètement l'enthousiasme des médias et des observateurs. Tous se réjouissaient du départ des tyrans laïcs. Je craignais en mon for intérieur qu'ils ne fussent remplacés par des tyrans d'une tout autre nature et d'une plus grande barbarie, les islamistes. On sentait percer cette inquiétude dans l'appel que nous lançâmes avec quatre autres leaders européens (Merkel, Cameron, Zapatero et Berlusconi), afin que le processus égyptien ne verse pas dans la violence débridée. Je dus également prononcer une déclaration officielle du palais de l'Élysée pour préciser et fixer la position de la France sur les printemps arabes. J'étais sur la corde raide. Je ne pouvais soutenir les régimes renversés par la rue et complètement déconsidérés. À l'inverse, je ne faisais pas une confiance illimitée aux nouveaux systèmes, dont nous étions bien en peine de percevoir la nature profonde et la direction qu'ils prendraient pour le futur.

J'avais écrit un texte pour tenter d'expliquer le retard dans nos premières réactions et les raisons de notre vigilance. Je reconnus d'abord que ces « révolutions arabes » ouvraient une ère nouvelle dans nos relations avec des pays dont nous étions si proches par l'histoire comme par la géographie. Il nous fallait accompagner, soutenir, aider ces peuples qui étaient en train de choisir la liberté. Je soulignais cependant que l'espérance qui venait de naître était fragile et que le sort de ces mouvements de libération était incertain. Je prévins qu'en cas d'échec cela pourrait avoir de lourdes conséquences sur les flux migratoires comme sur notre efficacité dans la lutte contre le terrorisme. Face à toutes ces incertitudes, il m'apparaissait que l'Europe devait se tenir en première ligne en adoptant une position commune à la hauteur de la dimension historique de ce que nous étions en train de vivre. Je devais enfin adapter le dispositif diplomatique français à ce nouveau contexte. Les anciens responsables comme les traditionnelles structures avaient fait leur temps. Les évènements les avaient dépassés au propre comme au figuré. Je décidai de promouvoir un trio d'expérience à tous les postes clefs en rapport avec la situation méditerranéenne. Alain Juppé devenait ministre des Affaires étrangères, Gérard Longuet, ministre de la Défense, et Claude Guéant, ministre de l'Intérieur. Continuer à être en retard sur ces révolutions arabes qui enflammaient notre espace proche n'était pas une option. J'avais essayé de tirer les conclusions de mes erreurs initiales le plus rapidement possible. La promotion de ces trois « poids lourds » me donnait la garantie que les ministères de la ligne de front seraient solidement tenus.

Ces changements, en outre, me permettaient opportunément de régler le cas de Michèle Alliot-Marie. Après ses premières maladresses tunisiennes, qui avaient permis au *Canard enchaîné* de la surnommer cruellement et injustement « MAM-la-Gaffe », je me trouvais face à une nouvelle polémique concernant ma ministre. Il lui était maintenant reproché d'avoir passé les fêtes de fin d'année en Tunisie, alors que le pays se trouvait face à un soulèvement populaire. Le problème venait du fait qu'elle avait été transportée dans un avion privé qui appartenait à un dénommé Aziz Miled, qui le possédait avec Belhassen Trabelsi, le propre beau-frère du président Ben Ali. Cela n'avait rien de très grave, mais dans le contexte, c'était du plus mauvais effet. Par ailleurs, il y avait des contestations sur les conditions de paiement de la facture de l'hôtel où elle avait résidé avec sa famille. L'opposition se déchaînait. La presse était unanime dans sa sévérité. C'était l'hallali.

De surcroît, MAM avait bien du mal à se départir de sa rigidité naturelle. Je voyais cette femme honnête et droite s'enfoncer chaque jour davantage sans vraiment comprendre ce qui était en train de lui arriver. Entre dénégations, indignations et mépris pour cette « basse polémique », ma ministre n'arrivait pas à retrouver l'oxygène politique dont elle aurait eu un grand besoin. J'étais triste pour elle. Je comprenais sa souffrance. Je n'ai jamais aimé les curées. Et cela en était bien une ! Je compris rapidement que tout cela ne pouvait continuer et qu'il me fallait trancher dans le vif. Les questions d'actualité étaient devenues un calvaire. Notre politique étrangère se trouvait inaudible. MAM ne pouvait plus se déplacer sans être confrontée à la polémique. Elle devait quitter le gouvernement. Je la reçus pour lui signifier ma décision. Ce n'était vraiment pas les rendez-vous les plus faciles ni les plus agréables. J'essayai d'être aussi humain que possible, arguant de l'injustice de cette polémique, soulignant que personne ne doutait de son honnêteté, comprenant la souffrance que représentait tout cela pour sa famille. MAM était digne, émue et finalement assez réaliste. Elle convenait que la situation était devenue intenable. Je lui étais reconnaissant de son calme. Nous convînmes qu'elle m'adresserait sa lettre de démission le jour même. Cette dernière lui ressembla. Elle y niait tout en bloc. Elle n'avait pas commis d'erreurs. Elle aurait pu continuer sa mission, pourtant, malgré tout, son sens du devoir la conduisait à partir ! C'était plein de contradictions, mais cela arrangeait tout le monde. De ce jour, plus personne ne parla de cette affaire. Une page était tournée. Je vis que Michèle Alliot-Marie était une personne d'une grande élégance morale puisque son départ forcé n'entacha nullement nos relations personnelles. Il aurait pu en aller autrement. Je lui en ai conservé une profonde estime.

*

* *

Ce n'était pas parce que la « politique étrangère » s'enflammait que la « politique nationale » se trouvait plus apaisée. Le monde de la magistrature se mobilisait, une nouvelle fois, contre moi. Une jeune fille de 18 ans, Laëtitia, avait été assassinée dans des conditions particulièrement atroces par un délinquant multirécidiviste, parfaitement connu de la justice et des services de police, Tony Meilhon. J'avais reçu la famille désespérée par la perte de son enfant, quelques jours auparavant. Elle m'avait fait part de son incompréhension devant le fait qu'un dangereux criminel, qui avait déjà sévi, s'était retrouvé en liberté sans aucune obligation de suivi. Elle en était profondément choquée. Je comprenais sa peine et son indignation devant cette incompréhensible légèreté qui avait conduit à ce nouveau drame. Ma « faute », aux yeux du monde de la magistrature, toujours parfaitement solidaire dès qu'il s'agissait de défendre l'un des siens, avait été d'affirmer publiquement ce qui n'était que du simple bon sens : « Quand on laisse sortir de prison un individu comme le présumé coupable sans s'assurer qu'il sera suivi par un conseiller d'insertion, c'est une faute. » Je n'en avais dit ni plus ni moins. Cela avait pourtant suffi à hystériser ce monde clos et feutré.

J'assistai à un déferlement de déclarations plus outrancières les unes que les autres. Le président du syndicat des magistrats, Christophe Régnard, me sommait d'« arrêter de diffuser dans l'opinion publique la haine du juge, du policier, du conseiller d'insertion ». Aujourd'hui encore, je me demande où ce syndicaliste avait trouvé la moindre trace de haine. Son alter ego du Syndicat de la magistrature, Matthieu Bonduelle, n'était pas en reste, puisqu'il appelait à la « révolte » de ses pairs. Rien que cela ! Et il ne manquait plus que le tartuffe en chef Jean-Louis Nadal, premier procureur de France (et secrètement soutien du Parti socialiste et de François Hollande), qui était allé jusqu'à déclarer au *Nouvel Observateur* : « Oui, je suis un homme de gauche [...]. Aujourd'hui, c'est François Hollande qui est le candidat et porte les couleurs de la gauche. Je souhaite qu'il gagne. » Ce magistrat « impartial » lança une véritable fatwa contre moi, en déclarant : « Inspirer à l'opinion des sentiments bas en instillant de manière extravagante la confusion entre la responsabilité du criminel et celle du juge, dont on dénigre la décision... c'est blesser la République. » Aux yeux de toutes Ces Excellences, il n'y avait donc eu aucune erreur, pas de victime, pas de libération anticipée ! Finalement, il n'y avait qu'un seul coupable et un seul scandale, le président de la République, qui se trouvait du côté des victimes. Cela en aurait été risible, si cela n'avait pas été si grave.

Comment pouvait-on, à ce point, nier la réalité, refuser de voir les faits, fermer les yeux sur de tels dysfonctionnements ? L'indépendance nécessaire des juges ne devait pas empêcher la critique de telle ou telle décision. Dans la République, il ne pouvait exister un pouvoir qui n'aurait de compte à rendre à personne et qui se trouverait, par construction, au-dessus de tout commentaire. Les syndicats de magistrats avaient décidé d'engager un véritable combat politique sans vergogne et sans même les précautions d'usage. Encore aujourd'hui, j'affirme que mes propos n'avaient rien de choquant et qu'ils n'étaient nullement offensants. La presse, dans son ensemble, joignait sa voix à celle des magistrats, parlant d'« un président toujours friand de boucs émissaires ». Il y eut un nombre considérable d'éditoriaux pour dénoncer ma prise de parole. Nous étions passés en quelques instants du scandale de l'assassin de Laëtitia au scandale, à les en croire « infiniment plus grave », que j'avais provoqué en pointant un dysfonctionnement, pourtant bien incontestable ! La fameuse Ligue des droits de l'Homme alla encore plus loin, en me décrivant comme « un délinquant constitutionnel récidiviste » – aux yeux des mêmes observateurs, le vocabulaire employé n'avait rien de choquant !

L'« affaire » prit une certaine ampleur, puisque des centaines de magistrats se rassemblèrent pour exprimer leur colère et décidèrent d'un report des audiences dans un mouvement d'une ampleur inédite. Le juge anti-terroriste Marc Trévidic déclara : « La politique du président de la République en matière de justice n'était que du pipeau. » Il poursuivit en fustigeant mon « mépris envers l'institution » qu'il représentait. Lui aussi me qualifiait de « multirécidiviste ». C'était un beau discours corporatiste et politique. Comme d'habitude, les victimes étaient les grandes oubliées de ces vertueuses indignations médiatiques. Cela renforçait ma conviction qu'il y avait bien deux mondes parallèles qui ne faisaient que s'éloigner dangereusement l'un de l'autre : les élites politico-médiatiques, qui ne supportaient plus la moindre confrontation avec la réalité, et les citoyens, qui n'en pouvaient plus de ce confondant déni de leurs souffrances. J'étais bien décidé à ne pas céder un centimètre de terrain, tant je considérais la question essentielle. Je ne regrette nullement mes propos d'alors. Je me demande parfois si ce n'est pas cette transparence et cette franchise que certains magistrats ont voulu me faire payer toutes ces dernières années. Incurable optimiste, je ne peux cependant me résoudre à croire qu'au-delà de certains cas particuliers, cela serait vrai du plus grand nombre. Mais même si c'était le prix de ce juste combat, il valait la peine d'être engagé. Je ne pouvais me taire quand l'essentiel était à ce point en jeu. Je le devais aussi à tous ces « sans-voix » qui s'étaient reconnus dans mes propos sans qu'ils puissent eux-mêmes les tenir. Rien de ce qui s'est produit ces douze dernières années n'est venu infirmer mon constat initial ! Je ne regrette rien.

*
* *

Nous n'en avions pas fini avec les printemps arabes, puisque la Libye avait rejoint la désormais longue liste des pays en situation de révolte et de chaos. C'était la dernière, en tout cas par le calendrier, de toutes celles que nous étions en train de vivre. Mais elle était certainement la plus brutale compte tenu de la personnalité « maladive » du dictateur en place depuis quarante et un ans, le colonel Mouammar Kadhafi. Son esprit était dérangé. Toute discussion avec lui, même en situation calme, était impossible. Il recevait sous une tente, entouré de quantité de personnes, au milieu des ruines de son ancien palais présidentiel à Tripoli, qui avait été bombardé et partiellement détruit par les Américains. Ses prises de parole étaient interminables. Rien ne pouvait les interrompre. Il portait sur sa djellaba une grande représentation du continent africain, accrochée comme un badge sur sa poitrine. Le spectacle était étrange et mettait mal à l'aise.

Les évènements libyens avaient débuté à Benghazi, la deuxième ville du pays, toujours rétive, à travers son histoire, à la domination de Tripoli. Les choses avaient tout de suite très mal tourné, car l'armée avait dès le premier jour reçu l'instruction de repousser les manifestants en tirant à balles réelles. Il y avait quotidiennement des dizaines de morts supplémentaires. La révolte s'était rapidement élargie à Misrata, la troisième ville du pays, où des mercenaires africains, à la solde du pouvoir, attaquaient la foule des opposants. À la télévision, Saïf al-Islam, l'un des fils de Kadhafi, avertit les manifestants « du risque de bain de sang ». Son père fit pire dès le lendemain, puisqu'il déclara : « Je me battrai jusqu'à la mort et les manifestants seront punis de la peine capitale. » Il accusa par la suite ces derniers d'être « drogués et de servir les intérêts du chef d'Al-Qaïda, Oussama Ben Laden ». Ces propos témoignaient d'un état de folie avérée.

En moins de deux semaines, le secrétaire général de l'ONU, Ban Ki-moon, avait recensé plus de mille morts dans les affrontements. Le bilan humain était le plus lourd de toutes les crises arabes. Le président Obama fut le premier à déclarer que Kadhafi devait « partir maintenant ». Nous étions à la fin du mois de février. Environ sept cent cinquante de nos compatriotes vivaient en Libye. Nous les exhortions à la prudence et au retour anticipé en France. La pression médiatique montait au fur et à mesure que les images bouleversantes des violences et des massacres apparaissaient sur les écrans du monde entier. Ce fut d'abord le *Wall Street Journal* qui appela « à renverser Kadhafi et à armer les manifestants ». Le *Washington Post* n'était pas en reste, qui accusait Kadhafi « d'assassiner son propre peuple ». La presse du monde entier dénonçait des « crimes contre l'humanité ». Et de fait, les forces loyales au dictateur libyen tiraient sur les manifestants depuis des avions et des hélicoptères. La situation avait versé dans la violence la plus aveugle. Je demandai que l'Union européenne « suspende toutes relations économiques et financières avec la Libye et que ses responsables soient traduits devant des juridictions pénales internationales ». La vérité était que la Libye changeait la donne.

Jusqu'ici, les Occidentaux étaient restés dans une posture de soutien prudent et parfois perplexe aux révolutions arabes. J'étais désormais convaincu que si nous laissions Kadhafi recourir à la force contre son propre peuple, alors notre position dans le monde arabe serait scellée pour les générations à venir et notre procès engagé, en tout cas devant le tribunal de l'histoire. Ne pas aider ces populations éprises de liberté serait revenu à trahir les valeurs et les idéaux que nous proclamions pour nous-mêmes. Je souhaitais que nous donnions pleinement sa chance à la démocratie et au pluralisme politique dans cette région du monde qui ne les avait quasiment jamais connus. À cela, s'ajoutait la décision de Kadhafi de lancer ses chars et son aviation contre les manifestants. Ni Moubarak ni Ben Ali ne l'avaient fait, en tout cas dans ces proportions. L'armée libyenne avait même annoncé être en marche « pour purger le pays ». Au début du mois de mars, Kadhafi promit « des millions de morts ». Et de fait, les ONG encore présentes sur le terrain avaient recensé six mille morts à peine un mois après le début de la révolte. Il s'agissait de chiffres sans commune mesure avec ce qui s'était passé lors des autres « révolutions arabes ».

En Europe, la riposte diplomatique s'organisa autour du tandem franco-britannique. David Cameron et moi partagions la même analyse de la situation. Nous appelions au départ de Kadhafi et au retrait de ses forces des villes où son armée était déployée. Les Américains nous suivaient, même s'ils étaient hésitants sur l'ampleur à donner à leur engagement. La réticence américaine était liée à la psychologie d'Obama, que je pouvais comprendre et qui voulait en toute chose être l'« anti-Bush », c'est-à-dire l'homme qui termine les guerres, et non celui qui les commence. Je sentais peser la fatigue des Américains après dix années de conflits en Irak et en Afghanistan. Cela jouait beaucoup sur leur état d'esprit. Je ne cherchais pas davantage la guerre, je m'en serais bien passé, mais en aucun cas nous ne pouvions accepter le massacre de l'opposition libyenne à moins de mille cinq cents kilomètres de nos frontières. La chancelière Merkel hésitait, arguant de la position traditionnelle allemande en faveur du pacifisme. Le Conseil européen de la mi-mars adopta une position de fermeté avant tout « verbale ». Il n'y avait pas de consensus pour une quelconque intervention.

Le sort bascula sous l'influence de deux réalités vraiment nouvelles dans ces révolutions arabes. La première fut l'émergence d'une opposition libyenne unie, crédible et en voie de structuration avec la naissance du Conseil national de transition, présidé par Moustafa Abdel Jalil. La France sera le premier pays du monde à reconnaître, le 10 mars 2011, le CNT comme le seul représentant légitime du peuple libyen. Je fus très critiqué pour cela, mais force est de constater que tous les pays finalement suivirent la France, les Européens comme les Américains. C'est Bernard-Henri Lévy qui servit d'intermédiaire pour que le premier déplacement du CNT à l'étranger fût réservé à Paris. La deuxième réalité fut plus étonnante, puisqu'elle concernait la mobilisation de tous les pays arabes contre Kadhafi. La Ligue arabe adopta une résolution absolument sans précédent, appelant les Nations Unies à se prononcer sur une zone d'exclusion aérienne en Libye afin de protéger les populations du dictateur fou et de son régime qui, selon les propres mots de l'organisation, avaient « perdu leur légitimité » du fait de leurs « dangereuses violations des droits et de leurs crimes ». Ce fut un élément déterminant qui acheva de convaincre le Conseil de sécurité qu'il fallait intervenir. Ce dernier adopta le 17 mars une résolution 1973 qui autorisait « le recours à la force avec tous les moyens nécessaires pour protéger les populations civiles ». Les Nations Unies donnaient pour la première fois corps au principe de « responsabilité de protéger », comme elles le feraient à nouveau quelques semaines plus tard pour la Côte d'Ivoire. La résolution onusienne excluait spécifiquement toute force au sol. Les Russes et les Chinois s'abstinrent lors du vote, ce qui signifiait qu'ils ne voulaient pas s'y opposer ! C'était une forme d'unanimité inespérée et surtout très inhabituelle.

Une fois le cadre juridique international adopté sans aucune ambiguïté, il restait à mettre en place la coalition qui réaliserait la résolution 1973. Ce fut tout l'objet du sommet des amis de la Libye qui se tint à Paris le 19 mars. Vingt chefs d'État et de gouvernement ainsi que le secrétaire général de l'ONU furent rassemblés à l'Élysée. Il était temps, car les forces de Kadhafi étaient aux portes de Benghazi, où elles voulaient « faire couler des rivières de sang », comme l'avait annoncé Saïf al-Islam, le fils de Kadhafi. Toute l'opposition libyenne aurait pu disparaître ce jour-là. La coalition comprenait des pays arabes, ce qui était stratégiquement capital. L'opération militaire commença le jour même. Une vingtaine d'avions français étaient engagés. Les États-Unis étaient représentés à Paris par la secrétaire d'État Hillary Clinton, qui se trouvait être beaucoup plus allante et courageuse que son président. Quand les avions de chasse français pénétrèrent dans l'espace aérien libyen, je ressentis de la fierté à l'idée que l'armée française allait sauver des milliers de vies d'un massacre qui promettait d'être inéluctable.

Après avoir été en retard en Tunisie et en Égypte, nous avions été, avec les Britanniques, leaders pour la Libye. L'intervention militaire était inattaquable juridiquement et, tout autant, humanitairement. Les vies épargnées grâce à ce choix politique majeur en étaient le témoignage le plus probant. L'intervention de la coalition permit d'éviter que Kadhafi ne massacre son peuple et sauva des milliers de civils innocents.

Ce fut, avec la Côte d'Ivoire, la deuxième opération militaire dont j'eus la responsabilité du déclenchement et de la conduite. D'une façon étrange, les mêmes commentateurs qui m'avaient reproché une trop grande timidité avec Ben Ali et Moubarak furent tout aussi critiques sur le rôle moteur que je dus jouer dans la résolution de la crise libyenne. C'était parfaitement contradictoire. Après avoir été dénoncé pour avoir fait trop peu, j'étais désormais accusé de faire trop. C'était injuste, car jusqu'au bout nous avions déployé d'intenses efforts diplomatiques officiels et officieux pour tenter de convaincre le dictateur de renoncer à la violence. C'était faux, car les conséquences d'un massacre de cette ampleur aux portes de l'Europe sans que celle-ci réagisse auraient été considérables. Par la suite, je fus également accusé d'avoir causé le chaos dans lequel se trouve aujourd'hui encore la Libye. C'était parfaitement inexact, car les premières élections législatives qui suivirent la chute du tyran, en juillet 2012, mobilisèrent plus de 62 % des électeurs malgré les menaces et virent la victoire des démocrates sur les islamistes. L'erreur fut alors, à l'automne 2012, de laisser tomber les nouvelles autorités démocratiques libyennes, de ne pas les aider et de se désintéresser complètement du sort de ce pays martyr. Dans une interview donnée à quelques semaines de la fin de sa présidence, Barack Obama lui-même a reconnu que ce fut sa plus grande erreur. Les Libyens méritaient cette aide. Ils ne l'ont pas eue.

François Hollande expliqua, avec sa mauvaise foi bien connue, que c'était l'intervention en Libye qui avait déstabilisé le Mali. Dois-je en conclure que si Kadhafi était encore au pouvoir, ce pays d'Afrique subsaharienne serait apaisé ? Cela n'a aucun sens. Le Mali était instable et gangrené par les crises politiques à répétition depuis de nombreuses années. Cette situation avait provoqué l'installation d'Al-Qaïda dans le nord du Mali. Cela n'avait rien à voir avec la

Libye. Un minimum de recul est toujours nécessaire pour analyser les résultats d'une politique étrangère.

David Cameron et moi avions le sentiment d'avoir posé les bases d'une nouvelle entente entre les peuples du sud et du nord de la Méditerranée. Il fallait ouvrir des voies d'accès et de dialogue pour éviter ce choc des civilisations qui était tellement prévisible entre l'Orient et l'Occident. Pourquoi avoir abandonné la Libye après mon échec à l'élection de 2012 ? Un pays qui méritait la démocratie qu'il n'avait jamais connue, un territoire si important pour maîtriser les flux migratoires. Ce fut une profonde erreur. Il ne fut à mes yeux que le résultat d'une politique sectaire d'alternance voulue par mon successeur immédiat : avec l'abandon du nucléaire, celui de la Libye fut sans doute la faute la plus grave.

Sur le plan opérationnel, la Libye fut un théâtre d'entraînement de nos forces en situation de crise très instructif. J'avais fait prépositionner des Rafale de l'armée de l'air sur la base de Solenzara en Corse. De là, nos pilotes avaient besoin de trois heures de vol pour atteindre le territoire libyen. Il fallait les ravitailler une fois à l'aller et une autre fois sur le chemin du retour. À cela s'ajoutait une heure de vol en territoire ennemi. Cela représentait une mission de sept heures extrêmement éprouvante pour nos aviateurs. Ils firent un travail remarquable d'efficacité et de précision. Notre armée avait donné une image de grand professionnalisme. Elle fut saluée dans le monde entier. La France sortait de cette crise renforcée militairement comme politiquement.

Sur le plan politique, j'avais été bien aidé par mon nouveau ministre des Affaires étrangères, Alain Juppé. Il fit une déclaration dont je partageais chaque mot : « C'est une intervention risquée, c'est une décision grave. Nous en sommes conscients. Mais je demande simplement ce que l'on aurait dit de la France si elle avait abandonné l'insurrection libyenne qui était en passe d'être massacrée. Je me demande ce que les jeunes Tunisiens, les jeunes Égyptiens et tous les nouveaux révolutionnaires de la démocratie nous auraient dit. » Je fus même soutenu par Jean Daniel, qui écrivit dans *Le Nouvel Observateur* : « Cette guerre aérienne n'a rien à voir avec la guerre totale livrée en Irak par George Bush sans l'accord du Conseil de sécurité et sans l'accord de la Ligue arabe… Que l'on songe à ce que seraient devenus la cause des insurgés et le sacrifice auquel on les incitait si, après leur avoir donné l'espérance, le Conseil de sécurité avait bloqué la décision française. » On ne pouvait pas mieux dire. Hubert Védrine se joignit au camp des partisans de l'intervention en évoquant « la responsabilité de protéger ». Il s'agissait du concept sur lequel les membres de l'ONU s'étaient mis d'accord afin de mettre fin au débat sensible sur le droit d'ingérence. Il poursuivit en indiquant : « Nicolas Sarkozy et Alain Juppé ont bien joué dans cette affaire. »

Après les opérations militaires, je voulus montrer que la solution finale devrait forcément être politique et diplomatique, en prenant l'initiative d'un nouveau sommet sur la Libye à Londres, où les perspectives d'aide et de reconstruction seraient évoquées. C'était d'autant plus important que je souhaitais que les opérations alliées dans ce pays ne s'éternisent pas. J'envisageais une durée de quelques semaines et en aucun cas de plusieurs mois. J'avais clairement en mémoire ce qui s'était passé en juillet 1995 à Srebenica, où huit mille musulmans bosniaques avaient été assassinés par des Serbes sans que la communauté internationale réagisse. Je ne voulais pas que cela se reproduise. Pour autant, nous n'étions pas une armée d'occupation. La brièveté de l'intervention militaire était le seul moyen d'éviter ce risque et de conjurer la menace que nous donnions l'image d'une expédition coloniale. Nous n'avions vocation à rester que tant que la population était sous la menace des tanks et des avions. Nous venions au secours de la rue arabe. C'était un moment réellement historique. L'Europe était parvenue à surmonter ses divisions grâce à une déclaration du Conseil européen prise à l'unanimité.

L'avenir de la Libye appartenait aux Libyens. Nous n'avions pas à décider à leur place. Si nous étions intervenus, ce n'était pas au nom d'une finalité que nous aurions cherché à imposer, mais en vertu de la conscience universelle, qui ne pouvait tolérer de tels crimes. Je pus même compter sur le soutien rare de Dominique de Villepin, qui se félicita de l'initiative de la France « qui a permis qu'elle soit à la hauteur de ses idéaux ». Cela avait le mérite d'être sans ambiguïté venant de l'un de mes opposants les plus belliqueux. Finalement, il y eut un profond consensus autour du principe et des modalités de notre action en Libye. Personne n'en contesta sérieusement le principe. La France avait joué un rôle de leader, sans elle rien de concret ne se serait passé. Je demeure fier de cet épisode de la politique étrangère que j'ai eu à conduire. Les polémiques très tardives qui ont suivi ont consisté à réécrire l'histoire pour mieux faire oublier l'incompréhensible désengagement français et européen à partir de 2012. Il n'y avait alors plus de responsable politique pour mener une action déterminée qui soit à la hauteur des évènements historiques se déroulant à la périphérie de l'Europe méditerranéenne.

Je terminai la séquence libyenne en recevant dans le courant du mois d'avril les représentants du Conseil national de transition pour la troisième fois. Mais c'était la première où je pouvais rencontrer son président, Moustapha Abdel Jalil. Il était accompagné d'un représentant de Benghazi et d'un autre de Tobrouk. Tous me demandèrent une intensification des frappes sur les forces du colonel Kadhafi, notamment à Misrata, où la situation était très grave. Seuls la France, l'Italie et le Qatar les avaient reconnus. Comme souvent, l'Europe, dans son ensemble, était en retard. C'était dû à cette obsession pour le consensus et l'unanimité. Au prétexte de vouloir que chacun soit d'accord, tous finissaient par laisser passer la chance d'affirmer un cap et d'assumer une conviction. Il y avait toujours un pays qui trouvait que nous allions trop vite, qu'il y avait un risque, qu'il fallait attendre.

Le résultat était une inversion des valeurs, où l'inaction, la pusillanimité et la procrastination devenaient de la sagesse. C'était le commencement et l'explication de la perte d'influence de l'Europe. Au lieu de décider vite, nous avions fini par aimer à réfléchir longuement et surtout sans conclure. Le président du CNT avait été un ministre de Kadhafi avant de le quitter et d'entrer en résistance. C'était important d'envoyer le signal que ceux qui avaient collaboré et qui ne pouvaient faire autrement auraient la possibilité de participer à la reconstruction du pays. La Libye allait avoir besoin de toutes ses forces vives. Le débat ne portait plus sur la légitimité de l'intervention militaire, mais au contraire sur la nécessité d'en faire davantage en envoyant des troupes au sol. La pression avait beaucoup monté. Bernard-Henri Lévy se déployait avec insistance pour l'obtenir et il avait de puissants relais dans la presse. Je reconnais qu'il y aurait eu de bonnes raisons à cette escalade, notamment celle des massacres qui perduraient. Je refusai cependant de franchir cette nouvelle étape, qui risquait de diviser la coalition internationale, et de nous attraire dans un bourbier dont nous aurions eu bien du mal à nous extraire. Il fallait garder tout à la fois le sens de la mesure et le sang-froid indispensables dans ce type de situation où les faits et les images sollicitent fortement les réactions émotives et les sentiments exacerbés.

Le rôle de BHL fut tout à la fois exagéré, moqué et encensé. Comme tout ce qui touche à cet intellectuel brillant, sa participation à ce moment de l'histoire de la Libye fut au centre de nombre de polémiques. Au moment où les faits débutèrent, nos relations étaient polaires, par ma faute puisque je lui avais tenu rigueur de son engagement auprès de Ségolène Royal, dont je savais le peu de considération qu'il lui portait. Malgré cela, et par fascination pour sa réputation d'« homme de gauche », il s'était engagé auprès d'elle. Je lui avais dit que, lorsque l'image pesait davantage que les convictions, on se rabaissait. Nous étions restés trois années sans le moindre échange. Pour autant, BHL est un éternel curieux du monde. Ses sens sont en permanence en alerte et son instinct est souvent sûr. C'est la raison pour laquelle, lorsqu'il m'appela pour me demander de recevoir ses amis du CNT, je l'écoutai d'abord, acceptai rapidement ensuite. J'avais été si déçu de l'action de nos réseaux diplomatiques traditionnels, qui n'avaient rien vu venir des prémices de ces printemps arabes. Je voyais dans ces informations venues de la société civile un complément utile qui nous permettrait de ne pas être une fois encore à la remorque des évènements. De ce point de vue, BHL fut utile et je lui étais reconnaissant. Cela ne veut pas dire que je partageais tous ses combats ni, moins encore, tous ses emportements. Je préférerai cependant toujours des hommes qui ont faim de découverte, qui ne sont pas avares de sentiments, gardent le courage de leurs convictions et surtout demeurent enthousiastes, à tous les cyniques, les blasés et les « je vous l'avais bien dit ». C'est pourquoi, malgré nos différences, j'apprécie l'amitié de Bernard-Henri Lévy et aime échanger avec lui. Il est, à mes yeux, bien au-dessus de nombre de ceux qui se prétendent « intellectuels » sans jamais prendre le risque du moindre voyage.

*

* *

En cette fin de mois d'avril, je participais à un sommet franco-italien à Rome. Silvio Berlusconi était encore président du Conseil. Nos relations avaient commencé à se dégrader. Il était en train de devenir la caricature de ce qu'il avait été. Le chef d'entreprise brillant, l'homme politique à l'énergie indomptable, n'était plus qu'un lointain souvenir. Le triste épisode « bunga bunga » annonçait une fin peu glorieuse. Je n'attendais donc pas grand-chose de cette rencontre rituelle. Je voulais cependant adresser un signal positif à ce grand pays si proche de notre culture et de nos cœurs. Il n'y avait plus eu un seul Italien en charge d'une responsabilité européenne de premier plan depuis bien longtemps. Je trouvais cette situation injuste et surtout contre-productive, s'agissant d'un pays de plus de soixante millions d'habitants.

Je saisis l'opportunité de ma présence romaine pour soutenir la candidature de Mario Draghi à la succession du Français Jean-Claude Trichet à la présidence de la Banque centrale européenne. Sa qualité n'était pas seulement d'être italien. Il était surtout compétent, ouvert, sympathique. Je l'avais plusieurs fois rencontré alors qu'il était président du Conseil de stabilité financière durant la crise de 2008. J'avais beaucoup apprécié ses convictions en matière de politique monétaire. Il était le parfait opposé de Jean-Claude Trichet. Le premier ne parlait que de croissance. Le second que de stabilité. Inutile de préciser que je partageais les choix de Mario Draghi. Avec lui, j'étais convaincu que l'Europe utiliserait enfin la politique monétaire comme une arme au service de sa croissance. Sa longue collaboration avec Goldman Sachs nous garantissait une stratégie plus « américaine » qu'« allemande ». C'était à mes yeux un atout décisif. Nous devions innover, nous réveiller, et faire de l'euro un outil au service du développement de notre continent. Cette annonce me valut une sévère explication avec la chancelière Merkel, que je n'avais pas prévenue préalablement de mon initiative. Elle avait été très déçue de ne pas réussir à imposer son candidat, Axel Weber, le président de la Bundesbank. Je ne voulais à aucun prix de ce dernier car, en matière d'orthodoxie, il aurait été encore plus rigide que Jean-Claude Trichet, c'est dire… Nous aurions dû continuer à lutter contre la récession, la spéculation, l'augmentation du chômage, sans pouvoir compter sur le soutien d'une politique monétaire « dynamique ». C'était un risque à ne surtout pas courir.

Je savais par des indiscrétions qu'Angela Merkel envisageait désormais de soutenir un obscur candidat finlandais dont elle espérait qu'il se mettrait instantanément sous la protection de la Bundesbank. Cela me paraissait être un choix particulièrement frileux, en tout cas pas à la hauteur de la situation de crise de la dette des États que nous étions sur le point d'affronter. En prenant position en faveur de Mario Draghi, je m'assurais le soutien des Italiens et de toute l'Europe de la Méditerranée. Les Allemands n'avaient plus d'autre choix que de suivre. Cette nomination fut un complet succès. Le nouveau président de la BCE se fondit dans ce nouveau rôle avec une aisance déconcertante. Il joua un rôle crucial dans le sauvetage financier de l'Europe. Aucune critique ne s'éleva contre lui. Son action fut saluée unanimement du début jusqu'à la fin de son mandat en 2019. Sa réussite impressionna bien au-delà des frontières de l'Europe. L'Italie était si fière de son action qu'elle ne tarderait pas à faire de lui son président du Conseil. Mario Draghi est demeuré l'un des responsables gouvernementaux comme financiers que j'ai le plus considérés et appréciés. Il était un banquier compétent sans être ennuyeux. Il était un technicien dont on comprenait les raisonnements. Il était gai comme un Italien sans que jamais sa crédibilité ne soit mise en cause. Un homme rare…

*
* *

La politique intérieure n'avait pas perdu tous ses droits. Bien au contraire, puisque la conjonction du calendrier qui mettait la prochaine élection présidentielle à proximité et de mes sondages en berne à la suite de la réforme des retraites faisait penser à mes opposants de l'intérieur que j'étais fragilisé, et poussait tous ceux qui m'en voulaient à prendre des initiatives. C'était naturel et n'avait rien de choquant. Le plus impatient était Jean-Louis Borloo, qui venait d'annoncer sa décision de quitter l'UMP pour créer une nouvelle formation politique, la Confédération des centres. Vaste programme ! Le centre devenait le point le plus fréquenté… Il y avait Bayrou, Hervé Morin, Jean Arthuis, maintenant Borloo. Chacun voulait rassembler les autres autour de lui et être candidat avec leur soutien à la prochaine élection présidentielle. Toutes ces ambitions n'avaient qu'un seul point commun, la volonté de me faire payer le trop peu de crédit que je leur avais réservé. Borloo oubliait qu'il avait été ministre d'État pour ne se souvenir que de l'humiliation de ne pas avoir reçu Matignon comme un dû. Morin, qui avait été si malheureux à la Défense, regrettait maintenant ma décision de l'en avoir libéré. Ce fut le moment que choisit Rama Yade pour rejoindre Borloo en annonçant qu'elle le soutiendrait à la présidentielle. Au passage, elle occultait le fait que je venais de la nommer ambassadrice à l'Unesco afin de lui préserver un statut après qu'elle avait perdu son portefeuille ministériel. Ce qui était curieux à observer avec elle, c'était cette absence de reconnaissance absolument ingénue et décomplexée. Cette agitation ne m'inquiétait pas outre mesure, car je pressentais que l'union entre toutes ces personnalités ne tiendrait pas plus que quelques semaines et qu'en outre le sens de l'organisation n'était pas la qualité première de Jean-Louis Borloo. Pour autant, j'étais fragilisé par ces fissures dans ma majorité. Je savais qu'il s'agissait d'une des règles anciennes de la vie politique. Devant l'adversité, tous auraient eu intérêt à se rassembler. J'assistais au mouvement inverse, les forces centrifuges étaient en train de dominer les forces centripètes. Il fallait endurer, subir et continuer. Je n'avais pas d'autre choix.

Dans le même temps, François Hollande faisait l'objet d'une cour assidue des journalistes. C'était sans précédent et là aussi parfaitement décomplexé. Il y eut même une dépêche de l'AFP dont le titre était en soi tout un programme : « François Hollande, le bon copain des médias ». À un an de la présidentielle, personne ne paraissait choqué ou au minimum troublé par ce mouvement partisan au sein d'une profession censée informer les Français « en toute impartialité ». Le reste du texte était de la même veine. Une journaliste de France Info expliquait en spécialiste : « Il n'envoie jamais personne sur les roses comme peuvent le faire les autres, il donne son numéro de portable avec joie et rappelle toujours. » Je me sentais visé par « les autres ». C'était touchant, mais imagine-t-on un journaliste porter un jugement si favorable sur un responsable de droite ? La réponse est évidemment non. Un autre journaliste franchissait un palier supplémentaire dans la même dépêche : « François Hollande est curieux de la vie des journalistes. Il pose beaucoup de questions. Mais contrairement à Nicolas Sarkozy, il le fait sans agressivité ni tutoiement. » N'ayant jamais rencontré ni tutoyé l'auteur de ces lignes, je ne sais d'où lui venaient ses informations. Le même oubliait cependant de préciser qu'il était le co-auteur d'un livre avec François Hollande, ce qui aurait dû alerter sur son impartialité ! Même les défauts de ce dernier étaient décrits comme des qualités : « Vous ne le verrez jamais avec un roman à la main, il ne lit que la presse. Il la dévore. » C'était écrit tel quel dans le texte de la dépêche. Pour la première fois, je voyais l'absence de culture littéraire présentée comme une preuve de sympathie et même d'intelligence.

Derrière le côté caricatural de ces citations, il y avait une réalité, celle de la surreprésentation de la gauche dans les médias français. C'est bien ce qui ferait quelques mois plus tard de François Hollande un adversaire redoutable. Il ne l'était pas par son talent, par ses idées, par son énergie, encore moins par son charisme. Sa normalité tranquille décomplexait les journalistes engagés, qui l'avaient par conséquent pris sous leur protection. Quand il prononçait un discours sans saveur, on le trouvait proche des gens. Quand il disait une banalité, c'était un gage de sérieux. Il n'était un danger pour personne. Je comprenais que, sans l'ombre d'une aspérité, il serait difficile de trouver des angles d'attaque. Si je le débusquais trop vivement, on me reprocherait mon agressivité. Si je ne disais rien, il pourrait continuer à progresser sous l'œil bienveillant et complaisant des médias. L'équation était complexe. Je regrettais déjà la perspective d'une confrontation avec Dominique Strauss-Kahn. François Hollande était si conscient de cet avantage qu'il avait même décidé de faire un régime. Sa compagne d'alors, Valérie Trierweiler, en était très fière et en concluait qu'elle avait donc une grande influence sur son compagnon ! Le régime dura le temps de la campagne, puis fut rangé au rang des résolutions aussi vite oubliées que prises. Il m'arrive parfois de regretter de ne plus avoir de nouvelles de tous ces commentateurs de l'époque, si enthousiastes à propos de ce « candidat normal » qui promettait monts et merveilles et qui tint si peu.

*

* *

Le terrible attentat de Marrakech, qui fit dix-sept victimes dont huit Français, sonna le début du mois de mai. C'était un café de la place Jemaa el Fna qui avait été visé. Je connaissais bien les lieux pour y avoir été tant de fois avec ma famille. Je me souvenais de la joie de mes enfants sur cette agora toujours pleine de vie et de monde. Les dresseurs de serpents les impressionnaient tout particulièrement. Nous étions souvent allés nous désaltérer à la terrasse de ce café avant ou après une visite au souk tout proche. Je nous revoyais tranquillement rassemblés autour de l'une des tables de la terrasse, d'où l'on surplombait la place aujourd'hui endeuillée. J'imaginais la terreur des familles frappées par le destin. La cruauté d'avoir croisé la route de ces assassins. Je me demandais pourquoi nous avions été épargnés et pourquoi ces malheureux ne l'avaient pas été. Connaître à ce point cet environnement me faisait ressentir la tragédie de façon plus précise et plus brûlante. La nature terroriste de cet acte ne faisait aucun doute. Un engin explosif avait été activé à distance au milieu d'une foule de touristes innocents autant qu'insouciants. La façade du café-restaurant Argana avait été soufflée par la déflagration. Le patron de l'établissement était grièvement blessé. L'un des serveurs, âgé de 28 ans, était mort. Une fillette de 10 ans comptait parmi les victimes de cette barbarie. C'était l'attentat le plus grave que connaissait le Maroc depuis 2003 à Casablanca. Comme à l'accoutumée, le roi Mohammed VI réagit promptement et avec une grande efficacité. Il insista sur la nécessité d'une enquête rapide et parfaitement transparente. C'était un élément qui nous rassurait. Nous aurions accès à toute l'information dont nos services avaient besoin et que les familles ne manqueraient pas d'exiger à juste titre. Je m'entretins avec le roi le jour même. Nous convînmes des suites à donner à l'enquête, des cérémonies d'accueil des victimes et de leurs familles, et de ce que nous pouvions dire aux médias du monde entier. Bruno Joubert, notre ambassadeur au Maroc qui avait été auparavant mon conseiller pour l'Afrique à l'Élysée, assura cette parfaite coordination avec un grand professionnalisme. Les services marocains et français travaillèrent main dans la main. Nos montres marquaient la même heure. La confiance entre nos deux pays était totale.

Le souvenir de cette période me rend d'autant plus nostalgique quand je constate la lente dégradation des relations franco-marocaines depuis une dizaine d'années. Cette situation est d'abord la conséquence de l'entêtement de mes deux successeurs à vouloir à tout prix surjouer et surinvestir la relation avec l'Algérie. Il s'agit d'une erreur stratégique, car le pouvoir algérien, dont la légitimité démocratique est faible, a besoin d'un adversaire pour exister, et celui-ci ne peut être que la France, dont le passé colonial fait une cible facile. Comme si cette dernière pouvait être responsable des échecs de l'Algérie tout au long de ces six dernières décennies ! Tant que ce pays ne sera pas doté d'un gouvernement réellement représentatif de la population et pas seulement des factions qui dominent l'armée, la relation franco-algérienne demeurera une impasse. Nous n'avons pas les moyens de prétendre être proches de tous les pays du monde. Une diplomatie efficiente impose de faire des choix. De mon point de vue, ils sont évidents. Puis, quand l'Algérie sera prête à renouer des liens avec la France sur une base claire, décomplexée et confiante, il sera possible de construire un avenir sur les ruines de cette trop longue période postcoloniale.

La cérémonie d'accueil des dépouilles des victimes de l'attentat de Marrakech fut particulièrement émouvante et même éprouvante. J'arrivai avec Carla à l'aéroport d'Orly, où les huit cercueils avaient été disposés. Nous nous recueillîmes un long moment. Le silence était de plomb, juste interrompu par les brefs et déchirants sanglots des familles. Il régnait une grande dignité. Il faisait beau et le contraste n'en était que plus poignant. Le choc pour les proches était d'une violence inouïe. Comment un séjour de vacances tellement espéré et attendu par ces familles avait-il pu se transformer en un tel cauchemar ? Comment comprendre ? Comment accepter ? Comment se relever ? Ces pensées étaient dans mon esprit pendant que je m'inclinais devant chacune de ces vies brisées. Ce que vivaient tous ces gens était proprement inhumain. Puis je dus prononcer le discours. Je l'avais écrit moi-même, car je voulais être certain d'exprimer au plus près de leur vérité mes sentiments devant ce crime. Je me dirigeai vers le pupitre à la tribune. Je promis solennellement aux familles que cette barbarie ne resterait pas impunie. « Les criminels n'auront aucun répit, nulle part, jamais. Où qu'ils se trouvent, où qu'ils se cachent, nous les débusquerons par tous les moyens. » Puis j'évoquai l'existence de chacun de ces malheureux. J'essayai de leur donner vie une dernière fois, de les mettre à l'honneur, de rendre leurs familles fières de ce qu'ils représentaient pour la France. Parmi eux, il y avait Camille, fillette de 10 ans défigurée et tuée dans l'attentat. Je ne la connaissais pas. Et j'avais écrit : « Un terroriste tueur d'enfant a décidé que pour Camille il n'y aurait plus jamais de rentrée des classes. » En prononçant ces mots, c'était comme si le petit visage de cet enfant surgissait devant moi. Ce n'était plus abstrait, officiel, désincarné… C'était le corps supplicié, criblé de clous et de pièces de métal qui se trouvait en pleine lumière. Je ressentis une vive émotion. Je ne pouvais plus prononcer un mot. Je dus interrompre mon propos. Les larmes me montaient aux yeux. Tout le monde, autour de moi, pleurait. L'émotion m'étouffait. J'ai rarement connu un tel moment de communion. Le chagrin était trop fort. Carla était en pleurs. Nous passâmes ensuite un long moment avec les familles. Elles avaient compris à quel point nous voulions partager et porter leur douleur. Peu de mots s'échangèrent. Ils étaient d'ailleurs inutiles. Qu'aurions-nous pu dire qui ait un sens véritable ? Nous étions réunis dans une même communauté où chaque regard exprimait bien davantage qu'une phrase. Aujourd'hui encore, évoquer la mémoire de Camille et de tous ces martyrs m'émeut profondément. Je ne les ai pas oubliés, et ne les oublierai jamais.

Comme il m'était souvent arrivé par le passé, je fus une nouvelle fois surpris par la profondeur de la vision et la magistrale réactivité du roi du Maroc. Nous avions plusieurs fois évoqué ensemble ses pistes de réflexion institutionnelle. Il revenait fréquemment sur cette question. Je l'avais trouvé imaginatif, mais je n'avais pas anticipé qu'il serait capable de décider si vite et surtout si fort ! Le Maroc, à l'instar d'autres pays arabes, avait connu des troubles assez graves. Les manifestations avaient été nombreuses et agitées. Le souverain ne disposait d'aucune manne pétrolière ou gazière pour tenter d'apaiser la foule en colère. C'était une incontestable difficulté supplémentaire. Confronté à son tour aux éruptions volcaniques des printemps arabes, il décida d'anticiper et d'innover. Il aurait pu se raidir. Il fit l'opposé. Il gardait ainsi l'avantage de l'initiative. Il n'était pas tenu d'agir sous la pression. Il pouvait maîtriser son calendrier. Prenant toutes ses oppositions de court, le roi annonça une réforme majeure de la Constitution du royaume. Au terme de celle-ci, ses pouvoirs politiques et religieux seraient réduits. Cela constituait en soi une avancée très substantielle, mais il allait plus loin en décidant de soumettre son projet au référendum, et ce dès le mois de juillet suivant. La surprise était totale, l'innovation, profonde, et le calendrier, volontairement très rapide. En cas d'adoption de la nouvelle Constitution, ce serait donc le futur chef de gouvernement qui dirigerait l'exécutif. Mais le plus novateur était que, dans ce cas, ce dernier serait désigné au sein du parti arrivé en tête des élections de la Chambre des représentants du Parlement marocain. Cela signifiait concrètement que le Maroc aurait désormais un gouvernement issu du suffrage universel direct. Jusqu'ici le roi du Maroc pouvait librement choisir le Premier ministre. Il renonçait à ce pouvoir. Ces changements faisaient entrer le royaume dans une ère absolument nouvelle. Ce fut un évènement considérable.

J'interrogeai Mohammed VI pour savoir s'il avait l'intention d'agir ainsi même si la victoire électorale devait revenir aux Frères musulmans qui, je le savais, représentaient ses adversaires historiques. Sa réponse fut sans aucune ambiguïté : « Oui. » Et c'est très exactement ce qu'il fera le moment venu. À tout ceci, le roi ajoutait l'indépendance de la justice et l'abandon de son propre pouvoir de nomination des hauts fonctionnaires civils de l'État, qui revenait lui aussi au chef du gouvernement. Le caractère « sacré » de la personne du roi était supprimé pour être remplacé par une formule infiniment moins pompeuse : « L'intégrité de la personne du roi ne peut être violée. » L'islam restait la religion de l'État marocain et le roi, le chef des armées. Je saluai par un communiqué officiel ce que je décrivais comme une « démarche exemplaire ». Grâce à ce mouvement sans précédent, Mohammed VI garda la confiance et l'affection de son peuple. La royauté résista à la tourmente des révolutions arabes. Le calme revint dans les rues. Et lorsque les Frères musulmans gagnèrent les élections législatives quelques mois plus tard, le roi, comme il s'y était engagé, nomma leur leader chef du gouvernement. Les Marocains firent l'expérience des islamistes au pouvoir. Cela dura moins d'une décennie, au terme de laquelle ils furent réduits à un score de 4 %. En les appelant aux responsabilités, le roi n'en avait pas fait des victimes. Comme il me l'avait confié : « Une fois confrontés au chômage, à la hausse du prix des matières premières, à la difficulté de se loger… ils auront du mal à garder le soutien de leurs bases populaires. » Il avait vu juste. Grâce à ce souverain éclairé, le Maroc apparaît aujourd'hui comme un îlot de stabilité démocratique au sein d'un monde musulman traversé de multiples crises et divisions. La personnalité de Mohammed VI est unique dans le monde des têtes couronnées et des chefs d'État. Il est un homme que je n'ai cessé d'admirer et de respecter.

*
* *

La mort de Ben Laden étonna le monde. Nous étions le 2 mai lorsque le président Barack Obama annonça que justice était faite avec la mort de celui qui avait été le responsable du meurtre de milliers d'innocents. Les États-Unis avaient réussi à localiser le chef d'Al-Qaïda et à l'éliminer. La stupéfaction fut générale et la satisfaction qui suivit, quasi universelle. Ce terroriste avait disparu des écrans radars en 2001, quelque part dans les montagnes de Tora Bora, à l'est de l'Afghanistan. Depuis, personne ne savait avec précision où il se trouvait. Des informations arrachées lors d'interrogatoires de suspects avaient permis de remonter jusqu'à l'un des messagers qui lui servaient de contact avec le monde extérieur. La « torture » avait été autorisée par l'administration de George W. Bush lorsqu'il s'agissait de prévenir des drames. C'était choquant et parfaitement contraire à tous nos principes, mais en l'occurrence ce fut efficace. Le choc entre « l'idéal » et « les faits » n'était pas nouveau, mais toujours aussi brutal ! Après des semaines de filature, les services américains avaient fini par découvrir une luxueuse résidence à Abbottabad, au Pakistan. Des mois d'écoutes et de surveillance, pour présumer de la présence de Ben Laden. Il fallut au président américain une longue réflexion pour donner finalement son feu vert : un commando d'élite de Marines se rendit sur place afin d'éliminer le chef d'Al-Qaïda. Environ quatre-vingts soldats furent engagés. C'était une frappe chirurgicale menée avec un grand courage et une parfaite efficacité. Personne n'était au courant, pas même le gouvernement du Pakistan, qui vit pour l'occasion sa souveraineté territoriale violée. Les soixante-dix-neuf hommes du commando partirent à bord de quatre hélicoptères de la base américaine de Jalalabad, en Afghanistan. Ben Laden fut tué d'une balle dans la tête. Un de ses fils mourut aussi, une de ses femmes fut blessée et seize membres de sa famille furent placés en lieu sûr.

J'appris la nouvelle au petit matin de ce lundi 2 mai. Je fus impressionné par la hardiesse de l'opération, son ingéniosité, son efficacité. Les forces américaines n'avaient aucun blessé à déplorer. C'était une nouvelle démonstration de la force et du savoir-faire des Américains. Ce jour-là, j'ai admiré sans réserve nos partenaires d'outre-Atlantique. J'ai pensé qu'ils avaient, par cette action, rendu leur honneur à l'ensemble des démocraties à travers le monde. Ce n'était plus possible d'accepter que « le mal » triomphât toujours sur « le bien ». C'était un juste retour des choses tout à la fois inespéré et bienvenu. Les Américains justifiaient par ce coup d'éclat leur leadership sur le monde libre. À la lumière de l'état de division de la planète aujourd'hui, on peut mieux mesurer la véritable unanimité qui entoura cet évènement. Le secrétaire général des Nations Unies salua « un tournant dans la lutte mondiale contre le terrorisme ». L'Arabie saoudite, pays d'origine de Ben Laden, qui l'avait déchu de sa citoyenneté, se réjouit de son « élimination ». Le Premier ministre de l'Autorité palestinienne, Salam Fayyad, parla d'un « évènement capital ». Le président turc Abdullah Gül souligna « sa grande satisfaction ». Même la Russie portait au crédit des États-Unis « ce succès important dans la guerre contre le terrorisme international ». Les voix discordantes étaient vraiment minoritaires. On notait sans surprise celle du Hamas, qui dénonçait « la poursuite de la politique d'oppression américaine », et, dans une moindre mesure, celle des Iraniens. Il y a douze ans, il était donc possible de rassembler le monde autour d'un acte « brutal mais structurant ». Il n'y avait plus ni Ouest ni Est, ni pays pauvres ni pays riches, mais le rassemblement des consciences ! On peut mesurer au passage la perte de leadership moral des États-Unis depuis cette époque. La descente est absolument vertigineuse.

Je saluai cette nouvelle au nom de la France en reprenant l'expression « justice est faite ». Ce communiqué suscita de nombreux commentaires, dont certains très hostiles. Je fus notamment accusé de « soutenir un assassinat sous le drapeau de la justice » alors que la France fêtait en cette année les 30 ans de l'abolition de la peine de mort. Le déferlement sur les réseaux sociaux venait de débuter…

Et de fait, l'essentiel des polémiques s'élevèrent après l'évènement. Il y eut d'abord les conditions de la sépulture en pleine mer du corps de Ben Laden, qui firent grand bruit. Une cérémonie funéraire islamique avait eu lieu sur le pont du porte-avions américain *Carl Vinson* où la dépouille du défunt avait été transportée. Elle fut lavée puis placée dans un linceul blanc, lui-même déposé dans un sac lesté, finalement basculé dans l'océan. Le grand imam Ahmed El-Tayeb déclara que l'islam n'acceptait pas « l'immersion en mer, seulement l'enterrement ». Beaucoup de musulmans sincères furent choqués. Les Américains avaient choisi cette procédure afin d'éviter que la tombe de ce criminel ne fût l'objet d'un culte indécent et pervers. J'approuvai ce choix, et encore aujourd'hui je pense qu'ils ont eu raison, même si cela pouvait heurter des convictions religieuses ou tout simplement humanistes. Nous nous trouvions au cœur des contradictions que l'on doit affronter une fois au pouvoir. Intellectuellement, je pouvais comprendre que l'on soit choqué de voir jeter un corps en pleine mer, et ce quel que soit la noirceur du défunt. Politiquement, il fallait le faire pour éviter les pèlerinages, qui auraient été porteurs de tant de menaces futures. Le président Obama, se remémorant ce qui s'était passé avec le cadavre de Saddam Hussein, refusa même de rendre public la moindre photo du corps de Ben Laden. La transparence n'y a pas gagné ! La curiosité des médias, pas davantage. Mais les risques d'instrumentalisation de la représentation de ce corps, de victimisation de Ben Laden, de commentaires autour de la façon dont il avait été tué, étaient trop lourds pour que ce risque soit pris. Une fois encore, je fis valoir mon soutien à cette procédure extraordinaire. Les démocraties devaient se défendre contre ce terrorisme universel qui pouvait frapper partout et à tout moment. Entre deux maux, il fallait choisir. J'ai choisi celui-ci plutôt que son contrepoint, la faiblesse. Si la démocratie est assimilée à cette dernière, elle ne pourra qu'en mourir. C'était donc une question vitale. Je sais gré aux Américains d'avoir choisi la vie en assumant de donner la mort.

*

*   *

Depuis près de quatre mois, Carla savait qu'elle était enceinte. Cette nouvelle nous comblait. Cette grossesse tellement désirée s'était fait attendre. J'étais dans un état d'apesanteur, de félicité. Cet enfant venait couronner le miracle de notre rencontre et de cet amour impromptu et inattendu. Nous l'avions espéré. Par superstition pour Carla, par volonté de préserver notre couple pour moi, nous avions choisi de garder un secret absolu. Seuls nos enfants en avaient été informés. Les racontars sur notre couple, les supputations ridicules des prétendus informés, les annonces répétées d'un prochain divorce, tout cela nous avait enseigné la prudence et poussés au repli sur notre famille et sur quelques proches triés sur le volet. Nous souhaitions d'autant plus la discrétion que nous avions choisi d'ignorer jusqu'au bout le sexe de l'enfant. Nous tenions à conserver la surprise. Fille ou garçon, cela n'avait aucune importance, pour peu qu'elle ou il soit en bonne santé. Nous étions heureux. Il n'y avait rien à dire ou à commenter. Nous avions décidé de faire l'annonce public lorsque le ventre de Carla ne pourrait plus être dissimulé. Nous disposions encore de quelques semaines. Nous entendions bien en profiter.

Je ne voulais en aucun cas faire de la peine à ma mère. Je devais donc la mettre au courant. Elle aurait été si triste d'apprendre la nouvelle par la presse. J'ai beaucoup aimé ma mère. Je lui devais tant. Nous l'avions donc mise dans la confidence. Ce fut une de ses dernières grandes joies. Elle en était tellement heureuse. Je savais qu'elle espérait une fille après mes trois fils. J'étais touché et ému par sa joie d'être à nouveau grand-mère. Je me félicitais donc de notre choix. Malgré son envie d'en parler à ses nombreux amis, elle conserva précieusement son secret. Mes relations avec mon père n'étaient pas si proches. Je lui avais longtemps tenu rigueur de s'être éloigné de nous lorsque nous aurions eu un grand besoin de lui. Le temps avait passé. Je souhaitais cette réconciliation. Ayant informé ma mère, je ne pouvais pas ne pas le mettre à son tour dans la confidence. C'est ce que nous fîmes en lui recommandant de ne rien en dire pour les raisons déjà évoquées. Il fit le contraire. Je fus donc stupéfait d'apprendre en écoutant la radio de bon matin qu'il avait donné une interview au journal allemand *Bild*, dans lequel il se réjouissait de l'arrivée prochaine de son petit-fils. Il s'agissait d'un des quotidiens les plus lus en Europe. Pourquoi avait-il fait cela ?

Était-ce une simple maladresse ? Avait-il voulu, une fois encore, se mettre en avant ? Se rendait-il vraiment compte de la situation dans laquelle il nous mettait ? Je n'en savais rien et l'ignore toujours. Ce n'est certainement pas aujourd'hui, alors qu'il est parti, que je vais lui faire le moindre reproche. Cela serait cruel et inutile. Je raconte cette anecdote pour expliquer combien cette fonction si particulière de président de la République peut altérer le comportement de beaucoup de ceux qui vous entourent. J'étais furieux et je le dis à mon père, sans filtre et sans réserve. Ce fut une nouvelle période glaciale entre nous. Après le livre qu'il avait tenu à publier malgré mes demandes pressantes, maintenant l'interview. C'était trop pour moi… même si avec le recul j'ai compris qu'il n'y avait finalement pas matière à en faire un drame. Une nouvelle fois, je réalisai avec retard que s'énerver ne servait à rien, si ce n'est à montrer sa faiblesse.

*

* *

En cette fin de mois de mai, la France présidait le G8. J'avais, à la veille du sommet, organisé à Paris un « e-G8 ». Pour la première fois, les principaux dirigeants de la planète et les patrons des géants du Net, dont les fameux GAFA, étaient réunis pour poser les bases d'un « Internet responsable » que j'appelais – et que j'appelle encore – de mes vœux. Mon conseiller pour le numérique, Nicolas Princen, s'était attelé à l'organisation de cette initiative importante. On ne peut que déplorer qu'elle n'ait jamais été renouvelée depuis. J'avais choisi Deauville pour accueillir le G8. J'aime cette petite station balnéaire de la côte normande. Pour peu que le temps y soit clément, la perspective est somptueuse. Ce mélange de paysages champêtres à la terre riche et lourde et de plages immenses baignées par la Manche est réellement rare autant qu'inspirant. De surcroît, la ville a été architecturalement assez bien préservée, ce qui lui donne un petit air anglais de la Belle Époque. À deux heures de Paris, le dépaysement est garanti. Les services de sécurité, à juste titre inquiets à la perspective d'un tel sommet, étaient heureux de ce choix. La ville se trouvait être facile à sécuriser, placée comme elle l'était dans une forme de cul-de-sac fermé par la mer. Malgré tout, il avait fallu mobiliser pas loin de douze mille gendarmes et policiers. C'était le prix à payer pour que les casseurs ne ravagent pas les lieux. L'hôtellerie y était abondante et de qualité. Nous pouvions accueillir toutes les délégations ainsi que les journalistes du monde entier. Cela représentait pas moins de six mille personnes. L'organisation était lourde et complexe. J'étais heureux de retrouver l'hôtel Royal où j'avais si souvent résidé avec mes enfants pour un week-end ou pour de courtes vacances. Hélas, le temps était normand, c'est-à-dire pluvieux ! Faisant contre mauvaise fortune bon cœur, je me dis qu'au moins la réunion serait studieuse.

C'était la première fois que je présidais un tel sommet. Il y avait autour de la table Barack Obama, Dmitri Medvedev, Angela Merkel, David Cameron, Silvio Berlusconi, auxquels s'ajoutaient les Premiers ministres canadien et australien, ainsi que le président du Conseil européen et celui de la Commission. Cela faisait beaucoup de monde rassemblé au même endroit. Nous avions décidé que, dans la salle de réunion, il n'y aurait que les chefs d'État et de gouvernement, à l'exclusion de leurs collaborateurs. Cela devait permettre des débats plus libres, moins institutionnels, et donc plus efficaces. Je compris rapidement que c'était une chose d'être l'un des participants de ces sommets internationaux, et que cela en était une tout autre d'avoir à les présider et donc à les animer. Il convenait notamment de distribuer la parole avec habileté et tact pour que chacun puisse s'exprimer suffisamment sans empêcher les autres de le faire et sans qu'ils soient indisposés par des interventions trop longues ou hors sujet. Donner l'occasion de parler n'était pas difficile. Refuser de le faire ou abréger une intervention interminable était moins évident, surtout quand en face de soi se trouvait le président russe ou le président américain. Il fallait parfois faire preuve d'autorité, même si ces deux derniers n'étaient pas les plus difficiles à canaliser.

La présidence avait également la responsabilité de l'ordre du jour et de son respect. Compte tenu du contexte brûlant des printemps arabes, j'avais voulu que nous ouvrions notre session de travail par un échange sur le sujet et par un communiqué commun. C'était en tout cas ce que j'espérais jusqu'à ce qu'un incident m'opposât dès le début de la réunion à Barack Obama. Nous étions d'accord sur le fond des choses. Il nous fallait soutenir les peuples qui aspiraient à la démocratie et à la liberté. Le consensus se fit également rapidement pour mobiliser l'argent nécessaire au soutien de ces pays en marche vers la transition démocratique. Le problème éclata à propos de la situation de l'ancien président égyptien, Hosni Moubarak. Il avait été forcé de quitter le pouvoir par la pression de la rue. Le nouveau gouvernement l'avait arrêté et s'apprêtait à le faire passer en jugement. Il était de surcroît malade. Il souffrait d'un grave cancer et était hospitalisé depuis un malaise cardiaque survenu un mois plus tôt durant l'un de ses interrogatoires. J'avais été ému par les images où il était exhibé sur une chaise roulante et même sur un brancard. Je pensais qu'il ne méritait pas un tel traitement. J'avais donc préparé un projet de communiqué où le G8 exigeait que lui soit réservé « un procès équitable » ainsi que « des soins appropriés ». C'était le minimum que nous puissions demander pour celui que nous avions tous très bien connu. Quelle ne fut pas ma surprise d'assister à la réaction négative de Barack Obama. Il déclara sans gêne : « Si nous publions ce communiqué, nous allons nous mettre à dos la jeunesse égyptienne. Je suis donc contre. » J'étais stupéfait. Je rappelai à mon interlocuteur qu'il avait, encore quelques mois auparavant, reçu à la Maison Blanche avec tous les honneurs ce même Moubarak alors présenté comme un grand ami des États-Unis. Je fis valoir à Barack Obama que nous ne pouvions pas être à ce point cyniques. Nous étions en train de nous déshonorer. Il ne voulut rien entendre et ne modifia pas sa position d'un millimètre. Je conclus notre échange par un cinglant : « Avec des amis comme toi, on n'a pas besoin d'ennemis ! » Il détourna les yeux et fit comme s'il n'avait rien entendu. Voici comment le G8 a laissé tomber Hosni Moubarak. Ce fut une nouvelle illustration du soin obsessionnel que portait le président américain à son image. Rien ne devait pouvoir l'écorner, pas même ses fidélités ou ses amitiés.

Ce contre-temps n'a pas assombri le climat de ce G8. Cela faisait longtemps que les vents ne m'avaient pas été à ce point favorables. Je soufflais enfin… J'apparaissais comme le leader de l'opération militaire en Libye, qui était un succès. Je présidais le G8, ce qui renforçait mon statut international, et les médias n'avaient d'yeux que pour Carla et sa maternité. Mis en parallèle avec « les aventures strauss-kahniennes », ce n'était vraiment pas négatif. Tout cela additionné me permettait de sortir de l'épisode des retraites et des sondages calamiteux qui s'en étaient suivis. De surcroît, le G8 avait été précédé d'une réunion bilatérale avec le président russe, qui avait confirmé l'achat de deux navires militaires de type Mistral à la France. C'était une très bonne nouvelle pour le chantier naval de Saint-Nazaire, situé à quelques dizaines de kilomètres de Deauville où nous nous trouvions. Enfin, j'avais profité de ce rassemblement de chefs d'État pour faire la promotion de la candidate française au FMI, Christine Lagarde. Elle avait le vent en poupe. Après « l'accident industriel » DSK, je pensais que cela serait un exploit de réussir à imposer deux Français à la suite pour une même responsabilité ! La presse française n'est jamais cocardière, c'est même l'une de ses caractéristiques. Elle souligne sans indulgence les faiblesses de notre pays et elle relativise ses succès. En l'occurrence, elle décrivait la probable accession de Christine Lagarde comme quelque chose de parfaitement naturel. Cela ne l'était pas malgré les grandes qualités de notre candidate, mais cela témoignait de ce qu'était l'influence de notre pays à ce moment précis.

J'avais tenu à ce qu'il y ait un temps d'échanges sur la question nucléaire durant le sommet. Il s'agissait d'un sujet essentiel à mes yeux, et ce même si cela compliquait beaucoup mes relations avec l'Allemagne, qui avait décidé de tourner cette page. Auditionné par l'Assemblée nationale le 16 mars 2023, j'ai d'ailleurs rappelé la teneur d'un appel passé à Angela Merkel en juin 2011, alors qu'elle venait d'annoncer sa décision de fermer toutes les centrales après avoir déjà arrêté les huit plus anciennes. Je lui avais dit : « Angela, ça ne va pas ? — Mais Nicolas, tu as vu Fukushima ? » Je lui avais rétorqué : « Mais d'où viendra le tsunami en Bavière ? » Sous la légèreté de ce bon mot se cache la véracité de l'irrationalité de cette décision prise sous le coup de l'émotion. Je n'ai pas publiquement appuyé sur le désaccord, mais pour autant je n'étais pas décidé à céder sur ce que je considérais être l'énergie du futur. Il fallait gérer les conséquences de la catastrophe japonaise de Fukushima. La tension était à son comble. Tous ne parlaient que de sûreté nucléaire, alors qu'il s'agissait d'un cataclysme naturel de très grande ampleur. Avec le recul, la vérité a fini par éclater. Le Japon n'a pas été victime d'un accident nucléaire à Fukushima, le 11 mars 2011, mais d'un tremblement de terre de niveau 9. Une intensité jamais atteinte dans le pays, qui avait provoqué un gigantesque tsunami. La vague qui déferla sur le Japon mesurait plus de quatorze mètres de haut et s'enfonça jusqu'à dix kilomètres à l'intérieur des terres. Le bilan humain fut catastrophique, puisqu'il atteignit le chiffre effrayant de vingt-deux mille victimes. En revanche, il n'y eut qu'un seul mort à la suite des radiations qui émanèrent de la centrale de Fukushima. Le tsunami avait submergé les digues de protection de la centrale, qui n'étaient que de sept mètres, avant d'entraîner la défaillance des pompes de refroidissement du moteur nucléaire. Les sécurités avaient malgré tout fonctionné et évité un accident de type Tchernobyl. Mais, sur le moment, tous les anti-nucléaires s'étaient déchaînés sans mesure et sans limite. Ce fut une traînée de poudre universelle basée sur une *fake news* de grande ampleur. Les médias s'en étaient saisis et en faisaient tous leurs unes moutonnières. Dans ces conditions, émettre le moindre soutien à la filière nucléaire était interprété comme une parole irresponsable et quasi criminelle. Ceux qui comme moi essayaient de tenir un discours simplement raisonnable avaient fort à faire. Les socialistes français, « jamais en retard d'une mode », étaient aux premières loges. Martine Aubry avait déclaré : « Avec son soutien au nucléaire, Nicolas Sarkozy démontre qu'il est le président du siècle dernier. » François Hollande n'était guère plus aimable sur le sujet. C'est ainsi que fut sacrifiée la filière nucléaire française qui avait assuré notre indépendance depuis quatre décennies et qui faisait honte aux démagogues de la gauche écologiste. La tartufferie est à son comble quand on constate que la fermeture des centrales allemandes s'est traduite par la réouverture de toutes leurs centrales à charbon, qui nous envoient leurs particules polluantes jusqu'à Paris !

À la fin de la première journée, j'étais épuisé par la tension, la longueur des débats et les innombrables arbitrages qu'il avait fallu rendre pour que chacune des délégations ait quelque motif de satisfaction. Cela tenait parfois à très peu de choses. Une fois de plus, le diable était vraiment dans les détails. Nous avions dîné dans un restaurant qui se trouvait sur la plage, face à la mer. La vue était splendide. Nous pouvions apercevoir les contours du Havre au loin. Comme à l'accoutumée, je fis le nécessaire pour que le repas ne s'éternise pas. Peu après 22 heures, je donnai le signal du départ. L'ensemble des chefs d'État et de gouvernement rejoignirent l'hôtel à pied. C'était une promenade vespérale bien agréable et hors du temps. Cela faisait du bien de parler de choses et d'autres, de sujets banals et futiles, dans un échange sinon amical, du moins cordial. En arrivant dans le hall, Angela Merkel me prit le bras pour me demander d'aller boire un dernier verre au bar de l'hôtel qui avait été privatisé pour le sommet. Outre le fait que je n'ai jamais bu une goutte d'alcool de ma vie, j'étais impatient de rejoindre Carla, qui se reposait dans notre chambre. La grossesse commençait à peser. Fort heureusement, Dmitri Medvedev se trouvait juste derrière nous. Je le hélai pour lui dire en souriant que la chancelière cherchait un compagnon pour lui tenir compagnie ! Le président russe ne se fit pas prier. Il accepta l'invitation et partit avec la chancelière allemande. Je vis le soulagement dans les yeux des collaborateurs de cette dernière à l'idée qu'ils ne seraient pas obligés de rester avec leur patronne jusque tard dans la nuit. Leur journée de travail était donc terminée. Le reste de la soirée fut serein. Nous nous installâmes avec Carla sur le balcon de notre chambre, face à la mer. Nous parlâmes de la prochaine arrivée de l'enfant. J'aurais presque eu le sentiment d'un week-end en famille à Deauville comme les autres.

La deuxième journée du sommet permit à Barack Obama d'affirmer qu'il était « déterminé à finir le travail en Libye », ce qui était une bonne nouvelle pour la coalition, qui avait besoin de l'engagement militaire des Américains. Puis ce fut autour du président russe de souligner que « Mouammar Kadhafi avait perdu toute légitimité et qu'il devait partir ». Voir ces deux grandes Nations, si longtemps opposées, sur la même longueur d'onde était la preuve de la réussite de ce G8. Pour le reste, l'essentiel résidait dans l'intérêt des nombreux entretiens bilatéraux qui le rythmaient. C'était une occasion unique de profiter de cette unité de lieu pour échanger avec des partenaires du monde entier. Nous pouvions nous parler sans avoir besoin d'effectuer des déplacements éreintants et sans puiser dans un crédit médiatique qui s'amenuisait dans des voyages souvent formels et sans grand contenu.

Le G8 de Deauville se terminait, nous n'avions eu aucun problème à déplorer. C'était rare, puisque tous les précédents sommets de ce type avaient donné lieu à des batailles rangées entre les manifestants et les forces de l'ordre. Était-ce le calme normand ? Les vertus apaisantes du bocage ? Toujours est-il qu'il n'y avait pas eu la moindre image de violences. Du côté diplomatique, il n'y avait pas eu davantage de clash ou de désaccord visible après l'épisode Moubarak. La partie politique se concluait elle aussi heureusement puisque les sondeurs avaient rendu publique une enquête qui marquait une montée significative de ma cote de popularité. Cela faisait du bien après les « descentes » de toutes ces dernières semaines. Je savais que cela ne durerait pas. C'était tout de même bon à prendre. Je me disais que le début de la semaine serait peut-être calme… On pouvait toujours rêver !

*
* *

Une fois encore, je m'étais bercé d'illusions. Je venais d'apprendre que le secrétaire d'État à la Fonction publique, Georges Tron, faisait l'objet d'une enquête préliminaire pour des faits susceptibles de recevoir la qualification d'agression sexuelle et de viol. Je tombai littéralement des nues. Ce n'était pas un de mes proches, mais je le connaissais depuis qu'il avait été le collaborateur d'Édouard Balladur quand celui-ci était Premier ministre. Il était toujours très élégamment habillé, faisait preuve d'une courtoisie quelque peu affectée et avait des jugements très tranchés. Je l'appréciais, même si je lui trouvais un certain manque de fantaisie et une réelle capacité à générer de l'ennui. En un mot, ce n'était pas le plus drôle des compagnons ! Il avait longtemps soutenu Dominique de Villepin et formulé des jugements politiques sévères à mon endroit. Il n'y avait là rien de très grave, si bien que je l'avais fait entrer sans difficulté dans l'équipe gouvernementale pour marquer ma volonté de rassembler toute la majorité. Il était sérieux et travaillait dur. Une fois au gouvernement, sa loyauté et son engagement furent irréprochables.

Je fus stupéfait de prendre connaissance des faits qui lui étaient reprochés. Deux employées municipales de Draveil dénonçaient son attitude alors qu'il était maire de la ville. Il était question de massages de pieds, de réflexologie, d'agressions sexuelles, de scènes de sexe collectives. Cela semblait si éloigné de la personne que je croyais connaître. Je ne savais s'il s'agissait de calomnies ou si j'étais naïf de n'avoir absolument rien vu. C'était les prémices du mouvement « MeToo ». J'étais donc sceptique et prêt à croire la version de mon ministre. Il prétendait qu'il s'agissait d'un complot ourdi par la famille Le Pen pour le salir. Le fait que l'avocat des victimes présumées fût Gilbert Collard, un proche de Marine Le Pen, semblait donner du crédit à sa défense. Je l'avais reçu un dimanche après-midi à l'Élysée. Il était sonné. Je ne pouvais m'empêcher de penser à l'épouse et aux filles de Georges Tron. Je pressentais le calvaire qu'elles s'apprêtaient à vivre alors même qu'elles n'étaient pour rien dans cette histoire scabreuse. Nous convînmes assez rapidement que, tant qu'il ne serait pas lavé de tout soupçon, il ne pouvait plus exercer ses responsabilités ministérielles. C'était un déchirement, tant il avait attendu cette consécration ministérielle. Il n'y avait pourtant pas d'autres choix, je devais trancher. À la suite de ce rendez-vous, il m'avait écrit une longue lettre dans laquelle il précisait qu'il saurait faire reconnaître son innocence. La suite montra qu'il n'en fut rien. La procédure s'éternisa. Il y eut beaucoup de non-lieux et même une relaxe. Mais finalement une seconde cour d'assises le condamna à la prison ferme. J'ai souvent pensé à lui. Au mystère insondable des hommes, à leurs faiblesses, à leur capacité à commettre des fautes, au secret de leur intimité. J'ai vu beaucoup de ses amis lui tourner le dos au moment où il perdait tout. Je lui souhaite de pouvoir se reconstruire car, comme chaque être humain, il y a droit. Il mérite une seconde chance. Elle n'enlèvera rien à ses victimes, qui ont réussi à faire dire le droit et à faire punir leur agresseur. Je n'ai en aucun cas voulu minimiser les faits, mais parler de la misère humaine qui me touche. Le pouvoir ne m'a jamais immunisé. Je ne suis jamais parvenu à l'insensibilité souvent prêtée aux grands fauves de la politique.

*
* *

Le mois de juin commençait par le retour inattendu de mon prédécesseur, Jacques Chirac, sur le devant de la scène politique.

Et, comme je pouvais m'y attendre, ce n'était pas pour le meilleur… en tout cas pour moi. Cela avait commencé par la publication du deuxième tome de ses Mémoires. Je ne les avais pas lus, mais tout ce qu'en rapportait la presse était critique s'agissant des rapports que nous avions entretenus. Les commentaires étaient unanimes pour évoquer « les nombreuses piques de Jacques Chirac ». C'était étrange, car j'avais eu le sentiment que nos relations s'étaient, sinon normalisées, au moins améliorées à la suite des attentions et marques d'estime que je lui avais réservées. Nous avions plusieurs fois déjeuné ensemble, y compris dans le cadre familial de notre maison du cap Nègre. Mais je n'avais encore rien vu puisque le meilleur était à venir… En visite dans son département de la Corrèze à Sarran, Jacques Chirac avait lâché comme une bombe : « Je voterai François Hollande à la prochaine élection présidentielle, sauf si Alain Juppé se présente. » La phrase avait fait grand bruit, d'autant plus qu'il avait préalablement tenu à souligner dans ses Mémoires les « qualités d'homme d'État » du candidat socialiste. Cela faisait beaucoup ! Le pire était que je le pensais sincère dans l'expression de cette préférence ! Jacques Chirac en a toujours voulu à toute une partie de la droite de ne pas l'avoir assez considéré, en tout cas à ses yeux. Il aimait à manier ce paradoxe de se trouver des points communs avec ceux qui pourtant, quelques années auparavant, manifestaient contre lui au cri de « Jacques Chirac en prison ! ». Au moins, il n'était pas rancunier ! J'étais d'autant moins surpris par cette saillie que je savais que sa santé était précaire et que tout était désormais régi par sa fille Claude qui ne me portait pas dans son cœur… Cette « passion » à mon endroit m'a toujours paru étrange. Par ailleurs, ce n'est pas faire injure à la mémoire de l'ancien président que d'affirmer qu'il avait assez peu pris part à la rédaction du deuxième tome de ses souvenirs. On avait écrit pour lui. C'était une nouvelle illustration du fameux dicton populaire « la vengeance est un plat qui se mange froid ». Il n'y avait pas que des désavantages à cette prise de position paradoxale puisqu'elle renforçait mon statut de « héros de la droite républicaine » et me préservait des procès en inaction qui avaient été instruits contre mon prédécesseur. Pour autant, je me serais bien passé de cet épisode alors même que j'avais l'impression d'avoir entamé ma remontée dans le cœur des Français.

Il y eut au cours de ce même mois un évènement auquel je n'avais encore jamais été confronté. Je me trouvais dans le Lot-et-Garonne, plus exactement dans la petite ville de Brax. Quelques centaines de personnes m'attendaient sagement rangées derrière les barrières métalliques d'usage dans ce genre de visite officielle. Je venais de participer à l'assemblée générale des maires de ce département rural. Apercevant la foule massée à quelques dizaines de mètres de l'endroit où je me trouvais, je me dirigeai vers elle pour la saluer et engager un bref dialogue, comme j'en avais pris l'habitude, et surtout comme j'aimais le faire. L'ambiance était bon enfant. Il n'y avait ni cri ni pancarte hostiles. Il n'était pas exagéré de parler de bonhomie joyeuse. Les journalistes étaient eux aussi détendus. Il n'y avait aucune pression extérieure ou même sous-jacente. Je parlais avec une dame qui me saluait avec chaleur et voulait exprimer son soutien lorsque je sentis une violente douleur au niveau de l'épaule, un peu au-dessous de la nuque. C'était fulgurant, brutal et puissant. Sans même avoir eu le temps de réfléchir, juste en me remémorant les gestes du judoka que je fus dans mon adolescence, je me suis affaissé au lieu de résister, ce qui eut pour effet immédiat de déséquilibrer vers l'avant mon agresseur et ainsi de donner le temps à mes officiers de sécurité de le maîtriser. En n'opposant pas de résistance, j'avais retourné contre lui-même la force de celui qui m'avait agressé. Ce fut si soudain qu'il avait réussi à prendre de vitesse de quelques dixièmes de seconde les policiers qui m'entouraient. Cela avait suffi. Je ne réalisai ce qui s'était passé qu'après avoir vu un homme de haute taille et de forte corpulence allongé par terre, les menottes aux mains. J'étais si en colère contre la bêtise de mon agresseur que j'avoue avoir ressenti des pulsions mauvaises à son endroit. Je n'eus pas peur, car je n'en eus pas le temps. C'était la première fois que j'étais physiquement pris à partie. Il s'agissait d'un employé du conservatoire d'Agen. Sur son site Internet, il se décrivait comme un « glandeur de la fonction publique ». Cela ne donnait pas envie de mieux le connaître… D'autant qu'il poursuivait plus loin en affirmant : « Je suis ivre de lumière. » Devant le peu d'intérêt de la personnalité de cet homme et son équilibre mental assez relatif… je décidai de ne pas porter plainte. Je me dépêchai en revanche d'appeler Carla et les enfants pour les rassurer. Les médias avaient fait leur premier titre de cette agression. Au téléphone, ma femme avait une voix blanche. Elle était naturellement déjà au courant... C'eût été une tout autre histoire si cet individu avait été armé ! Cet évènement ne laissa aucune trace. Il me donna juste l'occasion de réfléchir. Le destin tenait à peu de chose. C'était un utile rappel de la fragilité de chacun... y compris celle du président de la République. Je me promis d'être plus prudent à l'avenir. Cette résolution ne dura que quelques heures. Je repris mes habitudes dès le lendemain. J'aimais trop le contact physique pour en être privé !

*

* *

Je me faisais une joie de décorer le grand peintre Pierre Soulages, que je « vénérais » depuis que j'avais admiré pour la première fois une de ses œuvres, qu'avait installée le Mobilier national dans mon bureau de jeune ministre du Budget du gouvernement Balladur en 1993. De cette date remonte cette fascination qui m'a conduit à ne jamais exercer une responsabilité publique sans avoir à portée de regard une œuvre du génie de « l'outrenoir ». Pierre Soulages restera le peintre de la lumière. Ses monochromes jouent avec elle. Ils en sont le reflet quelle que soit la période, celle des années 1950-1960 comme celle des années 2000. J'ai toujours été emporté par l'intensité de ses œuvres.

J'ai eu la chance de me rendre à plusieurs reprises dans son atelier parisien et de discuter longuement avec le maître. Ce sont des souvenirs inoubliables. Il avait dépassé les 90 ans. Ses dernières toiles étaient en train de sécher à même le sol. Pierre Soulages me montra lui-même les outils qu'il avait imaginés pour ces œuvres, qui tenaient tout à la fois de la peinture et de la sculpture. C'était fascinant de le voir et de l'écouter alors qu'il se trouvait dans son antre. Sa femme, Colette, était comme toujours à ses côtés, attentive, menue, silencieuse et admirative... Leur couple était un exemple de complicité et de tendresse après plus de sept décennies de mariage. En cette soirée de juin, j'élevais ce véritable mythe vivant à la dignité de grand officier de la Légion d'honneur. Il avait souhaité une cérémonie intime au palais de l'Élysée. C'était un homme modeste, discret et passionnant. Sa vie fut tout entière consacrée à son œuvre. Il peignait encore à 100 ans ! Jusqu'à la fin, il se consacra à la peinture. Cet Aveyronnais, monté à Paris à l'âge de 18 ans, connut la consécration avec le magnifique musée de Rodez, au cœur même de son département d'origine. Pierre Soulages est la preuve qu'il est possible d'être prophète en son pays. Le paradoxe de ce génie fut que toute sa vie il explora dans de multiples directions en creusant toujours le même sillon du noir. Là fut tout son mystère. Comment a-t-il pu emprunter autant de chemins différents tout en cherchant à l'intérieur de la seule couleur noire des variantes ? L'artiste était méticuleux. Il travaillait sans relâche jusqu'à ce qu'il atteigne la perfection à laquelle il aspirait. Il mit plusieurs années avant de trouver la bonne formule de couleurs pour les vitraux de l'abbatiale de Conques. Il fallait essayer, expérimenter, recommencer. Surtout ne pas se satisfaire tant que le but n'avait pas été atteint.

J'ai été ému par son histoire. Celle de ce jeune garçon qui observait des heures durant un petit « trou noir » dans le mur qui faisait face à la fenêtre de sa chambre et inquiétait sa mère lorsqu'au même âge il dessinait des flocons de neige noirs ! J'aimais sa réserve comme sa timidité. Je le vis guetter les réactions de son épouse devant une de ses nouvelles toiles. « J'aime beaucoup, Pierre, vraiment. – C'est vrai ? Tu es sincère, Colette ? Comme cela me fait plaisir ! » Lorsque je le questionnais, et ce, quel que soit le sujet, il répondait en sollicitant l'approbation de sa femme. Toute sa vie, il a voulu qu'elle soit fière de lui. Pierre Soulages avait une profonde humanité. Ce n'est pas si fréquent pour un artiste consacré de son vivant. On a souvent évoqué le « monstre » qu'était Picasso dans le privé. Le succès mondial qui a été et qui est celui de Soulages ne l'a pas altéré. Il aimait Paris et Sète, où il avait son deuxième atelier. J'admire le peintre et j'aimais l'homme. Je ne manque aucune exposition de ses œuvres. Je n'ai pas réussi à en faire le tour. Je redécouvre des détails, des toiles que je croyais connaître. L'émerveillement demeure le même. L'œuvre de Pierre Soulages aide à vivre. C'est une source d'inspiration et en même temps d'espérance. D'où venait son génie ? Des artistes de sa dimension peuvent faire penser que l'homme n'est pas seul et abandonné sur la terre, car il y a une part de divin dans l'âme humaine. C'est cela, la bonne nouvelle, et peut-être même bien la seule !

*
* *

Je terminai le mois de juin par une nouvelle conférence de presse thématique, cette fois-ci à propos des « investissements d'avenir ». Je tenais beaucoup à assurer moi-même le suivi de cette opération d'envergure que j'avais annoncée exactement deux ans auparavant devant le Congrès réuni à Versailles. Je ne voulais pas que le grand emprunt tombe dans l'oubli ou qu'il serve à financer les sempiternels projets dormant depuis des années dans les cartons poussiéreux des ministères. Il avait fallu surmonter la crise de 2008, mais aussi penser à nos lendemains. J'étais préoccupé par la lente mais inéluctable dégringolade des investissements de l'État. Leur niveau était passé de 12,5 % des dépenses publiques en 1974 à 7,5 % en 2007. Le bilan se passait de commentaires. Plus il y avait de déficits, moins il y avait de crédits disponibles pour financer les investissements. Cette réalité était devenue incontestable.

Relancer les investissements de l'État était donc une priorité. J'avais chiffré cet effort à trente-cinq milliards d'euros. Jamais une telle somme n'avait été rassemblée en une seule fois. Je nommai mon ami René Ricol à la tête du Commissariat général à l'investissement. Il fit un travail remarquable de précision, de compétence et d'honnêteté. La commission, présidée par Michel Rocard et Alain Juppé, avait défini des priorités. René Ricol était chargé de les mettre concrètement en œuvre. Après deux années, vingt milliards d'euros avaient déjà été engagés pour financer des projets précis. Le résultat était inespéré si l'on veut bien considérer l'extrême lourdeur des procédures administratives françaises. J'avais imposé un autre choix « clivant » et qui avait été très critiqué, celui de l'excellence. Il s'opposait frontalement à la fascination nationale pour l'égalitarisme. Ainsi, au lieu de saupoudrer dans les divers instituts de recherche cette manne de nouveaux crédits, nous avions sélectionné cent projets de laboratoires d'excellence qui allaient être dotés de trois milliards d'euros.

Cette volonté de sélection avait soulevé un tollé dans un monde plus du tout habitué à la concurrence et à la politique des résultats.

Nous avions appliqué la même méthode dans le domaine de la santé en choisissant seulement six instituts hospitalo-universitaires qui avaient vocation à être privilégiés au vu de leurs capacités. Ils constituaient en quelque sorte six CHU de pointe et de dimension mondiale. Ce fut un jury international indépendant qui les sélectionna. La démarche était novatrice et risquée ! Novatrice, car il fallait comme dans le sport une élite qui puisse tirer tout le système vers le haut. Risquée, car nous savions que nous ferions beaucoup plus de déçus que de satisfaits compte tenu des critères de sélection extrêmement élevés qui avaient été retenus. Nous voulions des pôles universitaires d'envergure capables d'attirer des talents du monde entier. Il s'agissait d'un élan vers l'excellence, laquelle est souvent mal vue dans notre pays si prompt à dénoncer les inégalités pour mieux masquer ce qui peut parfois être un manque de travail, voire un déficit de talent. Comme chacun le sait, ce dernier n'est pas équitablement réparti. Aujourd'hui, douze ans après, quelle n'est pas ma fierté de voir à quel point ces IHU sont devenus des pôles d'excellence à la renommée internationale, à l'image de l'institut Imagine impulsé par mon ami le professeur Arnold Munnich. Ce pédiatre généticien, qui se trouve être l'incarnation du don de soi au service des autres, s'engagea de toutes ses forces pour faire d'Imagine le premier centre européen de recherche, de soins et d'enseignement sur les maladies génétiques.

Nous avions également choisi d'investir dans de grands projets de recherche industrielle clairement identifiés et assumés. Il en allait ainsi du lanceur de fusées de nouvelle génération qui avait vocation à devenir le successeur d'*Ariane V*, des moteurs d'avions du futur consommant moins de carburant, des nouveaux satellites de télécommunication à très haut débit et bien sûr de la quatrième génération des réacteurs nucléaires, auxquels nous avions consacré un milliard d'euros. L'ensemble constituait une stratégie politique au service de la croissance et de la création de richesse. C'était la condition pour que la France demeure une grande Nation. Je veux souligner que tout cet argent fut investi à bon escient sans que la moindre polémique ou le plus petit scandale naisse à propos de l'utilisation de ces trente-cinq milliards de crédits. Avec le recul, on peut mesurer la difficulté du défi qui fut relevé. On parle beaucoup aujourd'hui de la nécessité de réindustrialiser notre pays. J'en suis le premier convaincu, ayant toujours porté une grande attention au monde des usines et des ouvriers. D'Alstom aux Chantiers de l'Atlantique, les exemples furent nombreux de mon investissement personnel sur ces questions essentielles. L'effort engagé de nos jours est louable et salutaire, mais il n'a pas débuté avec ce quinquennat. C'était une vérité qu'il convenait de rappeler.

*
* *

Le mois de juillet sentait bon les prochaines vacances. Je savais que ce seraient les dernières avant la campagne présidentielle. Je voulais en profiter pour recharger mes batteries, qui avaient été fortement sollicitées tout au long de l'année écoulée. La grossesse de Carla lui imposait plus de repos qu'à l'accoutumée. Je lui avais demandé de se reposer au fort de Brégançon durant ce mois de juillet. J'avais prévu de la rejoindre pour les week-ends. C'est ce que je fis le 2 juillet. Cela m'était d'autant plus aisé que je devais assister au mariage de Son Altesse sérénissime le prince Albert II avec Charlene Wittstock en principauté de Monaco. La circulation étant particulièrement difficile en cette période estivale, c'est en hélicoptère que je quittai Brégançon pour me poser sur le Rocher trente-cinq minutes plus tard. Le soleil était radieux. La chaleur assez étouffante, mais la vue à couper le souffle. La Méditerranée était plus belle que jamais. C'est un spectacle dont je ne peux me lasser ni même me passer. Nous survolâmes les îles de Lérins dans la baie de Cannes. C'était la vision du paradis sur terre. Sur l'une d'elles se trouve un monastère où j'avais passé quelques heures des années auparavant. C'est l'un des plus beaux et des plus inspirants endroits de la Côte d'Azur. Il y avait beaucoup de bateaux petits et grands, qui stationnaient aux alentours. J'aurais volontiers fait une étape dans ce lieu qui m'a toujours attiré par sa sérénité. La baie de Nice scintillait de mille feux. La mer entrait littéralement dans la ville. Les vacanciers profitaient de leurs vacances. Les familles étaient à la plage. Je les observais avec amusement. Je me rappelais le tout début de ma carrière politique dans cette ville, trente-six ans plus tôt ! Ce retour vers le passé était vertigineux.

Et puis Monaco arriva. Je confesse aimer cet endroit, qui malgré sa petite superficie et toutes les images glamours qu'il véhicule a réussi à demeurer authentique. Monte-Carlo notamment respire l'histoire et la tradition. C'est une belle satisfaction pour la famille régnante que d'avoir préservé ce pays d'à peine dix mille nationaux, coincé entre ces deux géants que sont la France et l'Italie. La sécurité y est proverbiale et la prospérité tout autant. Cela n'allait pas de soi. Je tenais à être présent à cette cérémonie. La France le devait à Monaco compte tenu des liens forts qui unissent nos deux pays. Et je le devais au prince Albert, que j'apprécie depuis longtemps, tout à la fois comme souverain et comme personne. Pour le premier, j'admire sa grande constance dans son combat pour la protection de la mer et de l'environnement. Il n'a jamais varié et n'a pas attendu la « mode écologique » pour s'engager. Il l'a fait avec courage et une vision de l'avenir originale. Pour le second, parce qu'il est demeuré un homme simple et droit qui a toujours assumé ses responsabilités personnelles, ce qui est tout à son honneur. La cérémonie n'avait donc rien d'un pensum. Il y avait le président allemand et le roi des Belges. Je pénétrai dans la cour d'honneur du palais, remplie de tous les authentiques Monégasques, qui se réjouissaient profondément du mariage princier. Chacun s'était mis sur son trente et un. Les femmes notamment, qui arboraient de spectaculaires chapeaux. Je reçus un accueil très chaleureux. J'avais le sentiment d'être sur la grand-place d'une petite ville de province, le roi en plus ! C'était bon enfant, un peu suranné et presque kitsch. L'archevêque de Monaco, Bernard Barsi, présidait l'union religieuse. Il m'accueillit à l'entrée de l'église. À l'intérieur de celle-ci, l'ambiance était plus solennelle. Chacun avait sa place. J'avais pour voisin le roi des Belges en grand uniforme, sabre aux côtés. La messe était magnifique. La musique de Mozart en assurait le fil conducteur. La mariée m'a semblé très élégante dans sa robe blanche immaculée du couturier Armani. Elle était belle et faisait honneur à sa nouvelle patrie. L'émotion se lisait sur son visage. Le prince était en uniforme militaire de couleur beige. Il avait dépassé les 50 ans et semblait lui aussi heureux et ému de cette union. L'ensemble donnait l'image d'un bonheur un peu irréel et hors du temps. Je voyais beaucoup des membres de la famille princière pour la première fois, notamment la princesse Stéphanie. Elle était douce, attentive, timide. Ses enfants l'entouraient. Elle les couvait du regard. Je fus surpris par ses nombreux tatouages, souvenirs sans doute d'anciennes révoltes de jeunesse. Je me disais que la vie n'avait pas dû être si facile pour cette jeune princesse dont l'extrême sensibilité avait dû être heurtée plus d'une fois par les rigueurs endogènes de l'appartenance à une famille aristocratique. Caroline semblait plus distante. Elle veillait sur son frère avec une autorité qui me parut curieusement plus maternelle que fraternelle. La troisième génération était plus souriante, plus blonde et plus insouciante aussi. On pouvait percevoir sa naïveté. Bernadette Chirac avait fait le déplacement. La connaissant, je savais qu'elle n'aurait manqué pour rien au monde cet évènement. C'était un mélange de devoirs et de contentement de pouvoir tenir encore sa place. Elle portait un chapeau à plumes qui se remarquait. C'était l'essentiel !

Je présentai mes vœux au prince Albert. Il avait désormais sa propre famille. J'imaginais combien l'adaptation serait rude pour la princesse. Il n'y avait pas que la géographie qui éloignait Monaco de l'Afrique du Sud. Il y avait également ses paysages infinis, la liberté dans les rapports humains, la proximité avec la nature. Je pensais à l'hiver si calme dans la principauté. Le changement promettait d'être considérable. En rentrant à Brégançon, où Carla m'attendait avec quelques proches amis, je fus assailli de questions sur la cérémonie, sur la robe de la mariée, sur une foultitude de détails que je n'avais pas toujours remarqués. C'était la preuve que le pouvoir de fascination de Monaco était bien réel. J'étais le président d'un pays qui s'enorgueillissait d'avoir guillotiné un roi et une reine, d'avoir abattu treize siècles de royauté, et d'avoir inscrit le mot « égalité » au frontispice de tous ses bâtiments publics, mais qu'émouvaient toujours les histoires de princesses. Quelques années plus tard, la fascination serait encore plus visible au moment de la disparition d'Élisabeth II, la grande reine d'Angleterre. Ce n'était ni notre premier ni notre seul paradoxe. En revenant dans l'hélicoptère, j'étais encore plus convaincu de notre attirance simultanée pour le régicide et pour la royauté. Les deux vont ensemble. Comment guillotiner un roi qui n'existerait pas ?

*

* *

La fin de l'année scolaire correspondait avec la fin de l'année politique. Il fallait se dépêcher de dégainer ses dernières formules, de lancer ses ultimes flèches, de prononcer ses dernières bêtises. En la matière, ce fut la candidate écologiste Eva Joly qui obtint sans contestation possible la palme d'or. Elle proposa ni plus ni moins que de supprimer la parade militaire du 14-Juillet afin de la remplacer par un défilé citoyen avec « des enfants des écoles, des étudiants, des seniors » ! J'étais stupéfait. Je n'en croyais pas mes oreilles. J'imaginai même l'espace d'un instant qu'il s'agissait d'une manipulation trop énorme pour être vraie. J'avais tort. C'était bien ce qu'elle avait dit. Le propos était d'autant plus choquant que nous venions de perdre six soldats français en Afghanistan à peine quelques jours auparavant. Quand on pense qu'Eva Joly avait été une magistrate, censée incarner le bon sens et l'équilibre… À mes yeux, ce n'était ni plus ni moins qu'une insulte aux soldats morts pour la France et la liberté des Français. C'était bien davantage qu'une faute politique, c'était une offense morale. Les mots ne sont pas trop forts. Pour quelqu'un qui aspirait à diriger la France, cela soulignait une parfaite déconnexion avec les valeurs françaises. Après l'autorité, le nucléaire, maintenant le défilé militaire, le fossé ne m'avait jamais apparu aussi béant avec ces prétendus écologistes qui n'étaient rien d'autre que des gauchistes déconnectés de toute réalité et recyclant leur adolescence marxiste dans un prétendu amour de la nature, qui trompait de moins en moins de monde. Depuis, Eva Joly a disparu de la vie politique française. Ce qui n'est pas une grande perte. Ses idées ont été reprises par ses successeurs. J'avoue que c'est souvent une souffrance de les entendre. La presse fut assez justement sévère avec ces propos outranciers, à l'exception notable du journal *Libération,* qui dénonça « le torrent de boue soulevé par les propos plutôt anodins d'Eva Joly ». Anodins ? Venant d'un journal qui avait protesté dans les années 1970 contre l'emprisonnement de pédophiles avérés, cela témoignait au moins d'une constance certaine dans l'erreur !

La cérémonie d'hommage à nos soldats tombés en Afghanistan dans la cour des Invalides fut aux antipodes de cette triste polémique. Elle fut digne, recueillie et grave. Il pleuvait des cordes. J'étais trempé jusqu'aux os. Je m'arrêtai devant chaque cercueil pour y agrafer une décoration. Mes pieds pataugeaient dans des flaques immenses et profondes. Les pavés mal agencés de la cour d'honneur sont bien malcommodes par temps sec, mais quand la pluie se met de la partie... c'est bien pire et quasiment impraticable. Ségolène Royal s'était une fois encore illustrée en déclarant qu'il s'agissait de « sacrifices inutiles ». Je contestai immédiatement cette formule aussi maladroite que déplacée. Quand on meurt pour la paix, au service de son pays, personne n'a le droit de dire qu'un soldat est mort pour rien, surtout le jour de son enterrement, en présence de sa famille et de ses proches. Pourquoi blesser des gens déjà tellement éplorés ?

Depuis le commencement de l'intervention française en Afghanistan, cela faisait soixante-quinze soldats qui avaient péri, dont dix-huit rien que pour cette année 2011. La perte la plus meurtrière pour l'armée dans ce pays. Le bilan était lourd, très lourd. Je m'étais entretenu avec le président américain Barack Obama quelques jours auparavant. Je lui avais parlé très franchement. Mon raisonnement était simple et, me semble-t-il, cohérent. Nous ne pouvions tenir un pays de plus de quarante-deux millions d'habitants *ad vitam æternam*. Soit les forces armées afghanes pouvaient prendre notre relais et cela serait la preuve de l'efficacité de notre intervention, soit elles ne le pouvaient pas et nous allions devoir partir, car cela signifierait que les Afghans ne voulaient pas de nous ! Sans l'adhésion sincère d'une majorité de la population, notre présence sur le long terme était vouée à l'échec. Je sentais par ailleurs la lassitude de l'opinion française et plus largement de toutes les opinions occidentales devant l'effort qui était demandé à nos armées. J'annonçai donc le retrait de mille de nos soldats sur les quatre mille présents.

C'était l'amorce d'un départ que je savais inéluctable tout en espérant que le président Karzaï et ses alliés pourraient prendre le relais en empêchant le retour des talibans. On connaît la suite et le destin terrible qui, une nouvelle fois, a si durement frappé ce pays martyr. L'Afghanistan est l'exemple parfait de la complexité de ce que peut être une politique étrangère active. Je crois toujours que le principe d'une intervention internationale pour aider les Afghans à se libérer des talibans moyenâgeux était juste, tout à la fois politiquement et moralement. Cela représenta pendant des années un sacrifice humain et financier de grande ampleur pour les pays qui participèrent à cette lutte contre le terrorisme islamique le plus brutal. Mais nous savions tous qu'à un moment ou à un autre les Afghans devraient reprendre en mains leur destin. Notre présence n'avait pas vocation à être éternelle. Les images du départ piteux et en catastrophe des derniers soldats américains m'ont laissé un goût amer. Je peux dire que j'avais honte. Cela faisait penser à l'abandon tragique de Saïgon dans le milieu des années 1970. C'était un spectacle gênant pour tous ceux qui croyaient en la démocratie. Mais la véritable tragédie résidait davantage dans l'écroulement du système politique afghan que dans le départ des Américains après celui de leurs alliés occidentaux. Tout s'était soudainement effondré comme un château de cartes. Derrière la façade, il n'y avait rien de tangible ni de solide. Les talibans sont revenus. Ils sont demeurés les mêmes. C'est une blessure pour tous ceux qui croient dans les valeurs universelles de l'humanisme, mais la vérité que nous aura enseignée cette épopée, c'est que seuls les Afghans pourront se libérer de cette oppression barbare. Ils ont dans leurs mains la clef de leur destin. Nous ne pouvions et nous ne pouvons ni agir ni décider à leur place. Ce raisonnement pourra paraître cynique, ou manquer de panache, ou faire trop peu de place à l'idéalisme, mais je n'en démordrai pas, car il constitue le socle de ce que mon expérience m'a appris. J'admets bien volontiers que parfois « en savoir davantage » peut réduire ses ambitions initiales. Le dialogue nécessaire et fructueux entre l'idéalisme et le réalisme est sans doute ce qui constitue l'essence même de l'exercice du pouvoir et de la compréhension de sa complexité. La campagne en Afghanistan fut un échec non parce que l'Occident fut lâche ou velléitaire, mais parce qu'une majorité d'Afghans le voulurent ainsi.

*

* *

Je voulais profiter de l'actualité politique plus ralentie du mois de juillet pour célébrer dignement le centième anniversaire de la naissance de Georges Pompidou. Je me rendis donc dans son berceau familial, à Montboudif, au beau milieu du Cantal. Cela fleurait bon la France éternelle. On était loin des réseaux sociaux, des polémiques superficielles et des emportements médiatiques. Ici, chacun avait son opinion et n'était pas prêt à en changer. J'étais heureux de cette plongée dans ce passé si présent. Cela faisait du bien de revenir à l'essentiel, à la permanence. Sur la place du village, la statue d'un poilu triomphant dominait le monument aux morts. L'église trônait en majesté au centre de cette petite bourgade sans que personne songeât à remettre en cause sa présence ou s'inquiétât d'une laïcité offensée. Elle veillait sur chacun des habitants, croyants comme incroyants. L'agriculture, les paysans, l'activité champêtre étaient encore la réalité quotidienne. Les vaches rousses du Cantal, les fameuses salers, animaient les verts pâturages. Je me fis intérieurement la remarque que cela devait ressembler à l'environnement que Georges Pompidou avait connu dans sa jeunesse. Cela n'était pas un voyage nostalgique. La nostalgie porte sur ce qui a disparu, or, justement, c'était encore la France d'aujourd'hui qui ne voulait pas mourir et qui avait encore bien des choses à dire.

J'avais mis beaucoup de soin à l'écriture de mon discours. Bien que je n'eusse jamais rencontré ni même approché Georges Pompidou, il avait toujours constitué pour moi une référence. De tous les présidents de la Ve République, il fut celui dont je me suis senti le plus proche, à la fois pour des raisons personnelles et politiques. Personnelles, parce que j'avais été ému par le couple qu'il formait avec sa femme, Claude. Il l'aimait. Il ne le cachait pas et il avait souffert mille maux au moment de l'affreuse machination Marković. Ce fut un chemin de croix qui le blessa profondément. Que l'on puisse attaquer sa femme lui était insupportable. J'ai compris et partagé cette sensibilité que seuls les sots ont pu prendre pour de la faiblesse. Georges Pompidou n'avait pas perdu son humanité avec le pouvoir. Son couple était vrai, ses sentiments aussi. Son exemple m'inspira au moment de mon divorce comme de mon mariage. Trouver le bon équilibre entre la pudeur et la transparence, entre la vérité et l'intimité, n'est pas chose aisée. Il avait su le faire d'une façon digne et forte. Ce n'était pas un mince exploit. Demeurer un être vivant, sensible, authentique, lorsque l'on exerce les responsabilités suprêmes nécessite un effort de chaque instant. Ne pas devenir mécanique, automatique, désincarné, est un défi. Georges Pompidou est celui de nos présidents qui a su le mieux le relever. Inspiration politique aussi, parce qu'il a compris, comme le précurseur qu'il était, qu'il fallait allier la nécessité de la modernité avec celle de la tradition et de l'identité. Le choc que furent pour lui les évènements de mai 1968 l'avait mis dans l'obligation d'anticiper les mouvements de fond de la société française. Moderne, il l'a été par le Centre d'art et de culture de Beaubourg, par ses goûts artistiques, par son attachement à l'industrie, par son ouverture sur les questions de société. Sa réaction à propos de l'affaire Russier demeurera un modèle d'intelligence et de sensibilité. Comprendre l'histoire d'amour entre une enseignante et l'un de ses élèves dans les années 1970 était bien davantage qu'audacieux. Refuser de juger et de condamner était un comportement de complète rupture au regard de ses racines et de son milieu social. Conservateur, il le fut concomitamment par son attachement aux valeurs de la ruralité, son bon sens « paysan », sa volonté constante de ne pas bousculer et encore moins choquer. Cette alliance hardie pour son époque ne serait en rien démodée de nos jours. Alors qu'il succédait à un géant, il avait trouvé la force d'affirmer : « Je n'imiterai pas le style du général de Gaulle. Je ne le pourrais d'ailleurs pas, et puis, vous le voyez bien, je suis un homme différent. » C'était simple et vrai. La formule témoignait de son assurance tranquille, alors même qu'il lui fallait imaginer la transition avec celui dont la légitimité historique ne pouvait être comparée à nulle autre. Pompidou ne souffrit pas d'une situation qui aurait pu écraser bien des personnalités.

Sa fin de vie fut une tragédie qui lui permit de donner une leçon de courage. Son agonie dura trois jours, qui furent des moments de souffrance intense et mirent fin à un calvaire de plusieurs mois sans que jamais il émette la moindre plainte. Le vers de Corneille semble avoir été écrit d'une façon prémonitoire pour lui : « Meurs, mais quitte du moins la vie avec éclat. » Il venait de cette vieille terre auvergnate, de ce haut plateau du Cantal, de ces générations de paysans dont il avait hérité les vertus simples et vraies. Lors de son discours prononcé à Saint-Flour le 26 juin 1971, il avait prononcé cette phrase admirable : « Je pense que l'habitude ancestrale de parcourir nos plateaux et nos montagnes au pas lent du paysan donne tout naturellement le goût des vastes étendues et le sens de la durée, nécessaires pour atteindre le but. » Il n'eut pas le temps de finir son œuvre, mais il avait le sens de la durée. C'était un homme profondément ancré dans la vie quotidienne. Pompidou avait écrit une lettre à son Premier ministre, Jacques Chaban-Delmas, qui demeure un morceau d'anthologie à propos d'une circulaire anonyme du ministère de l'Équipement de l'époque, qui avait souhaité, pour des raisons de sécurité routière, couper les arbres qui bordaient nos nationales. Il faut apprécier la force et l'humour de la missive présidentielle : « La sauvegarde des arbres plantés au bord des routes – et je pense en particulier aux magnifiques routes du Midi bordées de platanes – est essentielle pour la beauté de notre pays, pour la protection de la nature, pour la sauvegarde d'un milieu humain. [...] Les arbres n'ont, semble-t-il, d'autres défenseurs que moi-même et il apparaît que cela ne compte pas... Je vous demande de faire rapporter cette circulaire [afin que l'on] ne poursuive pas dans la pratique ce qui n'aurait été abandonné que dans le principe et pour me donner une satisfaction d'apparence » ! Il est vrai que nombre de nos écologistes d'aujourd'hui seraient incapables de formuler si bien un tel engagement environnementaliste. Au cours de mon déplacement, la presse instruisit à mon égard un procès en « récupération ». Cela ne me choqua guère puisque, après tout, ce n'était pas entièrement dénué de vérité ! Je dois bien le reconnaître. Je voulais mettre mes pas dans ceux de mon lointain prédécesseur. Le journal *Le Monde* fut en revanche plus blessant, affirmant que Georges Pompidou et moi n'avions rien en commun, l'un étant « un lettré attaché à ses racines auvergnates », lorsque je n'étais qu'un président citadin « qui s'efforce de ralentir le rythme de ses pas lorsqu'il traverse un village ». Certes, je n'étais pas né à la campagne. Cela m'empêchait-il pour autant de l'aimer et de la comprendre ? Sans doute n'avais-je pas fait l'ENA. Cela m'interdisait-il d'aimer lire et d'apprécier profondément la compagnie consolante des livres ? Il était exact que, depuis Carla, je me rendais au cap Nègre chaque été, mais ce journal avait-il oublié que notre maison est située à vingt-cinq kilomètres d'un Saint-Tropez que les Pompidou adoraient sans qu'on les montre jamais du doigt ? Je ne pouvais contester avoir passé cinq jours sur le bateau de Vincent Bolloré. A-t-on oublié que Georges Pompidou conduisait lui-même sa Porsche et qu'il aimait pratiquer les activités nautiques sans que personne l'ait accusé d'être « bling-bling » ? La méchanceté gratuite est sans doute la pire puisqu'elle ne sert à rien, si ce n'est à dévoiler la personnalité profonde de celle ou de celui qui l'utilise. Ce fut, malgré tout, une belle journée que celle de Montboudif. J'avais le sentiment d'avoir bien agi en mettant à l'honneur un homme trop rapidement oublié et en montrant que la France n'était pas une page blanche. Que son passé pouvait donc utilement éclairer son avenir.

*

* *

Le mois d'août commença par un mouvement de panique des places boursières. Cela baissait partout. Aux États-Unis, à Madrid, à Milan, à Francfort et, bien sûr, à Paris qui perdait 4 % en une seule séance. Le jeudi 4 août, le CAC 40 atteignait son niveau le plus bas depuis juillet 2009. C'était une journée noire pour les bourses mondiales. En soi, ce n'était pas le plus grave, mais cela témoignait d'une profonde fébrilité des marchés, qui se demandaient quel serait le pays qui allait céder le premier ! C'était un cauchemar, alors que nous sortions à peine de la crise financière systémique de 2008. La question de la dette grecque faisait peser un danger de nouveau krach mondial. La panique menaçait. Il fallait prendre l'initiative, faute de quoi j'étais persuadé que nous serions tous emportés.

Il n'y avait pas beaucoup d'alternatives. Seule une initiative franco-allemande pouvait être à la hauteur de la gravité de la situation. Pour cela, il fallait encore une fois réussir à convaincre Angela Merkel, comme toujours bien décidée… à attendre le dernier moment pour agir. Or, nous n'avions pas de temps et surtout pas pour tergiverser. L'Espagne et l'Italie étaient sous la pression des marchés. Jean-Claude Trichet, alors à la tête de la Banque centrale européenne, venait d'échouer à apaiser les craintes d'une extension de la crise de la dette dans toute la zone euro. Son intervention publique, pourtant très attendue, n'avait produit aucun résultat.

À ce moment précis, je me trouvais être tout à la fois président du G8 et du G20. On pouvait difficilement faire « pire » en termes de responsabilités à assumer dans une telle période. Pour ne rien arranger, l'agence de notation Standard and Poor's venait de dégrader la note des États-Unis, qui passait de AAA à AA +. Elle pointait ainsi spectaculairement les risques de la dette américaine, qui s'élevait à la bagatelle de quatorze mille cinq cents milliards de dollars ! Bien que nous fussions en plein mois d'août, je passai mon temps au téléphone avec tous les dirigeants de la planète. Je devais notamment obtenir que Rome et Madrid mettent en œuvre le plus rapidement possible des mesures de redressement de leurs comptes publics. J'hésitai même à interrompre mes vacances afin de rentrer à Paris pour coordonner toutes les équipes. J'y renonçai finalement pour ne pas donner le sentiment que nous étions en train de perdre notre sang-froid. La situation était déjà bien assez préoccupante comme cela. Je savais pouvoir compter sur la solidité de mon ministre de l'Économie, François Baroin, en qui j'avais une grande confiance, et de mes conseillers à l'Élysée Xavier Musca et Emmanuel Moulin qui firent un travail remarquable. Les discussions téléphoniques et les *conference calls* n'étaient cependant pas suffisants pour aller au fond de ces dossiers plus complexes les uns que les autres. Je décidai d'organiser en urgence, à Paris, un sommet franco-allemand de crise, le 16 août. La date était inhabituelle et montrait la tension dans laquelle nous vivions. Je voulais obtenir l'accord de la chancelière pour présenter des propositions communes concernant la réforme de la gouvernance de la zone euro. Il fallait renforcer cette dernière de toute urgence. La seule annonce de ce sommet bilatéral avait réussi à quelque peu apaiser les bourses européennes. C'était provisoire, mais bon à prendre. Le problème était que nous n'avions plus le choix. Il fallait réussir cette réunion et dépasser les divergences franco-allemandes pour éviter que la crise de la dette ne finisse par faire exploser la zone euro.

L'Allemagne avait deux obsessions. Elle voulait à tout prix éviter la mutualisation des dettes européennes et qu'il n'y ait pas de soutien financier « infini » aux États fragiles. En un mot, nos voisins ne voulaient pas payer pour les autres. Angela m'expliqua que l'opinion publique allemande n'était pas prête à travailler pour des pays fragilisés par leurs propres insuffisances. Il y avait « un peu » de suffisance dans cette attitude. Les Allemands étaient persuadés qu'ils se trouvaient à l'abri de la crise du fait du « sérieux germanique » bien connu. La chancelière ne voulait donc pas entendre parler d'émission d'obligations européennes, qui reviendrait à communautariser une partie de la zone euro. Les Allemands n'étaient même pas favorables à une augmentation de la capacité de prêt du Fonds européen de stabilité financière, qui s'élevait à ce moment précis à quatre cent quarante milliards d'euros. Cette institution avait pour raison d'être le soutien aux pays les plus endettés de la zone euro. Nous partions donc de loin…

Je fus cependant bien aidé par une partie de la presse allemande. Le quotidien *Süddeutsche Zeitung* écrivait : « Le président et la chancelière sont condamnés à s'entendre, car ils font partie des rares personnalités politiques dont dépend le destin de l'Euro, de l'Union européenne et des Européens. » C'était une utile pression sur l'immobilisme culturel de la chancelière. Nous n'avions pas le choix. Il fallait trouver le meilleur compromis possible. Tous les pays soumis à la pression des marchés n'avaient d'autre issue que d'annoncer des mesures d'économies ou des plans d'austérité. Peu importait la formule puisqu'il s'agissait de la même chose. La France n'échappait pas à la règle générale. Je dus à plusieurs reprises réaffirmer « notre volonté absolue de respecter nos engagements européens en matière de dépenses, de déficit et de dettes ». Le sommet fut long, âpre et, pour finir, fructueux, puisque nous pûmes tenir une conférence de presse commune durant laquelle nous présentâmes les propositions que nous ferions ensemble aux autres membres de la zone euro. Angela Merkel avait finalement cédé sur le principe d'un gouvernement de la zone euro. Elle avait même accepté que cela soit Herman Van Rompuy qui en soit pour deux ans et demi le premier président. C'était une avancée assez considérable puisque, ainsi, nous pouvions disposer d'un cadre adapté pour renforcer la coordination de nos politiques financières et économiques. C'était un gage de solidité future. En échange de cette avancée, j'avais cédé sur le principe des euro-obligations. Angela Merkel n'y croyait pas et ne pouvait l'imposer à sa majorité. Je m'en tirai en expliquant qu'elles ne pouvaient être que l'aboutissement d'un processus d'intégration, pas son préalable. En bref, cela signifiait que c'était trop tôt, mais que je ne doutais pas que l'on finirait par y arriver. Par ailleurs, nous nous étions mis d'accord sur le principe d'une taxation des transactions financières et sur notre volonté commune d'harmoniser les impôts sur les sociétés entre la France et l'Allemagne. Ce n'était pas si mal !

Ce sommet du mois d'août fut donc utile, mais il avait été précédé, comme je l'ai évoqué, d'une rencontre interminable de sept heures à la fin du mois de juillet sur la seule question de la dette grecque. En moins d'un mois, nous avions dû nous rencontrer à deux reprises et travailler d'arrache-pied ensemble pour éviter l'explosion générale. C'est dire l'intensité des liens et l'importance vitale que j'attachais à la coordination des deux premières économies européennes. La première rencontre fut aussi difficile que la seconde. Adopter un nouveau plan d'aide à la Grèce fut un chemin de croix. Le premier, décidé au printemps 2010, s'était élevé à cent dix milliards et ne suffisait déjà plus. Cette fois-ci, le problème résidait dans l'exigence politique allemande de voir pour le deuxième plan les banques contribuer à son financement. J'étais assez en accord avec cet objectif. Nous étions à Berlin. Je résidais à l'hôtel de Rome. Je n'avais guère eu le temps de profiter de l'atmosphère de ce palace de la fin du XIXe siècle. Angela Merkel était si braquée sur ses positions qu'elle m'avait dit être prête à assumer un « défaut » de la Grèce. C'eût été une première désastreuse ! Un pays de la zone euro faisant faillite n'aurait pas manqué de provoquer un désastre. Cette fois-ci, je partageais les craintes de Jean-Claude Trichet, qui ne voulait pas en entendre parler. La situation était rendue encore plus difficile par le fait que la délégation allemande était elle-même divisée. Le ministre des Finances, Wolfgang Schaüble, se montrait beaucoup plus dur que la chancelière. Pour débloquer la situation, nous dûmes le faire venir à notre dîner, en pleine nuit, et demander parallèlement à Jean-Claude Trichet, qui était à Francfort, de nous rejoindre en urgence à Berlin. L'heure était aux décisions. Finalement, le ministre allemand accepta que nous élargissions les outils d'intervention du Fonds européen de stabilité financière et, en échange, j'acceptai d'évoquer le risque d'un défaut partiel de la Grèce. À 3 heures du matin, cette nuit, nous trouvâmes un compromis que nous pûmes adresser, dès le lendemain, aux dix-sept chefs d'État et de gouvernement que nous devions rejoindre pour un sommet de la zone euro le jour même. Je me rendis directement de Berlin à Bruxelles. Notre texte fut adopté sans difficulté supplémentaire. Chacun était soulagé par notre accord commun. Il n'y eut pas même un agacement. L'axe franco-allemand avait fonctionné au mieux. Les autres pays, Espagne et Italie compris, étaient rassurés par la force de notre entente, qui protégeait tout le monde.

Je ne soulignerai jamais assez combien, durant cette période si difficile, la collaboration avec notre grand voisin fut indispensable pour sauver l'Europe. Seule, la France n'aurait rien pu faire. Il n'y avait aucun choix différent possible. Il a fallu mettre en œuvre de nombreux compromis, dont certains furent douloureux, mais préférables à une explosion généralisée qui pouvait détruire tout le système européen. Il s'agit d'une vérité incontournable qui est aussi juste aujourd'hui qu'elle l'était hier. Peu importe que l'on aime les Allemands ou pas. Que leur gouvernement soit de gauche ou de droite, que pendant toute cette époque je fus accusé d'avoir trop cédé à la chancelière. Il s'agissait de l'intérêt supérieur de la France et de l'Europe, qui devait l'emporter sur tous les enjeux de politique intérieure. La France et l'Allemagne devaient collaborer, car ensemble nos deux pays pesaient bien davantage. De surcroît, ils renonçaient à la tentation naturelle de s'affronter. Nombreux sont les politiques français qui ne comprirent pas cet impératif et moquèrent le fameux « Merkozy ». Ils ne cessèrent d'en appeler aux sentiments germanophobes toujours présents dans notre pays. Il ne faut pas jouer avec ces questions essentielles qui devraient constituer le marqueur définitif entre les « hommes politiques » et les « hommes d'État ».

*

* *

Je terminai ce mois d'août décidément bien agité par un voyage en Nouvelle-Calédonie. Je regagnai Nouméa directement de Pékin, où j'avais dû me rendre en tant que président du G20. C'est un territoire que j'ai toujours aimé, et ce depuis mon premier séjour sur « le Caillou », qui datait de 1989. Il s'agit d'un endroit vraiment spécial. D'abord l'espace est immense. La concentration des deux tiers de la population autour de Nouméa renforce cette impression de paysages infinis au fur et à mesure que l'on s'en éloigne pour aller en brousse, comme on appelle les vastes étendues de la Calédonie rurale. Les perspectives comme les paysages sont à couper le souffle. On est bien loin des seules cartes postales habituelles représentant des îlots paradisiaques plats et artificiels. La Nouvelle-Calédonie est un monde à part, avec ses reliefs, ses montagnes, ses plages, ses pâturages immenses, ses mines de nickel à ciel ouvert, son identité particulière. J'y ai toujours senti un attachement viscéral à la France de la part de la communauté des Caldoches, qui, malgré les vingt mille kilomètres qui les séparent de la métropole, n'ont jamais voulu couper le lien affectif, profond, qui les unit à elle. Il en est ainsi d'une bonne part des Kanaks, pour qui le combat indépendantiste est une identité, mais qui reconnaissent à la France le fait d'avoir permis leur émancipation politique dans la République. Je confesse avoir gardé un intérêt constant pour les traditions et les coutumes kanakes. Depuis l'époque de Jean-Marie Tjibaou, j'ai rencontré beaucoup de leurs leaders et discuté avec eux de manière approfondie et parfois assez confiante. Les Kanaks sont légitimement attachés à cette terre qu'ils considèrent comme étant la leur puisque leurs ancêtres y sont établis depuis des siècles. Ils partagent cette légitimité avec ceux qui sont arrivés ensuite, parfois sans l'avoir choisi, et qui ont, eux aussi, bâti la Nouvelle-Calédonie. Beaucoup ont adopté le statut du droit coutumier, tellement aux antipodes de notre Code civil. Ainsi, quand un enfant naît, il n'est pas placé sous l'autorité de ses parents biologiques, mais sous celle de son oncle maternel, à qui il reviendra de prendre toutes les décisions importantes de son parcours de vie. Le métissage entre les deux communautés existe depuis la nuit de temps, mais le métissage culturel est rendu très complexe, pour ne pas dire impossible, compte tenu de la différence de statut entre le droit coutumier et le droit commun. Cette partition invisible de la société calédonienne est un obstacle majeur à la construction d'un avenir véritablement commun ; il faudra arriver, pour réconcilier la société calédonienne, à bâtir un droit civil commun qui empruntera aux deux statuts. Et pourtant, il fallait bien, et plus encore, il faudra bien trouver un chemin de compromis où nul ne se trouvera humilié et où chacun aura eu l'impression d'avoir pu obtenir quelque chose de substantiel. De la violence issue des années 1980, rien de positif ne pouvait émerger. Le compromis était la seule voie possible avec une ligne rouge qui fut toujours la mienne, celle d'une Nouvelle-Calédonie française et ayant vocation à le rester. Référendum après référendum, ce fut bien ce chemin qui fut choisi par les Calédoniens. Mais cela ne suffisait pas à installer une paix durable. Il fallait trouver une voie de passage originale. C'était à cette tâche que je m'étais attelé en cette année 2011.

Mon déplacement était d'autant plus attendu que l'agitation avait repris tant sur le plan social que sur le plan politique. Une contestation sur le prix des billets d'avion avait subitement dégénéré, sur fond de conflit coutumier sur l'île de Maré, située à deux cents kilomètres de Nouméa. Le bilan était terrible, puisque quatre jeunes Kanaks y avaient trouvé la mort alors que trente autres avaient été blessés. En Nouvelle-Calédonie, on sait souvent quand la violence commence, jamais où elle s'arrêtera. Les conflits y sont plus explosifs que nulle part ailleurs en France. Il y a malheureusement une longue tradition en la matière et ce, même bien avant les évènements d'Ouvéa, qui avaient provoqué vingt-cinq morts.

J'étais impatient de revenir sur cette terre et dans ce territoire d'Outre-mer qui m'avait le mieux élu en 2007 avec près de 63 % des suffrages. Je ne voulais pas les décevoir. Je souhaitais m'investir dans la recherche d'une solution de long terme. Mes premières déclarations allaient dans ce sens. Je les prononçai au cours de la table ronde que je présidais au haut-commissariat dès mon arrivée à Nouméa : « Je reste convaincu qu'y compris dans le camp des indépendantistes, que je respecte, il y a un attachement pour la France, pour l'histoire commune et qu'il y a même de l'inquiétude à l'idée que nous nous séparions… Il va bien falloir mettre en œuvre des compromis ! » Ce fut avec cet état d'esprit que j'avais accepté de me rendre au sénat coutumier. Il s'agissait d'une marque de respect pour la culture kanake. J'étais convaincu qu'il n'y aurait aucun avenir possible qui se construirait sur le reniement par cette communauté de ses racines. Le président de cette institution, Pascal Sihazé, me lança comme un défi : « N'ayez pas peur des Kanaks. » Je lui répondis immédiatement : « N'ayez pas peur de la République française. » Le ton était donné. J'insistai sur l'impasse que constituait la violence. En Calédonie, même quand la mèche est toute petite, elle est capable de provoquer un grand incendie.

Je devais, l'après-midi même, prononcer le discours d'ouverture des XIVe Jeux du Pacifique, dont Nouméa était la ville organisatrice.

Ils rassemblaient vingt-deux pays et trois mille cinq cents athlètes. C'était une grande organisation. Je me rendis au stade de Magenta, rempli de pas loin de quatre mille spectateurs appartenant à toutes les communautés et venus de tous les pays alentour. L'enceinte était comble. Le public, joyeux et bigarré. À ma grande surprise, je fus applaudi à mon arrivée. Il est vrai que j'avais pris une décision qui m'avait valu des polémiques en métropole et parfois même avec quelques Calédoniens, mais qui était bien accueillie dans la Calédonie profonde. J'avais autorisé la délégation des athlètes tricolores à défiler derrière deux emblèmes, le tricolore et le kanak. Une minorité en métropole m'avait accusé de trahison ! L'argument était outrancier et surtout faux. C'était vraiment émouvant de voir ces deux oriflammes flottant au vent pacifiquement côte à côte. Il y avait déjà eu bien assez de victimes. Le plus touchant était de voir et d'entendre l'accueil du public si nombreux en ce jour de fête. Il n'y eut aucun sifflet et pas la moindre protestation. Je me levai au passage des deux drapeaux. J'avais vraiment le sentiment que nous étions en train de franchir un cap. C'était un premier pas, mais tellement prometteur. J'étais sans ambiguïté en faveur du maintien de la Nouvelle-Calédonie dans la France, mais je savais que cela ne pouvait se construire durablement sur l'humiliation de l'identité, de la culture, de l'histoire kanakes. J'avais une ligne rouge, la République, mais à l'intérieur de celle-ci j'étais prêt à de larges concessions sur les langues kanakes qu'il fallait enseigner dans les écoles publiques, sur les pouvoirs de représentation diplomatique qui pourraient être accordés aux autorités élues du territoire, sur les symboles d'appartenance comme les drapeaux et les hymnes, sur les responsabilités dévolues spécifiquement aux régions. Il y avait vraiment de quoi faire…

Au troisième jour de ma visite, je m'étais rendu dans l'immense salle de sport de Paita, dans la banlieue de Nouméa. Trois mille cinq cents personnes s'y pressaient. Je voulais, spécifiquement, m'adresser à la communauté caldoche pour la rassurer sur ma détermination à la défendre et sur mon souhait qu'elle s'ouvre à des compromis avec les Kanaks. C'était justement parce que j'affirmais mon souhait d'une Calédonie française que je pouvais demander davantage aux habitants d'origine européenne. Je pris le risque de déclarer : « Il faut regarder en face le temps de la colonisation, qui fut une période de négation de l'identité kanake. » Malgré cette franchise, que l'on pouvait juger brutale, il n'y eut aucune protestation dans la salle. Pas plus que lorsque j'affirmai, ce qui était une première pour un président de la République depuis la signature des accords de Matignon en 1988, que ma préférence allait au maintien de la Calédonie dans la France : « Un choix qui vient du cœur et repose sur la conviction que c'est l'intérêt de la Calédonie comme des Calédoniens. » Le silence de l'auditoire était fait de gravité et d'attention. La presse fut élogieuse. Charles Jaigu écrivit dans *Le Figaro* : « La visite de Nicolas Sarkozy aura sans doute été la plus consensuelle depuis la crise politique des années 1980. Contrairement à ce qui s'était passé pour ses prédécesseurs, aucun incident n'a interrompu le cours de son voyage, aucune contre-manifestation n'a été menée par les partisans les plus radicaux de l'indépendance. » Je terminai mon voyage par un dernier credo : « La France n'est pas un carcan qui oppresse. Elle est un espace de liberté qui protège. »

La politique des deux drapeaux devait beaucoup à mon ami Pierre Frogier, élu calédonien de longue date, tout à la fois sensible, intelligent, sage et visionnaire. Ainsi se trouvait démontrée la possibilité d'être viscéralement attaché à la Calédonie française et à discuter en confiance avec les indépendantistes. Je n'ai pas apprécié la position de mes deux successeurs, qui ont cru qu'ils devaient s'en tenir à une stricte neutralité entre les indépendantistes et les loyalistes. Si le président de la France n'est pas pour la Calédonie française, qui le sera ? Cette neutralité factice a déstabilisé les loyalistes en les inquiétant et radicalisé les indépendantistes en leur laissant présumer la faiblesse de l'État.

Je remontai dans l'avion vers Paris, rasséréné par ce séjour au cœur du Pacifique, et félicitai mes conseillers Olivier Biancarelli et Benoît Lombrière pour l'organisation de ce déplacement. Le décalage horaire de douze heures avec Paris et celui de cinq heures avec Pékin, d'où je venais, commençait à peser. Je ne savais vraiment plus quel était l'horaire auquel je devais me raccrocher. Les vingt-quatre heures de vol vers Paris me permirent de reconstituer peu à peu mes forces et de me resituer dans l'espace-temps. Je tombai de fatigue et dormis profondément durant tout le trajet du retour. Je regrettais que Carla ne fût pas à mon côté. J'aurais tant voulu lui montrer ce morceau de France si différent, si lointain… et en même temps si proche.

*
* *

Je me souviendrai longtemps de ce premier voyage dans la Libye libérée de Kadhafi, que j'attendais avec impatience. Pour des raisons évidentes de sécurité, j'avais demandé à mon sherpa Jean-David Levitte et au conseiller diplomatique en charge de la région Nicolas Galey, mais aussi à mon état-major militaire sous l'autorité du général Puga, de le préparer dans le plus grand secret. Bien sûr, celui-ci fut impossible à conserver jusqu'au bout. Mais ce ne fut qu'à la veille de mon départ que la presse éventa la nouvelle que j'allais me rendre à Tripoli, puis à Benghazi. J'avais promis au Premier ministre britannique, David Cameron, de ne pas me rendre sur place sans lui. Il y tenait beaucoup, ce qui n'était que justice, car nous avions été à la manœuvre ensemble de bout en bout. Nous partagions la même analyse et nous nous étions parfaitement entendus. Il n'était pas question de manquer à mon engagement. Le grand jour était donc arrivé. Je sentais beaucoup de tension dans mon équipe de sécurité. Kadhafi était toujours vivant et les combats n'étaient pas terminés. Les dirigeants de l'insurrection qui avait mis fin à quarante-deux années de pouvoir sans partage d'un des pires dictateurs de l'histoire tenaient beaucoup à notre visite. Elles étaient pour eux un symbole fort de la reconnaissance de la communauté internationale.

Tripoli était tombée depuis trois semaines. Outre David Cameron, j'étais accompagné du ministre des Affaires étrangères, Alain Juppé, et de Bernard-Henri Lévy. Dès mon arrivée, je rendis hommage à « la Libye libérée », à qui je voulais délivrer un message de pardon et de réconciliation. Nous fûmes accueillis par le numéro deux du Conseil national de transition libyen, Mahmoud Jibril, qui, avec courage et honnêteté, avait tenu à démentir l'existence du moindre accord sur le partage futur des hydrocarbures libyens. Une fois encore, le journal *Libération* s'était rendu coupable d'une *fake news* en publiant une lettre attribuée au CNT promettant à la France 35 % du pétrole brut libyen en échange de son soutien à l'insurrection. C'était un faux… Le premier d'une longue liste destinée à « salir » l'intervention internationale. C'était une manipulation grossière, comme la suite allait le montrer. Pourquoi se prêtaient-ils à cela ? Le savaient-ils eux-mêmes ? C'était seulement l'expression d'une volonté gratuite de détruire.

Nous visitâmes un hôpital à Tripoli, où se trouvaient beaucoup de blessés, puis tînmes une conférence de presse. En circulant dans les rues de cette capitale enfin rendue à la liberté, je pouvais voir les inscriptions et les nombreux graffitis sur les murs. Les « Thank you Britain » et les « Merci Sarkozy » étaient partout en tous caractères et de toutes les couleurs. L'AFP en fit même le thème de l'une de ses dépêches. Notre visite avait juste été précédée de celle d'un secrétaire d'État adjoint américain et fut suivi de celle d'Erdoğan et du ministre égyptien des Affaires étrangères. C'est dire si toute la communauté internationale était bien à l'unisson. Pendant ce temps, Mouammar Kadhafi, qui n'avait pas été vu en public depuis trois mois, restait introuvable, alors que de nombreux hauts responsables de son régime avaient fui le pays depuis l'entrée des forces du CNT à Tripoli. Tout juste avait-il eu le temps d'adresser une lettre « lunaire » au Conseil de sécurité de l'ONU, pour lui demander de protéger Syrte, sa ville natale, encore aux mains de ses partisans, contre ce qu'il appelait « les atrocités de l'Otan ». En réaction, j'en appelai aux pays qui accueillaient d'anciens responsables libyens recherchés par la justice pour qu'ils travaillent avec les instances internationales « afin qu'ils rendent des comptes ». Il n'y avait aucune ambiguïté sur la position de la France comme du Royaume-Uni.

L'arrivée à Benghazi, ville rebelle de l'Est libyen, fut beaucoup plus haute en couleur. De l'hélicoptère, je pus apercevoir une foule immense amassée autour de la place Tahrir, symbole de la révolte contre Kadhafi. Une tribune de fortune y avait été dressée, surmontée d'un pupitre entouré du drapeau de la nouvelle Libye. Des hommes de l'unité d'élite française du RAID avaient pris position sur plusieurs terrasses donnant sur la place. Nous nous posâmes dans le port de Benghazi, qui jouxtait le lieu du rassemblement populaire. Une fois descendu de mon véhicule, je ne pouvais plus rien voir par la faute des services de sécurité, qui m'entouraient de si près que ma vue était entièrement masquée. Jamais je ne m'étais senti aussi oppressé. Les Kevlar, sorte de bouclier blindé, étaient dépliés au-dessus de ma tête comme sur mes côtés. Le chef de ma sécurité me cria – on ne pouvait rien entendre à cause de la foule – qu'il craignait les snipers ! La population nous réserva un accueil triomphal. C'était même le titre de tous les articles de la presse française comme de l'étrangère. Le spectacle était vraiment bouleversant. Voir la rue arabe accueillir ainsi deux dirigeants européens était un fait politique inédit et donc majeur. Je n'aurais jamais pu moi-même imaginer une telle arrivée. Je pris le temps d'un bain de foule qui augmenta l'anxiété de ceux qui m'entouraient.

La presse choisit d'interroger au hasard les habitants de Benghazi qui étaient venus. Leurs témoignages spontanés étaient juste ahurissants. Je prends au milieu de centaines d'autres celui recueilli par l'AFP de Leila Tahouri, une institutrice de 35 ans, qui déclara : « Je suis venue saluer et remercier le chef de l'État français qui vient très haut dans mes prières... Dieu, les révolutionnaires, puis Sarkozy ! » Je prononçai alors le dernier discours et peu importait ce que j'allais dire... J'improvisai quelques phrases, que je scandais avec énergie et que mon interprète traduisait. Il y avait la barrière de la langue, celles, plus importantes encore, du bruit et du nombre, et surtout celle de la joie. Ces milliers de Libyens voulaient parler, s'exprimer, dire leur bonheur d'avoir été libérés. Les mots auraient été bien pauvres. Il fallait juste regarder, profiter, savourer et comprendre l'exaltation d'un peuple devenu libre. Ce que je vécus ce jour-là à Benghazi, personne ne pourra me le retirer. Ces gens que nous avions sauvés pèsent infiniment plus lourd dans ma mémoire que toutes les polémiques qui ont suivi. Elles furent d'abord le fruit de l'ignorance de beaucoup de ceux qui ont parlé de l'intervention en Libye sans en connaître aucun des tenants et aboutissants. Elles devaient aussi beaucoup aux réseaux de Kadhafi, que nous avions éradiqués et qui avaient voulu se venger avec la bassesse dont ils étaient, comme leur chef, capables.

Il restait à écrire l'avenir de la Libye. Ayant perdu l'élection de 2012, je n'ai, hélas, pu y prendre part. La France disparut du paysage libyen. Le pays sombra. Ce désastre, qui aurait pu être évité, ne remet pourtant pas une seconde en cause la légitimité de l'action de la France et de la communauté internationale qui ont fait honneur aux valeurs humanistes qui pour une fois s'étaient traduites par des faits.

L'avion se posa à Villacoublay en début de soirée. J'étais soulagé que tout se soit passé sans le moindre incident. Nous avions dîné dans l'avion du retour. Ce fut intéressant à observer, puisque trois de mes invités du jour se haïssaient assez profondément. Il s'agissait d'Alain Juppé, de Bernard-Henri Lévy et de Henri Guaino. L'avion présidentiel est doté d'une salle à manger qui peut accueillir une dizaine de convives. Nous avions presque trois heures de vol. J'avais donc convié l'essentiel de ma petite délégation à partager ce repas de retour. Juppé m'avait prévenu qu'il n'adresserait pas la parole à ce « jean-foutre » de BHL. Ce dernier m'avait indiqué en retour qu'il ne craindrait pas la confrontation avec mon ministre qui s'était « toujours trompé sur tout ». Et je ne pouvais pas attendre de Guaino le moindre esprit de conciliation puisqu'il m'avait confié « mépriser également les deux autres ». Cela promettait ! En temps normal, l'explosion aurait été garantie et je n'aurais rien pu faire pour l'amoindrir. Mais le « miracle libyen » avait produit ses effets bienfaisants. Nous étions tous conscients d'être privilégiés d'avoir pu vivre de tels instants, la joie que nous avions vue, l'espérance qui s'était levée, le bonheur de la liberté qui emportait tout le monde. Ces éléments réunis avaient apaisé chacun. Nous étions tous de la meilleure humeur possible.

Bien sûr, au début du repas, les traits comme les expressions étaient quelque peu figés, spécialement chez Alain Juppé. Puis la parole se libéra et l'atmosphère se décrispa. J'avais juste tenu à dire au début du repas que « la caractéristique des gens intelligents », c'était d'« avoir des choses à se dire qui valent la peine d'être entendues ». BHL affirma que le Quai d'Orsay avait tout fait pour « saboter » son action dans le dossier libyen. Juppé le contesta fortement. Il n'y avait là rien de définitif ni de bien grave. Guaino (à ma demande expresse) s'abstint d'ajouter son grain de sel. Je me contentai de sourire sans prendre parti. Pour une fois que je pouvais jouer le rôle de « grand frère sage », je ne voulais pas manquer une opportunité si rare !

*

* *

J'avais accepté l'invitation d'une fondation à un colloque organisé sous le titre prometteur de « Quinze ans de réformes des universités : quel acquis, quels défis ? ». J'étais heureux, car le sujet m'avait toujours passionné. L'occasion tombait à pic. Qu'est-ce qui n'avait pas marché pour que nos universités se trouvent dans une telle situation, à la traîne de leurs homologues étrangères ? Pour la France, c'était une bien réelle humiliation. Je voulais m'exprimer sur ce sujet. Je tenais ensuite à cette présence, parce que je considérais comme primordial que la droite apprenne à s'exprimer sur cette question qu'elle avait désertée depuis si longtemps, pensant que la gauche en avait fait son pré carré définitif. Enfin, j'avais toujours attaché de l'intérêt aux fondations qui faisaient profession de réfléchir et avançaient des propositions sur les grands sujets du moment. La vie politique française n'attachait pas assez d'importance à leurs travaux. C'était une erreur.

Toutes ces raisons justifiaient que je souhaite m'adresser aux participants de ce colloque. Mais la vérité m'obligeait à confesser que je voulais surtout saisir cette occasion pour mettre en valeur le bilan du gouvernement en la matière, lequel n'était pas maigre, puisque pour une fois dans l'histoire de la droite au pouvoir, j'avais refusé de céder à la rue et aux blocages au moment de la réforme qui conférait aux universités un statut d'autonomie attendu depuis si longtemps. La salle était comble. On y comptait beaucoup de professeurs et de chercheurs, dont certains bénéficiaient d'une certaine notoriété. J'étais « de droite », donc attendu au tournant par un monde qui ne faisait nul mystère d'un ancrage à gauche quasi unanime. Je voulais me placer dans une perspective historique pour faire comprendre la nature des rendez-vous qui avaient été manqués, des erreurs idéologiques qui avaient été commises et le danger pour le monde universitaire de demeurer à ce point fasciné par l'immobilisme et la procrastination. Je n'avais pas l'intention de mâcher mes mots. Je voulais que le système évolue. La seule méthode possible était celle de la franchise. Cela faisait trop d'années que les difficultés étaient contournées. Les gouvernements successifs ne voulaient à aucun prix de vagues et surtout pas d'ennuis.

Le problème était que, au cours des trente années qui avaient précédé 2007, le nombre d'étudiants avait été multiplié par six.

Les chiffres parlaient d'eux-mêmes : trois cent mille étudiants en 1960 ; 1,7 million en 1990 ; 2,3 millions en 2011. On pouvait sans peine imaginer le désarroi d'une structure universitaire face à ce raz-de-marée démographique. Tous les crédits étaient affectés à ce surnombre. Il n'y avait plus de marges financières pour un quelconque changement ni même pour la plus petite adaptation. À ceci s'ajoutait que beaucoup de ces nouveaux étudiants appartenaient à des milieux sociaux qui jusque-là ne fréquentaient pas ou si peu les universités. L'immobilisme du cadre universitaire était demeuré total jusqu'en 1998, lorsque Claude Allègre décida de l'harmonisation européenne des diplômes et de la construction d'un espace européen de l'enseignement supérieur. C'était visionnaire, car cela nous obligeait à bouger. Ce fut grâce à cette décision que commencèrent les premières modernisations.

Les universités françaises durent remettre en cause toute l'architecture de leurs formations. Cela fut une prise de conscience collective qui nous autorisa à sortir d'un système où, au nom de l'égalité, nous refusions la différence, l'excellence, la compétition. Or, sans elles, aucun progrès n'était possible. Ce fut le grand mensonge français, celui du nivellement qui résultait de l'égalitarisme. La conséquence en fut l'émergence d'une véritable ségrégation sociale qui ne disait pas son nom. Aux enfants des classes aisées, les grandes écoles, qui étaient devenues le chemin prestigieux. Aux enfants des autres, les universités paupérisées et reléguées aux confins des pourtours des villes. Par ailleurs, le monde universitaire avait fini par se persuader, non sans quelques bonnes raisons, que toute réforme était, pour le gouvernement en place, un prétexte pour donner moins d'argent.

C'était la situation à laquelle j'avais dû faire face en 2007 : immobilisme, méfiance, crispation. Convaincu que nous devions agir, parce qu'il y allait de la compétitivité future de la France, je proposai au monde universitaire le pari de l'autonomie avec les moyens financiers qui allaient avec. Il n'existait pas un seul système universitaire dans le monde qui ait réussi sans l'autonomie. Il s'agissait simplement de faire confiance aux universités. L'autonomie, ce n'était pas la marchandisation des universités, l'ouverture au grand capital, le pouvoir donné aux chefs d'entreprise. C'était la possibilité pour nos universités de décider par elles-mêmes pour leurs étudiants et pour leurs enseignements. Au cours du colloque, je me fis un plaisir de rappeler qu'au Moyen Âge déjà, les universités étaient autonomes en ce sens qu'elles pouvaient gérer le patrimoine dont elles étaient propriétaires. L'autonomie que nous leur avions offerte et dont elles s'étaient saisies n'était donc qu'un retour salutaire aux sources. Nous l'avions accompagnée d'un effort budgétaire sans précédent puisqu'en 2011, enfin, la dépense française par étudiant à l'université venait de rejoindre la moyenne des pays de l'OCDE, soit dix mille euros par étudiant et par an. C'était deux mille euros de plus par étudiant depuis 2007. Je me plaisais à donner ces chiffres. Jamais la gauche n'en avait fait autant. Tout était l'objet d'une bataille homérique. Il fallait vraiment avoir la foi chevillée au corps. Il en fut ainsi pour les bibliothèques universitaires, qui étaient fermées le week-end et très tôt dans la soirée, alors même qu'il s'agissait d'un temps de travail utile pour les étudiants comme pour les chercheurs. Il avait fallu rien de moins que quatre années de mobilisation intense pour obtenir l'élargissement de leurs horaires d'ouverture. J'avais dû m'en occuper personnellement !

Il y avait encore bien des projets que je voulais mener à leur terme, notamment la composition des conseils d'administration, beaucoup trop endogames à mes yeux. Je voulais que l'on augmente le nombre des personnalités qualifiées et surtout qu'on leur donne le droit de vote qu'elles n'avaient et n'ont toujours pas ! Je pensais continuer à avancer sur la question si sensible du financement. Il fallait à tout prix en diversifier les sources. Les crédits publics n'étaient pas illimités. Pourquoi ne pas développer des programmes de recherche spécifiquement financés par des entreprises qui pourraient en profiter en retour, grâce à la recherche appliquée ? Je souhaitais qu'autour de chaque université soient fondés des lieux dont les étudiants pourraient profiter pour créer leurs propres start-up en franchise d'impôts. L'université, en cas de succès, aurait été intéressée aux profits futurs. L'imagination et l'université devaient pouvoir marcher d'un même pas.

Je foisonnais de projets pour ce monde dont je n'étais pas issu, mais qui me passionnait. Je voulais faire passer l'idée que beaucoup était possible si chacun sortait de son quant-à-soi, de ses a priori, de ses sectarismes politiques, pour se mettre au service de la cause universitaire dans son ensemble. Je sentis la perplexité de mon public du jour, partagé entre l'envie d'y croire et le doute existentiel autant qu'habituel. Je me consolai en me disant que je ne pouvais pas changer les mentalités à ce point en seulement quatre ans. Si j'avais été réélu, cela aurait certainement été l'un de mes domaines d'action privilégiés, parce qu'il le méritait et que la France en avait besoin.

*

* *

Le mois d'octobre 2011 commençait par un voyage dans le Caucase. Je devais me rendre en Arménie, en Azerbaïdjan et en Géorgie. Chacune de ces visites était importante. C'était une région stratégique, bien que mal connue des Français. L'Arménie fêtait le vingtième anniversaire de son indépendance. Des trois nations, c'était la plus proche de nous. La France avait toujours entretenu des liens exceptionnels avec ce pays. Il s'agissait d'une amitié qui plongeait ses racines dans une histoire ancienne, mais qui s'était forgée pour toujours dans la tragédie du génocide, lorsque la France accueillit des dizaines de milliers d'Arméniens rescapés des massacres. Ce fut cet acte fondateur qui a posé les fondements d'une communauté arménienne française aujourd'hui encore forte de six cent mille personnes.

J'entamai ce voyage entouré d'une imposante délégation, car les demandes avaient été extrêmement nombreuses, au premier rang desquelles se trouvait l'Arménien le plus célèbre de France, Charles Aznavour. J'étais heureux de le compter parmi mes invités. Tout ce qui de près ou de loin touchait à l'Arménie le bouleversait profondément. Il était arménien avant toute chose. Je tiens sa chanson « Ils sont tombés », sur le génocide, comme l'un des plus beaux textes qu'il m'ait été donné d'entendre. Il était heureux de participer à ce voyage et, en même temps, je le sentais vigilant quant à la réalité de mon engagement pour la cause arménienne. Ce n'était pas un homme qui donnait facilement sa confiance. Nous avions, malgré cela, des rapports amicaux. Il connaissait mon admiration sincère pour son œuvre comme pour sa personne, même si par nature il se méfiait de tout ce qui tournait autour de la politique. J'étais impressionné par sa forme physique. Il était à proprement parler infatigable. De petite taille, de corpulence très sèche, mangeant peu, buvant exclusivement des grands vins, il était loin de porter les 87 ans qu'il avait atteints. Il pouvait être assez cinglant dans ses réponses comme dans ses questionnements tout en demeurant courtois et calme. Il émanait de sa personne une grande autorité. Sa culture était vaste. Il était aisé d'échanger avec lui sur les sujets les plus divers. Il s'agissait d'un compagnon de voyage des plus agréables.

Nous nous posâmes à l'aéroport d'Erevan, où je me rendais pour la première fois. Je fus accueilli avec chaleur par le président Serge Sarkissian, qui correspondait très exactement à tout ce que l'on pouvait imaginer être un Arménien. Il parlait avec amitié et force, souriait fréquemment et était comme les hommes de cette région, puissant et chaleureux. Nous passâmes les troupes en revue. Le festival de couleurs des uniformes était beau à regarder. Je me surprenais à oublier le siècle qui était le nôtre. L'influence du XIXe était omniprésente. On sentait la tradition guerrière et l'esprit combattant de tous ceux que le destin avait fait naître dans cette partie du monde où les relations entre voisins avaient toujours été agitées et conflictuelles. L'esprit local était à la bagarre comme à la rudesse.

Je me rendis directement au mémorial de Tsitsernakaberd pour l'hommage aux victimes du génocide. Il s'agissait d'un rendez-vous incontournable autant que bouleversant. Ce qu'avaient subi les Arméniens au cours de la Première Guerre mondiale était absolument indicible. Les Turcs les avaient exterminés avec un soin diabolique. Les femmes et les enfants n'étaient pas mieux traités que les hommes. Le génocide arménien constitue à jamais une tache indélébile dans l'histoire de l'humanité. Rien ne pourra réparer cette monstruosité ni adoucir son souvenir. Seule une reconnaissance en bonne et due forme par les Turcs de cette terrifiante réalité pourrait effacer l'injure tout en préservant la souffrance. Les photos et les films qui m'étaient présentés montraient le pire de ce que l'humanité avait été capable de mettre en œuvre. En cette fin d'après-midi, j'étais aussi ému par cette première visite que je l'avais été lorsque j'avais découvert le mémorial de Yad Vashem, qui entretenait à Jérusalem le souvenir des enfants juifs de la Shoah. Comme il était de coutume, je terminai la cérémonie en plantant un sapin dans les jardins qui entouraient le monument aux victimes du génocide. C'était la dernière étape de chaque visite officielle.

Je rentrai à mon hôtel sitôt le dîner d'État terminé. Ma chambre donnait sur une grande place assez largement animée malgré l'heure avancée de la soirée. Des haut-parleurs crachaient avec moult grésillements les grands classiques du répertoire de Charles Aznavour. Cela faisait plaisir d'entendre du français si loin de l'Hexagone. Nous étions bien en Arménie, pays frère de la France. L'hôtel était confortable, mais évoquait davantage les palaces de l'époque soviétique au style suranné et triste que ceux que l'on pouvait trouver de nos jours dans les capitales européennes. C'était un utile rappel de la géographie. Nous étions bien en Orient beaucoup plus qu'en Occident. Je pris la route assez tôt le lendemain matin pour inaugurer la « Maison Charles-Aznavour ». Au cours du trajet, j'aperçus de ma voiture le spectacle époustouflant du mont Ararat couvert de neige. Il était impossible de ne pas l'identifier, puisqu'il est absolument unique au monde avec son sommet brisé à la manière d'une dent ébréchée dans sa diagonale. La légende raconte que c'est l'arche de Noé qui aurait provoqué cette curieuse encoche en s'échouant au pic de la montagne après l'immersion générale de la planète. Le mont est aujourd'hui situé en Turquie, mais il demeure l'emblème de toute l'Arménie. C'était vraiment un spectacle saisissant à observer. Je l'avais vu tant de fois en photo ou sur des timbres. J'étais heureux de ma première rencontre avec le géant, qui tenait toutes ses promesses. Je pensais à la chance qui était la mienne de pouvoir effectuer tous ces voyages. Cette passion du mouvement ne m'a pas quitté. J'ai toujours la joie de la découverte, comme si j'étais un néophyte. C'était un moment de sérénité survenu par hasard, au détour d'un trajet en voiture qui m'arrachait au stress de la campagne présidentielle approchant à grandes enjambées.

Tout au long de mon séjour, je n'avais cessé d'interpeller la Turquie sur la question du génocide. Et notamment lors du discours que je dus prononcer sur la place de France en plein cœur d'Erevan. Il y avait plusieurs milliers de personnes rassemblées pour l'occasion. Elles exprimaient par leur seule présence l'importance et la profondeur de leurs attentes à l'endroit de la France. Cet enthousiasme joyeux, cette espérance naïve, cette confiance en la force de notre pays tranchaient fortement avec l'ambiance que j'avais laissée à Paris.

J'avais fait cadeau à l'Arménie d'une statue de Rodin dédiée au peintre Jules Bastien-Lepage. Elle fut dévoilée sur la place de France, qui portait si bien son nom en ce jour de fête. Je rappelai que la chrétienté et les croisades appartenaient à notre histoire commune, que le dernier roi d'Arménie reposait aux côtés des rois de France dans la basilique de Saint-Denis. Et enfin, que c'était durant le XIXe siècle que l'élite arménienne avait été formée en français. Je reçus de vives acclamations lorsque, enfin, je prononçai ces mots : « La Turquie doit regarder son histoire en face. Il n'y a que les grands pays qui sont capables de le faire. La réconciliation ne peut se faire qu'à ce prix. » Mais j'appelais les Arméniens dans le même temps à la réconciliation, à l'image de ce qu'avaient fait l'Allemagne et la France, et ce alors même que le souvenir de l'Occupation et des atrocités de la guerre était encore si douloureux : « Arméniens, Azerbaïdjanais, Turcs, c'est le chemin qu'il vous faut à votre tour emprunter, car il n'y en a pas d'autre. » Je fus certes moins applaudi, mais j'espérais qu'un jour cette graine arriverait à germer dans une région qui, plus que toute autre, avait besoin de paix.

Je quittai Erevan pour Bakou, où je ne demeurais que pour la journée. Je visitai ainsi dans la foulée des ennemis de toujours et qui ne se parlaient plus du tout. Cela pouvait paraître provocateur. C'était pourtant voulu et assumé, car je souhaitais que la France joue son rôle dans cette partie du monde où son empreinte était forte. Pour cela, il fallait pouvoir s'adresser à chacun sans paraître ne privilégier qu'une seule amitié. On n'imagine pas les dommages que peut provoquer un voyage présidentiel qui fait étape dans un camp sans prendre le temps de faire de même en face. Les symboles comptent beaucoup. Et avec l'intense médiatisation internationale, les mauvaises interprétations peuvent avoir de lourdes conséquences.

L'étape de Bakou était donc essentielle. Il fallait comprendre où se logeait les lignes rouges de chacun des acteurs du drame qui couvait. J'avais une grande ambition pour la France, assez puissante pour garantir la paix entre des voisins antagonistes, et pas assez pour faire peur dans un univers où les immenses nations menaçantes étaient légion : la Russie, l'Iran, la Turquie et la Chine. Bakou était une découverte. Je n'y avais jamais mis les pieds. Je fus dès mon arrivée stupéfié par la beauté de la ville. Les immeubles du centre étaient en pierres de taille, propres et bien entretenus. La mer

Caspienne pénétrait dans la cité à la manière de la Méditerranée à Nice – je trouvai d'ailleurs un réel air de parenté entre ces deux villes. La lumière y est omniprésente. Bakou présente tous les atouts d'une cité balnéaire en même temps que ceux d'une capitale aux nombreux restaurants de qualité. Les terrasses y sont légion. Les familles déambulaient joyeusement le long de la mer. Tout dans cet environnement appelait à l'art, à la culture, à l'histoire. Je n'aurais jamais imaginé une identité aussi forte et aussi familière pour cette ville si peu connue en Europe. Je regrettai de ne pas passer la nuit sur place. L'impression d'opulence venait tout entière des réserves pétrolières, cruellement absentes d'Arménie, où la pauvreté était en conséquence plus visible. Bakou donnait l'image d'une ville sûre, confiante. Les avenues étaient larges, le trafic automobile assez intense. J'avais presque l'impression de me trouver dans un autre monde que celui que je venais de quitter. L'Azerbaïdjan comptait trois fois plus d'habitants que la petite Arménie. Je pouvais mieux comprendre les craintes de cette dernière. Et ce d'autant que la géographie avait joué un bien vilain tour. Le pays était coupé en deux, sans aucun corridor de passage… hormis par l'Arménie ! Quant au fameux Haut-Karabakh, il était peuplé essentiellement d'Arméniens, mais se trouvait localisé au beau milieu de l'Azerbaïdjan ! On ne pouvait imaginer imbroglio plus complexe.

Dès mon arrivée, je fus conduit au palais présidentiel de Zagulba, où le président Ilham Aliev avait organisé un déjeuner en l'honneur de la France. Il avait été précédé d'un entretien en tête à tête qui dura près de deux heures. Le palais était construit dans un marbre rutilant. Les proportions étaient grandioses. C'était beau, riche et neuf, mais manquait de charme et surtout de la patine de l'histoire et des siècles passés. J'avais l'impression d'un décor de cinéma. La garde d'honneur était elle aussi colorée, impeccable et disciplinée. La cérémonie avait de l'allure. Le temps était splendide, bien que nous fussions en plein automne. Je demandai au président Aliev l'autorisation de me rendre sur la vaste terrasse qui faisait face à la mer Caspienne. C'était ma première rencontre avec elle. J'en avais si souvent entendu parler. J'avais fantasmé à propos de son caviar fameux. Le spectacle était somptueux. C'est vraiment un travers européen que d'imaginer que nos paysages seraient par nature les plus beaux. Je peux témoigner que le Caucase, de ce seul point de vue, n'a rien à nous envier…

Le président Aliev est grand, élancé, réservé, presque timide, et surtout méfiant par nature. Son épouse est la personne qui lui est la plus proche et la plus essentielle, il en a fait sa vice-présidente. Cela n'a rien d'une construction théorique tant elle met d'ardeur et d'intelligence à la tâche. Je voyais qu'elle était pour son mari tout à la fois son point fort, car leurs liens étaient évidents, et sa faiblesse potentielle, car il ne pouvait supporter la moindre attaque contre elle. J'avoue que cela me l'avait rendu proche et sympathique. Nous discutâmes longuement. C'était intéressant de comprendre comment il lui fallait maintenir des relations apaisées avec des voisins plus grands et beaucoup plus peuplés que son pays, qui ne compte que dix millions d'habitants. Le président m'expliqua que Téhéran n'était qu'à six heures de voiture de la frontière. L'Azerbaïdjan partageait avec son grand voisin iranien la prédominance de la communauté chiite, qui représentait près de 90 % de la population dans chacun des pays, mais lui refusait toute instrumentalisation de la religion, et venait même de décider d'interdire le port du voile pour les femmes dans les écoles. Il était clair qu'il ne tolérerait aucun extrémisme islamique. Son régime n'était pas démocratique au sens où nous l'entendons, mais il était parfaitement laïc. Cela en faisait un allié précieux contre le terrorisme. Son courage ne pouvait être mis en doute. Ses relations avec la Russie étaient un constant sujet de réflexion et parfois d'inquiétude. Même avec son voisin et allié turc, je sentis que les choses n'étaient pas toujours simples, et que le raidissement d'Erdoğan, qui se muerait bientôt en obsession expansionniste, n'était pas sans susciter chez lui une certaine méfiance. Celui qui était vu par les Arméniens comme l'agresseur, voire l'envahisseur, se retrouvait à son tour dans la nécessité du compromis avec ceux qui l'entouraient. Chacun pouvait donc être l'agresseur et l'agressé. Le fort ou le faible. Le coupable ou la victime. Je n'avais pas perçu cette complexité avant de la constater par moi-même. Aucune note diplomatique ne pouvait rendre compte de cette réalité.

Je pus évoquer avec le président Aliev la question sensible des droits de l'Homme, de la démocratie et même de son opposition, dont plusieurs membres se trouvaient emprisonnés. Il ne fuyait pas la discussion et me paraissait même sincère. Il me confia ainsi que, si son régime n'était pas « fort » et sans état d'âme, il ne tarderait pas à être remplacé par des forces religieuses moyenâgeuses, si présentes dans la région. Il voulait le progrès et le développement pour son pays, pas les « mollahs » ! Le discours était cohérent dans ce contexte géographique, même si je pouvais comprendre qu'il puisse choquer nombre d'observateurs. Pour ma part, j'avais choisi de ne pas juger et de faire confiance. Je souhaitais en revanche que mon interlocuteur soit plus allant sur la question de la réconciliation avec l'Arménie. Je l'enjoignis de « prendre le risque de la paix ». Il n'en refusa pas le principe, sans que je puisse juger de sa complète sincérité.

Avant son départ, nous nous rendîmes ensemble sur le lieu du futur lycée français de Bakou, dont je devais poser la première pierre. C'était un évènement rare. Je ne l'avais fait qu'une seule fois, à Doha. C'était le gouvernement azerbaïdjanais qui avait assuré la totalité du financement. Ce réseau international était une priorité à mes yeux. La défense de notre langue, son universalité, sa pérennité passaient par ces établissements... Nous avons certainement perdu la bataille linguistique pour la première place. La compétition avec l'anglais ne peut plus être menée au sens où les dés sont jetés. Mais ce n'était pas une raison pour ne pas défendre notre rang dans le cortège des grandes langues encore pratiquées à travers la planète. Plus il y aura de lycées français, mieux le français se portera.

La dernière étape était la plus simple, mais aussi la plus émouvante, car elle me conduisait à Tbilissi, la capitale géorgienne. Je l'avais déjà visitée par la faute de Vladimir Poutine et de son invasion avortée de 2008. Je connaissais également le président Mikhaïl Saakachvili, avec qui j'avais eu de nombreuses conversations, notamment dans les moments de grande tension, lors de l'invasion de son pays. L'homme était sympathique, intelligent, mais assez profondément instable. Je n'avais jamais rencontré quelqu'un d'aussi polyglotte. Il parlait un nombre de langues étrangères invraisemblable. Son français était parfait, comme son russe ou son anglais ou son allemand. Il était même capable d'échanger en italien avec Carla. Je perçus vite qu'il avait peu de limites dans ses ambitions comme dans ses impulsions. Nous avions cependant des rapports amicaux. Il souhaitait de longue date me remercier publiquement pour l'intervention de 2008 qui avait permis de préserver l'indépendance de son pays. Je dois à la vérité de dire que mon calendrier international n'était pas totalement étranger au contexte politique national. Trois semaines après avoir été reçu à Benghazi en libérateur de la Libye, faire de même en Géorgie ne pouvait que conforter mon statut international avant d'entrer dans la campagne française. Je savais que mon compétiteur serait François Hollande, pour qui l'international était comme une *terra incognita*, un continent inconnu. Il se glorifiait même d'avoir peu voyagé. Cela devait coller avec l'image de « président normal » qu'il souhaitait donner. Ses relations étaient donc strictement limitées au réseau socialiste, ce qui faisait peu. Cela manquait d'envergure. Je voulais à l'inverse en faire mon point fort.

Nous étions trois années après la négociation du cessez-le-feu entre la Russie et la Géorgie. Les autorités géorgiennes avaient organisé un véritable show à l'américaine avec un grand nombre d'écrans géants, une sono assourdissante et surtout des dizaines de milliers de Géorgiens enthousiastes. Le tout donnait vraiment l'impression d'une sincère liesse populaire. Nous étions sur la place de la Liberté, au cœur de Tbilissi. Elle s'appelait auparavant place Lénine. Autres temps, autres symboles. Les Géorgiens n'avaient pas perdu au change ! De la tribune, la vue était impressionnante. Ici, je me sentais vraiment en campagne. Je renouais avec l'ambiance de mes meetings de 2007. Le président Saakachvili prit la parole le premier. Il déclara dans un français parfait : « Nous n'oublierons jamais qui est venu nous épauler il y a trois ans. » J'étais un peu inquiet, avant de prononcer mon discours, de ce que serait sa compréhension par la foule présente en masse. Les francophones ne devaient pas être si nombreux. Je fus rassuré lorsque je vis la traduction simultanée s'afficher sur les écrans.

J'avais choisi de tenir un discours empreint de franchise envers la Russie. Nombre d'observateurs estimaient, à mon avis injustement, que j'avais été trop clément avec elle. Je dénonçai avec force « le maintien, à rebours des engagements pris, de forces militaires russes en Ossétie du Sud et en Abkhazie… Il faut cesser la rhétorique de la confrontation, des intimidations, des menaces et des tentatives de déstabilisation inacceptables ». Cela avait le mérite de la clarté, même si je rappelai que la France considérait la Russie comme une amie. À mes yeux, couper tout lien avec ce pays immense aurait constitué une erreur stratégique. C'est d'ailleurs toujours ce que je pense aujourd'hui. Il ne fallait surtout pas laisser les Russes dériver vers une forme de paranoïa anti-occidentale, laquelle a toujours été leur pente naturelle. Entretenir un dialogue franc et direct, maintenir un contact régulier, assumer des désaccords sans rompre m'a toujours paru la formule la plus sage et surtout la plus efficiente.

Elle se heurtait à la pression médiatique, toujours encline à vouloir délivrer des bons et des mauvais points. Il fallait pouvoir y résister afin de demeurer un interlocuteur crédible pour chacun des protagonistes. *Le Figaro* titra : « Nicolas Sarkozy a fait un triomphe auprès de dizaines de milliers de Géorgiens rassemblés dans le centre de Tbilissi. » C'était un spectacle inoubliable. Je terminai mon discours en exigeant la présence d'observateurs européens. Je voulais qu'ils se rendent sur place afin d'observer l'évolution de la situation et de permettre le retour de toutes les personnes déplacées dans leurs foyers. Finalement, cette tournée dans le Caucase fut un succès. Elle avait permis à la France d'exister dans cette région du monde où elle pouvait jouer un grand rôle en profitant des rivalités entre les grandes puissances régionales, qui poussaient chacune leurs pions avec frénésie. En vérité, notre taille relativement modeste et notre statut de Nation mondiale pouvaient être un précieux avantage. J'étais bien décidé à jouer à fond cette carte. Elle me paraît toujours d'actualité.

*
* *

Le 19 octobre 2011 fut une date importante pour notre famille, puisqu'il s'agit de la naissance de Giulia. C'est ma première fille et l'enfant de l'amour. Tôt le matin, Carla avait commencé à perdre les eaux. J'étais préoccupé, car je devais me rendre pour la journée à Francfort, afin de parler une nouvelle fois avec Angela Merkel et les autorités monétaires de la crise grecque. Je ne pouvais annuler ma présence et dans le même temps je ne voulais pas que Carla s'inquiète de me savoir à l'étranger alors qu'elle était sur le point d'accoucher. Par précaution, nous décidâmes d'aller tôt le matin à la clinique de la Muette. Il était à peine 8 heures quand nous arrivâmes. Carla avait apporté sa petite valise pour les trois jours à venir. J'étais rassuré de la savoir entre de bonnes mains. C'était un peu prématuré mais prudent. Carla dut s'armer de patience. J'avais même demandé au chef de mon équipe médicale de demeurer sur place. Une fois ma femme bien installée, après une ultime visite en fin d'après-midi, je pus me rendre à l'aéroport militaire de Villacoublay pour rejoindre l'Allemagne.

J'y retrouvai Angela Merkel, particulièrement intéressée par la future naissance. C'était gentil et amical. La chancelière me questionna tout au long de la soirée pour savoir s'il s'agissait d'une fille ou d'un garçon. Je lui jurai mes grands dieux que je n'en savais rien. Elle ne me crut qu'à moitié. Nous n'avions pas voulu connaître le sexe de cet enfant. La seule chose qui nous importait était qu'il soit en bonne santé. Nous avions choisi cette petite clinique de la Muette par souci de discrétion et parce que le médecin accoucheur de Carla y pratiquait son activité. C'était la première fois dans l'histoire de la Ve République qu'un président en exercice devenait père. Après le divorce et le remariage, cela faisait donc trois premières ! À chaque fois, les Français les avaient accueillies calmement, avec une grande ouverture d'esprit et même une réelle bienveillance. Je ne sentis jamais le moindre jugement de leur part. La seule chose qui leur importait était la sincérité des sentiments qui étaient exprimés à chacune de ces occasions. La presse, de son côté, avait beaucoup commenté, éditorialisé, parfois inventé et souvent jugé ma nouvelle famille. Pour l'occasion, c'était la bataille acharnée pour la première photo qui s'était engagée. Il y avait des paparazzis absolument partout autour de nous. Sortir devenait une épreuve. Nous ne pouvions plus faire un pas sans être mitraillés. Le personnel de la clinique était d'une grande gentillesse et d'une particulière discrétion. Eux aussi étaient sollicités pour une information ou, mieux, une image. Aucun ne trahit. Encore aujourd'hui, je leur en suis reconnaissant.

Je fus prévenu à Francfort de la naissance de Giulia. C'était donc une fille. Si notre enfant avait été un garçon, nous l'aurions appelé Lorenzo. Aussitôt, je m'excusai auprès d'Angela et quittai Francfort pour revenir en urgence à Paris. Tout s'était parfaitement déroulé. Ma mère était déjà au chevet de ma femme et de ma fille. Dans l'avion du retour, je tentais d'imaginer cette petite tête que je n'avais pas encore rencontrée, et je souriais intérieurement de ce clin d'œil du destin. Après trois garçons, une fille ! Je ne pouvais imaginer plus grand bonheur. J'arrivai à la clinique un peu après 22 heures. Carla me demanda d'où je venais exactement. Je lui avouai... de Francfort ! Je fis connaissance avec Giulia... De ce jour, ma vie, notre vie, celle de toute la famille fut changée. Il m'arrive de me demander comment nous avons pu vivre sans celle qui a pris à la seconde de sa naissance une telle place. La boucle était bouclée. J'avais rencontré Carla. Nous nous étions mariés. Nous avions tout affronté ensemble. Giulia était née. Ses frères l'aimaient. Cette famille si audacieusement recomposée pouvait poursuivre sa route.

Douze années plus tard, lorsque je me retourne, je mesure le chemin parcouru, les risques pris, le bonheur qui nous a comblés depuis. J'étais donc président de la République et père d'une fille plus jeune que Solal, mon premier petit-fils ! Beaucoup de commentateurs glosaient sur la modernité de cette recomposition. Je n'avais que faire de cette prétendue « modernité », puisque seul m'importait le bonheur de cette famille qui allait bientôt plonger dans l'enfer de la future campagne électorale. Nous ne connûmes qu'une seule « petite » fausse note avec les déclarations de Marine Le Pen. Jamais en retard d'une attaque, la dirigeante du Front national regretta publiquement que notre fille ne portât pas un « prénom français plutôt qu'italien... ». « C'est mon côté patriote, ajouta-t-elle, et je pense que beaucoup de Français pensent la même chose que moi. » Même notre fille devait donc devenir un sujet de polémiques. Ce n'était ni aimable ni gentil, mais c'était surtout assez stupide. Ramener le patriotisme à une affaire de prénom était caricaturalement réducteur. Pétain et Laval avaient-ils été de bons patriotes parce qu'ils avaient des prénoms français ? Lazare Ponticelli, le dernier des poilus survivants, avait-il été un mauvais Français parce qu'il avait un nom italien ? Cela témoignait d'une dureté et d'une âpreté qui la rendaient prête à se saisir de tout, même de la naissance de ma fille. Il lui fallait faire feu de tout bois. Je compris ce jour-là que son objectif n'était pas de gagner, mais que je perde le prochain combat présidentiel. Marine Le Pen et François Hollande étaient devenus des alliés solides et parfaitement conscients de ce qu'ils étaient en train de faire ensemble, presque de concert. Pour le reste, nous nous en tînmes à notre résolution initiale, d'une communication minimaliste. Il n'y eut même pas un communiqué de l'Élysée pour annoncer la naissance. Dès que Carla quitta la clinique, nous partîmes à la Lanterne tous les trois. Nous fîmes de grandes promenades dans les allées du parc de Versailles. Nous nous comportions comme un couple normal. Ces brèves journées furent des moments de bonheur paisible, qu'il nous arrive encore d'évoquer avec émotion.

*
* *

La parenthèse ne dura que le temps d'un battement de cils. À peine revenu à l'Élysée, une mauvaise nouvelle m'attendait. Un sondage, réalisé juste après les primaires socialistes, qui avaient enthousiasmé la presse, donnait François Hollande élu avec 62 % des voix au second tour, contre seulement 38 % pour moi. Je rappelle que je ne fus finalement battu que d'un peu plus d'un point et non de vingt-quatre, comme cela semblait s'annoncer ! Soit j'avais fait une excellente campagne qui m'avait permis de refaire mon retard, soit ce sondage CSA était faux ou trafiqué. Le rédacteur de la dépêche AFP avait eu du mal à réprimer sa joie. « Hollande écraserait Sarkozy au second tour. » Cela en disait long sur l'ambiance parisienne à ce moment précis. Je pencherais donc plutôt pour la seconde hypothèse. J'étais prévenu. Il nous restait du pain sur la planche pour envisager la victoire. La campagne allait être longue et difficile. Garder un bon moral, l'envie d'agir et d'arpenter le terrain dans ces conditions exigeait des ressources d'énergie et de concentration inépuisables. On n'imagine pas le chemin de croix « psychologique » qu'il faut affronter dans ces situations. Donner de la confiance, inspirer de la confiance, respirer la confiance, quand tout vous est contraire, était un exercice éreintant.

Malgré tout, je bénéficiai d'une petite éclaircie avec l'annonce par Jean-Louis Borloo de son renoncement à participer à la prochaine élection présidentielle. C'était aussi surprenant pour les observateurs qu'attendu par moi. Je savais dès le début qu'il n'irait pas au bout, mais plus tôt il se retirerait le mieux cela serait pour ma future candidature. Je n'ai jamais su pourquoi il avait pris, à ce moment précis, cette décision qui fut très attaquée par les observateurs, qui en déduisirent qu'il n'avait « décidément pas la stature d'un homme d'État ». Tout ce qui paraissait aller dans mon sens devait être attaqué… même Jean-Louis Borloo.

Finalement, l'information la plus importante de cette fin d'octobre fut celle de la mort de Kadhafi. Je l'appris comme chacun, lorsque l'on m'apporta la dépêche qui en faisait état. Je m'empressai d'obtenir la confirmation de cette nouvelle. Ce ne fut pas aisé, car la situation en Libye était particulièrement confuse. Les éléments les plus fiables qui me furent communiqués faisaient état de la fuite d'un important convoi de quatre-vingts véhicules 4×4 qui cherchait à quitter Syrte, où s'était réfugié Kadhafi. Personne ne savait si le dictateur s'y trouvait. Les radars de l'Otan avaient détecté ce convoi et le commandement avait envoyé des avions de chasse pour stopper cette longue file de véhicules militairement équipés. Ce furent des avions français qui entreprirent la mission. Les tirs aériens immobilisèrent le convoi sans le détruire. Un drone américain présent sur place avait également tiré un missile contre cette colonne. Ce fut à ce moment que les rebelles anti-Kadhafi le prirent à leur tour en chasse au sol. Il semblait que le dictateur se réfugiât alors avec ses gardes du corps dans un tunnel d'égouts. Il y fut retrouvé, cerné et, enfin, capturé. La suite des évènements ne put jamais être décrite avec précision. Le président du comité exécutif du Conseil national de transition, Mahmoud Jibril, déclara que Kadhafi avait été arrêté alors qu'il portait une arme et qu'il était blessé à la main. Il fut même prétendu par un combattant libyen qu'il s'agissait d'un révolver en or.

Comment était-il mort ? Lors d'un échange de tirs entre kadhafistes et anti-kadhafistes, comme l'a affirmé le chef du CNT ? Avait-il été exécuté par des révolutionnaires surexcités par sa capture, comme pourraient le laisser penser des vidéos qui circulaient sur Internet ? La chaîne Al Jazeera diffusa une autre vidéo où l'on pouvait discerner le dictateur probablement déjà mort, déshabillé et lynché ! Il faut imaginer la peur qu'avait fait régner cet esprit désaxé sur son pays durant plusieurs décennies. La torture y était une pratique courante. La terreur était le quotidien des Libyens. Les disparitions soudaines étaient monnaie courante. Lorsqu'un dictateur tombe, cette peur se transforme en haine, puis la haine en violence, spécialement si la foule est présente. J'aurais donc plutôt tendance à privilégier l'hypothèse d'un assassinat par un groupe surexcité. Cela n'était ni souhaitable ni acceptable, mais sans doute inévitable dans ce contexte exacerbé. Jamais cette mort ne fut commanditée par l'Otan.

Nous prîmes acte de cette disparition qui concluait l'opération militaire engagée par la coalition. Je déclarai qu'une page nouvelle pouvait s'ouvrir pour le peuple libyen, « celle de la réconciliation dans l'unité et la liberté ». En tout cas, elle mettait un terme à huit mois de lutte courageuse des Libyens pour se libérer d'un régime violent qui lui avait été imposé depuis plus de quarante ans. Je ne rappellerai que pour l'anecdote l'infâme polémique qui suivit, laissant entendre que j'aurais pu ordonner l'assassinat de Mouammar Kadhafi. Infâme, parce que me prêter de telles intentions allait bien au-delà du seul combat politique. Il s'agissait d'une injure, en aucun cas d'un argument. Marine Le Pen, une nouvelle fois à la manœuvre, n'hésita pas à franchir cette étape. Stupide, parce que croire qu'un chef d'État, fût-il français, pourrait imposer « en douce » un tel acte au commandement militaire de l'Otan, représentant la bagatelle de vingt-huit nations souveraines, relève de l'incompétence la plus totale. Il y a des procédures, des contrôles, des comptes rendus, des autorisations. Tout est archivé et vérifié. Il était impossible qu'un acte « officieux », surtout de cette nature, pût être engagé en dehors des procédures officielles particulièrement strictes. Je pensais que l'on avait atteint, à cette occasion, le sommet de l'indignité. La suite me montra qu'une fois encore j'avais péché par excès d'optimisme.

*

* *

La grande affaire de ce mois de novembre était la réunion du G20 qui se tenait à Cannes. Il s'agissait du sixième sommet depuis que j'avais eu l'idée de cette nouvelle institution. Mais, bien sûr, c'était la première fois que j'avais la responsabilité de la présider, de fixer son ordre du jour et de rendre compte de ses débats. Je sentais le poids des responsabilités de ces trois journées de travail international et de contacts au plus haut niveau. Nous avions choisi la ville de Cannes, sans doute la seule avec Paris capable d'accueillir en matière d'hôtellerie et de salles de conférences un évènement d'une telle ampleur. Il s'agissait, si l'on additionnait toutes les délégations, d'une véritable ville itinérante de trente mille personnes rassemblées en un seul lieu, avec la présence de plusieurs centaines de journalistes du monde entier. Le défi logistique n'était pas simple à relever. Être le maître des cérémonies exige beaucoup de diplomatie et nécessite une certaine autorité. Rien que la répartition du temps de parole entre les chefs d'État et de gouvernement était un véritable casse-tête. Refuser une intervention à Lula, interrompre Obama parce qu'il était trop long, contenir Mme Kirchner, l'impétueuse présidente argentine, ne pas froisser le président chinois, relevait à chaque fois d'un exercice millimétré. Il s'agissait pour le moins de fortes personnalités, avec chacune un caractère bien trempé. J'étais tout à la fois passionné par ce rôle que j'avais désiré, inquiet de la façon dont tout cela allait se dérouler, et heureux que le G20 atteigne sa vitesse de croisière si vite.

Le temps était à l'orage. Il pleuvait des cordes. La baie de Cannes, si lumineuse d'habitude, était grise et triste. Le ciel était bas. Je me consolai en me disant qu'au moins nous ne serions pas accusés de profiter du soleil et de la station balnéaire. Les mesures de sécurité avaient été poussées à l'extrême. Tous les grands dirigeants de la planète se trouvaient à Cannes. Mais nous n'avions eu aucun incident à déplorer, pas même un quelconque rassemblement d'altermondialistes.

Il est vrai que la situation financière européenne s'était à nouveau tendue. Personne ne pouvait décemment contester la légitimité d'un tel rassemblement. Les journalistes étaient à l'affût de la moindre nouvelle ou du plus petit détail. Tous me décrivaient « sous tension » compte tenu des enjeux de ce G20 de crise… une nouvelle fois. Nous venions de recevoir en pleine face une très mauvaise nouvelle. Il s'agissait de l'annonce assez stupéfiante par le Premier ministre grec, Georges Papandréou, de l'organisation d'un référendum dans son pays sur l'opportunité ou non d'accepter les mesures de financement et de rigueur que nous avions difficilement fait adopter avec Angela par le Conseil européen à peine quatre jours plus tôt. Ce plan de sauvetage de la zone euro était la seule voie possible pour résoudre le problème de la dette grecque. L'initiative prise par le Premier ministre Papandréou avait surpris toute l'Europe, et complètement remis en cause la stratégie adoptée par les dix-sept pays membres de la zone euro. À la veille de la réunion de Cannes, l'annonce d'Athènes ne pouvait pas plus mal tomber. Je comptais présider ce G20 en position de force, avec en poche une réponse globale et ambitieuse à la crise de la zone euro. Nous l'avions promise à nos partenaires du monde entier. Tout volait en éclats puisque les mesures urgentes adoptées pour la Grèce étaient désormais suspendues au résultat de ce référendum. Papandréou avait cédé à la pression de tous ceux qui, dans son pays, lui reprochaient de laisser mettre la Grèce sous tutelle internationale. C'était exact quant au résultat, mais faux quant à la raison profonde. C'était l'énorme dette grecque qui avait fait vaciller l'indépendance de cette nation, pas la décision des chefs d'État de la zone euro. Merkel et moi étions naturellement en première ligne. Nous venions de recevoir une claque retentissante du socialiste Papandréou.

J'appelai immédiatement la chancelière pour connaître sa réaction. Je n'avais pas beaucoup de doutes. Elle était choquée et très énervée par ce qu'elle appelait la décision « irresponsable du gouvernement grec ». Nous ne tardâmes pas à nous entendre sur une déclaration de fermeté. Nous confirmions notre « volonté de faire adopter la feuille de route initialement prévue pour assurer l'application du plan ». Nous nous mettions ainsi dos au mur. Cela passait ou cela cassait. Entre-temps, toutes les bourses mondiales étaient en train de dévisser à la perspective d'une faillite de la Grèce et d'un éclatement de la zone euro. Dans la foulée, nous demandions au Premier ministre grec de se rendre à Cannes à la veille du G20 pour envisager les conséquences de sa décision. L'ambiance à Bruxelles oscillait entre l'amertume et la dépression. Les téléphones chauffaient entre les capitales européennes. Sous pression lui aussi, le Premier ministre grec finit par faire savoir qu'il assisterait à un dîner de travail à Cannes avec les dirigeants allemand et français, ainsi que la directrice générale du FMI, Christine Lagarde. Le dîner promettait d'être « chaud ». De notre point de vue, la Grèce ne pouvait pas demander aux banques de diviser par deux leurs créances, aux autorités monétaires et à l'Europe de la financer à hauteur de plus de cent milliards d'euros, et soumettre les décisions difficiles à référendum avec le risque assumé qu'elles soient finalement refusées. Il y avait des limites à l'incohérence. La pression initiale liée à ce type de sommet s'était donc retrouvée décuplée par la décision grecque. C'était tout le G20 qui se trouvait remis en cause.

Un malheur ne venant jamais seul, c'était l'Italie qui maintenant commençait sérieusement à battre de l'aile. La Bourse de Milan avait plongé de 8 % sur les seules deux premières séances de la semaine. Beaucoup plus grave, les « spreads », c'est-à-dire la différence entre les taux des bons du Trésor italien à dix ans et ceux de l'Allemagne qui servaient de référence, venaient d'atteindre leur record ! Le président Obama s'inquiétait lui-même : « Il faut résoudre la crise financière en Europe. » Le président chinois en avait rajouté une bonne couche en affirmant : « C'est à l'Europe de régler le problème de la dette européenne. » Il n'avait pas tort…

La réunion avec Papandréou fut comme prévu très tendue. Il ne s'attendait visiblement pas à notre fermeté. Il commença par relativiser l'importance de son initiative. Il voulait la banaliser. Je le pressai de questions. « Si le non l'emporte, vous ne pourrez respecter aucun de vos engagements initiaux. Tout explosera. » Il devenait livide au fur et à mesure qu'il comprenait la gravité de la situation. Il était désormais coincé entre ses promesses politiciennes en interne et le besoin vital de la confiance et du soutien de ses partenaires européens. Nous eûmes une altercation assez vive sur la nature de la question qui devait être posée lors de son référendum. Dans mon esprit, il ne pouvait s'agir que de l'appartenance de la Grèce à la zone euro, certainement pas de l'approbation d'un énième plan de rigueur. Ce n'était qu'à cette condition que le référendum grec devenait politiquement acceptable. Papandréou finit par en convenir. Il n'était plus que l'ombre de lui-même à la fin de la réunion. Cela tranchait avec son entrée. Il avait compris que la démagogie avait ses limites et que nous ne serions pas complices de la catastrophe financière qui s'annonçait. La Grèce voulait-elle ou non demeurer dans la zone euro ? C'était la seule question à trancher. Nous étions déterminés à ne pas verser un centime à Athènes dans l'attente de la réponse. Les vivres du pays étaient désormais coupés. Ce fut en chancelant que Papandréou quitta la salle. Revenu dans son pays, il ne tint pas plus de deux journées. Il fut défait par un vote de son Parlement qui lui refusa la confiance. La « faiblesse » l'avait coupé de ses partenaires européens et l'avait condamné en Grèce. En le voyant agir ainsi, je m'imaginai être face au double de François Hollande. Tout était possible avant l'élection. Rien ne serait tenu après !

Toutes ces tensions et tous ces marchandages n'avaient pas rassuré les places boursières, qui poursuivaient leur dégringolade. Mais désormais, il s'agissait de sauver la troisième économie de la zone euro, l'Italie. Les taux d'intérêt que Rome devait verser pour refinancer sa dette colossale avaient battu un nouveau record à 6,4 %. Nous avions atteint la limite de la soutenabilité de la dette italienne. C'était à présent Silvio Berlusconi qu'il nous avait fallu convoquer, Angela Merkel et moi, pour le contraindre à prendre de nouvelles mesures budgétaires destinées à calmer la tempête financière. Il commença par nous expliquer que nous n'avions pas compris que la dette italienne était dans les mains des Italiens, et donc qu'il n'y avait aucun risque avec les marchés internationaux. Il voulait dès lors lever un emprunt national auprès de ses seuls compatriotes. C'était assez délirant. Le tout était rythmé par quelques plaisanteries habituelles chez lui, mais qui étaient encore plus déplacées qu'à l'accoutumée. Nous assistions, atterrés, au début de la fin d'une grande carrière politique. Il y eut entre nous un moment de grande tension lorsque je dus lui expliquer que le problème de l'Italie, c'était lui ! Angela et moi étions persuadés qu'il était devenu la « prime de risque » que le pays devait payer aux prêteurs du Trésor italien. Nous pensions sincèrement que la situation eût été moins dramatique sans lui et son attitude pathétique. Il ignorait qu'avant la fin du mois, lui aussi serait lâché et obligé d'abandonner ses responsabilités. Malgré l'évolution de nos relations, je fus sincèrement attristé par son décès. Il laissera le souvenir d'un grand entrepreneur, d'un politique au talent réel et d'un homme joyeux et bienveillant qui aimait la vie au-delà du raisonnable.

Durant toutes ces discussions, les membres non européens du G20 attendaient fébrilement que la fumée blanche sorte de nos réunions. Aucun n'avait envie que la crise européenne ne contamine sa propre économie. Personne ne voulait revivre un nouveau Lehman

Brothers, cette fois remplacé par la Grèce ou l'Italie. La tension était extrême. Il n'y avait même plus les sourires de façade dans ce genre de circonstances. L'heure était grave. Le temps n'était ni aux demi-mesures ni aux tergiversations. Nous avions dû sacrifier Papandréou et Berlusconi pour tenter de contenir le tsunami d'une crise financière dont l'épicentre était cette fois-ci clairement au cœur de l'Europe.

Barack Obama voyait bien tous les efforts que nous déployions pour sortir de ce piège. Il avait commencé par nous donner des « leçons publiques ». Ce qui ne manquait pas de sel si l'on voulait bien se souvenir de la responsabilité des États-Unis dans la secousse financière initiale de 2008. Je l'avais renvoyé dans les cordes assez abruptement en lui disant que c'était déjà bien assez difficile comme cela. Nous n'avions certainement pas besoin que nos alliés nous compliquent la tâche. Il en était convenu, et avait en conséquence multiplié les marques d'attention. J'avais même pu participer en direct de la mairie de Cannes à une interview télévisée commune où il avait été très aimable. Le titre de la dépêche AFP résumait bien les choses : « Obama couvre Sarkozy d'éloges à une heure de grande écoute. » C'était d'autant plus surprenant qu'il n'était pas dans ses habitudes de partager la vedette ni de souligner les qualités de ses interlocuteurs. Il tint même à préciser que, à ses yeux, j'étais devenu un « partenaire absolument essentiel ».

Quand nous arrivâmes à la mairie de Cannes, le personnel municipal était sens dessus dessous. C'était sympathique, chaleureux, et donnait une bonne image de la France. Il y eut un long bain de foule à la sortie. J'y puisai un surcroît de confiance bienvenue. Ce fut l'un des bons moments de ce G20. Nous terminâmes la première journée assez tard dans la nuit. J'étais épuisé et regagnai ma chambre avec plaisir. J'étais seul, Carla étant restée à Paris avec Giulia, qu'elle tenait à allaiter. Je me réveillai tôt le matin pour aller faire mon jogging sur la Croisette. J'avais besoin de cet effort physique après la tension nerveuse des dernières heures. Je devais évacuer le stress accumulé. Il devait être aux alentours de 7 heures. Je croisai Angela dans l'ascenseur, qui descendait dès potron-minet prendre son petit-déjeuner. Elle insista pour que je l'accompagne. Je lui expliquai mes projets sportifs, qui l'interloquèrent beaucoup. Je lui demandai pourquoi elle ne restait pas dans sa chambre pour prendre tranquillement son petit-déjeuner. Elle me répondit vraiment du fond du cœur : « Parce qu'il y a davantage de choix au buffet ! » J'en riais encore de bon cœur durant ma course matinale, imaginant mon amie ne résistant à aucune des tentations du petit-déjeuner de l'hôtel Majestic !

La deuxième journée fut plus calme, car la conférence de presse que nous avions tenue la veille tard dans la nuit avec la chancelière avait eu le mérite de la clarté. Nous étions prêts à envisager le départ de la Grèce de l'Europe. Si elle voulait demeurer un partenaire à part entière, cela serait aux conditions de l'Union. Ce message de fermeté avait rassuré les marchés, qui avaient compris également que nous souhaitions le départ de Berlusconi. C'était cruel, mais nécessaire. C'était cependant la première fois qu'une sortie d'un État de l'union monétaire, assortie de sa banqueroute, avait été aussi explicitement envisagée. Cela en disait long sur la gravité de la situation.

Il y avait eu un autre sujet de discorde qui avait occupé le G20, moins brûlant que la crise financière, mais plus profond. Il s'agissait de la réticence qu'avaient exprimée les pays émergents à la suite des printemps arabes sur le principe d'une intervention militaire de la communauté internationale. L'affaire libyenne était tout particulièrement dans leur viseur. Pour eux, les choses étaient claires. Il fallait affirmer la primauté en toutes circonstances et en tous lieux du principe de la non-ingérence dans les affaires intérieures. Tel était le credo de la Chine, de la Russie, du Brésil, de l'Inde et de l'Afrique du Sud. Cela faisait beaucoup de monde. Je touchais aux limites de l'unité du G20. C'était vraiment un exercice qui s'apparentait à marcher sur un fil tendu en essayant de ne pas tomber. Bien sûr, chacun d'eux pensait à sa propre situation intérieure et ne voulait à aucun prix que « les autres » s'en préoccupent. Ces réticences exprimées portaient les germes de la division que connaît le monde aujourd'hui, avec l'affaire ukrainienne et le fait que, malgré tous les efforts de l'Occident, Vladimir Poutine est loin d'être aussi isolé que les médias l'affirment. Notre prétention à vouloir imposer nos règles, nos idées, nos raisonnements est de moins en moins acceptée à travers la planète. Que cela fasse plaisir ou non, il s'agit bien d'un état de fait qu'il nous faut prendre en considération. Nous ne devons céder ni sur nos convictions ni sur nos principes, mais renoncer à ce que le reste du monde les adopte et les accepte comme tels sans même qu'il puisse en discuter. Je sentis à Cannes naître cette colère des émergents. Elle a depuis très largement explosé à la face de tous les dirigeants occidentaux. Il y avait à ce G20 clairement deux camps opposés qui fourbissaient leurs armes. Les plus forts n'étaient pas ceux que l'on croyait. La démographie était favorable aux puissances en développement. Elles n'ont depuis cessé de se renforcer. Elles accepteront de moins en moins toute forme de diktat venant de l'Ouest.

Le principe d'une taxe sur les transactions financières, pour laquelle je militais ardemment, fit l'objet de débats acharnés. Je voulais que le produit de cette taxe soit affecté au développement des pays pauvres, au premier rang desquels se trouvait le continent africain. Les États-Unis et la Grande-Bretagne ne voulaient pas en entendre parler. Il était intéressant de constater le décalage qui existait entre les attentes énamourées de toute la gauche française à l'égard de Barack Obama et la réalité de ses prises de position, bien souvent aux antipodes de celles-ci. J'avais cependant gagné à la cause de cette taxe sur les transactions financières un certain nombre de pays importants. Indépendamment de l'Allemagne, des Nations comme le Brésil, l'Espagne ou l'Afrique du Sud nous avaient rejoints. J'avais déclaré : « Une taxe sur les transactions financières est techniquement possible, financièrement indispensable et moralement incontournable. » Naturellement, je n'obtins pas sa création, les positions antagonistes étant trop éloignées, mais la mention dans le communiqué final de son principe était à mes yeux une victoire, d'autant que cela avait été un combat homérique pour l'obtenir. Peut-être me satisferais-je de peu ? Mais je considérais comme un réel progrès qu'elle ait été au cœur de nos débats.

J'étais vraiment soulagé que le sommet se termine sans incident majeur. Dans l'ensemble, les délégations étaient satisfaites, au sens où elles considéraient qu'elles n'avaient pas « fait le voyage pour rien ». La presse était plutôt positive, même si elle avait souligné les limites de l'exercice. Mon opposition était demeurée assez muette. Que pouvait-elle dire ? François Hollande se contenta de me décrire comme « un simple animateur du G20 » sans que j'en fusse « un véritable acteur ». C'était mesquin, mais cela aurait aussi pu être pire. Quant à l'ineffable François Bayrou, c'était l'émission de télévision commune avec Obama qu'il avait en travers de la gorge.

La jalousie est un bien vilain défaut… Il alla jusqu'à qualifier notre interview croisée d'« opération de communication insupportable ». Ne pas avoir été sur la photo l'avait blessé. Mais à quel titre y aurait-il été ?

La seule véritable polémique résulta d'une erreur commise par les techniciens de l'Élysée, qui avaient malencontreusement laissé les micros de la salle de réunion des chefs d'État ouverts. Des boîtiers permettant d'accéder à la traduction d'un point presse que je devais tenir avec Barack Obama avaient été remis aux médias avec un peu d'avance. Certains journalistes avaient donc pu capter un échange entre le président américain et moi à propos du Premier ministre israélien Benyamin Netanyahou. Le problème résidait dans le fait que ces propos étaient fort peu aimables. Barack Obama m'avait reproché d'avoir voté en faveur de l'adhésion des Palestiniens à l'Unesco. « J'ai été déçu, me disait-il, en conséquence nous ne verserons plus un centime à cette organisation. » Je trouvai cette position très extrémiste : je n'avais aucun gage à donner quant à mon soutien à la cause israélienne. J'ai toujours soutenu Israël. J'avais même dit à la tribune des Nations Unies que si ce pays était attaqué, la France se rangerait à son côté. Mais je souhaitais également adresser un message d'espoir aux Palestiniens pour ne pas les pousser vers la désespérance. Il n'était pas question de voter leur adhésion aux Nations Unies. Il me semblait, en revanche, que l'Unesco, qui ne s'occupait que d'éducation et de culture, pouvait être une étape intéressante. C'était la raison de mon soutien à leur candidature. Venant d'un pays ami d'Israël, cela pouvait être interprété comme un message de paix, d'équilibre et, surtout, d'encouragement aux plus modérés dans le camp palestinien. Si nous ne donnions rien à Mahmoud Abbas, nous l'affaiblissions face aux extrémistes du Hamas.

La discussion avec Obama fut aussi franche que rugueuse. Je n'avais aucune intention d'accepter un alignement sur les États-Unis et, encore moins, de recevoir des leçons. Ce fut à ce moment que nous en étions venus à parler de Netanyahou. J'indiquai au président américain que nous avions eu des échanges tendus sur ce sujet et qu'il m'arrivait d'être lassé de ses provocations, que je jugeais parfois inutiles. Dans un moment d'agacement, je lui avais même indiqué qu'il m'avait « plusieurs fois menti ». Mon interlocuteur m'avait fait part de son même agacement : « Et moi, poursuivit-il, je suis obligé de lui parler pratiquement tous les jours. » Cette conversation privée, reprise par les médias du monde entier, se trouvait transformée en termes plus brutaux : « Sarkozy a traité le Premier ministre israélien de menteur. » Ce n'était pas du meilleur effet ! La polémique s'éteignit aussi vite qu'elle avait explosé, mais elle témoignait du climat inflammable qui avait régné à Cannes pendant ces trois journées d'intense travail de relations internationales.

Finalement, ce fut vraiment une expérience passionnante d'avoir les vingt premières puissances économiques du monde autour de la même table. On voyait se dessiner les nouvelles alliances ou les futures oppositions. Il y avait une variété fascinante de tempéraments divers, d'histoires personnelles à haute intensité et de réels talents. Chacun disposait d'une forte légitimité et avait des convictions non négociables. J'appris beaucoup au cours de ce sommet.

Comme l'ordre du jour était particulièrement chargé, j'avais demandé que le déjeuner soit servi sur des plateaux sans que nous ayons à quitter la salle de réunion. Cela évitait les pertes de temps immenses du déplacement des délégations lors de chaque interruption de séance. Je souhaitais que nous puissions également travailler durant la pause déjeuner. Il ne s'agissait pas de simples plateaux-repas, puisqu'ils avaient été préparés avec soin par Nicole, la célèbre propriétaire du restaurant niçois « La Petite Maison ». Depuis ma première visite, il y avait bien longtemps, cette adresse est demeurée l'une de mes préférées. La qualité de la cuisine niçoise y est sans égale, la chaleur de l'accueil y est inoubliable, la gaîté et l'animation qui y règnent sont sans équivalent. J'aime cet endroit et la famille qui le fait vivre. Au début, je ne peux pas dire que mes collègues chefs d'État étaient enthousiastes. Barack Obama semblait le plus déçu. Ils changèrent d'avis une fois les premiers mets dégustés. Ce fut alors un concert de louanges spécialement au moment des sandwichs à la truffe, fameuses spécialités de la maison. Même Cristina Kirchner retrouva le sourire qu'elle avait perdu au moment où j'avais dû, lors de la matinée, interrompre son intervention, qui avait largement dépassé les vingt minutes, ce qui était insupportable pour tous les autres. Cela avait donné lieu à un échange assez vif entre nous. Tous autour de la table avaient été soulagés par mon initiative. Beaucoup m'en félicitèrent. C'est à ce moment que Barack Obama se pencha pour me dire à l'oreille : « Tu étais déjà comme cela à l'école ? » Je lui répondis que je n'avais pas compris si, de sa part, c'était une critique ou un compliment, mais que je n'avais fait que mon travail de président du G20 et que, si chacun avait fait comme la présidente argentine, il aurait fallu prévoir un G20 sur sept journées et non sur trois.

Je passai, à regret, le témoin de la présidence au Mexique, en espérant que ce pays aurait à cœur de faire vivre cette nouvelle institution avec l'ambition qui lui était nécessaire pour asseoir sa légitimité. Il y avait encore tellement à faire. J'aurais voulu créer un secrétariat général du G20 pour mieux assurer le suivi de ses décisions, que nous abandonnions la règle de l'unanimité pour celle de la majorité afin de conserver l'efficacité de l'instance, et même que nous allongions la durée de la présidence tournante pour donner de la stabilité et permettre une incarnation. J'étais certain que ce nouveau format de discussion du G20 était le bon, mais que son fonctionnement devait être affiné. Encore aujourd'hui, ce chantier reste ouvert. Personne ne s'en est saisi. C'est bien dommage.

*

* *

Comme j'en avais pris l'habitude, j'essayais d'alterner les séquences internationales avec une présence nationale plus marquée et donc plus visible. L'opinion des Français sur ces grandes messes était ambivalente. Il y avait tout à la fois un mélange de fierté incontestable et un sentiment d'exaspération que l'on sentait poindre à chaque instant. Si la France n'occupait pas sa place et ne jouait pas son rôle sur la scène mondiale, c'était la condamnation assurée. Mais une réussite en ce domaine n'exonérait nullement de rendre des comptes sur le bilan des affaires internes. Les Français s'imaginaient non sans raison que l'international était une échappatoire pour le président et qu'il convenait donc de le ramener à l'essentiel. À cela s'ajoutaient les polémiques inévitables sur le coût financier de tels rassemblements, toujours trop dispendieux aux yeux des observateurs.

Après un agenda quasi exclusivement consacré aux dossiers internationaux, je devais donc sans tarder reprendre l'initiative politique. Le calendrier me servit, puisque je pouvais saisir l'opportunité des commémorations de la Grande Guerre pour me déployer fortement. J'en profitai pour rendre un hommage aussi appuyé que mérité à Charles Péguy, grand écrivain français mort au champ d'honneur et fort peu à la mode du moment. Il ne fallait pas oublier que la France, encore aujourd'hui, est un pays où l'on admire la littérature, les écrivains, la belle langue. Même ceux qui ne lisent pas ou peu révèrent ce qui les rebute ou ce qu'ils ignorent au quotidien. Il y aurait même un paradoxe à souligner qu'en France, moins on lit, plus la littérature est respectée, parce que rare. C'est étrange mais vrai ! Cela demeure une spécificité française.

Je me rendis donc à Villeroy, où se trouve le monument en l'honneur du grand homme, érigé à l'endroit même où il tomba, à la veille de la bataille de la Marne, le 5 septembre 1914. Il avait écrit de manière prémonitoire : « Heureux ceux qui sont morts dans les grandes batailles / Couchés dessus le sol à la face de Dieu. / [...] Heureux ceux qui sont morts dans une juste guerre. / Heureux les épis mûrs et les blés moissonnés... » Il s'était appliqué à lui-même ces paroles qui illustraient admirablement l'esprit de sacrifice et l'amour de son pays. Je ne pouvais trouver un meilleur exemple à donner à toutes les générations qui n'avaient pas connu la guerre. Je me suis toujours interrogé sur les raisons profondes qui ont détourné de lui tant de nos éducateurs. En quoi les valeurs de Péguy seraient-elles démodées ? Pourquoi privilégier ceux qui veulent à tout prix détruire à ceux qui prônent le respect de l'histoire, la vénération de l'identité et la promotion des valeurs humaines les plus nobles ? Péguy devrait même être un facteur de consensus, si l'on veut bien considérer le socialisme de sa jeunesse et le catholicisme de sa dernière décennie. J'hésitai à associer à cet hommage un autre écrivain majeur de notre siècle, Alain-Fournier, l'auteur du *Grand Meaulnes*, lui aussi mort au champ d'honneur quelques jours après son ami Péguy. J'eus peur d'en faire trop. Je m'arrêtai donc à Péguy.

J'ai toujours chéri ces moments où il était possible d'allier dans un même mouvement l'histoire, la littérature et les drames traversés par la France, qui ont façonné notre grand roman national. Je fus souvent accusé de trop verser dans le symbolique. Je n'ai jamais compris cette critique, qui revient à nier le besoin de symboles et de héros pour construire une nation et un sentiment d'appartenance. Parler de patrie, de sacrifices, de don de soi, de la nécessité d'une Europe de la paix, alors que nous venions à peine de traverser deux crises financières mondiales d'une gravité sans précédent, me semblait plus que nécessaire. C'était à mes yeux pleinement le rôle du président de la République, lui-même en charge d'incarner une part du symbolique propre à la France. À défaut de pouvoir rassembler pour le présent, campagne électorale obligeait, il me semblait utile de le faire par l'intermédiaire du passé.

La presse parla abondamment de ce qu'elle désignait comme étant ma stratégie de « représidentialisation ». Elle n'avait pas tort, car c'était bien l'un des buts que je poursuivais. Et cela commençait à porter ses fruits puisque, après des semaines, voire des mois de baisse dans les sondages, ma cote avait enfin fini par se redresser vigoureusement. Le travail payerait-il ? J'étais à ce moment précis presque enclin à le croire. J'annonçai aussi que le gouvernement déposerait un projet de loi qui ferait du 11-Novembre « la date de la commémoration de la Grande Guerre et de tous les morts pour la France ». Maintenant que nous n'avions plus aucun des anciens combattants de la Première Guerre mondiale en vie, il me semblait utile d'associer à cette date tous les morts pour la France, quels que soient les conflits auxquels ils avaient participé. Je préférais de beaucoup une seule cérémonie annuelle avec de nombreux participants plutôt qu'un émiettement tout au long de l'année, donnant lieu à des commémorations multiples mais tristement parsemées. Cette proposition recueillit un assentiment assez général, à l'exception de François Hollande, qui trouva que ce n'était pas « le bon moment » et qu'il y avait « mieux à faire ». À ses yeux, ce n'était d'ailleurs jamais la bonne date. Il s'agissait de l'argument typique de celui qui veut procrastiner. C'était bien commode, car dans son esprit cela pouvait valoir pour tous les sujets. Évidemment, une fois élu, cette stratégie n'était plus opérante. Chacun a pu s'en apercevoir après ses cinq années à l'Élysée.

*

* *

Le mois de décembre commença par ce qui tint finalement lieu de premier meeting de la campagne électorale de 2012. C'était si vrai que le Conseil constitutionnel décida d'en intégrer le coût dans mes comptes électoraux, qui furent examinés avec le soin que l'on connaît maintenant et la malveillance de Jean-Louis Debré, que je pouvais craindre et qui se révéla pire que je ne l'avais imaginée. Sur le moment, les observateurs parlèrent de cette réunion comme d'un Toulon II, faisant ainsi écho au discours que j'avais prononcé dans le même lieu en plein cœur de la crise financière, trois ans auparavant, pour garantir tous les dépôts des Français.

La salle était comble, sans doute plusieurs milliers de personnes, tout à la fois enthousiastes et graves. J'ai toujours aimé le Zénith de Toulon, l'un des plus grands de France, dans lequel j'ai souvent pris la parole. Il me fallait fixer un cap et adapter la France au nouveau monde qui émergeait à la suite de cette seconde crise financière. Je m'étais beaucoup investi dans la rédaction de ce discours. Je l'avais moi-même corrigé, peaufiné, amendé. Henri Guaino, comme à l'accoutumée, avait été mon partenaire d'écriture, même si je l'avais senti moins à l'aise, dans cette période où l'on devait parler de rigueur et de désendettement, qu'il ne l'était lorsqu'il s'agissait d'utiliser la manne provenant de l'endettement ! Je n'avais pas le choix. Il fallait s'adapter. Les marchés étaient fébriles. Les agences de notation s'impatientaient à l'idée d'avoir à dégrader la note de la France. Un mot ambigu ou maladroit pouvait avoir des conséquences financières redoutables. Xavier Musca, le secrétaire général de l'Élysée, dont les compétences économiques n'étaient plus à souligner, m'avait beaucoup aidé. Entre Guaino et lui, j'étais sûr d'avoir à ma disposition tout le spectre des arguments opposés. Je n'avais plus qu'à tenter d'en faire la synthèse !

Les journalistes avaient compris l'importance de l'évènement. Ils étaient venus nombreux. Chacun était en place une bonne heure avant que je n'y sois moi-même. La tension montait dans la salle au fur et à mesure que l'heure avançait. Je le perçus dès mon arrivée dans la loge. C'était l'ambiance des grands jours. Je sentis l'énergie du public et l'impatience des observateurs. Je me savais attendu au tournant. Je n'éprouvais cependant aucun stress et me trouvais même heureux de cette occasion de prise de parole publique comme je les ai toujours aimées ! Monter sur la scène, imposer le silence attentif, recevoir les encouragements, provoquer une émotion collective a toujours constitué mon exercice préféré. Peut-être même devrais-je reconnaître m'être engagé en politique pour vivre et connaître ces moments privilégiés de partage. J'étais calme, car je n'avais aucun doute sur ce que je devais faire. Il s'agissait d'expliquer aux Français où nous en étions et où j'essayais de les amener. Je voulais parler vrai et frapper les esprits.

Je n'y allai d'ailleurs pas par quatre chemins, en évoquant de prime abord la nécessité pour la France d'« une véritable révolution » pour faire face aux conséquences de la crise, pour regagner la confiance des marchés sur sa solvabilité et rassurer les Français, qui craignaient que notre pays ne perde la maîtrise de son destin. J'étais convaincu que nous étions à la croisée des chemins. Je revins sur la réforme des retraites, qui ne pouvait « être différée » et qui avait été vivement critiquée, comme l'est celle engagée par Emmanuel Macron aujourd'hui. Les mêmes ne voulaient entendre parler ni de changement, ni d'efforts, ni de vérité. C'était tellement plus simple ! Ils étaient contre les 62 ans comme ils l'ont été contre les 64. Les caisses étaient vides. Les déficits s'accumulaient. Peu leur importait. Leur démagogie n'avait plus aucune limite. Je stigmatisai frontalement cette irresponsabilité, habillée sous le costume de la modernité ou du dialogue social. Que de renoncements et de lâcheté se sont dissimulés derrière cette façade !

Mais la proposition qui suscita le plus de polémiques et de débats fut celle de la règle d'or budgétaire, que je souhaitais inscrire dans la Constitution. Notre déficit était de 5,7 %, notre dette se montait à 1 600 milliards d'euros, cela représentait la bagatelle de 85 % de notre PIB. Nous ne pouvions continuer sur cette pente. Il fallait assumer des mesures difficiles sans tarder. Je confirmai donc ma volonté de ne pas remplacer un fonctionnaire partant à la retraite sur deux. La règle était sévère, me coûta cher politiquement, mais était la seule à même de produire des résultats en matière de réduction du déficit. Les rémunérations de la fonction publique constituaient le premier poste budgétaire de l'État. Ne pas réduire le nombre de fonctionnaires signifiait ne pas vouloir diminuer le déficit. C'était aussi simple que cela. Je fus immédiatement accusé d'« alignement » sur les Allemands et même de capitulation. Le journal *Libération* fit sa une avec ce titre accrocheur : « Merkozy candidat ».

Les attaques germanophobes redoublaient de toutes parts sans honte et sans complexe. Et ce alors que tous les observateurs avaient pu constater l'importance du couple franco-allemand dans la résolution des deux crises financières. Ma conviction était solidement établie. Seuls, nous aurions été infiniment moins efficaces. Alors pourquoi le tandem qui avait si bien fonctionné dans la crise aurait-il dû être brisé à peine celle-ci eût-elle cessé ? Cela n'avait aucun sens. Comment d'ailleurs pouvait-on se prétendre européen et être opposé par principe au couple franco-allemand, qui était la colonne vertébrale du continent ? La contradiction me semblait flagrante. Comme à l'accoutumée, les socialistes français furent au rendez-vous de ce contresens. Certains se surpassèrent même dans l'outrance. Ainsi, le député PS Jean-Marie Le Guen compara mon attitude face à Angela Merkel à celle d'« Édouard Daladier à Munich en 1938 ». Comme quoi, on peut n'avoir rien fait d'important en politique et laisser une trace par sa bêtise ! Outre l'erreur historique, il s'agissait d'exciter à la haine des Allemands. Manuel Valls, grand spécialiste du retournement de veste, parla de « renoncement face à l'Allemagne », comme si la France était devenue simple vassale de sa voisine. Arnaud Montebourg compara la chancelière ni plus ni moins qu'à un nouveau Otto von Bismarck. Cela en disait long sur ce que le PS était prêt à dire et à faire pour retrouver le pouvoir à tout prix ! Mon « crime » consistait simplement à avoir essayé de contrer la menace d'un abaissement de la note de la France par l'agence de notation Standard and Poor's. La conservation du triple A était une priorité, non pour une question de statut ou d'ego, mais parce qu'avec une note dégradée le financement de notre dette allait se renchérir de plusieurs milliards d'euros. Il eût été irresponsable de ne pas s'en préoccuper. Avec la réforme des retraites, le « un sur deux » dans la fonction publique et l'annonce de l'adoption dans la Constitution d'une règle d'or garantissant l'équilibre budgétaire, j'estimais avoir fait le nécessaire pour répondre aux inquiétudes des marchés. Je rappelai incidemment que depuis 1974 pas un seul budget n'avait été voté à l'équilibre. Avant d'alerter contre la rigueur, il y avait donc une sacrée marge, du moins pour les observateurs de bonne foi !

J'annonçai également ma volonté de refonder l'Europe. Je proposai même, en accord avec l'Allemagne, un nouveau traité européen repensant toute l'organisation de l'Union européenne. Je voulais tirer les conséquences de l'échec du traité de Maastricht. L'Europe n'était pas un choix, c'était une nécessité. Mais la libre circulation à l'intérieur ne devait pas aller de pair avec le laxisme des contrôles aux frontières extérieures. Ce qui imposait au minimum la refondation de Schengen. Si ce travail avait été mené à son terme, jamais l'Europe n'aurait eu à subir le Brexit. Par ailleurs, bien des explosions de populisme nous auraient été évitées. Je mesurais le fait qu'un seul discours ne pouvait tout changer. Mais j'avais fait le pari de la vérité, du contenu, de propositions fortes reposant sur mon credo politique : du travail, de l'effort, du mérite. Je refusai en conséquence d'annoncer la moindre « mesure sociale » ou la plus petite « nouvelle allocation », malgré le contexte pré-électoral. Je ne voulais pas davantage céder sur la nécessité de la réduction des déficits. Ce n'était donc pas un discours de facilité. J'avais bien conscience du risque pris dans un pays à ce point drogué à la dépense publique et à la démagogie, surtout avec François Hollande en face de moi. Dans le même temps, je ne voulais pas entendre parler de la « rigueur », qui avait toujours échoué. J'étais vraiment sur une ligne de crête.

Tous les commentateurs me décrivirent comme un « président en campagne ». Je ne pouvais décemment pas leur donner tort. J'avais bien sûr cet objectif en tête. Sur le fond du discours, les jugements furent sans surprise. Les amis soutenaient. Les opposants critiquaient. Il n'y avait là guère matière à s'émouvoir. Dans l'avion qui me ramenait de Toulon vers Paris, je sentis pourtant que j'avais touché une corde sensible en me positionnant comme « président protecteur » appelant à l'effort et au discours vrai. Je vis l'adhésion profonde de la salle et la spontanéité des applaudissements. En creux, cela soulignait l'inexpérience de François Hollande, sa mollesse et son laisser-aller. Je devais poursuivre dans cette voie. C'était mon instinct qui me le dictait, bien davantage qu'une analyse approfondie. Si je devais le battre, ce serait par cette voie escarpée, pas par celle de la facilité. En termes de démagogie, j'étais persuadé qu'il ferait toujours mieux (ou pire) que moi. Je tenais un fil. Je n'étais pas décidé à le lâcher. J'observais d'ailleurs que, outre mes sondages qui étaient en train de s'améliorer, les critiques pour la première fois se faisaient plus acerbes contre mon concurrent. Je devais donc être dans le vrai. C'était loin d'être gagné, mais j'apercevais une lumière. Il s'agissait d'une première étape.

Et de fait, les attaques contre François Hollande étaient montées de plusieurs crans et se faisaient plus sévères et plus quotidiennes. Depuis son entrée en campagne, il avait multiplié les gaffes sans que personne dans un premier temps ne le relève vraiment : sur le référendum grec, où il n'avait pas réussi à exprimer la moindre idée ; durant le G20, où il s'était déployé en Corrèze, moquant l'importance des dossiers internationaux ; sur Standard and Poor's, où il avait anticipé la dégradation de la note française triple A, donnant ainsi le sentiment de jouer contre son pays ; plus grave, il ne semblait intéressé que par les petits arrangements politiques entre les socialistes et les Verts, qui mobilisaient toute son énergie – le nucléaire français fut d'ailleurs sacrifié ; jusqu'à la présentation de son équipe de campagne, qui était devenue un objet de risée. C'était bien pire qu'une armée mexicaine. Le rideau était en train de s'ouvrir. Le doute s'insinuait. François Hollande avait-il la dimension pour endosser le costume ? Même le pessimiste Alain Juppé avait déclaré : « Après l'inquiétude et le temps des questions, l'espoir renaît dans le camp présidentiel. » Cela devait bien résumer son propre état d'esprit, même si cela ne témoignait pas d'un grand enthousiasme ! Je devais m'en satisfaire. De toute façon, j'étais convaincu que, quoi qu'il arriverait, ce serait à moi de monter en première ligne. Le combat venait de commencer. Il promettait d'être rude. Tout le monde me donnait largement perdant. Les pronostics étaient vraiment défavorables. Beaucoup dans la majorité avaient même renoncé à faire campagne. Ils étaient démoralisés et démobilisés. Mais je savais que tout pouvait se retourner en un instant. Je n'avais rien à perdre. Au contraire, cette difficulté promise me donnait de l'énergie. J'avais hâte d'en découdre et de rendre coup pour coup. Je savais que, dans un monde devenu tellement compétitif, la France payerait cher cinq années de socialisme. J'étais décidé à tout donner pour lui éviter cette impasse.

Index biographique

Index des notions

Politique intérieure

Politique internationale

Crédits photographiques

Les deux cahiers photos ont été conçus par Sophie Laurent-Lefèvre.

Toutes les photos sont d'Élodie Grégoire, sauf :

- Cahier 1, pages 2, 3 et 4 : © Collection personnelle
- Cahier 1, page 8, en bas : Décoration de Bernadette Chirac à la maison de Solenn, 18 mars 2009. © Présidence de la République/Archives nationales/L. Blevennec, reportage 091035.
- Cahier 1, page 10, au milieu : Déplacement à Montboudif à l'occasion du centième anniversaire de la naissance de Georges Pompidou, juillet 2011. © Présidence de la République/Archives nationales/C. Alix, reportage 112099.
- Cahier 1, page 14, en bas : Déplacement à Gravelines consacré à la politique énergétique de la France, 3 mai 2011. © Présidence de la République/Archives nationales/L. Blevennec, reportage 112009.
- Cahier 1, page 16 : © Claude Gassian
- Cahier 2, page 5 : Remise de la Légion d'honneur à Clint Eastwood, 13 novembre 2009. © Présidence de la République/Archives nationales/Blevennec/Segrette, reportage 091332.

Composition et mise en pages
Nord Compo à Villeneuve-d'Ascq

Cet ouvrage a été imprimé en France
par CPI

pour le compte des Éditions Fayard
13 rue du Montparnasse, 75006 Paris
en août 2023

fayard s'engage pour l'environnement en réduisant l'empreinte carbone de ses livres. Celle de cet exemplaire est de :
1,100 kg éq. CO_2
Rendez-vous sur www.fayard-durable.fr
PAPIER CERTIFIÉ

N° d'édition : 86-1074-7/01 - N° d'impression : 3052963